JN141460

プシュケー

他なるものの発明 II

Psyché

Inventions de l'autre　Tome II

Jacques Derrida

プシュケー

他なるものの発明 II

ジャック・デリダ

藤本一勇 訳

岩波書店

PSYCHÉ
Inventions de l'autre
TOME II

by Jacques Derrida

Copyright © 1987–2003 by Éditions Galilée

First published 2003 by Éditions Galilée, Paris.

This Japanese edition published 2019
by Iwanami Shoten, Publishers, Tokyo
by arrangement with Éditions Galilée, Paris
through le Bureau des Copyrights Français, Tokyo.

プシュケー　他なるものの発明Ⅱ

目次

第I巻　目次

凡　例

・本書は、Jacques Derrida, *Psyché. Inventions de l'autre*, Tome II, Paris, Galilée, 2003 の全訳である。本書成立の経緯については、「訳者あとがき」を参照されたい。

・本文および註における記号類の使用については、以下のとおりである。

〔　〕　訳者による補足箇所。

〈　〉　訳者による強調語句。

［　］　原文のまま。引用文中における省略や著者の注釈などに多く用いられている。

《　》　原文において冒頭が大文字で始められて強調されている語句。

傍点　原文においてイタリック体で強調されている語句に付した。ただし、原文ではフランス語以外の言語は原則としてイタリック体になっており、これについては強調とみなさなかった。

・註番号はそれぞれ、原註を「＊1」「＊2」、訳註を「(1)」「(2)」の形式で示し、註本文は巻末に一括して収録した。

日本の友への手紙[*1]

親愛なる井筒教授。

(…)私たちが会ったとき、私はあなたに「脱構築」という語について――図式的で予備的なものではありますが――いくつかの省察をお約束しました。問題になっていたのは、要するに、この語を日本語に訳すときに可能な翻訳への予備考察《プロレゴメナ》でした。そのために少なくとも、可能ならば避けるべき意味もしくは含意の否定的な規定を試みることでした。したがって問いは次のようになるでしょう。脱構築でないものとは何なのか。もっと正確に言えば、脱構築でないのでなければならないものとは何なのか、と。私はこれらの語(「可能」と「なければならない」)を強調します。というのも、〔脱構築という語を〕翻訳する困難は想像に難くありませんが(脱構築の問いは、徹頭徹尾、翻訳の問いそのもの(1)でもあり、またもろもろの概念からなる言語の問い、いわゆる「西洋」形而上学の概念コーパスの問いそのものでもあります)、しかし「脱構築」という語がフランス語で明確《クレール》かつ一義的ななんらかの意味に十全に適合しているなどと最初から信じてはなりません。それでは素朴にすぎます。「私の」言語〔いわゆる「フランス語」〕のなかに、すでに翻訳の薄暗い《ソンブル》問題が存在しています。この翻訳の問題は、この〔脱構築という〕語のもと、あちらこちらで狙うことのできる事柄と、この語の慣用そのものやこの語に潜在する資源とのあいだに横たわっています。そしてフランス語でも、あるコンテクストから別のコンテクストに移れば事態が変わるというのも、すでに明白《クレール》なことです。さらにドイツ語、英語、とりわけ米語の環境でも、同じ語がきわめて異なる含意やニュアンスや情動的・感受的な価値にすでに結びついています。それを分析することは興味深いことでしょうし、他のところで一仕事に値するでしょう。

私がこの語を選んだのは、もしくはこの語が私に課されたのは、『グラマトロジーについて』のなかでだったと思います。そのとき私は、当時自分がかかわっていた言説において、かくも中心的な役割をひとがこの語に見出すとは思っていませんでした。なかんずく私が望んでいたのは、ハイデガーのDestruktion〔破壊〕もしくはAbbau〔解体〕という語を私の意図へ翻訳し翻案することでした。このハイデガーの二つの言葉がこのコンテクストで意味していたのは、西洋存在論もしくは西洋形而上学の根本諸概念の伝統的な構造ないし建築にかかわる操作でした。けれどもフランス語では「破壊〔destruction〕」という語は、ハイデガー的な解釈もしくは私が提案していたタイプの読みよりも、おそらくはむしろニーチェ的な「粉砕」に近い無化、否定的還元という含意があまりに際立っていました。そこで私はこの「破壊」という語をしりぞけたのです。私はこの「脱構築」という語（一見きわめて自然と思われる仕方で私に到来したこの語）が、たしかにフランス語であるかどうか、探ってみた記憶があります。私はこの語を『リトレ辞典』のなかに見つけました。そこでは文法上の、言語学上の、修辞学上のさまざまな射程が「機械的な」射程に結びつけられていました。この結びつきはきわめて幸運な〔heureuse〕もので、少なくとも私が示唆しようとしていたものにぴったり〔heureusement〕[2]だと思われました。『リトレ辞典』からいくつかの項目を引用させてください。「脱構築――脱構築する行為。／文法用語――文のなかの単語の構成〔construction（構築）〕を乱すこと」。「脱構築、俗な言い方をすれば、構築について」（ルマール[3]『言語を学ぶ方法』『ラテン語講義』第十七章）。脱構築すること――㈠一個の全体の諸部分をばらばらにすること。ほかの場所へ運ぶために機械を脱構築する。㈡文法用語〔…〕詩句を脱構築すること、すなわち詩句の韻律を取り除いて散文に似たものにすること。／絶対用法〔他動詞が目的語なしで独立して用いられること〕――「先取観念的な文の方法では翻訳から始めることもあるが、その利点のひとつは脱構築する必要がまったくないことである」（ルマール、前掲書）。㈢みずからを脱構築すること〔…〕自己の構成を失うこと。「現代の博学の証言によれば、不動の東洋のある国では、完成した言語が、単なる変化という人間精神に自然な法によって、おのずとみずからを脱構築して変質したということである」（ヴィルマン[4]『アカデミー辞典』の「序文」[*2]）。

もちろん、こうしたことをすべて日本語に翻訳しなくてはならないでしょうが、それは問題を先送りすることでしかありません。言うまでもありませんが、『リトレ辞典』が列挙した意味のすべては、私が「言わんとしていた」こととの近さから私の興味をひいたのであって、それらの意味は、お望みならこう言ってもいいのですが、隠喩的な仕方で、いくつかの意味のモデルや意味の区画にしかかかわっていませんでした。脱構築がそのもっとも抜本的な野心において狙うことのできるものの全体にはかかわっていなかったのです。脱構築のもっとも抜本的な野心は、言語学的-文法的モデルにも、意味論的モデルにも、もちろん機械的モデルにも制限されません。こうしたモデルそのものが脱構築の問題提起に服さなければならなかったのです。そして間違いないことに、そうした「モデル」こそが、脱構築という概念および語に対する数多くの誤解の源にあったものです(ひとは脱構築をそうした誤解された姿に還元しようとしました)。

これも言っておく必要がありますが、この〔脱構築という〕語がフランスで使用されることは稀であって、ほとんど知られていません。この語はいわば再構築されなければならなかったのであって、その使用価値は、当時『グラマトロジーについて』を軸にして、『グラマトロジーについて』から出発して企てられた言説によって限定されていました。いま私がはっきりさせようとしているのは、この使用価値であって、一切のコンテクスト上の戦略を免れ、その彼方にあるようななんらかの原初的な意味や語源などではありません。

「コンテクスト」という主題について少しお話ししましょう。当時は「構造主義」が支配的でした。「脱構築」は、この語が構造へのある種の注目を意味していたので、この方向へ向かうもののように見えていました(構造それ自体は、単に観念でも、形式でも、総合でも、システムでもありません)。脱構築すること、それは構造主義的な振る舞いでもあり、いずれにせよ構造主義的問題圏のある種の必然性を引き受ける振る舞いでした。けれども、それは反-構造主義的な振る舞いでもあったのです。——脱構築の毀誉褒貶は一部この曖昧さに起因しています。それはもろもろの構造を解体し、分解し、脱堆積化することでした(そのとき脱構築される構造とは、言語学的、「ロゴス中心的」、「音声中心的」――当時、構造主義は、とりわけ言語学的モデル、ソシュール的とも言われた、いわゆる構造言語学のモデルに支配されていました――、社会‐制度的、政治的、文化的、そしてとりわけ何よりもまず哲学的な、そうしたあらゆる種類の構造でした)。だからこそ、とくに合衆国において、脱構築のモチーフは「ポスト構造主義」に結びつけられたのです(この「ポスト構造主義」という言葉は、それが合衆国から「帰国する」とき以外を除けば、フランスでは知られていません)。ですが、構造を解体すること、分解すること、脱堆積化すること(これはある意味で、それが問いの渦中に投げ込む「構造主義」の運動よりも歴史的な運動です)は、否定的な操作ではありませんでした。破壊するというよりも、むしろ一個の「集合」がどのようにして構築されたのかを理解すること、そしてそのために当の「集合」を構築しなおすことが必要だったのです。しかしながら、否定的な外見は、それがこの語の文法(dé-)のなかに読み取られてしまうだけに、なかなか消し去ることができませんでした。いまでもそうです。粉砕よりもむしろ系譜上の派生関係をこの外見は示唆しうるのですが。それゆえに、この語で十分だと、少なくともこの語だけで十分だと思ったことなど私には一度もなく(でも、どんな語ならば十分なのでしょう)、それはいつも一個の言説によって輪郭を明確にされなければなりません。またこの否定的な外見を消し去るのが困難だという二つ目の理由は、脱構築の作業において私は、いまもここでしているように、伝統に属するあらゆる哲学的概念に頼る必要性を――少なくとも抹消線の下で――再肯定しながらも、その哲学的諸概念をたえず警戒しなければならず、最終的にはそれらの概念を遠ざけなければならなかったからです。したがって性急にこう言われたものです。これは一種の否定神学だ、と(これは真でも偽でもありませんでしたが、その議論はここではおいておきます)。[*3]

いずれにせよ見た目にもかかわらず、脱構築は分析でも批判でもないのであって、翻訳はこのことを考慮に入れなくてはならないでしょう。分析ではないというその理由は、とくに、構造の分解は単一要素へと、分解不可能な起源へと遡行することではないからです。要素とか起源といった価値は、分析という価値と同じく、それ自体が脱構築に従わせられる哲学素です。またそれは、一般的な意味においてであれ、カント的な意味においてであれ、批判でもありません。krinein もしくは krisis(決定、選択、判断、識別)の審級はそれ自体、そもそも超越論的批判の装置全体と同じように、脱構築の本質的な「主題」もしくは「対象」のひとつです。

方法についても同じことが言えるでしょう。脱構築は方法ではありませんし、方法に変えられることもありません。この方法という語において、手続き的もしくは技術的な意味が強調される場合は、とくにそうです。ある環境(私の念頭にあるのはとくに合衆国のことですが、彼の地における大学の環境もしくは文化の環境)のなかで、「脱構築」という語そのものに必然的に結びついているように見える技術的・方法論的な「隠喩」が、ひとを誘惑しえた、もしくは迷わせえたということは本当です。ここから、この同じ環境のなかで展開された論争が生じます。すなわち、脱構築は読みや解釈の方法論となりうるのか、と。このようにして脱構築はアカデミックな制度によって再固有化され、飼い馴らされるがままになるのでしょうか。

脱構築は、なんらかの方法論上の道具、すなわち諸規則や移転可能な手法の集合に還元されえないと言うだけでは十分ではありません。脱構築の個々の「出来事」は単独的にとどまるとか、いずれにせよ固有語法や署名のような何かにもっとも近いものにとどまるとか、そのように言うだけでは十分でありません。脱構築は行為もしくは操作でさえない、とはっきり言う必要もあるでしょう。脱構築のなかにはなにか「受動的」もしくは「受け身的」なものがあるからというばかりではありません(ブランショならば、受動性以上に受動的なもの、能動性に対立させられるかぎりでの受動性以上に受動的なもの、と言うでしょう)。また脱構築は、それを主導する主体、すなわち脱構築をなんらかの対象やテクストや主題といったものに適用するような主体(個人的なものであれ集団的なものであれ)に帰着しないという理由からだけでもありません。脱構築は起きるのであり、それは主体による(さらには近代性による)熟慮や意識や組織化を待つことのない出来事なのです。それは自己を脱構築するのです。〈それ〔ça〕〉はここでは、なにか自我論的な主体性に対置されるような非人称的な事物ではありません。それは脱構築のうちに存在するのです（リトレは「みずからを脱構築すること……自己の構成を失うこと」と言っていました）。そして「みずからを脱構築すること」の「みずから」というのは、自我もしくは意識の反省性＝再帰性のことではなく、まさに謎の全体を担っています。親愛なる友よ、翻訳を助けるためにひとつの語を解明しようとして、私は困難さを増大させることしかしていないと気づいています。不可能な「翻訳者の使命」（ベンヤミン）、これもまた「脱構築」が言わんとすることです。

それ〔ça〕が場をもつどこででも、何かが存在するどこででも、脱構築は起こりえます（つまり、それは意味やテクスト――この語の普通の、書物という意味でのテクスト――にかぎりません）。しかしながら、今日われわれの世界で、「現代」において何が起きているのか、脱構築がその言葉、特権的な主題、可動的な戦略などとともに一個のモチーフになるときに、何が起きているのか、これを思考する作業が残っています。この問いに対する単純で形式化可能な答えを私はもっていません。私のあらゆる試みは、この途方もない問いとの対決的説明の試みです。私の試みは解釈の企てであるのと同じくらい、この問いのささやかな症候です。ハイデガー的な図式に従って、われわれは脱構築内存在[5]――他の「時代」のなかに現れたり隠れたりしたかもしれない脱構築内存在――の一「時代」のなかに存在するのだなどと、だいそれたことを言うのもやめましょう。そのような「時代」の思考、とりわけ存在の運命の結集やその行先の統一性やその配剤（Schicken, Geschick）といった思考は、なんらかの保証を決して生み出すことはできません。

きわめて図式的に言えば、こういうことです。「脱構築」という語を定義することの難しさ、したがってまたそれを翻訳することの難しさは、一瞬そうした定義や翻訳に使えるように見える述語や定義用の概念や語彙上の意味や、さらには統辞上の分節といったものがすべて、直接的にかどうかはともかく、それらもまた脱構築の対象であり、脱構築可能なものである、という点に起因するのです。そしてこのことは、一切の語についてと同様に、脱構築という語についても、その統一性そのものについても、あてはまります。『グラマトロジーについて』は「語」の統一性を問題視し、また一般に「語」に認められている——とりわけ、その名詞という形式において認められている——すべての特権を問題視しています。つまり「思考」のためには語だけでは十分でなく、この語の無能力を代補できるのはもっぱら一個の言説のみ、もっと正確に言えば、一個のエクリチュールのみなのです。「脱構築はXである」とか「脱構築はXではない」といったタイプのあらゆる文はア・プリオリに妥当性を欠いており、少なくとも間違っていると言いましょう。あなたもご承知のとおり、もろもろのテクストのなかで「脱構築」と呼ばれるものの最重要の賭金のひとつは、まさしく存在‐論の限界画定であり、何よりもまず、SはPであるという直説法現在形三人称の限界画定なのです。

「脱構築」という語も、その他のあらゆる語と同じく、ありうる置き換えの連鎖のなかへの記入からしか、すなわちひとが平然と「コンテクスト」と呼ぶもののなかへの記入からしか、みずからの価値を引き出すことができません。私にとって、私が書こうと企てた、そしていまも企てているものにとって、脱構築という語が関心をひくとしたら、それはある特定のコンテクストにおいてのみであって、すなわち脱構築という語が他の数多くの語——たとえば「エクリチュール」「痕跡」「差延」「代補」「婚姻＝処女膜」「パルマコン」「余白」「切り込み」「パレルゴン」等々——を取り換えたり、またそれらの語によって規定されるがままになるような、そうした特定のコンテクストのなかにおいてのみです。こうした取り換え可能な言葉のリストは、定義上、閉じることができません。私が引用したのは名詞たちだけであって、これでは不十分であり、あくまでも節約のためにすぎません。事実さまざまな文を引用すべきだったし、またいくつかの私のテクストのなかでこれらの名詞を限定している文の連鎖を引用すべきだったでしょう。

脱構築がそれではないもの、ですか？　すべてです！

脱構築とは何か、ですか？　なにものでもありません！

以上のすべての理由から、私はそれが適切な語であるとは思いません。とりわけ、見事な語とは言えない。たしかに、しっかりと限定された状況においては、なにかの役に立つこともありました。その本質的な不完全さにもかかわらず、一連のありうる置き換えのなかでこの語が特に重視された理由を知るには、この「しっかりと限定された状況」というものを分析し、脱構築する必要があるでしょう。これは困難な作業であり、ここはそれをする場所ではないでしょう。

結論を急ぐために（すでにこの手紙は長くなりすぎていますから）、もう一言。私は翻訳がもとの言語やテクストに対して副次的で派生的な出来事だとは思いません。たったいま述べたように、「脱構築」も置き換えの連鎖のなかで本質的に取り換え可能な語です。この取り換えは一個の言語から他の言語へと移るときにも起こりえます。「脱構築」（なるもの）にとってのチャンス、それは、同じ事柄（同じでありながら他であるもの）を言うために、脱構築について語り脱構築を他の場所へ連れ出すために、脱構築を書き転写するために、他の語（同じでありながら他である語）が日本語で見つけ出され、発明されることでしょう。はるかに見事であるかもしれない、ある語のなかに。

他なるものについての、はるかに見事であるかもしれないこのエクリチュールのことを語るとき、もちろん私は翻訳を詩の危険およびチャンスと解しています。「詩」〔という語〕を、一個の「詩」を、いかに翻訳すべきでしょうか。

［…］親愛なる井筒教授、私の感謝と心からの友情を信じてください。

ゲシュレヒトI[*1]
性的差異、存在論的差異

ルベン・ベレズディヴィンに

性について、そう、これは容易に指摘《ルマルク》できることだが、ハイデガーは可能なかぎり語っていないし、おそらくは一度も語ったことがない。ハイデガーは「性的関係」について、「性的‐差異」について、さらに「男女」について、これらの名のもとでは、われわれがこれらに認めている名のもとでは、決して何も語ったことがない。したがって、この沈黙を指摘することは容易である。ということは、この指摘が少々安易だということでもある。この指摘はいくつかの手がかりで満足し、「すべてはこんな具合だ」と結論するだろう。こうして難なく、だが危険を残したまま、事件簿は閉じられる。ハイデガーを読むと、あたかも性的差異は存在しないかのように、男性の側には(言い換えれば女性の側にも)何も問われるべきことも疑われるべきものもないかのように、問いに値する(fragwürdig)ものが何もないかのように万事が進む、と。さらに、ひとはこう続けるだろう。あたかも性的差異は存在論的差異ほどの高みにはないかのようだ、と。結局のところ、性的差異は存在の意味の問いと比べれば、なにがしかの差異や特定の区別や存在者の述語と同じように、無視してかまわないものなのだ、と。もちろん無視してもかまわないというのは思考にとっての話であって、科学もしくは哲学にとってはいささかもそうではない。現存在〔Dasein〕が存在の問いに開かれているかぎりで、それが存在と関係をもつかぎりで、そしてこうした参照そのものにおいて、現存在は性をもたない、ということになるだろう。こうして性現象《セクシャリテ》に関する言説は、生命科学や生の哲学、人間学や社会学や生物学、さらにはもしかすると宗教や道徳に委ねられることになるだろう。

　性的差異は存在論的差異ほどの高みにはない、とわれわれは言った、あるいは自分でそう言うのを聞いた。差異の思考はいかなる高さももたないのだから、高さなど問題になりえないとわかっていても無駄である。ハイデガーの沈黙は高さを欠いていない。この沈黙をまさしく高慢と見ることもできる。どんなおしゃべりにとっても月並みな話題である性現象が哲学や科学の「知」の通貨となり、倫理や政治の不可避なKampfplatz〔戦場〕ともなる世紀において、この沈黙は尊大で挑戦的だとみなされる可能性もある。ところが、ハイデガーは一言も言わないのだ！ 会話の真っ只中での、討議会の途切れなく散漫なざわめきのなかでの、こうしたかたくななまでの沈黙の光景に、荘厳さを見る向きもあるかもしれない。この沈黙はそれだけで警戒の価値をもつのであり(しかしこの沈黙をめぐって何を語ることができるのか)、そして覚醒の価値をもつのだ、と。実際ハイデガーのまわりで、まさにハイデガー以前に、性現象をそれとして(こう言えればだが)、この名のもとで語らなかったひとがいるだろうか。プラトンとニーチェ(彼らはこの主題について倦むことを知らなかった)のあいだで、すべての伝統的な哲学者たちが語ってきたのだ。カント、ヘーゲル、フッサールも性という主題に席を取ってあるし、彼らは少なくとも彼らの人間学や自然哲学のなかで(実はあらゆるところで)一言触れているのである。

ハイデガーの外見上の沈黙を信用することは軽卒だろうか。ハイデガー全集をかき集める一台の読解機械が問題と木日のジビエを狩り出すことができるようになれば、確認作業はなにがしかの文章(既知のものであれ、未刊のものであれ)によって、その麗しい文献学的保証を攪乱されてしまうだろうか。とはいえ機械をプログラムすることを考えなくてはならないだろう。思考し、プログラムを考え、そのノウハウを知らなくてはならないだろう。ところで、索引はどうするか。どのような語に頼ればよいのか。名詞だけに頼るのか。そして、可視的なものであれ不可視のものであれ、どのような統辞法に頼ればよいのか。要するに、あなたがたが「性的差異」と平然と呼ぶものについてハイデガーが発言したり沈黙したりするということを、どのような記号において認めることができるのか。〔性的差異という〕この語のもとに、あるいはこの語を通して、あなたがたは何を考えているのか。

かくも印象的な沈黙が今日標記されるためには、すなわち、この沈黙がそれとして現れ、標記《マルケ》されつつ標記《マルカン》するもの〔際立ったもの〕となるためには、大概の場合、何で満足せざるをえないのか。おそらく次のことである。すなわち、最高の教養をもち、最高の装備をもった「近代」が、「すべては性的であり、すべては政治的であり、その逆もしかり」という完全装備《パノプリ》でもって毅然とハイデガーを待ち伏せするあらゆる場所で、ハイデガーは性現象について、この名のもとでは何も言わなかっただろうということ、このことで満足せざるをえないのだ(ついでに注意してほしいが、ハイデガーにおいて「政治」という単語が使われることはきわめて稀であり、おそらくはゼロである。このこともまた無意味ではない)。したがって統計に訴えるまでもなく、本件は結審しているように見える。しかしわれわれにそう信じる十分な理由があるにせよ、ここで統計は判決——すなわち、われわれが平然と性現象と呼ぶものについてハイデガーは口を閉ざしたという判決——を確証してくれるだろう。他動詞的で意味深長なこの沈黙(ハイデガーは性を沈黙させた)は、ある種の Schweigen〔沈黙すること〕についてハイデガーが語るように(「ここで他動詞的な意味で言えば〔«hier in der transitiven Bedeutung gesagt»〕」)、彼が中断するように見える言葉の道に属している。しかし、この中断の場はどのようなものか。どこで沈黙はこの言説に働きかけるのか。そして、この〈言われなかった〉の形式、その規定可能な輪郭は、どのようなものだろうか。

賭けてもいいが、前述の装備の矢が首尾よく指定する場——すなわち、省略、抑圧、否認、排除、思考されないものそのもの——においては、何ものも停止しない。次に、賭けに負ける運命にあるのだとすれば、この沈黙の痕跡は迂回に値するのではないか。この沈黙は何でもかんでも沈黙させるわけではないし、その痕跡は何でもよいところからやって来るわけでもない。しかし、なぜ賭けなのか。「性現象」については、何事であれ予言をするより前に、チャンス、偶運、運命を援用しなくてはならないからである。このことをわれわれは後で検証しよう。

そこで、ここに「近代的」と言われる読解、精神分析を派手に武装した研究、人類学的な文化の全体を後ろ盾にした調査があるとしよう。そうしたものは何を探すのか。どこを探すのか。〔ハイデガーにおいて〕性現象、性的関係、性的差異のほうへ向かう、少なくともなんらかの徴候、暗示(たとえそれがどれほど省略的であれ)、参照を期待する権利があると、どこで思うのか。まずは『存在と時間』においてである。現存在の実存論的分析論は、フランスで翻訳されていたように「人間的実在〔réalité-humaine〕」と称されたものについてきわめて多くの曖昧さや誤解を生み出すに十分なほど、基礎的人間学に近かったのではないか。ところが、〈他人との共存在〉としての〈世界内存在〉についての分析、また配慮それ自体、そして「気遣い」〔«Fürsorge»〕としての配慮についての分析のなかにさえ、欲望や性現象に関する言説の兆しを求めても無駄だと思われる。そこから次のような結論を引き出そうとする向きもあるだろう。性的差異は本質的な特徴ではなく、それは現存在の実存論的構造に属さない、と。〈現存在＝そこに在ること〔l'être-là〕〉〈そこにあること〔l'être *là*〕〉〈存在としての存在のそこ〉には、いかなる性の標記もない。したがって存在の意味の読解についても同じである。なにしろ『存在と時間』が明確に述べるように(第二節)、この読解にとっては現存在はやはり範例的存在者だからである。たとえ性現象への参照がすべて消去されているわけではなく、暗に前提されているのだと認めるとしても、それは単に、他にも数ある参照項のなかで、とくにこの〔性という〕参照項がきわめて一般的な諸構造を前提しているかぎりでのことにすぎない(この一般的な諸構造とは、共存在および自己存在としての世界内存在〔In-der-Welt Sein als Mit-und Selbstsein〕、空間性〔Räumlichkeit〕、情態性〔Befindlichkeit〕、語り〔Rede〕、言葉〔Sprache〕、被投性〔Geworfenheit〕、配慮〔Sorge〕、時間性〔Zeitlichkeit〕、死へとかかわる存在〔Sein zum Tode〕などである)。しかし〔性という〕この参照項は、こうした一般的な構造に特権的にアクセスするために不可欠の導きの糸では決してない。

その原因はわかりきっている、とひとは言うだろう。だがしかし！ Und dennoch!(ハイデガーはひとが思っている以上に、だがしかし！ というこのレトリカルな言い回しをよく使う。感嘆符つきで、改行しながら。)

だがしかし、事態はさほどわかりきって《アンタンデュ》いるわけでも、よく了解されて《アンタンデュ》いるわけでもないので、ハイデガーはすぐさま釈明しなくてはならなかった。彼はその釈明を『存在と時間』の余白でやらなくてはならなかった。マールブルク／ラーン大学での一九二八年の夏学期の講義[*2]を余白と呼んでよいとすればであるが。そこでハイデガーは、「超越の問題と『存在と時間』の問題」に関するいくつかの「指導原理」を指摘している(第一〇節)。現存在の実存論的分析論は、基礎的存在論の視座においてしか出来《しゅったい》しえない。それゆえに、そこで問題になっているのは「人間学」でもなければ「倫理学」でもない。実存論的分析論は単に「準備的」なものにすぎず、「現存在の形而上学」はいまだ企ての「中心」にはない。だがこのことは、この形而上学が彼のプログラムにあるということをはっきりと示している。

私がここで性的差異の問いを導入するのは、まさしく現存在の名によってである。

この分析論の主題をなす存在者を、なぜ現存在〔Dasein〕と名づけるのか。なぜ現存在は、この主題系にみずからの「称号《タイトル》」を与えるのか。『存在と時間』においてハイデガーは、存在の意味の読解のためにこの「範例的存在者」を選択することを正当化していた。「どの存在者にもとづいて、存在の意味は読まれなくてはならないか……」[1]。最終的に、答えは、「ある特定の存在者、すなわち問う者であるわれわれ自身がそれであるところのこの存在者の存在様態」[2]へと導いていく。この範例的存在者をその「特権」において選択することはこのように正当化されなくてはならないのであるが(この正当化をひとがどう思おうと、またこの正当化の公理系がどのようなものであろうと)、むしろハイデガーは政令《デクレ》によって事を進めているように見える。少なくともこのくだりでは、すなわち、この範例的存在者を名指し、この存在者に決定的な仕方で用語上の称号《タイトル》を与えることが問題になるときには。「われわれ自身がそれであるところのこの存在者、みずからの存在において、とりわけ問う能力(die Seinsmöglichkeit des Fragens)を有している存在者、われわれはこの存在者を現存在と名づける〔fassen wir terminologish als Dasein. われわれはそれを「用語上」現存在と把捉し、固定し、理解する〕」[3]。なるほど、この「用語上」の選択の深い正当化は、いかなる(ほぼいかなる)先行規定によっても司られてはならない〈そこ〔*là*〕〉や〈そこに在ること＝現存在〔*être-là*〕〉の解明によって、企ての全体や本の全体のなかに見られる。しかしだからといって、この劈頭《リミナル》の命題から、この名の宣言から、決断的・暴力的《ブリュタル》・省略的な外観が取り除かれるわけではない。反対にマールブルク講義では、現存在という称号《タイトル》――その名の称号ばかりでなく、その意味の称号――は、もっと忍耐強く規定され、説明され、評価されている。ところでハイデガーが強調する第一の特徴、それは中立性である。第一の指導原理はこうである。「この分析論の主題をなす存在者のために、「人間」(Mensch)という称号ではなく、「現存在」という中立的な称号を選んだ[4]」。

中立という概念は、とりあえず一般的に見える。この中立化によって、人間学的・倫理学的・形而上学的なあらゆる先行規定を還元もしくは差し引いて、一種の自己関係、すなわち存在者を削ぎ落とした存在との関係のみを保持することが肝心なのである。これは存在との関係としての最小限の自己関係であり、われわれが問う者としてのかぎりでそれであるところの存在者が、自分自身と、そして自分に固有の本質と取り結ぶ関係である。もちろん、この自己関係は「自我」との関係でもなければ個人との関係でもない。このように現存在とは、「ある特定の意味で」自分自身の本質に「無関心」ではない存在者、彼にとって自分の固有存在が無関心ではない存在者のことである。したがって中立性とは、まず第一に、こうした自己関係――「関心」という語のもっとも広い意味における、自己の固有存在へのこの関心――のあるがままの特徴ではない一切合財を中和することである。このもっとも広い意味での「関心」ということが意味するのは、存在の意味とそこに整序される問いへの、理解以前の関心もしくは開けのことである。

だがしかし！

だがしかし、この中立性の説明は、一躍、なんの継ぎ目もなく、続く項目(第二の指導原理)からすぐさま、現存在の性的な中立性、さらにはある種の無性別性(Geschlechtslosigkeit)へと運ばれていく。この飛躍は驚くべきものである。ハイデガーはさまざまな事例を挙げようとしたが、現存在の分析論から遠ざけるべき諸規定のなかで、とりわけ中和すべき人間学的諸特徴のなかで、彼には選択の困難しかなかった。ところでハイデガーはまず最初に、性現象に、もっと正確に言えば、性的差異に、手をつける(しかもそれに話を制限するために)。したがって性的差異はある特権をもっている。ハイデガーの言うところをその論理のつながりにおいて辿るなら、性的差異は何よりもまず、現存在の分析論が最初に中和しなければならない「事実的な具体物」に属していると思われる。「現存在」という称号の中立性が本質的である理由は、まさしく、この存在者――われわれがそれであるところの存在者――の解釈が、この種の具体物以前のところで、またその外で開始されなければならないからである。すると「具体物」の最初の例は、両性のどちらかへの所属だということになるだろう。ハイデガーは性が二つであるということを疑っていない。「この中立性は、現存在が二つの性のどちらにも属していない(keines von beiden Geschlechtern ist)ということも〔*aussi*〕〔強調デリダ〕意味している(5)」。

さらに後になってから、いずれにせよ三十年後に、「ゲシュレヒト〔Geschlecht〕」という語はその多義性のあらゆる豊かさを充塡されるようになるだろう。すなわち、性、類、家系、根源、人種、系統、世代産出といった多義性を。ハイデガーは、言語のなかで、代替不可能な(通常の翻訳には到達できない、という意味に解そう)開削を通して、また迷宮のような、誘惑的な、不安に満ちた道を通して、しばしば閉ざされた道の轍を辿っていくだろう。ここでは二によっていまだに閉ざされている道。二――それが数えることができるのは、性しか、性と呼ばれるものしかないように思われる。

私は「も」という語を強調した(「この中立性は……も意味している」)。この「も」は論理上・レトリック上のつながりにおけるその位置によって、次のことを思い出させる。すなわち、この中立性の数ある意味のなかでも、ハイデガーは性的中立性から始めてはならないと判断しているということである(だから彼は「も」と言うのだ)。そうではなく性的中立性が扱われるのは、このくだりで彼がここまで標記してきたただ一つの一般的な意味の直後、すなわち分析論の主題である人間的性格、「人間〔Mensch〕」という資格の直後においてなのだ。それはここまでのところでハイデガーが排除もしくは中和《ヌートラリゼ》した唯一のものである。したがって、そこには、それ自体は中和的＝中立的《ヌートル》でも無関心でもありえない一種の性急さないしスピードアップがある。このように人間学や倫理学や形而上学と一緒に中和された人間の人間性のあらゆる特徴のなかでも、中立性という言葉そのものが最初に念頭におくもの、いずれにせよハイデガーが最初に念頭においているもの、それは性現象なのである。当たり前のことだが、誘因は文法のみからやってくるのではない。Mensch〔人間〕さらにMann〔男性〕からDasein〔現存在〕へと移行することは、たしかに男性的なものから中性的《ヌートル》なものへと移行することである。また存在〔das Sein〕というこの超越的なもの（「存在とはまさしく超越的なものである」『存在と時間』三八頁）[6]にもとづいてDaseinやSeinのDa〔そこ〕を思考したり述べたりすることは、ある種の中立性へと移行することである。さらにこの中立性は、存在の類的でも種的でもない性格に起因する。「哲学の根本主題としての存在は、存在者の類ではない（keine Gattung）……」（同右）[7]。しかしここでもまた性的中立性が、〈言うこと〉、発話《パロール》、言語《ラング》と関係しないわけにはいかないとしても、その中立性を一介の文法に還元することはできない。この中立性をハイデガーは記述するというよりも、むしろそれを現存在の実存論的構造として指示する。しかしなぜ彼は唐突に、かくも熱心に、このことを力説するのか。『存在と時間』では何も言われていなかったにもかかわらず、ここでは、現存在の中立性あるいはむしろ「現存在」という称号《タイトル》の中立性が指摘される際に、無性別性（Geschlechtslosigkeit）が、言及されるべき特徴の第一列に登場してきている。なぜか。

　第一の理由が考えられる。Neutralität（ne-uter〔どちらでもない〕）という語そのものは、二元性への参照を誘発する。現存在は中立的であり、人間（Mensch）でないのだとすれば、そこから引き出すべき最初の帰結は、現存在はこの事例でもっとも自然に思いつく二元的分割——すなわち「性的差異」——に従わないというものだ。「現存在」が「人間」（Mensch）を意味しないのであれば、なおさら「男」も「女」も指さない。しかし、この帰結は良識に近いものなのだから、なぜそれをわざわざ指摘するのか。とりわけ、講義の続きの箇所で、かくも明白な既成事実を厄介払いするのに、なぜかくも骨を折るのか。性的差異は、現存在の分析論が中和することができ中和しなければならないあらゆるもの、すなわち形而上学、倫理学、とくに人間学、さらには存在者にかかわる知の領域(たとえば生物学や動物学)に、それほど単純に属してはいないと、そう考えなくてはならないのか。性的差異は人間学や倫理学の主題に還元されえないのではないかと、そう疑わなければならないのか。

いずれにせよハイデガーの用心深い強調は、事が自然と進行しているのではないと考えさせる。人間学(基礎的なものであれ、そうでないものであれ)をひとたび中和したならば、そして人間学は、それが人間学であるかぎりで、存在の問いに着手《アンガジェ》することも存在の問いに巻き込まれる《アンガジェ》こともできないということがひとたび証明されたならば、さらに現存在は人間存在にも自我にも、意識もしくは無意識にも、主体にも個人にも、理性的動物《アニマル・ラティーオナーレ》にさえ還元されないということがひとたび思い出されたならば、性的差異の問いは存在の意味の問いや存在論的差異の問いと肩を並べるいかなるチャンスもないのだと、またこの失格そのものを特権的に論じる必要などまったくないのだと、そう信じることができていた。ところが起こったのは、異論の余地なく正反対のことである。ハイデガーはなんとか現存在の中立性を指摘し終えたところであるが、そのときすぐさまこうつけ加えなければならない。すなわち、〔現存在は〕性的差異についても中立的である、と。もしかしたらそのとき彼は、人間学的な空間のなかに(望むと望まざるとにかかわらず)いまだとどまっていた読者や学生や同僚たちからの、素朴だったり教養豊かだったりする、多かれ少なかれあからさまな質問に答えていたのかもしれない。あなたの言っている現存在の性生活はどうなっているのか、と彼らはなおも尋ねたことだろう。そして、この問いを敵にまわして、この問いがお門違いであると答えた後で、要するにアントローポス〔人間〕ではない現存在の無性別性を思い出させた後で、ハイデガーは第二の問いを、そしておそらくは新しい反論を迎え撃とうとする。困難が増していくのは、そのときである。

中立性であれ無性別性であれ(Neutralität, Geschlechtslosigkeit)、そこで使われている単語は、ハイデガーが標記したいと思っているものに明らかに逆行する否定性を大いに際立たせる。ここで問題になっているのは、それ自体は無傷なままである意味の、その表面にある言語記号や文法記号などではない。明らかに否定的である述語群〔Neutralität, Geschlechtslosigkeit〕を通して読まれるべきは、ハイデガーがためらうことなく「定立性」(Positivität)、豊かさと呼ぶもの、そしてさらには、ここで多くの負荷をかけられたコードで言えば、「力」(Mächtigkeit)と呼ぶものである。ハイデガーの説明から考えられるのは、無-性別的な中立性は性別を解体するのではなく、その反対だ、ということである。無-性別的な中立性がその存在論的否定性を繰り広げるのは性現象そのものに対してではなく(むしろそれは性現象を解放すると言われるだろう)、差異の標記に対して、もっと厳密に言えば、性的双数性の標記に対してなのである。Geschlechtslosigkeit〔無性別性〕があるとすれば、それは「二」の観点から見た場合のみだろう。無性別性がそれとして規定されるのは、性現象ということで即座に性的二元性や性的分割を思い浮かべるかぎりにおいてである。「しかし、この無性別性は空虚な無の無差異性(die Indifferenz des leeren Nichtigen)ではないし、存在者に属する無差異な無の弱い否定性でもない。中立性のうちにある現存在は、差異のない、誰でもよい誰かであるのではなく、存在の根源的な定立性(ursprüngliche Positivität)であり、存在の力(あるいは本質の力 Mächtigkeit des Wesens)なのである(8)」。

現存在は、それが現存在であるかぎり、二つの性のどちらにも属さないが、それは現存在が性を欠いているという意味ではない。それどころか、ここでは前-差異的な性現象、もっと正確に言えば、前-双数的な性現象のことを考えることもできる(だからといって、この前-差異的ということは必ずしも、われわれが後で実証するように、統一的、同質的、無差異的ということではない)。こうした対概念よりも根源的な性現象から出発して、ある「定立性《ポジティヴィテ》」、ある「力」を、その源泉において思考する試みが可能になる。ハイデガーはこの「定立性」「力」を「性的」なものと呼ぶことを差し控えるが、おそらくそれは、人間学や形而上学がつねに性概念に割り振る二元的論理をそこに再導入するのを恐れてのことだろう。しかしそうすると、その「定立性」「力」は、可能な一切の「性現象」の、定立的で潜勢力に満ちた源泉だということになる。Geschlechtslosigkeit は、アレーテイアと同様に、否定的ではないということになる。アレーテイアの「欠如的」本質における「定立的なもの」の「価値づけ」(« Würdigung » des « Positiven » im « privativen » Wesen der Aletheia)について、ハイデガーが述べていることが思い起こされる(「真理についてのプラトンの教説」)。

かくしてマールブルク講義の続きは、きわめて特異な運動の口火を切る。そこから性的差異の主題だけを取り出すのはきわめて難しい。私はこの運動を以下のように解釈したくなる。すなわち、一種の奇妙な、だがきわめて必然的な転位によって、まさしく性的分割それ自体がひとを否定性へと運んでいくのだ、と。そして中和化は、この否定性の結果であると同時に、思考が根源的な定立性をあらわにするためにこの否定性に課さざるをえない消去でもあるのだ、と。性の二元性は、現存在の無性別的な中立性によって無化される定立性であるどころか、それ自体がこの否定作用に責任を有する——あるいはむしろ、それ自体が責任を有する一個の規定〔限定〕に属する——だろう。この運動の痕跡をもっと辛抱強く辿りなおす前に、手っ取り早くこの運動の意味＝方向を徹底化もしくは形式化してみれば、次のような図式を提出できるだろう。すなわち、そのとき説明されるべき否定性を(へと)定めたり限定するのは、まさしく二元性としての性的差異それ自体であり、どちらかの性への帰属である、と。さらに踏み込んで言えば、このように(二つのうちの一つへと)限定された性的差異、否定性、そしてある種の「無力」、これらを結びつけることさえできるかもしれない。現存在——性的に中立だと言われるあの現存在——の根源性に立ち返ることによって、「根源的定立性」と「力」とが再び掌握される。別の仕方で言えば、現存在の分析論において、性の二元的標記からまず引き剝がさなければならない無性別性や中立性は、その見かけにもかかわらず、実は同じ側に、すなわち単にそれらに対立させられると思っていたあの性的差異——二元的差異——と同じ側にあるのだ。これはあまりに暴力的な解釈だろうか。

続く三つの下位節もしくは後続項目(三、四、五節)は、中立性、定立性、根源的な力、根源性そのものといったモチーフを繰り広げるが、性的差異への明示的な参照はない。「力」は起源(Ursprung, Urquell)の力になるのであり、そもそもハイデガーが「性的」という述語を「力」という単語にじかに結びつけることはまずない。「性的」という述語は、性的差異の体系全体にあまりに安易に結びついたものにすぎず、この性的差異の体系は、およそ一切の人間学や形而上学と一体となっていると言っても大過ない。さらに言えば、「性的」という形容詞(sexual, sexuell, geschlechtlich)をハイデガーが使うことは、少なくとも私の知るかぎり、まったくない。もっぱらGeschlechtもしくはGeschlechtlichkeitという名詞が使われるだけである。この二つの名詞は別の意味論的地帯へいっそう容易に放射していくことができるのだから、これはどうでもよいことではない。もっと後で、われわれはそこに別の思考の道を辿ってみよう。

しかし、直接そう言われているわけではないが、この三つの下位節はゲシュレヒト性の主題系への回帰を準備している。これらの節は、まず最初に中立性という語に付着しているあらゆる否定性のしるしを消去する。中立性は抽象化の空虚さなどではなく、具体的な事実性における人間の内的可能性をはらむ「起源の力」へと連れ戻す。中立性の点で、現存在は実存者と混同されてはならない。たしかに現存在はその事実的具体化のなかでしか実存しない。しかしこの実存そのものは、その根源的源泉(Urquell)とその内的可能性を、中立的なものであるかぎりでの現存在のうちにもつのである。この起源の分析論は実存者それ自身を扱うのではない。この分析論は、なんらかの実存哲学や知恵(これは「形而上学の構造」のなかでしか確立されえないだろう)、あれこれの「世界観」を教える予言や宣教にまさに先立つがゆえに、それらと一緒くたにはできない。つまり、それはいかなる点においても「生の哲学」ではないのだ。これは、性現象についてのこうしたレベルの言説(知恵、知識、形而上学、生の哲学あるいは実存哲学)は現存在の分析論のあらゆる要求を現存在の中立性そのものにおいてないがしろにすると言うに等しい。ところで、こうした次元のいずれにも属さないような、性現象についてのそんな言説が、かつて提示されたためしがあっただろうか。

指摘しておかなくてはならないが、この最後の節でも、また現存在のある種の「孤立」を扱う節(そこには後で戻る)でも、性現象はその名を挙げられてはいない。その名が挙げられるのは、同じ議論を展開している『根拠の本質について』(一九二九年)のある一節においてである。性現象という語はある挿入文のなかで引用符に括られている。そこでは〈いわんや《ア・フォルティオリ》〉の論理が少しばかり語調を強める。なぜそのことを指摘するかといえば、性現象は「いっそう強力な論拠によって」(アンリ・コルバンの翻訳による)、あるいは、いわんや《ア・フォルティオリ》、erst recht〔ますますもって〕中和されなければならないということが正しいのであれば、なぜそのことをわざわざ強調する必要があるのか不思議だからである。誤解の危険がどこにあるというのか。事が自明ではないから、なおも性的差異の問いを存在や存在論的差異の問いに混ぜ合わせる危険があるからではないのか。このコンテクストにおいて問題になるのは、現存在の自己性、そのSelbstheit、その自己存在を規定することである。現存在は、こう言えるなら、自己の意図によって(umwillen seiner)のみ実存するが、それは意識の対自性や利己主義や独我論を意味するわけではない。「利己主義」と「利他主義」の二者択一——さらにすでに、「私であること」と「あなたであること」(Ichsein/Dusein)との差異——が出現するチャンスを得るのは、まさしく自己性〔Selbstheit〕から出発してである。したがって、つねに前提とされる自己性は〈私-存在〉と〈あなた-存在〉に対して「中立」でもあり、「いわんや〔いっそう強力な論拠によって〕」「性現象」に対して」いっそう「中立」(und erst recht etwa gegen die «Geschlechtlichkeit» neutral)なのである。この〈いわんや《ア・フォルティオリ》〉の運動が論理的に非の打ち所がないのは、ある一つの条件においてのみである。すなわち前述の「性現象」(引用符つき)は、自己性によってあるいは自己性にもとづいて可能になる一切合財(ここでは、たとえば「私」と「あなた」の諸構造)を保証された述語でなくてはならないが、しかしそれが「性現象」であるかぎりにおいて自己性の構造に属してはならない、という条件である。自己性は、私やあなた、意識主体や無意識、男や女というように、人間存在としてまだ規定されてはいないのである。しかしハイデガーがこだわって強調している(「いっそう強力な論拠によって」)とすれば、それはあいかわらず疑念を払拭できていないからだ。もし「性現象」がもっとも根源的な Selbstheit にすでに刻印を刻み込んでいるとしたら、どうだろう。もしそれが自己性の存在論的構造だったとしたら、どうだろう。Dasein の Da がすでに「性的」なのだとしたら？　すでに性的差異が、存在の意味の問いへの開け、存在論的差異への開けのなかに刻印されているのだとしたら？　そして自動的ではない中和化が一個の暴力的な操作だとしたら、どうだろう。「いっそう強力な論拠によって〔à plus forte raison(いわんや)〕」が、いっそう弱い論拠〔une raison plus faible〕を隠しもっていることもある。いずれにせよ括弧《ギュメ》はつねに一種の引用の合図である。「性現象」という語の通常の意味は、言語行為論《スピーチ・アクト・セオリー》の言葉で言えば、「使用された」ものであるよりもむしろ「言及された」ものなのである。[9] それは出頭すべく引用され〔cité(呼び出され)〕[10]たものであり、被告人とまでは言わないまでも、被疑者〔prévenu(予防されたもの)〕なのである。とりわけ、現存在の分析論を人間学や精神分析さらには生物学といった危険から守らなくてはならないのだ。しかし、もしかすると、別のいくつかの語へ開かれた通路が残っているかもしれないし、あるいは「性現象」という語はともかく、ゲシュレヒトという語の他の用法と他の読み方へ開かれたある通路が残っているかもしれない。もしかすると、もう一つ別の「性」、もっと正確に言えば、もう一つ別のゲシュレヒトが、自己性のなかにみずからを書き込みにやって来るかもしれないし、あるいは、あらゆる派生形態——たとえば、エゴや汝《あなた》の出現を可能にする、いっそう根源的な Selbstheit の派生形態——をかき乱しにやって来るかもしれない。この問いは宙づりのままに残しておこう。

　こうした中立化は現存在のあらゆる存在論的分析に暗に含まれているが、それは、ハイデガーがしばしば言う「人間のうちなる現存在」が「利己主義」的な単独性であるとか、「存在者として孤立した個人」[11]であるとかいうことではない。中立性を出発点とすることは、人間の孤立や孤島性(Isolierung〔孤立化〕)へと、人間の事実的・実存的孤独へと連れ戻すことではない。とはいえ中立性という出発点は、ハイデガーが明確に註記しているように、たしかに人間独自のある種の孤立化を意味している。しかしこの孤立化は、「あたかも哲学する存在が世界の中心であるかのごとく」、事実的実存の意味における孤立化ではなく、「人間の形而上学的孤立化」[12]であるかぎりでの孤立化である。このとき、まさしくこの孤立の分析こそが、性差という主題とゲシュレヒト性における双数的分割という主題を再浮上させる。この新しい分析の中心において、一個の語彙系にきわめて微細な差異化が生じており、このことがすでに翻訳の難問を告げている。この翻訳の難問はわれわれにとって重たくなる一方だろう。翻訳の難問を偶然的もしくは副次的なものと見なすことはつねに不可能である。ある時点にいたれば、ゲシュレヒトの思考と翻訳の思考とが本質的に同じものであるということに、われわれは気づきさえするだろう。ここでは語彙の群れ〔essaim〕が、「乖離」「散漫」「散種」「分裂」「分散」といった集列を結集させる(あるいは散らす〔essaime〕)。このとき dis-[13]は、Zerstreuung〔分散〕、Zerstreutheit〔散漫状態〕、Zerstörung〔破壊〕、Zersplitterung〔粉砕〕、Zerspaltung〔分裂〕の zer- の翻訳と見なされるだろう(もちろんこの翻訳は転移やずれなしには生じないが)。しかしこの語彙系は、内部を走るある代補的な境界線によって、またも分割される。すなわち dis- と zer- は否定的な意味をもつこともあるが、そればかりでなく中立的な意味もしくは否定的でない意味をもつのである(それを積極的な意味や肯定的な意味と呼ぶことはためらわれる)。

　文字に最接近して、読み、翻訳し、解釈するように試みてみよう。現存在一般は、固有の身体(Leiblichkeit)への、そして「そのことによって性現象への(und damit in die Geschlechtlichkeit)」[14]事実的な分散もしくは散種(faktische Zerstreuung)の内的可能性を、みずからのなかに隠しもち、匿っている。どんな固有の身体でも性をもっているのであり、そして固有の身体なき現存在はない。しかしハイデガーが提示する論理展開はきわめて明快であるように思われる。すなわち分散する多数性が固有の身体の性現象に由来することはない。現存在を根源的に分散へと連行し、したがって〔*par suite*（続いて）〕性的差異へと連行するのは、まさしく固有の身体それ自体であり、肉であり、Leiblichkeit〔生身性〕なのだ。この「したがって」(damit)は数行おきに執拗に現れる。まるで現存在が、性を与えられる身体、性的分割を被るはめになる[15]身体をもたなくてはならない、あるいはア・プリオリに（みずからの「内的可能性」として）そうした身体でなければならない、とでもいうかのようである。

ここでもまたハイデガーは執拗に次のように注意する。中立性と同じく、分散（dis- と zer- のあらゆる意味としての分散）も、否定的様態で理解してはならない、と。現存在として孤立した人間の「形而上学的」中立性は、存在者の事柄にもとづいて操作された、また存在者の意味において操作された、空虚な抽象化などではない。それは「……でも……でもない」ではない。そうではなく、それは起源のうちにある本来的な仕方で具体的なものであって、事実的な散種、事実的な乖離・乖離存在・分離性（これは faktische Zerstreutheit〔事実的散漫状態〕であり、Zerstreuung〔分散〕ではない）が「まだない」ということなのである。この乖離《ディソシエ》した、脱－結合した在り方、もしくは脱社会化《デッソシアリゼ》した在り方（というのもこの乖離存在は現存在としての人間の「孤立」とセットであるから）は、転落や事故、すなわち後から突発的に生じる堕落などではない。それは現存在の根源的な構造であり、この構造は身体によって、したがって[16]〔*donc*〕性的差異によって、多数性と脱結合とを現存在に付与する（多数性と脱結合というこの二つの意味は、散種（Zerstreutheit もしくは Zerstreuung）の分析において結び合わされながらも、やはり区別されたままではあるが）。一個の身体へと割り振られた現存在はみずからの事実性のなかで分離され、分散と細分化（zersplittert）に従わされている。そしてまさにそのことによって（ineins damit）つねに統一と調和を欠き、性別があることによって特定の一個の性へと（in eine bestimmte Geschlechtlichkeit）引き裂かれ、分割され（zwiespältig）ている。たしかに、分散、細分化、分裂、乖離、Zersplitterung, Zerspaltung といった語は、Zerstörung（取り壊し、破壊）とまったく同じように（とハイデガーは明確に言っている）、とりあえず否定的な響きをもっている。この響きは、存在者の観点から見れば、否定的な諸概念に結びついている。そこから即座に価値下落的な意味が生じざるをえない。「しかし、ここで重要なのはまったく別のことである」[17]。何が重要なのか。「多数化〔multiplication〕」の折り目〔pli(襞)〕を何がつけているかが重要なのだ。この多数化が認められる特徴的な目印(Kennzeichnung)を、われわれは現存在の事実的孤立と事実的単独性のうちに読み取ることができる。ハイデガーはこの多数化(Mannigfaltigung)を単なる多数性すなわち多様性(Mannigfaltigkeit)から区別する。また、その単数性が突如として複数の単独性へと分散する(zerspaltet)というような、一個の大いなる根源的存在という表象も避けなくてはならない。むしろ肝心なのは、現存在の固有の身体を「組織化要因」[18]とするような、そうした多数化の内的可能性を解明することである。この場合の多数性は、もろもろの規定や規定物(Bestimmtheiten)の単なる形式的複数性ではない。それは存在そのものに属している。「根源的散種」(ursprüngliche Streuung)は、「形而上学的な仕方で中立的な、現存在の概念に即して[19]」、すでに現存在一般の存在に属しているのだ。この根源的散種(Streuung)は、まったく限定的な観点から見れば、分散(Zerstreuung)となる。ここでは翻訳は困難である。私は Streuung と Zerstreuung とを区別する微妙な線を一つの取り決めによって標記するために、少々恣意的に散種と分散とを区別せざるをえない。Zerstreuung は Streuung を内包的に限定したものである。それは根源的可能性の構造すなわち散種(Streuung)を、Zerstreuung のあらゆる意味(散種、分散、散乱、放散、消散、散漫)に即して限定する。この根源的可能性(こう言えるならば散種性)を指すために、Streuung という語は一回しか現れないようだ。その後はつねに Zerstreuung という言葉が用いられ、限定の標記を——あるいはハイデガーが前もって否定性の価値について警戒を促していなければ、否定の標記と言ってもよいが——、そうしたものを付け加えるのである(だがこの付加はそう単純なことではない)。とはいえ、たとえ否定性による汚染が厳密に承認されたものではないにせよ、この否定性による汚染を、さらには倫理的 - 宗教的な連想による汚染を回避することは難しい。この倫理的 - 宗教的な連想は、代補的転回によって侵害されるように思われる純粋な根源的可能性(Streuung)の転落もしくは腐敗に分散を結びつけることだろう。こうした汚染の可能性もしくは宿命をも解明する必要がある。われわれは後でこの点に戻ることにしよう。

分散(Zerstreuung)については、いくつかの指標がある。まず第一に、現存在は決して一個の対象に、一個の対象のみにかかわるのではない。もし現存在が一個の対象のみにかかわるとすれば、それは、いつも同時に共-出現する他の存在者たちに対する抽象化もしくは無関与という様態においてである。そしてこの多数性が生じるのは、対象の複数性があるという事実のためではない。実は事態は逆である。この多数性を可能にするのは、まさしく根源において散種的な構造であり、現存在の分散なのである。現存在の自己関係についても同じことが言える。現存在は分散しているが、このことは、現存在がErstreckung〔伸張・延長〕(この単語の翻訳もまた危険である)として出来するかぎり、「最広義の歴史性の構造[20]」に適っている。「伸張〔extension〕」という語はあまりにも安易に「延長〔extensio〕」に、すなわち『存在と時間』がデカルトによる「世界の根本的な存在規定[21]」と解釈するものに(第一八節)、結びつけられてしまうだろう。しかし、ここではまったく別のことが問題となっている。Erstreckungとは、extensio〔延長〕へと空間を限定する規定「以前」に、現存在〔そこ-存在〕を、存在の〈そこ〉を、誕生と死との間で緊張させ、引き伸ばしにやって来る空間化の名である。現存在の本質的な次元であるErstreckungは、現存在をその誕生と同時に死にも関係づける〈間〉を開く。すなわち現存在が誕生と死との間で自分を緊張させ、自分を拡張する宙づり運動を開く。誕生と死は、この間隔運動にもとづいてのみ意味を得る。現存在自身がこの運動によって自己を触発するのであり、この自己-触発は現存在の歴史性の存在論的構造に属している。「延長された自己伸張の特殊な動態を、われわれは現存在の生起と名づける〔Die spezifische Bewegtheit des *erstreckten Sicherstreckens* nennen wir das *Geschehen* des Daseins〕[22]」(第七二節)。『存在と時間』の第五章は、まさしくこの間隔的緊張と分散(Zerstreuung)とを関係づける(とくに第七五節、三九〇頁[23])。誕生と死の間で、〈間〉の空間化は隔たりと関係とを同時に標記するが、この関係は一種の弛緩〔distension〕に即した関係である。誕生と死へと線を引く[24]関係(Bezug)としてのこの「二者-間」は、たとえば一切の生物学的規定「以前」に、現存在の存在そのものに属する(「現存在の存在のなかには、誕生と死とに関係する「間」がすでに含まれている〔*Im Sein* des Daseins liegt schon das "Zwischen" mit Bezug auf Geburt und Tod.〕」三七四頁[25])。誕生と死との距-離〔dis-tance(離れて-立つこと)〕のなかで、その距-離を越えて、その距-離を通して、このように維-持された〔entre-tenu(間に-保持された)〕、間に-張りつめられた〔entre-tendu〕この関係は、分散、乖離、脱結合(Zerstreuung, Unzusammenhang〔支離滅裂〕等々。たとえば三九〇頁を参照のこと)[26]とともに、それ自身を維持する。この関係、この〈間〉は、それら〔分散、乖離、脱結合〕なしには場をもたないだろう。しかし、それらを否定的な力として解釈することは解釈を急ぐことになり、たとえば解釈を弁証法化してしまうことになるだろう。

要するに Erstreckung とは、本質的分散(Zerstreuung)の数ある限定的な可能性の一つである。この「間」は分散なしには可能でないが、しかしそれは構造的依存物の一つ、すなわち時間性と歴史性を形作るだけである。根源的分散の――付帯的ながら本質的な――別の依存物、別の可能性がある。それは現存在独自の空間性、その Räumlichkeit である。空間的な分散もしくは空間化する分散は、たとえば言語において現れる。一切の言語は、何よりもまず空間的意味(Raumbedeutungen)によって規定されている。[*3] 上に述べてきた空間化する隠喩群の現象は、いささかも偶然ではないし、「隠喩」の修辞学的概念の射程外にある。それは外的な不運などではない。その本質的な還元不可能性は、現存在の実存論的分析論の外では、現存在の分散、その歴史性、その空間性の外では、明らかにならない。したがって、そこから、とくに実存論的分析論の言語活動そのもののために、結論を引き出さなくてはならない。すなわち、ハイデガーが使用するすべての語は、Zerstreuung(散種、分散、散漫)を始めとして、必然的にあれらの Raumbedeutungen〔空間的意味〕へも送り返すのである(Zerstreuung という語は、それが言語であるかぎりで空間化の法に従うときでも、空間化の起源を名指してはいるのだが)。

したがって「超越論的分散[27]」(ハイデガーはこの分散をなおもそのように名づける)は、中立性における現存在の本質に属している。それは「形而上学」的本質であると、〔マールブルク〕《講義》のなかではっきりと述べられている。当時この《講義》は、何よりもまず現存在の形而上学的存在論として提示されており、それと比べれば現存在の分析論自体は単なる一局面、おそらく準備的な一局面にすぎなかっただろう。とくに性的差異についてここで言われていることを位置づけるためには、このことを考慮に入れなくてはならない。超越論的分散は、事実的実存における一切の乖離と一切の細分化(Zersplitterung, Zerspaltung)の可能性である。超越論的分散それ自体は、ハイデガーが当時Geworfenheit〔被投性〕と名づけていた現存在の根源的性格のなかに「基礎」をもつ。このGeworfenheitという単語のかたわらで辛抱しなくてはならないし、この語を多くの慣用、通常の解釈・翻訳(たとえば見棄てられた状態、投げすてられた存在)から引き抜かなくてはならないだろう。性的差異についての解釈(これがその後でなされようとしている)が、みずからのうちにこのGeworfenheitから引き留めるもの、そしてこのGeworfenheitに「基礎」づけられつつ、超越論的分散から引き留めるもの、これを見越して、そうしなくてはならないだろう。この投擲〔jetée〕、投擲としての現存在のこの〈現＝そこ〔da〕〉を前提としない散種はない。この投擲は、それを限定的に規定することになるあらゆる投擲様式、すなわち投企〔projet〕、主体〔sujet〕、客体〔objet〕、唾棄すべきもの〔abject〕、投棄〔rejet〕、道程〔trajet〕、排泄〔déjection〕[28]といった投擲様式「以前」の投擲である。すなわち、現存在が投擲の主人的主体として自分自身を投げるという意味での投企において、自分のものにすることができないような投擲である。現存在は投げられて〔geworfen〕いる。これは、現存在がみずからに発する一切の投企以前に投げられているという意味である。だがこの〈投げられて－在ること〔être-jeté(被投－存在)〕〉は、主観－客観という対と、したがってそれらの対立(こう言えるなら、それらの反論関係〔objection(客体化)〕)とあまりにまだ堅く結びついている能動性と受動性という二者択一に、まだ服していない。〈投げられて－在ること〉を受動性と解釈することは、被投存在を、それよりも遅い主観性・基体性

〈能動的であれ受動的であれ〉の問題圏のなかに登録しなおしてしまうだろう。こうしたあらゆる統辞法以前のところで、「投げる」とは何を言わんとするのか。プラトン的であれキリスト教的であれ、失墜のイメージ以前に存する〈投げられて－在ること〉とは、何を言わんとするのか。操作、活動＝能動性、主導性に舞い戻るような、投擲についてのなんらかの思考が現れる（言い換えれば、そうした思考が現存在に、〈そこ〉に出来する）まさにそれ「以前」に、現存在が〈投げられて－在ること〉はあるのだ。そして現存在がこのように〈投げられて－在ること〉は、空間のなかでの投擲ではないし、空間的なエレメントが〈すでにそこにあること〉のなかでの投擲でもない。現存在の根源的空間性は投擲に起因するのである。

性的差異という主題が再び現れる可能性があるのは、この地点においてである。現存在（まだその中立性において理解された現存在）の散種的投擲は、「現存在〔Dasein〕は、現存在との共存在〔Mitsein〕である[29]」という点においてとくに表面化する。いつもと同じく、このコンテクストにおいても、ハイデガーの最初の挙措は暗黙の包含関係〔implication〕の次元を思い出させることである。すなわち性的差異もしくは類への所属は、〈共－存在〉から出発して、別の言い方をすれば散種的投擲から出発して解明しなければならないのであって、その逆ではない。〈共－存在〉は事実連関から浮上するのではないし、「根源的と主張されるような類的存在から説明されるのではない[30]」。すなわち性的差異に即して分割されるような固有の身体をもった存在（geschlechtlich gespaltenen leiblichen Wesen）から説明されるのではない。逆に、ある種の類的結集の衝動（gattungshafte Zusammenstreben）、類の合一（一体化、結合、Einigung）は、現存在としての現存在の散種を、そしてそのことによって共存在を、「形而上学的前提[31]」とする。

共存在の「共」は実存論的なものであって、カテゴリー的なものではない。これは場の副詞についても同様である（『存在と時間』第二六節を参照のこと）[32]。ハイデガーがここで現存在の形而上学的根本性格と呼ぶものは、類的組織や生物としての生物の共同性から派生させることはできない。

こうした次元についての問いは、性的差異の「状況」にとっていかなる点で重要なのか。少なくとも、ある慎重な派生関係のおかげで(われわれにとってはこれもまた問題となる)、ハイデガーは性現象という主題を存在論的問いと実存論的分析論のなかに厳密な仕方で書き込みなおすことができるようになるのだ。

共通のドクサやなんらかの生物学的‐人間学的科学はどちらも形而上学的な前‐解釈に立脚しておりもはやあてにすることができない以上、性的差異は思考されるべき課題として残っている。だがこの慎重さの代価はいかなるものだろうか。それは性現象をすべての根源的構造から遠ざけることではないか。性現象を演繹することではないか。いずれにせよ、そのようにしてもっとも伝統的な哲学素を確実なものとしながら、すなわち新しい厳密さの力でもってそうした哲学素を反復しながら、性現象を派生的なものとみなすことではないか。そしてこの派生視は、中立化――ハイデガーがその否定性を苦労して否認した中立化――から始まったのではないか。そしてこの中立化が実行されると、存在論的もしくは「超越論的」分散へと、すなわちその否定的価値を消去するのにいくぶん苦労したあのZerstreuungへと、またもや到るのではないか。

たしかにこれらの問いはこのままのかたちでは皮相なものにとどまる。性現象の名を挙げるマールブルク講義の一節と単にやり取りをしただけでは、これらの問いを練り上げることはできないだろう。問題となるのが中立化であれ、否定性であれ、分散であれ、散漫(Zerstreuung)であれ(ハイデガーに従えば、これらは性現象の問いを提起するために必要不可欠なモチーフである)、『存在と時間』に帰る必要がある。そこに性現象の名は出ていないが、これらのモチーフはいっそう複雑で、いっそう差異化された(いっそう安易な、という意味ではない)仕方で扱われている。

ここでは、いくつかの準備の手がかりだけで満足せざるをえない。《講義》において方法上の手続きとも見える中立化は、『存在と時間』で「欠如的解釈」(第一〇節)[33]について言われていることと無関係ではない。ハイデガーは欠如的解釈の「方途」によって、あるいはこの「方途」のうえで達成される存在論に頼っているのであるから、方法について語ることさえできるかもしれない。[34] この方途はいくつかのア・プリオリを抽出することを可能にする。それこそがフッサールの功績だとする同じ頁の註で言われているように、「先験主義《ア・プリオリズム》は、自己を理解しているあらゆる科学的哲学の方法である」[35]。このコンテクストで問題とされているのは、まさしく心理学と生物学である。それらは科学であるかぎりで、現存在の存在論を前提とする。生という存在様態は、本質的には現存在によってしかアクセスできない。「欠如的解釈」を要求するのは、まさしく生の存在論である。「生」とは、純然たる「客体存在〔Vorhandensein（手前存在）〕」でも「現存在」でもない（ここでハイデガーは、生という事柄が肯定以上のものを要求することを考慮せずに、このように言っている。ハイデガーにとって事態は自明であるらしい）。「生」にアクセスするためには、否定的に、差し引き〔soustraction〕によって操作するしかない。そのとき、これでもあれでもなく、客体存在〔Vorhandensein〕でも現存在〔Dasein〕でもなく、生でしかない生の存在とは何か、という問いが生じる。ハイデガーがこの生の存在論を練り上げることは決してなかった。生の存在論を条件づける「……でも……でもない」が、実存論的分析の全体にとってもっとも構造形成力の強い諸概念（論理範疇であれ実存範疇であれ）と相容れず、それらをはみ出すのであってみれば、この生の存在論が積み上げただろう困難は想像にかたくない。ここで問いに投げ込まれるのは問題構成の全体である。すなわち実証的な知を領域的存在論に、領域的存在論を基礎的存在論に服させる問題構成の全体である（そのとき（当時）基礎的存在論は現存在の実存論的分析論によって予備的に開始されていた）。この巨大な問題を惹起し、位置づけ、いずれにせよ、この問題にもっとも認識可能な名を与えるのが、生けるもの《ヴィヴァン》、生命あるもの《アニメ》（したがってまた、魂をもったもの《プシシック》）の存在様態であるとしても、それは少しも偶然ではない（いま一度、このように言うことも、それを証明することもできるだろう）。ここでこの問題に深入りすることはできないが、あまりにも顧みられないその必然性を強調することによって、少なくとも、性的差異の主題をこの問題から切り離すことはできないということ、このことは指摘しておく必要がある。

さしあたり、この「欠如化の方途」にとどまろう。ハイデガーはこの表現を第一二節で再び採用するが、その目的は今回もまた、生けるものの存在論的構造へとア・プリオリに接近する道を指し示すためである。このことをひとしきり思い出させた後、ハイデガーは否定的言表の問いを拡張する。この存在論的特性において、なぜ否定的規定がかくも頻繁に現れるのか。それはいささかも「偶然」ではない。その理由は、現象を隠蔽し、歪曲し、ずらし、包み隠してしまったものから、Verstellungen〔偽装〕や Verdeckungen〔隠蔽〕から、すなわち、あらゆる前-解釈から、現象の独自性を引き抜いて守る〔soustraire〕必要があるからである。前-解釈の否定的効果は、否定的言表——その真の「意味」が実は「肯定的」である否定的言表——によって無効にされなくてはならないのだ。これはさきほどわれわれが認識した図式である。したがって「特性」の否定性は、それがいわば方法上修正することになる変質や隠蔽の必然性と同じく、偶然ではない。Verstellungen と Verdeckungen は、存在とその解釈の歴史そのものにおいて必然的な動向である。非本来性(Uneigentlichkeit)を、陥るべきでなかった過失や罪に還元することができないように、Verstellungen と Verdeckungen を、なにか偶発的な過失であるかのように避けることはできない。

　だがしかし。もろもろの言表もしくは特性を形容するときにハイデガーが「否定的〔negativ〕」という語を安易に使用するということはあるにせよ、存在の前-解釈において、否定的もしくは中立的な形式をもったあれらの方法的修正を必然的にするもの自体を形容するときには、彼は決して「否定的」という語を安易に用いてはいない(あるいは慎重に言えば、この語を使うことがもっと少なく、使うとしてもはるかに安易ではない仕方で使う)ように私には思われる。Uneigentlichkeit や Verstellungen や Verdeckungen は(偽りや悪、過ちや罪といったような)否定性の次元に属するのではない。そして、なぜハイデガーがこの場合に否定性と言うのを自制するのか、その理由は明らかである。彼は、宗教的、倫理的、さらには弁証法的な図式よりも「高い」ところへ遡ることを目論んで、そうした図式を回避するのである。

したがって存在論的に見れば、いかなる否定的な意味も「中立」一般には結びついていないし、とりわけ現存在のあの超越論的分散(Zerstreuung)には結びついていないと言わなくてはならない。ところで、われわれは否定的価値についても価値一般についても語ることはできないが(価値という価値へのハイデガーの不信はよく知られている)、『存在と時間』において規則正しく中立と分散とをしるしづけにやって来る、示差的で序列的な強調のことは考慮しなければならない。いくつかのコンテクストにおいて、分散は現存在のもっとも一般的な構造のしるしとなっている。それは《講義》のなかに見られたが、すでに『存在と時間』においても、たとえば第一二節(五六頁)において、そうである。「現存在の世界内存在〔In-der-Welt-Sein〕は、現存在の事実性によって、内－存在〔In-Sein〕の特定の諸様式へとつねにすでに分散させられて(zerstreut)、さらには細分化されて(zersplittert)しまっている[36]」。そしてハイデガーはそうした諸様式とそれらの解消不可能な多数性のリストを提出する。しかしほかのところでは、分散と散漫(二つの意味での Zerstreuung)は、現存在の非本来的自己性、すなわち世人自身〔Man-selbst〕の非本来的自己性、つまり本来的で固有な(eigentlich)自己性(Selbst)とは「区別された」あの〈世人〔*On*〕〉の自己性の特徴となっている。「世人」であるかぎりでの現存在は、分散したり散漫であったりする(zerstreut)。この分析の全体はよく知られており、われわれはそこから分散にかかわるものだけを取り出すことにしよう(第二七節を参照のこと)。分散の概念は好奇心(Neugier. 第三六節)の分析の中心に見られる。好奇心とは、現存在がその日常的存在へと頽落(Verfallen)した三つの様式のうちの一つであるということを思い出そう。もっと後でわれわれはハイデガーの用心に立ち戻らなければならないだろう。頽落、疎外(Entfremdung)、さらに転落(Absturz)は、ここでは、「道徳家的な批判」や「文化の哲学」の主題ではないし、「原初状態」(これについてはわれわれにはいかなる存在者的経験もないし、存在論的解釈もない)の外への転落(Fall)についての宗教的な独断論や「人間本性の腐敗」といった言説の主題でもない。さらに後でわれわれはこうした用心とその問題含みの性格を指摘しなければならないが、それはハイデガーがトラークルの「所在究明[37]」において、分解〔décomposition（腐敗）〕と非本質化（Verwesung）[38]について、言い換えれば、人間の形象のある種の腐敗について解釈するときである。そこでもまた、さらに今回はいっそう明示的に、「ゲシュレヒト」についての、あるいはゲシュレヒトなるものについての思考が問題になるだろう。私はこの〔ゲシュレヒトという〕語に引用符を付すが、その理由は、ここではこの語が名づける当のものだけが賭けられているのではなく、名そのものまでもが賭けられているからである。そして名と名が名指すものとを分離することは、ここではそれらを翻訳することと同様に、軽率である。後で立証しようと思うが、ここで賭けられているのはゲシュレヒトという書き込みと、書き込み、打撃、刻印としてのゲシュレヒトなのである。

したがって分散は二回標記されている。すなわち現存在の一般構造としてと同時に非本来性の様式として。中立についても同じことが言えるだろう。《講義》のなかで現存在の中立性が問われるとき、そこにはいかなる否定的・侮蔑的な意味もなかった。しかし『存在と時間』における「中立」は、「世人」の特徴、言い換えれば、〈日常的自己性における「誰か」がそうなるもの〉の特徴でもありうる。そのときの「誰か」とは、中立的なもの（Neutrum〔どちらでもないもの〕）であり、「世人〔ひと一般〕」である（第二七節）。

われわれは『存在と時間』を簡単に見ただけだが、ハイデガーがなんとしても保存しようとするあの暗黙の包含関係〔含蓄〕の次元の意味と必然性とをいっそうよく理解できるようになっただろう。とりわけ性現象についてのあらゆる言説が使用するさまざまな述語を、この暗黙の包含関係〔含蓄〕の次元によって説明することもできる。固有の意味で性的な述語などないのであって、少なくとも、みずからの意味について現存在の一般的諸構造に送り返さないような性的な述語はない。そして性現象という名がもち出されるときに、何が、どのように語られているのかを知るためには、現存在の分析論が描くまさに当のものに頼らざるをえない。逆に（と言えればだが）、この暗黙の包含関係を解除することによって、言説の性現象や言説の一般的な性別化を理解することができるようになる。すなわち、性的な含意《コノテーション》が言説をしるしづけ、言説に浸透するにまでいたるのは、それがあらゆる言説の暗に含むものと同質であるかぎりにおいてのことであって、たとえば還元不可能なあれらの「空間的意味」(Raumbedeutungen)のトポロジーや、またわれわれが途中で位置づけた、ほかの多くの特徴と同質的であるかぎりにおいてのことである。遠ざかり、内と外、分散と近さ、ここそこ、誕生と死、誕生と死との間、共 - 存在と言説、こういったものに頼らないような「性的」言説もしくは「性現象に関する」言説は、いったいどのようなものになるだろう。

こうした暗黙の包含関係の次元は、まだ性的二元性、双数としての差異になっていない性的差異についての思考へと開く。われわれが標記しなおしたように、《講義》が中和していたもの、それは性現象それ自体というよりも、むしろ性的差異の「類的」標記であり、二つの性のうちの一方への帰属である。とすれば、分散と多数化(Zerstruung, Mannigfaltigung)へと連れ戻すことによって、二によって封印されていないような性的差異(否定性なき差異、とはっきり言おう)を思考し始めることが可能なのではないか。二によってまだ封印されていない性的差異、あるいは二によってもはや封印されることのない性的差異を。しかし「まだない」もしくは「すでにもはやない」は、まだ、すでに、なんらかの臨検〔arraisonnement(理性による推論)〕を意味するだろう。

対概念の撤回〔retrait(引き戻し)〕は、他なる性的差異への道を作る。それは他のいくつかの問いへの準備となることもできる。たとえば、以下のような問い。すなわち、いかにして差異はみずからを二なるもののなかに置いていったのか。あるいはまた、どうしても差異を双数的対立のなかに留め置こうというのであれば、いかにして多数化は、差異のなかで、性的差異のなかで、立ち止まるのか。

《講義》では、われわれが述べたもろもろの理由から、ゲシュレヒトはあいかわらず対立もしくは双数によって型どられたものとしての性現象の名である。もっと遅い時期(そしてもっと早い時期)では事態は同じではなく、この対立は分解＝腐敗〔décomposition〕と言われているのである。[*4]

ハイデガーの手[*1]（ゲシュレヒトⅡ）

……振る舞う(handeln)ということが存在の本質に手(Hand)を貸すことを意味するのであれば、思考することは、そのもっとも固有な意味において振る舞うことである。存在の本質に手を貸すとは、言いかえれば、存在がそこにおいてみずからを、そしてその本質を、言語へともたらす領野、これを存在者の真只中に、存在の本質のために準備する(建設する)ことである。言語だけが、あらゆる思考の意志に方途と通路をわれわれに与えるものなのである。

（ハイデガー『問いの数々』第四巻、一四六頁。[1] 強調デリダ）

このカンヴァスに描かれた絵において大変美しく、非常に貴重なもの、それは手だ。特殊な構造をもつ、歪みのない手。それは灼熱の言語のごとく語りかける。炎の暗い部分のように緑色で、みずからのうちに生のあらゆる揺らぎをはらんでいる手。愛撫するための、優美な仕草をするための手。そして、カンヴァスの赤い陰影のなかで明るい事物のように生きる手。

（アルトー「マリア・イスキエルドの絵」『革命のメッセージ』所収、『アルトー全集』第八巻、二五四頁。[2] 強調デリダ）

私はまずいくつかの断りから始めなければならない。それらはすべて、とりわけ本「読解」の形式と資格について、あなたがたに考慮するように求めるあらゆる前提について、私の弁解を聞き入れていただきたくあなたがたの寛容をお願いすることに帰着するだろう。実際、私は「ゲシュレヒトI　性的差異、存在論的差異」という題で発表した、短いささやかな試論の読解を前提にしている。一年以上前に発表し翻訳もされたその試論は、ある仕事に着手していたが、その仕事を私はようやく今年になって、「哲学の国籍および哲学のナショナリズム」という題目で、パリでおこなっているセミネールのなかで再開した。『存在と時間』とほぼ同時期のある《講義》における性的差異のモチーフを扱った「ゲシュレヒト」という題の導入的な論文を再現することも、また今日私があなたがたに提示する省察の背景をなす、「哲学の国籍および哲学のナショナリズム」に関する私のセミネールで展開されている議論のすべてを再現することも、時間の都合上できない。しかしながら、それらのいくつかの省察(なおも予備的なものではあるが)を、可能なかぎり分かりやすく、不可視のコンテクストから可能なかぎり独立したかたちで提示するように努めてみよう。また別の断り、あなたがたの寛容へのまた別のお願いがある。私がセミネールのゆっくりとしたリズムで今年継続している仕事については、時間の都合上、その一部しか、というよりむしろ、複数の断片しか(ときにいささか不連続な断片しか)提示できないだろう。そのセミネールが乗り出した読解は困難なものであり、また可能なかぎり綿密かつ慎重なものであって欲しいと私は思っているのだが、その読解の対象はハイデガーのいくつかのテクスト、とくに『思惟とは何の謂いか』と、そして『言葉への途上』に収められた、とりわけトラークルについての講演である。

I

したがって、われわれはハイデガーについて語ろう。

また怪物性について語ろう。

「ゲシュレヒト」という語について語ろう。私はさしあたりこの語を翻訳しない。おそらくどんなときにも私がこの語を翻訳することはないだろう。しかしこの語は、それを限定するコンテクストに応じて、性、人種、種、類、根元、家系、世代または系譜、共同体などと翻訳されうるだろう。「哲学の国籍および哲学のナショナリズム」に関するセミネールのなかで、マルクス、キネ、ミシュレ、トクヴィル、ウィトゲンシュタイン、アドルノ、ハンナ・アーレントらのいくつかのテクストを研究するより前に、われわれはフィヒテ読解のほんの入口で、ゲシュレヒトという語に遭遇した。«...was an Geistigkeit und Freiheit dieser Geistigkeit glaubt, und die ewige Fortbildung dieser Geistigkeit durch Freiheit will, das, wo es auch geboren sey und in welcher Sprache es rede, ist unsers Geschlechts, es gehört uns an und es wird sich zu uns thun.»(『ドイツ国民に告ぐ』[*Reden an die Deutsche Nation*]の第七講演)。フランス語訳はゲシュレヒトという語の翻訳を省いている。それはおそらく、そのフランス語訳がS・ジャンケレヴィッチによって、戦中あるいは戦後すぐの時期になされた(と思うが)からであり、人種という語をことさら危険なものに思わせる情勢、そもそもフィヒテを翻訳する語としては不適切なものにしてしまう情勢のなかでなされたからであろう。しかしフィヒテが彼の根本原理(Grundsatz)と呼ぶもの、つまり、まさしく「われわれのゲシュレヒト」への帰属となる円環(Kreis)あるいは盟約(Bund)、すなわちアンガージュマン(われわれはセミネールのこれまでのところでそれについて多くを語ってきた)の原理を右のように説明するとき、フィヒテは何を言わんとしているのか。「この精神の精神性と自由とを信じるすべてのものは、自由を通したこの精神性の永遠的かつ進歩的な形成[*die ewige Fortbildung*——仮にフィヒテが、ここで手短に語ることのできないほど謎めいた意味で「ナショナリスト」であるとしても、彼がそうであるのは進歩主義者として、共和主義者として、そして世界主義者としてである。現在私が取り組んでいるセミネールのテーマのひとつは、まさしくナショナリズムが世界主義《コスモポリタニズム》や人間主義《ユマニスム》[人類主義]と取り結ぶ、逆説的だが規則的な連携関係にかかわっている]を望むすべてのものは、そのものがどこで生まれようと、どの言語を喋ろうと、われわれのゲシュレヒトに属するのであり、われわれに帰属し、われわれに関与するのである」[3]。したがって、このゲシュレヒトは生まれや生地や人種によって限定されず、自然なものをまったくもたないのみならず、言語的なものさえもまったくもたない。少なくとも通常の意味における言語的なものをまったくもたない。ここでなぜこのような留保をつけるかと言えば、われわれはフィヒテのなかに固有言語《イディオム》の要求のようなものを、ドイツ語という固有言語についての固有言語の要求のようなものを認めることができたからである。生まれながらのドイツ市民であっても、この固有言語についての固有言語に無縁のままにとどまるひともいるし、非-ドイツ人でそれを手に入れることのできるひともいる。その非-ドイツ人たちが精神の自由とその無限の進歩のあの円環ないし盟約のなかに身を投じる《サンガジェ》ならば、彼らは「われわれのゲシュレヒト」に帰属することになる。このコンテクストにおいてゲシュレヒトを分析的かつ疑義のない仕方で規定する唯一のもの、それは「われわれ」である。すなわち目下のこの瞬間にわれわれが語りかけている「われわれ」、想定されているばかりでなく作り上げなければならない共同体にフィヒテが訴えかける瞬間にわれわれが語りかける「われわれ」、そうした「われわれ」への帰属である。そのときフィヒテが訴えかける共同体とは、厳密な意味で政治的でも人種的でも言語的でもなく、フィヒテの語りかけ、訴えかけ、呼びかけ(『……に告ぐ』〔*Reden an…*〕)を受けてフィヒテとともに思考することができ、どんな言語においてであれ、どんな出生地からであれ、「われわれ」と言うことができる共同体である。ゲシュレヒトとは、自由による精神の無限の進歩を信じるひとつの集合、ひとつの結集(Versammlung と言っていいかもしれない)、自然的な意味ではなく精神的な意味における有機的共同体なのだ。要するに、自由と精神性という無限のテロスにもとづいてみずからを自分自身に予告し、この無限の意志の円環(Kreis, Bund)に従ってみずからを約束し、みずからを投じ《サンガジェ》、みずからを同盟させるものが、無限の「われわれ」なのである。こうした状況のなかで、どのようにして「ゲシュレヒト」を翻訳すればよいのか。フィヒテは彼の言語においてすでに豊かな意味規定をもつ語を利用しており、そして彼はドイツ語を話している。どの言語を話していようと誰でも「われわれのゲシュレヒトに属する〔«ist unsers Geschlechts»〕」とフィヒテが言ったところで無駄であって、彼はドイツ語でそう言っているのであり、そのゲシュレヒトは本質的なドイツ性〔Deutschheit〕なのだ。「ゲシュレヒト」という語は、訴えかけ《アドレス》そのものによって創設される「われわれ」から出発してのみ厳密な内容をもつが、しかしやはり講演を最小限でも理解するために不可欠な、もろもろのコノテーションをも含んでいる。そしてそれらのコノテーションは解消不可能な仕方でドイツ語に属している。このときのドイツ語というのは、ゲルマンのあらゆる経験的現象よりもさらに本質的なドイツ語のことではあるが、しかしそれはやはりなんらかのドイツ語なのである。あれらの内包された意味〔「ゲシュレヒト」の多義性〕のすべてが「ゲシュレヒト」という語の使用において共‐現前し、そこに潜在的に出頭する〔comparaître（共‐出現する）〕が、それらの意味のいかなるものも十全な満足を与えはしない。いかにして翻訳すればよいのか。フランス語訳者がしたように、危険を前にして尻込みし、この語を省くこともできる。また省略してもたいして失われるものがないほど、それくらいこの語は開かれているのだと、それが指し示す概念によって限定されていないのだと、すなわち、みずからの無限の進歩へ向けて身を投じた精神的自由としての「われわれ」によって限定されてはいないのだと、そう判断することもできる。「われわれ」とは、最終的には、人間の人間性のこと、ドイツ性〔Deutschheit〕において卓越したかたちで予告されている人間性の目的論的本質のことである。しばしば«genre humain»、«espèce humaine»、«race humaine»〔すべて「人類」を意味するフランス語〕は«Menschengeschlecht»と言われる。すぐにわれわれが扱うことになるハイデガーのテクストのなかで、フランス語訳者たちはゲシュレヒトを、あるときには genre humain〔人類〕と、またあるときには単に espèce〔種〕と訳している。

　というのも、そこで問題になっているのは、こう言えるならば、人間の問題、人間の人間性《ユマニテ》の問題、そして人間主義《ユマニスム》＝人類主義の問題にほかならないからである。とはいえそれはもはや言語が抹消されるがままにならない場においてのことである。すでにフィヒテにとっても、人間の「人間性《ユマニテ》」とMenschlichkeitとは同じことではなかった。彼が「われわれのゲシュレヒトに属する〔«ist unsers Geschlechts»〕」と言う場合、彼の念頭にあるのはMenschlichkeitであって、ラテン語族のHumanitätではない。(4)『ドイツ国民に告ぐ』の第四講演は、ラテン文化についてのハイデガーの来たるべきテクストと遠くから響きあっている。そこでは、「みずからの生きた根から切り離された」死んだ言語と、息吹によって生命を与えられた生き生きとした言語、つまり精神的な言語とが区別されている。ある言語が、その最初の音素からして、ひとつの民族――言語はその民族の直観すべてと結ばれつづける――の共同的で断絶のない生から生まれているときには、異民族の侵入を受けてもなにも変わらない。侵入者たちは、いつの日かStammvolkes つまり根元－民族の諸直観を完全に我が物にするのでないかぎり、この根源的言語の高みにまで達しえない。この根元－民族にとって、彼らの諸直観は言語から切り離しえない。«...und so bilden nicht sie die Sprache, sondern die Sprache bildet sie(……彼らが言語を作るのではなく、言語が彼らを作るのだ)[5]»。逆に言えば、ある民族が、超感性的な事柄を指し示すために発展した他の言語を採用し、それでもその外国語の影響に完全に身を委ねないならば、感性的な言語活動はこの出来事によって変質することはない。フィヒテの指摘によれば、あらゆる民族において、子供たちは、感性的事物へと向けられた言語のこの部分を、あたかもそれらの記号が恣意的である(willkürlich)かのように学ぶ。子供たちは国語がそれまで経てきた発展を再構成しなければならない。しかし感性的なこの領域では(in diesem sinnlichen Umkreise)、一つひとつの記号(Zeichen)は、指し示され意味された(bezeichnete)事物との直接的な視認や接触のおかげでまったく明瞭なものとなることができる。ここで私は記号(Zeichen)を強調しておく。なぜなら、われわれはすぐに怪物性としての記号に取り組むことになるだろうから。このくだりでフィヒテはゲシュレヒトという語を世代という狭い意味で用いている。「自分の言語をこうして変えた民族の最初の世代(das erste Geschlecht)にとって、そこから帰結してくるのはせいぜいのところ、壮年〔成年〔âge d'homme(〈一人前の男性＝人間〉の年齢)〕、すなわちMänner〔ドイツ語の「成人男性・夫」の複数形〕〕から子供時代へと強制的に回帰させられることぐらいであろう[6]」。

フィヒテがHumanität とMenschlichkeit を区別することにこだわるのは、この点においてである。ドイツ人にとって、ラテン語起源のこれらの語(Humanität〔人間性〕、Popularität〔民衆性〕、Liberalität〔自由〕)は、たとえそれらが崇高に思われ、また語源的に興味を引くとしても、意味が空っぽであるように響くのだ。そもそもラテン人や新ラテン人たちにおいても事情は同様で、彼らは語源を知らずに、それらの語が彼らの母語(Muttersprache)に属していると思いこんでいる。しかし、あるドイツ人にMenschlichkeitと言ってみなさい。そのひとは他に歴史についての説明がなくとも(ohne weitere historische Erklärung)あなたの言うことを理解するだろう。そもそも、人間が人間であるなどと述べる必要はないし、猿や野獣ではないとわかりきっている人間のMenschlichkeitについて語る必要もない。ローマ人ならばこのようには答えなかっただろう、とフィヒテは考える。なぜなら、ドイツ人にとってMenschheit〔人であること〕やMenschlichkeit〔人間的であること〕はつねに感性的概念(ein sinnlicher Begriff)にとどまるのに対し、ローマ人にとってhumanitasは超感性的(übersinnliche)観念の象徴(Sinnbild)になってしまっていたからである。ドイツ人たちも原初から、具体的な諸直観をひとつにまとめあげて、つねに動物性と対立する人間性という知的概念を作り上げた。彼らが保持するMenschheitへの直観的な関係のなかに、ローマ人たちと比べて劣等性のしるしを見るのはたしかに間違いだろう。外国起源の——とりわけローマ起源の——語をドイツ語のなかに人為的に導入することは、ドイツ人たちの思考様式の道徳水準を低下させるおそれがある(ihre sittliche Denkart[...]herunterstimmen)。言語、比喩《イマージュ》〔像〕、象徴(Sinnbild〔意味の像〕)については、「国民的構想力《イマジナシオン》〔国民的想像力〕」(Nationaleinbildungskraft)という解体不可能な本性が存在するのである。

以上のことを図式的に想起しておくことは、二つの理由から必要だと私には思われた。ひとつには、ゲシュレヒトというこのデリケートで、重大で〔critique(危機的・発作的)〕、神経痛のごとき語を翻訳することの困難さを強調するためであり、またもうひとつには、この語と人間性(vs.動物性)の問いとの解消不能な結びつきを示すためである。そしてこの人間性という名は、こう言ってよければ、名と〔その名が指し示す〕「事象」との結びつきがそうであるように、その名がそこに記載されている言語という名と同じくらい、問題含みのままである。Menschheit, Humanitas, Humanität, mankind 等々と、あるいは Geschlecht や Menschengeschlecht とひとが言うとき、何が言われているのか。同じことが言われているのか。ついでに社会主義者グリュンに対してマルクスが『ドイツ・イデオロギー』のなかで放った批判も思い出しておこう。グリュンのナショナリズムは、他の国の社会主義者たち（フランスやアメリカやベルギーのそれ）よりもドイツ人たち（ドイツの社会主義者たち）がよく表現していた、マルクスが皮肉をこめて言うところの「人類という国民」を援用していたのだった。[7]

ハイデガーは一九四五年の十一月にアルベルト＝ルートヴィヒ大学の大学区長に宛てた手紙のなかで、ナチズム時代のみずからの態度について弁解している。彼が言うには、国民的《ナショナル》なものとナショナリズムとを、言いかえれば、国民的なものと生物学主義的で人種主義的なイデオロギーとを、区別できると思っていたのである。

> 私は、ヒトラーが一九三三年に民族全体の責任を担うようになった後、彼が《党》とその教義から自由になるものと思っていましたし、西洋の責任のための革新と結集の地盤にすべてがあると思っていました。この確信は誤りでした。私はその誤りを一九三四年六月三十日のもろもろの出来事から知りました。私は一九三三年に、国民的《ナショナル》なものと社会的なものに（ナショナリズムにではありません）イエスと言うために介入していたのであって、《党》の教義である生物学主義が依拠していた知的かつ形而上学的な土台にイエスと言ったわけではありません。なぜなら、私が目にしていた社会的なものと国民的なものは、生物学主義的で人種主義的なイデオロギーと本質的には結びつかないものだったからです。[8]

生物学主義と人種主義に対する糾弾は、ローゼンベルク[9]のイデオロギー的言説の全体に対する糾弾と同様、ハイデガーの多くのテクストの発想源となっている。『総長演説』やヘルダーリンとニーチェに関する『講義』もそうだし、またナチスの技術優先的かつ功利主義的な目的による知の利用に抗する展望、すなわち大学の知の専門職化と収益化に抗する展望につねに立脚していた、技術への問いもそうである。私は今日、ハイデガーの「政治」に関する調査を再開するつもりはない。それについてはすでに別のいくつかのセミネールにおいておこなったし、今日われわれはこの問題の古典的な側面を、そして今となってはあまりにアカデミックな枠にはまってしまった側面を読み解くのに十分なほど多くの文献を手にしている。しかし私がいま試みようとすることは、その同じ悲劇の、もしかするともっと見えにくいかもしれない別の側面と間接的な関係をもつだろう。したがって私は今日、さきほど告知しておいた怪物性について語ることから始めよう。それは人間(Mensch あるいは homo)の問いを、そしてゲシュレヒトに謎めいた内容を与える「われわれ」の問いを、遠回りにではあるが別の仕方で問うことであるだろう。

なぜ「怪物〔monstre〕」なのか。それは事を悲愴にするためではない。またナショナリズムという事柄とゲシュレヒトと名づけられた事柄のまわりをうろつくとき、われわれはなにか怪物めいた不気味さ〔Unheimlichkeit〕の近くにつねにいるから、という理由によるのでもない。怪物とは何か。この語の多義性の音階については、すなわちたとえば規範や形式、種や類――すなわちゲシュレヒト――の観点からなされうるさまざまな用法については、承知のとおりである。私は別の方向をここで特権化することから始めよう。それはもっと知られていない意味《サンス》のほうへ向かう方向《サンス》である。というのもフランス語では、*la* monstre(文法上の性《ジャンル》の、性別《セックス》の、ゲシュレヒトの変化)には、楽曲において作詞家《ポエート》〔詩人〕に指定された詩句やシラブルの数を示す〔*montre*〕線図《ダイアグラム》という、詩的‐音楽的な意味があるからである。[10] 怪物化すること〔*monstrer*〕は示すこと〔montrer〕であり、モンストル〔une monstre(女性形の怪物、歌詞の指示図)〕は一種の表示〔une montre〕なのだ。[11] 私はすでに私の言語の翻訳不可能な固有表現《イディオム》のなかに身を置いている。というのも私があなたがたに語りたいのは、まさに翻訳についてだからである。ところで歌詞の指示図〔la *monstre*〕は、ひとつのメロディーのために詩句の区切れ[12]を指定する〔préscrire(前もって書き込む)〕。怪物〔le monstre〕あるいは歌詞の指示図〔la monstre〕とは、警告するために、警戒させるために示すもののことである。[13]かつてフランス語で la montre〔表示〕は la monstre〔怪物的表示〕と書かれていた。

なぜこのような音楽的‐詩的な例を取り上げるのか。私があなたがたに語ろうとする怪物は、ヘルダーリンのよく知られたある詩から、すなわちハイデガーがしばしば考察し、問いかけ、解釈している『ムネーモシュネー』から来ているからである。その三つのヴァージョンのうち二番目のもの、つまりハイデガーが『思惟とは何の謂いか』で引用しているヴァージョンのなかに、次のような有名な詩節がある。

Ein Zeichen sind wir, deutungslos
Schmerzlos sind wir und haben fast
Die Sprache in der Fremde verloren

この詩には三つのフランス語訳があるが、そのひとつに『思惟とは何の謂いか』の訳者たちのそれ、すなわちアーロイス・ベッカーとジェラール・グラネルの訳がある。ハイデガーの文章のなかでヘルダーリンを訳しながら、その翻訳は(Zeichen〔記号・指標〕を訳すのに)*monstre* という語を用いている。私は最初そのやり方が少し気取ったもののように、ガリシスム〔外国語に翻訳できないフランス語独特の表現〕に陥ったもののように思われたが、よく考えてみると、いずれにせよ考えさせられるものを含んでいる。

Nous sommes un monstre privé de sens

Nous sommes hors douleur
Et nous avons perdu
Presque la langue à l'étranger
〔われわれは意味を欠いた怪物(表示)
われわれは苦しみの外にいる
そしてわれわれはほとんど失ったのだ
異国で言語を〕

異国で失われた言語への言及は私を国籍についてのセミネールへと性急に連れ戻してしまうだろうが、それはおいておくとして、私はまず「われわれ……怪物」にこだわろう。われわれは怪物であり、しかも特異な怪物、すなわち表示し警告する記号という怪物である。しかしこの表示し、記号し、指し示す怪物は、意味を欠いて(deutungslos)いる。それゆえにますます特異な怪物である。彼〔*il*〕、この「われわれ」は、自分には意味が欠けていると自分で言う(単一かつ二重の怪物的《モンストル》表示)。われわれは記号である——表示し、警告し、合図を送るが、本当は無へと合図を送る記号、隔たっている記号、記号との隔たりのうちにある記号であり、表示もしくは表示作用からみずからを隔たらせる表示、すなわち何ものをも示す《モントル》ことのない怪物的《モンストル》表示なのである。自分自身に対する、その正常と言われる機能に対する、記号のなにがしかの隔たりは、すでに表示性の怪物性〔monstruosité de la monstration〕ではないだろうか。そして、それはわれわれ——異国で、たぶん翻訳のなかで、言語をほとんど失ったものとしてのわれわれなのである。だがこの「われわれ」は、怪物は、人間だろうか。

Zeichen を monstre と翻訳することには三重の効能がある。その翻訳は『存在と時間』のときから作動していたモチーフを思い出させる。すなわちZeichen〔記号〕とzeigen〔表示すること〕ないしAufzeigung〔明示すること〕との結びつきを、記号と表示作用との結びつきを思い出させる。第一七節(「指示と記号」)はZeigen eines Zeichensすなわち記号の表示作用を分析していたが、また通りすがりにフェティッシュの問題にも軽く触れている。『言葉への途上』では、Zeichen〔記号〕とZeigen〔表示〕はSagen〔言うこと〕と、正確には高地ドイツ語のSaganとつなげられている。「言うことが意味するのは、表示するがままに、出現するがままに、すなわち見えたり聞こえたりするがままにさせるということである〔«Sagan heisst: zeigen, erscheinen—, sehen, und hören-lassen.»〕」(二五二頁)[14]。さらに先では、「われわれは言(die Sage)を名指すために、ある古語、証拠はあるが消滅した語、すなわちモンストル、*die Zeige*〔表示〕を用いる」(二五三頁)[15]。その語はハイデガーによって強調されている。さらにハイデガーはトラークルを引用したところであって、われわれはすぐにそのトラークルのもとへ立ち戻ることになろう)。monstreというフランス語訳の第二の効能は、ラテン語の固有表現においてのみ価値をもつ。なぜならこの翻訳は、ある記号が記号の正常さから隔たっていることを強調するからである。この記号は今回は、記号がそうあるべきところのものではない記号、何も示さず、意味せず、意味のなさを示し、言語の喪失を告知するような記号である。この翻訳の第三の効能は、人間の問いを提起する点にある。ある種の人間主義、ある種のナショナリズム、ある種のヨーロッパ中心的な普遍主義を深いところで結びつけるものが存在する。それについては長い論述が必要と思われたが、ここでは省くとして、ハイデガーによる『ムネーモシュネー』の解釈へ急いで向かおう。「われわれはひとつの記号である〔«Ein Zeichen sind wir»〕」の「われわれ」は、はたして「われわれ人間」だろうか。数多くの手がかりから、詩の答えはまったく曖昧であると考えられる。もし「われわれ」が「われわれ人間」であるとしても、その場合の人間性とは、まさにかなり怪物的な仕方で、規範から遠く隔たって、とりわけ人間主義的な規範から隔たって規定されていることだろう。しかしヘルダーリンの引用を用意し司るハイデガーの解釈は、人間についても何ごとかを述べており、したがってまたゲシュレヒトについても、すなわちゲシュレヒトと「ゲシュレヒト」という語(この語はトラークルに関するテクストにおいて、『言葉への途上』において、われわれをまたもや待ちうけている)についても、何ごとかを述べている。

時間を節約するために一言でいえば、重要なのは手、人間の手であり、手が言葉や思考と取りもつ関係であると言おう。そしてたとえコンテクストは少しも古典的でないとしても、そこで問題となっているのは、人間の手と猿の手とのあいだにきわめて古典的に立てられた対立、きわめてドグマ的かつ形而上学的に立てられた(たとえコンテクストがドグマ的かつ形而上学的でないとしても)対立である。さらに、ある言説――すなわち〈何かを与えると同時にみずからをも与えるものとしての手〉についてすべてを語りながらも、いわば性的欲望の場としての、性的差異におけるゲシュレヒトの場としての手ないし贈与についてだけは、少なくとも一見したところ、何も語ることのない言説――が問題なのである。

手――怪物的表示《モンストル》(Zeichen)としての人間に固有なもの。「手は差し出し、受け取るが、単に事物だけをそうするのではない。というのも手それ自身が他方の手においてみずからを差し出し受け取るからである。手は保持する、手は運びもたらす。手はもろもろのしるし《シーニュ》を痕跡として引くのであり、手は表示する。たぶん人間は一個の怪物的表示〔un monstre〕であるからだ(Die Hand zeichnet, vermutlich weil der Mensch ein Zeichen ist)」(五一頁、仏訳九〇頁)[16]。

一九五一―五二年のこのゼミナールは『ヒューマニズム書簡』より後のものである。『ヒューマニズム書簡』は存在の問いを古典的人間主義の形而上学的あるいは存在‐神‐論的地平から引き抜いていた。現存在〔Dasein〕は古典的人間主義の言う人間〔homo〕ではない。したがってわれわれは、ハイデガーがそのような人間主義に単純に再び陥ったのだ、などと嫌疑をかけるつもりはない。しかし他方で、この文章の日付と主題系は人間主義を、贈与の、贈与運動の、es gibt の思考――それまでの存在の意味への問いの構成をはみ出しはするが、それを転覆させることのない

『精神現象学』は手について別のことを言っているだろうか(I、仏訳二六一頁)。

思考——と調和させる。

ここで手の思考と呼びうるばかりでなく、思考の手——人間的ゲシュレヒトに関する非形而上学的と自称する思考の手——とも呼びうるものをさらに正確に位置づけるために、次の点に注意しよう。すなわち、この思考が、思考の教育への問い、とくに諸科学と技術の場である大学における思考の教育への問いを繰り返すゼミナールの一契機において展開されているということである(「一時間目の復習と二時間目への移行」四八頁以下)[17]。まさにその移行《パサージュ》のなかから、私は手の、すなわちハイデガーの手の形式と一節《パサージュ》とを、こう言ってよければ、切り取る。私が「ゲシュレヒトI」を最初に発表したときの『カイエ・ド・レルヌ』誌の表紙にはハイデガーの写真が載っていて、その写真には——よく検討し意味深長に選んだものだ——原稿のうえでペンを両手で握るハイデガーが写っていた。ニーチェは、たとえ一度もそれを使ったことがなかったにせよ、西洋の思想家で初めてタイプライター〔machine à écrire〕を所有したひとだったし、われわれはその写真も知っている。ハイデガーはと言えば、ペンでしか、すなわち機械工のではなく職人の手によってしか書けないひとだった。そのことはわれわれがすぐにかかわるテクストによってすでに規定されている。その後私は、ハイデガーの公表されたすべての写真を、とくに私が一九七九年にハイデガーについての講演をおこなった際にフライブルクで購入した写真集に収められたものをよく調べてみた。それらの写真に写った数々の手の遊戯と演技は、まるまるひとつのセミネールに値するだろう。ここでは断念するしかないが、写真に誇示された手の動き、表示作用《モンストラシオン》、デモンストレーションについて、故意に手仕事的な演出がなされていると言ってよいだろう。万年筆を握っているところであれ、杖を操っているところであれ(杖は支えというより表示の役を果たしている)、泉の傍にある水を汲んだバケツであれ、それらは手仕事的な演出なのである。手のデモンストレーションは言説に随伴するときも印象的である。そのカタログの表紙で、枠——窓枠であると同時に写真のフレームでもある枠——をはみ出している唯一のもの、それはハイデガーの手なのだ。

手、それは表示性〔monstrosité〕であり、表示存在〔être de monstration〕としての人間に固有のものなのだろう。手は人間を他のあらゆるゲシュレヒト〔種〕から、何よりもまず猿から区別するものだということになるだろう。

技術について語らずに手を語ることはできない。

ハイデガーは、大学教育の難問は諸学問が技術の本質に——技術にではなく、技術の本質に——属するという事実に起因すると指摘したところである。技術の本質は靄に包まれたままであるが、誰にその責任があるというわけでもない。学問にも学者たちにも人間全般にも責任はない。ただ、もっとも考えさせるもの(das Bedenklichste)は、われわれがまだ思考していない、ということのこと自体である。われわれとは誰か。ハイデガーははっきりと言う、それはわれわれ全員であって、ここで話す者をも含めた、さらに一番に彼をも含めた(der Sprecher mit einbegriffen, er sogar zuerst)全員である、と。まだ思考していない者たちのなかで一番であるとは、もっとも考えさせるもの(すなわち、われわれがまだ考えていないもの)の「まだない」について、ひとよりも思考していないということなのか、あるいはひとよりも思考しているということなのか。ここで一番のもの、すなわち話し、かつそうして話すことで、つまり三人称でみずからを指し示すことでみずからを表示する者、つまりder Sprecher〔話し手〕は、われわれがまだ思考していないということ(思考していないもの)をすでに思考しているからこそ、そしてすでにそれを述べているからこそ一番であるのか。あるいはまだ思考していないことにおいて一番であるのか、つまりわれわれがまだ思考していないということ(思考していないもの)をすでに思考することにおいて最後であるのか(最後だからといって、そのことを一番に言うために話すことが妨げられるわけではないだろう)。こうした問いは、教育について語ることによって教育すると言い、学ぶとはどういうことであるか、そしてなによりもまず思考することを学ぶとはどういうことであるかを思考すると言う、ある言葉の自己‐状況化、自己表示をめぐる長い論述に値するだろう。ハイデガーは続ける、「だからこそ、われわれはここで思考することを学ぼうと試みるのである(Darum versuchen wir hier, das Denken zu lernen)[18]」と。しかし、学ぶとはどういうことか。〔ハイデガーの〕答えはその文字性〔字句〕において翻訳不可能であり、entsprechen〔照応すること〕、Entsprechung〔照応〕、zusprechen〔語りかけること〕、Zuspruch〔語りかけ〕といった単語のあいだで遂行される、非常に巧妙な職人業を経由し、手とペンの仕事を経由する。翻訳するかわりに敷衍してみよう。学ぶとは、われわれが為すことを、本質的なもの(wesenhaft)とのわれわれのうちなる照応(Entsprechung)に関係づけることである。本質とのこの和合をわかりやすく説明するのが、哲学的教育法の伝統的な例である建具職人の例、建具職人見習いの例である。ハイデガーは Tischler〔机職人〕よりも Schreiner〔箱物職人[19]〕の語を選ぶ。というのも彼は箱(Schrein)を作ることに従事する建具職人見習い(Schreinerlehrling)について語るつもりだからである。ところで、もっと先のところでハイデガーは、「思考するとは、もしかすると端的に言って箱作りに従事することと同じようなものである(wie das Bauen an einem Schrein)かもしれない[20]」と言うだろう。箱物職人見習いはただ単に道具の使い方を学ぶだけではない。つまり制作する物の用途、有用性、道具性に慣れ親しむことを学ぶだけではない。その者が「真正の箱物職人」(ein echter Schreiner)であるならば、彼は木そのもののさまざまななりに身をゆだねて関係し、木が人間の住まいのなかに(in das Wohnen des Menschen)入りこむ際に、その木のなかに眠っている諸形態にみずからを和合させるのである。真正な建具職人は木の本質の隠れた充足性にみずからを和合させるのであって、道具や使用価値に合わせるのではない。しかし隠れた充足性に和合するとは言ったが、それは住まわれた場所(後で明らかになる理由から、私はこの場所という価値をここで強調しておく)、しかも人間によって住まわれた場所に入りこむかぎりでの隠れた充足性に和合するということである。木の本質と人間の本質——住むことへと定められた存在としてのかぎりでの人間の本質——とのあいだのこの照応関係がなかったなら、建具職人という職は存在しなくなってしまうことだろう。職〔métier〕はドイツ語で Handwerk、手の仕事、すなわち操作〔manœuvre〕ではなく手作業〔œuvre de main〕と言われる。フランス語が Handwerk を métier と翻訳せざるをえないのは正当で不可避的なことだが、それは翻訳の職人仕事における危険な操作である。なぜならその場合、手が失われてしまうからである。さらにその場合、ハイデガーが避けたがっているもの、すなわち奉仕、有用性、職務といったものを、つまりmétierの語の派生元であるministerium〔「任務」「奉仕」を意味するラテン語。「行政・管理・経営(administration)」の語源でもある〕を再び導き入れてしまうからだ。高貴な職であるHandwerkは他の職業とは違い、公益や利益追求に秩序づけられない手仕事である。Handwerkとしてのこの高貴な職はまた思考者のそれ、あるいは思考を教える教育者のそれでもある(教育者が必ずしも哲学教師、哲学教授であるわけではないが)。木の本質へのこのような和合がなければ(木自身は人間の住まいに和合している)、〔建具職人の〕活動は空虚なものになってしまうだろう。そのような活動は単に取引(Geschäft)や商売や利益への嗜好によって方向づけられた活動(Beschäftigung)にすぎなくなるだろう。序列化と価値づけは暗黙のものではあるが、それでも明白だ。一方の側に、だが上位の側に、より良い側に、手仕事(Handwerk)がある。この手仕事は人間の住まいの本質によって、すなわち都市の金属やガラスよりもむしろ小屋の木によって導かれている。他方の側に、だが下位の側に、手を本質的なものから切ってしまう活動が、有用性の活動が、資本によって導かれた功利主義がある。たしかに、ハイデガーも認めるように、非本来的なものは本来的なものをつねに汚染しうる。本来の箱物職人が「大規模店舗」(スーパーマーケット)のための家具商人になることもあるし、住まい《アビタ》に関する職人階級が「アビタ」[21](だったと思うが)と呼ばれる国際企業になることもありうる。手は危険に瀕している。しかもつねに。「どんな手仕事(Handwerk)も、人間のどんな振る舞い(Handeln)も、つねにこの危険にさらされている。詩作(Das Dichten)も、思考(Das Denken)と同様、この危険を免れてはいない」(八八頁[22]、翻訳に若干加筆)。アナロジーは二重である。すなわち、一方ではDichtenとDenkenのあいだにアナロジーがあるが、もう一方では、詩と思考という二つのものと手の本来的な仕事(Handwerk)とのあいだにもアナロジーがある。思考は手仕事である、とハイデガーはきっぱりと言う。婉曲なしに、そしてあの「もしかすると」(vielleicht)もなしに——思考と箱のマニュファクチュア(これは「もしかすると」思考のようなものかもしれない)とのアナロジーを緩和していた、あの「もしかすると」[23]なしに――そう言う。ここではハイデガーは、アナロジーも「もしかすると」もなしに明言する。「いずれにせよ、それ〔思考すること das Denken〕は手-仕事である〔Es ist jedenfalls ein Hand-Werk.〕。二語からなる、手の作品である」(八九―九〇頁)[24]。

だからといって、たとえばフランス語で、饒舌な身振りが言葉にともなうときひとは手で語ると言われるように、ひとは手でもって考えるということではない。あるいはこれまたフランス語だが、足のように馬鹿である〔bête comme ses pieds(大馬鹿である)〕とき、ひとは足でもって考えるということでもない。ではハイデガーは何を言わんとしているのか。そして別のところでは思考を光ないし Lichtung〔明るみ・空地〕――目と言ってもいい――のほうに、あるいはまた聴取と声のほうに合致させがちであるのに、なぜここでは手を選ぶのか。

一つの答えを準備するための三つの註記。

一、私はこのテクストをゲシュレヒト読解への導入のために選んだ。実際そのテクストでハイデガーは、単に哲学ばかりでなく思考することを、身体(Leib)についての、すなわち人間および人間存在(Menschen)の身体についてのある思考や状況に結びつけている。このことは、手について語られていることといないことに関して、性ないし性的差異としてのゲシュレヒトという次元を垣間見させてくれるだろう。思考することは頭脳的あるいは離肉的なことではない。存在の本質との関係は、身体(Leib)としての現存在のある種の手法〔*manière*〕なのである(この点に関しては、私がゲシュレヒトについての最初の論文で言っていることを参照していただきたい)。

二、ハイデガーが思考と教育者の仕事との関係について語りながら、通常の意味での職業(有用な奉仕と利益追求、すなわち Geschäft〔取引〕によって方向づけられた活動 Beschäftigung)と本来的な Hand-Werk〔手-仕事〕とを区別するまさにそのとき、彼は手を特権化する。ところで一介の職業などではない Hand-Werk を定義するためには、Werk

つまり仕事を思考するだけでなく、Handとhandeln（この語を単に「行動する」と翻訳することはできない）[25]をも思考しなければならない。すなわち手を思考しなければならない。とはいえ手を一介の事物、一介の存在者と考えることはできず、さらに一介の客体と考えることはなおさらできない。手は思考される以前に思考する。手は思考されたもの＝思考であり[26]、一種の思考であり、思考そのものなのである。

三、私の第三の註記は、ハイデガーの「政治」を国家社会主義のコンテクストにおいて論じる古典的な取り扱いにいっそう密接に結びついているだろう。ハイデガーは戦後に自己正当化をおこなういたるところで、技術の本質に関する彼の講演を、次の二つのものに反対する抗議として、ほとんど剝き出しの抵抗活動として差し出す。まず第一に、ナチス主義者とその御用理論家たちが浸り切っていた、大学における研究の専門職業化に反対して。彼はそのことを『総長演説』に関して指摘するが、実際この演説は、研究の技術化でもある専門職業化に反対の声をあげている。第二に、国家社会主義の哲学を技術的な生産性の帝国および至上命令に従属させることに反対して。真正なHand-Werkについての省察には、手が近代的機械論の産業オートメーション化のなかで消去され貶められることに対する職人主義的な抗議という意味もある。その戦略は、予想されるように、いかがわしい効果をもつ。それは素朴な職人仕事へ向かう古風を好む反動に道を開き、取引や資本――これらの観念が当時誰に結びつけられていたかは分かりきっている――を告発する。さらに分業ということで信用を失墜させられるのは、暗黙のうちにではあるが、「知的労働」と呼ばれるものなのである。

以上の註記をしたうえで、私はハイデガーが手について語る際に見られる、固有表現《イディオマティシテ》の特性をやはり強調しよう。«Mit der Hand hat es eine eigene Bewandtnis.»。手に関しては〔手とともに〕、ひとはまったく特殊な、固有な、特異な事柄にかかわる。フランス語訳のように、それを格別の事柄〔*une chose à part*〕と翻訳すると、切り離された事柄、切り離された実体を想像させる危険を冒す。たとえばデカルトは、手とはなるほど身体の一部ではあるが、正真正銘の、ほとんど分離可能な実体とみなしうるほどの独立性をそなえていると言った。ハイデガーが手は格別の事柄であると言うのはそのような意味ではない。手は、その固有の、特殊な(eigene)点において、普通の表象(gewöhnliche Vorstellung)が主張するような有機的身体の一部などではない。ハイデガーはそうした普通の表象に反して思考するようにわれわれを促す。

　手の存在(das Wesen der Hand)は、把捉の身体器官として(als ein leibliches Greiforgan)規定されるがままにならない。手は、取ること〔prendre〕、摑むこと〔saisir〕、さらに引っかくこと〔griffer〕——そしてGreif〔摑むこと〕から begreifen〔理解すること〕やBegriff〔概念〕へと移行するなら、取ること〔prendre〕、理解すること〔comprendre〕、概念で把捉すること〔concevoir〕とさえつけ加えよう——を目的とする身体部位などではない。ハイデガーは事柄自身に語らせないわけにはいかなかった。私が他のところで試みたように、ここで哲学的な「比喩」、とりわけヘーゲルにおける哲学的な「比喩」の問題系全体を追跡してもよいだろう。ヘーゲルは、摑む(begreifen)という感性的行為、言い換えれば取りながら理解するという、すなわち奪取し支配し操りながら理解するという、感性的行為を「止揚する」(aufhebend)知的あるいは叡智的構造としてBegriff〔概念〕を提示する。手の思考あるいは思考の手というものがあるとしても、ハイデガーがそう考える手段を与えるように、それは概念的把握の領域には属さない。むしろそれは贈与の本質に属するのであり、(もしそのようなことが可能ならばであるが)何も取ることなしに与えるような贈与運動の本質に属している。手は把捉器官(Greiforgan)でもあるが(このことは誰にも否定できない)、そのことは手の本質ではなく、人間存在における手の本質でもない。有機体論と生物学主義へのこのような批判は、私がさきほど話した政治的な目的をもっている。しかし、そのことでこの批判は十分に正当化されるだろうか。

　実際ここで突然、症候的であると同時に独断的とも私には思えるある文言が登場する。独断的であるとは、言い換えれば形而上学的でもあるということであり、この場合の言説の力と必然性とを台無しにする恐れのある、あの「普通の表象」の一つに属しているということだ。結局のところ、この文言は、人間的なゲシュレヒト、われわれのゲシュレヒトと、動物的な、「動物的な」と言われるゲシュレヒトとを区別することに帰着する。ある思考者ないし学者が「動物性」について語るその手つき《マニエール》(それが付随的であれ中心的であれ)は、提示される言説の本質的な公理系について決定的な症候を示す、と私は考える。このことは強調されなければならないと、私はこれまでもしばしばそう考えた。他の者たち(古典的であれ近代的であれ)と同様に、ハイデガーも、次のように書くとき通例を免れていないように私には思える。「たとえば〔強調デリダ〕、猿は把捉器官を有しているが、手は持っていない(Greiforgane besitzt z. B. der Affe, aber er hat keine Hand)」(九〇頁[27])。

その形式において独断的なこの伝統的言表は、ある経験的ないし実証的な知を前提としているが、その知の資格、証拠、特徴《シーニュ》などは示されていない。哲学者や良識人として動物性について語る人々の大半と同様に、ハイデガーは、動物性というこのあまりに一般的で雑然とした語の下に集めなおされるものについて、蓄積され、分化し、洗練されたある種の「動物学的な知」のことを、たいして考慮に入れない。その動物学的な知が隠し持っているあらゆる種類の前提(形而上学のものであれ、その他のものであれ)について、ハイデガーがその知を批判することはないし検討もしない。この非‐知は安穏とした知へと仕立てあげられた後で、手を持たないとされる猿の把捉器官の本質を語る本質的命題として提示される。それはその形式において、ある言説――哲学や科学の彼方にある、もっとも要請の厳しい思考の高みに身を置く言説――の最中に生じた、たまたま迷子になった、あるいはひとを迷わせる単なる経験的‐独断的ハパックス〔一度きりの単独用例〕のごときものではない。それはその内容そのものにおいて、テクストの本質的な舞台を特徴づける命題でもある。その舞台はある人間主義によって特徴づけられている。ハイデガーがその次の節で強調するように、なるほどその人間主義はみずからが形而上学的でないことを望む。だがそれは、ハイデガーが(さきほど述べたもろもろの理由で)生物学主義的な規定から守ろうとする人間的ゲシュレヒトと、彼が有機体的‐動物学的プログラムのなかに閉じ込める動物性とのあいだに、いくつかの差異をではなく絶対的対立の境界線を書き込む人間主義である。私は他の場所でこの絶対的対立の境界線について、対立というものがつねにそうであるように、それはもっとも抵抗力のある形而上学的‐弁証法的伝統に従って数々の差異を消去し、同質的なものへ連れ戻すものだということを示そうと試みた。手を欠いた——ということはつまり、すぐに見るように、思考を、言語を、贈与を欠いたということなのだが——猿についてハイデガーが述べることは、彼がその問題について何も知らず、また知ろうともしないという点で、形式において独断的であるというだけではない。*2 それは、彼が人間の手について述べるあらゆることがそこにおいて意味と価値を得るような、数々の境界からなるあるシステムを描き出すからこそ重大なのだ。そのような境界画定が問題含みである以上、人間の名、そのゲシュレヒトも、それ自体問題含みとなる。というのも人間という名は、手を持つもの、つまりは思考を持ち、言葉《パロール》あるいは言語《ラング》を持ち、そして贈与への開けを持つものの名であるからだ。

　要するに、人間の手が格別であるのは、それが分離可能な器官であるからではなく、他のあらゆる把捉器官(肢、鉤爪、爪)と異なるから、似ていないから(verschieden)だということになるだろう。人間の手は自身の存在の深淵によって(durch einen Abgrund des Wesens)、無限に(unendlich)他のあらゆる把捉器官からかけ離れているのである。この深淵、それが言葉《パロール》であり思考である。「語る存在、言い換えれば、思考する存在だけが手を持つことができ、手で取り扱うことにおいて(in der Handhabung)手の仕事を完遂することができるのだ(Nur ein Wesen, das spricht, d. h. denkt, kann die Hand haben und in der Handhabung Werke der Hand vollbringen)」(九〇頁[28]、翻訳に若干加筆)。人間の手は思考から考えられているが、思考も言葉《パロール》あるいは言語《ラング》から考えられている。これこそが、ハイデガーが形而上学に対立させる次元である。「人間が思考するのは人間が語るかぎりにおいてであって、形而上学がなおも信じているようにその逆ではない(Doch nur insofern der Mensch spricht, denkt er; nicht umgekehrt, wie die Metaphysik es noch meint)[29]」。

こうした省察の本質的な契機は、私が手の二重の使命〔*vocation*〕と呼ぼうと思うものへと通じていく。手はみずからの定め(Bestimmung)において言葉を発する(言葉に起因する)ということ、このことを思い出すために、私は使命という語を用いる。同じ手のなかの二重の、しかし結集されたあるいは交差した使命。すなわち表示するあるいは合図を送る(zeigen, Zeichen)という使命であると同時に、与えるあるいはみずからを与えるという使命。一言でいえば、贈与あるいはみずからを贈与するものの怪物的表示性である。

しかし、手の仕事(das Werk der Hand)はわれわれが普通に考える〔meinen. すなわち、信じる、私見を持つ〕以上に豊かである。手は捉え捕まえるばかりではない(greift und fängt nicht nur)し、握り締め、押すばかりではない。手は差し出し、受け取る〔reicht und empfängt. ドイツ語の greift, fängt/reicht, empfängt といった言葉の協和音を聞く必要がある〕が、単に事物だけをそうするのではない。というのも手それ自身が他方の手においてみずからを差し出し受け取るからである。手は保持する(hält)、手は運びもたらす(trägt)。(同上[30])

こう言ってよければ、他動詞的な贈与から、みずからを与えるものへの、与える能力として自分自身を与えるものへの、贈与を与えるものへのこの移行、すなわち何物かを与える手から、みずからを与える手への移行は、もちろん、決定的である。続く文のなかにも同じ型あるいは同じ構造の移行が再び顔を出す。人間の手はいくつもの記号《シーニュ》を作り表示《モントレ》するばかりではなく、人間それ自身が一個の記号《シーニュ》もしくは怪物的表示《モンストル》なのである。このことが次の頁における『ムネーモシュネー』の引用と解釈の口火を切る。

手はもろもろのしるし《シーニュ》を痕跡として引くのであり、手は表示する(zeichnet)。たぶん人間は一個の怪物的表示である(ein Zeichen ist)からだ。この挙措が人間をこのうえない単純さ〔simplicité(単一性・質素さ)〕へ導かねばならないとき、両手が合わさる(falten sich——折りたたまれる、でもある)〔「単純さ」の原語は Einfalt〔素朴・純真〕。sich falten と Einfalt に賭ける〔で戯れる〕この文句を理解できるかどうか、私には自信がない。祈り——デューラーの〔祈る〕手——であれ、普通の手振りであれ、重要なのは両手がお互いにそれとして接触し合えるということ、自己‐触発し合えるということと、手の贈与〔握手・手助け〕において他者の手と接する場合でさえ、そうできるということである。そして、両手が互いを表示し合うこともできるということである〕。こうしたことすべてが手であり、本来の手仕事(das eigentliche Hand-Werk)なのだ。この本来の手仕事のうちに、われわれが職人仕事(Handwerk)として知っていることのすべて、そしてわれわれがふだん気を取られていることのすべては眠っている。しかし手のさまざまな仕草〔Gebärden——これは他のテクストでもハイデガーがよく酷使する単語である〕は言語作用〔あるいは言語〕のいたるところに透けて見えるのであり、人間が沈黙のなかで語るとき、それは最高度の純粋さでもって現れる。とはいえ、人間が思考するのは人間が語るかぎりにおいてであって、形而上学がなおも信じているようにその逆ではない。それぞれの手の仕業におけるそれぞれの手の運動は、思考の境位を通して運びもたらされ(みずからを運びもたらし trägt sich)、思考の境位のなかで振る舞う[31](gebärdet sich)。どのような手の仕業も思考することのうちにある。それゆえに思考(das Denken)はそれ自体、人間にとってもっとも単純な手仕事(Hand-Werk)でありながらも、だからこそ意図的に(eigens. 本来的に)なしとげられなければならないときになると、もっとも困難になる手仕事なのだ。(同上[32])

論証の活力源は、最初に一見したところでは[33]〈与える〉と〈取る〉との確固とした対立へと還元可能なように私には見える。人間の手は、思考として——すなわち思考されるべくみずからを与えつつもいまだわれわれによって思考されていないものとして——与えると同時にみずからを与えるのに対して、猿の器官や、単なる動物としての人間の、さらに理性的動物としての人間の器官は、単に事物を取ること、捉えること、奪取することしかできない。ここでは時間がないのですでに古くなったあるセミネール(『時間を与える』一九七七年)に依拠せざるをえないが、そのなかで私はこの対立を問題にすることができた。われわれが話すインド＝ヨーロッパ語族の言語(ここで『一般言語学の諸問題』(一九五一—六六年)所収のバンヴェニストの有名なテクスト「インド＝ヨーロッパ語における贈与と交換」を参照されたい)においても、なんらかの経済《エコノミー》——象徴的なものであれ想像的なものであれ、意識的なものであれ無意識的なものであれ——の経験においても、〈与える〉と〈取る〉の区別立てほどあやしいものはない。象徴的、想像的、意識的、無意識的といった価値は、贈与と取得とのこの対立、すなわちプレゼントする贈与と取得し保持し引き出す贈与とのこの対立、良い効果をもたらす贈与と悪い効果をもたらす贈与とのこの対立、贈り物と毒(gift/Gift. あるいはパルマコン等)とのこの対立、こうした対立の不安定さからこそ練りあげなおされなければならない。

　しかし、この対立はハイデガーでは究極的に、[34]〈事物をそれとして与えること／取ること〉とそのような〈それとしてなしに(最終的には、事物そのものなしに)与えること／取ること〉との対立へと送り返すことになるだろう。動物が事物を取ったり操作したりすることしかできないのは、動物はそれとしての事物とかかわらないからだと言ってもよいだろう。動物は事物を、その事物の本質においてあるがままに存在させておかない。[35]動物はそれとしての存在者の本質に到達することはないのである(『ハイデガー全集』二十九／三十巻、二九〇頁)。[36]多かれ少なかれ直接的に、多かれ少なかれ目に見える仕方で、手ないしHandという語は、『存在と時間』以来のハイデガーの概念体系全体において、とりわけ手前存在性〔Vorhandenheit〕もしくは手元存在性〔Zuhandenheit〕の様態における現前性の規定のなかで、巨大な役割を果たしている。[37] Vorhandenheit は、フランス語では多少ましな仕方で étant subsistant〔永続的存在者〕と、そして英語ではもっと良い仕方で presence-at-hand〔手近に現前すること〕と翻訳され、Zuhandenheit は、道具あるいは用品として être disponible〔利用可能存在〕と、そしてさらに上手に——というのも英語は手を保持しうるから——ready-tc-hand, readiness-to-hand〔手に用意されてあること〕と翻訳された。現存在は手前存在〔vorhanden〕でも手元存在〔zuhanden〕でもない。その現前様態は別ものであって、自分以外の現前様態とかかわるために手を持っていなければならない。

『存在と時間』(一五節)が立てた問いは、その経済《エコノミー》の最大の力をドイツ語の固有語法《イディオム》のうちに、そしてドイツ語の固有語法のうちでも、ハイデガーの固有語法のうちに結集させている。その問いとは、手前存在は手元存在のうえに基礎づけられて(fundiert)いるのか否かという問いである。文字どおりには、手との二つの関係のうちで、どちらの関係がもう一方の関係を基礎づけるのか、という問いである。現存在をそれとは異なる存在者の存在(手前存在〔Vorhandensein〕と手元存在〔Zuhandensein〕)へ関係づけるものにおいて、いかにしてこの基礎づけを手に従って記述すべきか。どちらの手が他方を基礎づけるのか。手で操作可能な道具としての事物に関係する手だろうか、それとも永続的で独立的な客体としての事物への関係としての手だろうか。この問いは『存在と時間』の戦略全体にとって決定的である。そこで賭けられているものは、基礎づけの古典的秩序を脱構築するためのハイデガー独特の歩み(一五節の終わり)以外の何ものでもない。またこのくだり全体は、Handeln すなわち手の仕草としての活動ないし実践を視覚との関係において分析する作業でもあり、したがって〈プラクシス/テオリア〉対立と呼ばれるものを新しい展望のなかに置く作業である。ハイデガーにとって「「実践的」行動は「無理論的」ではない」(六九頁)[38]ことを思い出そう。そして数行を引用するだけにし、そこから二つの導きの糸を引き出してみよう。

ギリシア人たちは「事物」(Dinge)を語るのに適切な用語を持っていた。すなわちプラグマタ、言い換えれば、

> ひとが配慮的交渉(im besorgenden Umgang)(プラクシス)においてかかわっている(zu tun)ものである。だが同時に存在論的次元においては、ギリシア人たちはプラグマタのとくに「実践的な」性格を暗がりのうちに(im Dunkeln)放置したのであって〔要するにギリシア人たちは永続的客体の手前存在性を利するかたちで道具の手元存在性を暗がりに放置し始めていたのだ。彼らは一方の手を暗がりに放置することで古典的存在論全体を創始したと言ってもよく、一方の手が他方の手に陰を落とすがままにし、暴力的な序列化において、手の一方の経験を他方の経験とすりかえたのだった〕、彼らはプラグマタを「さしあたり」、「単なる事物」(blosse Dinge)として規定したのである。われわれは配慮において(im Besorgen)出会う存在者を道具(Zeug)と名づける。われわれが〔日常生活において、im Umgang〔交渉において〕、日常的・社会的環境において〕なにかを使用することは、書いたり、縫ったり、移動したり、測ったり、あらゆる手作業をおこなうことを可能にする道具たち〔私は Schreibzeug, Nähzeug, Werk-, Fahr-, Messzeug にあてられたきわめて不十分なフランス語訳を引用している〕を発見させる。重要なのは道具(Zeug)の存在様態を明らかにすることである。このことが、道具を道具にするもの、すなわち道具性(Zeughaftigkeit)の暫定的な記述〔Umgrenzung. すなわち境界画定〕の光のもとで生じるだろう。(六八頁、仏訳九二頁)[39]

この存在様態とは、まさしく手元存在性(readiness-to-hand)のことである。そしてハイデガーは次の段落でそれについて語る際に、彼がいわば手元に持っているもろもろの例をあげることから始める。すなわち筆記用具(Schreib-zeug)、ペン(Feder)、インク(Tinte)、紙(Papier)、フランス語で上手く sous-main〔手の下=下敷き〕と呼ばれるもの(Unterlage)、机、ランプ、家具——そして彼はいままさに書かんとしている手の上方へ目をあげ、窓に、ドアに、部屋に視線を投げるのである。

導きの糸を作るために、あるいは少しばかり私なりのやり方で縫ったり書いたりもしてみるために、私が手ずから引き出したいと思う二つの糸は、以下のとおりである。

A. 第一の糸はプラクシスとプラグマタにかかわる。それらについて私がすでに書き終えていたところ、ジョン・サリスがハイデガーのずっと遅い時期のある文章へ私の注意をひいてくれた(彼に感謝する)。その文章は、思考の道や存在の意味の問いを手についての長い持続した省察へと作り上げるあの長い操作《マヌーヴル》を、はっとするような仕方で際立たせる。ハイデガーは思考について、それは道であり途上にある(Unterwegs)といつも言う。だが途上にありながら、歩みながら、この思索者は手の思考によって心を占められてやまない。『存在と時間』は手を主題として語ってはいないが、手前存在性と手元存在性を分析している。そして『存在と時間』のずいぶん後でも、とはいえ手を主題とする『思惟とは何の謂いか』よりも十年早い一九四二―一九四三年に、パルメニデスに関するゼミナール(『パルメニデス』)があり、そこでプラグマとプラクシスについての省察が再開されている。Handlungというドイツ語はプラグマの字義どおりの翻訳ではないが、この語がよく理解されるならば、「プラグマの根源的に本質的な存在」(das ursprünglich wesentliche Wesen von pragma)を上手く言い当てている。というのもプラグマタは手の領域において(im Bereich der «Hand»)「手前存在者」と「手元存在者」として提示されるからである(一一八頁)。『思惟とは何の謂いか』のモチーフはすでにすべて出揃っている。人間として言葉(Wort, mythos, logos)を「持つ」存在者のみが手を持つことができるのであり、またそうでなくてはならない。この手のおかげで、祈りばかりでなく殺害も、救済と感謝も、誓約と合図(Wink)も、すなわち手仕事〔Handwerk〕一般が生じうるのである。後で明らかになるいくつかの理由から、私は、盟約、和合、約束《アンガージュマン》(Bund〔結束〕)などを「基礎づける〔創設する〕」(とハイデガーは言う)Handschlag(握手あるいは「手打ち」と呼ばれるもの)への言及を強調する。手がその本質へ出来する(west)のはもっぱら真理の運動において、すなわち隠すと同時にその隠れ状態から抜け出させるものの二重運動(Verbergung/Entbergung)においてである。そもそもこのゼミナール全体は真理(aletheia, lethè, lathon, lathès)の歴史にあてられている。ハイデガーがその同じくだりで(一一八頁)、動物は手を持たない、手は肢や爪から生じることは絶対になく、ただ言葉のみから生じる、とすでに言っているが、そのとき彼ははっきりと述べる。「人間が手を「持つ」のではない」、手なるものが人間の本質を占有し、それを意のままにするのである(Der Mensch "hat" nicht Hände, sondern die Hand hat das Wesen des Menschen inne)、と。(40)

B. 第二の糸はひとをエクリチュールへと連れ戻す。人間の手が手となるのは言葉あるいは語(das Wort)にもとづいてであるにせよ、この起源のもっとも直接的でもっとも根源的な表出は、語を表出するための手の挙措、すなわち手によるエクリチュール、表示する《モントル》――視線のために語を書き込む――手書き(Handschrift)である。「描かれた(あるいは書き込まれたeingezeichnete)ものとしての語、そうして視線に表示される(und so dem Blick sich zeigende)ような語は、書かれた語であり、つまり、文字《エクリチュール》である(d.h. die Schrift)。しかし書かれた文字《エクリチュール》としての語は、手書き〔手によるエクリチュール〕なのだ(Das Wort als die Schrift aber ist die Handschrift)」(一一九頁)(41)。手によるエクリチュールの代わりに、むしろ手書き〔manuscripture〕と言おう。というのも、よくひとが忘れることであるが、ハイデガーが容赦なく非難するタイプライターのエクリチュールもまた、手によるエクリチュールなのだから。ハイデガーは簡潔な「書き方の「歴史」」(«Geschichte» der Art des Schreibens)をたった一節で素描している。彼はこの「歴史」のなかに「語の解体」もしくは言葉の解体(Zerstörung des Wortes)という根本的なモチーフがひそんでいると考える。手書きは声や固有な身体にいっそう近く思われると同時に、文字同士を結びつけるがゆえに、語の統一を保存し、結集させる。それに対して印刷《ティポグラフィック》の機械化は、こうした語の統一、話された語の完全無欠の同一性、本来的な完全無欠さを破壊する。私はこの結集のモチーフを、これもじきに明らかになるいくつかの理由から強調しよう。タイプライターは語を破壊しようとする。すなわち、それは「エクリチュールを、手の、言い換えれば、語の、言葉の、本質的な領野から引き剝がす(entreisst)」(一一九頁)[42]。機械で「タイプされた」語はひとつの写し(Abschrift)でしかなく、ハイデガーはタイプされた手紙が礼儀に反していたタイプライターの黎明期を思い出させる。今日では非難されるらしいのは手書きの手紙のほうである。それは読む速度を遅らせるし、時代遅れと見られる。手書きの手紙は、ハイデガーが機械による語の劣化とみなすものを阻止する。機械は語あるいは言葉を劣化させ(degradiert)、単なる交通手段(Verkehrsmittel)へと、取引とコミュニケーションの道具へと矮小化する。さらに機械はそうした劣化を望む者たちのために、手書きのエクリチュールを隠蔽し、「個性《キャラクテール》」を隠蔽するという恩恵を提供する。「機械で書かれた文字《エクリチュール》においては、あらゆる人間が似通う」とハイデガーは結論する(一一九頁)[43]。

タイプライターへの告発が激しく明確になっていく道のりを、注意深く辿る必要があるだろう(一二四頁とそれ以下)[44]。結局のところタイプライターは、書くという振る舞い、エクリチュールの本質そのものを隠蔽するとされる(«Die Schreib-machine verhüllt das Wesen des Schreibens und der Schrift» 一二六頁)[45]。この隠蔽はまた取消し〔retrait〕あるいは抜き取り〔soustraction〕の運動でもある(entziehen〔引き離す〕、Entzug〔取り去り・剝奪〕という語がしばしばこのくだりに現れる)。そしてこの取消しのなかでタイプライターが zeichenlos に、すなわち記号なしに、無意味に、脱-意味的になる(同上)のは、この機械が手を失うからである[46]。いずれにせよ、この機械は、手のなかで言葉を保守するもの、あるいは言葉のために存在と人間との関係を、人間と存在者との関係を保守するものを脅かすのだ。「手は操る」(die Hand handelt〔手は振る舞う〕)[47]。人間の本質的な卓越性である手と言葉とが本質的に共-属していること(Wesenszusammengehörigkeit)が顕わになるのは、ほかでもない、隠されているものを手が顕わにする(die Hand Verborgenes entbirgt)という点においてである。そして手がそのように顕わにするのは、まさしく手が言葉と取りもつ関係においてであり、すなわち表示し書くことによってである。言い換えれば、合図《シーニュ》することによって、つまり表示する記号《シーニュ》の数々を作ることによって、あるいはむしろ、そうした記号もしくは「表示的怪物《モンストル》」にエクリチュールと呼ばれる形《フォルム》を与えることによってである（「[…]それ〔手〕は表示し、そして表示することで描き、そして描くことで、表示する記号を形象へと形作る。このような形象はgraphein〔ギリシア語で「書く」を意味する動詞の不定法〕という「動詞」に従ってgrammata〔書かれたもの〕と呼ばれる〔«...sie zeigt und zeigend zeichnet und zeichnend die zeigenden Zeichen zu Gebilden bildet. Diese Gebilde heissen nach dem "Verbum" *graphein* die *grammata*»〕」）[48]。ここに含意されているのは、ハイデガーがはっきりと述べているように、エクリチュールはその本質的な由来において手書きである（Die Schrift ist in ihrer Wesensherkunft die Hand-schrift）ということだ。さらに、ハイデガーはそうは言わないが、私にははるかに決定的と思われることとして、こうも付け加えよう。すなわち、エクリチュールはその本質的な由来において、直接的に発話《パロール》に結びつけられた手書き、さらにもっともらしく言えば、音声的エクリチュールのシステムに結びつけられた手書きなのだ、と。もっとも、Wort〔語〕、zeigen〔表示する〕、Zeichen〔記号〕を結集させるものがつねに必然的に声を経由するわけではないとすれば、またハイデガーがここで語っている発話《パロール》というものが本質上あらゆるフォネー〔声、音〕から区別されているとすれば話は違う。その場合この区別はかなり奇異なものとなり、強調されるに値するだろう。ところがハイデガーはこの区別について一言も触れない。それどころか彼は、Sein〔存在〕、Wort〔語〕、legein〔語ること、計算すること、集めること〕、logos〔ロゴス、言葉、論理、計算〕、Lese〔読み取られたもの、集められたもの〕、Hand-schrift〔手－書き〕としてのSchrift〔文字〕等々のあいだの、本質的かつ根源的な共－属を強調する。そもそも、これらのものを結集させるこの共－属は、ハイデガーがつねに（ここでも別の場所でも）、legeinとLesen（「……読み取ること、すなわち集めること……（«...das Lesen d. h. Sammeln...»）[49]」）のなかに読み込む結集〔取り集め〕の運動そのものに根拠をもつ。この結集（Versammlung）というモチーフが、トラークル論に見られるゲシュレヒトについての省察を司っている。そのテクストについて短くではあるが、すぐに言及することにしよう。そこではタイプライターへの抗議は、言うまでもなく、技術の解釈に、そして技術から出発した政治の解釈に属している。『思惟とは何の謂いか』では、手が論じられた数頁後のところでマルクスの名が挙げられているが、同様に一九四二―四三年のこのゼミナールはレーニンと「レーニン主義」(スターリンがこの「形而上学」に与えた名)の位置を見定める。ハイデガーはレーニンの語を思い出させる。「ボルシェビズムとは、ソビエトたちの権力プラス電化のことである」[50]。ハイデガーがこれを書いたとき、ドイツはロシアおよびアメリカと戦争に突入したばかりであり、ゼミナールでもこの両国は容赦なく非難されている。しかし当時はまだ電動タイプライターは存在していなかった。

以上のように手書きに一見肯定的な評価を与えることと、反対にエクリチュール一般を評価しないこととは相容れないことではない。手書きへの高評価は、書く技術とは語あるいは言葉をますます解体していくことだとする一般的な解釈の内部でこそ意味を持つ。タイプライターは病の現代的悪化にすぎない。病は文字《エクリチュール》を通してやってくるのみならず、文学を通してもやってくる。『ムネーモシュネー』からの引用の直前で、『思惟とは何の謂いか』は断定的な二つの主張を提示する。(一)ソクラテスは「西洋でもっとも純粋な思考者であり、それゆえ彼は何も書かなかった(der reinste Denker des Abendlandes. Deshalb hat er nichts geschrieben)」。ソクラテスは、〈思考されるべきものとしてみずからを与えるもの〉の退隠の風とその運動のなかに(in den Zugwind dieses Zuges)身を保つすべを知っていた。この退隠《ルトレ》(Zug des Entziehens)を扱う別のくだりで、ハイデガーはなおも人間を動物から、今回は渡り鳥[51]から区別する。『思惟とは何の謂いか』の出だしで(五頁、仏訳二七頁)、『ムネーモシュネー』を初めて引用する前に、彼は次のように書く。「われわれがこの引き退き《ルティールマン》[52]の運動(Zug des Entziehens)とひとつになるとき、われわれ自身は――渡り鳥とはまったく異なって――引き退きつつもわれわれを惹きつけるものへ向かう運動のなかにある」[53]。ここでの例の選択はドイツ語の固有表現《イディオム》による。つまり渡り鳥はドイツ語で Zugvogel〔引く鳥=移動する鳥〕と言うのだ。われわれ人間はこの引き退き《ルトレ》の〈引く線《トレ》〉(Zug)のなかにいる。ただし渡り鳥たちとはまったく異なった仕方で〔nur ganz anders als die Zugvögel〕。(二)第二の断定的な主張。すなわち、ひとが思考の外で書き始める瞬間に、つまり風から避難するように思考から避難するために思考の外に出て書き始める瞬間に、思考は衰退する。それは思考が文学へ入った瞬間である(Das Denken ging in die Literatur ein. 五二頁、仏訳九一頁)[54]。思考から避難して、エクリチュールと(広い意味での)文学へ入ることは、中世の doctrina(教育、学科、Lehre〔教え〕)の場合のみならず、現代の学の場合においても、西洋の学問の運命を決定したという。もちろん、ここで問われているのは、学科や教育や大学の支配的な概念を構築しているものである。以上のように手と言葉《パロール》のまわりには、私が別のところでロゴス中心主義と音声中心主義という名でもって指摘した、繰り返し現れる特徴のすべてが、非常に強力な一貫性をもって組織されていることがわかる。ハイデガーの言説に同時に働きかけている付随的あるいは周縁的モチーフがどのようなものであれ、ロゴス中心主義と音声中心主義こそが彼のきわめて持続的なある種の言説を支配している。存在の意味への問いの反復、古典的存在論の破壊、そして現存在、手前存在、手元存在といったもののあいだに(実存論的および範疇的)諸関係を配分しなおす実存論的分析、これらのものからしてすでにそうなのである。

本講演について私に課せられた経済性《エコノミー》のために、手についてのハイデガーの解釈のなかに最初の手がかりを探ることより先に進むことはできない。ハイデガーについて私がここで言っていることと余所で言っていること、とくに「ウーシアとグランメー」で言っていることとを、さらに差異を伴った一貫性において、さらに上手く連結するためには、『アナクシマンドロスの箴言』(『杣径』一九四六年、三三七頁)のある頁を読みなおす必要があるだろう。このテクストもまた『ムネーモシュネー』の名を挙げており、「ウーシアとグランメー」はこのテクストと対決的説明をおこなうのである。そのテクストは chrêôn(一般に「必然」と翻訳される)のなかで è cheir〔ギリシア語の「手」〕が、手が語っていることを思い出させる。「Chraô は、私は操る、私は何物かに手をつける(ich be-handle etwas〔私は何物かを手当てる・取り扱う〕)を意味する」[55]。その段落の続きはドイツ語の固有語法《イディオム》を注意深く操っており(in die Hand geben, einhändigen, aushändigen. すなわち直接本人に〔固有の手に〕手渡すこと、それから引き渡すこと、委ねること、überlassen)、きわめて翻訳困難である。そこでは分詞 chreôn が強制や義務(Zwang, Müssen)の価値から引き離される。したがってハイデガーが to chreôn の翻訳として用いることを提案し、普通のドイツ語では「必要」を意味する Brauch という語も、それらの価値から引き離される。つまり手を「必要」から考える必然性はないというわけだ。der Brauch はフランス語では le maintien〔維持・手で保つこと〕と翻訳された。この訳は多くの不都合あるいは間違った意味を惹起するが、その代わりに二重の暗示を活かすチャンスもある。すなわち、このテクストの固有の関心である手〔main〕と今〔maintenant〕とを暗示することができる。現前者をその現前において(das Anwesende in seinem Anwesen. 三四〇頁)思考することを可能にする chreôn を、ハイデガーが言うように Brauchen が上手く翻訳するのであれば、また Brauchen が、西洋形而上学として展開するかぎりでの存在の歴史のなかで消え去るある痕跡(Spur)を名指すのであれば、そして der Brauch がたしかに「結集(Versammlung)すなわちロゴス」であるのならば、その場合、手のどんな技術よりも先に、どんな手術よりも先に、手がそこに関係していないわけがないのである。

II

人間なるものの手なるもの〔*La* main de *l'* homme〕。おそらく気づかれたことと思うが、ハイデガーは手を一個のきわめて特異《サンギュリエ》な事物、すなわち本来的に人間にのみ所属するような事物として考えているばかりではない。あたかも人間は二本の手を持つのではなく、〔人間という〕この怪物は手を一本しか持っていないかのように、彼は手をいつも単数形《サンギュリエ》で思考するのである。額の真ん中に一つ目を持ったキュプロクスのように、手は身体の真ん中にあるひとつだけの器官ではない(この表象は不完全ではあるが、考える材料をも与える)。そうではなく、人間の手なるもの〔*la* main〕が意味するのは、複数の手〔des mains〕という把捉器官もしくは道具化可能な四肢がもはや問題なのではない、ということである。猿は手に似た把捉器官を持っているし、タイプライターの人間も、さらに一般的に技術の人間も、二本の手を使う。だが話す人間、手書き人(とよく言われる)は、一本の手しかない怪物ではないだろうか。またハイデガーは次のようにも書いている。«Der Mensch "hat" nicht Hände, sondern die Hand hat das Wesen des Menschen inne»(「人間が手を「持つ」のではなく、手が人間の本質を占有し、それを意のままにするのである」)[56]と。このとき〔「手が……」以降の〕補足説明は、一見そう思われるのとは違って、単に「持つ」の構造にのみかかわるのではない(ハイデガーはこの「持つ」という単語を引用符にくくり、その関係を逆転させるように提案する(人間が手を持つのではなく、手が人間を持つのだ))。補足説明がかかわっているのは、複数と単数との差異である。nicht Hände, sondern die Hand.〔複数の手ではなく、手なるもの〕。ロゴスもしくは言葉《パロール》(das Wort)を介して人間に到着するもの、それはたった一本の手でしかありえない。複数の手、それはすでにしてあるいはいまだに、器官的もしくは技術的な分散なのである。したがって左右の差異の戯れ、鏡、一対の手袋などへの言及(たとえばカント風のそれ)がまったくないとしても驚くことはない。そのような差異は可感的なものでしかありえない。ハイデガーにおける靴の左右や右足・左足といった問題については、すでに私なりの仕方で扱ったことがある。[*3]今日この道をさらに先に進むことはしない。二つの指摘で満足しておこう。一方で——on the one hand〔一方の手で〕とあなたがたは言う——私の知るかぎり、ハイデガーが人間の手を複数形で名指している唯一の文は、まさに祈りの瞬間にかかわると思われる。いずれにせよ、純真さ(Einfalt)のなかで一本の手になるために二本の手が折り畳まれる(sich falten)挙措にかかわる。ハイデガーが特権視するのはあいかわらず結集(Versammlung)なのだ。他方で——on the other hand〔他方の手で〕——愛撫や欲望については何も語られることがない。ひとは、人間は、単数の手で性交するのか、それとも複数の手で性交するのか。この点について何か性差はあるのか。ハイデガーからの次のような抗議が想像される。そのような問いは派生的なものであって、あなたがた欲望とか愛とか呼ぶものの前提には、手なるものが言葉から出来するという事態があるのだ、と。私が言及したのは、与える手、自己を与える手、約束する手、自己を委ねる手、届ける手、引き渡す手、同盟もしくは誓約のなかに巻き込む手、そうした手なのだから、あなたがたが下品にも性交するとか、愛撫するとか、さらには欲望するとか呼ぶような事柄を思考するのに必要な一切のものは出揃っているのだ、と。——おそらくそうだろう。しかし、どうしてそのように言わないのだろうか。*4

［この二つ目の指摘は「ゲシュレヒト」というこの語、この標記への移行部として役立つにちがいないが、われわれはそれをいまや他のテクストで追跡しなければならないだろう。私の講演のこの部分（それに「ゲシュレヒトⅢ」という題をつけるべきだったかもしれない）は、その（タイプで打った）原稿をコピーし、討論のためにあなたがたの何名かに配布したけれども、それを読み上げることはやめておこう。したがって、きわめておおざっぱな素描だけを試みることにする。］

いま「「ゲシュレヒト」という語」と言った。というのも確定可能で統一可能な指示対象をこの語がもつということに、私は確信がもてないからだ。「ゲシュレヒト」という語を超えてゲシュレヒトを語ることができるかは定かではない。したがって、この語は必然的に引用符にくくって引用されたものであり、使用されるというよりもむしろ言及されたものである。次に私はこの語をドイツ語のままにしておく。根元、人種、家系、種、類、世代、性といったものをその固有語法としての価値のなかに結集させるこのドイツ語を翻訳するには、いかなる語でも、いかなる逐語訳でも不十分だろう。そして「ゲシュレヒト」という語を口にしてから、私は言葉を言いなおし、訂正した。私は「「ゲシュレヒト」という標記」とさらに詳しく言った。というのも私の分析の主題は、ゲシュレヒトという語のまさに統一性を侵害する構成《コンポジシオン》もしくは分解《デコンポジシオン》といったものに帰着するだろうからである。おそらくそれはもう語ではないだろう。おそらくこの語にアプローチするには、その関節はずしや分解から、別の言い方をすれば、その形成《フォルマシオン》、情報《アンフォルマシオン》、歪形《デフォルマシオン》、変形《トランスフォルマシオン》から、翻訳から、始める必要があるだろう。すなわち断片的な語の分割《パルタージュ》＝分有から出発して、もしくはそうした分割《パルタージュ》＝分有に即して統一された、語の身体の系譜学から始める必要があるだろう。したがって、われわれはゲシュレヒトのゲシュレヒトに、ゲシュレヒトの系譜学もしくは発生に関心を寄せよう。しかし「ゲシュレヒト」のこの系譜学的構成《コンポジシオン》は、いまわれわれが問わねばならないハイデガーのテクストにおいては、人間的ゲシュレヒトの分解《デコンポジシオン》、人間の分解から切り離すことができないだろう。

『思惟とは何の謂いか』の一年後、一九五三年に、ハイデガーは『メルクール』誌に「ゲオルク・トラークル」という題名で「詩における言葉」を発表する。それは「トラークルの詩の論究」という副題をもっていたが、この副題はこのテクストが一九五九年に『言葉への途上』に収録されたときでも変わっていない。これらの題名はすべて、すでに実際上、翻訳不可能である。とはいえ私は多くの場合、ジャン・ボーフレとヴォルフガング・ブロクマイアーの貴重な翻訳――最初『新フランス評論』(一九五八年一―二月号)に掲載され、今日では『言葉への歩み』(*Acheminement vers la parole*)に収録されている(三九頁以降)翻訳――に頼ることにする。[*5] その歩みの一つひとつにおいて、思考の危険が、言語、固有語法、翻訳の内奥に組み込まれたままである。そのような翻訳が思慮分別そのもののなかで成し遂げた大胆な冒険に敬意を表する。ここでわれわれは借りがあるのだが、それは、フランス語版と呼ばれるもの以上のものを与える贈与に対する借りである。私がフランス語版から距離を取らねばならないことがあるとしても、評価を下そうなどという意図はまったくないし、ましてや修正を加えようという意図もない。むしろわれわれにとって必要なことは、素描を増殖させ、ドイツ語の単語を攻め立て、接触、愛撫、打撃の複数の波に即してドイツ語の単語を分析することだろう。これは翻訳という名で公刊されている普通の意味での翻訳には無理な注文である。反対にわれわれは、逐語訳の計算、別の語のための語――つまり翻訳の慣習的な理想――が挑戦を受けるたびに、この義務を負う。そもそもトラークルについてのこのテクストを、「翻訳」と呼ばれるものの状況(Erörterung)とみなすのは正当であると思われるし、それは一見陳腐なように見えて、実は本質的なことだろう。この状況・場(Ort)の核心にゲシュレヒトという語もしくは標記がある。既存の翻訳(フランス語訳、そして英語訳も同様だと思うが)が致命的に抹消する傾向にあるのは、この〔ゲシュレヒトという〕標記の構成と分解であり、ハイデガーが彼の言語、彼の手作業的・職人的エクリチュール、彼のHand-Werk〔手‐仕事〕のなかでおこなう作業である。

他の前置きは全部省いて、私は一挙にテクストの只中へと飛び込み、私の関心の的となる場を最初の閃光《フラッシュ》で照らすかのように解明しよう。ハイデガーは第一部と第三部の二度にわたって、「ゲシュレヒト」という語はドイツ語では——すなわち「われわれの言語では」(あいかわらず「われわれ」の問いである)——多数の意味をもつと明言している。しかしこの特異《サンギュリエ》な多数性はなんらかの仕方で結集されなくてはならない。『思惟とは何の謂いか』のなか、手のくだりのすぐ後で、ハイデガーは一度ならず、唯一の方向《サンス》〔意味〕をもつ思考もしくは道に対して抗議している。「ゲシュレヒト」は多義性とでもいうべきものへ開かれていると指摘しながらも、ハイデガーは何よりもまず〔avant tout(全体の前で)〕そして結局のところ〔après tout(全体の後で)〕、この多数性を結集させるある種の統一性へと向かう。この統一性は同一性ではない。それは襞の形においてさえ、同じものの単数性を保守する。この根源的単数性、ハイデガーはこれをあらゆる語源上の派生関係の彼方で思考されるべきものとして、少なくとも語源の厳密に文献学的な意味に即して思考されるべきものとして与えようと欲するのである。

一、最初の一節(四九頁、仏訳五三頁)は「秋の魂」(Herbstseel)という詩の最後から二番目の詩節を引用する。それをハイデガーの翻訳で読むが、この翻訳は後でいくつかの問題をわれわれに提起することになるだろう。

やがて魚も鳥獣も逃げ去る
青き魂、暗き旅路

他なるもの、愛されたものからの旅立ち
夕暮れ時は意味とイメージ(Sinn und Bild)を変える

ハイデガーは続ける。「余所者の後を追う旅人たちは、彼らにとっては「《他者》」たちである(die für sie "Andere" sind)「《愛されたもの》」たちから(von Lieben)、ただちに分離されることになる。「《他者》」たちとは、人間の解体された根元のことである」[57]。

このように翻訳されたものは«der Schlag der verwesten Gestalt des Menschen»〔「人間の朽ちた形態の打撃」〕である。Schlag はドイツ語で複数の事柄を意味する。本来の意味(辞書によればだが)は、連想しうるすべての意味をともなった「打撃」である。しかし比喩的な意味では(と辞書は言う)、それは人種もしくは種であり、根元である(フランス語の翻訳者たちがここで選択した語だ)。ハイデガーの省察はSchlag(打撃であると同時に根元)とGeschlechtとの関係によって導かれるがままになるだろう。der Schlag der verwesten Gestalt des Menschen、これは(身体の腐敗という慣用のコードに従って文字どおりに理解すれば)「分解」されたものという意味でのVerwesenを含意するが、それと同時にまた別の意味、すなわちハイデガーが倦むことなく跡づけることになる存在もしくは本質的存在生成(wesen)の腐敗という意味でのVerwesenをも含意している。ハイデガーはここで«Unsere Sprache»〔「われわれの言語」〕と始まる段落を開く。「われわれの言語が呼んでいる〔nenntすなわち名指している〕のは、ある打撃の刻印を受けた(das aus einem Schlag geprägte)、そしてこの打撃のなかで種別化を刻印された〔und in diesen Schlag verschlagene——実際verschlagenは普通、特殊化する、分離する、区切る、区別する、差異化する、という意味である〕人間性(Menschenwesen)である。われわれの言語は人間性を〔…〕「ゲシュレヒト」と呼ぶ[58]」。〔ゲシュレヒトの〕語は引用符にくくられている。この段落のコンテクストを後で再構成する必要があるが、とりあえずこの段落を最後まで見よう。「この語〔つまりゲシュレヒト」は人類(Menschheit)という意味での人間種(Menschengeschlecht)を意味するばかりでなく、根幹、根元、家系をも意味するが、これらの意味はすべて新たに性の類的二元性(in das Zwiefache der Geschlechter)を打刻〔frappé〕される〔dies alles wiederum geprägt——ここでは frappé〔打刻されたもの〕は、刻印を、typos を、類型的標記を受け取るものの意味である〕」。(59) 性の類的二元性、これは危険な仏訳である。(60) なるほどハイデガーが今回は性的差異について——新たに第二波のなかで(wiederum geprägt)到来し、われわれが列挙したあらゆる意味におけるゲシュレヒトを打刻し〔frapper〕、叩く〔battre〕(フランス語で battre monnaie〔貨幣を鋳造する〕とも言うように)ことになる性的差異について——語っているのは確かである。私の問いが後で集中していくのは、この第二の打撃についてである。しかしハイデガーは「類的二元性」とは言っていない。das Zwiefache すなわち二重、双数《デュエル》〔決闘〕、二面性という語が、このテクストの謎の全体を担っている。このテクストは、一方にある das Zwiefache すなわち性的差異もしくはゲシュレヒトのある種の重複性、ある種の襞と、もう一方の die Zwietracht der Geschlechter すなわち衝突、戦争、不和、対立としての性の二元性、暴力や公然の敵意からなる決闘《デュエル》との、この両者のあいだで戯れている。

二、二つ目の文章は、多くの事柄を移動させたことになるだろう旅路の途中にある第三部から採取しよう(七八頁、仏訳八〇頁)。

「一つの種族」という言葉のなかの〔im Wort «*Ein* Geschlecht»——これはトラークルの詩句の引用であるが、今回フランス語の訳者たちは、明確なあるいは満足な正当化もなしに Geschlecht を race〔種族〕と訳すことを選択した〕「一つの」〔ドイツ語では das «*Ein*» と引用符にくくられたうえで強調されている〕は、「二」の代わりの「一」という意味ではない(meint nicht «einst» statt «zwei»)。また、一つのは味気ない画一性という無差異〔das Einerlei einer faden Gleichheit.

この点については「ゲシュレヒトI」という題の私の試論の第一部へと送り返すことを許してもらいたい〕を意味するのでもない。ここでは「一つの種族」という言葉(das Wort »*Ein* Geschlecht«)は、生物学的に規定可能ないかなる事態をも名指しておらず(nennt hier...keinen biologischen Tatbestand)、「単一の性」も(weder die »Eingeschlechtlichkeit«)「性別の未分化」も(noch die »Gleichgeschlechtlichkeit«)名指してはいない。この〔トラークルによって〕強調された一つのなかには(In dem betonten »*Ein* Geschlecht«)、霊的な夜の調和的蒼さ〔この文言は、トラークルの詩群における青もしくは青空についての交響曲的〔symphonique〕もしくは同色的〔synchromatique〕読解のことを知らなければ理解不可能であって、私はそうした読解を識別しようと発表原稿の続きのところで努めているが、それを読み上げることはしない。またフランス語訳者たちが versammelnd(同一でないものを同じものや「同様」のもののなかに結集させ収集する)という語を「調和的〔appareillant(つがいにする)〕」と翻訳していることも知らなくては、この文言は理解不可能である〕にもとづいて一つにする(einigt)統一性がかくまわれているのである。この語〔もちろん »*Ein* Geschlecht« の *Ein* という語〕は、そこで日没の国が歌われる〔あるいは西洋の国が歌われる——worin das Land des Abends gesungen wird〕歌から語っている(Das Wort spricht aus dem Lied)。したがって「種族」(Geschlecht)という語はここでは、すでにわれわれが述べた多様な充実した意味(mehrfältige Bedeutung)を保守している。その語はまず第一に歴史的種族、すなわち人間、人類(das geschichtliche Geschlecht des Menschen, die Menschheit)を残りの生命体(植物や動物)から区別する差異において(im Unterschied zum übrigen Lebendigen (Pflanze und Tier))名指している。次に「種族」(Geschlecht)という語は、生成する世代群〔Geschlechter すなわち Geschlecht の複数形である。〔単数形の〕Geschlecht という語は〔複数形の〕Geschlecter の名でもあるのだ!〕、この人間という類の根幹、根元、家系(Stämme, Sippen, Familien dieses Menschengeschlechtes)をも名指す。また同時に「種族」(Geschlecht)という語は、こうしたすべての区別を通して〔原文は überall すなわち〈いたるところで〉である。ハイデガーは「こうしたすべての区別」の中身を明確にしておらず、フランス語訳は類推によって最初の定義と一緒に導入しているが、それは重要なことではない〕類的二重性も名指している〔die Zwiefalt der Geschlechter. フランス語訳は前のところでは Zwiefache der Geschlechter を「性の類的二元性」と訳していたが、ここでは性という名は挙げられていない。だが性であることは自明である〕(61)。

要するにハイデガーがいまの箇所で指摘しているのは、「ゲシュレヒト」という名は、性的差異を他のあらゆる意味の追加物として同時に(zugleich〔加えて〕)指すのであり、ついでに名指す〔あだ名をつける〕ということである。そしてハイデガーは続く段落を Schlag という語で開始する。フランス語訳はこれを frappe〔打刻〕と翻訳するが、これは二重の不都合を生む。一つには、Flügelschlag がまさしく「羽ばたき〔coup d'aile(羽の一撃)〕」と訳されているトラークルの詩句が思い返せなくなるからだ。もう一つには、Schlag という同じ単語を翻訳するのに coup と frappe という二つの違った語を使うことで、フランス語訳は、ハイデガーが読んでいる二つの詩句において Schlag と Geschlecht とが親和的だとする彼の指摘を可能にするものを抹消してしまうからである。この親和性は論証全体の支えである。問題の詩句は「日没の地西洋の歌」(*Abendländisches Lied*)という題名の詩から抜粋されている。もうひとつの詩には「日没の地西洋」(*Abendland*)という題がついている。そして西洋の、西洋としての没落がこの省察の中心にある。

O der Seele nächtlicher Flügelschlag
おお、魂の夜中のはばたき(62)

この二つの詩句の後に、二つの点《ドゥ・ポワン》とまったく簡素な二つの語がくる。すなわち、「一つの、一つのゲシュレヒト〔*Ein* Geschlecht〕」と。「一つの〔*Ein*〕」は、ハイデガーの指摘によれば、トラークルが彼の全著作のなかで強調した唯一の語である。強調することはbetonen〔語調を強めること〕である。つまりそのように強調された語(Ein)は、基礎的な調子、基調(Grundton)を与えるだろう。だがそれは〈詩作されるもの〔Gedicht〕〉の基調〔Grundton〕であり、〈詩作品〔Dichtung〕〉の基調ではない。というのもハイデガーは、つねに語られず(ungesprochene)、沈黙にとどまる〈詩作される《ゲディ》もの《ヒト》〉を、その〈詩作されるもの〉に由来して語り述べる〈詩作品たち《ディヒトゥンゲン》〉からいつも区別するからである。〈詩作されるもの〉は、書かれ読み上げられる〈詩作品〉の沈黙した源泉である(もちろん、場(Ort)を、源泉を、すなわち〈詩作されるもの〉を究明する(erörtern)ためには、この〈詩作品〉たちから出発しなくてはならないが)。だからこそハイデガーは、かの「一つのゲシュレヒト」についてこう言う。それはある基調〔Grundton〕をかくまっており、この詩人の〈詩作されるもの〉が秘密(Geheimnis)を黙っている(schweigt)のは、この基調にもとづいてである、と。したがってDer Schlagで始まる段落は、文献学的な分解のみならず、トラークルの詩句、彼の〈詩作品〉のなかで起こることをも後ろ盾にできるのである。「打刻(Der Schlag)の刻印はそうした二重化を「ただ一つの種族」の単一性へと結集させ(der sie in die Einfalt des "Einen Geschlechts" prägt)、かくして類の根元(die Sippen des Menschengeschlechtes)と類そのものを、もっと清澄な幼年期の穏やかさへと連れ戻す。こうした打刻は「青き春」〔フランス語訳では省かれてしまっているが、引用符によって注意を喚起されたトラークルからの引用〕の道へと開かれた魂を型に打ちつけるのだ(einschlagen lässt)[63]」。

以上が、ハイデガーが「われわれの言語」において焦点となる「ゲシュレヒト」の多義性と単一性とを同時に主題化している二つのくだりである(それらのコンテクストは捨象されてしまっているが)。われわれのもの、ドイツ語であるこの言語は、もしゲシュレヒトが家系や世代や根元という意味でもあるならば、「われわれのゲシュレヒト」(フィヒテならこう言うだろう)の言語でもある。ところで、われわれのゲシュレヒトとわれわれの言語(unsere Sprache)のなかで、ゲシュレヒトというこの語のエクリチュールとともに書かれ、戯れるものは、その可能性をかなり固有語法に依拠しており、これを翻訳するのはほとんど不可能である。Schlag と Geschlecht との親和性は、この「言語〔Sprache〕」にもとづいてしか成立しないし、思考可能とならない。それは私がここで「ナショナルな」固有語法と呼ぶのをためらうドイツ語の固有語法にもとづいているばかりでなく、特異な〈詩作されるもの〔Gedicht〕〉と〈詩作〔Dichten〕〉によって(すなわち、ここではトラークルのそれもしくはそれらによって)重層決定された固有語法にもとづいている。加えてこの固有語法は、ある思考〔Denken〕、すなわちハイデガーのエクリチュールを経由する思考の固有語法によっても重層決定されている。私は Dichten と Denken、詩と思考と言った。ハイデガーにとって Dichten と Denken は、箱職人の手仕事(Hand-Werk)と同じ危険にさらされた手の作業であるということを思い出そう。またハイデガーは哲学と科学とを、思考や詩の高みには決して置かないということもよく知られている。思考と詩は根本的に異なりながらも、通じ合い、並行関係にある。それらの並行線は、一種の署名(Zeichnung)であり線(Riss)の切れ目でもあるひとつの場において、切り結び合い、切り込み合い、切り出し合う(『言葉への途上』一九六頁)[*6][(64)]。この並行関係から、哲学、科学、技術は、いわば締め出されている。

このテクストをどう考えるべきか。それをどう読むべきか。

しかし、それはなおも(フランス語もしくは英語で言う意味での)「読解〔lecture〕」と言えるだろうか。いや、言えない。少なくとも二つの理由から。一方では、もう時間が遅い。トラークルを論じる〔ハイデガーの〕このテクストに私が割いたほぼ百頁を読み続けるかわりに(その未完成で暫定的な、最初のフランス語版は、あなたがたの何名かに配っておいた)、その主要な関心事を数分で示唆するだけで満足せざるをえない。この主要な関心事は、宙づりにされた、もしくは宙づりにするような一連の問題提起へと翻訳できるだろう。私はそれを五つの火床のまわりに、多かれ少なかれ人工的な仕方でまとめあげた。ところで他方で、これらの火床のひとつは読解の概念にかかわるが、この概念は深いところで練り上げなおされるのでなければ私には適切とは思われない。読解という概念は、ハイデガーがトラークルとの Gespräch〔対話〕においてしていること、もしくは詩人と詩人との、思考者と詩人との真正な Gespräch あるいは Zwiesprache(二者の発話)とハイデガーが呼ぶものにおいて彼がしていることを名づけるには不適切であるし、私が試みること、あるいはハイデガーのこのテクストとの対決的説明(Auseinandersetzung)における私の利害関心を名づけるにも不適切である。

もちろん、私のもっとも恒常的な関心は「ゲシュレヒト」という「標記」にかかわっている。またこのゲシュレヒトのなかで、標記を、打刻を、印象を、すなわち Schlag, Prägung 等々といったある種のエクリチュールを、再標記するものにかかわっている。この再-標記は、少々恣意的ではあるが、私が五つの問いの火床のなかでも第一の場に置くものと本質的な関係をもつと思われる。

一、人間と動物性について。トラークルに関するテクストは、動物性と人間性とのあいだの差異についての思考をも提示している。ここで問題となるのは二つの性的差異のあいだの差異、一と二とのあいだの差異・関係、そして分割可能性一般だろう。この火床の火床〔中心〕にあるゲシュレヒトという標記は、その多義性〔種もしくは性〕、その散種のうちにある。

二、もうひとつ別の問いの火床は、まさにハイデガーが多義性について述べていること、そして私が散種から区別しようと思うものにかかわる。ハイデガーは繰り返し、詩の言語や「偉大な詩人」の「よい」多義性と呼びうるかもしれないものを歓迎する態度を示す。この多義性は「高次の」一義性へと、ある調和の唯一性(Einklang)へと結集されるがままにならなくてはならない。かくしてハイデガーは、結集の力によって緊張した詩的厳格さの「確かさ〔Sicherheit(安全保障)〕」を一回限り〔例外的に〕評価するにいたる。そして彼はこの「確かさ」(Sicherheit)を、悪しき多義性(〈詩作《ゲディヒト》されるもの〉や唯一の場(Ort)へと結集されないような多義性)に身を委ねる無能な詩人たちの彷徨に対置するばかりでなく、また技術‐科学の正確さ(Exaktheit)の一義性にも対置する。このモチーフはその形式において伝統的(もともとはアリストテレス)かつ独断的であると同時に、症候的な仕方でハイデガーのその他のモチーフと矛盾するように思われる。このように言うのも、私がハイデガーを「批判する」としても、それはハイデガーのテクストのうちにある他の場から彼を批判できると指摘することと一体だからである。彼のテクストは同質的でありえないし、そのテクストは少なくとも二本の手で書かれているのだ。

三、要するに私が多義性と散種という題を与えるこの問いは、複数の方法の問いがそこで交差する別の火床に通じている。ハイデガーは何をしているのか。彼はどのようにして、どのような方途――いまだ方法になっていない、あるいはすでにもはや方法ではないodoi〔道〕――に従って「操作する」のか。この道におけるハイデガーの歩みはどのようなものか。rythmos〔流れ・リズム〕の本質について明示的に発言しているこのテクストにおけるハイデガーのリズムはどのようなものか、そしてまた彼の手法、彼のエクリチュールの手‐仕事〔Hand-Werk〕はどのようなものか。こうした超‐方法の問いは、ハイデガーのこのテクスト(そして私がいま自分の番になって〔à mon tour(私の回転において)〕書いているテクスト)が、解釈学、解釈もしくは注釈、文学批評、修辞学もしくは詩学と呼ばれるものと取りもつ関係についての問いであるばかりでなく、人間科学や社会科学のあらゆる知(歴史学、精神分析、社会学、政治学、等々)と取りもつ関係についての問いでもある。二つの対立もしくは区別、二つの対概念がハイデガーの論証を支えている――そして私はいま自分の番になってそれらを問う。一方には、〈詩作されるもの《ゲディヒト》〉と〈詩作品《ディヒトゥング》〉との区別がある。Gedicht(またもや翻訳不可能な語である)は、その場のなかに一人の詩人のすべてのDichtungen(詩作品)を結集させるものである。この結集は完全なコーパスの、全集の結集ではない。それはいかなる詩のなかの、いかなる部分にも決して現前することのない唯一無二の源泉である。それは起源の場であり、そこから数々の詩がある「リズム」に従って到来し、またそこへ遡っていく。それは他のところにあるのではないし、他のものであるのでもない。とはいえ、何事かを言う(sagen)ものとしての詩と混同されるのでもない。〈詩作されるもの《ゲディヒト》〉は「語られない」(ungesprochene)。明らかにするというよりも、示唆し、予示しようとハイデガーが望むもの、それはこの〈詩作されるもの〉の唯一無二の《場》(Ort)である。だからこそ、ハイデガーは自分のテクストをErörterung〔究明〕[65]として提示するのである。Erörterungとは、言い換えれば、この語の目覚めた文字性に従えば、そこからトラークルの詩が歌いだす〈詩作されるもの〉の唯一無二の立地もしくは固有の場を位置づける所在究明〔*situation*〕のことである。そこから他方で、〈詩作されるもの〉の究明〔Erörterung〕と、そこから出発せざるをえない〈詩作品〉(Dichtungen)のErläuterung(解明、解説、説明)との第二の区別が出てくる。したがって私は、この二重の出発点に由来するあらゆる困難、ハイデガーが「交互関係〔Wechselbezug〕」と呼ぶもの(すなわち所在究明(Erörterung)と解説(Erläuterung)とのあいだの相互関係・交換関係)に由来するあらゆる困難にこだわる。この交互関係〔Wechselbezug〕は解釈学的円環と呼ばれるものと一致するのか。そしてハイデガーはどのようにこの交互関係〔Wechselbezug〕を彼なりの手法で実践するのか、あるいは、プレイするのか。

四、この最後の言い回し〔「彼なりの手法で」〕はあいかわらずハイデガーの手法〔*manière*〕――あるいはこれもまたフランス語で、また別の含意をともなって言われるように、彼の態度〔manières〕――を標的にしているが、もはやこの言い回しは、ハイデガーによる手がそうであるように、言語の利用から切り離されない。つまりここで言えば、エクリチュールのある種の操作〔manœuvre(手業)〕から切り離されない。このハイデガーの手法はいつも決定的な契機になると、固有語法という頼みの綱に、すなわち普通の翻訳概念に依拠していては翻訳不可能なものに訴える。この頼みの綱はトラークルの固有語法とハイデガーの固有語法によって重層的に規定されているが、それは単にドイツ語の資源であるばかりでなく、高地ドイツ語もしくは古ドイツ語の固有語法の資源であることが多い。ハイデガーが「われわれの言語で」(in unsere Sprache)――この語は〈根源的に〉ということを意味する(bedeutet ursprünglich)――と言うことから始めるときはいつも古ドイツ語に依拠しているということ、私はそのあらゆる事例を、私なりの手法で、言い換えれば、別の固有語法の命令と経済に従って追跡し、標記しなおす。とはいえ、ここではざっと俯瞰することしかできず、時間があればもう少し長く足を止めて考えてみたい単語や語の断片や言表の、そのリストを提示することしかできない。

a　もちろん、まず第一に「ゲシュレヒト」という語がある。「ゲシュレヒト」という語のあらゆるゲシュレヒト〔種類〕があり、その家系全体、数々の根があり、子孫たち（嫡子であれ私生児であれ）がいる。ハイデガーはそのすべてを召喚し、それぞれに役割を与える。Schlag, einschlagen, verschlagen（分離する、区分けする）、zerschlagen（壊す、割る、解体する）、auseinanderschlagen（互いに叩き合うことによって分離する）、等々。ここでハイデガーの操作《マヌーヴル》の全体を、また彼がわれわれに課す操作の全体を再編成する代わりに、デイヴィッド・クレルが彼の著書[*7]の第一四章でこの語について英語で書いた一節を、感謝のしるしとして引用しよう。その章の表題は「愛と死の打撃——ハイデガーとトラークル〔*Strokes of love and death: Heidegger and Trakl*〕」である。以下の文章を取り出そう。

> 「愛と死の打撃」——Schlag der Liebe, Schlag des Todes. Schlag, schlagen といった語は何を意味するのか。ハーマン・ポールの『ドイツ語辞典』は Schlag の主要な意味領域を六つ挙げている。schlagen〔打つ〕という動詞については、六つの「本来的な」意味と十の「隔たった」意味が挙がっている。古高ドイツ語とゴート語 slahan に由来し（英語の slay〔叩き殺す〕という語もここから派生したものである）、現代ドイツ語の schlachten（「殺す」）と関連する schlagen は、一撃をくらわせる、打つもしくは叩く、を意味する。Schlag〔打撃〕は、手による打撃や真夜中の時報や脳卒中かもしれない。また羽ばたきや心臓の鼓動かもしれない。schlagen はハンマーや拳でもなされるだろう。神は天使や天災を通して打つ。ナイチンゲールは歌声で心を打つ。schlagen のもっとも流布して

いる意味のひとつは、硬貨を鋳造したり刻印することである。したがってSchlagは、特殊な硬貨鋳造、刻印もしくは類型を意味するだろう。馬商はeinem guten Schlag Pferde〔よい血筋の馬〕と言うだろう。トラークルにとってきわめて重要な言葉であるdas Geschlechtのルーツを Schlagがなすのは、こうした意味による。ハーマン・ポールはGeschlecht(古高ドイツ語ではgislahti)の主要な意味を三つ挙げている。第一に、この語はGattung〔種類、類型〕にあたる語であり、ラテン語genusの訳語として用いられる。das Geschlechtは共通の先祖をもつ人々の集団であり、とくに世襲貴族の家系の場合に言われる。もちろん先祖がはるか彼方にまで遡れば、das menschliche Geschlechtすなわち「人類」ということもできる。第二にdas Geschlechtは、続く世代のために死んで道を譲る男女の一世代のことを意味する。第三に、雌雄のGeschlechterがある。Geschlechtは、雌雄がもつ事柄を指す多くの言葉のルーツとなり、最初の二つの意味に取って代わる。つまり、Geschlechtsgliedもしくは Geschlechtsteilすなわち生殖器、Geschlechtstriebすなわち性衝動、Geschlechtsverkehrすなわち性交渉、等々。

b　次にOrtという名がある。ハイデガーが早くも最初の頁から、この語は剣先(die Spitze des Speers)を「根源的に意味する」(ursprünglich bedeutet)[66]と指摘するとき、それは何よりも(この「何よりも」については言うべきことがたくさんある)、この語がもつ結集の価値を強調するためである。すべては切っ先に向かって集中し、収斂するのだ(in ihr läuft alles zusammen)[67]。場とはいつも結集の場であり、結集させるもの、すなわちdas Versammelndeである。こうした場の定義は、それがある特定の言語における「根源的な意味」への依拠を含意しているのに加え、Erörterungの歩み全体を司っている。それは〈詩作されるもの〉およびハイデガーが「偉大な詩人」と呼ぶものの所在究明のなかで唯一性と分割不可能性に与えられた特権を司っている。「偉大な詩人」が偉大であるのは、詩人がこの結集するものの唯一性にみずからを送り返し、散種もしくは脱臼の勢力に抵抗するかぎりにおいてである。もちろん、私はこの結集という価値をめぐる問いを増殖させていくだろう。

c　次にあるのは、決定的な役割を演じている geistig と geistlich とのあいだの翻訳不可能な、固有語法上の対立である。[*8] この対立によって、〈詩作されるもの〉もしくはトラークルの「場」は、ハイデガーが「西洋形而上学」なるものおよびそのプラトン的伝統(「感性的」質料と「叡智的」精神《ル・スピリチュエル》(aistheton/noeton)とを区別する伝統)という肩書き《タイトル》のもとに結集させるものから引き抜かれることが可能になるばかりでなく、キリスト教における霊的なもの《ル・スピリチュエル》と現世的なもの《ル・タンポレル》の対立からも引き抜かれるようになる。ハイデガーはさらに Geist(gheis) という語の「根源的な意味」(ursprüngliche Bedeutung) へと送り返す。Geist〔精神〕の「根源的な意味」とは、炎のようにかき立てられていること、自己の外に運び出されていること(aufgebracht, entsetzt, ausser sich sein)[68]である。重要なのは精神の火の両義性であり、その炎は《善》でも《悪》でもありうるのだ。

d　さらに fremd という語がある。この語は、extra, extraneus のように、外にあるというラテン語の意味での余所《エトラン》者《ジェ》〔異質なもの〕を意味するのではなく、本来は(eigentlich)高地ドイツ語 fram に即して次のことを意味するという。すなわち、前もって貯蔵されていたものを求めて、他のところへ向かっていく、前進していく、我が道をまさに作りつつあるということ(anderswohin vorwärts, unterwegs nach...dem Voraufbehaltenen entgegen)である、と。ここから次のように言うことが可能となる。すなわち《余所者》は彷徨うのではなく、ひとつの目的地をもっており(es irrt nicht, bar jeder Bestimmung, ratlos umher)、目的地がないわけではない、と。[69]

e　加えて Wahnsinn という語もある。この語は一般に信じられているところとは違って、狂人の夢想を意味するのではない。Wahn が ohne(なし)を意味する高地ドイツ語の wana へ連れ戻されるなら、Wahnsinnige つまり精神錯乱者とは、《他者》たちの感覚なしのままでいる者のことである。それは別の感覚に属する者なのであって、Sinnan は「旅をすること、……を目指すこと、一撃によってある方向を切り開くこと(reisen, strebe nach..., eine Richtung einschlagen)」を「根源的に意味する(bedeutet ursprünglich)」。[70] ハイデガーは、Wegすなわち道を意味するインド＝ヨーロッパ語の語根 sent, set を引き合いにだす。ここで事態が紛糾する。というのも、一個の固有語法に結びついており翻訳不可能に思われるのは、まさしく意味〔*sens*〕という語の意味〔sens〕そのものだからだ。とはいえ意味〔sens〕というこの価値こそが翻訳の伝統的概念を司っていたのではあるが、それが突如として、複数の言語から成るたった一つの言語、言語家族もしくはゲシュレヒトのなかに根をもつとされるのである。複数の言語の外では翻訳の概念はその根源的な意味を失うというのに。

〈詩作されるもの〉の「所在究明」(Erörterung)がこのようにその決定的な契機においてゲシュレヒトの固有語法に、また固有語法のゲシュレヒトに訴えることに依存しているのだとしたら、〈詩作されるもの〉の語られない部分と、その沈黙そのものがある言語およびあるゲシュレヒトに属すること、我有化されることとのあいだの関係を、いかに思考すればよいのか。この問いはドイツ的ゲシュレヒトとドイツ語にのみかかわるのではない。それは西洋、西洋的人間に認められていると思われるすべてのゲシュレヒトや言語にもかかわる。というのも、この「所在究明」の全体は、西洋の場や道や行き先への配慮によって、あらかじめ‐占領されて〔pré-occupé(予断をもって)〕いるからである。このことが私を第五の火床へ導く。私が火床を増殖させるのは、おそらく少々「故郷化〔paysant〕」しすぎる雰囲気(トラークルについてであっても、私は田舎の〔paysan〕雰囲気とは言わない……)を少々「異郷化〔dépayser〕」するためである。

五、ゲシュレヒトにその分解(Verwesung)として、その腐敗として到着するもの。それは性的差異を打刻し、性的差異を軋轢へと、戦争へと、野蛮な対立へと変形するためにやって来る第二打撃〔第二波〕である。根源的な性的差異は、柔らかく、優しく、平和的である。〈二〉の二元性もしくは二重性が「呪い」(Fluch——これはハイデガーによって採用され解釈されたトラークルの語である)に打たれるとき、この二元性は、荒れ狂った対立、さらには野獣のごとき対立となる。[71] この図式（ここではもっとも大雑把な表現に縮小するが）についてハイデガーは、外見や徴候（ハイデガーはこれには十分意識的だった）はどうであれ、この図式はプラトン的でもキリスト教的でもないと主張する。それは形而上学の神学にも教会の神学にも属さないと言われる。しかしハイデガーがわれわれに思い出させる（前プラトン的、前形而上学的、前キリスト教的）根源性、そしてハイデガーがトラークルの固有の場をそこに究明する根源性は、プラトン主義やキリスト教以外の、いかなる内容も、いかなる言語をももたない。この根源性は、端的に言って、形而上学やキリスト教のような何ものかを可能に、思考可能にする当のものである。しかしその原－早朝的な起源や超－西洋的〔日没的〕地平を構成するものは、もっとも強くもっとも異様な意味での反復のうつろさ以外の何ものでもない。そして、この反復の形式もしくは「論理」は、トラークルについてのこのテクストにのみ読み取りうるものではなく、『存在と時間』以来、頽落（Verfall）、呼び声（Ruf）、配慮（Sorge）といった現存在の諸構造を分析するあらゆるテクストのなかにも、また「もっとも根源的なもの」がそれよりも根源性の度合いの低いとされるもの（とりわけキリスト教）と取り持つ関係を統制する、あらゆるテクストのなかにも読み取ることができるのである。このテクストでは論証（とりわけトラークルがキリスト教詩人ではないことを証明するための論証）はことさらに難儀なかたちをとり、ときにはきわめて単純主義的なかたちをとっている（それをここで、この図式のなかで再構成することはできない）。トラークルの〈詩作されるもの〉のために、ハイデガーには、唯一無二の、結集させる場が必要だった。それと同じように、形而上学なるもの〔LA métaphysique〕やキリスト教なるもの〔LE christianisme〕のための、たったひとつの、唯一無二の、一義的な場があると、彼は仮定せざるをえない。しかし、こうした結集は成立する〔場をもつ〕だろうか。結集は一個の場を、場の統一をもつだろうか。これはまさに〔講演の〕幕《シュット》が下りる前に、私が宙づりにしておこうと思う問いである。フランス語ではテクストの終わりを「落ち《シュット》」と呼ぶことがある。そして落下《シュット》の代わりに、またこうも言われるのだ――〈反歌＝発送《アンヴォワ》〉、と。

ネルソン・マンデラの感嘆
あるいは反省の法[*1]

一

感嘆すべきマンデラ。

句点《ポワン》でおしまい、感嘆符はなし。私がこのように句点《ポンクチュ》を打つのは、熱狂を和らげたり、激情を落ち着かせるためではない。ネルソン・マンデラの名誉を讃えるために語るばかりでなく、もし可能ならば高揚に身をゆだねることなく、声高に叫ぶでも喝采するでもなく、彼の名誉の何ものかについて述べることにしよう。

それなくしては感嘆するということも与えられないような、うずうずさせる問いがある。もしオマージュが、そしてその調子《トーン》が、この問いのじれったさを分析の冷淡さに委ねるように見えるのであれば、オマージュはいっそう正しいものになるのかもしれない。ひとが何と言おうと、感嘆は理性的に推論し、理性をもって弁明し、驚かされつつ問い尋ねるのだ。いかにしてひとはマンデラでありうるか、と。彼はなぜ範例的に見えるのか――そして彼が思考し言うことにおいて、彼がなすこともしくは苦しむことにおいて、なぜ感嘆すべきひとと見えるのか。彼自身が感嘆すべき人物であるのと同じくらい、彼の証言(これは殉教を指すもうひとつ別の語である)において彼が担っているもの、すなわち彼の民衆の経験が、感嘆すべきものであるからか。

「私の民衆と私」と彼はいつも言うが、王のように語るわけではない。

なぜ彼は感嘆を強いることさえあるのか。〔「強いる」という〕この言葉は、なんらかの抵抗を前提とする。というのも、彼の敵たちでさえ、認めはしないが、彼に感嘆しているからだ。彼の民衆のなかで、そしてあの女性《ひと》、切り離しえないウィニー(連中はいつも彼らを切り離しておこうとしたが無駄だった)とともに彼を愛している人々と違って、連中は彼を恐れている。もっとも憎悪に満ちた迫害者たちでさえ、ひそかに彼に感嘆しているのだとしたら、それこそが、彼が感嘆をいわば強いている証拠である。

ところで、これこそが問いである。すなわち、この強制力はどこから来るのか。それはどこへ向かうのか。この強制力は使用され適用されるのだが、いったい何にか。もっと正確に言えば、この強制力は何を屈服〔*plier*〕させるのか。この屈折〔pli(襞)〕にどのような形が認められるのか。どのような線が。

まずそこに看取されるのは(他の前提なしにこう言おう)ある反省＝反射《レフレクシオン》の線(1)である。それはまず第一に反省の力である。第一に明らかなこととして、マンデラの政治経験もしくは政治的な情熱《パッション》〔受難〕は、歴史、文化、そしてとりわけ権利についての理論的反省から決して切り離しえない。絶え間ない分析が、彼のもろもろの行為、表明、言説、戦略の合理性を照らし出す。投獄によって内省〔repli(内への折り返し)〕を余儀なくされる以前から――しかし四半世紀にわたる幽閉生活のあいだも、彼は活動することを、闘争を指導することをやめなかった――マンデラはいつも反省の人であった。すべての偉大な政治家と同様に。

しかし「反省《レフレクシオン》の力」ということで、また別の事柄もほのめかされている。すなわち鏡の文字性と思弁《スペキュラシオン》(2)の場面へと合図《シーニュ》を送る事柄である。この合図は反射《レフレクシオン》の物理法則へ向かうというよりも、法の経験における鏡像《スペキュレール》的パラドクスへと向かう。鏡なくして法はない。そしてまさしくこの仰天させる転倒した構造において、われわれは感嘆の契機を決して回避できないだろう。

感嘆とはその名〔mirari〕が示すように……(3)、とかいろいろと言われるだろう。いや、この名の事情がどうであろうと、あるいは見るべきものとして感嘆が与えるものがどうであろうと、感嘆は視線に属するだけではない。感嘆は、尺度を超えるものを前にした感動、驚き、驚嘆、問いかけを翻訳したものである。この尺度を超えるものをデカルトは「常軌を逸したもの」と呼び、感嘆を情念のひとつ、原初的な六つの情念の第一のもの、すなわち、愛、憎しみ、欲望、喜び、悲しみ以前にある第一の情念とみなした。感嘆は認識すべきものを与える。感嘆の外には無知しかないとデカルトは付言する。そして感嘆は「驚嘆」もしくは「突然の到来」から「多くの力」を受け継いでいる。感嘆のまなざしは驚くのであり、それはみずからの直観を問いただし、ひとつの問い(それはみずからが立てた問いであると同時に、受け取った問いでもある)の光のもとに、みずからを開く。この経験は一個の問いの光の矢に貫かれるがままになるが、だからといって、この事態を反省する《レフレシール》ことが妨げられるわけではない。光線は感嘆を強いる当のものに由来するが、このときこの光線は、奇妙にも魅惑的に見える鏡像的《スペキュレール》な運動のなかで感嘆を分割するのだ。

マンデラは感嘆する術を知ったがゆえに、感嘆すべきものとなる。そして彼が知ったもの、彼はそれを感嘆のなかで知ったのだ。また彼は、われわれが後で見るように、魅了されたひとであるがゆえに、ひとを魅了する。

このことを彼は、われわれが理解しなければならないある仕方で言っている。彼は自分がしていること、彼に起きたことを言う。そのような光、反省＝反射された横断、一個の問いの往来としての経験、こうしたものはとどのつまり一個の声の炸裂でもあるだろう。

ネルソン・マンデラの声――それは何をわれわれに思い出させ、要求し、命じるのか。この声は、まなざし、反省＝反射、感嘆と、どのような見るべき関係をもつというのか。つまりこの声のエネルギーとばかりでなく、彼の名において歌うもののエネルギーと、どのような関係をもつのか(彼の民衆が彼の名において示威運動をするときの叫び、マン－デ－ラ！　を聞いてもらいたい)。

ネルソン・マンデラの情念《パッション》［受難］と言えるかもしれないような、ネルソン・マンデラの感嘆。マンデラの感嘆、その二重の属格。すなわち彼が抱かせる感嘆と彼が感じる感嘆。この二つの感嘆は同じ発生源をもち、そこで相互に反射し合っている。私の仮説はすでに述べた。彼が感嘆すべき人となるのは、彼が全力を挙げて感嘆したからであり、彼の感嘆をひとつの強制力、御しがたく解消不可能な戦闘力にしたからである。法そのもの、もろもろの法の上にある法。

結局のところ、彼は何に感嘆したのか。一言で言えば、《法》にである。

さらに《法》を言説のなかに、歴史や制度のなかに、すなわち《権利》のなかに記入するものに感嘆したのである。

最初の引用文。語っているのは一人の弁護士であり、彼はある訴訟、自分の訴訟の最中にいる。彼が審理してもいる訴訟、彼がその告訴人たちに対して権利の名において起こしている訴訟である。

> この瞬間の根本的な任務は、あらゆる人種差別を取り除くこと、民主的な諸権利を《自由憲章[4]》の基盤のうえに確立することでなければなりません[…]。マルクス主義の著作の読書から、マルクス主義者たちとの会話から、私が引き出した印象は、共産主義者たちは西洋の議会システムを非民主的で反動的とみなしたということです。反対に、私はそれに感嘆します。マグナ・カルタ、権利請願、権利章典[5]は、世界中の民主主義者たちに尊ばれているテクストです。イギリスの司法・行政の独立性と公平性に、私は感嘆します。アメリカにおける議会、三権分立主義、司法の独立も同じような感情を私に引き起こします。[*2]

彼は法に感嘆し、そのことをたしかに口にする。しかし憲法や宣言を指揮するこの法は、本質的に見て、西洋のものだろうか。その形式的な普遍性は、ヨーロッパの歴史、さらには英米の歴史と解消不可能な絆[6]を保持するのだろうか。そうだとしても、やはり、もちろん、次のような奇妙な可能性を熟考しなくてはならないだろう。すなわち、この法が歴史のある特定の時期の、特定の場所に現前したという出来事はもちろんこの法にとって本質的なことであるが、それと同じようにこの法の形式的な性格もこの法の普遍性にとって本質的であるということ、これである。では、こうした歴史をどのように考えるべきか。アパルトヘイトに反対する闘いは、それが起こるいたるところで少なくともマンデラが指導し反省しているかたちでは、一種の鏡像的対立、すなわち西洋が自分自身のふところで、自分自身の名において養う内戦にすぎないのだろうか。根底的な他者性も真の非対称性も被ることのない内部矛盾にすぎないのだろうか。

　このままの形では、この仮説はまだあまりに多くの判然としない前提を抱え込んでいる。われわれはもっと先のところで、そうした前提を認識することも企てよう。さしあたり、それよりも限定されてはいるが、もっと確実な当たり前のことを心に留めておこう。すなわち、マンデラが感嘆し、感嘆すると語るもの、それはマグナ・カルタが創始した伝統であり、さまざまな形における人権宣言であるということだ(彼は頻繁に「人間の尊厳」、「その名にふさわしい」人間に訴える)。また彼が感嘆するのは議会制民主主義であり、さらに正確に言えば、三権分立論であり、司法の独立だということである。

　しかし彼がこの伝統に感嘆するとしても、彼はその継承者、単純な継承者だろうか。答えは、ここで遺産継承ということで何を考えるかに応じて、ウィでもありノンでもある。保守し再生産する者のうちに真正なる継承者の姿を認めることもできるだろう。しかしそればかりでなく、遺贈の論理を、その論理の保護者だと言い張る者たちに対して機会をとらえて反転させるにいたるまでに尊重する者も、また真正なる継承者と言えるだろう。そうすることで、その継承者は、遺産のなかでいまだかつて目にされたことのなかったものを、簒奪者たちに対抗して、見るべきものとして与えるまでにいたる。すなわち反射的反省《レフレクシオン》という前代未聞の行為によって、決して日の目を見ることのなかったものに日の光を与えるまでにいたるのである。

二

反射的反省《レフレクシオン》のこうした不屈《アンフレクシーブル》の論理は、マンデラの実践でもあった。ここに少なくともその二つの印《シーニュ》がある。

一、第一の印。アフリカ民族会議(マンデラは一九四四年の加入以来、そのリーダーの一人だった)は、南アフリカ民族会議のあとを継いだものだった。ところで南アフリカ民族会議の構造は、すでにアメリカ議会やイギリス上院のものを反映《ルフレテ》していた。とくに上院を備えていた。したがって、すでに基本モデルは、マンデラが讃えていたあの議会制民主主義だったのである。彼が一九五五年に発表した《自由憲章》は、世界人権宣言から着想を得た民主主義的原則をも述べている。とはいえやはり、マンデラは模範的な厳格さでもって、自由主義的な白人たちとの単なる同盟を拒絶している。自由主義的な白人たちは、闘争をあくまでも憲法の枠内に(少なくとも当時固定されていたままの憲法の枠内に)とどめることを強く推奨していた。実際マンデラは次のような真実を思い出させる。すなわち、この体制構築的な法〔憲法〕の樹立は、事実上、そしていつものことながら、特異な強権発動——すなわち国民の統一を産出すると同時に前提する、あの暴力行為——の形をとっただけではなかった、と。南アフリカ憲法の場合、強権発動は強権発動にとどまった、つまり悪しき一撃にとどまり、みずからを基礎づけるにいたらない法という失敗に終わっていた。実際この法は、その起草者も受益者も、特殊意志でしか、人口の一部でしか、私的利益(つまりは白人少数派の利益)の制限付きの総和でしかなかった。白人少数派がこの反憲法的憲法〔constitution anticonstitutionnelle(反構成的構成)〕の特権的な主体となり、実のところ唯一の主体となる。たしかに(おそらく、ともひとは言うだろう)、ひとつの国民、ひとつの国家、ひとつの国民国家の出来は、いつもこうした強権発動の刻印を帯びているものである。実際こうした体制化の本来遂行的《パフォーマティヴ》な行為は、みずからが事実確認的《コンスタティヴ》な行為に即してそれを記述しているのだと主張し、宣言し、保証するところのものを産出(言明)しなければならない。このときのシミュラークルもしくはフィクションの本領がどこにあるかと言えば、それが反映《レフレシール》していると言われるところのものに日の光を与えることによって、それを日の光のもとに置き、公に確認できるようにする、という点にである。それはまるで、国民の統一や国家の創設といった出来事がいままさに産出されている最中であるにもかかわらず、すでにそこにあったことになるものの記録であるかのようなのだ。だが正当性、さらには合法性は、あるいくつかの条件においてしか持続的に確立されないし、根源的暴力を覆い隠して忘却させることもできない。すべての遂行的発話が「幸運な＝適切な」わけではない、と言語行為《スピーチ・アクト》の理論家なら言うだろう。それは、あれこれの出来事のコンテクストを形成するおびただしい数の条件や約束事に依拠するのだ。南アフリカの事例では「約束事」は守られなかった。暴力はあまりにも大きく、目に見えてあまりにも大きかった(この可視性が新しい国際舞台にさらけ出されたときがそうだった)。白人共同体はあまりにも少数派であり、富の不均衡はあまりにも明らかだった。とすると、この暴力はやはり過剰であると同時に無力でもあり、結局のところ不十分であり、それ自身の矛盾のなかで敗北しているのである。この暴力は、集団殺戮や準－民族殲滅に立脚した国家がそうだったように、自分のしたことをきれいさっぱりと忘れさせることなどできない。ここでは起源の暴力は無際限に反復されざるをえず、立法装置のなかで法・権利のまねごとをせざるをえない。この立法装置の怪物性は、偽物をつかませて目をくらませることに失敗する。それは司法上の補綴(さまざまな法律、法令、修正案)を病理的に氾濫させていく。これらの法的人工器官の目的は、世界で唯一にして最後の人種主義、原理主義的な人種主義、国家人種主義の、このうえなく日常的な効果をその細部にいたるまで合法化することである。

　したがって、このような国家の憲法が民衆の意志に準拠しえないことは当然だろう。《自由憲章》は次のように指摘する。「南アフリカは、黒人と白人、すべての住民のものである。いかなる政府も民衆全体の意志に立脚しない権威を利用することはできない」。「民衆全体」の意志の総和に還元されない一般意志に準拠することによって、マンデラは、たとえ決して引用しないとしても、しばしばルソーを思い出させるだろう。そのようにして彼は、《憲法》の権威、その合法性、その体制構成性〔憲法性〕に異議を唱えるのである。それゆえに彼は、アパルトヘイトに反対して闘いながらも合法的枠組みを尊重する自由主義的な白人たちの提案――そして同盟――を拒む。

自由主義者たちの信条は、「全体主義のさまざまな形態、すなわちファシズムと共産主義とを拒否しながら、民主的で合憲的な手段を用いること」にあります。そこではすでに民主的で合憲的な権利を享受している人民しか、民主的で合憲的な手段について語る資格をもちません。そうした権利の恩恵を受けていない人々にとって、これではなんの意味もありません。(一九頁)

たったひとつの民族的‐国民的存在を利するべく、民主的と自称する法を制定した白人少数派の強権発動に対して、マンデラは何を対置するか。「民衆全体」である。言い換えれば、もうひとつ別の民族的‐国民的存在、南アフリカと名づけられた領土に暮らすあらゆる集団(白人少数派も含む)から形成された、もうひとつ別の民衆的集合である。この別の存在が「南アフリカ」の国家主体もしくは憲法主体へとみずからを体制化できたのだとしたら、あるいは将来においてそうした主体へとみずからを体制化できるとすれば、それは遂行《パフォーマティヴ》的行為によってのみである。この遂行的行為は、いかなる先行する基本法にも準拠することなく、もっぱら白人の植民地化によって大半が作り出された地理的・人口的裁断の「約束事」に準拠するように見えるだろう。この事実を消し去ることはできない。たしかに「民衆全体」の意志——いずれにせよ一般意志——は、それ自体において一切の経験的規定を解消しなければならない。少なくとも、それがその統制的理念である。しかしこの統制的理念は、他のところでもそうだが、ここでも同じように達成不可能に思われる。「民衆全体」の定義は、白人による占領、それから南アフリカ共和国の創設という、かつての強権発動〔武力行使〕の出来事を記録しており、したがってその出来事を反映=反省《レフレシール》しているように思われる。この出来事なしに、《自由憲章》が「民衆全体の意志」と呼ぶものと一般意志との関係をほんのわずかでも、どうして認識できようか。逆説的にも「民衆全体」は、みずからに対して振るわれた暴力によって、さらに民衆のもっとも潜在的なアイデンティティにいたるまで、永遠に民衆の結合もしくは構造を解体することを目的とする暴力によって結集させられたものとしてみずからを見出すのだ。この現象は、脱植民地化以後になされた、ほとんどすべての国家の創設を特徴づけている。マンデラはそのことを承知している。ひとつの国家の絶対的な創設は、それがどれほど民主的であろうと、またたとえそれが法の前での万人の平等の原則に適うように見えるにせよ、事前に正当化された国民的実体の存在を想定することはできない。最初の《憲法》についても事情は同じだ。民衆の全体的統一が初めて同一性を獲得するのは、なんらかの基本法を制定する契約——形式的なものであろうとなかろうと、書かれたものであろうとなかろうと——によるしかない。ところで、この契約は事実上、「全体」として想定された民衆の、その代表者と想定された者たちによって署名されるしかない。この基本法は、基本法を制定すると同時にしかしながらそれを前提するもの〔民衆全体〕に、権利上も事実上も単純に先行することはできない。基本法を企てつつ、基本法を反映するもの！　基本法はこの常軌を逸した遂行的発話に先行することはできない。この遂行的発話によって、一個の署名は自分自身に署名することを自分に許可する。一言で言えば、なんらかの事前の法による保証なしに、みずからの権限で自分を合法化するのである。こうした自己書き込み《オートグラフィック》の暴力とフィクションは、個人的な自伝《オートビオグラフィ》と呼ばれるもののなかにも、国家の「歴史的」起源のうちにも働いている。南アフリカのケースでは、フィクションは次の点にある（それはフィクションに抗するフィクションである）。すなわち「民衆全体」の統一は、白人少数派が作り出した裁断には対応しえなかったということ、これである。いまや民衆全体の統一は、その布置が少数派の暴力から出発してしか構成されえなかった（いずれにせよ同定されえなかった）一個の集合（白人少数派＋「南アフリカ」のすべての住人）を構成しなければならないだろう。とすれば、民衆全体の統一が白人少数派の暴力に対置されうるとしても、この仮借なき矛盾には何のかかわりもない。「民衆全体」、「すべての国民集団」の統一がみずからにその実存と法の力を与えるのは、《自由憲章》がまさに訴える行為によってのみだろう。《自由憲章》は現在形で語る。すなわち将来において認知されなければならないある過去の所与の記述〔*description*〕に立脚すると想定された現在において。しかし、それはまた未来形でも語る。すなわち前もって書かれた命令〔*prescription*〕の価値をもつ未来において。

南アフリカは、黒人と白人、すべての住民のものである。いかなる政府も民衆全体の意志に立脚しない権威を利用することはできない。
——民衆が統治するだろう。
——すべての国民集団が平等な権利を享受するだろう。〔…〕
——万人が法の前で平等となるだろう。(一九—二〇頁)

《憲章》は法の創設的行為を破棄しない。この行為は必然的に、それ自体において脱‐合法的な行為である。この行為は最終的には南アフリカの体制を作り出すが、それは事後的にしか、とりわけそれが国際共同体の法によって承認されるときにしか合法的なものとなりえない。《憲章》はこうした法創設的行為を破棄しない。いやそれどころか、これを改鋳する〔refond(創設しなおす)〕のだ。いずれにせよ《憲章》は、白人の少数派が依拠していると主張しながらも事実上は裏切ることしかしてこなかった諸原則を、彼らに抗して反映＝反省しながら〔反射させながら〕、法創設的行為を創設しなおすことを企てるのである。民主主義、いいだろう、南アフリカ、いいだろう。だが今度は「民衆全体」はすべての国民集団を含まなければならない、と《憲章》は言う。それこそが、白人少数派が依拠するふりをしていた法の論理そのものなのだ。そのときこのように画定された領土のなかで、すべての人間存在、「その名にふさわしい」すべての人間が、実際的に法の主体となるだろう。

二、第二の印。英米型議会制民主主義モデルと権力分立に向けて表明された「感嘆」、この型の民主主義のあらゆる原則への《憲章》の忠実さ、これらの原則そのものをアパルトヘイトの西洋社会における支持者たちに対立させる徹底化《ラディカル》の論理――こうしたものはすべて、単なる鏡像的反転の強権発動に似ているかもしれない。その場合、「黒人」共同体(さまざまな非「白人」共同体)の闘いは、輸入された法とモデル――その最初の輸入者〔白人〕たちによってまっさきに裏切られた法とモデル――の名において導かれることになるだろう。恐るべき非対称性。しかしこの非対称性はみずからを解消し、あるいはもっと正確に言えば、自分自身を反省=反射し、あらゆる客観的な表象を免れるにいたるように思われる。つまり対称も非対称もないのだ。そしてその理由は、輸入などないからであり、法の歴史について単純に指定可能な起源などないからである。あるのはただ反射〔反省〕装置のみ、すなわち、さまざまな像《イマージュ》の投射、行程の逆転、入れ子化をともなう反射装置のみである。この反射装置は、その構造や「歴史」が起源を運び去ることを旨とするような法のための歴史効果をともなう。装置という言葉で私が言わんとしているのは、このXは自然なものではないというただそれだけのことであるが、だからといって、それは必ずしも人間の手による人工物ということではない。このような装置は客観的空間のなかで表象できるものではない。それは少なくとも二つの理由による。それをここで、われわれの関心あるケースに関係づけてみよう。

A.第一の理由は、要するに、ここで考察している法や原則やモデルの構造に起因する。その形成《フォルマシオン》もしくは定式化《フォルミュラシオン》の、その啓示もしくは現前化の歴史的な場がどうであれ、この構造は普遍性を目指す。それが、言うなれば、その志向内容なのだ。すなわち、この構造の意味が要求するのは、構造がみずからの現象上の起源の歴史的・国民的・地理的・言語的・文化的な限界を即座にはみだすことである。根なし草となることからすべては始まらなければならない。限界の数々はその後で経験的な偶然事として現れる。そうした限界は、それが登場させるように見えるものを隠蔽することもあるだろう。かくして、こう考えることができる。南アフリカの「白人少数派」は、彼らが依拠すると称する諸原則の本質を覆い隠して、私化し、特殊化し、我有化し、要するに、そうした諸原則の存在理由《レゾン》に反するかたちで、理性《レゾン》そのものに反するかたちで、原則を拿捕《アレゾネ》するのだ、と。それとは反対に、アパルトヘイトに反対する闘いにおいては、われわれがここで語っている「反省＝反射」は、《白人》たちに支配された政治上の現象性のなかでもはや見えなくなってしまったものを見えるようにする。それは、もはや見えなくなったもの、あるいはまだ見えなかったものを、見るように義務づける。それは《白人》たちの目を開くように試みるのであり、目に見えるものを再現する《ルプロデュイール》のではなく、産出する《プロデュイール》のだ。この反省＝反射は、実はそれが反映する以上のことをしている法を、見るべきものとして与える。というのも、この法はその現象においては見えないものだった、すなわちすでに見えないものになっていた、あるいはまだ見えないものだったからである。そして見えないものを見えるものへともたらすことによって、この反省＝反射は見えるものから発するのではなく、悟性[7]を経由《パセ》する。もっと正確に言えば、悟性《アンタンドマン》を通過《パセ》して理性にのみ調和するもの、これをこの反省＝反射は聞く《アンタンドル》＝理解すべきものとして与えるのである。これが第一の理由《レゾン》であり、理性《レゾン》そのものなのだった。

B．第二の理由はいっそう問題含みと思われる。それはまさしくこの現象的な現れに、すなわち民主主義的な法や原則やモデルの歴史的な構成にかかわる。ここでもまた、宣言された感嘆——今回は、自分もまた魅了されたものだと言う感嘆——の経験が反省＝反射の屈折に付き従う。あいかわらず法の反省＝反射である。すなわちマンデラは、アフリカ社会の内部におけるこの法の現前そのものを知覚し、見るのである。いや、彼はこの法の現前を見ることなしに、企て反省するのだと、そう言う人たちもいるだろう。まさに「白人の到着」以前における、この法の現前を。

この主題について彼自身が述べていることのなかに、私は三つのモチーフを強調しようと思う。

a 魅了のモチーフ。何かによって石化されたかのように、立ちすくんだまなざしの固定された注意。その何かは単に見える対象であるのではなく、あなたを見つめ、あなたにすでにかかわり[8]、あなたを包含する。あなたに観察しつづけるようにと、答えるようにと命じる何か。見えるものの彼方であなたを見つめ、あなたを呼ぶまなざしに応答し責任をもつようにと命じる何か。知覚でも幻覚でもない何か。

b 萌芽のモチーフ。これは解釈に不可欠の図式を提供する。まさしくこの潜在性という資格において、民主主義モデルは先祖たちの社会にも現前していたとみなされる。たとえこの民主主義モデルが反省に対して明らかにされ、それとして発展したのが事後的であり、同じモデルをもっていた「白人」の暴力的侵入の後であったとしても。

c 南アフリカの故郷というモチーフ。新しい南アフリカ共和国の法のもとで生きるように呼びかけられた、すべての国民集団の生誕の地。この故郷は国家とも国民とも混同されない。

何年も前、トランスカイの若い村人だった私は、部族の長老たちが、白人がやって来る前の古き良き時代の物語を語るのを聞いていました。当時、私たちの部族は、王たちやアマパカティたちの民主主義的な統治のもとで平和に暮らしており、国中を自由に、なんの心配も、なんの制約もなく移動していました。当時、土地は私たちのものでした[…]。そこで私は、人生で到達すべきすべての宝物のなかから、私の民衆に仕えることを選び、民衆の自由のための闘争にささやかながら貢献することを選ぼうと自分に誓ったのでした。

この国の最初のアフリカ社会の構造と組織は私を魅了し、私の政治的な考え方の進展に大きな影響を与えました。当時、主要な資源であった土地は部族全体に帰属していて、私的所有権は存在しませんでした。階級も富者も貧者も、人間による人間の搾取も存在しませんでした。すべての人間が自由で平等であり、それこそが統治の指導原則であり、この原則は、部族の諸問題を管理・運営していた評議会の組織に翻訳されていました。[…]

この社会はまだたくさんの原始的でしっかりと練り上げられていない要素を抱えており、現代ではもう成り立たないかもしれません。しかし、この社会は革命的民主主義の萌芽を含んでいたのです。もはや奴隷も隷属もな

く、貧困や不安定、必要などが取り除かれた革命的民主主義の萌芽を。［…］

［…］アフリカ民族会議は断固として次のように確信していました。南アフリカを故郷とし、平等と民主主義的原則を信じるすべての人間は、その国籍がなんであれ、その肌の色から独立して、アフリカ人として扱われなくてはならない、と。すべての南アフリカ人が権利とチャンスの十全な平等という土台のうえで、自由に生きることができなければならない、と……。（三二一―三四頁）

魅了が見させると思われるもの、マンデラの注意を動員し不動にするもの、それは西洋において範例としてではなく一例としてその原理が現前した議会制民主主義だけではない。それは議会制民主主義から革命的民主主義への、こう言ってよければ、すでに潜在的に達成された移行である。すなわち階級も私的所有もない社会。したがって、われわれがいま認識したのは次のような代捕のパラドクスである。すなわち、民主主義的形式の実際上の成就、形式性の現実的な確定がこの非西洋社会の過去において場をもったことになるのは、潜在性の、言い換えれば「萌芽」の様相のもとでのみである、というパラドクスである。マンデラは、彼が事前にその反映を目撃するものによって、まだ見られていないものによって、彼が予‐見するものによって、すなわち、まさしく革命的な民主主義によって、魅了されるがままになる。英米型の西洋自身は、結局のところ、この革命的民主主義の不完全で、形式的で、したがってこれもまた潜在的な像しか示さなかった、ということになるだろう。潜在性に抗する潜在性、潜勢力に抗する潜勢力。というのも、マンデラがもっとも西洋的な西洋の議会制システムに「感嘆する」としても、彼はまた「この国のいにしえのアフリカ社会の構造と組織」への彼の「感嘆」（これもまた彼の語、いつも同じ語である）をも宣言するのであるから。同じ論理もしくはレトリック、すなわち発生光学《ジェノプティック》[9]とでもいうものに即して言えば、重要なのは「萌芽」であり、前形成である。アフリカ社会のさまざまな形象は、歴史現象においていまだに見えないものにとどまっているもの、すなわち「階級なき社会」と「人間による人間の搾取」の終わりを前もって形象しているのであり、それを前もって見るべく与えるのだ。

今日、私は階級なき社会というアイディアに惹かれていますが、それは部分的にはマルクス主義の本を読んだことに由来し、また部分的にはこの国のいにしえのアフリカ社会の構造と組織への感嘆に由来しています。土地(当時これは主要な生産手段でした)は部族に帰属しており、富者も貧者も存在せず、人間による人間の搾取も存在しませんでした。(九五頁)

三

したがってマンデラは、あらゆる意味において法の人＝法律家でありつづける。たとえ彼が外見上あれこれの特定の合法性に対立せざるをえなかったにせよ、またたとえ何名かの裁判官が、あるとき彼を無法者《アウトロー》に仕立てあげたとしても、彼はつねに法・権利に呼びかけた。

彼は法の人だったが、彼がそうだったのは何よりもまず召命〔*vocation*(声で呼ぶこと)〕によってだった。ひとつには、彼はいつも法に呼びかける。もうひとつには、彼はいつも法によって、すなわちひとが彼をその前に召喚させたがった法によって、自分が引き寄せられていると、呼ばれていると感じていた。そして彼は、たとえそれが余儀なくされたものであったとしても、この出頭を受け入れた。彼はその機会――好機《チャンス》と言ってはいけないのだろうが――を捉える。なぜ好機《チャンス》なのか。本当は論告求刑である彼の「〔自己〕弁護」を読みなおしてもらいたい。そこに見られるのは政治的自伝、彼のものであると同時に、分かちがたく彼の民衆のものでもある自伝である。この自伝の「私」は「われわれ」の名においてみずからを基礎づけ、みずからを正当化し、理性的に考え、署名する。すでにわれわれが指摘したように、彼はいつも「私の民衆」と言う。とりわけ、法の前で応答し責任をもつ主体という問いを彼が提起するときに。

私は民衆に法を犯すようにそそのかしたと告発されています。南アフリカ連合に共和国を樹立する法――この法の採択にわれわれは、すなわち私の民衆も私も、まったく参加したおぼえはありません――に反対する示威運動をするという犯罪をそそのかした、と。けれども《法廷》が判決を下すとき、違反の真の責任者が誰であるかを自問しなければならないでしょう。それは私でしょうか。むしろ真の責任者は、私の民衆――この国の市民たちの多数派――が反対することを承知のうえで、またその反対を表明する合法的な一切の可能性がこれまでの立法によって、そしていまもなされているその拡大解釈的適用によって民衆には拒絶されているということを承知のうえで、この法を発布した政府なのではないでしょうか。(二九頁)

彼はこのように彼自身を提示《プレザンテ》する。彼は自分自身を民衆のうちに置きながら、法の前に自分を現前《プレザンテ》させるのである。なるほど彼はある法を拒否するが、彼はこの法をさらに上位の法の名において拒否しているのだ。すなわち彼が感嘆すると宣言し、その前に自分を現前させることを受け入れる、まさにそうした上位の法の名において。こうした自己現前化のなかで、彼は彼の歴史――ただひとつの炉源《フォワイエ》、ただひとつにして二重の炉源のなかに彼が反映させる歴史、すなわち彼自身の歴史と彼の民衆の歴史――を結集させることによって自己を正当化する。出頭〔comparution(共に出現すること)〕――すなわち彼らは一緒に現れるのであり、彼を召喚しつつも彼によって召喚される法の前に現れることによって、彼は自己を結集させるのである。しかし彼が自己を現前させるのは、その後の正当化を目指してのことではない。自己現前化は法・権利〔合法性〕に仕えるためではない。それは手段ではない。この歴史の展開は一個の正義的正当化［*justification*］[10]なのであり、それは法の前でのみ可能であり、法の前でしか意味をもたない。彼が彼であるところのもの、彼すなわちネルソン・マンデラであり、彼と彼の民衆であるのは、つまり彼が現前性をもつのは、この正義による裁き［justice］の運動においてのみなのだ。

　弁護士の記憶と告白の数々。実際この弁護士《アヴォカ》は、自分のしていることが合法性の観点からすれば違反であると「告白《アヴエ》」[11]したうえで、その違反を正当化し、さらには違反を要求しさえする。全人類を証人にして、彼は蜻蛉《かげろう》のような裁判官たちの頭上の普遍的正義に訴えかける。そこから次のようなパラドクスが生じる。すなわち、この殉教の物語を通して幸福な戦慄のごときものを知覚することができるのだ。そしてときにこの告白のなかにルソーの口調が聞こえるようにも思う。すなわち、たえず良心の声に訴えかける声、直接的で決して間違えない正義の感情に訴えかける声、われわれの心のなかに書き込まれているがゆえにわれわれよりも先にあり、われわれのなかで語るような、法のなかの法に訴えかける声である。同じ伝統において、それはまた定言命法の場でもある。すなわち利害にまつわる条件つきの仮説や戦略とは共通の尺度をもたない、またあれこれの市民法の諸形象と共通の尺度をもたない、道徳の場である。

　閣下、私が犯した犯罪に罰を下すことによって、この脅しが効果を発揮し、決心した人々が自分のなすべき義務を果たさないようになるなどという期待を、《法廷》は抱くべきではないと思います。人々の良心がかかっているとき、人間は制裁によって意志をくじかれることなどないということは歴史の示すところです。（四九頁）

　判決がどうであれ、私は刑に服した後も自分の良心の声に耳を傾けつづけるということ、《法廷》はこのことを覚悟しておいてください。私はこれからも人種的憎悪に心をかき乱されるでしょうし、そうした正義に反する事

態が決定的に廃絶されるまで、そうした不正に対する戦いを繰り返すでしょう。(五〇頁)

私たちは法に背いて行動しましたし、そのことは承知していました。けれども、その責任は私たちにあったのではありません。法に従うか、自分の良心に従うか、私たちはどちらかを選択しなければならなかったのです。(三五頁)

[…]私たちは、法と良心とのあいだの新しい葛藤に対峙しなくてはならなかったのです。私たちの批判や提案に対する政府のあからさまな無関心の前で、私たちは何をすべきだったのでしょうか。抗議行動を犯罪呼ばわりし、そうして私たちの確信を裏切る法に従えばよかったのでしょうか。反対に、私たちの良心に従うべきだったのでしょう。[…]こうしたディレンマを前にして、正しい人間たち、決心した人間たち、名誉を重んじる人間たちが与えることができるのは、たったひとつの応答のみです。すなわち、自分たちにとって生じうる不都合な結果を顧みることなく、みずからの良心に従うべきだということです。委員会のメンバー、そして書記である私自身も、私たちの良心に従ったのです。(三九—四〇頁)

良心《コンシアンス》と法意識《コンシアンス》、この二つは一つのことである。自己現前化と自分の民衆の現前化、この二つは同じひとつの反省=反射=反映《リフレクシオン》において、同じひとつの歴史をなす。われわれがすでに述べたように、どちらにしても、ただひとつの二重の炉源があるのだ。そしてそれは感嘆の炉源である。というのも、この良心は法の前で、言い換えれば(忘れないようにしよう)感嘆すべきものの前で自己を反省することによって、自己を現前させ、自己を取り集め、自己を集中させるからである。

また、この感嘆の経験は二重に内的でもある。この経験は反省を反省する〔反映を反映する〕のであり、そこから、みずからが西洋の裁判官たちに突き返す全強制力を汲み上げる。というのも、この経験は劇的な仕方で二重の内面化から生じるからである。まず最初にマンデラは、西洋に由来すると見えるかもしれない法の理念的思考を内面化し、彼自身の内部で引き受ける。しかしまた同時に彼は、キリスト教的西洋が彼に与えた形象において、内面性原理をも内面化する。ヨーロッパで支配的な哲学、政治、法、道徳のなかに、このキリスト教的西洋のすべての特徴が見られる。法のなかの法はもっとも内密な良心のうちに存するとか、最終的には意図や善意で判断しなければならない、というように。法は一切の司法的もしくは政治的言説に先だって、実定法のテクスト群に先だって、良心の声によって語るのであり、あるいは心の奥底に書き込まれているのである。

かくしてマンデラは召命によって法の人であったわけだが、彼はまた職業によっても法の人であった。知られているように、彼はまず、当時アフリカ民族会議の書記だったウォルター・シスルーの助言で、法律を勉強した。それは圧政者たちに向け返す武器となる西洋の法律を修得することだった。圧政者たちは司法上のあらゆる手管を用いていたにもかかわらず、結局のところ、自分たちが操作し、犯し、裏切っている法の真の力を見誤っていた。

システムに、何よりもまず法学部に登録することができるようになるために、マンデラは通信講座を受ける。彼は最初に文字によって免状を獲得しようとする。このエピソードを強調しよう。「肉声」で直接やり取りする手段がなかったので、まずは通信《コレスポンダンス》〔文通〕によって始めなくてはならなかったのである。のちにマンデラはそのことについて不平をもらしている。なるほどコンテクストは異なるが、それでもやはり賭けられているのは、声の政治と文字の政治、「大きな声」と書き物とのあいだ、「肉声〔生きた声〕」と「通信文」とのあいだの差異の政治である。

白人政府の歴史は、アフリカ人たちが彼らの要求を大声で表明するときにはいつも抑圧と恐怖で出迎えられるということを教えています。それをアフリカ民衆に教えたのは私たちではなく経験です。［…］すでに［一九二一年—二三年に］、民衆、私の民衆、アフリカ人たちは政府に対して、政府がよく知っている言語、実を言えば政府が知っているただひとつの言語において道理をわからせるようなやり方で、熟慮のうえで暴力行為に訴えました。
世界中の他の場所では、どこの法廷も私にこう答えるでしょう。「あなたは政府関係者に一筆書くべきでしたね」と。この法廷はそんなふうに答えるほど無邪気ではないと知っています。私たちは政府に何回も手紙を書いたのです。こうしたことについて、私自身の経験をくどくどとしゃべりたくはありません。政府がこうした手法をどれほどばかにしているかを日々ますます見せつけられているときに、アフリカ民衆が文通という手段を用いつづけることを《法廷》が期待することはできません。しかし《法廷》はまた、私の民衆が黙ってじっとしているということも期待できないでしょう。（四三—四四頁）

白人政府は聞かない《アンタンドル》ために、手紙を書くように要求する。しかしそうすることで政府は応答しないつもり《アンタンドル》なのであり、何よりもまず読まないつもりなのである。マンデラは、当時ＡＮＣ〔アフリカ民族会議〕の議長だったアルバート・ルツーリ[12]がストレイダム首相[13]に書いた手紙を指摘する。その手紙は状況を長々と分析したもので、協議の要求も添えられていた。何の返事もなかった。

私の民衆とその要望に対するこの政府の行動は、いつもあるべき姿であったわけではありませんし、かくも文明化された人間たちに期待してよいはずのものでもありませんでした。ルツーリ議長の手紙は返事のないままでした。（三八頁）

白人権力は応答《レポンドル》する義務があるとは思っていないし、黒人民衆に対して責任《レスポンサーブル》があるとも思っていない。黒人民衆は、自分のイメージが向こう側で形づくられたのかどうか（このイメージが後で黒人民衆へとなんらかの仕方で返って来ることになる）について、郵便物の返送や言葉・まなざし・合図《シーニュ》のやり取りなどによって確認することさえできない。というのも白人権力は応答しないだけではないからだ。もっと悪いことをしている。すなわち受領通知さえしないのだ。ルツーリの後、マンデラも同じ経験をしている。当時彼が書記をしていた行動会議が採択した決議を知らせるために、マンデラはフルウールト[14]に手紙を書いた。彼は決議が定めた期日前までに国民公会を開くことも要求した。応答も受領通知もなかった。

> 政府がこの手の手紙の受領を通知せず、国の最大多数の共同体の最重要人物たちと指導者たちを集めた組織が提出した要望書を考慮することさえないなどということは、文明化された国では侮辱とみなされるでしょう。ここでも政府の態度は、文明化された人々に期待される水準を下回っていたのです。私たち、アフリカ民衆、そしてアフリカ民衆の利益を救うという重たい責任をもつ国民行動会議のメンバーは、法と良心との新しい葛藤に対峙しなければならなかったのです。（三九頁）

受領通知をしないこと、それは礼儀作法《シビリテ》に背くことであるが、何よりもまず文明《シビリザシオン》の法に背くことである。それは野蛮な振る舞いであって、前‐社会的で、法以前の段階である自然状態への回帰である。なぜこの政府はこうした非文明的な実践に舞い戻るのか。それは、民衆の多数派、「最大多数の共同体」を、非文明的なもの、法以前もしくは法の外のものとみなしているからである。かくして一方的な仕方で通信《コレスポンダンス》を中断することによって、《白人》はもはや自分自身の法を尊重していないのである。受け取った手紙は、他者が共同体の法に訴えかけているということを意味するのであるが、《白人》はこの自明事から目を背ける。自分自身の法を軽視することで、《白人》は法を軽視してもかまわないものにしてしまうのである。

おそらく《法廷》はこう反論するでしょう。抗議する権利、声を聞かせる権利を行使することで、私たちは法の枠のなかにとどまるべきだ、と。私はこう答えるでしょう。法の価値を貶め、法を軽視してもかまわないものにし、誰も法の尊重を気にかけないようにしているのは、政府の側なのであって、政府の法の使用法なのだ、と。この点に関する私の経験は教訓に満ちています。政府は、私の個人生活、私のキャリア、私の政治活動を、法を使って妨げ、そのことによって私のなかに深い法の軽視を生み出したのです。（四五頁）

したがって、この法の軽視（カントならば、道徳法の尊重の対称的裏面と呼ぶだろう――Achtung/Verachtung）は、彼のもの、マンデラのものではない。彼は告発することによって、応答することによって、受領を通知することによって、《白人》たちが示す自分自身の法の軽視をいわば反射しているのである。あいかわらず反射である。ある日彼を法の外に置いた者たちは、端的に言って、そんなことをする権利などもっていなかった。なぜなら彼らはすでに彼ら自身を法の外に置いていたのだから。マンデラは法外者《アウトロー》としての自分自身の条件を描きながら、法の法外状態を分析し、反省し〔映し出し〕ている。マンデラは法の名においてきちんと裁かれたのではなく、迫害され、予断によって〔裁判以前に〕裁かれたのであり、事前に犯罪者とみなされてしまっていたのである。こうした法の法外状態。あたかもこの終わりなき訴訟において、訴訟はすでに、審理以前に成立してしまっているかのようである。本当は訴訟は終わりなく延期されているのだが。

法は私がしたことのためにではなく、私が擁護する考えのために、私を有罪にしたがりました。こうした状況では、ある人がすぐに法外者になったとしても誰が驚くでしょうか。社会から拒絶された人が法外者の生活を選ぶとしても《法廷》で提出された証言によれば、私は何ヶ月ものあいだ、そうした生活をしたとのことですが)、どうして驚くことがあるでしょうか。[…]しかし、その人を法の外に置かねばならないと政府が法の名において布告したというそれだけの理由で、その人が普通の生活を送る権利が拒否され、法外者としての実存を採用しなければならなくなるということもあるのです。そしてそれが私のケースでした。(四六―四七頁)

したがってマンデラが白人政府を非難する理由は、政府が《黒人》たちに沈黙を要求し、「文通《コレスポンダンス》を用いる」ように要求しておきながら、決して応答《レポンドル》しないという点にある。すなわち、あきらめて文通だけで満足せよ、そしてただひとりで文通せよ！　というわけだ。

対位法的モチーフの忌まわしい皮肉。マンデラは有罪判決を受けた後、プレトリア中央刑務所で一日二十三時間隔離された。そして郵便物用の袋を縫わせられたのだった。

四

召命によって法の人であるマンデラは、彼の職業の法、職業倫理、その本質と矛盾を、同じ反省＝反射にかける。「この国の法を遵守し、国の伝統を尊重するという職業倫理のコード」を義務づけられたこの代訴人[15]は、いかにして自分の作戦を指揮し、この同じ国の政治に対するストライキを促すことができたのか。この問いはマンデラ自身が裁判官たちの前で提出しているものである。それに答えるには、まさしく彼の人生物語が必要だろう。職業倫理に従うか否かの決断は職業倫理自体の管轄ではない。「職業倫理をどうするか、職業倫理を尊重すべきか否か」という問いは職業の次元にはない。それに答えるのは、全実存を道徳的・政治的・歴史的次元のなかに巻き込む決断による。したがって職業規則の侵犯を説明もしくは正当化するためには、ある意味で彼の人生を物語る必要がある。

> 私をそこへと至らしめた精神状態を《法廷》が理解するには、私が自分の政治的経歴を思い出す必要があり、私を行動へ押しやったさまざまな要因を明らかにする必要があります。何年も前、トランスカイの若い村人だった私は……。(三一頁)

マンデラは職業上の義務を軽く扱っているのだろうか。そうではない。彼は普通の職業ではない彼の職業を思考しようと努めているのだ。彼は職業倫理の職業倫理を反省し、職業倫理の法の深い意味とその精神を反省しているのだ。そして、ここでもまた感嘆のこもった尊敬の念によって、マンデラはある職業倫理の職業倫理の名において、すなわち職業倫理を超えた職業倫理でもあり合法性の彼方の法でもあるような、そうした職業倫理の職業倫理の名において、決着をつける決心をする。しかし、みずからが反省＝反射するものの彼方へと運んでいくこの反省＝反射(職業倫理の職業倫理)のパラドクス、それは、責任ある応答可能性はやはりその意味を職業装置の内部で取り戻すという点にある。責任ある応答可能性はみずからを職業装置の内部に書き込みなおす。というのもマンデラは、開業してはいけないとされる場所で自分の職業に従事しようと決意するからである(それが外見上法規《コード》に反するということになる)。「その名にふさわしい代訴人」として、彼は法規のなかで法規に反して行動する。そのとき彼は法規を反映しているのだが、現行法規が読み取れなくしてしまっているものを、その法規のなかで見えるようにする。ここでもさらにもう一回、彼の反映は、現象性がいまだに隠蔽していたものを露呈させる。彼の反映は再-生産するのではなく、目に見えるものを生産する。この光の生産は——それが道徳的なものであれ、政治的なものであれ——正義である。というのも現象における隠蔽をなんらかの自然のプロセスと混同してはならないからだ。この隠蔽は中立でも無垢でも宿命でも全然ない。それはここでは《白人》たちの政治的暴力を映し出しており、《白人》たちの法解釈に由来し、司法装置の肥大化に由来する（手紙［文字］はこの司法装置の法の精神と矛盾する定めにある）。たとえばマンデラは彼の皮膚の色とＡＮＣへの参加のせいで、都市部で法律事務所を開設することができない。そうするには、白人の代訴人とは違って、都市区域条項［Urban Areas Act］に従って政府の特別許可がいる。許可は拒絶される。適用除外はあるが、それが更新されることはない。そこでマンデラは、都市で彼の支えを必要とする人々にはアクセスの難しい原住民居留地で仕事をせざるをえない。

> こうしたことはすべて、職業を辞めるよう、同胞への奉仕を止めるよう、要するに何年もの勉強を活かす機会を失うよう要求することと同じです。その名にふさわしい代訴人でこんなことに喜んで同意する人はいないでしょう。結果として、私たちは数年間ものあいだ不法に都市で事務所をもつことになったのです。この期間中ずっと、起訴と強制退去の恐怖が私たちの頭上にぶら下がっていました。私たちが法を軽視して活動していることはわかっていましたが、私たちに責任があったわけではありません。法に従うか、私たちの良心に従うか、選択しなくてはならなかったのです。［…］そのとき私は考えました。大学で教えられている正義《ジュスティス》［裁判］の伝統的な考え方と矛盾する、こうした根本的に不当な差別に抗議する義務を私に課すのは、単に私の民衆ばかりではなく、私の法律家としての職業でもあり、さらには人類全体への正義である、と。（三五―三六頁）

召命による法の人。彼は法の尊重とある種の定言命法とを職業倫理の上位に置くと述べてしまうと、事態を大いに単純化してしまうだろう。「法律家という職業」は他の職業と同じような職ではない。この職業《プロフェッション》は、職業の外においてさえ義務づけられているものについて誓言《プロフェッション》する(というふうに言えるかもしれない)。法律家は尊重もしくは感嘆の専門家《エキスパート》であり、過剰な厳格さでもって自己を判定し、判決にみずからを委ねる。いずれにせよ法律家ならばそうすべきだろう。したがってマンデラは、よい職業倫理の原則をすでに裏切っている立法には背いてよしという最上の道理を、職業倫理の内部に見いださざるをえない。《白人》たちが結局は職業倫理を履行しないときに、あたかもマンデラが反射によって、それを修復し、代補し、再構築し、さらなる職業倫理を付け加えなければならないかのようである。

　したがって彼は二回、ある種の「法の軽視」(これもやはり彼の表現である)を告白するが、それは彼の対抗者たちに、彼らが自分自身の法を軽視している姿を映し出す鏡、彼ら自身の法の軽視が反射的に跳ね返ってきていることを目撃させる鏡を差し出すためである。しかしこれには次のような代補的逆転がともなっている。すなわちマンデラの側では、軽視と見えるものは法のさらなる尊重を意味しているのだ。

　とはいえ彼は裁判官たちを非難しては、直接的に非難してはいない。少なくとも彼が裁判官たちの前に出頭しているときには。たしかに彼はとりあえず裁判官たちを忌避したことだろう。一方では、《法廷》はその構成のなかに《黒人》を含んでいなかったし、したがって必要な公正性の保証がなされていなかった(「南アフリカ政府はこの国では国際人権宣言が適用されると主張していますが、実際には法の前の平等は私たちの民衆にはまったく存在しません」)。他方で、裁判長は審議のとき、政治警察とずっと連絡を取っていた。しかしひとたび裁判官たちの前に出たら、こうした忌避はもちろん考慮されなかったので、マンデラは二度と法廷訴訟はしなかった。まず彼は範例的と彼に見える役職を遂行する人々に対して、そして法廷の威厳に対して、尊敬の念のまじった感嘆を心の奥底で保ちつづける。次に、彼には規則への尊敬の念があるので、彼も出頭しなくてはならない審理の理想的な合法性を確言する。彼はこの訴訟の機会(ここでもチャンスとは言わないでおこう)を捉えて語ろうとする。すなわち潜在的に普遍的な、公的な共鳴空間を彼の言葉に与えようとする。この裁判官たちは普遍的な審級を代表しているはずだ。かくしてマンデラは裁判官たちの頭越しに語りながら、裁判官たちに語りかけることができるだろう。こうした二重の装置のおかげで、彼は自分の歴史——すなわち彼自身の歴史と彼の民衆の歴史——の意味を結集させて、それを一つの一貫した物語のなかで接合し明瞭に語ることができるだろう。彼の歴史を民衆のそれに結び合わせるもののイメージは、二重の焦点《フォワイエ》のうちで形成されなくてはならない。すなわち、そのイメージを結集させることによって迎え入れ収集すると同時に、そのイメージを保管する——そう、とりわけ保管するのだ——二重の焦点のうちで形成されなければならない。すなわち、マンデラに耳を傾ける、ここに現前する裁判官たちと、彼らの背後にあり、また彼らをきわめて高い所から、きわめて遠い所から超過している普遍的法廷という、二重の焦点のなかで。そしてまもなくわれわれは、この普遍的法廷の人である哲学者〔カント〕に再会することだろう。かくして一回きり、声高な言説と通信文が、すなわち論告求刑でもある彼の弁明の書かれたテクストが、あったことになるだろう。そのテクストはわれわれのところに届いたのであり、ここにあって、われわれはそれをまさにこの瞬間に読むのだ。

五

唯一無二にして範例的なこのテクストは遺言書だろうか。二十年以上も前からすでに、このテクストはどうなっているのだろうか。歴史はこのテクストをどうしたのか。今後歴史はこのテクストをどうするのか。この事例はどうなるだろうか。そしてネルソン・マンデラ自身はどうなるのか。彼の牢番たちは、彼を交換すると、彼の自由を交渉すると語っているのだ！　彼の自由とサハロフの自由について取引しようと言うのだ！

遺言を受け取るには少なくとも二つのやり方がある——そして〔「遺言」という〕この語の二つの語義〔acception（受け取り方）〕、要するに二つの受領通知がある。ひとは遺言を、ある過去を単に証言するだけのものへと、すなわち二度と戻って来ないものを自分が反省＝反射せざるをえないと承知しているものへと、屈折させることができる。[16] 西洋一般とでもいうべきもの、輝かしい源泉から発する道筋でもあるひとつの走行の終わり、ひとつの時代の閉幕、たとえばキリスト教的ヨーロッパ（マンデラはこのキリスト教的ヨーロッパの言葉を話すのであり、それは英語を話すキリスト教徒でもある）。しかし別の屈折の仕方もある。遺言というものはつねに証人たちの前でなされ、証人たちの面前で証人となるのだとしたら、それはまた開始し、命じるためでもあって、すなわち、ある未来について責任ある応答をする可能性を他者たちに委ねるためでもある。証言すること、遺言すること〔tester（テストすること）〕、証し立てること〔attester〕、異議申し立てをすること〔contester〕、証人たちの前にみずからを現前させること、これはマンデラにとって、単に姿を現すこと、彼と彼の民衆を知ってもらうべくみずからを与えることであったばかりではない。それはまた、あたかも法がいまだかつて根本的に成立したことがなかったかのように、未来へ向けて法を再‐制定することでもあった。あたかも法はいまだかつて一度も尊重されたことがなかったがために、いまだかつて一度も現前的であったためしのない原‐古的な事物であるかのようであり、すなわち未来そのもの――なおも不可視な――にとどまっているかのようである。再発明されるべきものとして。

遺言のこうした二つの屈折の仕方は対立するのではなく、法の尊重にかかわる事例の範例性のなかで交差する。カントがわれわれに言うところによれば、人格の尊重は何よりもまず、この人格がその単なる事例であるところの法に訴えかける。尊重されるべきは本来的には法のみであり、法は尊重の唯一の原因である。とはいえ、われわれは他者を、それ自身のために、その代替不可能な特異性において尊重しなければならない。それが法である。たしかに、人格もしくは理性的存在であるかぎりで、他者は法の尊重をみずからの特異性そのものにおいてつねに証言するものである。その意味で他者は範例的である。そして同じ光学に即して、すなわち感嘆と尊重（これらは視線の形象である）[17]の光学に即して、他者はつねに反射するものである。マンデラのなかに過去の証人もしくは殉教者を見たくなる人々もいるだろう。その場合マンデラは西洋の光学のなかに、その反射装置の謀略的な機械仕掛けのなかに捕縛される(文字どおり投獄される)がままになったのだということになるだろう。彼は法を内面化しただけではない、とわれわれは言った。彼は内面性の原理をその聖書的〔遺言書的〕伝統(キリスト教、ルソー、カント、等々の伝統)において内面化したのである。

しかし反対のことも言える。彼の反射はもっとも特異な地政学的情勢のなかで、人類の歴史全体が極度に集約したところにおいて(今日たとえば「南アフリカ」や「イスラエル」と名指されている場や焦点がそうしたところである)、いまだかつて見られも聞かれもしなかったものの約束を垣間見させるのだ、と。このいまだかつて見られも聞かれもしなかったものは、西洋においてあるいは西洋の限界で現れてはすぐさま消えてしまったある法に含まれていたものである。「南アフリカ」や「イスラエル」と名指された「場」——それらは恐るべき換喩でもある——において決定されるものは、すべて《トゥ》を、そしてまだそんなものがあるとすればの話ではあるが、全体《トゥ》を、決定するかもしれない。

そのとき範例的な証人たちとはしばしば、法なるものと個別の法とを区別する人々、良心に直接語りかける法の尊重と(歴史的、国家的、制度的)実定法への従属とを区別する人々である。良心とは記憶であるばかりでなく、約束でもある。範例的な証人たち、すなわち彼らが反射する法なるものを思考すべきものとして与える人々は、ある種の状況において個別の法を尊重しない人々である。彼らはときに良心と個別の法とのあいだで引き裂かれ、自分の国の法廷によって断罪されることもある。こうした人々はすべての国にいる。このことは、法の出現ないし公式化の場は法にとって第一の故郷喪失《デラシヌマン》の場でもあるということの証明である。すべての国にということはつまり、たとえば(またもや)ヨーロッパにも、たとえばイギリスにも、たとえば哲学者たちのあいだにも、ということである。マンデラが選ぶ例、彼が証人席に連れて来る証人たちのなかでももっとも範例的な例は、一人のイギリス人哲学者、《王国》の上院議員(ここにもまた議会制民主主義の最高形式への感嘆がある!)、「西洋世界でもっとも尊敬されている」哲学者である。この哲学者は、ある種の状況では法を尊重しないことを心得ており、「法の尊重」よりも「良心」「義務」「大義の正しさへの信」を優先させることを心得ていた。彼はまさに尊重によって尊重しなかったのだ。さらなる尊重＝もはや尊重なし〔plus de respect〕。尊重のための尊重。こうした可能性が約束するものに光学モデルを合わせることはできるだろうか。

マンデラの感嘆――バートランド・ラッセルへの。

閣下、言わせていただきますが、この国のアフリカ人の生活は、自分の良心と法とのあいだの葛藤によって持続的に引き裂かれています。もっとも、それはこの国にかぎったことではありません。それはすべての良心ある人間に生じることです。最近ではイギリスで、おそらく西洋世界でもっとも尊敬されている哲学者であり、上院議員でもあるバートランド・ラッセル卿が、あなた方の前に私が引き出される原因となったのと同じ種類の活動のために裁判にかけられ、有罪判決を受けました[18]。彼の良心が法の命令に勝り、彼の国が採用した核武装政策に抗議したのです。彼にとって、同胞たちへの義務、彼が擁護する大義の正しさへの信は、法の尊重という別の徳に優先したのです。彼は法に反対し、その結果に耐えるしかありませんでした。今日私は、ここにいる多くのアフリカ人たちと同じく、ラッセル卿と同じ立場にあります。いま適用されている法、長い歴史のあいだに発布されたかぎりでの法、とりわけ国民党政府が思いついて起草した法は、私たちの意見では、不道徳で、不正で、我慢のならないものです。私たちの良心はこうした法に抗議し、反対し、法を修正するためにあらゆることをせよと命じるのです。（三六―三七頁）

法に反対すること、法を変えるためにいま働くこと。ひとたび意を決したとしても、節度も規則もなく暴力に訴えてはならない。マンデラはこうした戦略、その限界、その反省され監督された進展を綿密に説明している。まず最初に、合法的な反対が一切禁止されていても法の侵犯が暴力的であってはならない段階があった。

私たちは永遠の劣等状態を受け入れなければならないか、それとも政府の挑戦を受けて立つのでなければならない状況にありました。私たちは挑戦を受けて立つ決心をしました。私たちは暴力に訴えることを避けながらも、法を破ることから始めました。(五八頁)

この侵犯は、法の精神として仮定されたものへの絶対的な尊敬をなおも表明している。しかし、この段階にとどまっていることはできなかった。というのも政府がこの非暴力的な挑戦を抑圧するための新しい法律装置を次々と発明したからだ。まさに非‐応答であったこの暴力的な応答の前では、暴力への移行が唯一可能な応答である。非‐応答への応答。

私たちが暴力に対して暴力で応答しようと決めたのは、政府があらゆる反対を抑圧するために武力に訴えたときのみでした。(同所)

しかし、ここでもまた暴力は厳格な法に従ったままであり、「厳格にコントロールされた暴力」である。マンデラはこの点にこだわっており、彼が一九六一年十一月にUmkhonto we Sizwe(国民の槍)[19]の設立を説明するときに、この言葉を強調している。この戦闘組織を創設しながら、彼はこの組織を、規約で非‐暴力を定めているANCの政治方針に従わせようとする。裁判官たちの前で、マンデラは、行動規則、戦略、戦術、そしてとりわけサボタージュを任務とする活動家に課された制約を綿密に描いてみせる。作戦の準備段階においてであれ実行段階においてであれ、誰も傷つけたり殺してはならない。活動家は武器をもってはならない。彼は「サボタージュの計画を準備した」と認めているが、それは「冒険主義」によるのでも「暴力それ自体への嗜好」によるのでもなかった。反対に彼は、奇妙にも暴力の循環と呼ばれるものを中断したかったのだ。まず暴力が暴力に応答し、暴力を反射し、相手の暴力の像を送り返すがゆえに、一方の暴力が他方の暴力を引き起こしつづける暴力の循環。マンデラは活動家たちの行動をコントロールし、状況の「反省された」分析と彼が呼ぶものにたえず打ち込むことで、暴発の危険を制限するつもりだったのである(五六頁)。彼はUmkhontoを作った九ヶ月後[20]の一九六二年八月に逮捕された。一九六四年六月、リヴォニア裁判の判決で、彼は終身禁固刑に処された。

追伸。追伸は未来のためにある——それが今日もっとも不確かなものをはらんでいるという点で。というのも、もちろん私はネルソン・マンデラの未来について、すなわち、いかなる鏡によっても先取りされ、受信され、捕縛されるがままにならないものについて話したかったからである。ネルソン・マンデラとは誰なのか。

ひとは決して彼に感嘆することを、彼と彼の感嘆に感嘆することをやめないだろう。しかし彼のなかの誰に感嘆すべきなのか、ひとはいまだに知らない。過去において自分の感嘆に捉えられたことになる者なのか、それとも忍耐強く感嘆したために、そして自分が何に感嘆すべきかを情熱的に〔受難において〕知っていたために、前未来においてつねに自由だったことになる者なのか(世界でもっとも自由な人間——この言葉を軽々しく言わないようにしよう)。彼は昨日もまた、条件つき自由を拒絶したが、それほどまでに自由であったことになる者。

ひとは彼を感嘆のなかにも幽閉してしまった(もう四半世紀近くにもなる)ということなのか。それは対物レンズ〔*objectif*〕[21]そのもの——私はこの単語を写真や光学機械の意味で理解している——、視線の権利だったのではないか。

彼は幽閉されるがままになったのか。彼が自分を幽閉させたのか。それは偶然のことなのか。おそらくこうした二者択一がその意味を失って、新しいいくつかの問いの表題となる地点に身を置く必要があるのだろう。それからそれらの問いを扉のようになおも開いたままにしておく必要があるのだろう。そして単なる理論的・哲学的な問いではないそれらの問いにおいて来たるべきものとして残っているもの、それはマンデラの形象でもある。それは誰なのか。そこに誰が到来するのか。

われわれはマンデラを言葉を通して眺めてきた。ときに観察装置である言葉を通して——いずれにせよもしわれわれが警戒を怠るならば、観察装置ともなりうる言葉を通して。まさに思弁を避けようと試みながらわれわれが描いたもの、それは巨大な歴史的展望台《ミラドール》[22]のごときものだ。だが反省＝反射とその特異な諸法、《法》とその制度的・現前的・啓示的な場、たとえば西洋という名のもとに性急に結集させられるもの——これらのものの光学の統一性、さらにはその正当性が確実なものだという保証はどこにもない。しかし、こうした統一性という想定〔présomption(思い上がり)〕は、多くの勢力があいかわらず我がものにしようとしているある効果(私はこの効果という言葉に執着しているわけではない)を、そうした何ものかを、生み出してはいないだろうか。鏡のように可視的にして不可視な効果を。また牢獄の壁のように堅い効果を。

すなわち、ネルソン・マンデラをいまだにわれわれから隠しているあらゆるものを。

狂気の点

——いま建築を保ちつつ[*1]

一、maintenant――このフランス語の単語は翻訳されないだろう。なぜか。いくつかの理由――一つの集列《セリー》をなす理由――があるが、それらの理由は〔このテクストの〕道の途中で、さらには行程の終わりでおそらく明らかになるだろう。というのも私がここで身を投じるのは、ある一つの行程――むしろ走行――のなかへであるからだ（ほかにも競合するコースは数々あるだろうが）。すなわちベルナール・チュミの『狂気の数々《フォリー》』(1)を横断する一連《セリー》の走り書き、点《ポワン》から点へと、向こう見ずになされた、断続的で、偶発的な走り書き(2)。

なぜ maintenant なのか。この固有表現《イディオム》の印影《ソー》もしくは極印《ポワンソン》(3)を保つ〔maintenir〕理由は、いまは遠ざけておくことに、あるいは留保のなかに置くことに、すなわち脇に置いておくことにしよう。この固有表現はフランスのラ・ヴィレット公園を思い出させるだろう――そしてあるきっかけ《プレテクスト》が『狂気の数々』に場を与えたのだということも。たしかにそれは道の途中の単なるきっかけ、一つの旅路における一つの停車場《ステーション》、一つの段階、一つの休憩にすぎなかっただろう。しかしこのきっかけはフランスで与えられた。フランス語では、チャンスを与えるという言い方をするけれども、忘れてはならないが、「抵抗を与える」とも言うのだ。

二、maintenant――この語〔「今」〕が時事性《アクチュアリテ》の旗印としてはためくことはないだろうし、「今日建築とは何か」「建築の現代性をどう考えるか」「この分野で新しいものは何か」といった、やけどしかねない問いへ導くこともないだろう。というのも建築はもはや一個の分野を定義するものではないからだ。maintenant――それはモダニズムのシグナルでもなければ、ポスト－モダン性への挨拶でさえない。かくのごとく今日増殖しているポスト－やポスター（ポスト-構造主義、ポスト-モダニズム等々)は、いまだに歴史主義的な強迫に屈している。主体の脱中心化までをも含めて、なにもかもが画期的であり、ポスト-人間主義などと言われたりする。あたかもまたもや一つの直線的な連続のなかへ整理整頓をし、前後を区別して時期区分をおこない、可逆性もしくは反復の危険、変形もしくは置換の危険を制限しようと欲しているかのようである。進歩主義のイデオロギー。

三、maintenant――この語〔「今だ!」〕がいまだに指しているのが、建築に起こるものまたは建築によって起こるもの、起こったばかりのもの、起こると約束するものであるとしても、まさに〔juste〕のこの切迫(まさに起こる、まさに起こったところだ、まさに起こるところだ)は、もはやひとつの歴史の秩序だったコースのなかに記入されるがままにはならない。それは一個の流行《モード》でも時期でも時代でもない。〈まさにいま〔le juste maintenant〕〉が歴史と無縁でないことはたしかだが、その関係は他なるものであろう。そしてそれがわれわれに起こるのだとしても、この二つの語〔「われわれ」と「起こる」〕を受け取る準備が必要だ。一方では、起こるといっても、すでに構成ずみのわれわれ、その本質がまず最初に確定されており、その後で、建築と名づけられたあの事物の歴史によって変様を被るというような人間主体に起こるのではない。われわれがわれわれ自身に現れるのは、建築によってすでに標記された空間経験にもとづいてのみである。建築によって＝通して〔par〕起こるものが、このわれわれを構築し〔construire(ともに立てる)〕、育成する〔instruire(なかに立てる)〕[4]。このわれわれは建築主体――その主人および所有者――である以前に、建築によって拘束された[5]自分を見つける。[6]他方で、いま《マントゥナン》われわれに起こるものの切迫は建築的な出来事を告げるばかりではない。それはむしろ出来事にその座を作り出す空間のエクリチュール、空間化の様式を告げている。チュミの作品が出来事の建築をうまく描出しているとしたら、それは何かが生じるはずの場を構築するからというそれだけの理由によるのではない。また構築作業それ自体が、よく言われるように、出来事だからという理由によるのでもない。本質的な点はそこにはない。出来事の次元は明らかに建築装置の構造そのもの——すなわち、連続要素《シークエンス》、開かれた集列性《セリアリテ》、物語性《ナラティヴィテ》、運動性《シネマティック》、劇作法《ドラマトゥルギー》、舞踏術《コレグラフィー》——のなかに含まれている。

四、出来事の建築、これは可能だろうか。われわれにこのように起こるものが外部からやって来るのではないとしたら、あるいはこう言ったほうがよいと思うが、この外部がわれわれを、われわれがそれであるところのもののなかに投げ入れる《アンガージュ》のだとしたら、建築のいま《マントゥナン》はあるのだろうか、そしてそれはどのような意味においてだろうか。すべてはまさしく意味の問いに帰着する。一つの接近路を示しても、この問いに答えることはできないだろう。たとえば建築の所与の形式である接近路、すなわち前庭〔前文〕、プロナオス〔「前室」〕、敷居、方法としての道、円もしくは循環、迷宮、階段の踏面、上昇、なんらかの基礎への考古学的《アルケオロジック》な〔起源論的な〕遡行といった形式では答えられないだろう。ましてや体系の形式、つまりカントが諸体系の術と呼ぶ建築術的なものの形式では答えられないだろう。われわれは、なんらかの最終的な意味——その受諾〔assomption（昇天）〕が最終的にわれわれに約束されているような最終的な意味——への接近路を明らかにすることによっては答えられないだろう。そうではなく、意味に何が起こる《アリヴェ》かがまさに問題なのだ。われわれが最終的に意味へと到着《アリヴェ》することを可能にしてくれるものの意味ではなく、意味に、意味の意味に起こることの意味こそが重要なのだ。そしてそれこそが出来事なのである。もはや完全には、単純には意味の管轄に属さず、狂気のような何かと結託しているような出来事によって、意味に何かが起こるのである。

五、《非理性《デレゾン》》、《無《ナン》-意味《センス》》をアレゴリー的に範疇転換した〔大文字で単数形の〕《狂気》ではまったくなく《ノン・ポワン》、〔小文字の〕複数の狂気。われわれはこの複数形を考慮する〔この複数形とともに計算する〕必要があるだろう。複数の狂気、つまりベルナール・チュミの狂気の数々。いまやそれについて換喩によって語ることにしよう——しかも換喩を換喩的に用いながら。というのも、後で見るように、この〔換喩という〕比喩形象は自分自身を運び去ってしまうからである。それはラ・ヴィレット公園の『狂気の数々』の数と同様に、自分を停止させるものをそれ自身のうちにもっていないのだ。狂気の数々――それは何よりもまず名であり、いわば一個の固有名であり、そして一個の署名である。チュミは、一つの空間のなかに無限の数の要素を配分する点状の横糸をそのように〔狂気の数々と〕名づける。この横糸は空間を実際に〔効果として〕空間たらしめるが、空間を飽和させることはない。つまりは換喩である。というのも狂気の数々は何よりもまず一部分しか、一連の部分しか、すなわち、さまざまな線や面、「サウンド・トラック」や「ラッシュ・フィルム」を含んだ集合のまさに点状の部分しか指し示さないからである。後で、あの多数の赤い点に割り振られた機能について語ることにしよう。ここではただ、あれらの点が《公園》の総体〔集合〕と換喩的な関係を保っているということを註記しておこう。実際のところ「狂気の数々」は、この固有名において公分母であり、この「プログラム的な脱構築」の「最大の公分母」である。しかしさらに言えば、それぞれの狂気の赤い点は、それぞれの回転《トゥール》＝芸当において分割可能のままであり、点なき点にとどまる。それはその分節化された構造のなかで、組み合わせ上の代替もしくは置換へ差し出されたままであり、この代替・置換は、各点をそれ自身の諸部分にも他の数々の狂気《フォリー》にも関係づける。開かれた点にして閉じた点。この二重の換喩は、それがこの固有名（ベルナール・チュミの『狂気の数々』）を狂気概念の大きな意味論へと開くものを規定もしくは重層規定するとき、深淵的となる。狂気概念のこの大きな意味論とは、意味が意味の外に出て自己を他者化し、かつて一度も主体であったためしもなく分裂し、自己を外部にさらし、〈意味ではないもの〉のなかへと自己を空間化するとき、そうしたときに意味に起こるあらゆる事態を指す大きな名、公分母である。すなわち、それは意味論ではなく、何よりもまず『狂気の数々』の脱意味論である。

六、狂気の数々、つまりあらゆる意味《サンス》＝方向における一回かぎりのあれらの狂気の数々、われわれはそれらが廃墟

（挫折という廃墟であれ郷愁という廃墟であれ）への道をたどるとは言わないだろう。それらの狂気は「作品の不在」――フーコーが語る古典時代における狂気のあの運命――には帰着しない。それらは作品をなすのであり、作品化する。いかにしてか。作品がこの狂気のなかでみずからを保つ〔*se maintienne*〕ということをいかに思考すべきか。いかに建築作品の〈いま＝保つもの〔le maintenant〕〉を思考すべきか。作品をその内破の瞬間そのもの、内破の点においていま保つ〔maintenant〕ような点――〈いま保つ《マントゥナン》〉は点である――のある種の冒険《アヴァンチュール》〔到来〕によってである（後でこの冒険に立ち返ろう）。狂気の数々は一般的な脱臼を作品にするのであり、いま《マントゥナン》まで建築に意味を与えてきたと思われるすべてのものをそこに引きずり込む。さらに正確に言えば、建築を意味へと整序してきたと思われるものを一般的な脱臼のなかに引きずり込むのである。狂気の数々は何よりもまず建築術的な意味体系を脱構築する（そればかりではないけれども）。

七、建築の建築〔建築を建築する作為〕があるのであって、このことを忘れないようにしよう。建築のもっとも根本的な概念は、その太古に遡る土台にいたるまで、構築された〔建築され作られた〕ものである。この建築が自然化され、われわれに遺贈され、われわれはそこに住み、その建築がわれわれに宿る。その自然化された建築はわれわれの住環境になる宿命にある、とわれわれは思っている。それはもはやわれわれにとって対象ではない。しかしそれを技巧物、構築物《コンストルクトゥム》、記念碑《モニュメント》として認識する必要がある。それは天から降ってきたものではない。たとえそれがピュシスとの関係、すなわち、天、地、死すべきもの、神との関係の、ある種の四角形を教えこむとしても[7]、それは自然なものではない。この建築の建築は一つの歴史をもっているのであり、それは徹頭徹尾、歴史的である。その遺産は、われわれの家政《エコノミー》の親密性、われわれの温かい家《フォワイエ》（オイコス）の法、われわれの家庭的・宗教的・政治的なオイコノミアを創設し、生死のすべての場、寺院、学校、スタジアム、アゴラ、広場、墓所などを創設する。この遺産はわれわれを麻痺させ、われわれはその歴史性そのものを忘れ、それを自然と思い込んでしまう。それは良識そのものである。

八、建築の概念とは、それ自体、〔われわれによって〕住まわれた構築物《コンストルクトゥム》であり、われわれがそれを思考しようと試みるまさにそれ以前に、われわれを包含する遺産である。建築のすべての変異を貫通して、いくつかの不変項が存在する。ある公理系が不動のまま、揺るぎなく建築の歴史全体を貫通している。公理系とは、言い換えれば、つねに前提される基本的な評価の組織立った集合のことである。このヒエラルヒーが石のなかに定着したのであり、それがいまや社会空間全体を形成する。そうした不変項はどのようなものか。私はそれを四つに区別しよう。四つの特徴的な線《トレ》——むしろ四つの点と言おう——の少しばかり技巧的なチャートを作ろう。この四つの不変項は同じ一つの公準を翻訳したものである。その公準とは、建築は一つの意味をもつべし、そしてその意味を現前させ、そのことによって意味作用をおこなうべし、というものである。この意味がもつシニフィアン的もしくは象徴的な価値が、建築の構造と統辞法、その形式と機能を司るのでなければならない。この価値は外部から司る。すなわち、なんらかの原理(アルケー)、基礎もしくは基金、超越性もしくは目的(テロス)——これらの場自体は建築には属さない——から出発して司る。この意味主義の無建築的《アナーキテクチュラル》な場所論(8)。この意味主義からは不可避的に不変的な四つの点が派生してくる。

——意味の経験は、住むこと、オイコスの法、人間たちあるいは神々の家政《エコノミー》でなければならない。他の芸術とは異なり、それ自身にしか回送しないように見えるその非表象的な現前性において、建築作品は人間たちと神々の現前性のためにのみあったということになるだろう。さまざまな場の配置、占有、包囲〔investissement(投資)〕は、この家政の尺度によって測られなければならなかった。ハイデガーは我が家の不在(Heimatlosigkeit〔故郷喪失〕)を存在‐神論の症候として、さらに詳しく言えば、現代技術の症候として解釈するが、そのときに彼がなおも思い出させるのがこの家政である。住宅難の背後で、彼が本来的に思考せよとわれわれに促すのは、真の窮乏、住むことそれ自体の欠乏・赤貧(die eigentliche Not des Wohnens)についてである。死すべき者たちは何よりもまず住むことを学ばなければならず(sie das Wohnen erst lernen müssen)、彼らを住むことへと呼びかけるものに耳を傾けるのでなければならない。これは脱構築ではない。われわれがそこに住み、われわれがそこに住むことを学びなおすべき建築の土台そのものを、その意味の起源を反復せよという呼びかけである。もちろん、「狂気の数々」がこの起源を思考し脱臼させるとしても、現代技術に歓喜したり、技術の力の偏執狂的な支配に身を委ねてはならない。それでは同じ形而上学の新しい回転になってしまう。まさに――いま《マントゥナン》――告知されているものの困難はここから生じる。

――中心化され序列化された建築組織は、起源の想起と土台の定礎にみずからを秩序づけねばならなくなっているだろう。地面のうえでの建設作業からしてそうであるばかりではない。その法的‐政治的な基礎、すなわち都市の神話を記念し、英雄や神々といった建設者たちを記念する制度からしてそうなのだ。この宗教的ないし政治的な記憶、この歴史主義は、見かけに反して現代建築から去ったわけではない。現代建築はそのノスタルジーを保守《ガルド》しており、その用途からして保守者《ガルディアン》である。あいかわらず序列化のノスタルジーだ。すなわち建築は序列構造《ヒエラルヒー》を石や木材(ヒュレー)のなかに物質化したものだったということになるだろう。建築は神聖なもの(hieros)や原理(archē)のヒュレー術であり、原‐聖祭術〔archi-hiératique〕である。

――この家政《エコノミー》は必然的に住まいの目的論にとどまる。この家政は合目的性のすべての体制に同意する。(9) 倫理的‐政治的な合目的性、宗教的な奉仕、功利主義的ないし機能主義的な合目的化、つねに問題になっているのは建築を営業させ、奉仕させることだ。この目的は原‐聖祭術的な秩序の原理である。

――最後に、この秩序は美術〔*beaux-arts*(美しき技術)〕の管轄に属している(その美術の様式、年代、支配的なスタイルがどのようなものであれ)。そこでは、美、調和、全体性といった価値がいまだに君臨しなければならない。

この四つの不変な点は並列しているのではない。一つの枠組み《カードル》の四隅から、それらの点は一個のシステムの地図《カルト》を描き出す。それらの点は集まり、分離できないままにとどまると言われるだけではないだろう。もちろん、それは本当のことである。それらの点は、結集のある種の経験、すなわち、まとまった全体、連続性、体系といった経験が成り立つ場を与える。つまりそれらはさまざまな評価のネットワークを司るのであり、もっとも特殊なものであれ、もっとも陳腐なものであれ、建築の理論と批評の全体を、たとえ間接的にせよ、誘導し、養成する。評価によって、ヒエラルヒーがヒュレー術のなかに、諸価値の形式的配分の空間のなかに記入される。しかしそればかりではない。不変な点のこの建築術は、建築を超えて、西洋文化と呼ばれるもの全体をも司っているのだ。ここから、この歴史を動員すると同時に脅かす矛盾、ダブル・バインド、二律背反が生じる。一方では、この一般的建築術は建築の鋭い特殊性を消去するあるいははみ出す。それは他の芸術にも経験の他の領域にも当てはまる。しかし他方で、一般的建築術はそのもっとも強力な換喩の形を、そのもっとも堅固な存立〔*consistance*〕、客観的実体性を建築によって与えられる。私が存立ということで言おうとしているのは、論理的一貫性——すなわち人間の経験のすべての次元を同じネットワークのなかに巻き込む一貫性——のことだけではない。解釈なくして建築作品はないし、さらには経済的、宗教的、政治的、美的、哲学的な決定なくして建築作品はない。だがそればかりでなく私は存立ということで、持続、堅固さ、記念碑的な残存〔subsistance〕(木によろうと鉱物によろうと)、伝統がはらむヒュレー的なものをも言わんとしているのである。ここから抵抗〔*résistance*〕が生じる。意識や無意識による抵抗としての資材の抵抗。この抵抗が建築を形而上学の最後の砦へと築き上げるのだ。抵抗と転移。この抵抗と転移を考慮しなければ、首尾一貫した脱構築であったとしても何にもならないだろう。〔一般的な〕建築術に手をかけるのと同じく、〔具体的な〕建築にも手をかけるのでなければ、脱構築はたいしたことはできないだろう。それに手をかける〔s'en prendre à〕とは攻撃することではないし、破壊することでも逸脱させることでもない。批判することでも失格を宣言することでもない。そうではなく、それは建築を実際において＝効果において〔en effet〕思考することである。すなわち定理の彼方へみずからを運び、今度は自分のほうが作品となるような思考、そうした思考によって建築を把捉するほど十分に建築から距離をとる〔s'en déprendre〕ことなのである。

九、いまや《マントゥナン》、ベルナール・チュミの狂気の数々について、すなわち他の人なら彼の度外れな《デムジュラン》ヒュブリス[10]〔思い上がり〕と呼ぶかもしれないものについて、そしてそのヒュブリスがわれわれに思考すべく与えるものについて、その測定《ムジュール》をしてみよう。この狂気の数々は、意味を、意味の意味〔メタ意味＝形而上学〕を、この強力な建築術の意味の総体を、動揺させる。狂気の数々はこの布置の伽藍を審問しなおし、脱臼させ、不安定化し、脱構築する。この点でそれらは「狂気」だと言われるだろう。というのも、攻撃性なきポレモス〔闘い〕、いまだヒエラルヒーの内部における反動的情動にすぎない破壊衝動をもたないポレモスのなかで、狂気の数々は、われわれに遺贈されわれわれがいまだそこに住んでいる建築的意味の意味そのものに手をかけるからである。次の問いを避けるのはやめよう。すなわち、この〔意味の〕布置が西洋において建築と名づけられたものを司っているのだとしたら、チュミの狂気の数々は白紙状態《タブラ・ラサ》をもたらすのではないか、と。それらは無建築《アナーキテクチャ》の砂漠へと、建築のエクリチュールの零度へと連れ戻すのではないか、と。その零度において建築のエクリチュールは、もはや目的も、美的アウラも、土台も、ヒエラルヒー原理も、象徴的な意味づけもなく、みずからを喪失するに到る。要するに、狂気の数々は、抽象的・中立的・非人間的な、無益で、居住不可能で、意味を欠いた、そうした書き物からなる散文へと連れ戻すのではないか、と。

しかし、まさしくそうではない。「狂気の数々」は肯定するのだ。そして、それらはみずからの肯定を、形而上学的な建築のこの反復——結局のところすべてを無に帰す、秘かにニヒリズム的なこの反復——の彼方へと投げ込む。

狂気の数々は、私が論じている〈いま＝保つもの《マントゥナン》〉のなかへとみずからを投げ込み、建築を保《マントゥニール》ちつつ放ちなおすのであり、つまりは建築を書き込みなおすのである。もしかするとそれらは、一般的な墓場のなかに、墓のノスタルジーのなかに埋葬され、無限に麻痺させられ幽閉された、建築のもつエネルギー〔作品化する力〕を目覚めさせるかもしれない。というのも、まず最初に次の点を強調しなくてはならないからだ。すなわち、いまわれわれがその布置を描いた形而上学の地図《カルト》ないし枠組《カードル》みは、こう言ってよければ、すでにして建築の終わり《ファン》だったのであり、死の形象をまとった建築の「目的《ファン》の王国」だったということである。

この形而上学の地図は作品を臨検し《アレゾネ》〔合理化し〕にやって来て、建築にもろもろの意味を課し、偶然的とは言わないまでも外因的な規範を押しつけていた。形而上学の地図は次のような属性を建築の本質にした。つまり形式美、合目的性、有用性、機能性、居住効果、居住の宗教的ないし政治的な家政《エコノミー》、ありとあらゆる奉仕である。これらはすべて建築的ではないメタ建築的な述語である。建築——聞こえにくくなった呼びかけをそこに保《マントゥニール》つために、古名によって私がそのように名づけ続けるもの——をいま《マントゥナン》〔保ちつつ〕そこから引き抜く〔soustraire〕ことによって、すなわち作品をこれらの異質な規範に従属させる〔soumettre〕のを止めることによって、狂気の数々は建築を忠実な仕方で、建築がその起源の前夜そのものからしてすでに署名すべきだったものへと返すのである。私が語っている maintenant〔いま＝保つもの〕は、この署名——もっとも還元不可能な署名——であるだろう。この署名は憲章《チャート》に違反せずに、憲章を他のテクストのなかへ引きずり込み、さらに、われわれが後でなおも契約〔*contrat*〕と名づけるもの——引力〔attraction〕と収縮〔contraction〕というまた別の線〔trait〕の戯れ[11]——に署名し、他者にもそれに署名するように呼びかけるのである。

私はこの命題を用心や警告や注意喚起なしに提示することはしない。二つの赤い点の警告ランプがある。

――これらの狂気は破壊するのではない。チュミはつねに「脱構築／再構築」と言うが、とりわけ《狂気》とそのキューブの産出(形式の組み合わせや変形の関係)について、そう言う。『マンハッタン・トランスクリプト』で発明しなければならなかったのは、「建築の伝統的な構成要素が打ち砕かれ、別の軸に沿って再構築されるような新しい関係」であった。ノスタルジーなき、もっとも生き生きとした記憶行為。ここには形而上学のある種のモチーフを完成させるようなニヒリズム的な振る舞いはまったくない。美的でない、居住不可能な、役立たずの、無象徴的で無意味な、神々と人間の退隠の後で単に空っぽになっただけの、そんな建築を目指す価値転覆の試みなどまったくない。狂気の数々は――狂気一般と同様に――アナーキーのカオスにだけはならない。それらは「新しい秩序」の提案などすることなく、建築作品を他の場所に位置づける。その建築作品は、少なくともその原理において、その本質的な原動力において、もはや外部の指令に従わない。もはやチュミの「第一の」関心は、経済的・美的・顕現的・技術‐功利主義的な規範に仕え、そういった規範を目指して空間を組織することにはない。これらの規範は計算に入れられるけれども、それらがもはや最終審級として司ることのできないテクストのある場、ある空間のなかに書き込みなおされ、単に従属させられるのである。「建築をその限界に向けて」押し進めることによって、なおも「快楽」に場を与えられるだろうし、狂気のそれぞれは、文化的・遊戯的・教育的・科学的・哲学的な目的をともなったある種の「使用」に充てられるだろう。この引力《アトラクシオン》については、後で一言述べることにしよう。こうしたことはすべて、これらの外的な規範がもはやその最後の言葉を握ることのない転移や変形や置換からなるプログラムに従う。外的な規範は作品を司らなかったことになるだろうし、チュミはそれらの規範を一般的な作品化へと折り畳んだのだ。

――そう《ウィ》、折り畳んだのだ。折り畳み〔pli(襞)〕とは何か。建築がもっていたはずの特異な仕方で固有なもののなかに建築を樹立しなおすことは、建築の単一的なもの〔un *simple*(襞が一つのもの)〕を、単純に〔simplement(単一的に)〕建築的な建築を、純粋主義的ないし原理主義的な強迫観念によって再構築することではない。また固有なものをその家政《エコノミー》の処女的な内在性において救済し、それを疎外しえない現前性——すなわち最終的には非表象的で非模倣的な、自己自身にしか回送することのない現前性——へと返すことでもない。このように形式主義と意味主義とを、それらの極端において和解させようとする建築の自律性は、それが脱構築するつもりの形而上学を完成させることにしかならないだろう。ここでの発明の本領がどこにあるかと言えば、それは、さまざまな他のエクリチュール——これらのエクリチュール自体は、前述の狂気へと、狂気の複数態へと、写真《フォトグラフィック》の、映画《シネマトグラフィック》の、舞踏《コレグラフィック》の、さらには神話《ミトグラフィック》[12]のエクリチュールの複数態へと引きずり込まれたものである——がもつもっとも特異なもの、もっとも競合的なものと、建築のモチーフとを交差させることにある。『マンハッタン・トランスクリプト』が証明したように(だがこのことは違った仕方でではあるがラ・ヴィレット公園にも当てはまるだろう)、あるとても複雑な語りのモンタージュがあって、それが、「記憶のため」の記念碑の聖祭的な現前性のなかで神話が収縮させ抹消していた物語《レシ》を、外部で爆発させるのだ。建築のエクリチュールは、写真術《フォトグラフィー》や映画術《シネマトグラフィー》によって標記された出来事を解釈する(能動的・生産的・暴力的・変形的な解釈というニーチェ的な意味で)。標記されたということは、挑発された、限定されたということであり、あるいは転記された、傍受されたということである。いずれにせよ、移行《パサージュ》(転移《トランスフェール》、翻訳《トラデュクシオン》、転記《トランスクリプシオン》、一つの場から他のものへの、エクリチュールの一つの場からもう一つ他の場への踏み越え《トランスグレシオン》、接ぎ木、交雑)の舞台装置《セノグラフィー》のなかでつねに動員されている、ということである。建築《アーキテクチャ》でも無建築《アナーキテクチャ》でもない。超建築《トランスアーキテクチャ》[13]である。超建築は出来事とともにみずからの襞を外へ繰り広げる。超建築は作品をユーザーや支持者や住人、観照者や審美家や消費者にもはや提供しない。超建築は他者に対して、今度は他者のほうが出来事を発明し、出来事に署名し、共同署名あるいは連署するように訴えかける。すなわち超建築は、他者に対してなされる前貸し＝申し入れ[avance]によって突出している[avancée]のである。——しかも建築をいま保ちながら。

(次のようなつぶやきが聞こえてくる。しかしあなたが語っている出来事、すなわち反復においてつねに唯一無二である「たった一度」の集列のなかで建築を再発明するこの出来事は、そのつど教会や寺院のなかでではなく、さらに政治的な場のなかでもなく、そうしたものとして場をもつのではないのか、と。たとえばキリストの身体、《王》あるいは《国家》の身体が現前したり予告されたりするときに、そのつどのミサ[14]においてそれらを復活させることによって。もちろんである。少なくともそうしたことがいまだに起こりうるのであれば。建築を通してあるいは建築に及ぶまで起こりうるのであれば。ここでこの方向にさらに踏み込む危険を冒すことはできないが、その必然性を認識するために、次のことだけは言っておこう。すなわち、チュミの建築の「狂気の数々」は、たとえば聖体の出来事が教会をいまここで戦慄させるにいたるとき、あるいはある日付、ある刻印、他なるものの痕跡が石の身体についに到来するとき――今回はその脱‐出現の運動のなかで――場をもつものを思考すべきものとして与えるのだ、と。)

十、してみれば、建築本来の契機などと言うことはもはやできない。一回かぎり与えられた質料‐形相の複合体である記念碑の聖祭的な平静さ〔無苦性〕は、変形、変換、置換の諸痕跡が――それらにはいかなるチャンスも与えられなかったがゆえに――記念碑の身体のなかに現れることをもはや許さない。それとは反対に、われわれが話題にしている狂気の数々においては、たしかに出来事は記念碑的契機のこの試練を経るが、そればかりでなく出来事はこの試練を一連の経験のなかに書き込みもするのだ。その名が示すように、経験は横断する。[15]すなわち、旅、移動《トラジェ》、翻訳《トラデュクシオン》、転移《トランスフェール》なのだ。それは最終的な現前、すなわち事物そのものの現前を目指す旅でも、意識のオデュッセイア、すなわち建築術の歩みとしての精神の現象学を成し就げるための旅でもない。なるほど点の横糸が、可能な経験と新しい実験からなるプログラム(映画、植物園、ビデオ工房、図書館、スケート場、体育館)を考慮しているかぎり、狂気の数々の径路は点から点へと逐一あらかじめ規定されている。しかし横糸の構造と各キューブの構造(というのもあれらの点はキューブだからだ)は、遇運、形式上の発明、組み合わせによる変形、彷徨といったものにチャンスを残す。このチャンスは住民もしくは支持者、建築のユーザーもしくは理論家に与えられるのではない。そうではなく建築のエクリチュールにみずから身を投じる者に与えられるのである。留保なく身を投じること、これは発明的な読解を、ひとつの文化全体の不安を、そして身体の署名を仮定する。もはや身体はある場所のなかを、いくつかの道のうえを、歩み循環し散歩するだけでは満足しないだろう。身体はみずからの原基的な運動に場を与えることによってその運動を変形し、この他なる空間化からみずからの挙措の発明を受け取るだろう。

十一、狂気は立ち止まらない。聖祭的な記念碑のなかにも循環の道のなかにも。それは平静さでも歩みでもない。集列性は石や鉄や木のなかに書き込まれるが、それ自体はそうしたもののなかに終着するのではない。集列性はもっと早くに始まっていたのだ。さまざまな試練(よく言われるように芸術家の経験《エクスペリアンス》=実験ないし試練)の集列、無邪気にもデッサン、試作、青写真、模型、フィルム、原稿(たとえばこの本に束の間集められたもの)と呼ばれるものは、狂気の数々――作品中=作動中の狂気の数々――の経験=実験に十全な権利をもって属している。それらに資料や付属的な例証、予備的・教育的な註記――要するに作品外《オードブル》や演劇のリハーサル――といった価値を与えることはもはやできない。そうではない――それらは、われわれになおも巣食う建築の欲望にとって、もっとも脅威と思われるものである。われわれが建築の事象そのもの(«die Sache selbst» あるいは «the real thing»)とみなしていた、取り外し不可能な石の塊、垂直に立てられたガラスや金属の設置物、すなわちその移動不可能な現実性、われわれはいまやこれを多数多様なエクリチュールの厚み《ヴォリューム》のあるテクストのなかで理解するのである。Wunderblock(これはフロイトのあるテクストに目配せするための語であるが、チュミは建築を精神分析にさらし、建築にたとえば転移や分裂のモチーフを導入している[16])の重ね刷り、パランプセストの横糸、重層決定されたテクスト性、可動的な、軽やかにして深淵的な、薄層が積み重なった、葉状の〔foliiforme(狂気形態の)〕底なしの地層学。葉状の狂気、すなわちどんな堅固さのなかにも安住しないことに熱狂する〔folle（狂女としての）〕葉である。地面でも木でもなく、水平性でも垂直性でもなく、自然でも文化でもなく、地でも図でもなく、終わりでもない。建築家は石でもって書いていたのであり、まさしく彼は一個の量塊《ヴォリューム》のなかに石版画《リトグラフィー》を挿入するのだ――そしてチュミはそうした石版画を二つ折り葉《フォリオ》[17]だと言う。このフォリオ化のなかで何かが織り上げられ企まれている。そこにある計略ばかりでなく偶然もが、私にリトレの疑念を思い出させる。狂気〔*folie*〕という語の第二の意味、すなわち署名者の名が付けられた家という意味（署名者とは、「家を建設させた者、もしくは家が位置する場」のことである）[18]について、リトレは語源欄で大胆にも次のように言う。「ひとはふつうそこに狂気〔*folie*〕という語を見る。だが中世のテクストのなかに foleia quae erat ante domum とか domum foleyae とか folia Johannis Morelli といった言い回しを見つけると疑わしくなる。そこには feuillie もしくは feuillée〔葉の付いた枝で作った仮小屋〕という語の変質があったのではないかという疑念が生まれる」。*folie* という語はもはや常識＝共通《サンス・コマン》の意味をもつこともなく、その安心感をもたらす意味の統一性までをも失うにいたる。チュミの狂気の数々もおそらくこの「変質〔altération（他者化）〕」を活用しており、常識＝共通の意味に対して、この他の意味を、この他なるものの意味、他なる言語活動の意味を、この脱意味論の狂気を、重ね映すのである。

十二、ベルナール・チュミの作品を発見したとき、私は安易な仮説を遠ざけなければならなかった。脱構築の言語活動、脱構築のなかでコード化されえたもの、脱構築のもっとも執拗な語やモチーフ、脱構築の戦略のいくつか、こうしたものに頼ることは類比的《アナロジック》な移調、さらには建築術的な適用にすぎないだろう。とにかく、そうしたことはまさに不可能である。というのもこの仮説（これは長続きしなかったが）の論理では、脱構築的建築とはいったいどんなものなのかという問いが出てきただろうからだ。脱構築の戦略がまず、そして最終的に不安定にするのは、まさしく建築の構造原理（体系、建築術、構造、基礎、構築、等々）ではないのか。だがこの問いは反対に私を解釈のもう一つ他の回転へと導いた。すなわち『マンハッタン・トランスクリプト』やラ・ヴィレット公園の『狂気の数々』がわれわれに課すのは、もっとも強度の高い、もっとも肯定的な、もっとも必然的な脱構築の作品化の一つにおける、脱構築の義務づけられた道である、と。それは脱構築それ自体なるものではない(そんなものはない)。それは言説やイデオロギーの、概念やテクスト(この用語の伝統的な意味におけるテクスト)の、意味論的な分析や批判の彼方へと衝撃を運んでいくものである。脱構築の数々は、もしそれらが否定的であれば、もしそれらが構築しないのであれば弱い。しかしとりわけ、もし脱構築の数々が何よりもまず諸制度と渡りあうのでなければ、諸制度の堅固な部分において、すなわち諸制度が最大の抵抗を見せる場において渡りあうのでなければ、弱い。諸制度の最大の抵抗の場とは、政治的諸構造のこと、経済的決定のハンドルのことであり、国家、市民社会、資本、官僚、文化権力、建築教育といったもののあいだをつなぐクラッチの、物質上・幻想上のさまざまな装置のことである。これらのつながりはかなり見えやすい。だがそればかりではない。それはさまざまな芸術(美術から戦争術まで)のあいだ、科学とテクノロジーとのあいだ、古い科学と新しい科学とのあいだをつなぐ、物質上・幻想上の装置のことでもある。これらはどれも大規模な建築的操作のなかに性急に身を投じ、固まり、セメントで固める勢力である。とりわけ、この建築的操作が首都の身体に近づき国家と交渉するときがそうである。ここでのケースはまさにそれにあたる。

十三、戦争が布告されているわけではない。敵対性と交渉とのあいだに、もう一つ他の戦略が企まれるのだ〔se trame(織り上げられる)〕。もっとも字義的にではなく厳密な意味で理解されるなら、狂気の数々の横糸〔trame〕は取引の空間に一個の特異な装置を導入する。「横糸」の本義は結集しない。その本義は横断する。横糸を通すこと〔tramer〕、それは横断することであり、一つの導管を横切って通過することである。それはある透過性の経験である。そして横断は所与の織物のなかを前進するのではなく、一個のテクスト――英語であれば、なんらかの「布地〔fabric〕」と言うところだろう――の組織学的構造を織り上げ、発明するのである。ついでに言えば fabrique〔建物、製作所〕とは、何名かの選定官が狂気の数々という不安を煽る題名と取り替えるように提案したフランス語の名詞である(英語と意味はまったく異なるが)。

織工としての建築家。彼は横糸を通し、縦糸を整えて連鎖の糸を編み上げる。そして彼のエクリチュールは網を張る。一つの横糸(あいかわらず横糸だ)は複数の意味=方向《サンス》で、意味《サンス》の彼方で策略を織りあげる。ネットワーク状の戦略素、つまり特異な装置。それはどのようなものか。

「点」、赤い点の分裂した集列が横糸をなし、多数多様な母型《マトリックス》ないし生成細胞を空間に散りばめる。その母型や生成細胞の変形は、一個の連続体のなかで静められたり、安定化されたり、落ち着かせられたり、同定されたりするがままには決してならないだろう。それ自体が分裂可能であるこれらの細胞は、切断、非連続性、離接の瞬間をも点描する。しかしそれと同時に――というよりもむしろ一連の不時の出来事〔contretemps(反時間、シンコペーション)〕、リズムある隔時性《アナクロニー》もしくはアフォリズム的な隔たりによって――狂気の点はそれがまさに散乱させたばかりのものを結集させるのであり、それを散乱として結集させるのだ。狂気の点はみずからが散乱させたばかりのものを、一連の赤い点の多様体において結集させる。類似《ルサンブランス》と結集《ラサンブルマン》はただ一つの色に舞い戻るのではない。そこでは色彩刻印上の反復的な布置が必然的な役割を果たす。

とすると一個の点、この狂気の点〔ce point de folie(狂気のなさ)〕は、いったい何なのか。それはどのようにして狂気を停止させるのか。というのも狂気の点は狂気を宙づりにし、狂気をこの運動のなかに停止させるが、しかし狂気として停止させるのだから。狂気の停止――一点も狂気なし=狂気の点〔point de folie〕、もはや狂気なし=さらなる狂気〔plus de folie〕、狂気なし=狂気の歩み〔pas de folie〕。同じ一撃によって〔一気に〕狂気の点は狂気の停止を決定する。しかしいったいどのような命令によって、どのような判定によって――アフォリズム(19)のどのような裁きによって、そうするのか。法は何をするのか。誰が法を作るのか。法は分裂を引き起こしつつ分裂を停止させるのであり、法はこの狂気の点を、この染色体細胞を、生成の原理として保つ。建築的染色体、その色、もはや生命的－遺伝学に帰属するのではない分裂と個体化のはたらきを、いかに思考すべきか。

われわれはそこに赴くが、それは一つの迂回の後でのことである。さらにもう一つの点を通過しなくてはならない。

十四、チュミの語彙のなかにはいくつかの強い語がある。それらは最大の強度をもつ点を位置づける。それは trans-（transcript〔転写〕、transfert〔転移〕、trame〔横糸〕等々）、そしてとりわけ dé- ないし dis- のついた語である。この dé- ないし dis- のついた語が述べているのは、不安定化〔déstabilisation〕、裂開〔déhiscence〕であり、何よりもまず離反〔dissociation〕、離接〔disjonction〕、破裂〔disruption〕、差異〔différence〕である。異質なものの、中断の、非－合致の建築。しかし、いったい誰がそんなふうに建築したことになるのか。いったい誰が dis- ないし dé- のはらむエネルギーだけを考慮したことになるのか。単なるずれ〔déplacement〕や転位〔dislocation（脱臼）〕だけで作品を作ることはできない。つまり発明しなくてはならないのだ。もう一つ他のエクリチュールへの通路を切り開かなくてはならない。われわれがその必要性を痛感した脱構築的な肯定を諦めることなく、反対にそれを放ちなおすために、このエクリチュールは脱－関節〔*le dis-joint*（たがの外れたもの、離－接したもの）〕をそれとして保つ。エクリチュールは隔たりを保ちつつ、dis-〔「分離」「差異」を示す接頭辞。本来語形は dé-〕を節合し、差異を結集させる。この結集は特異なものとなるだろう。そこでは集合を保つものが必ずしも体系のかたちをもたないし、建築術の管轄につねに属するというわけでもない。それは総合の論理あるいは統辞法の秩序に従わなくてもよい。建築の〈いま＝保つもの〔le maintenant〕〉[20]、それは dis- を書き込み、dis- をそれとして作品〔œuvre〕にするためのこの策略〔manœuvre（手作業）〕のことだろう。この作品は自己を維持し〔se tenant〕保つ〔maintenant〕ことによって、差異をコンクリートに流し込むのでも、差動する線を抹消するのでもない。それは同質的な塊（concrete〔英語の「コンクリート」「具体物」〕）のなかに、線〔le trait〕――気晴らし的な線〔le dis-trait〕であれ抽象的な線〔l'abstrait〕であれ――を還元するのでも定着させるのでもない。建築術すなわち体系の術は、集合存在〔l'être-ensemble（合唱存在）〕の歴史における一時代（とハイデガーは言う）を形象するだけである。それは結集の限定された一可能性にすぎない。

したがって、任務と賭け、不可能事への配慮は次のようになるだろう。すなわち離反に権利を認めながらも、一個の結集空間のなかで離反をそれとして作品化すること、これである。これはある離反の空間化、離反のソキウスを目指す交渉である。そもそもこの離反のソキウスは、それそのもの、すなわち差異を、既成の規範、建築術の政治的－経済的権力、建築主〔maître d'œuvre（作品の主）〕の支配〔maîtrise（主人性）〕と交渉することを可能にする。この「困難」な仕事、それがチュミの経験＝実験である。彼はそれを隠さない。「これは困難なしには成り立たない」と。「ラ・ヴィレット公園の作品で肝心なことは離反をかたちにすることであり、その現実化である……。これは困難なしには成り立たない。離反をかたちにするには、支持体（公園、機関）が一つの結集システムとして構造化されていることが必要である。《狂気の数々》の赤い点は、この離反した空間の炉源《フォワイエ》である」（『平行するテクストたち』フランス建築協会）。

十五、ある力が〈関節の外れたもの〔le dis-joint〕〉をそれとして節合し、集合として成立させる。その力は外部から dis- にはたらきかけるのではない。〈関節の外れたもの〉それ自身が建築を――狂気をその転位において停止させる建築を――保つのである。それは単に一つの点であるばかりではない。赤い点の開かれた多数多様性は、換喩によったとしてももはや全体化されるがままにならない。おそらくあれらの点は断片となるのだろうが、私ならばそれらを断片として定義しないだろう。断片というものはやはり、なんらかの失われたあるいは約束された全体性へといまだに目配せするものである。

多数多様性はそれぞれの点を外部から開くのではない。どういうふうに多数多様性が内部からも各点にやって来るかを理解するためには、狂気の点によって結び目が締めつけられているダブル・バインドを分析する必要があるが、ダブル・バインドを分裂や狂気に結びつけうるものを忘れてはならない。

一方では、点は集中する。点は最大の引力《アトラクシオン》を自分に折り畳み、もろもろの線〔traits〕を中心へと縮約する〔*contracter*（線を集める）〕。自分自身にだけ回送しながら、これもまた自律的な横糸のなかで、点は魅惑し、磁力によって催眠術を行使する。それは自己満足、「ナルシシズム」と呼ばれるかもしれないものによって引き寄せる〔誘惑する〕。と同時に〔同じ一撃によって〕、点はその磁性的誘引力によって（チュミはこの話題に際して、「爆破されたシステムの断片」を「結集させる」ことになる「磁石」について語っている）、フロイトが言うように、所与の領野のなかで手に入る、自由な状態のエネルギーを拘束するように思われる。点がその引力《アトラクシオン》を発揮するのは、点性そのものを通してであり、すなわち、すべてがそこへと流れ込んで分裂を解消するように見える瞬間的な〈いま《マントゥナン》〔保つもの〕〉のスティグメーを通してである。しかしそればかりではない。点は狂気を停止させることによって、みずからが脱構築し分裂させる建築との取引点を構成するという事実を通して、引力を発揮するのだ。もろもろの瞬間と引力からなる断続的な集列。《公園》のアトラクション、有益なものだったりお遊びだったりする活動《アクティビティ》、合目的性、意味、経済的《エコノミック》もしくは環境維持的《エコロジック》な投資、サービス、そういったものがもつプログラムへの権利が、一つひとつの狂気のなかに再発見されるだろう。エネルギーは拘束され、意味が再充填される。ここからまた、チュミが規範性《ナルマリテ》〔正常性〕と呼ぶものと狂気の逸脱との区別が生じると同時に、両者のあいだの取引〔transaction（横断活動）〕も生じる。点の一つひとつは切断点であり、テクスト〔織物〕や横糸の連続性を絶対的な仕方で中断する。だが中‐断器〔inter-rupteur（スイッチ）〕は切断と他者への関係とを一緒に保つ。この他者への関係それ自体は、引力と中断として、干渉〔interférence〕と差異〔différence〕[21]として構造化されている。すなわち関係なき関係である。ここで引っ張りあっている〔se contracte（縮約されている）〕ものは、ソキウスと離反〔dissociation（脱ソキウス）〕とのあいだの「狂った」契約〔contrat〕を結ぶ。ここに弁証法はない。すなわちヘーゲルがそのプロセスをわれわれに説明したような、〈いま＝保つもの〉をいつも再我有化しうるような止揚（Aufhebung）はない。その再我有化の仕方はこうだ。点は空間を否定する、そしてこの空間による空間自身の否定において、点は点自身を廃棄しながら点を保つ（als aufhebend）線を生み出す。このとき線が点の真理となり、面が線の真理となり、時間が空間の真理となり、究極的には〈いま〉が点の真理となるだろう（『エンチクロペディ』二五六―二五七節）。ここで私のテクスト「ウーシアとグランメー」*2に送り返すことを許してもらいたい。私が語っている〈いま＝保つもの〉は、その同じ名のもとで、こうした弁証法の中断を標記するだろう。

しかし他方で、離反が外部から点に到着するのではないというのは、点が分裂可能であると同時に分裂不可能でもあるからだ。点が原子的に見えるのは、つまり点が点の個体化〔分割不可能化〕の機能と形式とをもつのは、もっぱら一つの視点からのことにすぎない。すなわち、点が区切り、組織し、決してその支えとなることなしに支える、そうした集列的全体〔l'ensemble（集合）〕から眺めてのことにすぎない。眺められた（しかも外部から眺められた）点は、横糸の空間化を、それに拍子をつけて演奏すると同時に中断し、保つと同時に分割し、鮮やかに色づけてはリズムで区切る。だがこの視点は見ることができない。この視点は狂気のなかで起こることに盲目である。というのも、もしこの点が絶対的な仕方で〔*absolument*（それだけで独立して）〕、すなわち全体〔集合〕から抽象され、それ自体として考察されると（点は抽象化され〔s'abstraire〕、引き離され〔se distraire〕、差し引かれる〔se soustraire〕宿命にもある）、点はもはや点ではなく、幾何学的な点に与えられる原子的な分割不可能性をもはやもたなくなる。もろもろの部品に遊びを与える〔作動させる〕空白によってその内部において開かれた点は、形式の組み合わせに差し出されたキューブのように、自己を構築／脱構築する。分節化された部品たちは、互いに離接し、構成しあい、構成しなおしあう。運動の場であると同時にその空間でもあり、出来事が場をもつために出来事に約束された形象である部品《ピエス》以上の部品《ピエス》たち――ゲームの駒《ピエス》、演劇作品《ピエス》、居住可能な部屋《ピエス》。それらを連接させながらも離‐接されたもの〔le *dis*-joint〕。

十六、というのも、約束と誓約《ガージュ》、肯定としての約束、遂行発話的エクリチュールの特権的な例である約束、そうしたものについて語る必要があったのだ。約束は一つの例以上のものであり、遂行発話的エクリチュールの条件そのものである。遂行的言語活動と言語行為《スピーチ・アクト》に関する諸理論——それはここでは建築の語用論によって引き継がれている——がいまだに保持している諸前提(たとえば現前性の価値、現在としての〈いま＝保つもの〉の価値)を引き受けることはできないし、またここでその詳しい議論もできないので、以下の線にのみ専心しよう。すなわち、私が語っている出来事(たとえば「私は約束します」)、私が記述しもしくはその痕跡を描く出来事、それを標記することで私が到来させるもしくは到来するに任せる出来事、こうした出来事の挑発という線である。この遂行性を、言葉の、いわゆる人間の言葉のヘゲモニーから引き抜くために、標記ないし線というものを強調する必要がある。遂行的な標記は空間化する。それは空間化の出来事である。赤い点の数々は空間化するのであり、それらは建築を空間化における離反のなかに保つ。だがこの〈保つもの＝いま〉は単に過去ないし伝統を保つばかりではない。それは総合を保証せず、中断を、他の言い方をすれば〈他としての他なるもの〉との関係を保つ。アトラクションの磁場における、「公分母」もしくは「焦点《フォワイエ》」の磁場における〈他なるもの〉との関係、また他のもろもろの切断点との関係、しかし何よりもまず〔人文字の〕《他なるもの》との関係。この《他なるもの》を通して、約束された出来事は到着したりしなかったりする。というのもこの《他なるもの》は、誓約〔gage〕に、契約〔engagement〕に、向こう見ずな賭け〔gageure〕にたまたま連署するように呼び求められたのであり、ただ呼び求められただけなのだから。この《他なるもの》は決して現前しない。それは現前的ではなく、〈いま＝保つもの〉ではない。この《他なるもの》が、《権力》、政治的‐経済的決定者、ユーザー、各分野《ドメーヌ》の代表者たち——文化的支配《ドミナシオン》の(ここではとくに建築哲学の)代表者たち——と性急に呼ばれるものによって代表されてしまうということもありうる。この《他なるもの》、それは誰でもよい何者かであり、いまだ主体ではまったくなく、自我でも意識でもなく、人間でもない誰か[22]、約束に応答しに、何よりもまず約束について責任をもって応答し[23]にやって来る誰でもよい誰かだろう。空間化を保ち、離反における〈いま＝保つもの〉を保ち、他としての他なるものとの関係を保つ、そうした出来事の〈来たるべき将来〔l'à-venir〕〉。所有物の保守〔la maintenue（保守された手）〕ではなく、深淵を越えて差し出された手。

十七、建築の歴史全体によって覆われ、ある将来〔un avenir〕の先取り不可能なチャンスへと開かれた、この他なる建築、この他者の建築は、存在する何ものでもない。それは現在ではないし、過ぎ去った現在の記憶でもなく、未来の現在の予持もしくは前‐了解でもない。それは建築についての理論（事実確認的な理論）も政治も倫理も提示しない。他者の建築はこの空間をあらゆる語りのマトリックスへ、そのサウンド・トラックとラッシュ・フィルムへと開くにもかかわらず、物語《レシ》でさえない（このことを書く瞬間、私はブランショの『白日の狂気』のこと、そこで白日となる物語《レシ》の要求と不可能性のことを考えている。私がそれについて書きえた、とりわけ『境域』のなかで書きえたすべてのことは、じかに、ときには文字どおりに建築の狂気にかかわっている。このことを私は事後的に、チュミのおかげで意識できた。すなわち、戸口、敷居、階段、踏面、迷路、ホテル、病院、壁、囲い、縁、寝室、居住不可能なものの住居。これら一切のものは、線の狂気、放‐心〔dis-traction（分離的‐線引き、気晴らし）〕の空間化にかかわるのであるが、それらは英語で出版されなければならないのだから、狂ったもの、気の逸れたもの〔le distrait〕、流離《さすら》うものを指すこの固有言語〔英語〕独特の言い回しのことも考えている。すなわち the one who is spacy, or spaced out〔うわの空あるいは麻薬でいかれた者〕）。

しかし彼は理論も倫理も政治も物語《レシ》も提示しないが（「いや、物語《レシ》はない、もう二度と」『白日の狂気』）、これらすべてに場を与える。意味の縁で、一切の現前化以前に、現前化の彼方で分裂した線、これを彼は保ちながら、それぞのもの、すなわち他なるものを前もって書き、それに署名する。この他なるものによって、建築、その言説、その政治的舞台装置、その経済、その道徳が拘束《アンガージュ》される。抵当《ガージュ》〔保証するもの〕ばかりでなく賭け《ガジュール》、象徴秩序にして博打。あれらの赤いキューブは建築の賽子《さいころ》として放たれている。その一投は、私がさきに示唆しておいたように、出来事の、戦略をプログラムするばかりでなく、到来する建築を迎えに行く。その一投は来たるべき建築の歓迎という危険を冒し、そのチャンスをわれわれに与えるのである。

なぜピーター・アイゼンマンはかくもよい本を書くのか[*1]

このタイトルはある引用を、よく知られたもう一つ別のタイトルの引用を隠しきれていない。このタイトルはそこからある断片を、実を言えば、ある人物を採取している。「なぜ私はかくもよい本を書くのか」(*Warum Ich so gute Bücher schreibe*)を三人称へと転写することによって、ニーチェの『この人を見よ』を証人席に連れてくることによって、私はアイゼンマンのあらゆる疑惑を晴らすことを引き受ける。そう言うのは彼ではない。私である。書く私。転移によって、採取によって、断片化によって、人物たちや彼らのタイトルと戯れ、そして彼らの固有名の完全無欠さと戯れる私。

そんなことをする権利はあるのだろうか。いったい誰が権利を口にするのか。誰の名において。

ニーチェがわれわれに手本を示したように、偽名と同じく換喩《メトニミー》を濫用しながら、私は複数のことをするつもりである。同時にあるいは代わるがわる。しかしそのすべてについて話すつもりはないし、とりわけ最初にそれらについて話すつもりはない。すべての導きの糸を与えることはしないし、最初から道や脈絡を示すこともやめておこう。これはよいテクストを書くための最良の条件ではないだろうか。私が〈現代建築のニーチェ〉とでもいった人のパラノイアを診断するのだろうと、タイトルを読んだだけでそのように考えた人たちはお門違いをしたのだ。

私が最初に注意を向けさせようと思うのは、アイゼンマンお得意の、彼がタイトルと戯れるその技である。われわれはそのいくつかの例を取り上げよう。まず最初に問題になるのは彼の作品のタイトルである。それらのタイトルは語からなっている。一人の建築家にとって語とは何か。そして本とは。

また『この人を見よ』を暗示することで示唆したいのは、アイゼンマンは建築の分野において(とお望みなら言うが)、現代のもっとも反ワグナー的な創作者だということである。ワグナー的建築とは何か。今日その名残は、その変装したものは、どこに存在するのか。ここではこれらの問いは答えなきものにとどまるだろう。だがこれらの問いは芸術もしくは政治の問いとして提起できないまでも、少なくとも準備される価値はあるのではないか。

アイゼンマンの現在進行中の作品に見られる音楽、楽器について話そう。いまさら言うまでもないが、『この人を見よ』は何よりもまず音楽についての本であり、それはその最終章「ワグナー症例、一つの音楽家問題〔*Der Fall Wagner, Ein Musikanten-Problem*〕」だけの話ではない。

そして最終的には次の点を指摘しようと思う。アイゼンマンがまっさきに転覆させる建築の価値(公理系)とは、人間の尺度、すなわちすべてを人間的な、あまりに人間的な縮尺に合わせるもののことである、と。つまり『この人を見よ』のまた別の章「人間的な、あまりに人間的な、および二つの続篇〔*Menschliches, Allzumenschliches, Mit zwei Fortsetzungen*〕」である。アイゼンマンの『動く矢、エロスと他なるエラー〔*Moving Arrows, Eros And Other Errors*〕』の迷宮への入り口から早くも、「建築は伝統的に人間的縮尺(human scale)に関係づけられてきた」と書かれている。というのも、アイゼンマンの「尺度構成《スケーリング》」が不安定にしようとする「縮尺《スケール》の形而上学」とは、何よりもまず人間主義もしくは人間中心主義だからである。「現前」や「起源」への人間的な、あまりに人間的な欲望。こうした根源的現前の建築は、その神学的な次元にいたるまで、また何よりも表象や美学の法のもとで、人間に帰着する。「現前や起源を不安定にすることによって、建築が表象や美的対象に与える価値もまた問いに付されるのである」(同書)。

こうした建築はニーチェ的なものであると単に結論するのはやめよう。『この人を見よ』から主題や哲学素を借りてくるのではなく、むしろなんらかの形象、演出、頓呼法、そして語彙を拝借しよう。書く前にキーを押せばさまざまな色を借用することができる、あのコンピューターのパレットの上でのように。そこで私は、あなたがたがいまから〔私の〕スクリーン上で読むこの文章を取り上げる(私はコンピューターで書いており、またあなたがたはニーチェがタイプライター〔machine à écrire(書く機械)〕を使った世界で最初の書き手の一人だったと知っている)。それは『この人を見よ』の冒頭の文章である。ある「迷宮」、認識の迷宮、彼の迷宮、もっとも危険に満ちた迷宮——そこに近づくことを禁じたがる人たちもいるだろう。すなわち、man wird niemals in dies Labyrinth verwegener Erkenntnisse eintreten〔ひとは大胆な認識の迷宮に決して足を踏み入れないだろう〕。そのすぐ先のところには『ツァラトゥストラ』からの引用があり、それから「アリアドネの糸を臆病な手で」握る者たちへの言及がある。この両者のあいだで、また次の文が採取されるだろう。すなわち、「恐ろしい海に」(auf furchtbare Meere)身を投じる向こう見ずな探究者たちへの言及、あらゆる危険な深淵へとフルートの音色によって魂を引き寄せられる(deren Seele mit Flüten zu jedem Irrschlunde gelockt wird)者たちへの言及である。要するに、『この人を見よ』の「なぜ私はかくもよい本を書くのか」の章からわれわれが取り上げるのは、音楽の誘惑、楽器、海もしくは深淵、そして迷宮だけであると、そう仮定しよう。

これは建築への、ピーター・アイゼンマンの建築への奇妙な導入だと、あなたがたは言うだろう。どんな手で糸を握るべきなのか。しっかりとした手か、臆病な手か。

こうしたことが私の主題ではないというのは本当だ。私がもっと進んで話したいのは出会いについてであり、出会いが言わんとすることについて、すなわちチャンスとプログラムとの、遇運と必然との交差点において場をもつものについてだ。

私がアイゼンマンと出会ったとき、言説は私の側のものだと思った(私もまだ素朴だった)。そして「本来の意味での」建築は彼の側のものだ、と。すなわち、場、空間、図面、言葉なき計算、石、資材たちの抵抗などは、彼の側のものだ、と。もちろん私はそこまで素朴でもなかったから、言説や言語が建築家たちの活動において、とりわけ彼の活動において、無であるわけではないと知っていた。言説や言語は建築家たち自身が思っている以上に大きな役割を果たしていると考える理由さえもっていた。しかし、この建築がいったいどれくらい、とりわけどのような仕方で、まず言説や文法や意味論の条件そのものを批判するのかを知らなかった。そしてなぜアイゼンマンが書き手であるのかも。彼が書き手であるからといって、彼は建築から遠ざかるわけではないし、また建築する以上にたくさん書く「理論家」たち(と、そのどちらもやらない人々が言うような)の一人になるわけでもない。それどころか彼は、言語のエクリチュールと建築のエクリチュールという二つのエクリチュールが、伝統的なヒエラルヒーの外で互いを互いのなかに刻み込みあうような空間を開くのである。アイゼンマンが「語を使って」書くものは、建築的対象(建築的対象がかつてそうであった、またそうでなければならないもの)に関するいわゆる理論的な反省に限らない。もちろんそうしたものでもあるが、そればかりでなく他のものでもあり、建築における言説のある種の伝統的権威に関するメタ言語として展開されるにとどまらない。肝心なことは語の別の取り扱いであり、こう言ってよければ、別の「詩学」、すなわち建築上の発明を言説の秩序に従属させることなく、正当な権利をもってこの発明に参加するような、そうした別の「詩学」なのだ。

われわれの出会いは、私にとって、偶然《チャンス》だった。しかし遇運——これこそあらゆる出会いにおいて出来《しゅったい》するものである——は、私がここで思い切って分析することのできない底知れぬプログラムのうちにあったにちがいない。事態を次の点において捉えよう。すなわちラ・ヴィレット公園の「庭園」と慣習的に呼ばれていたものを構想するために、ベルナール・チュミがわれわれ二人で協同作業をしようともちかけたという点においてである。それはかなり異様な庭園であり、どんな植栽もなく、ただ液体と固体、水と鉱物しかない庭だった。ここで私の最初の論考、『ティマイオス』におけるコーラに関するテクストについて長々と語るわけにはいかない。建築家としてのデミウルゴス、場、そして場に範型の似像《イマージュ》を刻印する碑文等々についてプラトンが言っていることの深淵な謎、こうしたものはすべて、私には一種の建築の試験(一種の厳密さの挑戦)にかける価値があると思われた。この試練は詩的・修辞的・政治的な賭金にも及ぶし、このテクストが何世紀にもわたって解釈に突きつけてきたあらゆる読解上の難点にも及ぶ。しかしここでもまた、私の側で起こりえたものについて、私が最大の不安を抱きながら打ち出した（私自身を打ち出すかのように）命題の側で起こりえたものについて話したいとは思わない。ここで重要なのは、他方の側から、ピーター・アイゼンマンの側から到来したものである。

ことがいくつかの語および一冊の本とともに始まるように思われたので、私は性急にも自明の事実に屈せねばならなかった。アイゼンマンは複数の固有語法《イディオム》との出会いのなかで数々のチャンスを迎え入れながら、賭けの遇運《アレア》に、接ぎ木に、文字の滑走と偏流とに注意を払いながら、言語と、言語の数々と戯れることに大きな喜び・歓喜を得るにとどまらない。こう言ってよければ、彼はこの戯れを真面目に受け取るのである。本来の純粋な意味で建築と呼ぶことがためらわれるような彼の作業において、彼は第一の誘導的な役割を戯れに与えないし、文字の戯れを決定的な起源へと仕立てあげもしない（アイゼンマンにとって、このような起源はまったく存在しない）が、しかし彼は文字の戯れを作品外＝前菜《オードブル》へと放棄することもない。言葉は彼にとって銘句《エグゼルグ》（1）ではないのだ。

その例を二つだけ思い出すことにしよう。

アイゼンマンは私のテクストから、彼の手によって、彼のために、いくつかのモチーフを抜き取って我が物にし、それらのモチーフを最初の建築案へと翻訳した、というかむしろ転移させ、変形した。この建築案は、スケーリング、クエリー、そして「迷宮」をそなえた底なしのパランプセスト〔書かれた文字等を消し別の内容を上書きした羊皮紙の写本のこと〕だった。その後で、私はわれわれの作業にタイトルのようなものを、しかも発明的なタイトルを与える必要を強く主張した。そしてアイゼンマンはそれに同意した。この発明的なタイトルは、意味を一つにしたり、ひとがタイトル一般に期待する正当的な身分確定の効果を生み出すことを唯一の役割とすることはなかった。他方、われわれが作っていたのは一介の庭園ではなく（「庭園」というのは、ラ・ヴィレットのお役所が、われわれに委ねた空間を天真爛漫にも分類していたカテゴリーである)、何ものかであって、命名不可能とは言わないまでも、いまだに名のない場であった。だからこそ、それに名を与える必要があったのであり、この命名自体を新しい挙措に、作品の代補的な破片にする必要があった。いずれにせよ、〈名なしに、名の外に実在するような何ものか〉への単なる参照とは異なるものにする必要があったのである。

そのためには三つの条件が必要だと思われた。

一、このタイトルは作品についての可能なかぎり強力な、集約的な、経済的な表示であるという条件。これこそはタイトルや名の「古典的」な、ふつうの指向的な機能だった。

二、このタイトルは作品の外から作品を表示するにもかかわらず、作品の一部をなし、こう言えるならば内部から、ある必要不可欠な動きを作品に刷り込むという条件。かくして名の文字が建築の身体そのものに参加することになる。

三、いかなる意味論的な秩序によってもその戯れが停止されえず、また一個の中心・起源・原理からも全体化されえないような、そうした出会いの遇運との関係、これを言語構造が保持するという条件。

『コーラル・ワーク』〔*Choral work*(合唱作品)〕——これがアイゼンマンの発明したタイトルだった。長い議論の末に最初の素描〔drawings〕や作品の原理的図式ができあがったときに突然このタイトルは到来したが、それはたった一撃で圧倒した。偶然《チャンス》の一撃であるばかりでなく、計算の結果として。いかなる異議も、いかなる留保も可能ではなかった。タイトルは完璧だった。

一、このタイトルは、プラトンのコーラについてのある読解を言説と建築の両次元において独自の流儀で解釈する作品〔『コーラル・ワーク』のこと〕を、このうえなく正確に、このうえなく効果的かつ経済的に指示することによって名づけている。コーラという名は歌(合唱《コーラル》)のなかへ、さらには舞踏《コレグラフィー》のなかへ連れ込まれている。*l*で終わるフィナーレ、*chora-l*。コーラはいっそう液体のように流動的になり、あるいは空気のように軽やかになる——いっそう女性的になると言うつもりはないけれど。

二、コーラの名は、この名によって内部から新しい次元——同時に舞踏的、音楽的、発声的であるような次元——を課される構築物と分離不可能になる。かくして言葉《パロール》、さらに歌は、リズミカルな構成のなかに書き込まれ、そこに座を得る。場を与えることあるいは座を得ること、これは音楽——もっと正確に言えばコーラス——を一個の建築的な出来事にすることである。

三、プラトンのコーラへの音楽的な、さらには舞踏的な暗示であると同時に、このタイトルはタイトル以上のものである。それはコーラスのなかでわれわれ二人によって書かれた一個の署名、複数的な署名の標記をも描いている。アイゼンマンは、言葉で言ったことを実行したのだった。遂行的《パフォーマティヴ》発話の遂行力《パフォーマンス》、その幸運な効力の本領は、この遂行的発話それだけで、ある署名の形式を——すなわち二人のために署名するばかりでなく、合唱《コーラル》的署名、共同署名あるいは連署の複数性をそれ自体において言表するような署名の形式を——発明するところにある。彼は彼の署名を私に与える。あるひとが協力者に自分の代わりに署名する「権限」を与える、と言われるときのように。作品は音楽となる。複数の声をもつ建築。差異があると同時にそれらの他性そのものにおいて和音を奏でる複数の声。こうして宝石のように貴重な贈り物が、珊瑚礁(coral)ができあがる。どこかの分割された大洋の無意識の深淵におけるこの自然発生的な創造のシミュラークルのために、まるで自然に、水が鉱物と結びついたかのようだ。『この人を見よ』、すなわち底《フォン》なしの資源《フォン》の深淵、音楽、誇張的迷宮。法は尊重されていると同時に弄ばれている。というのも、われわれに出された注文が命じていたのは、この偽りの庭園には水と石しか使うな、とりわけ植物はだめだ、というものだったからである。それをやったのだ。一発《クー》で、魔法の杖の一振り《クー》で、二つの語〔コーラル・ワーク〕で、沈黙の傍らで。魔法の杖はオーケストラの指揮者《シェフ》の杖でもある。私はそれをさらに花火師の傑作《シェ・ドゥーヴル》、花火のほとばしりとしても聞く。コレリ[2]の影響で作られた合唱曲《コーラル》、ヘンデルのつねに称賛されるあの「建築センス」、すなわち『王宮の花火《ファイヤーワークス》の音楽』のことを、どうして考えずにいられようか。

大地、水、火といった諸要素《エレメント》が陽光のもとに置かれ、野外に展示される。『ティマイオス』でコスモスが形成されるときのようだ。しかし、そのときたまたまの出会いの効果であるかのように、わずか十文字とすこし(たった一つの言語の固有語法上の偽造〔forgery〕のなかに封印され、そこで鋳造された〔coined〕十文字〔choral work〕)のなかで交差するあらゆる意味に、一つの秩序、一つのヒエラルヒー、一つの演繹原理もしくは導出原理を割り当てるのは不可能である。「タイトル」はこの連－署＝反－署(というのも連署は署名しながら署名しないやり方でもあったからだ)の極印、印章、花押のなかにみずからを集めるが、それはみずからが所属するように見える集合《アンサンブル》〔合唱〕を開くことによってである。他の数々の解釈(すなわちよく言われるように、他の創作実践[3])、他の音楽家たち、他の舞踏家たち、また他の声たちへも開かれたこのタイトルには、主役というものが一切ない。全体化は不可能なのだ。

この迷宮のようにもつれた糸の束のなかから、他の糸、他の綱を引っ張り出すこともできる。アイゼンマンは自分のいくつかの作品が要求する旅路を書き記すために、よく迷宮に言及する。「こうした重なり合いの数々は、ジュリエットの城館に生じる迷宮のなかに出現する。ロミオとジュリエットの物語のように、それは運命と自由意志とのあいだの未解決の緊張をアナロジーによって表現したものである。ここでは迷宮は、城館のさまざまな場と同じように、一種のパランプセストとなる」。『コーラル・ワーク』というタイトルは、それが名づける作品と同じく、パランプセストであると同時に迷宮であり、多重に焼きつけられた諸構造からなるダイダロスの迷宮である(プラトンのテクスト、そのプラトンのテクストについて私があるテクストのなかで提示した読解、ラ・ヴィレットの屠場[4]、ヴェネツィアのためのアイゼンマンのプロジェクト、チュミの『狂気の数々』)。フランス語の表現で、タイトルは *se donne carrière*〔みずからに活動の場・キャリア＝採石場を与える〕と言われるだろう(だがこれは翻訳不可能である)。carrière とは quarry である。だが se donner carrière とは、また se donner libre jeu〔自由な戯れを自分に与える＝勝手気ままに振舞う〕、なんらかの享楽的な無礼さでもってある空間を我が物にすることでもある。私はそれをここでは文字どおりに次のような carrière の意味で理解する。すなわち、惜しみなくみずからを与え、自分自身の土台を提供するが、何よりもまず自分が富ませる空間そのものに属するような carrière である。どうすればこのように与えることができるのか。どうすれば、自分が属している集合《アンサンブル》から汲み出しながら、当の集合を富ませることができるのか。贈与のこうした奇妙な経済はどのようなものか。『コーラル・ワーク』および他のところで、アイゼンマンは戯れに、集合の一部分〔部分集合〕を採石場〔carrière〕――彼自身の言葉では quarry――へと、すなわち同じ集合の内部で残りのもののために移動させられる資材の山へと構成する。採石場は内外の両方に存在し、資源は包含されている。そしてタイトルの構造も同じ法に従っており、タイトルは潜在性《ポタンシアリテ》の同じ形式、同じ潜勢力《ピュイサンス》をもつ。すなわち内在的発明のダイナミクス〔デュミナス〕をもつ。すべては内にあるのだが、しかしそれ〔何が生じるか〕を予見することはほとんど不可能である。

第二の例を挙げるために、私はもう一本別の綱《コルド》を引っ張らなくてはならない。この音楽的かつ舞踏的な建築は、ある詩的ジャンル(すなわち抒情詩《リリック》)とそれに呼応する弦《コルド》楽器(すなわちリラ)へ目配りしようとしており、あたかも抒情詩とリラとを自分に組み入れたり引用するかのようだった。

タイトルはすでに与えられていたし、われわれは『コーラル・ワーク』の準備を進めていた。そのときアイゼンマンが私に、単に言説的、理論的、「哲学的」であるばかりではない主導性を発揮するようにと促した(私はこの「哲学的」という言葉を引用符でくくる。私がコーラについて提案する読みは、おそらくもはや哲学的思考には属さないからだ。だがこのことは置いておこう)。彼は、われわれのコーラスが作家と建築家という二人のソリストの単なる合成物ではないことを正当《ア・ジュスト・ティトル》にも望んでいた。建築家は言葉でもって署名し〔signer〕、「指示し〔désigner〕」、デザインし〔design〕ていた。私のほうは可視的な形を企てて素描しなければならなかった。ニューヨークから帰るとき、飛行機のなかで私は一つのデッサンとその解釈を含む手紙を彼に書いた。私はプラトンの『ティマイオス』のなかでもっとも謎めいていると思われる一節のことを考えていたが、そのとき私が望んでいたのは、篩《ふるい》の形象が『コーラル・ワーク』にじかに書き込まれること、流離《さすら》う提喩ないし換喩の記憶が残るようにすることだった。流離うとは、言い換えれば、篩という提喩ないし換喩の形象がなんらかの全体性のなかに取り戻されえないということである。もし取り戻されてしまえば、この形象はその断片でも瓦礫でもなく、その全体性から抽出された部品でしかなくなるだろう。実際『ティマイオス』は、ひとが不当にも隠喩と呼ぶもの(篩の隠喩)を用いているが、それは場(コーラ)が、そこに刻み込まれる「型」や力や種子をどのような仕方で濾過するかを描くためである。

ところで、生まれる者を「育む女性〔乳母〕」は潤い、燃えあがる。そして大地〔土〕と空〔空気〕のさまざまな形態を受け入れ、それらの形態に続く他のあらゆる変様を被るので、見た目には無限に多様であるように見える。しかしながら、一様でも均質でもなかった諸力に満たされたその乳母は、いかなる関係においても均衡状態にはなく、あらゆる方向へ不規則に揺さぶられている。乳母はこれらの力によって揺さぶられるが、同時にそれらから運動を受け取り、その運動を今度はそれら諸力へと新たな振動のかたちで返す。ところで、このようにして、あるときは一方で、あるときは他方でもたらされるもろもろの対象は、相互に分離される。それと同じように、篩や、また穀粒を精錬するのに役立つその他の器具の活動によって、種子が揺さぶられ、かき混ぜられて、高密度で重たいものは一方へ行き、低密度で軽いものは反対側へ行って固まる。同じように、ここでも四元素は、それらを受け入れた実在物によって揺さぶられたのであり、その実在物に固有の運動が四元素に、まるで篩のように、振動を伝えるのである。(『ティマイオス』五二e－五三a、強調デリダ)

このくだりは挑発的であり、また読解への抵抗そのものによって魅惑的であると、私はつねに思っていた。しかしいまはその理由について説明している場合ではない。さしあたり、それは重要ではない。とにかく私は、この魅惑に形〔身体〕を与えるかのように、飛行機のなかで、次のような手紙をアイゼンマンに書いた。その一部を引用することを許してほしい。

私たちが一緒にイェールで目論んだことを覚えておいででしょう。すなわち最終的に私が起源も明白なゴールもないある異質な作品《ピエス》を、ある種の断片として、ただの一語もなしに「書く」(こう言えるならば)ことです。この断片はもはやどんな全体(失われたものであれ、約束されたものであれ)にも目配せすることなしに、再我有化の円環《サークル》を、三つの地勢のトリアーデ(アイゼンマン－デリダ、チュミ、ラ・ヴィレット)を、要するに全体化を、断ち切りにやって来るのであり、全体的な解読に身を委ねるような、なおも歴史的にすぎる布置を断ち切りにやって来るのです。とはいえ私はこうも考えました。すなわち、三つの地勢の歴史に反逆し、さらにはパランプセストにも反逆するような、謎めいたなんらかの遊離した換喩〔篩〕があるのですが、それはこの主題にどんな保証も与えることなしに、ひとが幸運にもこの換喩に遭遇したならば、コーラについて何事か(最も理解不可能な何事か)を「呼び起こさ」ざるをえないだろう、と。『ティマイオス』の読解を企ててみて、私にとって今日もっとも謎めいたもの、もっとも抵抗的で挑発的だったものは、いずれお話ししますが、篩(plokanon すなわち作品もしくは編まれた紐〔五二e〕)の形象、篩(sieve, sift という英語もいいですね)としてのコーラへの言及です。そこ、

『ティマイオス』のなかには、私には解釈できないけれども、決定的と見える比喩的な暗示があります。その比喩表現で言われているのは、なにか運動のようなもの、揺れ(seiesthai, seien, seiomena)、地震のようなものです。その揺れのなかでもろもろの力や種子の選別が場をもち、ある篩い分け、濾過が起こります。しかしながら、その場は平然として動じず、未規定のまま、無定形のままにとどまります。この一節は『ティマイオス』のなかを迷走しており(私にはそう思われます)、統合困難で、起源と明白なテロスとを欠いており、その点で、私たちが『コーラル・ワーク』のために想像した作品と同様です。

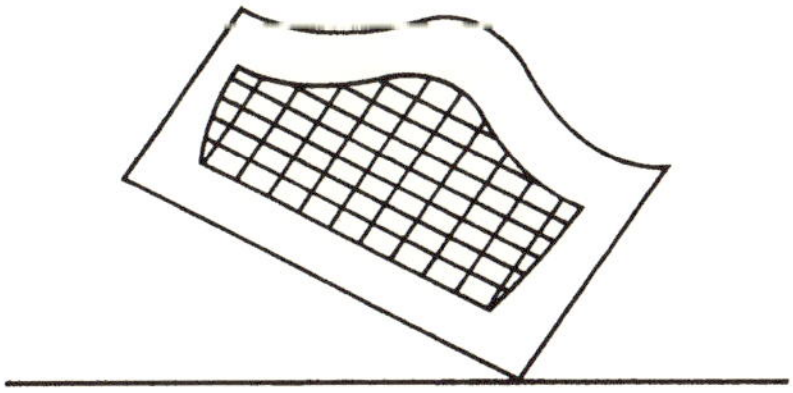

したがって、私は(ほぼ)以下のような「表象」「物質化」「形態化《フォーメーション》」を提案します。一つあるいは三つの例というかたちで(異なるスケーリングをもって〔with different scalings〕例を三つとすればですが)、一個の金色の金属体(コーラに関する『ティマイオス』のくだりにも、あなたのヴェネツィアでの計画にも金があります)が地面に斜めに植えられています。垂直でも水平でもない、きわめて堅固な枠は、網目・篩・格子(grid)に似ていると同時に、弦楽器(ピアノ、ハープ、リラ? strings, stringed instrument, vocal chord, etc.)にも似ています。

この枠は、格子、grid としては、濾過器とある関係をもちます(それは望遠鏡もしくは写真の現像液[5]であり、空中から写真撮影し、エックス線撮影し、濾過された後で、天から降ってきた機械です)。三つの地勢と三つの層(アイゼンマン-デリダ、チュミ、ラ・ヴィレット)の読解、篩い分けを可能にしたことになる、解釈および選別の濾過器です。それは弦楽器としては、『コーラル・ワーク』のコンサートと多数多様な合唱《コーラル》、そのコーラへと合図します。

この彫刻(というのもこれは彫刻だからです)には、おそらくそのタイトルや一つの署名

（……作『コーラル・ワーク』一九八六年）が、一つ二つのギリシア語（plokanon, seiomena, etc.）と同じように、どこかに記載される以外は、何も書き込まれてはならないと思います。これはとりわけ議論すべきことでしょう……。（一九八六年五月三十日）[*2]

途中で気づいたと思うが、選別的解釈の濾過作用への言及は私の手紙のなかではニーチェに頼っていたのであり、さらにソクラテス以前の哲学者たち（すなわち『ティマイオス』の例の一節に憑依していると思われる者たち、たとえばデモクリトス）とニーチェとのあいだで演じられるある種の舞台に頼っていた。

そのときアイゼンマンはどうするだろうか。彼のほうも活発に、選択的に解釈するのだ。彼は私の手紙を翻訳し、移調し、変形し、我がものにする。彼の言葉で、彼の複数の言語で、すなわち建築の言語およびその他のいくつかの言語で手紙を書きなおすのだ。彼は練り上げている最中の——しかしすでにきわめて安定した——建築構造に別の形を、すなわち斜めになった平面に横たえられたリラの形を与える。それから縮尺を変えて、彼はそのリラをそれ自身の内部に、つまり大きなリラのなかに小さなリラを書き込みなおす。全体化する理性の策略の裏をかくために、彼は換喩を入れ子構造の深淵のなかに、すなわち珊瑚礁が沈殿する大洋の奥底に放り込むだけでは満足しない。私の手紙が言及したすべての弦楽器（ピアノ、ハープ、リラ）のなかから彼は一つを選び出して、その演奏〔戯れ〕を彼自身の言語、英語のなかで再発明する。そして別の建築装置を発明しながら、彼はこの言語的再発明（彼のものである再発明）を転写するのである。

実際に何が起こるのか。まず第一に、彼は『コーラル・ワーク』という開かれたタイトルに別の正当化と別の次元をつけ加える。それによってこのタイトルは豊かさを増し、重層的に決定されることになる。次に、「リラ」という語——この語はフランス語でも英語でも同標記である——の意味論上の（また形式上の）すべての弦において、異なるさまざまなテクストが鳴り響くのが聞こえる。これらのテクストたちは、お互いのなかで、お互いの上や下で、付け足しあい、積み重なりあい、重ね焼きあう。それは不可能とみえる、表象可能ではないトポロジーに即しており、一個の仕切り壁を通している。なるほどそれは不可視な仕切り壁であるが、しかし複数の音響層からなる内部反響のなかで聴取可能な仕切り壁である。この複数の音響層は意味の層でもあるが、しかしすぐに気づくように、そう言われるのは偽の同音異義のごとくに、英語の「層」(layer)という単語のなかでである。このレイヤーという英単語は、私が語ってきた数々の層の集列の一部をなすと同時に、この集列の集合をも指す。

したがって、このパランプセストの地層の数々、そのレイヤーは、私がいま述べた理由で全体化されるがままにならないのであるから底なしである。

ところで、この全体化不可能なパランプセスト構造は、みずからの諸要素の一つのなかからその他の諸要素の資源を汲み上げ(それらの採石場もしくはquarryだ)、この内的な諸差異の戯れ(最終項なき階梯〔échelle(スケール)〕、ヒエラルヒーなきscaling)から、表象不可能な、対象化不可能な迷宮を作り上げる。この構造はまさしく『コーラル・ワーク』の構造である。その石と金属の構造、積み重なる数々の層(ラ・ヴィレット、アイゼンマン－デリダ・プロジェクト、チュミの『狂気の数々』など)が、「プラトン的」コーラの深淵のなかに身を沈ませる。したがって「リラ」「レイヤー」は『コーラル・ワーク』のよいタイトル、わき見だし〔sur-titre(タイトル以上)〕もしくは副題〔sous-titre(タイトル以下)〕である。そしてこのタイトルは、それが名づける当のものの部品《ピエス》として、作品のなかに記載されている。それは作品の身体のなかで作品の真理を言うのであり、複数的な一個の語のなかで、積層状の書物のごときもののなかで真理を言う。だがそればかりではない。それは一つのリラの可視的な姿《フィギュール》、不可視なもの——すなわち音楽——を醸成する楽器の可視性のなかでも真理を言うのだ。さらに、リリック〔抒情的、リラの伴奏で歌われた〕という一言が聴き取らせるあらゆる事柄のなかで真理を言うのである。

しかしまさにそれゆえに、『コーラル・ワーク』の真理、リラないしレイヤーが言い、作り、与える真理は一介の真理ではない。その真理は現前化可能でも再現前化可能〔表象可能〕でも、全体化可能でもなく、それは決して自己自身を示さない。『コーラル・ワーク』の真理は現前性のいかなる啓示にも場を与えず、ましてや合致に場を与えることなどない。たった今われわれは解消不可能な非合致に言及した。そしてこれは下地〔subjectile〕に対する挑戦である。これまで言及してきた意味や形態の、可視性や不可視性のすべての層は、相互に他方のなかに、他方の上や下、他方の面前や背後に横たわる(lie)が、この関係の真理が確立されることは決してないし、その真理はいかなる判定においても安定化されない。この関係の真理はつねに、ひとが言うことと他のことをアレゴリー的な仕方で言わせるのである。一言で言えば〔*en un mot*（一つの語において）〕、この真理は嘘をつかせるのだ。作品の真理とは、嘘のこの潜勢力のことである。作品の真理は、われわれの表象すべてに同伴する(カントも同じことを「我思う」について言っていた)嘘つき(liar)[*3]であり、しかもこの嘘つきは、リラがコーラスに同伴するのと同じように、表象に同伴するのである。

　等価物もなければ、したがって反対物もない。この深淵なパランプセストのなかでは、いかなる真理も、意味のなんらかの原理的・最終的な現前に基礎をもつことはできない。この珊瑚礁《コライユ》の迷宮のなかでは、真理とは非真理なのであって、もう一つ別の迷宮、別のパランプセスト、別の採石場《クエリー》のタイトルに属するもろもろのエラーの、その一つの彷徨《エランス》なのである。このもう一つ別のものについて、私はさきほどからそれと名指すことなく語っている。私はロミオとジュリエットについて語っている。そこに見られる数々の名と不時の出来事の物語全体について、私は他のところで書いたことがある[*4]。ここではアイゼンマンのロミオとジュリエット、すなわち『動く矢、エロスと他なるエラー』について語っているが、私は嘘をついたのではないか。私はさきほどから、あなたがたが思っているのとは他のことをアレゴリーによって語ってきたのではないか。ウィでもありノンでもある。この嘘には反対物がなく、この嘘は絶対的にして無だ。嘘は過ち〔erreur〕のなかへ誘い込むのではない。そうではなく、動くエラー〔moving errors〕、すなわちその彷徨《エランス》が有限であると同時に無限な、偶然であると同時にプログラムされた、そうした動くエラーへと誘い込むのだ。したがって、反対物のないこの嘘については、嘘つき《ライヤー》は発見されずにとどまる《レスト》。とどまる《レスト》ものは発見不可能なもの「である」。すなわち、それは自己の主人性=統御力《メトリーズ》を確信した、意識的な署名者とはまったく別ものであり、主体〔sujet〕とはまったく別ものである。そうではなく、それは下地〔subjectile〕と連署者たちの無限の集列である（そこには、エロスの一節=通過《パサージュ》において与えられた快楽を得たり、その代価を払ったり、快楽を逃したりしようとする、あなたがたも含まれる）。ライヤー〔嘘つき〕もしくはリラ、これこそ王のごとき名であり、さしあたって最良の名の一つである。すなわち同名にして偽名、この秘密の署名者の多重の声、『コーラル・ワーク』の暗号化されたタイトル。しかし、われわれはこのタイトルをピーター・アイゼンマンによりもむしろ言語に負っているのだと私が言えば、あなたは私に、それはどのような言語か、と聞くだろう。言語といっても、いろいろとある。あなたは言語たちの出会いと言いたいのか。少なくとも三つ、四つの言語を話す建築、複数言語を話す、石ないし金属からなる建築のことか。

——しかしわれわれはこのチャンスをピーター・アイゼンマン（その名は、あなたもわかっていたように、石と金属を含んでいる）[6]に負っていると私が言えば、あなたは信じられるだろうか。だが私はあなたに真理を言っているのだ。それは人間中心主義の縮尺と手を切り、「万物の尺度である人間」と手を切ることを決意した、この鉄人[7]の真理なのだ。彼はかくもよい本たちを書くのだ！　誓ってもいい！

——嘘つきはみんなそう言う。本当のことを言うと言わなければ、嘘をつくことにはならないというわけだ。

——私を信じられないというのはよく理解できる。事態を別の仕方で取り上げなおしてみよう。私は『コーラル・ワーク』について自分が何を証明したと期待しているのか。他方の手で、ピーター・アイゼンマンとの出会いについての自伝的な物語を、この物語に働いているすべての言語で提出しながら、何を証明したと。以上に述べてきたことはすべて、実は他の二つの作品FIN D'OU T HOU S[8]と『動く矢、エロスと他なるエラー』へ送り返されるということだ。〔建築批評家である〕ジェフリー・キプニスが正当にも「読みの無限の戯れ」(the endless play of readings)[*5]として分析したことは、この三つの作品に当てはまる。三つの作品のそれぞれは、ヴェネツィアのプロジェクトやその他のプロジェクトをもおそらく含むだろう集列よりも、大きいと同時に小さい。そしてこの三つの作品をたった一頁で、あるいは私に許された数頁で語るためには、経済的な手段を見つける必要があった。同じくラ・ヴィレットではわれわれにはわずかなスペースしかなく、間に合わせのスペースしかない。われわれはそのスペースの内部をすでに三によって多数化し分裂させたが、さらに将来においても三によって多数化したいと願っている。さしあたり、フランス語の表現にあるように、あらゆる手を尽くして〔faisant flèche de tout bois(どんな木材からでも矢を作って)〕、与えられた経済の内部で増殖する構造を見つけ出す必要がある。意味《サンス》＝方向が決して停止させられることも集められることもなく、一本の矢のように移動するとき、意味《サンス》＝方向が誘導する誤り(errors)はもはや嘘ではないのであり、もはや真なるものに対立しないだろう。エラー〔errors〕、エロス〔eros〕、矢〔arrows〕のあいだの変形には終わりがなく、汚染は不可避であると同時に偶発的でもある。この三つのいずれも出会いを司ることはない。それらは互いに矢のように貫きあい、誤読〔misreading〕もしくは誤字〔misspelling〕を一つの生成的な力に、すなわち快楽を供給しつつ快楽を述べる生成的な力に変えるのである。もし私に時間と場所があれば、ピーター・アイゼンマンが操る戦略素の数々を分析するところである。交渉せざるをえない相手である諸対立のなかに取り込まれることを避けつつ、一本の矢のように糸をひいて飛び去るために、彼が本や建造物のなかでなさなければならなかった戦略を。『動く矢、エロスと他なるエラー』のなかで彼が語る不在は、現前性に——とりわけ弁証法のように——対立するのではない。スケーリングの断続構造に結びついた不在は空虚ではない。回帰性によって規定され、自己類似性〔self-similarity〕の内－外の差異によって規定されたこの不在は、一個のテクストを「産出する」のであり、一個のテクスト「である」(それは存在することも、一個の起源ないし産出原因であることもないが)。それは一冊の「よい本」よりもよく、それとは他なるものであり、一冊の本以上〔plus qu'un livre〕のもの、一つならぬ本〔plus d'un livre〕である。「諸特性の終わりなき変形」としてのテクスト。「一個の美的客体というよりもむしろ、客体は一個のテクストとなるのだ……」。しかしながら現前／不在の対立(つまり一個の存在論全体)の裏をかくものは、そのように不在によって変形された言語のなかを前進しなければならないのであり、文字どおりに含むことなく含むものを刷り込まれた、そうした言語のなかを前進しなければならない。アイゼンマンの建築は、このなし〔*sans*〕を標記する。この sans を私は英語で without と、すなわち〈ともに／なしに〔avec/sans〕〉、within and out〔内にして外〕等々と書くほうを好む。言語のこの without。ひとはこれを利用しようとして、支配することによってそれと関係をもつ。しかしそれは同時に、言語の法、諸言語の法、そして実はあらゆる標記の法である without の法を被ることでもある。この点でひとは能動的であると同時に受動的である。アイゼンマンのテクストにおける能動／受動の対立についても類似のことが言えるし、彼が類似《アナロジー》について述べることについても類似のことが言える。しかし矢を停止させる術を知らなくてはならない。彼はそうする術も知っている。

ここで建築の機知〔Witz〕、テクストの新しい経済(オイコスとは家であるが、アイゼンマンは家も建てている)について語りたくなるかもしれない。見えるものから見えないものを排除する必要がもはやない経済、時間的なものを空間的なものに、言説を建築に対立させる必要がもはやない経済。それらを混同するということではない。それらを他のヒエラルヒーに即して配分するのである。すなわちアルケーなきヒエラルヒー[9]、起源なき記憶、ヒエラルヒーなきヒエラルヒーに即して。

そこにある(there is, es gibt)もの。すなわち快原理の彼岸としての機知〔Witz〕の彼方。少なくとも機知と快楽というこの二つの名のもとで、節約と経済の容赦ない法のことを考えるとすれば。

最後に、なおも本の問い。「理論的」な建築家たち、そのなかでももっとも革新的な者たちは、建築する代わりに本を書くと、そうひとはしばしば軽々にほのめかす。思い出しておく必要があるが、こうしたドグマにとどまる者たちは、一般的にどちらもやらない。実際にアイゼンマンは書く。しかし既存の経済の規範や権威と手を切るためには、彼はなおも本に似たものを通して、ある新しいスペースを——非経済が可能となるばかりでなく、ある点までは非経済が正当化され、交渉されるようなスペースを——実際に切り開かなくてはならなかったのだ。交渉は時間のなかで起こるのであり、時の権力や文化と交渉しなければならない。というのも言説のあの全体化癖になおも属する形をもつ経済や本の彼方で、彼は他のことを書くのだから。

これはありふれた主題《トポス》である。記念碑はしばしば一冊の本に喩えられてきた。[*6] アイゼンマンの小本たちはもはや本ではないだろう。それほど「よい美しい」本ではないだろう。それらは美学のいにしえの名である美書《カリグラフィー》ないし美法《カリスティック》の尺度を越える。とはいえ、それらは崇高である、とも私は言わない。崇高とは、その度外れそのものにおいて、なおも人間の尺度である。

この人を見よ。終わり、すべての終わり。[10]

前書きのための五十二のアフォリズム[*1]

一、アフォリズムは裁断を下す。しかしアフォリズムは、その形式においても実質においても、言葉の遊戯のなかで決定する。たとえアフォリズムが建築について語るとしても、アフォリズムは建築に属するのではない。これは当たり前のことである。そしてアフォリズムは言説に属するものであって、しばしば、ありふれた自明事に判決文《センテンス》＝格言という権威を与える。

二、ひとはアフォリズムが真実を語ることを期待する。アフォリズムは予言し、ときには神託を下し、いま存在することあるいはこれから存在するだろうことを宣告し、そうした物事を事前に、なるほど記念碑的ではあるが非建築的なかたちで、すなわち遊離した非－システム的な仕方で、裁決する[arrêter](1)。

三、建築に一つの真理があるとしても、その真理はアフォリズムに対して二重にアレルギーをもつように思われる。というのも、建築の真理は、それとして、本質上、言説の外で産出されるからである。それは分節された組織にかかわるが、しかし沈黙した分節なのである。

四、ここでアフォリズムについて、アフォリズムによって語ることは、レトリックと建築とのアナロジーのなかに身を置くことである。かくしてひとは問題が解決されたと思いこむ。ここに集結したすべてのテクストはそれぞれの流儀で、さまざまな問題に我が身をさらしているが、そうした問題の一つが解決されたのだ、と。ロゴス

(論じること《ロジー》)と建築とのアナロジーは、よくあるアナロジーの一つなどではない。またそれは単なるレトリック上の比喩に還元されるものでもない。つまりアナロジーの問題は本書〔『尺度のための尺度　建築と哲学』。以下、「本書」とはすべてこの本を指す。〕の空間そのものを決定づけるだろうし、本書のプロジェクトに与えられた幕開けを決定づけるだろう。

五、問題〔*probleme*〕すなわち討論の主題ないし研究テーマは、つねになんらかの構築をデザインし、素描する。問題はしばしば保護的な建築物である。Problema――ひとが先取りするもの、ひとがみずからに提出する〔*proposer*(前に置く)〕もの、自分の前に置く対象、防具、盾、障害物、衣服、砦、突出部、岬、バリアー。ひとはつねに問題の前、後に身を置く。

六、一般にプロジェクト〔*projet*(前へ・外へ投げること)〕とは何か。そして建築における「プロジェクト」とは何か。その系譜、その権威、その政治――要するに作品のなかで作動中のその哲学――をいかに解釈すべきか。本書に集められたテクストたちがこうした問いをめぐってしばしば交差するとすれば、この「プロジェクト」、すなわち一個の序文のなかで展示されたり〔exposer(外に置く)〕取り集めたりするもの、つまり建築と哲学についての一冊の本の前言[2]もしくは草案〔avant-projet(事前に－前面に置かれたもの)〕は、いったい何を意味しうるのかとひとは問うだろう。

七、前言のシミュラークル、断続的な集列、アフォリズムの群島――そうしたものとしてみずからを現前させるテクスト、これこそが、この場において容認しがたい構成であり、レトリックや建築におけるモンスターである。そのことを証明しなさい。そして、この本を読みなさい。そうすると、あなたたちは疑い始めるだろう。

八、これは語であり文である。つまり建築ではない。だがそのことを立証しなさい。あなたがたの原則を、定義を、公準を提示しなさい。

九、次のことこそが建築だ。すなわち、読解不可能な来たるべきプロジェクト、未知の流派、いまから定義されるべき様式、居住不可能な空間、さまざまな新しい範例〔paradigme〕の発明。

十、paradeigma は、たとえば「建築家の図面」を意味する。だが paradeigma は実例でもある。知らなくてはならないのは、他の諸空間のための、すなわち他の技術、芸術、エクリチュールのための建築術的な範例と言うとき、何が到来するのかについてである。〈あらゆる範例のための範例〉という範例。建築における言葉遊び――もし駄洒落〔Witz(機知)〕というものが建築においても可能ならばではあるが。

十一、建築が西洋においてそれとして実存してからというもの、建築はアフォリズムを許容しない(らしい)。だからこそおそらく、アフォリズムは厳密な意味では実存しないと結論されることになるのだろう。アフォリズムは現れない、つまり空間のなかで見たり横断したりすべきものとしても、住むべきものとしても与えられない。アフォリズムはそこにある〔il y a(彼がそこにもつ)〕としても、存在〔être〕しないのだ。アフォリズムはいかにして読まれるがままになるというのか。ひとはアフォリズムに入ることもなければ、そこから出ることも決してない。つまりアフォリズムには始めも終わりもない。基礎も目的もないし、高低もなければ、内外もない。こうした主張が意味をもつとすれば、言説とすべてのいわゆる空間芸術とのあいだのアナロジーという条件においてでしかない。

十二、これはアフォリズムである、と彼は言う。そしてひとは〈彼／それ〉を引用することで満足するだろう。

十三、引用について。「伝統」の建築は独特の様態でミメーシスに巻き込まれているけれども、またそれは絵画や彫刻がモデルを表象するようなやり方で模倣するわけではないけれども、それでも建築はやはりミメーシスの空間に属している。建築は伝統的であり、そのこと自体によって伝統を創設する。見た目と違って、建造物が「現前」するということは単に建造物自身に送り返すだけにとどまらず、それは反復し、意味し、喚起し、召喚し、再生産し、さらには引用するのである。建造物の「現前」は、他なるもののほうへと運ぶ〔*porter*〕のであり、自分を運び戻す〔*réfé-rer*（他のものに準拠する）〕のである。それは自己準拠〔*référence*（運び戻し）〕そのものにおいて自己分裂する。建築における引用符の数々。

十四、いまだかつて「序文」なしに建築があったためしはない。ここでの引用符はアナロジーの危険を知らせるシグナルである。建築術的な「序文」は、数ある前置きのなかでも、特に以下のものを含んでいる。すなわち計画《プロジェクト》やその類似物、道程と進め方を規定する方法論、公理的・原理的・基礎的な前文、最終目的の提示、それから実際の作品化の諸モデル、そして最後に、作品そのものにおける敷居、扉、玄関ホールといったあらゆるアプローチ様式、等々である。序文（今度は引用符なしの、一冊の書物の序文）は、ある作品の「建築構造」を告知しなければならないが、しかしこの「建築構造」がその作品に属しているのかいないのかを言うことはきわめて困難である。

十五、ひとは序文に、それが書物の構成を記述し正当化することを期待する。なぜ、そしてどのようにして、この書物はこのように構築されたのか、と。脱構築に序文はない——少なくとも脱構築が逆転した序文でなければではあるが。

十六、どんな序文も逆転している。序文は要請どおりに表側に現れるが、その構築においては裏返しに事をなす。すなわち、序文は、写真とそのネガについて言われるように、想定された終わりないし目的から、つまり建築的な「計画《プロジェクト》」から展開＝現像される(processed)(3)。

十七、類比《アナロジー》はつねに二つの方向で事を進めてきた。本書はそのことを証明している。すなわち、ひとは一冊の書物の建築〔構造〕という言い方をするが、それと同時にしばしば、石の構築物を読解に供せられた書物にたとえてきたのだ。

十八、序文はよくある制度上の現象ではない。序文は自分自身を徹頭徹尾制度的なものとして、卓越した制度として提示する。

十九、序文を要求すること、それは署名と建築とが結合した観念を信用することである。敷居の法、敷居にある法、あるいはむしろ敷居そのものとしての法。そして扉(これは巨大な伝統であり、「法の前」の扉、法の座にある扉、自分自身がそれであるところの法を作る扉)、入場する権利、自己紹介《プレザンタシオン》、表書き《タイトル》。建造物の入り口から早くも名を与え、全体についての展望を予告し、予言し、導入し、抽出する、そうした正当性の看板。それは礎石を据え、序列《オルドル》＝秩序を思い出させる。つまり、始まりと終わりの順序《オルドル》へと呼び戻し、合目的性をもつ指令の秩序、テロスを目指すアルケーの命令《オルドル》へと呼び戻すのだ。

二十、序文は数々のくだり《パサージュ》〔通過・節〕を取り集め、つなぎなおし、節合し、予見し、アフォリズムの断続性を否認する。序文にとって禁じられた一つのジャンルがある。それがアフォリズムである。

二十一、これはアフォリズムではない。

二十二、国際哲学コレージュは、哲学と建築との遭遇――思考する遭遇――の場を与えることをみずからの義務としていた。両者を最終的に対峙させるためではなく、むしろずっと以前から両者をもっとも本質的な同棲生活のうちで一緒に保ってきたものを思考するためである。哲学と建築は、単に隠喩やレトリック一般(建築術、体系、土台、計画《プロジェクト》といったレトリック)に属するのではない必然性によって、互いに相手を含んでいる。

二十三、国際哲学コレージュは、この遭遇とこの書物にとって真の序文であり、その序文の真理である。このコレージュはある意味でまだ存在していないのだから、その序文は表向きのものだ。コレージュは四年以上も前から自分を探し求めており、その共同性の形を、その政治モデルを探している。この政治モデルはおそらくもはや政治的ではないだろう。つまり、おそらくもはや建築ではないような建築的な構想を探しているのだ。しかしそのために、この遭遇と書物に場を与えるために、コレージュは、ある堅固で、正当な、開かれた、友情ある制度の力によって支えられている。すなわち産業創造センター(CCI)[4]によって。この事実は一つの問題〔*problème*(楯)〕である。言い換えれば、「保護」のなかでももっとも鷹揚なものである(上述のアフォリズム五を見よ)。すなわち、産業、創造、センターである。

二十四、真正なアフォリズムは決して別のアフォリズムへ返送してはならない。アフォリズムは自分自身で充足しているのであり、世界《モンド》あるいはモナドなのだ。だが望もうと望むまいと、見ようと見まいと、ここではアフォリズムたちがアフォリズムとして、多数で、番号を付されて、連鎖をなしている。その集列は不可逆的な順序に従う。その点でこの集列は、建築的であることなく存在する。読者よ、訪問者よ、さあ一仕事だ！

二十五、アフォリズムは決して命じない。それが声高に叫ぶことはない。命令することも約束することもない。反対にアフォリズムは提示《プロポゼ》するのであり、存在するものを差し止め〔arrêter〕、存在するものを語るである。一つの点、それですべてだ。感嘆符ではない一つの点。

二十六、国際哲学コレージュは制度の制度性を、そして何よりもまず自身の制度性を思考することを任務としたのであり、とりわけ建築と署名と序文とを結ぶもの（これは、名、タイトル、計画、正当化、アクセス権、序列、等々についての問いである）において制度性を思考することを任務とした。しかし奇妙なことだが、もしコレージュがこうした遭遇や本書のような書物に場を与えることができたとしたら、それはおそらくコレージュがまだ場をもっていないかぎりにおいてであり、また場に固有の建築的な形態をもっていないかぎりにおいてだろう。このことはまちがいなく古い政治的－制度的な空間から相続した限界、そのもっとも執拗でもっとも避けがたい拘束にかかわる。

二十七、その下図〔avant-projet（計画以前）〕の段階から、国際哲学コレージュはみずからの建築を思考することを、少なくともみずからと建築との関係を思考することを義務としていた。コレージュは、哲学的な場所論(これこそが問いただし脱構築する当のものである)を再生産しない数々の場の布置を、自分自身のためにだけでなく発明する準備をしなければならなかった。哲学的な場所論は数々のモデルを反省し、それらのモデルのなかでみずからを反省する。それらのモデルとは、社会的‐アカデミー的な構造、政治的‐教育的なヒエラルヒーといったものであり、また場の組織化を司り、いずれにせよ場から決して切り離されることのない共同性の形式といったものである。

二十八、「建築」と名づけられた技巧物を脱構築することは、この技巧物を技巧物として思考し始めることかもしれないし、〔建築という〕技巧物から出発して技巧性を思考しなおし始めること、つまり技術を、それが居住不可能にとどまるこの地点において思考しなおし始めることかもしれない。

二十九、建築は割り振られた目的から——何よりもまず居住という価値から——引き抜かれるべきであると語ることは、居住不可能な構築物を命じることではない。そうではなく、建築と居住とのあいだの、年齢なき契約の系譜学に関心を寄せることである。居住様態を整備することなしに作品を作ることは可能だろうか。ここですべては「ハイデガーへの問い」を経由する。ハイデガーがそれ——われわれがラテン語で「住む〔habiter〕」と翻訳するもの——について言えると信じた事柄をめぐる「ハイデガーへの問い」である。

三十、一個の制度——たとえば哲学の制度——の建築は、その制度の本質でも属性でもないし、本来性でも偶有性でもないし、実体でも現象でも、内部でも外部でもない。その結果生じること——それは無ではない——は、おそらくもはや哲学における帰結、すなわち建築は存在しないという帰結には属さない。

三十一、かくのごとく自己を構築——脱‐構築——しながら、国際哲学コレージュはその下図の段階から、哲学をそれ以外の諸「学科」（あるいはむしろ「学科」の可能性に関する、教育空間に関する哲学以外の問い）へと、その他の理論的・実践的な経験へと開くことをみずからの義務としていた。証明済みの専門能力やお墨付きの対象を前提とした神聖な学際性なるものの名においてのみならず、いまだ資格をもたない、新しい「投企《ジェ》」（計画《プロジェ》、対象《オブジェ》、主体《シュジェ》）、新しい挙措を目指して。思考にとって「投げること」とは何なのだろうか。そして建築にとっては。「基礎工事をする〔jeter les fondements（基礎を投げる）〕」とは何を言わんとするのだろうか。「放つ」「発送する」「身を投じる」「建立する」「設立する」とはどういうことなのだろうか。

三十二、「計画」をそのすべての状態において脱構築すること。建築は、計画——この用語の技術的な意味においてであれ、そうでない意味においてであれ——のなかに、存在することなく存在する。

三十三、ひとは建築家に対して、下地〔*subjectile*〕（たとえば絵画やグラフィック・アート、彫刻芸術における下地）についての問いに似た問いを出すに違いない。支持体〔support〕あるいは実体〔substance〕の問い、主体〔sujet〕の、つまり下に投げられたもの[5]についての問いである。しかしそれはまた、プロジェクト（投影《プロジェクシオン》、プログラム、規定《プレスクリプシオン》、約束《プロメス》、提案《プロポジシオン》）のなかで前方ないし事前に投げられるものについての問いでもあり、[6]建築のプロセスにおいて、〈放つこと〉あるいは〈放たれてあること〉〈投げること〉あるいは〈投げられてあること〉（jacere, jacio/ jaceo）[7]という動きに属するあらゆる事柄についての問いでもある。この動きは水平的でも垂直的でもある。何もなかったところに（これはミメーシスの見かけ上の宙づり状態である）、つねに天に向かってそびえ立つ〔s'élance（みずからを放つ）〕大建造物が勃起するための土台である。ある定立《テーゼ》が無や欠如の場所に＝代わりに〔à la place〕何ものかを置くのだ。それは補綴《プロテーズ》[8]としての計画《プロジェクト》である。pro の他の価値——すなわち前方や事前ではなく、問題《プロブレム》〔解かれるために前に投げられたもの〕でも保護《プロテクシオン》〔本体の前を覆い隠すもの〕でもなく、〈〜の代わりに到来するもの〉である。建築術的な代補性。

三十四、国際哲学コレージュは、遂行的〔*performatives*〕と便宜上呼ばれる研究に場を与えることを自分の義務としなければならなかった（このことはコレージュの計画案〔avant-projet〕の段階から言われていた）。遂行的な研究という言葉で理解すべきは、知が何かを作り出す諸契機のこと、すなわち理論的な事実確認が「創造」「創作」「構築」と呼ばれる出来事からもはや切り離されないときのことである。ここで、建築がその最良のパラダイムのひとつであると言うだけでは不十分である。パラダイムという言葉そのものや概念が、建築を範とする価値をもっているのである。[9]

三十五、国際哲学コレージュはすでにその企画案からして、教育と呼ばれるものの賭金を（哲学という学科に限らず）一切無視しないと告知していた。どのような教育法もなんらかの哲学を、哲学への関係を含んでいる（たとえそのことが否認されようとも）。建築の歴史や技術や理論についての教育、そして他の諸「芸術」、他の諸テクスト、他の諸制度、他の政治的‐経済的審級との関係についての教育——こうした建築教育によって実践されたりあるいは無視されたりしている哲学は、この国において、どのようなものか。この国において、そして他の諸国においてはどうか。この点でフランスの状況はきわめて特異である。本書はいくつかの哲学的前提につなぎとめられてはいるが、国境線の全面的な移動とでもいうものに、すなわち国際性の別の経験に貢献できるだろう。それこそは間違いなく建築にとって喫緊の案件であり、いずれにせよ国際哲学コレージュにとって本質的なプロジェクトなのである。

三十六、本書のなかで建築の「計画《プロジェクト》」について教えられるところを考慮すると、国際哲学コレージュの「計画」などと口にすることはためらわれる。コレージュは計画をもたないと言うとしても、それは計画の経験主義や冒険主義を告発することではない。同様に、計画なき建築はおそらく、いまだかつてないほど思考的で発明的な作品のなかに、出来事の到来に適した作品のなかに身を投じるのである。

三十七、建築は存在しないと述べること、それはおそらく、建築は到来するものであるとほのめかすことだろう。建築はみずからを引き起こし〔みずからに場を与え〕、後戻りしない。それこそが出来事というものである。

三十八、脱構築的な計画というものはなく、脱構築のための計画もない。

三十九、計画《プロジェクト》——これは建築の本質でありながらも、その本質ではない。おそらく計画は、建築の歴史、いずれにせよその秩序であったことになるだろう。

四十、アフォリズムを敷居に残すこと。アフォリズムには居住可能な場所はない。離接的な力が建築作品に投入されうるのは、なんらかの密やかな、否認された相乗効果によって、建築が一個の物語の秩序(その次元がいかなるものであれ)へと統合されるがままになる瞬間においてのみである。たえまない歴史のなかで、始めと終わりのあいだで、礎石と棟とのあいだで、地下室と屋根とのあいだで、大地とピラミッドの頂とのあいだで……。

四十一、アフォリズムのための住居は存在しないが、またひとがアフォリズムに住むということもない。人間も神もアフォリズムの住民ではない。アフォリズムは、家でも寺院でもなく、学校でも議会でも、アゴラでも墓でもない。ピラミッドでもなければ、もちろんスタジアムでもない。では他の何なのか?

四十二、好むと好まざるとにかかわらず、アフォリズムは手の施しようのないほど建設的＝模範的〔édifiant〕である。

四十三、純粋なアフォリズムほど建築的なものはない、と他の者が言う。その概念のもっとも哲学的な形成における建築。すなわち純粋な中断やばらばらの断片ではなく、自足しているつもりの一個の全体性。もっとも権威的・断定的・独断的な雄弁のうちにある体系の形象(建築術とは体系の技術である、とカントは言う)。この雄弁は、それが証明を省くためにあらゆるものを利用するとき、うぬぼれに至るほど自己正当化的である。

四十四、アフォリズムは要約し、絶対知のごとく、すべてを自分自身のうちへ結集させる。それはもはや問いを立てない。問いなし＝疑問符〔point d'interrogation〕——自分が自分自身の方法であり、自分自身で自分の方法を産出するような言説、みずからの前提や導入部を自分自身のうちに含むような言説を、このように点で区切ることは不可能だ。建築がロゴスによって支配されているとしたら、アフォリズムは、その規定的であると同時に全体的な性格によって、そうした建築のロゴス中心主義哲学の勝利を飾るものとなる。建築術《アルシテクトニク》、始原《アルシ》－終末論《エスカトロジー》、始原《アルシ》－目的論《テレオロジー》。アフォリズムは、計画案、計画、作業の統御と実行とを、自分自身のうちに結集し、案配する。アフォリズムは指令を下す。それは開始し、終わらせる。アフォリズムは資材の抵抗を否定する(ここではすべての語はRで書かれる。すなわち、地面〔terre〕、材料〔matière〕、石〔pierre〕、ガラス〔verre〕、鉄〔fer〕。これらがなければ、しっかりとした建築はなく、ただ建築に関するアナロジー的な言説があるだけだと、ひとは考える)。このことを確かめるためには、ヘーゲルが建築それ自体について述べたことにとどまらず、ひとたび絶対知の目的論から引き抜かれてしまえば建築はそれ自身なにものでもない、ということを考慮しなければならない。同様にもろもろのアフォリズムは、互いに確かめあったり矛盾しあったりすることによってのみ多数多様化し、集列化《セリー》しうるのである。

四十五、つねに一つならぬアフォリズムがある。

四十六、それらの断片的な外見にもかかわらず、アフォリズムたちは、廃墟であると同時に記念碑でもある一つの全体性の記憶へと合図を送る。

四十七、それらの矛盾する多数多様性において、アフォリズムたちはつねに弁証法的な契機に舞い戻ることがありうるし、定立や反定立のなかで待機した絶対知になりうる。建築における否定性についての小論への序文。建築上の中断は、どのようにして新しい建造のなかで意味を、機能を、合目的性を取り戻すのか(否定的なものの労働)。

四十八、見た目に反して、「脱構築」は建築的なメタファーではない。そのようなものだったとしたら、この語は建築の思考を、作業しつつある思考を名指したものだということになるだろうし、実際にそうなってしまうだろう。まず第一に脱構築はメタファーではない。ここではもはやメタファーという概念を信頼することはできない。次に脱構築は、その名が示すように、まずは構築そのものを脱構築しなければならないのであり、構造論的あるいは構築主義的なモチーフやその諸図式、その諸直観や諸概念、そのレトリックを脱構築しなければならないだろう。しかしまた脱構築は、厳密な意味で建築術的な構築、建築概念の哲学的な構築をも脱構築しなければならないだろう。建築という概念モデルは、建築の理論や実践や教育ばかりでなく、哲学における体系の観念をも支配しているのだ。

四十九、建築や建築についての思考の、その根底、根源的な基盤、究極の土台へと最終的にたどり着くために、上部構造を脱構築するのではない。なんらかの純粋さや本来性へと、建築それ自体の本質へと回帰するのではない。基礎的なものという図式とそれがもたらす諸対立——すなわち、「奥底／表面」「物質／形質」「本質／偶然」「内／外」、そしてとりわけ「基礎研究／応用研究」（この最後の対立はここでは大きな意味をもっている）——こうしたものが批判されるのである。

五十、アンガージュマン、無謀な賭け。——こうした建築的《アルシテクチュラル》もしくは脱建築的《アナルシテクチュラル》〔アナーキー建築的〕な必然性を、破壊なしに、そこから単に否定的な帰結を引き出すことなく考慮すること。「脱構築的」で肯定的な建築の〈底なし〉はめまいを与えるかもしれないが、それは空虚ではないし、唖然とするカオス的な残余でもなければ、破壊の裂孔でもない。逆にそれはもはやハイデガー流のDestruktionではない（たとえその企てを前提にしなければならないとしても）。また最近われわれの言語〔フランス語〕で珍妙なあだ名をつけられた、ありそうもない閉塞解除〔*désobstruction*〕などでは、なおさらない。

五十一、バベルでもニムロデでもノアの洪水でもない。おそらくコーラとアルケーとのあいだだろう。もしもこのあいだでギリシア的でもユダヤ的でもないような建築があるとしたら、どうだろう。いまだ数えきれないひとつの系譜、アフォリズムたちの他の集列《セリー》。

五十二、誘惑に負けずに、すべての可能な再固有化に負けずに、アフォリズムのチャンスを維持すること。それは必要とあらば場を与えるという約束を、中断のなかで、中断なしに守ることである。しかし、その場は決して与えられるものではないのだ。

不時のアフォリズム[*1]

一、アフォリズムとは名である。

二、その名が示すように、アフォリズムは切り離す。アフォリズムは分離(apo)を標記し、終端を決め、境界を画定し、決定する(horizō)。[1] アフォリズムは切り離すことによって終わらせ、終わる《フィニール》ために——そして定義する《デフィニール》ために——切り離す。

三、アフォリズムは一個の名であるが、あらゆる名がアフォリズムのかたちを取ることができる。

四、アフォリズムは不時に/不時をさらす《エクスポゼ》。それは言説をさらし——不時に/不時の書物をさらす。[2] 文字どおりに——なぜならアフォリズムは言葉《パロール》をその文字へと委棄するからである。

(このことがすでにして一連のアフォリズムとして、ある最初の錯時《アナクロニー》の遇運《アレア》として読まれうるかもしれない。はじめに不時の出来事《ル・コントルタン》〔シンコペーション〕ありき。はじめに速度がある。[3] 言葉《パロール》と行為《アクト》は先を越されている〔sont *pris de vitesse*(速度に捕えられている)〕。アフォリズムは先を越す〔gagne de vitesse(速度によって捕獲する)〕。

五、言葉を委棄し、秘密を手紙〔文字〕に託すこと。これは他者たちの欲望以外の欲望をもたずに不時の出来事を組織する第三者、媒介者、《兄弟=修道士》、仲人の戦略素である。彼〔ジュリエットに仮死状態になる薬を渡して計略を授ける修道士ロレンス〕は、手紙を考量《コンテ》することなく、手紙を当てに《コンテ》してしまう。

> そのあいだに、あなたが目を覚ます前に、
> 私たちの計画をロミオに手紙で知らせて、
> 彼がこちらへやって来るようにしよう〔…〕(4)

六、見かけによらず、アフォリズムは単独では決して到着せず、それだけではやって来ない。アフォリズムは集列の論理に属する。シェイクスピアのこの劇作品〔pièce(断片)〕におけるように、すなわちその範列――つまりそれ以前のすべての『ロミオとジュリエット』――のだまし絵のごとき深淵におけるように、ここにはアフォリズムの複数の集列があるだろう。

七、ロミオとジュリエット、われわれの神話における不時の出来事の主人公たち、現実的な主人公たち。彼らは会い損ねた。なんと彼らは会い損ねたことか！　会い損ねた？　いや、そればかりではなく、彼らはどちらも生き残ったのであり、互いに相手よりも〔l'un à l'autre(一者が他者よりも)〕生き残ったのである。彼らの名のなかで、不時の出来事の巧妙な効果によって。時間的でアフォリズム的な集列同士の、偶然による不幸な交差。

八、ロミオとジュリエットはアフォリズムによって生き、生き残ったことになるだろうと、そうアフォリズムによって言わなくてはならない。『ロミオとジュリエット』はすべてをアフォリズムに負っている。たしかにアフォリズムはレトリックの技法、すなわち最大の権威を目指すひねった計算、意味の効果を高めることに長けた統御の経済な

いし戦略となりうる(「私がいかに形式化するか、いかに見た目以上のことをわずかの単語で言うか、これを見なさい」)。しかしアフォリズムはそのように操作されるがままになる以前に、われわれを無防備なまま不時の出来事の経験そのものへと引き渡す。一切の計算以前のところで、しかしまた計算を横断して、計算可能なものそのものの彼方で。

九、アフォリズムすなわち離反の言説。文の一つひとつ、節《パラグラフ》の一つひとつは分離に捧げられているのであって、ひとが望もうと望むまいと、それ固有の持続の孤独のなかに閉じこもる。相手〔他者〕との遭遇や接触は、つねにチャンスに、すなわち運良くあるいは運悪く落ちるものに委ねられる。(5) そこでは何も絶対に保証されておらず、脈絡も順序も保証されていない。集列の一方のアフォリズムは、他方のもの〔他者〕の前ないし後に、他方のもの〔他者〕の前と後に到着しうるのであり、各々が他方〔他者〕よりも生き残ることもある——それも他の集列のなかで。ロミオとジュリエットはアフォリズムである。何よりもまず、彼らがそれではないところの彼らの名においてそうなのだ(ジュリエット「私の敵はあなたの名前」。[…]ロミオ「聖なる人よ、私の名は私自身にとって憎むべきものです。/それはあなたの敵なのですから。/もし私が書いたものであったなら、そんな言葉、破り捨ててしまうのですが」(6))。というのも言語作用なしには、命名なしには、呼称なしには、引き裂くべき手紙《レター》〔文字〕そのものなしには、アフォリズムはないのだから。

十、ロミオとジュリエットのように、個々のアフォリズム、個々のアフォリズム的集列は、それ固有の持続をもつ。その時間の論理によって、アフォリズムはみずからの時間の全体を、言説の他の場、他の言説、他者の言説と分かちもつことを妨げられる。不可能な同期。私がここで語っているのは、時間の、その標記の、その日付の、時間の流れの言説についてであり、欲望の時間を脱臼させ、愛しあう者たちの歩みをそらせる本質的な脱線の言説についてである。だがこれだけではわれわれのアフォリズムを特徴づけるのに十分ではない。アフォリズムが場をもつためには、言語作用もしくは標記があるというだけでは十分ではないし、離反、脱臼、錯時があるだけでは十分ではない。アフォリズムには、さらに限定された形式、ある種の様態が必要である。どのような形式、様態か。悪しきアフォリズム、アフォリズムの悪い点は、それが格言風〔sentencieux(判決的)〕であることだが、しかしおよそ一切のアフォリズムはその格言＝判決〔sentence〕という性格によって断定するものである。すなわちアフォリズムは最終判決という形式で真理を述べる。そしてこの真理は死をはらんでいる。ロミオとジュリエットにとって死刑宣告《アレ》は、二人に死を下す不時の出来事である。しかしそればかりではなく、死を停止させ《アレテ》、死の到来を宙づりにし、そして相方〔他者〕の死に立ち会い、相手の死以後に生き残るために必要な猶予を保証する、そうした不時の出来事なのである。

十一、アフォリズム――逢い引き《ランデヴー》を偶然に委ねるもの。だが欲望がアフォリズムにさらされるのは偶然ではない。アフォリズムなくして欲望のための時間はない。欲望はアフォリズムなしには生じない。ロミオとジュリエットが経験するのは範例的な錯時である。およそ一切の絶対的な同期化の本質的な不可能性である。だが彼らは、そしてわれわれも、集列の数々のこの無秩序を同じ時間において〔同時に〕生きる。アフォリズムゆえの離接、脱臼、場の分離、歴史＝物語《イストワール》の展開ないし空間化――こうしたものなしに演劇がありえるだろうか。劇作品《ピエス》が生き残る前提としては、その作品が演劇そのものについて、演劇の本質的な可能性について何かを演劇的に告げている必要がある。つまり演劇的に告げるわけだが、演劇的にとは、唯一無二のものと反復との戯れによってということであり、そのとき、そのつど、絶対的に特異な出来事のチャンスが、一個の固有名の翻訳不可能な固有語法《イディオム》として、固有名の宿命(「私が憎む」その「敵」)として、一個の日付と逢い引きの宿命として、場を与えられるのである。日付、暦、土地台帳、地名。

これらはすべて、われわれが差異の数々を還元ないし支配し、差異を停止させ差異を限定するために放つ投網として、時間と空間に投げられるコードである。これらもまた不時の罠である。それらは不時の出来事〔les contretemps（シンコペーション）〕を回避すること、われわれのリズムを折り畳んで客観的な拍子《ムジュール》〔尺度〕に調和させることを目的とするけれども、しかしそれらは誤解を生み出し、踏み外しや不手際の機会を積み重ね、同じ時間にという、あの欲望たちの錯時〔時間のズレ〕をあらわにすると同時に増大させるのである。この同じ時間とはいかなるものか。アフォリズムのなかに問いのための場所はない。

十二、ロミオとジュリエット。すなわちアフォリズム的な、しかし一緒に保持《トゥニュ》された——一つの愛もしくは約束の、脱臼した今《マントゥナン》のなかで保たれた《マントゥニュ》——二つの欲望の接続《コンジョンクシオン》[7]。この約束は彼らの名でなされる約束であるが、しかし彼らの所与の名を横断する、その彼方へ向けた約束であり、他の名の約束、いやむしろ他の名の要求でさえある。「ああ、なにか他の名前にして〔…〕」[8]。この接続詞のと〔et〕、この「と」の演劇、これはしばしば偶発的な不時の出来事、運任せの錯時の場面として提示《プレザンテ》され、上演《ルプレザンテ》〔表象〕されてきた。すれ違う逢い引き、不運な事故、宛先に届かない手紙、盗まれた手紙《パーロインド・レター》の引き延ばされた迂回の時間。そして第三者、ある兄弟、すなわち修道士ロレンスが計略によって薬と手紙とを同時に差し出すとき、毒へと変身する薬（「覚悟がおありなら、あなたに薬を差し上げましょう。〔…〕そのあいだに、あなたが目を覚ます前に、／私たちの計画をロミオに手紙で知らせて／彼がこちらにやって来るようにしよう〔…〕」[9]）。この表象〔上演〕は間違ってはいない。しかしこの悲劇がかくのごとくヨーロッパの記憶のなかに、テクストにテクストを重ねて刷り込まれ、刷り重ねられてきたのは、錯時的な事故がある本質的な可能性を例証しにやって来るからである。この錯時的な事故は哲学の論理を狼狽させる。哲学の論理は、事故《アクシダン》が、それであるところのもの、すなわち偶発的《アクシダンテル》なものにとどまることを望む。と同時にこの論理は、構造的な錯時——〈一つの時間性、一つである組織された時間性の展開としての歴史〉を絶対的に中断する動き――を、思考不可能なものへと放り棄てる。ロミオとジュリエットに起こること、そして複数の集列の交差点で、常識の彼方で起こり、その遇運性と予見不可能性の外観を消すことのできない一個の事故にとどまるもの、こうしたものは、本質上、それが起こる前からすでに起こっているかぎりにおいてのみ、それがそれであるところのもの、すなわち偶発的なものでありうる。ロミオとジュリエットの欲望は、毒や不時の出来事、手紙の迂回に偶然に遭遇したわけではない。この遭遇が生じるためには、内部の異質な持続の分散を(こう言ってよければ)阻む標記システム(名、時刻、場所の地図、日付、客観的と「言われる」地名)がすでに制定されているのでなければならない。この標記システムは逢い引きを枠づけ、組織し、秩序立て、可能にするためのものである。他の言い方をすれば、非-合致、諸モナドの分離、無限の距離、諸経験の切断、世界の多数性について、すなわち不時の出来事や手紙の取り返しようのない迂回を可能にする一切合財について、それらを確認することによって否認するためのものである。しかしロミオとジュリエットの欲望はこの〈不時の出来事や手紙の迂回の〉可能性の中心において生まれた。不一致がなければ愛はなかっただろうし、誓いもなかっただろう。時間もその演劇もなかっただろう。偶発的な不時の出来事が本質的な不時の出来事を再標記しに来る。それは不時の出来事は偶発的でないと言うに等しい。だからといって不時の出来事は本質とか形式的構造といった意味をもつのではない。それは抽象的な可能性の条件ではないし、他者一般との関係の普遍的な形式でも、欲望や意識の弁証法でもない。それはむしろある切迫の特異性である。その切迫の「鋭利な切っ先」は、欲望をその誕生において刺激し、欲望の誕生そのものを刺激する。私が愛するのは他者が他者であるからであり、他者の時間が私の時間となることは決してないからだ。他者の愛の生ける持続、その現前性そのものは、私の現前性から無限に隔たったままであるし、他者の愛の現前を私の現前性へと差し出すもののなかでそれ自身から隔たったままである。そしてこのことは、愛の幸福感、恍惚とした交感《コミュニオン》、神秘的な直観として記述したくなるものについても当てはまる。私が他者を愛することができるのは、このアフォリズムの情念＝受難《パッション》のなかでのみである。アフォリズムは、不幸、不運、否定性としてたまたま生じたり、つけたしにやって来るのではない。それはもっとも情愛深い肯定というかたちをとるのであり、それは欲望のチャンスなのだ。そしてアフォリズムは持続という布地を裁断するばかりでなく、空間をも切り開く。不時の出来事は位相《トポロジー》や目に見えるものについて何かを言い表しており、そして芝居を開くのである。

十三、逆に言えば、共通の今という約束がなければ、あるいは誓約、同期性の誓い、生ける現在を分かちあう欲望がなければ、不時の出来事もアフォリズムもない。分かちあい《パルタージュ》を欲望するためには、まずこの分かちあいが与えられ、垣間見られ、漠然とではあれ理解されていなければならないのではないか。しかし分かちあいとは、まさにアフォリズムの別名である。(10)

十四、このアフォリズムの集列はまた別の集列と交差する。アフォリズムは痕跡の線を引くからこそ生き残るのであり、自分の現在よりも長く生き、生以上に生きる。死刑判決＝死の停止〔arrêt de mort〕。それは死を与え、死をもたらすが、そのようにして一個の判決〔arrêt〕によって死を決定するべく、死を宙づりにし、さらに死を停止させる〔arrête〕。

十五、モナド間の分離がただ内在者同士を切り離すだけであれば、不時も錯時もないだろう。不時の出来事は、内的経験（時間ないし空間の「内的意識の現象学」）と「世界内的」・「客観的」と言われる時空の標記との交差点で生じる。この標記された空間化は、さまざまな社会慣習やコードの歴史、擬制やシミュラークル、日付、そしていわゆる固有名たちをともなうが、この標記された空間化の可能性なしには、それ以外の仕方では、集列はないだろう。

十六、シミュラークルによって幕が上がり、もろもろの集列の離反のおかげで、不可能事の演劇がヴェールを脱ぐ。不可能事とは、二つの存在のどちらもが相手の後に生き残ることである。双数〔duel(決闘)〕(『ロミオとジュリエット』は、あらゆる双数の上演である)を司る絶対に確実なこと、それは一方が他方よりも前に死ななければならないということである。一方は他方が死ぬのを目撃しなければならない。誰に対しても次のように言えるのでなければならない。すなわち、われわれは二人である以上、われわれはわれわれのうちの一方〔一者〕が他方〔他者〕よりも前に死ぬことを、絶対に不可避な仕方で知っている、と。われわれの一方は他方が死ぬのを目撃し、たとえ一瞬のことだとしても、われわれの一方が生き残るだろう。われわれのうちの一方、われわれのうちの一方のみが、他方の死を担うだろう。――そして、その喪を。われわれの両方が相手よりも生き残るということは不可能だ。それが双数《デュエル》〔決闘〕というものであり、あらゆる双数の公理系である。これは他者との関係の、もっとも普通の、だがもっとも口にされない〔la moins dite〕――もしくはもっとも言うことが禁じられた〔la plus interdite〕――場面である。ところが、不可能なことが、場をもつ。言葉をもたない「客観的-現実」においてではなく、ロミオとジュリエットの経験において。そして誓いの法――すなわち与えられたあらゆる言葉〔約束〕を司る法――のもとで。彼らは代わるがわる〔*tour à tour*(回転しながら)〕他方の死を、一時のあいだ、彼らの死の不時のあいだ、生きる。彼らはどちらもが喪を担う――そしてどちらもが他方の死に際して、他方の死を看取る。二重の〈死刑判決=死の停止〉。ロミオは自分がその死を看取ったジュリエットより先に死ぬ。彼らは二人とも他方の死を生き、生き残る。

十七、不可能なこと――二重の生き残りのこの演劇――は、あらゆるアフォリズムと同様に、真理も語る。二つの欲望を結びつける誓いのときから早くも、それぞれがすでに他方の喪を担っており、また他方にみずからの死を付託してもいる。もしあなたが私よりも先に死ぬならば、私があなたを守りましょう、もし私があなたより先に死ぬならば、私をあなたのなかに担ってください、一方が他方を守るのです。最初の告白のときからすでに他方を守ったことになるでしょう。――この二重の内面化はモナド的内面性においては不可能であるし、「客観的な」空間・時間の論理においても不可能だろう。しかしながらこの内面化は、私が愛するそのつど場をもつ〔生じる〕。そのときすべてはこの生き残りから始まる。私が愛するそのつど、あるいは私が憎むそのつど、すなわちなんらかの法が私を他者の死へと拘束する〔*engage*〕そのつど。そしてそれは同じ法、同じ二重の法である。死から守る誓約の証〔gage〕はいつでも反転しうるのだ。

十八、アフォリズムのなんらかの集列は、またもう一つ他の集列と、すなわち数々の他の名のもとにあり、名という名のもとにある同じ一つの集列と交差する。ロミオとジュリエットは彼らの名を横断して、彼らの名にもかかわらず愛しあうのであり、彼らの名のせいで死に、彼らの名において生き残る。アフォリズム的な分離なしには欲望も誓いも聖なる絆(sacramentum〔誓約・聖なるもの〕)もないのだから、もっとも大きな愛は、もっとも大きな離反の力から、すなわちここでは名において二つの家を対立させ分裂させる離反の力から生まれる。ロミオとジュリエット家は名を担う。彼らは名を引き受けたくないにもかかわらず、名を担い《ポルト》、それに耐える《シュポルト》。彼らを切り離すこの名、だが同時にそのあらゆるアフォリズム的な力によって彼らの欲望を緊張させたことになる名から、彼らは離れることを望むだろう。しかし彼らの愛のもっとも感動的な告白は、それが告発する当の名をやはり呼び求める。ひとは、一般性もしくは系譜的な分類の領分においてのみ固有名であるような姓〔家名〕と個人の名《プレノン》とを、ここで区別したくなるかもしれない(これもまたアフォリズムである)。ロミオをモンタギュー家から、ジュリエットをキャピュレット家から区別したくなるかもしれない。おそらく彼ら二人も区別したがっているだろう。しかし彼らはそうしない。彼らが名を告発するとき(第二幕、第二場)、彼らは自分たちの名《プレノン》——少なくとも姓〔家名〕に属するように思われるロミオの名——をも非難しているということ、このことに注意しなければならない。名《プレノン》はなおも父の名を担っており、系譜の法を思い出させるのだ。名の保持者〔porteur(運搬人)〕であるロミオ自身は名ではなく、彼が保持する〔porter(運搬する)〕名がロミオなのだ。そして保持者を彼がもつ名によって呼ぶ必要があるのだろうか。彼女は彼に次のように言うために彼を呼ぶ。すなわち、あなたを愛しています、ロミオ、私たちをあなたの名から解放してください、ロミオ、もうその名をもたないで、ロミオという名を。

ジュリエット
ああ、ロミオ、ロミオ！　どうしてあなたはロミオなの？
あなたのお父様と縁をお切りになって、そしてあなたの名前を拒んで。
できないのなら、せめて私を愛すると誓って。
そうすれば私はもうキャピュレット家の一員ではなくなるでしょう。[11]

このとき彼女は闇夜のなかで話している。ロミオ本人がそこに現《プレザン》にいて、彼女がロミオ自身に語りかけているということを保証するものは何もない。ロミオに彼の名を拒むように求めるために、彼女は、彼が不在の状況で、彼の名あるいは彼の影に語りかけることしかできない。ロミオ——彼自身——は影のなかにいて、彼女の言葉を受け入れるべきか、それともまだ待つべきかと自問している。彼女の言葉を受け入れること、[12]それは自分の名を、少し後で＝少々遅ればせに、手放すと約束《アンガジェ》することとなるだろう。さしあたり彼は待つことにし、さらに耳を傾ける。

ロミオ(傍白)
もう少し聞こうか、それともいま話そうか。

ジュリエット
私の敵はあなたの名前。
モンタギューでなくても、あなたはあなた。
モンタギューって何？　手でも足でもない、
腕でも顔でも、人の
どんな部分でもない。
ああ、なにか他の名前にして！
名前がなんだと言うの？　バラと呼ばれるあの花は、
ほかの名前で呼ばれようとも、甘い香りは変わらない。
だからロミオだって、ロミオと呼ばれなくても、
あの完璧なすばらしさを失いはしない、
あんな肩書きなんかなくたって。
ロミオ、あなたの名前を捨てて。
名前は全然あなたじゃない。
名前の代わりに私を取って、全部。

ロミオ
取りましょう、お言葉どおりに。
恋人〔love（愛）〕と呼んでください。それが私の新しい名前。
これからはもうロミオではない。

ジュリエット
だれ？　夜の暗闇にまぎれて、
この胸の秘かな思いに口をはさむなんて。

ロミオ
名前によっては、
私が誰であるか、どうやって告げればよいか、わかりません。
聖なる人よ、私の名は私自身にとって憎むべきものです。
それはあなたの敵なのですから。
もし私が書いたものであったなら、そんな言葉、破り捨ててしまうのですが。

ジュリエット
まだ私の耳は、その口が発するたくさんの言葉を飲み込んだわけではないけれど、
聞き覚えのあるお声。

あなたはロミオ？　モンタギューの？

ロミオ

どちらでもありません、美しい娘さん、あなたがそれらを嫌うなら。⑬

十九、闇夜のなかで彼女がロミオに語りかけるとき、「ああ、ロミオ、ロミオ！　どうしてあなたはロミオなの？／あなたのお父様と縁をお切りになって、そしてあなたの名前を拒んで」と要求するとき、彼女が語りかけているのは、彼に、彼自身に向かってであり、ロミオという名を担うロミオでありながらも、だが彼の父と彼の名を拒むことを求められている以上ロミオではない者に向かってであると思われる。つまり彼女は彼の名を超えて彼を呼んでいるらしい。ところで彼は現前しておらず、彼女は彼がそこに、彼自身として、彼の名を超えて存在するかどうか、確信があるわけではない。まわりは闇夜であり、この闇夜が名と名の保持者《ポーター》とを区別できないようにする。彼女はなおも彼を呼び、さらに彼にロミオと自身をもう呼《アプレ》ばないようにと呼びかけ《アプレ》、彼に、彼ロミオに、彼の名を拒むように要求するのであるが、それはまさしく彼の名においてなのである。しかし彼女が何を言い、何を否認しようとも、彼女が愛しているのは彼である。彼とは誰か。ロミオである。ロミオとみずからを呼ぶ者、名の保持者《ポーター》である。すなわち名を単に担い運ぶばかりではなく、闇夜のなかで見えず現前せず、名の外に実存するにもかかわらず、それでもロミオとみずからを呼ぶ、名の保持者である。

二十、闇夜。ロミオとジュリエットにとって、夜に起こるすべてのことは、むしろ薄暗がりのなかで、昼と夜のあいだで決定される。すなわちロミオとその名の保持者とのあいだの不分明〔どちらかに決められないこと〕、「ロミオ」（ロミオという名)とロミオ自身とのあいだの不分明である。演劇、それは可視性、光景《シーン》だと、ひとは言う。(14) しかしここで起きている演劇は夜に属する。なぜなら、それは見えないもの——すなわち名——を舞台〔光景〕にのせるからだ。〈呼ばれているもの〉が見えない、もしくは見える保証がないからこそ、この演劇は〈呼ばれるもの〉を舞台にのせるのだ。名の演劇、夜の演劇。名は、現前性、現象、光の彼方で、日の彼方、演劇の彼方で呼ぶ。名は、もう現前的でないもの、不可視なもの——今後もはや日の目をみることのないもの——を守る。ここから喪と生き残りが生じる。

二十一、彼女はロミオの死を欲する。彼女はその死を手にするだろう。彼の名の死(「私の敵はあなたの名前」)、「ロミオ」〔という名〕の死だ。確かに。しかし彼らは自分たちの名を手放すことはできないだろう。そのことを彼らは知らずに知っている。彼女は「ロミオ」への、彼の名への宣戦布告を彼の名のなかでおこなう。彼女がその戦争に勝利するのは、ロミオ彼自身が死ぬときのみである。彼自身? 誰のことだ? ロミオだ。しかし「ロミオ」はロミオではない。まさしく。彼女は「ロミオ」の死を欲する。ロミオは死に、「ロミオ」が生き残る。彼女はロミオを彼の名のなかで死んだままに守る。誰だ? ジュリエット、ロミオ。

二十二、アフォリズム——言語作用における分離、そして言語作用の内部における、地平を閉じる名による分離。アフォリズムは必然的だが不可能である。ロミオは根本的に彼の名から切り離されている。彼、生ける彼自身、生きた単独的な欲望としての彼は、「ロミオ」ではない。しかし名からの分離、名のアフォリズムはやはり不可能である。彼は彼の名なしに死ぬが、しかし彼が死ぬのは自分の名もしくは父から自己を解放することができなかったからであり、ましてや名を否定することなどなおさらできなかったからであり、ジュリエットの要求(「あなたのお父様と縁をお切りになって、そしてあなたの名前を拒んで」)に応えられなかったからである。

二十三、彼女が彼に、私の敵はあなたの名だけ、と言うとき、彼女は「私の」敵のことを考えているのではない。ジュリエット彼女自身には、ロミオの名に対して含むところは何もない。ロミオの名と戦争状態にあるのは、彼女が担っている名(ジュリエットとキャピュレット)である。戦争は名同士のあいだで起こるのだ。そして彼女がそのように言うとき、闇夜のなかで彼女は、ロミオ彼自身に自分の言葉が届くと確信しているわけではない。彼女は彼に話しかけているのであり、彼が彼の名とは違うと想定している。というのも、彼女は彼に「モンタギューでなくても、あなたはあなた」と語りかけるのだから。しかし彼はそこに存在しない。少なくとも彼の現前〔確かにそこにいること〕を確かめることはできない。闇夜のなかで彼女が彼に語りかけるのは、またさらに彼の名のなかで彼に、それも頓呼法のもっとも強い感嘆のかたちで彼に語りかけるのは(「ああ、ロミオ、ロミオ! どうしてあなたはロミオなの?」)、彼女のうちにおいて、彼女の内奥においてである。彼女は、なぜあなたはロミオと呼ばれるのか、なぜあなたはこの名を身につけて《ポルテ》いるのか(まるで衣服を、装飾品を、着脱可能な記章を身につける《ポルテ》ように)と言っているのではない。なぜあなたはロミオであるのか、と言っているのだ。彼女にはわかっている。名がどれほど着脱可能で分離可能で切断可能《アフォリスティック》なものであろうと、彼の名が彼の本質なのだ、と。名は彼の存在から切り離すことはできない、と。彼に名を捨てるように要求することによって、なるほど彼女は彼に〈ついに生きること〉を要求し、愛に生きることを要求する(というのも真に自己自身を生きるためには、名の法、すなわち生き残りのために作られ、私にたえず死を思い出させる家の法を逃れなくてはならないのだから)。しかしそれは死の要求でもある。というのも彼の生は彼の名であるのだから。彼は彼の名において実存する。「ああ、ロミオ、ロミオ! どうしてあなたはロミオなの?」ロミオはロミオである、そしてロミオはロミオではない。彼は自分の名を捨てることによってしか彼自身ではないが、自分の名においてしか彼自身ではない。ロミオが自分自身を呼ぶことができるのは自分の名を捨てるときのみであるが、しかし彼は自分の名から出発してしか自分を呼ぶことができない。〈死と生き残り〉の判決。一回よりもむしろ二回。

二十四、自分の内で、そして外で、薄暗がりのなかで愛する者に話しかけながら、ジュリエットは名についてもっとも容赦ない分析をつぶやく。名および固有名について。容赦なく。彼女は宣告を、死刑判決を、名の致命的な《ファタル》〔宿命的な〕真理を口にする。情け容赦なく彼女は要素を一つひとつ分析する。モンタギューとは何か。それはまったくあなたではないもの、あなたはあなたであり、モンタギューではありません、そう彼女は彼に言う。この名が全体としてあなたについて何も言わないというばかりでなく、それは何も言わないのです。あなたの一部分さえをも、手も足も腕も顔も、人間的な何ものをも名指していないのです！　この分析は容赦のないものである。というのもそれは名の非人間性あるいは没人間性を告知・告発しているのだから。固有名は人間的な何ものも、すなわち人間の身体、人間の魂、人間の本質に属する何ものも名指さない。しかしながら非人間的なものへのこの関係は、人間にしか、人間にとって、人間において、人間の名においてしか出来しない。ひとり人間のみがこの非人間的な名をみずからに与えるのだ。そしてロミオはこの名がなければ、名と無縁なもの、彼がそれであるところのものではなくなるだろう。そのときジュリエットは分析を続ける。人間の名が人間に属するのではないのと同じように、事物の名も事物に属するのではない。けれども事物の名は別の仕方で事物から切り離すことができる。いま一度、バラの例が挙がる。バラはその名がなくても、バラがバラであるところのもののままである。ロミオは名がないと、彼が彼であるところのものではなくなる。しかしジュリエットは、さしあたりロミオが名を失っても何も失わない——バラと同じく——かのように話を進める。一輪のバラのようでいてください——要するに彼女は彼にそう言うのである。系図はいりません、「理由もいりません」。（バラ、すなわち思想、文学、神秘学といったすべてのバラ、どんな花束にもないこの「見事な詩華集」、それがもし……。）

二十五、彼女が彼に求めているのは一切の名を失うことではなく、ただ名を変えることだけである。「ああ、なにか他の名前にして！」だがこのことは二つのことを意味しうる。もう一つ他の固有名（人間的な名、すなわち人間にのみ属するあの非人間的な事物）を取ってくださいということ、あるいは、別の種類の名（すなわち人間の名ではないような名）を取ってください、つまりバラの名のような事物名――〈名の所持者を少しも名指さないにもかかわらず、その人の存在そのものに影響を及ぼすという非人間性〉をもたない普通名詞――を取ってくださいということ、そのどちらかである。そして〔この〕二つの点《ドゥ・ポワン》の後で、問いは次のようになる。

〔…〕ああ、なにか他の名前にして！
名前がなんだと言うの？　バラと呼ばれるあの花は、
ほかの名前で呼ばれようとも、甘い香りは変わらない。
だからロミオだって、ロミオと呼ばれなくても、
あの完璧なすばらしさを失いはしない、
あんな肩書きなんかなくたって。

二十六、名は「肩書き《タイトル》」にすぎないというわけである。肩書きは、それが名指す当のものではない。貴族の称号《タイトル》が当のもの――すなわち家系や業績、またはその称号が属しているとされる人――にかかわらないのと同じだ。もちろん『ロミオとジュリエット』は演劇作品の一大家族の――生き残る――称号でもある。それらの芝居で起こることは、さまざまの演劇作品についても、それらの系譜学、それらの固有語法、それらの特異性、それらの生き残りについて

もあてはまるはずである。

二十七、ジュリエットはロミオに無限の取引を、このうえなく非対称的と見える契約を提案する。すなわち、あなたは何も失うことなくすべてを手に入れることができるのです、と(これはまさに名の問いである)。名を放棄しても、あなたは何も、あなたの、あなた自身の何ものをも手放さないし、人間的なものを何も手放しません。引き換えに、しかも何も失うことなしに、あなたは私を手に入れるのです。私の一部のみならず、私のすべてを。「ロミオ、あなたの名を捨てて。／名前は全然あなたじゃない。／名前の代わりに私を取って、全部」。彼はすべてを手に入れ、すべてを失ったことになるだろう。名と生を、そしてジュリエットを。

二十八、words, Romeo, rose, love といった、o を含むこれらすべての単語の円環《サークル》。彼は取引を受け入れた。彼女を全部取るように提案されたとき(「私を取って、全部」)、彼は彼女を言葉どおりに取る〔言葉において取る＝真に受ける〕(「取りましょう、お言葉どおりに」)。固有語法《イディオム》の戯れだ。あなたを〈言葉どおりに＝言葉において〉取る〔真に受ける〕ことによって、挑戦に応じることによって、この信じ難い、奇妙きてれつな〔このうえなく貴重な〕交換を受諾することによって、私はあなたを全部取ろう。何ものでもないものと引き換えに〔(contre)それに反抗して〕。すなわち何ものでもない一個の語、人間的な何ものでも私の何ものでもない(私にとって何ものでもないとは言えないが)一個の語、つまり私の名と引き換えに〔それに反抗して〕。あなたを〈言葉どおりに＝言葉において〉取ることによって私は何も与えない。私は何も捨てず、あなたを全部取る。実際《ヴェリテ》は——そして彼らは二人ともアフォリズムの真理《ヴェリテ》を知っている——彼はすべてを失うだろう。彼らはこのアポリア、固有名のこの二重のアポリアにおいて、すべてを失うだろう。それはロミオの固有名を普通名詞と交換することを受け入れたからである。バラ〔rose〕という普通名詞ではなく、愛

〔love〕という普通名詞と。というのもロミオは一切の名を捨てたわけではなく、単に父の名を、言い換えれば（なおもこう言うことができればだが）彼の固有名を捨てただけなのだから。「取りましょう、お言葉どおりに。／恋人《ラブ》〔愛〕と呼んでください。それが私の新しい名前。／これからはもうロミオではない」。彼は普通名詞〔nom commun〕においてみずからを獲得すると同時に失うが、そればかりでなく愛の普遍的な法〔loi commune〕においてもそうなのだ。Call me love. 私をあなたの愛と呼んでください。

二十九、非対称性は無限のままである。またその非対称性は、ロミオが彼女に同じ要求をしないという点に由来する。彼は秘密裏に彼の妻となる女性に対して彼女の名を捨てるようには、彼女の父を否定するようには要求しない。まるでそれが当然であるかのように。まるであの破り捨てが必要でないかのように（その後ですぐに彼は自分の名を破り捨てると、自分の名の文字ないし手紙を破り捨てると言うだろう。少なくともその名が彼自身によって書かれたものであるのならば。だがその可能性は原理上、根源的に、まさしく排除されている）。これは普遍的な法の逆説、アイロニー、転倒だろうか。それとも反対に、この法の真理を確証する反復だろうか。習慣的にわれわれの文化においては、夫は自分の名すなわち自分の父の名を保守し、妻は自分の名を放棄する。夫が自分の名を妻に与える場合、それは、ここでの場合のように、その名を失うため、あるいはそれを変えるためではなく、名を保守しながら課すためである。ここでは女性が夫に彼の父を否定し名を変えるように要求している。しかしこの逆転は法を確証するものだ。すなわち父の名は息子によって保守されるべきだということになるし、息子から名を引きはがすことに意味があるのであって、名の保守を任されたことなど決してない娘から名を引きはがしたところで何の意味もない。ジュリエットは恐ろしく明晰である。彼女は法の二つの紐帯、すなわち息子を父の名に縛りつけるダブル・バインドをわかっている。息子というものは、単独的に、すなわち継承した名なしで、自己を肯定するときにしか生きることができない。しかしこの名の文字《エクリチュール》――彼自身が書いたものではない名(「もし私が書いたものであったなら、そんな言葉、破り捨ててしまうのですが」)――は、彼の何ものをも名指さないにもかかわらず、彼を彼の存在そのものにするのであり、彼がその名を否認すれば彼は無に帰してしまうしかない。要するに、彼にできるのはせいぜいのところ父の名を否認したり拒否するくらいのことであり、父の名を消すことも破り捨てることもできないのだ。つまり彼はどうあがいても敗れるのであり、彼女はそのことを知っている。そしてそれを知っているのは、彼女が彼を愛しているからであり、彼女はそれを知っているから彼を愛している。そして彼女は彼に彼の命を守るように求めることによって彼の死を求めてしまう。それは彼女が彼を愛しているから、彼女が知っているから、死が彼に訪れるのは偶然ではないと彼女が知っているからである。名の二重の法によって、彼は、そして彼とともに彼女も、死を定められているのである。

三十、名の二重の法がなければ不時の出来事はないだろう。不時の出来事は、固有名をつねに脱臼させる非人間的な、だがあまりに人間的な不適合を前提とする。秘密の結婚、誓い(sacramentum)、誓いが約束する二重の生き残り、その構成的な錯時、こうしたものすべてが同じ法に従っている。この法、不時という法は分裂したものであるのだから、二重である。この法はそれ自体のうちに、その真理として、アフォリズムをはらんでいる。アフォリズム、それは法なのだ。

三十一、ロミオがたとえ望んだとしても、彼が自分の名と父とを自分自身から捨てることはできないだろう。この解放は、ついに彼自身となるチャンス、名の彼方で自分を発明するチャンス――最終的に[enfin(終わりにおいて、ついに)]生きるチャンス(というのも彼は名を彼の死として担っているからだ)――として彼に提示されるけれども、彼は自分自身から名を捨てることはできない。彼はそのことを自分自身で、自分自身から、望むことができない。というのも彼の名なしでは彼は存在しないからだ。彼が名を捨てたいと欲望できるのは、他者の呼びかけから出発してである。彼は他者の名において自分を発明するのだ。そもそも彼が自分の名を憎むのは、ジュリエットが、こう言ってよければ、彼に彼の名を憎むように要求する段になってようやくなのである。

聖なる人よ、私の名は私自身にとって憎むべきものです。
それはあなたの敵なのですから。
もし私が書いたものであったなら、そんな言葉、破り捨ててしまうのですが。

三十二、彼女が薄暗がりのなかで、月明かりの下で彼を認めたと思うとき、名の悲劇が完遂される(ジュリエット「まだ私の耳は、その口が発するたくさんの言葉を飲み込んだわけではないけれど、／聞き覚えのあるお声。／あなたはロミオ？　モンタギューの？」ロミオ「どちらでもありません、美しい娘さん、あなたがそれらを嫌うなら」)。彼女は彼を彼の名によって認識して呼ぶ(「あなたはロミオ？　モンタギューの？」)。彼女が彼を同定する〔*identifier*(彼と認める)〕のは、一方では彼の声の響きによって、すなわち彼女が姿《イマージュ》を見ることなく耳にする言葉によってであり、他方では、彼が〔彼女の〕命令に従って彼の名と父とを拒否したときである。生き残りと死が——他の言い方をすれば、月が——作動している。しかし月明かりに現れるこの死の権力、それはジュリエットと呼ばれる。彼女が突如として形象することになる太陽は、父の名において、生と死をもたらす。彼女は月を殺す。この場面《シーン》の冒頭でロミオは何と言っているか(この場面は名によって不可視性を定められている以上、場面ではなく、そこでの光が人工的で比喩的・形象的である以上、それは演劇である)。「だが待て！　あの窓からこぼれる光はなんだろう？／向こうは束、とすればジュリエットは太陽だ。／昇れ、美しい太陽よ、妬み深い月を殺してしまえ。／月はもう悲しみに青ざめている［…］[15]。

三十三、この影の作品の、月のように青白い顔、『ロミオとジュリエット』のある種の冷たさ。そこではすべてが氷で鏡のようだというわけではないし、氷＝鏡《グラス》も死からやって来るというだけではない。すなわち、この二人の恋人たちを彼らの名からしてすでに絡み合わせては分離する、墓上の横臥像のような運命のなかで、すべてがそれに捧げられていると見える大理石からやって来るだけではない（墓石〔the tomb〕、記念碑〔the monument〕、墓〔the grave〕、奥方さまの墓のうえの花々〔the flowers on the lady's grave〕）。いや、劇作品の身体を徐々に蝕み、前もって決まっていたかのごとく、それを死体へと変えていく冷たさ、それはおそらくアイロニー、アイロニーの形象やレトリック、アイロニー的な意識の不時だろう。アイロニー的な意識は有限と無限とのあいだでつねに釣り合いを失い、不適合やアフォリズムで戯れる。アイロニー的な意識は思弁する。それは分析に分析を重ね、脱同一化の法や容赦なき必然性を分析する。すなわち、それが原因で私が死ぬところの当のもの——つまり私の名——それを生きるように私を拘束する固有名の機械、これを分析するのである。

三十四、ジュリエットが分析しているような固有名のアイロニー。死をもたらす真理の宣告であるアフォリズムは分離を引き起こすのであるが、それは何よりもまず、私を私の名から分離する。私は私の名ではない。これは私が私の名よりも生き残ることができるかもしれないと言うに等しい。しかし何よりもまず、私の名こそが私よりも生き残る定めにある。そのようにして私の名は私に死を告知する。私の名と私とのあいだの非‐合致や不時、私が自分を呼んだりその自分の呼び声を聞いたりする経験と私の「生ける現在」とのあいだの非‐合致や不時。私の名との逢い引き《ランデヴー》。untimely〔時ならぬ〕、時宜を得ない、おり悪しき逢い引き。

三十五、名を変えること。舞踏会、入れ替わり、さまざまな仮面、シミュラークル、死との逢い引き。untimely〔時ならぬ〕。Never on time〔決して時間どおりではない〕。

三十六、アイロニー的に言われていること。すなわち、言われていることとは反対のことを理解させるという、アイロニーという文彩の修辞学的な意味において言われていること。ここではそれは不可能事である。つまり、㈠恋人たちは二人とも、一方〔l'un(一者)〕が他方〔l'autre(他者)〕よりも生き延び、それぞれ他方が死ぬのを見る。㈡名はいささかも彼ら自身でないにもかかわらず彼らを構成し、彼らを仮面の下で違った存在にし、彼らが仮面と混同されてしまうように運命づける。㈢二人は彼らを切り離す当のものによって一つにされる、等々。以上がここでの不可能事である。そしてそれこそが彼らが明確に言葉にすることであり、彼らはそれを、哲学的思弁にはできなかった仕方で定式化する。この分析の鋭い先端を通して、ある水脈が、精製された水薬を受け取る。この水薬は待たない。それは時間を——演劇の時間をさえ——与えない。それはすぐさま彼らの誓いの心を凍らせにやって来る。この水薬はこの演劇の真の毒薬、毒を含んだ真理であるだろう。

三十七、アフォリズムのアイロニー。ヘーゲルは『美学』のなかで、皮肉屋たちを褒めそやすことに性急な者たち、『ロミオとジュリエット[16]』の分析的なアイロニーを分析する能力がないことを露呈する者たちをからかっている。そのときの標的はティークである。「しかし、たとえば『ロミオとジュリエット』においてアイロニーがどうなっているかが明らかになる絶好の機会がここにあると期待すると失望させられてしまう。というのもアイロニーはもはや問題ではないからだ」。

三十八、別の集列《セリー》が他のすべての集列と交差しにやって来る。名、法、系譜、二重の生き残り、不時の出来事、要するに『ロミオとジュリエット』のアフォリズム。ロミオとジュリエットのアフォリズムではなく、『ロミオとジュリエット』(そのような題名をもつシェイクスピアの劇作品)のアフォリズム。この作品《ピエス》=断片は一個の集列《セリー》に属しており、いまなお生きたパランプセストに、その名〔『ロミオとジュリエット』〕を担う〔運送する〕物語群の開かれた演劇に属している。この作品=断片はそうした物語群の後に生き残るが、この物語群のほうもこの作品=断片のおかげで生き残るのだ。こうした二重の生き残りは、ジュリエットが言ったように、「あんな肩書きなんかなくたって」可能だったのだろうか。そしてマッテオ・バンデッロ[17]、ルイジ・ダ・ポルト[18]の名は、彼らの後に生きたシェイクスピアの名なしに生き残るだろうか。そして同じ名のもとで単独的に担保された数えきれない反復なしに。名たちの接ぎ木なしに。他の作品=断片たちなしに。「ああ、なにか他の名前にして!……」

三十九、絶対的アフォリズム。——一個の固有名。系譜なき、ほんのわずかの繋辞〔交接〕もなき。演劇の終わり。幕切れ。絵画(アンジェロ・ダロッカ・ビアンカ[19]の『死のなかで結ばれた二人の恋人』)。観光、ヴェローナの十二月の太陽(「ヴェローナはその名によって知られている[20]」)。真の太陽、すなわち他なるもの(「太陽も悲嘆に沈んで面を上げないだろう[21]」)。

いかに語らずにいられるか[*1]
否認の数々

I

　この講演の準備を始めるまさにそれ以前に、私は知っていた。自分が「痕跡」について、ときに誤って「否定神学」と呼ばれるものとの関係において語ることを望んでいる、と。もっと正確に言えば、イェルサレムでそうすべきだろうと知っていた。しかしこの義務はここではどのような事情にあるのか。そして、そうすべきだと、この講演の最初の言葉を発するまさにそれ以前に知っていたと私が言うとき、私はすでに義務の特異な先行性——最初の言葉以前の義務、これは可能だろうか？——を名指している。この義務の先行性を位置づけることは難しく、この先行性こそが、おそらく今日私の主題となるだろう。

　ご存じのように、「否定神学」という締まりのない表題のもとでしばしば指示されるのは、ある種の言語活動の形態、すなわち演出や修辞的・文法的・論理的様式や証明手続きをともなうある種の言語活動の形態のことであり、一言で言えば、証明ずみのテクスト実践、さらに言えば「歴史のなかに」位置づけられたテクスト実践のことである。ときにこの言語活動の形態・テクスト実践が、あれこれの歴史概念をなす述語群を超え出ることがあるのは確かである。一つの否定神学、否定神学なるものはあるのか。いずれにせよ、否定神学というアーカイブの統一性をはっきりと画定することは難しい。ディオニュシオス・アレオパギテース（いわゆる偽ディオニュシオス）の『神名論』のような範例的ないし明示的とみなされるいくつかの試みのまわりに否定神学を整序しようとする試みもあるだろう。しかし後で見る本質的な理由から、否定神学の企てをそれとして誰かに帰すことができるかどうかはまったく確かではない。[*2] ディオニュシオス以前では、ある種のプラトン主義的・新プラトン主義的な伝統にこの企てが求められるだろう。ディオニュシオス以後では、ウィトゲンシュタインやその他大勢の近現代の哲学者にまで求められる。してみれば、この否定神学という名は、いっそう漠然と、いっそう厳密さを欠く曖昧な仕方で、言語活動に関するある種の典型的な態度を指すにいたっており、また言語活動のなかでも、定義、属性付与、意味規定ないし概念規定といった行為におけるある種の典型的な態度を指すにいたっているのである。一切の述語、さらには一切の述語付与的な言語活動は、神の本質——本当のところは、その超本質性——には不適切であり、したがって否定的な(「否定法《アポファシス》(1)による」)属性付与によってのみ神に近づくことができ、神についての言葉なき直観への準備が可能になると、そう考えることが否定神学の本領だと大まかな仮説を立てるのであれば、そのとき、そうした否定的規定のレトリックにしつこく定期的に訴え、用心や否定法的な警告を果てしなく増殖させるように見えるあらゆる言説のなかに、否定神学のいくつかの特徴が、同族のような感じが、認められることになるだろう(このアナロジーは多少は支持しうる)。Xと呼ばれるこのもの(たとえば、テクスト、エクリチュール、痕跡、差延、婚姻＝処女膜、代補、パルマコン、パレルゴン等々)は、これ「である」のでも、あれ「である」のでも「ない」。すなわち感性的でも叡智的でも、肯定的でも否定的も、内でも外でも、上位のものでも下位のものでも、能動的でも受動的でも、現前するものでも不在のものでも、そのどれ「である」のでも「ない」。さらにそれは中立的〔「……でも……でもない」〕でさえもないし、第三項へと弁証法化可能なものでもなく、止揚(Aufhebung)のありえないものである。と、こんな具合である。したがって、それは見た目にもかかわらず、一個の概念でもなければ、一個の名でさえもない。なるほど、このXは一連の名にみずからを貸し与えるが、また別の統辞法をも呼び招くのであり、それどころか述定的言説の秩序と構造を超過しさえする。このXは「存在する〔「……である」〕」のではないし、「存在する〔「……である」〕」ものを言うのでもない。それはまったく他の仕方で、みずからを書く。

いま私はわざと、私に近しい《プロシュ》例——おなじみの〔同族的な《ファミリエ》〕例だ、と思う人もいるかもしれない——を挙げた。それには二つの理由がある。一つには、ひとがよくわかっていると信じている風景のなかで、私はあいもかわらずくどくどと否定神学の手続きを繰り返していると、そう性急に非難されてきたからである（褒められるよりも）。そのときひとはこの手続きのなかに、単なるレトリックしか、さらには失敗のレトリック、もっと悪い場合だと、知や概念規定や分析を放棄するレトリックしか見ようとしない。すなわち、何も言うべきことをもたないあるいは何も知ろうと望まない者たちは、いつも否定神学のテクニックを安直に模倣する、というわけである。そして事実、否定神学は方法上の規則の装備一式を必然的に備えている。私はこれからすぐに、どのような点で否定神学がシミュラークルやパロディ——すなわち機械的反復——にさらされた技術と同一視されるがままにならないと（少なくとも）主張できるかについて明らかにしようと試みるだろう。そのとき否定神学は、単に経験の前置きや方法上の入口であるだけではない契機において否定法的言表に先立つ祈りによって、また他者への、あなたへの語りかけ《アドレス》によって、そうした技術を逃れることになるだろう。もちろん祈り、祈願、呼びかけも模倣されうるし、みずからの意に反するかのように反復的技術にみずからを貸し与えてしまうことさえある。良くも悪くもチャンスであるこの危険については、結論で立ち返ることにしよう。しかしこの危険が不可避のものだとしても、それに対する非難は否定神学の否定法だけに限られるべきではない。その非難は一切の言語活動に、さらにはあらゆる表明一般にまで拡張しうる。危険は標記の構造のなかに書き込まれているのだ。

また否定神学に似たものすべてに向けられる嫌疑の、自動的・儀礼的・「独断的《ドクサ》」慣習もある。それはずっと前から私に関わっている。そうした慣習のマトリックスは、少なくとも三つの型の反論を包含している。

a　あなたは否定するほうを好む、あなたは何も肯定しない、あなたは根本的にニヒリストであり、蒙昧主義者でさえある。そんなふうでは知は——神学的な知でさえも——進歩しないだろう。無神論については言うまでもない。否定神学の真理は無神論だと、やはり陳腐に言われてきた。

b あなたは安易な技術を濫用している。「Xはこれでもなければあれでもない」とか「Xは一切の言説や述語づけを超過するように思われる」などと繰り返すだけだ。結局は、何も言わないために語っているだけだ。あなたは語るためだけに、発話《パロール》を経験するためだけに語っている。さらに深刻なことに、そのようにしてあなたは書くために語っている。というのもそのときあなたが書くものは、言われる価値さえないものだからだ。この二番目の批判は一番目のものよりもすでに興味深く、明敏なものと思われる。語るために語ること。準トートロジーのごときものの痕跡のなかで、発話《パロール》に到来するものを発話それ自体によって経験すること。これは必ずしも無駄に語ることではないし、何も言わないために語ることでもない。もしかするとそれは、反論者自身がそのように批判を差し向けるときに前提せざるをえない発話の可能性、これを経験することかもしれない。無を言うために(何も言わないために)語ること、それは語らないことではない。とりわけ、それは誰にも語らないということではない。

c したがって右の批判は語りかけ《アドレス》ないし呼びかけ《アポストロフ》[2]の本質的な可能性を傷つけはしない。この批判は、それほど明白ではないがおそらくもっと興味深い第三の可能性を包含している。この第三の可能性においては、疑惑が非難のプロセスを逆転させうる形を取る。否定法の言説は単に不毛で、反復的で、蒙昧主義的で、機械的であるのではなく、その論理‐文法的な型において分析されたあかつきには、おそらく一切の言説が神学的になると考える材料をわれわれに与えるだろう。ある命題が否定的形態をとるや、それが神学的否定法に少なくとも似て見えるには、そこで告げられている否定性をその極限まで推し進めるだけでよい。Xはあれでもこれでもない、あれこれのものの反対でもない、またXはXと何の共通点ももたないあれこれのもの(Xはそれらと絶対に異質であり、共約不可能である)の単なる中立化でもないと、こんなふうに言うたびに、私は神について、神というこの名もしくは別の名において語り始めることになるのだろう。そのとき神の名は、この否定性の誇張効果、あるいは言説において筋の通った一切の否定性の誇張効果となるだろう。神の名は、間接的かつ否定的な仕方でしか接触されえず接近されえず指し示されえない一切のものに適した名となるだろう。一切の否定的文句は、神あるいは神の名によって——この謎の空間そのものを開く、神と神の名との区別によって——すでに取り憑かれていることになるだろう。言説や述語づけのなかに否定性の働きがあるのであれば、この働きはなんらかの神性を生産することになるだろう。このとき、神性が生産されたものではなく生産するものであると言うためには——たとえばヘーゲルは、無限に生産するものと言うだろう——記号を入れ換えるだけで十分だろう（あるいはむしろ、この逆転はつねにすでに生じてしまっており、思考の必然性そのものであると、そう証明する——この証明はかなり簡単であり古典的なものだ——だけで十分だろう）。神はこの否定的なものの働き〔否定の労苦〕の終わりであるばかりでなく、その起源でもあることになるだろう。無神論は否定神学の真理であるというだけではない。神は一切の否定性の真理である、ということにもなるだろう。かくしてひとは一種の神の証明に至ることになるが、それは神の存在証明ではなく、神の諸効果《エフェ》による神の証明であり、さらに正確に言うなら、神と呼ばれるもの、神の名を、原因なき結果《エフェ》によって、原因なしということによって証明することなのである。なしというこの単語の価値はすぐにわれわれの注意を惹きつけるだろう。この証明の絶対的に特異な論理において「神」の名が指し示しているのは、それなしには一切の否定性の説明が不可能になるものであるだろう。ここで言う一切の否定性とは、文法上・論理上の否定、病、悪、そして神経症である。神経症は、精神分析が宗教を一個の症候《サンプトーム》へ還元することを可能にするどころか、症候のなかに神の否定的顕現を認知せざるをえなくする。原因にも結果と少なくとも同等の「実在性」がなければならないということ、また神の「存在《エグジスタンス》」は宗教的な症候以外に証明を必要としないということ。こうしたことを言わずに反対に、述語の否定ないし宙づりのなかに、さらには「存在」措定の否定ないし宙づりのなかに、「存在する《エートル》」必要さえない神的原因への尊敬の第一の標記を見るひともいるだろう。そして「脱構築」を近代あるいはポスト近代のニヒリズムの症候と見なしたがる人々について言えば、彼らが「脱構築」のなかに、もし彼らが望めばではあるが、今世紀末における信の殉教とはいわないまでも、信の最後の証言を認めることもありうるだろう。そうした読解はつねに可能だろう。誰がそれを禁じることができようか。何の名において。しかしかくのごとく可能なことがやはり決して必然ではないとすれば、何が起こったのか。こうした事態であるためには、この脱構築のエクリチュールは、この脱構築に即したエクリチュールは、いかなるものでなければならないのか。

以上が第一の理由である。だが私は第二の理由からも自分に近しい例を挙げた。私はきわめて古くから抱いているある欲望についても、いくらか言葉を費やしたかったのだ。その欲望とは、「否定神学」という表題のもとに性急に結びつけられたもろもろの問いの網目に、直接的に、それ自体として手をつけたいという欲望である。これまでのところ詰問や反論に対する私の応答は、つねに短く、省略的で、言い逃れのようなものだった。[*3] しかしその応答はすでに——私の見るところでは——二つの時間〔局面〕に区切られていた。

一、否、私の書くものは「否定神学」に属さない。まず第一に、「否定神学」が言説の述語的・判定的な空間に帰属し、言説のまさに命題形式に帰属しているかぎり、また否定神学が語の破壊不可能な統一性ばかりでなく、名の権威をも特権視しているかぎり、私の書くものは「否定神学」に属さない。語の統一性や名の特権はどちらも、「脱構築」がまず最初に考察しなおさなければならない公理なのだ(これは私が『グラマトロジーについて』の第一部からつとに試みたことである)。次に、否定神学が一切の肯定的な述語づけの彼方に、一切の否定の彼方に、存在の彼方そのものに、なんらかの超本質性を、存在の彼方の存在を温存しておくように思われるかぎり、私の書くものは否定神学に属さない。この超本質性という言葉は、ディオニュシオスが『神名論』のなかで頻繁に使用しているものである。hyperousios, -ôs, hyperousiotes. 存在の彼方の存在としての神、または存在なき神、[4]これこそは、ときに無邪気にも神の存在《エグジスタンス》と呼ばれるものを軸にして対立しあう、有神論と無神論の二者択一をはみ出すように思われるものである。私が他のところで分析しようと試みた「なし」という単語の統辞法や意味論にここで立ち返っていることはできないので、この応答の第一の時間に話を限ることにする。否、私は自分の主張を否定神学というありふれた表題のもとに書き込むことに躊躇しているのだが、それは超本質性の存在論的なエスカレートのためである。このエスカレートはディオニュシオスのなかにだけでなく、たとえばマイスター・エックハルトにも見られるものである。エックハルトは次のように書いている。

> おのおのの事物は自分の存在において作用する(Ein ieglich dinc würket in wesene)のであって、自分の存在を超えて(über sîn wesen)作用することはできない。炎は木においてしか作用しえない。神はみずからが動きうる豊かな広がりにおいて、存在を超えて作用し(Got würket über wesene)、非-存在のなかで作用する(er würket in unwesene)。存在がある以前にさえ、神は作用していた(ê denne wesen waere, dô worhte got)。荒削りな精神の師たちは、神は純粋存在(ein lûter wesen)であると言う。最高位の天使たちが羽虫を超えた高みにあるのと同じくらい、神は存在を超えた高みにあるのだ、と。もし私が神を一個の存在と名づけたなら、太陽は青白いとか黒いとか言うときと同じくらい、間違ったことを語ることになるだろう。神はあれこれのものではない(Got enist weder diz noch daz)。また、ある師はこう言う。神を知ったと思う者、また何かその他の事物を知っていると思う者は、神を知らないのだ、と。だが、神は存在ではないと、神は存在を超えて(über wesene)存在すると私が言ったとき、私は神に存在がないと言ったのではなく(ich im niht wesen abegesprochen)、反対に、もっと高位の存在を認め与えたのである(ich hân ez in im gehoehet)。[5]

同じ段落の動きのなかでアウグスティヌスからの引用がなされ、〈なし〉のもつ否定的であると同時に超-肯定的なこの価値が指摘されている。「アウグスティヌスは言う。神は賢知なしに賢く(wise âne wisheit)、良さなしに善(guot âne güete)であり、力なしに強力(gewaltic âne gewalt)である、と」[3]。〈なし〉という語は個別の属性付与を本質的一般性から——すなわち賢くあること一般としての賢知、善であること一般としての良さ、強力であること一般としての力から——切り離すばかりではない。〈なし〉という語は、あらゆる普通名詞に結びついた抽象化を、またあらゆる本質的一般性に含意された存在に結びついた抽象化を避けるばかりではない。〈なし〉という語は、その純粋に現象上の否定性を、すなわち有限性に係留された通常の言語が〈なし〉とかその他の類似の語において理解させようとする否定性を、同じ語と同じ統辞法のなかで肯定へと変換するのである。それは文法上の擬人論を脱構築する。

したがって私の応答の第一の時間〔局面〕になおもとどまって言えば、私が「否定神学」の領域で書くことを慎まなければならないと思ったのは、超本質性へ向かうこうした動向を考えてのことだった。「差延」「痕跡」等々が「言わんとする」ことがあるとすれば(ということは、これらは何も言わんとしないということだが)、それは概念・名・語の「以前」、何ものでもないような「何か」、存在や現前性(ないし現前者の現前性)にもはや属するのでもない「何か」、不在にさえ属するのではない「何か」、いわんや、なんらかの超本質性に属するのではない「何か」のことである。しかし、そうした「何か」を存在-神論的に再本来化してしまうことは、ひとがまさしく存在-神論の論理や文法の境域《エレメント》のなかで語るかぎりつねに可能であるし、またおそらく不可避でもある。つねにこう言われることだろう。超本質性とは、まさしくあれ、すなわちあらゆる存在するもの〔存在者〕の存在と同じ尺度ではかりえない最高存在者のこと、何ものであるのでもなく、現前でも不在でもあるのではない最高存在者のことだ、と。実際こうした再本来化の動向は抑えきれないように見えるが、その最終的な失敗もやはり必然的である。しかし私が認めざるをえないように、この問いは差延の思考あるいはエクリチュールについてのエクリチュールの心臓部に滞留する。それは問いとして滞留し、そしてそれゆえに私はこの問いになおも立ち返る。というのも同じ「論理」において（私はこの応答の第一の時間になおもとどまっているのであるが）、私の不安は、直観ないし洞察《ヴィジョン》に与えられたこの現前性の約束にも向けられていたからである。このような現前性の約束はしばしば否定法的横断にともなうものである。なるほどそれは暗黒の光のヴィジョンであり、「光を超えて光り輝く暗黒」[*6](hyperphoton)の直観であるが、やはり現前性の直接性でもある。神との合一に至るほどに。祈りのこの不可欠な契機（この点については後述することにしよう）の後で、ディオニュシオスは次のようにしてテモテをmystika theamata〔神秘的な事柄〕へと誘う。

以上が私の祈りである。親愛なるテモテよ、あなたのために言えば、絶えず神秘的観想の訓練をしなさい。感覚を手放し、知的操作を放棄し、感性と知性に属する一切のものを拒絶しなさい。非‐存在と存在とを完全に(panta ouk onta kai onta)脱ぎ捨てて、一切の本質と一切の知の彼方に存在する《者》(tou hyper pasan ousian kai gnôsin)と無知(agnôstos)のなかで一体になるほどまでに、できるかぎり自分を高めなさい。というのも、すべてを放棄し、すべてを脱ぎ捨てたあかつきに、あなたが純然たる忘我のなかで(extasei)神的な《超本質》の暗黒の光にまで(pros ten hyperousion tou theiou)高まるのは、抵抗しえない完全なる仕方で、万物とあなた自身から脱出することによってであるのだから（同所）[4]。

この神秘的合一、この非認識行為は、「真の洞察にして真の認識」(to ontôs idein kai gnôsai)でもある（一〇二五b、一八〇頁）[5]。この真の認識は、非認識そのものをその真理において、すなわち合致ではなく開示としての真理において知る。「超本質的なものを超本質的な様相に即して」(ton hyperousion hyperousiôs hymnesai)称揚することにおいて、この合一は、「存在についてひとのもちうる認識があらゆる存在のなかに隠蔽してしまうこの非認識(agnosian)を、覆い隠しなく(aperikaluptôs——隠されていない、開かれた仕方で)知ること」(一〇二五b–c)[6]を目指す。啓示はある高まりによって呼び起こされる。すなわち言語を絶するものとの接触あるいはその洞察《ヴィジョン》、言語を絶するものの純粋直観、言葉《パロール》には接近不可能にとどまるものとの沈黙した合一、こうした状態へと高まることによって。上昇は、徴候《シーニュ》、形象、象徴の——そればかりでなく、虚構、神話、詩の——不足にも対応している。こうした経済をディオニュシオスはそれとして論じている。『象徴神学』は『神秘神学』以上に多弁で嵩張るものとなるだろう。というのも『象徴神学』は、「神的なものに代わる可感的なものの換喩《メトニミー》」(ai apo tôn aisthetôn epi ta theia metonumiai)(一〇三三a、一八一頁)[7]を取り扱うからである。それは神におけるもろもろの形態(morphai)・形象(skhemata)の意味作用を記述するのであり、「他のものよりも多くの言葉《パロール》を必要とする」ような「象徴」にみずからの言説を釣り合わせる。その結果、『象徴神学』は必然的に『神学綱要』や『神名論』よりもはるかに嵩張るものにならざるをえなかった[8]。可感的なものの彼方へと高まることによって「簡潔さ」は増す。「というのも、叡智的なものがいっそう通観的な仕方で現前するようになるからである」(一〇三三b、一八二頁)[9]。しかし経済的簡潔さの彼方もまた存在する。apophatikai theologai〔神学的否定法〕は叡智的なものそのものを通過して、絶対的な不足、言語を絶するものとの沈黙の合一へ向かう。

したがって、いまやわれわれは叡智的なものの彼方にある《暗黒》のなかに入り込んでいくわけだが、そこで問題となるのはもはや簡潔さ(brakhylogian)でさえなく、全面的な言葉の停止(alogian)と思考の停止(anoesian)であるだろう。われわれが上方から下方へと降りていくとき、われわれが高みから遠ざかるにつれて、われわれの言説の嵩は増大していった。いまわれわれが下方から超越者へと遡っていくとき、頂点に近づけば近づくほど、われわれの言葉の嵩は小さくなるだろう。上昇の最果てで、われわれは完全に言葉を失い、言語を絶するもの

(aphthegktô)と十全に一体となるだろう。(一〇三三c、一八二頁)[10]

この経済は逆説的である。権利上そして原理上、否定法の歩みは、象徴神学と措定的〔肯定的〕述語づけのすべての段階を否定的な仕方で踏破しなおさなければならないはずである。つまり否定法の歩みは象徴神学と措定的述語づけと外延を同じくし、同じ嵩の言説を強要されるだろう。それ自体において際限のない否定法の歩みは、自己中断の原理を自分自身のうちに見出すことができない。それは自己自身の限界との遭遇を無際限に日延べしなければならない。

差延の思考は、この否定法全体を(この道を開く祈りと祝賀をも含め)方向づけていると見える直観的テロス、言語を絶するものの経験や沈黙した洞察の経験などとは無縁・異質であり、いずれにせよ、それらに還元不可能である。したがって同様の理由から、差延の思考は、初期ウィトゲンシュタインのよく知られたいくつかの言表の普通の解釈ともほとんど共通性をもたないだろう。たとえば『論理哲学論考』のしばしば引用される次の文言を挙げておこう。「六・五二二――表現不可能なものは間違いなく存在する(es gibt allerdings Unaussprechliches)。表現不可能なものは示されるのであり、それは神秘的要素である」。また「七――語りえぬものについては沈黙する必要がある」[11]。

ここで重要となるのは、この「必要がある〔il faut〕」の性質である。それは、「語る必要がある」「語ることを避けない必要がある」、あるいはむしろ「いくばくかの痕跡がある必要がある」という命令ないし約束のなかに、沈黙せよという禁止命令を書き込む。否、「いくばくかの痕跡があった必要がある」と言わねばならず、この文句は瞬時にして、なおも現前不可能なある過去とある未来のほうへ転回されなければならない。なるほど、いくばくかの痕跡があった必要が(今〔maintenant〕)ある(この「あった」は記憶の届かないある過去においてのことであり、痕跡の「必要〔il faut〕」が必要なのはこの健忘症のためである)。だがそればかりでなく、未来〔future〕においてもいくばくかの痕跡があった必要があるのだ(いまからすでに必要があるだろう。「必要がある」は将来〔avenir〕についてもつねに妥当する）。

だが、あまり急ぐのはやめよう。「必要がある」のこれらの様相をやがて区別する必要があるだろう。

二、というのも――そしてこれはしばしば私の即興的応答の第二の時間〔局面〕だったが――「否定神学」という一般的な呼称はおそらくさまざまの混同をはらんでおり、そのためにときに粗雑な解釈が生み出されるからである。もしかしたらそこには、「否定神学」というあまりに大雑把であまりにぼやけた唯一の表現ではいまだ不適格な多数の可能事が――隠れて蠢く、多様な、それ自体において異質な多数の可能事が――あるのかもしれない。私がしばしば返答したように、この論争のなかに真面目に身を投じるためには、互いにまったく似ていない資料体、舞台、展開、言語に接近しながら、「否定神学」というこの名称を明確にする必要があるだろう。私はいわゆる否定神学の運動につねに魅惑されてきたので（この運動は間違いなく魅惑一般の経験と決して無縁ではない）、痕跡ないし差延の思考をなんらかの否定神学と同一視する向きを私が拒否しても無駄だったのであり、私の応答は一個の約束のごときものだった。すなわち、いつの日か、日延べすることをやめる必要があるだろうし、いつの日か、この主題について直接的に自分の意見を述べ、最終的に「否定神学」それ自体について――そのようなものが現に存在すると仮定すればだが――語る必要があるだろう、と。

その日は到来したか。

他の言い方をすれば、否定神学について、いかに語らずにいられるか（how to avoid speaking on negative theology?）。しかしこの問いについて、いかに決断＝決定すべきか――それも次の二つの意味のあいだで。㈠いまや否定神学について語ることをいかに避けるべきか。そんなことは不可能に思われる。この主題について私はどうして黙っていられようか。㈡それについて語るとすれば、いかに語ることを避けるべきか。いかにそれについて語らないでいるか。いかに語らないことが必要か。むやみに語ることをいかに避けるべきか。間違いを避けるために、不適切だったり単純すぎる断言を避けるために、どのような用心をしなければならないか。

私の冒頭の文言に帰ろう。つまり私は自分がなすべきことを知っていた。私はいつの日か否定神学について直接的に語るという約束を暗黙のうちにしていたのだった。語り出す以前にさえ私はそうするように自分が拘束《アンガジェ》されていると知っていた。このような状況は少なくとも二つの可能な解釈を生み出す。㈠発話《パロール》以前にさえ――いずれにせよ言説の出来事そのもの以前に――必ずやなんらかの契約《アンガージュマン》ないし約束がある。言説の出来事は約束の開かれた空間を前提とする。㈡この契約、この与えられた言葉《パロール》は、すでに次のような言葉の時間に所属している。すなわち、フランス語では〈約束を守る〉は〈言葉を保持する〔tenir parole〕〉と言うのであるが、この契約・約束は、言葉を保持することを私に可能にする言葉、そうした言葉の時間にすでに所属しているのだ。事実、いつの日か否定神学について語ると約束する瞬間に、私はすでに語り始めていたのである。しかし、これは後で私が分析しようとするある構造の漠然とした指標でしかない。

自分の意に反するかのようにすでに約束してしまった私は、いかにこの約束を守ればよいのかわからなかった。否定神学についていかに適切に語ればよいのか。一つの否定神学はあるのか。否定神学は一つしかないのか。他のもろもろの否定神学を統制するような模範はあるのか。否定神学に言説を合わせることはできるのか。否定神学の尺度に合う言説はあるのか。否定神学については、否定神学の様相に即して、すなわち無能力な仕方で、精根尽き果てさせると同時に尽きることのない仕方で、語らざるをえないのではないか。「否定神学」についての「否定神学」以外のものが、はたしてあるのか。

とりわけ私がわからなかったのは、いつどこでそうすることになるのか、ということだった。次の年にイェルサレムで、と私は自分につぶやいていたが、それはおそらく約束の成就を際限なく遅らせるためだっただろう。だがそればかりでなく、実際にイェルサレムに赴く日があるとすれば、そのときにはもはや日延べすることはできないと、自分自身に知らしめるためでもあっただろう。そして実際に私はこのお告げ《メッセージ》を受け取ったのだ。やらなければならないだろう。

私はそれをやるのか。私はイェルサレムにいるのか。これこそは現在形では決して答えることができず、ただ前未来形もしくは前過去形でしか答えられない問いである。

なぜこの日延べを強調するのか。その理由は、私にはこの日延べが避けられるものとも無意味なものとも思われないからである。日延べは、それが日延べであるかぎりで、それが延期〔差延〕する当のものに場を与えるのではないか、これを決定することは決してできない。今日私が約束を守るかは確かではない。しかし私が約束の成就をなおも遅らせるからといって、約束を守らなかったともすでに言えないのである。

他の言い方をすれば、私はイェルサレムにいるのか、それとも聖なる都市から遠く離れて他の所にいるのか。イェルサレムにいるとはどのような条件においてのことなのか。よく言われるように身体的にそこに存在すれば、また私が現在そうしているように、イェルサレムというこの名をもつ場所に宿っていればよいのだろうか。イェルサレムに住むとはどういうことか。こうしたことは簡単には決定できないことである。またもやマイスター・エックハルトを引用することを許してもらいたい。ディオニュシオスの作品と同じく、彼の作品は、聖なる都市の意味と象徴体系についての、すなわちイェルサレムの論理学、修辞学、トピカ、比喩論についての、際限なき省察に見えるときがある。数あるなかでも次の一例を挙げておこう。

昨日私は、本当に信じがたいと思われる言葉を私が発した場所(dâ sprach ich ein wort)にいた。私はこう言ったのだ。イェルサレムは、いま私が身を置いている場所と同じくらい、私の魂に近い、と(mîner sêle als nâhe als diu stat, dâ ich nû stân)。そうだ、本当に、イェルサレムから千里以上も離れたものが、私自身の身体と同じくらい私の魂に近いところにあるのだ。これは私が人間であることと同じくらい確かなことだ。*7

したがって、私は一つの約束について語るだろうが、またそれを約束のなかで語るだろう。もしかすると否定神学の経験は、私が守らざるをえないある約束——他者の約束——に起因するのかもしれない。というのもこの約束は、否定性が言説をその絶対的な希薄化へと導かねばならないにもかかわらず、私を拘束して私に語らせるからである。実際どうして私は、魂の指導《プシカゴジー》や教育の途上で、沈黙へ向けて、えも言われぬものとの合一へ向けて、沈黙した洞察《ヴィジョン》へ向けて、説明し、教育し、導いていくことを目論んで語らねばならないのか。私がほんのわずかでも言説を語り始めるまさにそれ以前のところで、すでにある約束が私を拘束してしまっていたという理由以外に、私が語るのを避けられないどんな理由があるのか。つまり私が約束について語ろうとすれば、私は約束に対してどんなメタ言語的な距離も取ることができないだろう。約束についての言説はすでに前もって一個の約束なのだ——すなわち約束のなかにあるのだ。したがって私はあれこれの約束について語るのではなく、その痕跡によってわれわれを言語のなかに——言語以前に——書き込むような、不可能でもあり必然的でもある約束について語ろう。口を開くや私はすでに約束してしまっている、というかむしろ〔plutôt〕それよりも早く〔plus tôt〕約束が私を捕えてしまっているのだ。その後になって私は、他者に向けて語ろう、何事かを言おう、言葉《パロール》によって断言《アフィルメ》ないし確言《コンフィルメ》しようと、そう約束するのだ。——少なくとも極論すれば〔極限においては〕、黙る必要があると、そして言いえぬものについて黙る必要がある、と。こんなことは前もってわかっていた。この約束は私よりも古い。いやそんなことはありえない、と発話行為《スピーチ・アクト》の理論家たちは言うかもしれない。〔彼らによれば〕あらゆる本物の遂行文と同じく、約束も一人称（単数であれ複数であれ）現在形においてなされるのであり、この一人称は〈私〉あるいは〈われわれ〉といまここで言うことができるのでなければならない。たとえば、「いま私が身を置いている場所」であり、したがって私がこの発話行為《スピーチ・アクト》に責任を負うとみなされうる場所であるイェルサレムで。

私が語るような約束は、こうした現前の要請をつねに逃れ去ってしまっているだろう。この約束は〈私〉ないし〈われわれ〉よりも古い。反対に、現前についてのあらゆる現在の〔現前的な〕言説はこの約束によって可能となるのだ。たとえ黙るということを私が決断するとしても、またたとえ何も約束しないと、すなわち発話《パロール》＝言葉の行き先、発話＝言葉への行き先をなおも確証するような何かを語るように自分を拘束しないと、そのように私が決断するとしても、この沈黙もやはり発話＝言葉の一様相であることにかわりはない。約束の記憶と記憶の約束。

したがって私は知っていたのだ。それについて語るのを避けることはできないだろうと。しかし、どのようにして、そしていかなる表題《タイトル》のもとで語るのか。ある日、私はイェールで電話による伝言を受け取った。[*8] 早急に表題を教えてください、とのことだった。私は二分で即座に作り上げなければならず、初めは私の言語で Comment ne pas dire...? 〔いかに言わずにいられるか〕とした。dire〔言う〕という語の使用はある宙づりを可能にする。Comment ne pas dire? は次のことを意味しうる。すなわち、いかに黙っているか、語ること一般をいかにしないでいるか、いかに何も言わないでいるか(how to avoid speaking?)ということと、それに加えて、語りながらも、あれこれのことをしかじかの仕方で――つまり他動詞的であると同時に叙法を変化させた仕方で――いかに言わずにいるかということ、これをも意味しうる。換言すれば、言いながら、語りながら、いかにしてあれこれの言説的・論理的・修辞的な叙法を避けるかということである。不正で、誤った、異常な、過度な形態をいかに避けるか。なんらかの述語を、さらには述定をいかに避けるか。たとえば、いかにしてなんらかの否定的形態を避けるか、あるいは、いかにして否定的でなくあるか。いかにして最後に何かを言えるか。これは、いかに言うか、いかに語るかという、一見したところ真逆の問いに戻っている。かくして、「いかに言わずにいられるか〔Comment ne pas dire?〕」の二つの解釈のあいだで、不安の意味《サンス》＝方向が反転するように思われる。すなわち、「いかに黙っていられるか」(how to avoid speaking at all?〔いかにまったく語らずにいられるか〕)から、よく語るためにいかに語らずにいるべきか、どのような言葉を避けるべきかという、推奨されるやり方の規約的な表題になりうる問いへと——そもそもまったく必然的な仕方で、あたかも内側から生じるかのごとく——移行するのである。したがって how to avoid speaking?〔いかに語らずにいられるか〕とは、いかに〔comment〕語らずにいる必要がある〔il faut〕のか、いかに語る必要があるのか、語らずにいる必要があるのは(まさに)このように〔comment〕だ、といった問いを、同時にあるいは次々に意味するのである。「いかに〔comment(どのように)〕」は「どうして」をつねにはらんでおり、il faut は should, ought〔すべき〕と must〔せざるをえない〕の二重の価値を持っているのである。

というわけで、私はこの表題を電話で即興で作り上げた。そして絶対的な緊急状況のなかで、よくわからない無意識の次元からこの表題を命じられるがままになりながら、私は、まだ延期〔差延〕したいという自分の欲望をも翻訳したのだった。この逃避行動は講演のたびに繰り返される。いかにして語るのを避けようか、そして何よりもまず、原稿を書く前に表題を提示することによってみずからの発言を拘束してしまうのをいかに避けようか、と。それだけではない。同じ身振りの経済において次のようにも思うのだ。いかに語るべきか、と。約束の責任を引き受けるために、然るべく、必要なように〔*comme il faut*〕、いかに語るべきか、と。ここで果たすべき約束は、われわれを言葉の責任者としてア・プリオリに制定する原‐根源的な約束ばかりではない。それはまた「不在と否定性」について講演するという約束でもある。すなわち、……ない〔ne-pas〕(how not to, ought not, should not, must not, etc.)について、「いかに……しないか」と「どうして……しないでいられようか」(……ないの「いかに」と「どうして」)について、ない〔le pas〕、否定、否認、等々について、講演を与えるという約束であり、したがって前もって表題を与える約束をするという約束である。どんな表題も約束の価値をもっており、前もって与えられた表題とは約束の約束である。

したがって私は応答しなくてはならなかったのだが、私は私の責任〔応答可能性〕を延期する〔差延させる〕ことでその責任を取った。how to avoid speaking というダブル・バインドを前にして、あるいはむしろダブル・バインドの内部で。私はすでに語り始めてしまったのであるし、つねにすでに語ることを約束し始めてしまったのであるから。私がすでに語り始めてしまったということ、あるいはむしろ、少なくとも発話《パロール》の痕跡が当の発話に先行してしまったということ、これこそ否認しえないことである。〈否認しえない〉ということを、〈否認することしかできない〉と翻訳せよ。この否認しえないものについては否認しかありえないのだ。だとすれば否定や否認をどうすればよいのか。神を前にして否定と否認をどうすればよいのか。問いがあるとすれば、これこそが問いである。というのも、どんな問いの出現もおそらく二次的だからである。おそらく問いの出現は、最初の反応的な応答として、否認しえない挑発〔*provocation*（先行的な呼び声）〕の後に、否認しえない挑発を不可避的に否認した後に、生じるのである。

語ることを避けるために、すなわち、しかと何かを言わねばならない瞬間、ある秘密を告白し、引き渡し、打ち明けなくてはならないかもしれない瞬間を遅らせるために、脱線は積み重ねられる。ここで秘密それ自体に関する短い脱線を試みよう。how to avoid speaking? というこの表題のもとでは、秘密について語らざるをえない。ひとはある種の状況において、語らない、秘密を守るという約束をしたという理由から、また黙っていることがときに致命的な利害に関わる（拷問を受けたときでさえ）という理由から、how to avoid speaking?〔いかに語らずにいるべきか〕と自問する。こうした状況もやはり語る可能性を前提としている。ある人たちはおそらくうかつにも、人間だけが自分の表明できることを表明しないでいられるのだから、人間のみが語る能力をもつ、と言うだろう。確かに動物は運動を抑え、危険な振る舞いを自制することができる。たとえば捕食戦略の攻防において、さらには生殖のための縄張り争いや誘惑の駆け引きにおいても、そうである。そのようにして動物は単発刺激や複合刺激の尋問や要請に応じないこともできると言うひともいるだろう。しかしながら動物性についてのいささか素朴なこの同じ哲学は、次のようにも指摘する。すなわち獣は、表明することをみずからに禁じなければならないものをそれとして自分に表象することができない、すなわちそれを意識の面前にある対象として表象することができない、それゆえに秘密を守る能力をもたないし、そもそも最初から秘密を持つこともできないのだ、と。このようにして秘密は、意識の面前に定立されて語のかたちで表現される客観的表象(Vorstellung)に結びつけられてしまう。秘密の本質は他のあらゆる非-表明とは厳密に無縁であり、何よりもまず動物がなしうる非-表明とは無縁であるとされる。この秘密の表明もしくは非-表明——要するに秘密の可能性——は、徴候の次元には決して属さないというわけである。動物が自分を黙らせるということはありえない——秘密について黙ることも。

ここでこの巨大な難問に着手することはしない。それを扱うには数多くの媒介を考慮しなくてはならないだろう。とくに言語以前の、あるいは端的に言語なき秘密の可能性、たとえば身振りや物真似、さらにはその他もろもろのコードや、またさらに一般的には無意識にも結びついた秘密の可能性を問わなければならないことになるだろう。判断や述定的な言語活動の可能性以前のところで、そしてそれらの外部で、否認の諸構造を研究する必要があるだろう。とりわけ意識——あたかもそれが何であるかを知っているかのように、あるいはその謎が汲み尽くされたかのように、それについて語ることがますます避けられるようになっているもの——の問題系を練り上げなおす必要があるだろう。ところで今日、意識の問題ほど新しい問題があるだろうか。知っていることを言うことなく表象形式のもとで秘密を守るという特異な能力が所持されている場として、ここで意識を指示したくなるだろう(そう定義しないまでも)。意識存在とは嘘をつく能力をもつ存在であり、対象について明瞭な表象をもっているにもかかわらず、その対象を言説において提示しない能力をもつ存在である。すなわち語ることを避けることのできる者である。しかし嘘をつくことができるためには(この可能性は二次的であり、すでに叙法化されている)、何よりもまず、すでに知っていることを自分に言いながら、その知っていることを自分のために保守しておくことができなければならない(この可能性は嘘をつく可能性よりも本質的である)。自己のために保守しておくこと――これこそ、もっとも信じがたい能力であり、もっとも考えさせられる能力である。しかし、この〈自己のために保守しておくこと〉、この隠蔽(このためにはすでに複数でなければならず、自己自身から差延していなければならない)は、約束された〔事前に置かれた〕言葉の空間、言い換えれば、対称的に主張されるのではない痕跡の空間をも前提とする。絶対的な隠蔽をいかに確保すればよいのか。秘密は守られた、隠蔽が起こった、語ることが避けられたと結論づけることを可能にする、満足のいく基準や必証的な確実性ははたして手に入るのか。肉体的・精神的な拷問によってもぎ取られた秘密のことを考えるまでもなく、直接的なものであれ象徴的なものであれ、肉体的なものであれ比喩的なものであれ、統御されていないある種の表明には暴露ないし白状の可能性が残るだろう。すべてが表明されるということではない。単に非‐表明は決して保証されないというだけのことだ。このような仮説に立てば、人間と動物についてもそうだが、意識と無意識といったすべての境界を、言い換えればある巨大な対立体系《システム》を、考察しなおさなくてはならないだろう。

　しかし秘密をそれ自体として語ることがしたいわけではない。秘密の否定性と否認の秘密に関する以上のような簡単な言及は、もう一つ別の難問を位置づけるために必要だと、そう私には思われたのだ。それにも簡単に触れることしかできない。その難問とは、「否定神学」とそれに似たあらゆるものを、秘教的な社会性の形態、すなわち秘密結社の諸現象に偶然ではない仕方でつねに結びつけてきたものにかかわる。あたかももっとも厳格な否定法的言説への接近は「秘密」の分有を要求するかのようなのだ。言い換えれば、簡単に模倣できる論理学や修辞学のテクニックをはるかに超えるような〈自分を黙らせておく権能〉の共有を要求し、そして誰彼手当たり次第に漏らしてはならない、秘蔵された内容・場所・富といったものの共有を要求するかのようなのだ。あたかも漏洩してしまうと、否定法に約束された啓示が危険にさらされてしまうとでもいうかのごとく万事が進行する。否定法とは、事象を明らかな仕方で(aperikalyptôs)出現させるために、まずは当の事象を隠れた状態で見つけなくてはならない暗号解読である。いつものぶり返しと規制されたアナロジーだ。「脱構築」すなわち差延[12]の思考、あるいはエクリチュールのエクリチュールについての思考は、否定神学の退廃的復活だと、今日でもまだ非難する人々がいる。そうした人々は往々にして、彼らが脱構築主義者と呼ぶ人々が、セクト、兄弟会、秘教的団体、もっと下品に言えば、徒党、ギャング、「マフィア」(私は引用して言っている)を形成していると疑ってもいる。そこにはぶり返しの法が見られるので、その疑惑の論理をある程度まで定式化することができる。予審あるいは訴訟を導く人々は、以下のように次々と、また交互に、言ったりつぶやいたりする。

一、否定神学ないし脱構築(告発者たちにとって両者の違いはどうでもよい)を信奉する連中は、秘密を隠し持っているに違いない。連中は何も言わず、否定的な仕方で語るのだから、何かを隠しているのだ。連中はすべての質問に対して、「いや、そうではない、そんなに単純ではない」と答える。要するに、彼らが語るものはこれでもあれでもなければ第三項でもないし、概念でも名でもないと言う。要するに、彼らが語るものは存在しないのであって、つまり何ものでもないと言うのだ。

二、だが明らかにこうした秘密は規定されるがままにならず、また何ものでもないのだから、彼ら自身が認めているように、秘密などないのだ。彼らは、何も言わないように巧みに語る言葉の魔術にもとづいたある社会権力のまわりに集結するために、秘密をもっているようなふりをしているのだ。そうした蒙昧主義者たちはソフィストを呼び戻すテロリストたちである。プラトンのような人がいれば、連中と戦うのに有益なのに。連中は現実的な権力を握っている。それはアカデミーの中にあるのか外にあるのか、もはやわからない。連中はそうした境界線を乱すように手はずを整えているのだ。彼らが秘密と称するものはシミュラークルあるいはまやかし、よくてもせいぜい文法の政治に属する代物である。というのも連中が「ロゴス中心主義」を「脱構築」すると称し、さらにそこから始めるのだとしても、彼らにはエクリチュールと言語しかないのであって、それ以上のものは何もないのだから。

三、彼らを上手く問いただすことができたとしても、彼らは最後には次のように告白するだろう。「秘密などないというのが秘密なのだが、少なくともこの命題を思考ないし証明する二つのやり方がある」云々と。というのも回避術のエキスパートである彼らは、何であれ語ることよりも、否定ないし否認する術のほうをよく心得ているからだ。「重箱の隅をつつきながら」たくさんのことを語りながら、彼らはつねに一丸となって巧みに語ることを避ける。彼らのなかのある者たちは「ギリシア人」のように、またある者たちは「キリスト教徒」のように見える。彼らは複数の言語に同時に訴えるのであり、そのなかにはタルムードに似たものもある。彼らは自分たちの秘教主義を大衆受けさせるほどに、「ファッショナブル」なものにするほどに邪悪なのだ。おなじみの論告求刑文、これにて終了。

この種の秘教主義のしるしはプラトン主義にも新プラトン主義にも見られるし、この主義のどちらもディオニュシオスの否定神学の核心にある。だがディオニュシオス自身においては、また別の仕方ではあるがマイスター・エックハルトにおいても、秘密——黙っておくべき、守られるべき、共有されるべき秘密——の必然性は、こう言ってよければ秘密にされてはいない。離れたところに身を置き、秘密の経験に固有の場を見つけなくてはならない。このように秘密の回り道をすることは、場の問いへとすぐに通じていき、いまから私の発言を方向づけるだろう。ディオニュシオスは『神秘神学』の幕開けの祈りから早くも、超本質的な神性の秘密という名、「《沈黙》という、光を超えて光り輝く《暗黒》」の(隠秘的な)「秘密」という名をくりかえし挙げる。この啓示の「秘密」は認識を超えた非認識への道を開く。ディオニュシオスはテモテにこう説き勧める。知をもつ人々、自分が知者だと思い込んだり認識の道によって認識することができると思い込んでいる人々に秘密を漏らしてはならない、ましてや無知な人々や世俗の者に秘密を漏らしてはならない、と。要するに、語るのを避けよと彼は忠告するのである。したがって二度、身を引き離す必要がある。知をもつ人々(ここでは哲学者たち、すなわち存在論の専門家たちと言っていいだろう)から、そして素朴な偶像崇拝者として属性を操る世俗の凡俗どもから。これは、存在論それ自体も巧妙な、倒錯した偶像崇拝であるとほのめかすこととさほど違わない。これこそレヴィナスやジャン＝リュック・マリオンの声を通して、類似しつつも違った仕方で聞こえてくることである。

さらに私が今から読む一節では、肯定／否定の対立を超えた彼方を定義することが関心の的となっている。実を言えば、ディオニュシオスがはっきりと述べているように、この彼方は定立(thesis)そのものを超えるのであり、単に削減や減算(aphairesis)を超えるだけではない。それはまた同時に欠落をも超えている。われわれが先ほど語っていた〈なし〉は、欠落も欠如も不在も標記しない。超本質的なもの(hyperousios)の hyper について言えば、それは位階制の上位に存在するものの二重の両義的な価値、すなわち〈彼方〉(beyond)と〈さらに〉(more)の両方の価値をもっている。神は存在の彼方(にある)が、そのことにおいて、さらなる存在(である)。no more being and being more than being: being more〔もはや存在しないが、存在以上の存在、さらなる存在である〕. plus d'être というフランス語の連辞〔「もはや存在なし」と「さらなる存在」の両義にとれる〕は、こうした曖昧さを十分に経済的な仕方で定式化している。以下は秘儀伝授の秘密への呼びかけと警戒である。

第二節――しかし秘儀を授かっていない人々(tôn amuetôn)、すなわち存在(tois ousin)に執着し、何かが存在の彼方に超本質的に(hyperousiôs)実在することを想像できない人々、「《暗黒》を隠れ家とした《者》」(詩篇一八・一二)を認識の道によって認識することができると思い込んでいる人々〔世俗の者たち――写本のこの一節は失われている」には、あなたの言うことを聞かれないように警戒せよ。しかし、神の神秘の啓示が人間たちの理解を超えるのであれば、真の世俗の者たち(「その他の大勢の世俗の者たち」M.)、すなわち万物の超越的《原因》(hyper-keimenen aitian)を定義しようとして、もっとも低い現実に依拠し、自分でそのさまざまな形(polyeidôn morphomatôn)を作り出した不敬虔な偶像よりも《原因》のほうがはるかに高いということを信じない人々については何と言うべきか。実は、《原因》は万物の原因であるのだから、《原因》には存在について言われる一切のことを属性として与え、肯定しなくてはならない。だがそれ以上に、《原因》は一切の存在を超越しているのだから、そうしたすべての属性を否定しなくてはならない。とはいえこれは、否定が肯定と矛盾しないと考えるのではなく、《原因》がそれ自体において一切の欠落(tas stereseis)を完全に超越したままでありつづけると考えるかぎりにおいてである。というのも《原因》は、否定的であれ肯定的であれ一切の定立の彼方に(hyper pasan kai aphairesin kai thesin)みずからを位置づけるのであるから。(一〇〇〇a-b、一七八頁。[13] 強調デリダ)

つまり、《原因》はみずからを位置づけるのだ。それはあらゆる定立の彼方にみずからを位置づける。とすると、〔「《原因》がみずからを位置づける」〕その場とはどのようなものなのか。その場と秘密の場とのあいだには、そしてこの秘密の場と秘密を漏らしてはならない社会的紐帯の地形《トポグラフィー》とのあいだには、ある種の相同性があるに違いない。この相同性は、存在することなく——存在なしに——存在の彼方に身を置くものの場所論《トポロジー》と、秘儀伝授の場所論、秘儀伝授の政治場所論《ポリトポロジー》とのあいだの、なんらかの——秘密の——関係を規制しているはずである。この秘儀伝授の政治場所論は神秘的共同体を組織すると同時に、ディオニュシオスがここで特異な仕方でテモテに向けて送る(pros Timotheon〔テモテのために〕——これは『神秘神学』の献辞である)、あの他なるものへの語りかけ《アドレス》、あの擬似教育的・擬似秘法伝授的な言葉《パロール》を可能にするものでもある。

この位階制において、[*9]語る者はどこに身を置くのか。耳を傾け、受け取る者は？　この共同体にとっての《大義《コーズ》》でもある《原因《コーズ》》から受け取りながら語る者は？　ディオニュシオスとテモテの両名は、また彼らが互いに送りあうテクストを潜在的に読むすべての者たちは、どこに身を置いているのか。神、《原因》から見て、彼らはどこに身を置いているのか。神はある一つの場に在留しているとディオニュシオスは言うが、神はこの場ではない。そこに到達すること、これはまだ神を観照することではない。モーセとて身を引かなければならない。たとえ神の数ある名の一つが場そのものを指すことがあるとしても、モーセは場ならぬ場からその命令を受け取るのである。すべての秘儀伝授された者と同じように、モーセもみずからを清めなければならず、不純な者たちから遠ざかり、群衆から身を引きはがし、「聖職者たちのエリート」に加わらなければならない。しかしこの神的な場への接近も、世俗の見方が止み沈黙しなくてはならなくなる神秘的な《暗黒》への移行《パサージュ》をモーセにもたらしてくれるわけではない。彼は最後にようやく、目を閉じながら沈黙することを許可され、命じられる。

> それ［普遍的で善なる《原因》］は超本質的な仕方で万物を超越しているのであって、それは次のような者たちにのみ、真なる仕方であらわになるのである。すなわち一切の儀礼的な聖別と一切の清めの式の彼方へ赴き、もっとも聖なる頂きのあらゆる昇天を超え、すべての神の光、すべての御言葉、すべての天の道理を放棄し、そうしてあの《暗黒》のなかへと入っていく者たちにのみ［…］。神のごときモーセは、まずみずからを清めよという命令を、次に不純な者たちから身を遠ざけよという命令を受け取り、その清めの後で多様な音のラッパを聞き、その数限りない光線が強烈な閃光を放出するたくさんの炎を目にする。そして群衆から身を引き離した彼は、聖職者たちのエリート(tôn ekkritôn ieréôn)と一緒に神的な昇天の頂点へと達する。それは根拠のないことではない。しかしながらこの段階に至っても、彼はまだ神との関係のなかにあるのではない。神は目に見えない(atheatos gar)

のだから、彼は神を観照するのではなく、ただ神が在留する場(topon)のみを見るのである。私が思うに、このことが意味するのは、可視的領域と可知的領域においては、もっとも神聖で崇高な諸対象でさえ、完全に超越的な《者》に真に適合する属性に関する仮定的推論でしかないということだ。すなわち、そのもっとも神聖な場(tôn agiôtatôn autou topôn)の可知的頂点の上にあって、心による一切の把捉を超える《者》の現前(parousia)を啓示する推論である。

ひとが見たり見られたりする場所である世界を超えて、モーセが非認識(tes agnôsias)の真に神秘的な《暗黒》のなかに入っていくのは、そのときのみである。その《暗黒》のなかで、彼は一切の実証的《ポジティヴ》〔肯定的〕な知を沈黙させ(「目を閉じて」*ms*)、一切の把捉と一切の視覚を完全に逃れる。彼はもはや自分自身に属するのでもなければ、異質な何かに属するのでもない。一切の実証的な知を放棄したことによって、一切の可知性を超えて認識するこの非認識そのもののおかげで、自分自身の最良の部分を通して、一切の認識を逃れる《者》と一体となるのである。

(二〇〇〇c以下、一七九―一八〇頁。[14] 強調デリダ)

この一節から三つのモチーフを取り出そう。

一、みずからを切り離すこと、遠ざけること、エリートとともに退隠すること。秘密のこの場所政治学《トポリトロジー》は何よりもまず一つの命令に従う。モーセは「まずみずからを清めよという命令を、次に不純な者たちから身を遠ざけよという命令を受け取る」。この命令は約束と区別されない。それは約束そのものである。神と聖なる制度とを(こう言ってよければ)仲立ちする偉大な聖職者の知、それは約束の知である。このことをディオニュシオスは『教会位階論』のなかで、死者たちへの祈りとのからみで詳述している。epaggelia は指令と同時に約束をも意味する。「神の約束は間違いなく実現する(tas apseudeis epaggelias)と知っている聖職者は、そのように知っていることですべての参列者に次のことを教える。すなわち、彼が聖なる制度の名において(kata thesmon ieron)請い願う恵みは、神のうちで完全なる生を送る者たちに十全に与えられるであろう、と」(五六四a、三二一頁)[15]。その前の箇所では、「偉大な聖職者は、間違いのない聖書に含まれた約束をよく心得ている」(五六一d)と言われていた。

二、こうした秘密の場所政治学《トポリトロジー》において、比喩もしくはレトリックの場は政治的戦略素でもある。「聖なる象徴」、聖なる言説の構成(synthemata)や記号や比喩、「謎」、「類型的象徴」は、いずれも群衆に対する「盾」として発明されたものである。神のものだとされるあらゆる神人同型的な情念、すなわち、苦しみ、怒り、改悛、呪い(これらはすべて否定的な動きである)、さらには神が「みずからの約束を回避するために」聖書のなかで用いる多様な「詭弁」(sophismata)は、「神を表象するために大胆にも用いられた聖なるアレゴリー(iera synthemata)」にすぎない。その神の表象は、「神秘の目に見える外観を外へ投影し多様化することによって、唯一のもの、合成されたのではないものを分裂させることによって、形も像ももたないもの(kai typôtika, kai polymorpha tôn amorphôn kai atypôtôn)を多様な形のもとに形象化することによって」なされる。「それは、[これらのアレゴリーの]内部に隠された美を見ることのできる者が、そうしたアレゴリーをまったく神秘的なもの、神に適ったもの、神学の大いなる光に満ちたものと見ることができるためである」(テトスへの『第九書簡』一一〇五b以下、三五二頁以下)[16]。厳命でもある神の約束がなければ、このsynthemataの力も、慣習的なレトリック、詩、美術、文学にすぎなくなってしまうだろう。レトリック性の領野、さらには文学性の領野、フィクションの法なき法、そうしたものが開かれるばかりでなく、それ自体へと閉じてしまうには、この約束を疑い、厳命に背くだけでよいだろう。

約束が命令でもあるとしたら、そのときレトリックの覆いは、政治的な盾、社会分割の強固な境界、すなわちシボレートになる。そうしたレトリックは、それ自体において到達不可能な、伝達不可能な、教育不可能なある知へのアクセスを保護するために発明される。しかしながらこの教育不可能なものは、これから見るように、別の様式で教えられる。この非－学素《マテーム》は一つの学素になりうるし、ならなければならない。ここで私は、ラカンがこの学素という語についておそらくこの場合と無関係ではない分野でおこなった使用法に依拠している。レトリックの構築物はその単なる現象において十分に自足しているなどと思ってはならない、とディオニュシオスは明確に述べている。レトリックの構築物は、道具、技術的媒介物、武器であり、少なくとも防御の武器、「盾」(probeblesthai)である。この「盾はこの到達不可能な(「伝達不可能な」*ms*)学を保証する。群衆はいささかもこの学を観照してはならない。それは、もっとも聖なる神秘が安易に世俗の者たちに与えられないようにし、聖性の真の友たちにのみ明らかにされるためである。聖性の真の友たちのみが聖なる象徴を子どもじみたあらゆる想像から救い出す術を心得ているのだから……」(一一〇五c、三五三頁[17])。

また別の政治的・教育的な帰結、別の制度的な特徴がある。すなわち神学者は二重の言語活動ではなく、自身の知の二重の書き込みを実践しなければならないのである。ディオニュシオスはここで二重の伝統について、二重の伝達様式(ditten paradosin)について言及する。一方の様式は、えも言われぬ、秘密の、禁じられ、保蔵され、到達不可能な(aporreton)もしくは神秘的な(mystiken)、「象徴的で秘儀伝授的」な様式であり、他方の様式は、哲学的、論証的(apodeiktiken)、開陳的な様式である。もちろん重大な臨界的な問いは次の問いである。すなわち、この二つの様式はどのようにして互いに関係しあうのか。それらの翻訳の法もしくは階層性の法はどのようなものか。それらの制度的・政治的な形象があるとすれば、どのようなものか。ディオニュシオスは、この二つの様式の一方が他方と「交差する」ことを認めている。「表現不可能」(arreton)なものは「表現可能」なもの(tô retô)と交錯もしくは交差する(sympeplektai)。

そうすると、この言説、すなわちディオニュシオスの言説、そしてまた私が彼についておこなっている言説は、どのような様式に属しているのか。それは必然的に、分割不可能な点ではありえないような場に身を置くのでなければならないのではないか。すなわち二つの様式が交差し、この交差（もしくはsymplokè〔もつれ合い〕）それ自体が本来的に二つの様式のどちらにも属することなく、両者の配分に先行しさえする場に。秘密と非‐秘密の交差点において、秘密とはどのようなものか。

この二つの言語活動（それぞれが他方の沈黙を担っている）の交差点において、秘密は漏れなければならないと同時に漏れてはならない。秘密は漏洩しうるし、しえない。漏らさないのでなくてはならない〔il faut ne pas divulguer〕のだが、また同時に、この「しなくてはならない〔il faut〕」「してはならない〔il ne faut pas〕」「しないのでなくてはならない〔il faut ne pas〕」を知らせなくては、あるいはむしろ知られるがままにしなくてはならない。

いかに秘密を漏らさずにいられるか。いかに言わずにいられるか。いかに語らずにいられるか。矛盾した不安定な意味〔方向〕がこうした問いに終わりなき揺れを与える。秘密が秘密のままであるためには、どうすべきか。秘密の秘密が――それとして――秘密でなくなるためには、秘密をどのように知らせるべきか。この漏洩そのものをいかに避けるべきか。これらの軽い波は同じ文句を煽り立てる。安定していると同時に不安定でもあるこの文句は、私がここで否認〔*dénégation*〕と呼ぶものの運動によって運ばれるがままになる。この否認という語は、それがフロイトのコンテクストにおいて引き受けられるまさにそれ以前のところで理解したい語である（これはおそらくそれほど簡単なことではないだろうし、それには少なくとも二つの条件が前提となるだろう。すなわち、得られた例が述語構造の彼方へと運んでいくと同時に、精神分析の諸定理をなおも支えている存在‐神論的もしくは形而上学的諸前提の彼方へも運んでいくという条件である）。

否認の秘密と秘密の否認がある。それとしての、秘密としての秘密は、すでに否定性を分離して制度化するのであって、それは自分自身を否定する否定である。それはみずからを脱－否定する〔dé-nie〕[18]。この否認は秘密にとって偶発的に生じるのではない。それは本質的で根源的である。そして秘密が秘密であらんとして自分自身に現れるからこそ自分を否認する秘密、そうした秘密のそれとしてにおいて、この否－認〔脱－否定〕は弁証法にいかなるチャンスも残さない。私がここでおそらくあまりにも省略的に、あまりに「簡潔に」（とディオニュシオスなら言うだろう）、だがまたあまりに饒舌に語っている謎、それは秘密の分有＝分割《パルタージュ》のことである。それは単に他者――党派や秘密結社における私のパートナーとか、共犯者や証人や盟友とか――と秘密を分有することばかりではない。そうではなく、それはまずなによりも、それ自体において分割された秘密、秘密の「本来的な」分割《パルティシオン》、秘密の本質を分裂させるもののことである。秘密がたった一人に対してであれ現れることができるのは、秘密が失われ始め漏れ始めることによってのみであり、つまり現れることでみずからを秘密として隠蔽し始めることによって、要するにみずからの隠蔽を隠蔽し始めることによってのみである。そのものとしての秘密はない、私はそれを否認する。そしてこのことこそ、私と同盟を結ぶ誰にでも、私が秘密裏に打ち明けることなのだ。これこそが同盟の秘密なのだ。そこに神学的なものが必然的に忍び込むとしても、秘密それ自体が神－学的だということではない。それ、秘密それ自体、固有の意味での秘密など、はたしてあるだろうか。神の名と言うことができるのは（私は神と言っているのではない。しかし私が神の名と言っている以上、ここで神について言うことをどうして避けられようか）、この密かな否認の様態においてのみである。つまり私はとくにそれを言いたくないのだ。

三、私の第三の指摘も場にかかわる。つまり『神秘神学』は、神の観照への道と神が在留する場への道とを区別している。ある種の命名行為が思わせるところとは反対に、神は単純にみずからの場であるのではないし、もっとも聖なる場に存在するのでさえない。神は存在するのではないし、場ももたない。もっと正確に言えば、神は存在し場をもつのではあるが、しかしそれは存在なしに、場なしに、みずからの場であることなしにである。場とは何か、何が場をもつのか、つまり何がこの場という語のもとで思考にみずからを与えるのか。われわれはこの糸を辿っていき、出来事が何でありうるか、神のこの無局所論《アトピック》において場をもつもの、場を得る〔takes place〕ものを問わなくてはならないだろう。私は戯れに atopique[19] と言っているのではない。atopos とは、非常識なもの、不条理なもの、常軌を逸したもの、狂人のことである。ディオニュシオスはしばしば神の狂気について語る。彼が聖書を引用するとき(『神の《狂気》は人間の賢知よりも賢い』)、「すべての措定的な用語を否定し反転させ、措定的用語をそれらの否定的側面において神に適用するという神学者たちの使用法」に言及する(『神名論』八六五b、一四〇頁[20])。さしあたり以下のことだけを説明しておこう。神の場(これは神ではない)が神の超本質に通じないのは、その場が可感的なもの・可視的なものにとどまるという理由からだけではない。それが可知的な場だからでもある。この一節の曖昧さがどうであれ、また「神が在留する場」――この場は神ではない――が可知的秩序に属するか否かを知ることの困難がどうであれ、結論に曖昧さはなさそうだ。すなわち神の「現前」(parousia)は、「もっとも聖なる場の可知的頂点のさらに上に(tais noetais akrotesi tôn agiôtatôn autou topôn)」位置しているのである(『神秘神学』一〇〇一a、一七九頁[21])。

II

われわれはまだ戸口にいる。

いかに語らずにいられるか。How to avoid speaking? いまやこの問いをなぜ場の問いへと導かなければならないのか。この問いはすでにそこにあったのではなかったか。導くとは、つねに一つの場からまた他の場へと赴く〔se rendre(みずからを返す)〕ことではないか。場についての問いは場外に身を置くのではなく、それは本来的に場によって取り囲まれている。

いまやわれわれを待ち受けている三つの段階において、私は場の経験に特権を与えなければならないと考えた。しかし経験という語はすでに危険だと思われる。われわれがいまから語る場との関係は、おそらくもはや経験の形式をもたないだろう。少なくとも経験というものがなおも現前性との遭遇ないし現前性の横断を想定するのであれば。なぜこのように場を特権視するのか。その正当性が議論の途上で明らかになることを期待する。しかしながら、ここでいくつか予備的で図式的な手がかりを示しておこう。

イェルサレムでのわれわれの討議会のトポス〔場、論題〕がそうであるからだが、まず焦点となるのは、詩、文学、文芸批評、詩学、解釈学、修辞学である。すなわち普通の意味でのパロール〔発話、語ること〕やエクリチュール〔文字、書くこと〕を、私がここで痕跡と呼ぶものと連絡させうるあらゆるものが問われる。そこではそのつど次のような巨大な問題を回避することは不可能である。すなわち、一方には、形象的空間化(普通の意味でのパロールやエクリチュールのなかでの形象的空間化、そして普通の意味と他の意味——普通の意味はこの他の意味の一形象でしかない——との間の空隙における形象的空間化)という巨大な問題があり、他方には、意味や対象指示の問題があり、そして最後に、場をもつものとしての出来事という問題がある。

形象性〔比喩性〕は、またはレトリックにおいて言われる場は、われわれがすでに垣間見たように、否定法の歩みの関心の的をなしている。意味と対象指示について言えば、ここにまた他の召還——実は他者からの召還、召還としての他者からの呼びかけ——がある。「いかに語らずにいられるか」(how to avoid speaking?)という問いがそのあらゆる様態(言行為の論理的‐修辞的形式であれ、語るという単なる事実であれ)において提起され分節化されるとき、こう言ってよければ、すでに遅すぎるのである。言わないことはもはや問題にならない。たとえ何も言わないために語るのだとしても、たとえ意味や対象を欠落させるのだとしても、否定法的言説は場をもつ。否定法的言説を巻き込み《アンガジェ》、可能にしたものが場をもったのだ。たまたま指示対象が不在であるとしても、それでもやはり合図《シーニュ》が、話題となる事物（たとえば存在の彼方で、場なしに場をもつがゆえに何ものでもない神）へではないにせよ、少なくとも他なるもの（存在とは他なるもの）へと送られるのである。この他なるものが呼びかけ、言葉はこの他なるものをみずからの宛先とする（たとえこの言葉が何も言わないために語り、語るために語るのだとしても）。他なるものからのこの呼びかけはつねにすでに言葉に先行しており、したがって他なるものは言葉に現前したためしなど一度もないのだから、他なるものからの呼びかけ〔appel〕は一種の想起〔*rappel*（呼び返し）〕として事前に告げられる。こうした他なるものへの指示はつねに場をもってしまっているだろう。一切の命題《プロポジシオン》以前に。さらには、約束、祈り、賛辞、祝辞といったあらゆる言説一般以前に。もっとも否定的な言説は、諸種のニヒリズムや否定的弁証法のまさに彼方で、この他者への指示の痕跡を保持する。言説よりも古い出来事の痕跡あるいは来たるべき「場をもつこと」の痕跡、そしてその両方。そこには二者択一も矛盾もない。

　これをディオニュシオスのキリスト教的否定法に翻訳して言えば（だが同じ必然性を他の仕方で翻訳することも可能である）、次のようになる。すなわち、たとえ正しく[22]あるいは真に語るために、あれこれの仕方で語ることを避けなくてはならないとしても、端的に語ることを避けなくてはならないとしても、神について語る能力、よく語る能力はすでに神に由来する、と。この能力は神からの贈り物であり、神の結果である。その原因は一種の絶対的な指示対象であるが、しかし何よりもまず、それは命令であると同時に約束でもある。原因、贈与の贈与、命令、約束といったものは同じものであり、語る者、「よく語る」者の責任〔応答可能性〕が答える、まさにその同じものもしくは同《者》である。『神名論』の終わりでは、神の名について語る可能性、しかも正しく語る可能性そのものは、神に帰着している。すなわち、「一切の善の原因である《者》、まずは語る能力を、次によく語る能力（kai to legein kai to eu legein）を授ける《者》」に（九八一c、一七六頁）[23]。この言表の暗黙の規則に従えば、こう言えるだろう。一切の言葉のこの想定された起源、要請されたその原因を神と呼ぶこと、神の名によって名指すことは、つねに可能である、と。言葉の原因を要請すること、責任をもたなければならないものを前にして責任をとることは、要求されたものを要求する。それは言葉もしくは最良の沈黙にとって一つの要求であり、意味、指示対象、真理とも呼ばれるものを要請すること、あるいはこう言いたくなるだろうが、欲望することである。これこそが、他のもろもろの名以前に、また名を超えて、神の名がつねに指しているものである。すなわち言葉がこの最初のもしくは最後の対象指示に応答すべくみずからを反転させるそれ以前に、すでに言葉を可能にしてしまっているこの特異な出来事の痕跡、これを神の名は名指しているのだ。それゆえに否定法の言説は、その言説の目的地を認識し、指定し、保証する祈りによっても開かれなければならないのである。その目的地とは、《原因》と異なるものではない、レゲインの《指示対象》としての《他者》である。

つねに前提されているこの出来事、この特異な〈場をもったこと〉、それはあらゆる読解、あらゆる解釈、あらゆる詩学、あらゆる文芸批評にとって、ふつう作品と呼ばれているものでもある。少なくとも、それはある文言の〈すでにそこに〉である。ある特定の固有言語において、その特異性が還元不可能にとどまり、その対象指示が不可欠にとどまらなければならないような、そうした文言の痕跡である。一個の痕跡が場をもったのだ。たしかに固有言語の固有性はコードと理解可能性を授ける反復によって必然的に失われざるをえず、汚染されざるをえない。また固有言語の固有性は消失することによってしか出来しない以上、自己消失するしかない［*n'arrive qu'à s'effacer*（自己消失においてのみ到来する）］。しかしたとえそうだとしても、その消失は場をもったことになるだろう——たとえそれが灰の場であったとしても。灰はそこにあるのだ。

私がたったいま言及したことは、有限な作品の有限な経験にしかかかわらないように見える。しかし痕跡の構造は一般に有限性の経験の可能性そのものであるのだから、痕跡の有限な原因と無限な原因との区別は、ここでは——あえてこう言おう——二次的と思われる。そもそもこの区別自体が痕跡もしくは差延[24]の効果なのであるが、だからといって痕跡もしくは差延（他のところで私は、この差延が無限であるかぎりにおいて有限であることを標記しようと試

[*10]みた)が原因もしくは起源をもつということではない。

かくして、「いかに語らずにいられるか」(how to avoid speaking?)という問いが浮上する瞬間、すでに遅すぎるのである。語らないことはもはや問題ではなかった。言語作用はわれわれ抜きで、われわれのなかで、われわれ以前に始まったのだ。これこそ神学が神と呼ぶものである。語らなければならないのであり、語らなければならなかったということになるのだ。この「なければならない〔il faut〕」は、否認しえない必然性(これは、それを否認することは避けられない、つまりそれを否認することしかできないという事態の別の言い方である)の痕跡であると同時に、過ぎ去った厳命の痕跡でもある。つねにすでに過ぎ去ってしまっている厳命、つまり過去の現在をもたない厳命。「いかに語らずにいられるか」という問いが到来するに任せるためには、語ることができなければならなかった。この「なければならない」は過去から到来したものであり、言語作用以前の言語作用であり、決して現在であったためしがなく、したがって記憶不可能にとどまる過去である。したがって、この「なければならない」は、ふつう歴史と呼ばれるものに属することがないような、歴史の言説もしくは言説の歴史に属することのないような、そうした命令・約束の出来事へと合図を送るように見える。それが命令であれ約束であれ、とにかくこの厳命は、私――われ〔moi〕――が〈私が〔je〕〉と言うことができるまさにそれ以前のところで、また私がそのような挑発〔*provocation*(先行的な召喚)〕に署名し、この挑発を再我有化し、対称性を再構成するまさにそれ以前のところで、厳密に非対称的な仕方で(私を)拘束《アンガージュ》するのである。だからといって私の応答責任はいささかも緩和されない。それどころか逆である。痕跡のこうした先回りがなければ、そして自律が第一だったり絶対的だったりしたら、応答責任《レスポンサビリテ》〔応答可能性〕はなくなってしまうだろう。自律それ自体も可能でなくなってしまうだろうし、厳密にカント的な意味での法への尊敬も(この尊敬の「原因」でさえも)不可能になってしまうだろう。この応答責任を回避し、否認し、絶対的な巻き戻しによって応答責任を抹消しようとするためだとしても、私はなおもあるいはすでにこの責任に連署しなければならないのだ。エレミヤが彼の生まれた日を呪うときでも、[11] 彼はなおもあるいはすでに肯定〔*affirmer*〕しなければならない。というよりもむしろ彼は、ディオニュシオスの言葉によれば、否定的でもなければ肯定的でもない運動によって確証〔confirmer〕しなければならないのだ。というのも、この運動は定立(thesis)や脱－定立(欠如、除去、否定)に属するのではないのだから。

なぜ三段階なのか。なぜ私はいま三つの時間で事を進めなければならないのだろうか。もちろん、私はなにか弁証法的な義務を履行しようと思っているわけではない。ここで賭けられているのは、どうしてもそう見えるかもしれないが、弁証法とは本質的に異質な思考である。たとえキリスト教の否定神学がプラトンや新プラトン主義の弁証法に多くを負っているとしても、また(少なくともジョルダーノ・ブルーノ、したがってクザーヌス、マイスター・エックハルト等々を介して)ヘーゲルと無縁ではなかった否定法の伝統を考慮しなければヘーゲルを読むことが困難であるとしても、ここでは弁証法とは異質な思考が賭けられているのだ。

神話で語られる事柄であるかのように私がいま連鎖させようとしている三つの「時間」、三つの「記号」は、一つの歴史の契機や記号をなすのではない。それらは一つの目的論の秩序立った順序を啓示しないだろう。それどころか重要なことは、そうした目的論に関する脱構築的な問いなのだ。

いずれにせよ、三つの時間もしくは三つの場は、ここで私が扱うことのできないある問いについて語るのを避けるためのものであり、いわばその問いを否認するためのものであり、あるいはその問いについて否定的な様式で、すなわち語ることなく語るためのものである。ギリシア的でもキリスト教的でもないようなある思考の伝統において、否定神学とその幽霊たちはどうなっているのか。言い換えれば、この点についてユダヤとアラブの思考はどうなのか。[12] 例を通して、そして私がこれから言うことの一切において、ある種の空所、内的な砂漠の場が、この問いを鳴り響くがままにするだろう。私は急ぎ足で三つの範型《パラディグム》(ところで範型はしばしば構築のモデルである)を設定せざるをえないが、この三つの範型は、それについては何も、ほとんど何も言われることがないようなある共鳴空間を取り囲むことになるだろう。

A．第一の範型はギリシアだろう。それに手早くいくつかの名前を与えよう(固有名であれ、そうでないものであれ)。すなわちプラトンと新プラトン主義、『国家』の epekeina tes ousias〔存在の彼方〕、『ティマイオス』の Khora である。『国家』において epekeina tes ousias、存在の彼方(あるいは存在者の彼方――これは翻訳の重大な問いであるが、ここでそれに立ち止まっていることはできない)へと導く運動は、間違いなくひとつの巨大な伝統を開いている。その道程、紆余曲折、重層的決定を辿っていくと、後ですぐに見ることになる第二の範型、すなわちキリスト教のアポファシス、とくにディオニュシオスのそれにまで至るだろう。この系譜とその限界についてはすでに多くの文献が書かれているので、私の意図はそれらを論じることにはない。もちろん、私に許されたわずかな時間では微細な作業をすることはできないし、私がいま他のところで、すなわちいくつかのセミネールや準備中の著作で試みている仕事を要約することもできない。したがって、いくつかの図式的な特徴を描くことで満足しよう。私はこれらの特徴をここでのわれわれの観点から選択する。すなわち「いかに語らずにいられるか」という問いの観点からである。私はこの問いを場の問いとして、すなわちエクリチュールの、書き込みの、痕跡の場という、場の問いとして規定することを始めたのだった。時間がないので、私の話を軽くしなければならない。長い引用も「二次」文献もなしだ。しかしだからといって、後で見るように、「裸」のテクストという仮説を疑問視しないということではない。

プラトンのテクストにおいて、またそれがしるしづけている伝統において、否定性の二つの動向もしくは二つの転向《トロピック》＝転義を区別しなければならないと私には思われる。二つの構造は根本的に異質なものだろう。

一、一方の構造の規則と例は、どちらも『国家』(五〇九b以下)のなかに見られる。《善》のイデア(idea tou agathou)はみずからの場を存在の彼方もしくは本質の彼方にもつ。かくして《善》は存在するのではないし、みずからの場でもない。しかしこの〈存在しないこと〉は〈非－存在〉ではなく、こう言ってよければ、現前性もしくは本質の彼方に、epekeina tes ousias、存在の存在者性の彼方に身を保っている。存在するすべてのものの現前性の彼方から、《善》は存在するものの存在もしくは本質を、to einai〔存在すること〕とten ousian〔本質存在〕とを産み出すが、それ自身は存在することがない。そこから《善》と太陽との、叡智的太陽と感性的太陽との相同性が出てくる。《善》の叡智的な太陽は存在者たちに可視性を、発生(生長と糧)を与える。だがそれは生成のうちに存在するのではないし、可視的でもない。それは自身に由来するもの〔存在者〕の秩序には認識上も存在上も属さない。

この巨大なテクストが要求する読解、またすでに挑発した読解にここで立ち入ることはできないが、ここでのコンテクストにおいて私にとって重要な二つの点を注記しておこう。

一方では、存在、存在者の存在、存在者性(この三つはいずれも仮説であるが区別されている)から見たこの彼方(epekeina)が刻み込む断絶がいかなるものであれ、この特異な境界線は単なる中立的もしくは否定的な規定を生じさせるのではない。そうではなく、それは、彼方において《善》が、思考すべきもの、認識すべきもの、存在すべきものとして与えられるときに、まさに超えられてしまうものの誇張〔*hyperbolisation*〕[25]を生じさせるのである。否定性は、否定性を産み出し、引きつけ、導く、このhyper〔超〕の運動に仕える。なるほど《善》は、それが存在や存在者ではないという意味で存在しないのであって、この主題に関して存在論のあらゆる文法は否定の形式を取らざるをえない。しかし否定の形式は中立的ではない。否定の形式は〈これでもあれでもない〉のあいだで揺れてはいない。否定の形式は何よりもまずsur〔上〕、hyper〔超〕の論理に従っているのであり、この論理はキリスト教的アポファシスのあらゆる超本質主義を、またそこで展開されるあらゆる論争を予告している(たとえばトマス・アクィナスによるディオニュシオスへの批判があるが、トマスは、ディオニュシオスが神のもろもろの名の階層秩序においてBonum〔善〕をEns〔存在者〕もしくはEsse〔存在すること〕の前に、その上位に置くことを非難する）。このように否定の形式が〈超〉の論理に従うことによって、存在と存在の彼方（に存在するもの）とのあいだに、かなり同質的な、相同的《オモローグ》な、類比的《アナローグ》な関係が維持される。それは限界を超えるものが存在と比較可能になるため（たとえ誇張の比喩形象においてであれ）であるが、とりわけ、存在するもの・認識されるものがみずからの存在と認識とをこの《善》に負うためなのだ。こうした類比的な連続性によって翻訳が可能となり、《善》を叡智的な太陽に喩えて比較することが可能となり、次に叡智的な太陽を感性的な太陽と比較することが可能となる。hyperekhon（である）[26]この《善》の超過・超越は《善》を存在と認識の起源に据える。この超越は、存在するものと《善》であるものとの両者を同時に語り説明することを可能にする。認識されうる事物は単に認識される機能のみを《善》から得るのではなく、存在（einai）をも、現実存在《エグジスタンス》や本質《エサンス》（ousia）をも得るのである。ただし《善》はousia に属さず（ouk ousias ontos tou agatou）、尊厳においても古さ（presbeia）においても、潜勢力においても、存在を遥かに超える（hyperekhontos）なにものかに属する（all'eti epekeina tes ousias presbeia kai dynamei hyperekhontos. 五〇九b）。この卓越性は、超過そのものが〈超過されるもの〉の観点＝用語《テルム》〔限界内〕において記述できないというほど、存在ないし光から異質ではない。少し前の箇所では、第三の種属（triton genos）についての言及がある。この第三の種属は、それが可視物でも視覚――すなわち見ること――でもないがゆえに論証をかき乱しているように思われるが、そのときまさしく光が問題となる（五〇七e）。この光自体は太陽が産み落としたものであるが、この太陽のほうは《善》の息子（ton tou agathou ekgonon）であり、《善》が自分自身の姿に似せて産み落としたもの（on tagathon agennesen analogon）である。感性的な太陽と叡智的な太陽というこのアナロジーによって、《善》（epekeina tes ousias）とそれが産むもの（すなわち存在や認識）とのあいだの類似性を信頼できるようになる。存在の彼方に身を保ち、もはや存在論的述語を受け入れないように見えるものについての否定的言説は、こうしたアナロジーによる連続性を断ちはしない。実は否定的言説はアナロジーによる連続性を前提としているのであり、アナロジーによる連続性に導かれてさえいる。存在論は可能なままであり、必然的なままだ。《善》と存在の彼方に関するすべての言説のレトリック・文法・論理のなかに、こうしたアナロジーによる連続性の諸効果を見て取ることができるだろう。

他方で、epekeina tes ousias と hyperekhon(である)ものについての一節の直後で、グラウコンは神に、太陽神アポロンに語りかける。もしくは語りかけるふりをする。「アポロンよ、なんという神がかった誇張(daimonias hyperboles――なんという悪魔的・超自然的な行き過ぎ)でしょう！」と。存在を超過するものについて語るときの、こうした神への祈願もしくは語りかけを過大視しないようにしよう。それは少しばかりおどけた様子で(geloiôs)、場面に一息入れるためであるかのように軽くなされたものである。しかし私は、まもなく明らかとなる理由から、この祈願・語りかけを取り上げる。その理由が明らかになるのは、否定法を用いるあらゆる神学が神への語りかけから始めるという必然が演劇のレトリックとはまったく別物になるとき、すなわち祈りの厳粛さをもつときである。

なぜ私は先ほど、アナロジー的媒介の役割を果たす、すなわち視覚と可視物とのあいだの光という役割を果たすよう定められた「第三の種属」に注意を促したのか。なぜなら第三のものというこの図式が『ソフィスト』において存在にもかかわっているからである(二四三b)。組になった対立項のすべてについて、各項は存在する〔est〕と言うことができる。この存在する〔est〕の存在(einai)は、ほかの二項の彼方にある第三項(triton para ta duo ekeina)の形象である。存在は、他者を迎え入れる能力をもつロゴスにおいてさまざまな形式＝形相あるいはイデアが弁証法的に絡み合い(symplokè)、交差するために不可欠である。〈非‐存在〉――それ自身としては思考不可能(adianoeton)、言表不可能(arreton)、発語不可能(aphtegkton)であり、言説と理性に無縁(alogon)であるような〈非‐存在〉――について問いが提出された後で(二三八c)、場面はついに弁証法〔問答法〕それ自体の提示〔現前〕に至る。パルメニデスの父親殺しとパルメニデス本人の殺害を経由することによって、弁証法は非‐存在を絶対無もしくは存在の単なる反対物としてではなく、他として考える思考を迎え入れる(二五六d、二五九e)。それは絶対に否定的な言説などありえないということを確証するためである。ロゴスは必然的に何かについて語るのであり、何かについて語るのを避けることはできない。ロゴスが何ものにもかかわらないことは不可能なのである(logon anagkaion, otanper è, tinos einai logon, mè dè tinos adunaton. 二六二e)。

二、いま私がきわめて図式的な仕方で素描した否定性のこの転義術から、やはりプラトンにおけるもう一つ別の転義術を区別し、限界の彼方(epekeina)——すなわち第三の種属と場——を扱う別の手つきを取り出してみよう。場とはここではコーラと名づけられるものであり、私が言っているのはもちろん『ティマイオス』のことである。このコーラという語が「プラトンのなかに」見られると言うとき、それがプラトンのテクストの内部に属するのか否かという問いや、そもそもここで「内部」とは何を言わんとするのかという問いは脇に置いておく(時間がないので)。これらの問いについては他のところで、出版準備中のテクストのなかで詳しく論じるつもりである。この現在進行中の仕事[*13]から、ここでのコンテクストにかかわる仮説の定式化に不可欠ないくつかの要素を採取させて頂きたい。

コーラもまた第三の種属(triton genos. 四八e、四九a、五二a)である。この場はデミウルゴスが着想源とする叡智的原型《パラディグム》のことではない。さらにこの場は、デミウルゴスがまさしくコーラのなかに刻印する感性的な写しや模倣物《ミメーム》の次元にも属さない。この絶対的に必要な場、「そこのなかに」永遠なる存在たちの模倣物が刻印されて(typothenta)誕生するところ、すべての型とすべての図式のための刻印支持体(ekmageion)、これについて語ることは難しい。真なるロゴスまたは堅固なロゴスをそれに適合させるのは難しい。それは「夢幻的」にしか垣間見ることができず、「雑種の推論」(logismô tini nothô)によってしか記述されえない。この空隙〔espacement〕は生まれも死にもしない(五二

b)。とはいえその「永遠性」は叡智的原型のそれではない。デミウルゴスがもろもろの原型の像《イマージュ》をコーラの「なかに」切り出し、入らせ、刻印しながら、秩序ある宇宙《コスモス》を組織する瞬間(と言えるならばだが)、コーラはすでにそこに存在しなければならなかったのであり、「そこ」それ自体として、時間の外に、いずれにせよ生成の外に、すなわちイデアの永遠性とも感性的事物の生成とも共通の尺度をもたない〈時間-外〉のなかで、すでにそこに存在しなければならなかった。プラトンはどのようにしてこの不均衡と異質性を扱っているだろうか。『ティマイオス』の文章には競合する二つの言語がある、と私には思われる。

一方の言語は、なるほど否定、警戒、回避、迂回、転義を積み重ねるが、それはコーラの思想をプラトンの存在論と弁証法のもっとも支配的な図式に再適合させることを目論んでいる。コーラ、場、空隙、容器(hypodokhè)は感性的でも叡智的でもないが、それは謎めいた仕方で叡智的なものの性質を分有しているように思われる(五一a)。コーラは「すべてを受け入れる」のであるから、それは秩序宇宙《コスモス》の形成を可能にする。コーラはあれこれのものではない(叡智的でも感性的でもない)のだから、それはあたかも二つのものの性質を分有する混合物であるかのように言われるだろう。〈…でも…でもない〉は容易に〈…でも…でもある〉に、〈あれでもこれでもある〉になる。そこからこの一節のレトリックが出現し、伝統的に隠喩として解釈されている比喩形象が積み重ねられる。すなわち黄金、母、乳母、篩、容器、刻印支持体、等々である。アリストテレスは『ティマイオス』に関するたくさんの読み方の母型を提供したことになるだろう。彼の『自然学』(第四巻)以来、コーラに関するこの一節はつねに哲学の内部で解釈され、決まって時代錯誤的《アナクロニック》な仕方で解釈されてきた。すなわち、コーラは延長《エクステンシオ》(デカルト)や純粋な感性形式(カント)といった空間の哲学を予示しているとか、あるいはhypodokhè〔受け入れること・容器〕として、もろもろの質や現象の下に存する基体ないし実体の唯物論哲学を予示しているとかいった具合にである。こうした読み方(その豊かさや複雑さをここで検討することはできない)はつねに可能であるし、ある程度は正当でもあるだろう。それらの時代錯誤《アナクロニズム》について言えば、それは単に明白であるばかりでなく、構造的に不可避でもある、と私には思われる。コーラとは空隙化《エスパスマン》の時代錯誤性《アナクロニー》そのものであり、時代錯誤を引き起こし《アナクロニゼ》、時代錯誤を呼び招く。コーラは、あらゆる書き込みに場を与える前―時間的な〈すでに〉から出発して、不可避的に時代錯誤を呼び起こすのである。しかしこれはわれわれがここで追求することのできない別の話である。

もう一方の言語、他方の解釈的決定は、いっそう私の関心をひくものであり、それ独特の仕方でやはり時代錯誤的《アナクロニック》である。ここでは読みの同期性にいかなるチャンスもない。読みは、それが適合しようとする当のものを必ずや逸するだろう。この別の挙措はプラトン主義の内部に、さらには存在論の、弁証法の、おそらく哲学一般の内部に（だがしたがってまた、それらの外部に、あるいはひとたび外部に置かれた内部に）、ある還元不可能な空隙を書き込むだろう。コーラの名のもとでは、場は感性的なものにも叡智的なものにも、生成にも非存在にも属さず（コーラが空虚として描かれることはない）、存在にも属さないだろう。プラトンによれば、存在の量や質はその叡智性によって測られるのであるから。プラトンが隠さないあらゆるアポリアは、存在者でも無でもない何かがそこにあるということを意味するのであり、その何かは、いかなる弁証法、いかなる分有論の図式、いかなるアナロジーによっても、なんらかの哲学素と再接合されない。プラトン「のなかの」どんな哲学素とも、またプラトン主義が開始し司る歴史のどんな哲学素とも。〈…でも…でもない〉は〈…でも…でもある〉へもはや再転換されはしない。そうすると前述のもろもろの「隠喩」は不適切だというだけではない（不適切だというのは、それらの隠喩はコーラのなかに書き込まれた感性形式から、コーラそれ自体を指し示すには妥当でない形象を借りているからである）。それらの隠喩はもはや隠喩でさえないのだ。隠喩概念の体系的なネットワークを形作っているレトリックの全体と同じく、隠喩概念もこのプラトン主義の形而上学に由来しており、隠喩概念と一緒にプラトンから受け継いだ感性的なものと叡智的なものとの区別、弁証法と類推論法《アナロジスム》との区別に由来するのである。プラトンの解釈者たちがあれらの隠喩について議論するとき、彼らの議論や分析の複雑さがどうであれ、彼らが隠喩概念それ自体を疑っているようにはまったく見えない。*14

しかし、プラトンが場を指し示すのに感性的な隠喩ないし形象を用いていないと述べるからといって、プラトンがコーラに固有の本来の意味〔本義〕、本来叡智的〔知解可能な〕意味について、コーラに固有の本来的な仕方で語っているということではない。コーラに関する規定の(こう言ってよければ)基礎的不変項である受容性もしくは容器という価値は、比喩化された意味〔転義〕と本来の意味〔本義〕という対立の彼方に身を置くと私には思われる。コーラの空隙《エスパスマン》は、コーラが可能にする固有の意味〔本義〕のなかに分裂もしくは差延を導入し、そのようにしてレトリック上の比喩形象ではもはやないような転義的迂回へとひとを拘束するのである。コーラが場を与える——何も与えることなく——ところの刻印術ないし転義術は、そもそも『ティマイオス』のなかにはっきりと標記されている(五〇b－c)。つまりプラトンは彼流のやり方でこう述べている。コーラについては、存在したり存在しない「何か」としてそれを語ることは避けなくてはならない、現前や不在、叡智的なものや感性的なもの(あるいはその両者)、能動や受動、《善》(epekeina tes ousias〔存在の彼方〕)や《悪》、神や人間、生物や非生物といった「何か」として語ってはならない、と。そうした擬神論的ないし擬人論的な一切の図式を避けなくてはならない。コーラは万物を受け入れるが、それは環境や入れ物のような仕方ではないし、容器のような仕方でさえない。というのも容器もやはりコーラに書き込まれた比喩形象だからである。それはデカルト的な意味での知解可能な延長でも、intuitus derivativus〔派生的直観〕というカント的な意味での受容主体でもない。また受容性の形式としての純粋な感性的空間でもない。コーラは徹底的に無人間的で無神論的であるので、コーラは場を与えるとさえ、コーラがあるとさえ言うことができない。〈与える〉や〈ある〉と翻訳するひともいる es gibt〔「……がある」を意味するドイツ語表現。直訳すると「それが……を与える」〕は、なおもあまりに神の配剤、人間の配剤、あるいはさらにハイデガーのいくつかのテクストが語る存在の配剤(es gibt Sein)をも告げたり思い出させたりする。コーラはそれ、すなわち一切の主観性以前の贈与運動のエスでさえない。

コーラは、ひとが何か(存在する何か)を与えるかのように場を与えるのではない。コーラは何も創造しないし何も産出しない。場をもつものとしての出来事さえも作り出さない。コーラは命令を与えないし、約束もしない。コーラは徹底して没歴史的である。というのもコーラを通じて何も到着しないし、コーラに何も到着しないからだ。プラトンはコーラの必然的な無関心さ〔無差別さ〕を強調している。あらゆるものを受け入れるためには、またそこに書き込まれるものによって標記され触発されるがままになるためには、コーラは形なきままで、固有の規定なきままでなくてはならない、と。だがコーラが無定形(amorphon. 五〇d)であるとしても、それは欠如や欠乏という意味ではない。そこには否定的なものも肯定的なものもまったくない。コーラは平然として動じないのであり、受動的でも能動的でもない。

　コーラについていかに語るべきか。コーラについていかに語らずにいられるか。ここでわれわれのコンテクストにかかわる特異な点は、コーラについて語ることの不可能性、固有名を与えることの不可能性がひとを沈黙へと追いやるどころか、むしろ不可能性のために、不可能性にもかかわらず、一個の義務をなおも課すということである。コーラについて語らなければならないのであり、そのための規則があるのだ。どのような規則か。コーラのこの絶対的な単独性《サンギュラリテ》を尊重したければ(たとえコーラが場の純然たる多数性《ミュルティプリシテ》でありうるにせよ、コーラは一個しかない)、コーラをつねに同じ仕方で呼ばなければならないということだ。フランス語訳が言っているように、それに同じ名を与えるのではなく、同じ仕方でそれを呼び、それに語りかけることである(tauton auten aei prosreteon. 四九b)。それは固有名の問いではなく、むしろ呼びかけの問い、語りかけのやり方の問いである。proserô とは、私は語りかけるということ、私が誰かに言葉を差し出すことであり、ときには神を崇めることである。prosrema とは誰かに差し出された言葉である。prosresis とは呼びかけの挨拶である。コーラをつねに同じ仕方で呼ぶことによって――名にかぎった話ではないが、一つの文句が必要なのだ――コーラの絶対的な唯一性が尊重されるだろう。つねにすでに生じてしまっている、命令も約束もないこの厳命に従うためには、所与のすべての哲学素の彼方に身を置きながらも言語のなかに一個の痕跡を残したことになるものを思考しなければならない。たとえば慣用的な意味の網目のなかに捕えられたコーラという語をギリシア語のなかに残したことになるものが、それである。プラトンは他の語をもっていなかった。単語とともにそこにあるのは、文法上、レトリック上、論理上、したがってまた哲学上のもろもろの可能性でもある。いかに不十分であろうとも、そうした諸可能性はこの前代未聞の痕跡によって与えられたもの、すでにその刻印を帯びたものであり、何も約束しなかったこの痕跡へと約束されているのである。こうした痕跡と約束は、つねに一個の言語の身体のなかに、その語彙集と統辞法のなかに書き込まれたものではある。しかし、それを別の言語のなかにも、別の身体のなかにも、また別の否定性のなかにも、やはり唯一のものとして再発見できるはずである。

B. 問いはいまや以下のようになる。一方には、以上のような「経験」——すなわち経験という語がなんらかの現前性(それが感性的なものであれ叡智的なものであれ)との、さらには現前者一般の現前性との、ある種の関係を指すのだとしたら、とりわけ経験とは言えないようなコーラの経験がある。他方には、そのキリスト教的契機におけるvia negativa〔否定の道〕と呼ばれるものがある。この両者のあいだで何が起こる〔se passe(通過する)〕のか。

コーラをめぐる言説の否定性を通過すること〔passage〕は、最終的な言葉でもなければ弁証法に仕える媒介でもない。《善》や《神》といったなにか肯定的もしくは本来的な意味への上昇でもない。それは否定神学ではない。そこには、出来事、贈与、命令、約束といったものへの指示《レフェランス》はない。たったいま強調したように、たとえ約束ないし命令の不在によって、すなわちこの「場」のもつ徹底的に無人間的で無神論的な、砂漠のような性格によって、われわれが語ることを余儀なくされ、この「場」を〈まったき他なるもの〉として——超越的でも絶対的に遠ざかったものでもなく、かといって内在的でも近しいものでもない〈まったき他なるもの〉として——ある独特の仕方で指示することを余儀なくされるのだとしても、そこに指示はない。この指示について語る義務があるということではない。われわれがこの指示に由来するのではないある義務によって動かされ、この指示を思考し、それについて語るのであれば、そのときこの指示の特異性を尊重しなくてはならないということだ。この指示対象《レフェラン》は何ものでもないにもかかわらず、還元不可能なもの、還元不可能な仕方で他なるものだと思われる。それを発明することはできない。それは現前と不在の秩序と無縁にとどまるのだから、あたかも語りかけの瞬間に、その他性そのものにおいて発明されるしかないかのようなのだ。

しかしこの独特の語りかけは祈りではないし、祝賀でも称賛でもない。それは《あなた》に語るのではない。とりわけ、あの「第三の種属」(コーラもそれである)は三の集合には属さない。ここでは「第三の種属」とは、なんらかの集合、家族、三幅対ないし三位一体のなかでは計算されることのないあるXを名指す哲学的な手法でしかない。プラトンがコーラを一種の「母」や「乳母」に喩えるように見えるときでさえ、実は永遠の処女であるコーラは、プラトンが原型に「喩える」「父」と対《カップル》をなすことはない。彼女〔コーラ〕は、彼女のうちに書き込まれる感性的形態、すなわちプラトンが「子ども」に「喩える」(五〇d)感性的形態を産まない。[27]

この型《タイプ》の経験(あるいはtypos〔型〕のこの経験)とキリスト教の陽否陰述法とのあいだで何が起こる＝通り過ぎる〔*se passe*〕のかと問うことは、必ずしも歴史や出来事や影響関係といったものに想いを馳せることではないし、それだけのことでもない。まさにここで提起されている問いは、歴史性もしくは出来事性にかかわるものであり、言い換えれば、コーラに無縁のもろもろの意味にかかわるものである。「何が起こる」のかを、たとえ構造や関係の観点から記述しようと欲したとしても、認識する必要があるのは、両者〔コーラの経験とキリスト教の陽否陰述法〕のあいだで起こるものは、おそらくまさに出来事の出来事であり、歴史であり、本質的な「場をもったこと〔生起〕」についての思考であり、啓示、命令、約束についての思考であるということだろう。つまり否定的誇張法の極端な厳格さにもかかわらず、コーラ〔場〕よりもアガトン〔善〕に近いところから新たに指令を下すように見える人間‐神学化の思考である。そして三位一体の図式は、たとえばディオニュシオスにおいて、神の名についての諸言説、象徴神学、そして神秘神学とのあいだの移行ないし交差を確保するために絶対に不可欠と思われる。肯定的な神学素は、神を《善》として、叡智的な《光》として、さらには「一切の光の彼方の」《善》(神は「一切の光の原理であるが、神が光と呼ばれることはほとんどない」『神名論』七〇一a‐b、九九―一〇〇頁)として称揚する。たとえこの《善》が(コーラのように)無形と言われていようと、この場合、形を与えるのは《善》なのである。「だが《善》が一切の存在を超越するのだとしたら(実際にその通りだが)、そのときこう言わなくてはならない。すなわち形を与えるのは形なきものであると、本質の頂点は本質なしに自己のうちにとどまる者であると、至高の生は生なき現実であると……」(『神名論』六七九a、九六頁)。この《善》は一種のエロス論とでも言うべきものを思いつかせるが、ディオニュシオスはわれわれの機先を制す。エロスという語の意味や意図するところを明らかにしないままこの語を用いるのは避けなくてはならない、と。字句ではなく、志向的な意味からつねに出発しなくてはならないのだ(七〇八b‐c、一〇四―一〇五頁)。「……愛の欲望(エロス)という言葉を崇めるからといって、われわれが聖書に反旗を翻そうとしているなどと思わないでほしい……」(同所)。「われわれの聖なる著者たちのある人々にとっては、「愛の欲望」(エロス)という言葉のほうが「慈愛」(アガペー)よりも神にふさわしいとさえ思われたのだ。というのも聖イグナティウスはこう書いているからだ。「彼らが十字架にかけたのは、私の愛の欲望の対象だった」と」(七〇九a‐b、一〇六頁)。聖なる神学者たちはエロスとアガペーに同等の価値、同等の同一化の力・結集の力を与えるけれども、群衆はこれを理解することができず、欲望を身体に、分割に、断片に割り振ってしまう(同所)。神においては、欲望は法悦的でもあれば、嫉妬深く尊大でもある(七一二a以下)。したがって、このエロス論は《善》へと、言い換えれば、「即自的に考えられた存在と非存在をはるかに超えた彼方に位置する」(七一六d、一一一頁)もののほうへと循環的に通じ、導き戻す。悪について言えば、「それは存在にも非存在にも属さず、非存在そのもの以上に《善》から切り離されており、まったく別の性質をもち、非存在以上に本質を欠いている」(同所)。〈本質なしにすでに存在するもの〉に照らした場合、この負《マイナス》の〈以上《プラス》〉はどのようなものなのだろう。悪は《善》以上にはるかに本質なしに存在する。できれば、この特異な公理系の帰結全体を引き出してもらいたい。さしあたり私の意図はそこにはない。

存在の彼方、光の彼方の《善》について語り、《善》に着想を得る神学的動向と、《善》を超過する否定法の道とのあいだには、移行＝通路《パサージュ》が、転移が、翻訳が必要である。ある経験が否定法をやはり卓越性へと導かなければならないのであって、否定法に何でも言わせてよいわけではなく、単に空虚な機械的な言説として否定を操ることは避けなければならない。この経験こそ、祈りの経験である。祈りはここでは前文や付随的なとっかかりではない。祈りは本質的な契機であり、それは言説の禁欲、言説の砂漠を通過《パサージュ》するように整える。この言説の禁欲は、見たところ指向対象を欠いているが、それが悪しき譫妄やおしゃべりとならないのは、まず始めに他者に、あなたに語りかけることによってのみである。しかしこのあなたは、「神以上の、超本質的な三位一体」としてのあなたである。

祈りと呼ばれるもののかくも多様な経験と規定のなかから、私は特に、少なくとも二つの特徴をとりあげよう。私の意図をはっきりさせるために、ほかのことを無視する危険はあるが、この二つの特徴をここでは切り出す。㈠どのような祈りのなかにも、〈他者としての他者〉への語りかけがあるのでなければならないだろう。ショックを与えるかもしれないが、たとえば神への語りかけが。〈他者としての他者〉へ語りかける行為はたしかに祈らなくてはならない。言い換えれば、要求し、請い求め、探し求めなければならない。何を求めるかはあまり重要ではない。純然たる祈りは、他者に祈りを聞いてもらうこと、祈りを受け取ってもらうこと、他者がそこに現前してくれること、他者がそれとして他者であり、贈与、呼びかけ、祈りの原因そのものであること、これ以外のことを何も要求しない。要するに、この第一の線が特徴づけているのは、それとしては述定的・理論的(すなわち神学的)・事実確認的ではない言説である(たとえ祈りが黙したものであるにせよ、それは一個の言語行為である)。㈡しかし私ならば、この第一の特徴をもう一方の特徴――大抵の場合、とりわけディオニュシオスとその解釈者たちが第一の特徴に結びつけている第二の特徴――すなわち称賛ないし祝賀(hymnein)から区別するだろう。この二つの特徴の結合はディオニュシオスにとっては本質的であるが、しかしそれは一方の特徴が他方の特徴と同一であるということではないし、さらに一般的に言って、他方から切り離すことができないということではない。たしかに祈りも称賛も事実確認的な述語付与の行為ではない。どちらも遂行的な次元をもっている。ここでその分析をするとすれば、長く難しい論述になるだろう。とりわけそれらの遂行的発話の起源と有効性については。ここでは一つの区別に話をとどめておこう。祈りはそれ自体としては(「それ自体」と言えるならばだが)、他者に対して、他者が他なるものとして現前するという約束を与えるようにと、さらに究極的には他のいかなる規定もなしに他者の他者性そのものの超越を与えるようにと、そのように要求する語りかけ(おそらくそれは要求と贈与の彼方における語りかけだが)以外のものを前提しない。しかし称賛のほうは、なるほど単なる属性付与ではないが、しかしながら属性付与と解消不可能な関係を保っている。まさにウルス・フォン・バルタザールが言うとおりである。[*15]「神と神的なものが問題になるとき、ὑμνεῖν〔歌い讃えること〕という語がほとんど「言う」という語に取って代わる」。ほとんどそのとおりなのだが、まったくそのとおりというわけではない。称賛が神を形容し、祈りを規定し、他者を規定するということ、すなわち、称賛がまさに祈りの源泉として召喚しながら、語りかけ、指示する〔みずからを送り返す〕相手〔他者〕を規定するということ、これをどうして否定できようか。そして、まさしくこの規定の契機(これはもはや祈りから他者への純粋な語りかけではない)においてこそ、超本質的な三位一体の神の命名がディオニュシオスのキリスト教的な祈りをその他の一切の祈りから区別するのだということ、これをどうして否定できようか。疑いなく微妙なこの区別、ディオニュシオスにとっても、またおそらくはキリスト教徒一般にとっても受け入れ難いこの区別、これを拒絶することは、キリスト教徒のものではない一切の祈願に祈りの本質的な質を拒絶することである。たしかに称賛は、ジャン＝リュック・マリオンが正しくも注意するように、「真でも偽でもなく、さらに矛盾でさえない」[*16]。しかし、それは神的体制について、《善》とアナロジーについて何かを言うのである。そして称賛における属性付与や命名が真理の通常の価値に属さず、むしろ超本質性によって規制された超‐真理に属するのだとしても、それでもやはり称賛は、〈…について〔de〕〉語るのではなく〈…に〔à(向けて)〕〉語る祈りに固有の運動とは同一視されない。たとえこの語りかけ《アドレス》が即座に称賛の言説によって規定されるのだとしても、また祈りが(神に向けて)神について話しながら神に語りかけるのだとしても、祈りによる呼びかけ《アポストロフ》と称賛による規定とは別個の二つのものであり、二つの異なった構造をなす。「神的である以上の、超本質的な三位一体。神的な賢知を司るあなた……」。私はすぐにこの祈りをさらに長々と引用するだろう。この祈りは『神秘神学』を開き、否定法におけるもろもろの神学素の定義を準備するものである。というのもディオニュシオスは、「祈りから始めなくてはならない」(eukhès aparkhesthai khreôn, 六八〇d[28])と言うからである。なぜか。もちろん神との合一に達するためである。だがこの合一について語るためには、さまざまの場についても、すなわち高所や距離や近さについても語る必要がある。ディオニュシオスが直接の宛先ないし献呈先であるテモテに向けて、神性の表現である《善》の名を検討することを提案するのは、すべての善を超越する善の原理である三位一体を引き合いに出した後でのことである。三位一体に近づくためには、「もっとも近くに」近づく――言い換えれば、三位一体へと上昇する――ためには、そして三位一体からその賜物の秘儀伝授を受けるためには、祈らなくてはならない。

というのも、われわれが何よりもまず祈りを上昇させなくてはならないのは、善の原理としてのそれ〔三位一体〕へ向けてであり、三位一体のもっとも近くに近づくことによって、そこに存する完全に善い賜物の秘儀伝授を受けなくてはならないからである。というのも、三位一体という善の原理があらゆる存在のうちに現前しているということは真であるが、あらゆる存在がその原理のなかに住《レジッド》んでいるわけではないからだ。しかし、われわれであっても善の原理のうちに住まうことができるとしたら、それは、きわめて神聖な祈り、濁りなき叡智によって、また神的合一に適ったやり方によって、善の原理に切願することによってのみである。というのも、善の原理は場を変え、一つのところから他のところへと移り行くというように、その在り処《レジダンス》は局所的ではないからだ。しかし善の原理があらゆる存在のうちに完全に内在的に存在すると述べることは、あらゆる事物を超え、あらゆる事物を含むこの無限性の手前にとどまることである。(六八〇b、八九—九〇頁)[29]

このときディオニュシオスは一連のアナロジーによって以下のように説明している。すなわち、近づくことによって、上昇することによって、われわれは、われわれをある場から分離している距離を踏破するのではない(なぜなら三位一体の在り処は局所的でないのだから。それは「至るところにあり、どこにもない」)。他方で、三位一体がわれわれを引き寄せるのであって、三位一体のほうは、天空の高所もしくは岩礁の岩のように不動のままであり、われわれはそこから垂れたロープをひたすら引っ張る。しかし、それは三位一体をわれわれのほうへ引き寄せるためではなく、われわれのほうが三位一体へと赴くためである。

……あらゆる行いの入り口においては、だがとりわけ神学の場合には、祈りから始めなくてはならない。それは、至るところに現前しているが、どこにも現前していないあの《力ある者》をわれわれのほうへ引き寄せるためではなく、われわれをその《力ある者》の手中に置くためであり、神聖な祈禱と加護によってこの《力ある者》と一つになるためなのである。(六八〇d)[30]

善の原理は存在の彼方にあるが、それはまた善をも超越している(六八〇b)。神は善を超えた善であり、存在を超えた存在なのだ。この「論理」は、聖アウグスティヌス(「神は賢知なき賢知、善なき善、力なき力である」)や聖ベルナルドゥス(「神を愛することは、様態なき様態である」)を引用するマイスター・エックハルトの引用文中でさきほどわれわれが言及した「なし」の論理でもある。これらの言説は、ある超越——それが超えるものと違うものではないと同時に、超えるものとまったく違うものでもあるような超越——について語るが、それらの否定性なき否定性のうちに、もっとも遠いものがもっとも近いものに見え、その逆もまたしかりという、声と言説のギアチェンジの原理、すなわち言表の脱固有化と再固有化の原理を認めることができるかもしれない。一個の述語はつねにもう一つ別の述語を隠しもち、さらには述語の不在という裸形性をも隠しもつことができる。あたかも衣装のヴェール——ときに不可欠な——が、それが隠す当のものを隠すと同時に見えるようにすることができ、さらに魅力あるものにするように。まさにこのようにして一個の言表の声はまた別の声を隠しもつことができる。そのとき、その言表の声は他の声を引用することなく引用するように見えるのであり、自分自身を別の形式として、さらには他者の引用として提示するのである。ここから学説(私が言いたいのは伝授もしくは教え一般ということだが)の政治、そして解釈の制度的政治がもつ巧みさのみならず、それがはらむもろもろの軋轢、力関係、アポリアそのものも生じる。この点について、たとえば(しかしなんという例だろう!)マイスター・エックハルトは何かを知っていた。彼が尋問官たちに対して展開せざるをえなかった議論については言わずもがな(「彼らは自分たちが理解しないものすべてを誤りだと決めつける……」)、彼の説教の戦略は声とヴェールの多数性を活用していた。彼はこの声とヴェールの多数性を、皮もしくは毛のように積み重ねたり引き抜いたりしつつ、彼自身、一種の疑似‐隠喩を主題化し、その皮を剝いだような極端な簡素さにいたるまで駆け抜ける。はたしてこの簡素さが神の裸形性を見えるがままにするのか、はたまたマイスター・エックハルト自身の声を聞こえるがままにするのかは決して定かではない。ケルンの裁判官たちにつけいる理由を与える「明けの明星のように〔«*Quasi stella matutina*»〕」は、神を語るために集められた二十四の師たち（偽ヘルメス・トリスメギストスの『二十四人の哲学者たちの書』〔*Liber 24 philosophorum*〕）を上演する。エックハルトは彼らの主張の一つを選ぶ。「神は必然的に存在の上に存在する……(got etwaz ist, daz von nôt über wesene sîn muoz)」[31]。師たちの一人が語るものについてこのように語ることによって、エックハルトは注釈をしているのではあるが、その声は、彼のものではないと決定することがもはや何によってもできないような声である。そしてこの同じ動向のなかで、彼は他の師たちを、キリスト教の師であれ異教の師であれ、偉大な師であれ下級の師《サバルタン》(keine meister)であれ、引用する。その師たちの一人は次のように言っているようだ。「神は存在でも善良さでもない(Got enist nicht wesen noch güete)。善良さは存在に繋がれているのであって、存在より広大な(breiter)わけではない。というのも存在がなければ善良さもないだろうし、存在は善良さよりもはるかに純粋だからである。神は良いのでも、より良いのでも、最良なのでもない。神が善良だと言う者は、太陽は黒いと言う場合と同じように、神は悪だとも言うだろう」(I巻、一〇二頁)[32]。(弾劾教書がこのくだりに言及するのは補遺においてのみであり、エックハルトが本当にこう教えたとは結論していない。)この議論のコンテクストは原型理論によって形づくられており、それがこの議論の挑発的な性格を和らげている。神はいかなる存在様式をも他の存在たち(かの師たちは存在を十のカテゴリーに分割している)と共有しないが、「とはいえ神は存在様式をまったく欠いているわけでもない」(er enbirt ir ouch keiner)[33]。

だが、ここで「一人の異教の師」がこう言う。神を愛する魂は、「善良さの毛並みのもとで彼を捉える」(nimet in under dem velle der güete)が、理性もしくは合理性(Vernunfticheit)はこの毛並みを剝いで、神をその裸形性において(in blôz)捉える。そのとき神は服を剝ぎ取られ(entkleidet)、「善良さ、存在、すべての名」を剝ぎ取られる[34]。エックハルトは異教の師に反論しないが、かといって賛同するのでもない。彼は指摘する。「聖なる師」たちとは異なり、異教の師は「自然の光」に即して語る、と。次に彼は彼自身のものと思われる声によって、さきほどの命題を差異化する(弁証法化するとは言わないでおこう)。いまから引用するくだりでは、ヴェールを剝ぐこと、裸にすること、すなわち衣装の彼方としての真理というある種の価値が、最後の最後、計算の果てにおいて、結局この否定法の公理系全体を方向づけているように見える。なるほど、否定法の歩みに秩序と規則を与えるものはまさしく善や良さを超えているのだから、厳密にはここで価値や公理系という言葉を使うことはできないだろう。しかしある規則ないし法がたしかにある。すなわちヴェールないし衣装の彼方へ赴かなくてはならないという法が。もはや存在のヴェールを剝ぐことではないのかもしれないこうしたヴェール剝ぎ〔dévoilement(除幕)〕を、なおも真理もしくは超 - 真理と呼ぶことは恣意的だろうか。また、もはや存在の明るみではないものを光と呼ぶことは。

> 私は学派に対して、知性(vernünfticheit)は意志よりも高貴だと言った。しかしながら知性も意志もかの光に属している。また別の学派のある師は、意志は知性よりも高貴だと言う。というのも意志は事物たちをそれらがそれら自身として存在するがままに捉えるからであり、知性は事物たちを知性において存在するとおりに捉えるからである。たしかに。目はそれ自身として、壁に描かれた目よりも高貴である。しかし私は、知性は意志よりも高貴だと言おう。意志は神を善良さという衣装のもとで捉える(under dem kleide)。知性は神をその裸形において、善良と存在とを剝ぎ取られたものとして捉える(Vernünfticheit nimet got blôz, als er entkleidet ist von güete und von wesene)。善良さとは神を隠してしまう衣装(kleit)であり、意志は神を善良さという衣装のもとで捉える。神に善良さがなければ、私の意志は神に何も望まないだろう。(I巻、一〇三頁[35])

光と真理、これはエックハルトの言葉である。「明けの明星のように〔«Quasi stella matutina»〕」とはまさにそれであり、それはまたわれわれが神と取り結ぶ関係の場所論《トポロジー》(高さと近さ)でもある。Quasi〔ように〕という副詞〔adverbe(言葉に付随するもの)」のように、われわれは真理である言葉〔verbe〕の傍らにいる。

「靄に包まれた明けの明星のように(als)」。私は「のように〔quasi〕」という、言い換えれば「ように」(als)という小さな単語を注視する。学校で子どもたちはそれを副詞(ein bîwort)と呼ぶ。それは私が自分のすべての説教で目指しているものだ。神についてもっとも上手く(eigenlîcheste)適合する〔フランス語訳はこれらの単語を省いている〕と言えるもの、それは《言葉〔Verbe〕》と《真理》(wort und wârheit)である。神は自分自身を《言葉》(ein wort)と名づけた。聖ヨハネは「初めに言葉ありき」と言った。これによって彼が示唆しているのは、ひとは言葉の傍らにある副言〔副詞〕でなければならないということである。金曜日(vrîtac)の名が由来する自由な星(der vrie sterne)、すなわち金星も同様である。それは多くの名をもつ。[…]すべての星よりも、金星はいつも均等の距離で太陽の傍にある。金星は太陽からそれ以上遠くなることも近くなることもない(niemer verrer noch naeher)。そのようにして金星が意味している(meinet)のは、そこに到達したいと望む人間はいつも神の近くにいなければならず、神のもとに現前して(gegenwertic)いなければならないということである。そうすれば、何ものも、幸福も不幸も、いかなる被造物も、彼を神から遠ざけることはできなくなる。[…]魂が地上の事物から離れ、上方へ昇れば昇るほど(erhaben)、魂はますます強くなる(kreftiger)。被造物しか知らない者は、説教のことなどまったく考える必要はないだろう。というのも、あらゆる被造物は神に満ちており、一冊の書物(buoch)であるのだから。(I巻、一〇四頁)[36]

説教が教育上の必要と伝授の効力において代補するのは、説教など一切必要としない《言葉》ではない。説教が代補するのは、被造物としてのわれわれがそれであるところの真正な「書物」の読解不可能性、そしてまさにそのことによってわれわれがそれでなければならないところの副詞性〔副言性〕、これである。説教という、この副詞性の代補物は、三位一体の神への祈りないし祈願によって完成させられ、方向づけられなければならない(ひとが明けの明星に従って方向づけられるように)。それは説教の日が昇る方角《オリエント》であると同時に説教の終わり《ゴール》でもある。「魂はそこでは一個の「副詞」でなければならず、神とともに同じ一つの作品を作りあげ(mit gote würken ein werk)なければならない。自分自身のなかに漂う認識のなかから至福を汲み上げるために。[…]《父》と《言葉》と精霊の助けによって、いつもわれわれがこの同じ《言葉》の「副詞」であり続けることができますように。アーメン」(I巻、一〇五頁)[37]

これが《説教》の終わりである。ここでの祈りは、頓呼法で直接的に神それ自身に語りかけてはいない。ここは反対に冒頭部では、『神秘神学』の最初の語からしてすでに、ディオニュシオスは直接《あなた》に、神に語りかけている。いまやこの神は、via negativa〔否定の道〕の神学素の数々を準備する祈りのなかで、「超本質的な三位一体」として規定されている。

> 超本質的な三位一体(Trias hyperousiè)、神以上で(hyperthée)、善以上(hyperagathè)である三位一体、キリスト教の神的な賢知(theosophias)を司るあなた。われわれをあらゆる光の彼方へ導くばかりでなく、非認識の彼方にまで、神秘的なエクリチュールの頂点に至るまで導きたまえ。このエクリチュールの頂点においてこそ、神学の単純にして絶対的な、不壊の神秘が、光以上である沈黙の《暗黒》のなかで啓示されるのである。実際ひとはこの《沈黙》のなかでこそ、この《暗黒》の秘密を学ぶのだ。この《暗黒》はもっとも濃い暗がりの只中で、もっとも輝かしい光によって輝くのだと、そしてこの《暗黒》自体はまったく触れえずまったく不可視なものにとどまるにもかかわらず、美以上に美しい光輝によって、目を閉じる術を知る知性たち(tous anommatous noas)を満たすのだと、そのように主張することはほとんど何も言ったことにならない。以上が私の祈りである('Emoi men oun

tauta eukhtô)。親愛なるテモテよ、たえず神秘的な観照の訓練をしなさい……。(九九七a－b、一七七頁)[38]

何が起こっているのか〔Que se passe-t-il?〕。

エックハルトは祈願した後で(われわれを読もうと彼は書いている)、祈りを提示する。彼は祈りを引用している。そして私もいま彼の引用を引用した。彼が祈りを引用するのは、名宛人テモテへの頓呼法〔*apostrophe*(向きを変えること)〕と厳密に言えるもののなかでである。『神秘神学』はテモテに献呈されており、テモテに手ほどきをして、ある道へ、すなわちディオニュシオス自身が自分をそこへ導いてほしいと神に祈りを捧げた道へと、テモテを導くのでなければならない。導くとは、さらに文字どおりには、まっすぐな線において(ithunon)指導する、ということである。つまり、子どもの指導〔péd*agogie*(教育法)〕、秘儀の指導〔myst*agogie*(秘法伝授)〕、魂の指導〔psych*agogie*(降霊術)〕である。[39]他者のプシュケーを導くあるいは指導する挙措は、ここでは頓呼法を経由する〔passe〕。神によって導かれることを求める者は、一瞬もうひとりの他の名宛人へと向きなおり、今度は彼がその名宛人を導く。それは、第一の名宛人――実は〔en vérité(真理において)〕彼の祈りの第一《原因》であり、すでに彼の祈りを導いている第一の名宛人――から単純に逸れるということではない。彼がテモテのほうを向き、方向〔direction(指導)〕を変えることなく一つの語りかけから他の語りかけへと移行する〔passer〕ことができるのは、まさに神から逸れていないからこそである。

ディオニュシオスのエクリチュール、すなわち現在〔présentement(現前性において)〕われわれが読んでいると信じているエクリチュール、あるいは信じることを目指してわれわれが読んでいるエクリチュールは、ある頓呼法の空間のなかに身を置く。この頓呼法は、祈りそれ自体と祈りの引用と弟子への語りかけとのあいだで、同じ方向において言説を逸らせる〔détourne(方向を変えさせる)〕。弟子とは、言い換えれば最良の読者、よくなるために導かれるがままにならねばならない読者、現在このテクストを読んでいると信じているわれわれのことである。それは現在〔現前性において」あるとおりのわれわれのことではない。それは、もしわれわれがこのテクストをしかるべく、まっすぐに、よい方向で、正確に、すなわちディオニュシオスの祈りと約束とに即して読むならば、われわれが魂のなかでそうならねばならないわれわれのことである。ディオニュシオスはわれわれにこう祈ってもいる――正確に、彼の祈りに即して読むように、と。そしてこうしたことの一切は、引用(さらに一般的に言えば反復《イテラシオン》)の可能性がなければ可能でないだろう。また複数の人物に向けて、一人ならぬ他者に向けて同時に語ることを可能にする頓呼法の可能性がなければ可能でないだろう。かくして一個のあなたから他者へ送られた祈り、祈りの引用、頓呼法は、それらがいかに異質に見えようとも、同じテクストを織り上げる。こうした反復があるからこそテクストがある。[*17] だがこのテクストはいったいどこに場をもつのか。それは場をもつのか、現在に。そしてなぜテクストにおいては、祈り、祈りの引用、読者への語りかけを分離することができないのか。

この場の、つまりこのテクストの、つまりそれの読者の同一性は、約束が約束したものの将来から確立される。この将来の到来は一つの由来をもっており、それはこの約束の出来事である。コーラと名づけられた場の「経験」において起こるように思われた事態とは異なり、否定法はみずからを運動に投入する。否定法は、これも約束である啓示の出来事から出発して、主導性《イニシアティヴ》や入門《イニシエーション》という意味でみずからを開始《イニシエ》するのである。約束は一個の歴史に属する。というよりむしろ約束が一個の歴史を開き、一個の人間的‐神学的次元を開くのだ。〔人間的‐神学的次元の〕連結符〔trait d'*union*〕(統一線)は、「神自身が書き取るように命じたエクリチュール」に、新たな補助的な「エクリチュール」(六八一b、九一頁)[40]を連結し、この補助的な付け足しの場そのものを標記する。この場それ自体は約束の出来事と《聖書《エクリチュール》》の啓示によって指定されている。それが場であるのは、場をもったことになるものから発して――この前未来の時間と歴史に即して――のみである。場は一個の出来事である。イェルサレムにいるとはどのような条件においてのことか、とわれわれは先ほど自問した。そのように名づけられた場はどこにあるのか、と。われわれをそこから切り離したり近づけたりする距離を、いかに測定すべきか。『教会位階論』のなかで《聖書《エクリチュール》》を引用するディオニュシオスの答えは、次のようなものである。「イェルサレムから遠ざかってはならない。私の口から聞いた《父》の約束、それによってあなたがたが精霊に祝別されることになる《父》の約束を待ちなさい」(五一二c、三〇三頁[41])。ひとつの場〔イェルサレム〕を位置づけるこの言葉の位置。約束を伝えた者(「われわれ自身の位階の神的創設者」であるイエス)は、イェルサレムとは約束の出来事から場をもつ場だと語る。しかしそのようにして啓示された場は、待機の場、約束の実現を待つ場にとどまる。約束の実現のとき、この場は十全に場をもつだろう。それは十全に場となるだろう。かくして一個の出来事が、いかに語らずにいられるかという、よい正しい否定法をわれわれに命じる。この命令は、一切の代補的な「付け足し」以前の原テクストである《聖なるエクリチュール〔聖書〕》たちの、啓示にして教えである。

……密かな超本質的《神性》については、《聖なるエクリチュール》たちが神々しくわれわれに啓示するものの他には(para ta theoeidôs emin ek tôn ierôn logiôn ekpephasmena)、一切の言葉を、さらには一切の向こう見ずな思考(ou tolmeteon eipein, oute men ennoesai)を避けなくてはならない。というのもまさしく《神性》そのものが、みずからの《善良さ》に適うものをあれらの聖なるテクストにおいてみずから表明したのだから。(『神名論』五八八c、六九頁、強調デリダ[42])

この超本質的な善良さは完全に伝達不可能というわけではなく、それ自身みずからを現すこともありうる。しかし、この善良さはその超本質性によって分離されたままにとどまる。この到達不可能性を「讃え」、その「密かな無限性」を見抜いた神学者たちは、いかなる「痕跡」(ikhnous)をも残さなかった(同所[43]、強調デリダ)。

つまり、そのような何かが可能であればだが、それは密かな示威運動《マニフェスタシオン》なのだ。この示威運動が否定法の極端な否定性を司る以前に、それは霊感を受けたわれわれの師たちによって「密かな贈与」として伝えられているのである。かくして、われわれは象徴を解読する術を学ぶ。そして、いかにして「神の人間への愛が、叡智的なものを感性的なもののなかに、超本質的なものを存在のなかに包み込み、形成不可能で造作不可能なものに形と造作を与え、そして多様な部分的象徴を通して、形象不可能にして驚嘆すべき《単一性》を多数化し形象する」(五九二b、七一頁)(44)のか、これをわれわれは理解するのである。要するに、われわれは神のレトリックなきレトリックを読み、解読することを学ぶのだ。――そして最終的には、沈黙することを。

こうした形象化不可能なもののすべての形象のなかには、そこには印章〔sceau〕の形象がある。これは数ある形象のなかの一介の形象などではない。それは形象化不可能なものそのものの形象化を形象するものである。そして刻印についてのこの言説はコーラについてのプラトン的植字術《ティポグラフィ》〔刻印術〕を転移させるように思われる。コーラは原型の複製のために、書き込みの、typoi〔類型〕の場を与えていた。ここで印章の形象――それは約束の印章でもある――は、創造のテクスト全体に当てはまる。この形象はプラトンの論拠(私が先ほど区別しようと試みた二つの図式の一方)を別の次元へと運んでいく。神は分有可能であると同時に分有不可能なものである。創造のテクストとは、分有不可能なものを分有可能なもののなかに刻印する植字的書き込みのようなものだということになるだろう。

……〔それは〕円の中心点が、円を構成するすべての半径によって分有されるようであり、また唯一の印章(sphragidos)の多様な刻印(ektypomata)が原版《オリジナル》を分有するようでもある(この原版は刻印の一つ一つのなかに丸々、同一の仕方で内在しており、どのようにしても断片化されることはない)。しかし普遍的原因である《神性》の分有不可能性(amethexia)は、こうしたすべての形象(paradeigmata)をなおも超越する。(六四四a－b、八三頁)(45)

というのも印章によって生じる事態とは違って、ここには接触も共通性《コミュノテ》〔共同性〕も総合もないからである。証明の続きの箇所は、コーラが不定形で処女的である必然性を、この必然性をずらしながらではあるが、やはり思い起こさせる。この必然性がなければ、コーラは自分のうちに刻印が書き込まれるという事態《エクリチュール》にも適切に応じられないだろう。

とはいえ、こう反論するひともいるだろう。印章はあらゆる刻印において全面的でも同一(en olois tois ekmageiois)でもない、と。私はこう答えよう。印章は全面的に、同一に、それぞれに伝えられるのだから、全体的で同一の唯一の原型(arkhetypias)を複製したものたちを似ないようにしているのは印章の過ちではなく、分有者たちの他性である、と。(同所(46))

つまり、すべては刻印を受ける素材《マチエール》ないし蠟(keros)次第ということになる。刻印が純粋で明確で持続可能なままであるためには、素材は受容的で、柔軟で、可塑的で、なめらかで、処女的でなくてはならない(六四四b(47))。コーラが容器(dekhomenon)としても描かれていたことを思い出すならば、この形象中の形象、その他の諸形象の場であるこの形象について、別の転移を追跡することもできる。いまや「容器」は霊魂的《プシュケー》であると同時に創造されたものでもある。プラトンではどちらでもなかった。後世になって、またもや聖アウグスティヌスが媒介役を務める。マイスター・エックハルトは、アウグスティヌスを彼の説教「あなたが心の霊において新しくされ……〔«Renovamini...spiritu mentis vestrae»〕」のなかで引用する。「ところで、アウグスティヌスは言う。mens〔心〕もしくはgemüte〔心情〕と名づけられた魂の上級部分のなかに神が創造したのは魂の存在であるが、それればかりでなく同時に、師たちが精神的な形相もしくは形相的な像《イマージュ》の容器(sloz)ないし小箱(schrin)と名づける力(craft)でもあった、と[*18]」。場(これは力でもある)の創造は、魂が《父》に似ているということを基礎づける。しかしこう言ってよければ、三位一体の彼方で、像《イマージュ》の多数性の彼方で、創造された場の彼方で、『ティマイオス』がコーラに(まだこう言えるならばだが)属性として付与していた形なき無苦は、[48] ここでは神にのみふさわしい。「……魂の抱くすべての像が遠ざけられ、魂が唯一の《一者》(das einig ein)のみを観照するとき、魂の裸の存在は、それ自身において無苦のうちに安らう超本質的存在(ein uber wesende wesen, lidende ligende in ime selben)にほかならない神的統一性の、形なき裸の存在(das blose formlose wesen)に出会う[49]」。〈形なきもの〉のこの無苦は、われわれの受苦の、われわれの情念《パッシヨン》=受難の、われわれのもっとも高貴な苦しみの、唯一にして驚嘆すべき源泉である。このとき、われわれは神のみを被ることができるのであり、神以外の何も被ることはない。「ああ！ 驚異のなかの驚異(wunder uber wunder)、なんという高貴な苦しみ。それは、魂の存在が神の純然たる一者性以外の何ものをも被ることがないということなのだ[50]！」

かくのごとく名指された「神は、名なき(namloz)ものであり」、「なんぴとも神について語ることも理解することもできない[51]」。「超本質的な無」(ein uber wesende nitheit)でもあるこの「超卓越的な存在」(uber swebende wesen)については、語るのを避けなくてはならない。エックハルトは聖アウグスティヌスが語るに任せる。「人間が神について言うことのできるもっとも美しいこと、それは、人間が[神的な]内面の豊かさの賢知によって、黙る(swigen)術を知っているということである[52]」。「それゆえに黙りなさい」とエックハルトは続ける。「さもなくば、あなたは嘘をつき、罪を犯すことになる。この義務は愛の義務である。頓呼法は愛を命じるが、それは愛にもとづいて語り、祈りのなかで神の助けを懇願しつつ語る。「神が《非‐神》、《非‐知性》、《非‐人格》、《非‐像》であるかぎりにおいて、あなたは神を愛すべきである。さらには、神が純粋で、明瞭で、清澄で、あらゆる二元性から切り離された《一者》であるかぎりにおいて、神を愛すべきである。そして、この《一者》の深淵のなかに、われわれは永遠に身を沈めなければならない。《何か》から《無》へ。／神がわれわれにその手助けをしてくれんことを。アーメン」(Ⅲ巻、一五四頁[53])。

語るなと命じるために語ること、神ではないところのものを言うこと、そして神が《非‐神》であると言うこと。こうした特異な発話と沈黙命令とを節合する存在の繋辞〔である〕を、いかに理解すべきか。それはどこにその場をもつ〔avoir son lieu〕のか。どこで生じる〔avoir lieu〕のか。存在の繋辞は場〔lieu〕なのであって、かのエクリチュール――すなわち存在しないものが（存在のなかに残した）かの痕跡――の場であり、そしてそうした場のエクリチュールである。この場は通過《パサージュ》の場でしかなく、もっと正確に言えば、一つの敷居でしかない。とはいえここでの敷居は、もはや場ではないものへ接近するためのものである。場を下位に秩序づけること《シュブオルディナシオン》、場の相対化、尋常ならざる《エクストラオルディネール》〔秩序外の〕帰結――場、それは存在である。敷居の身分《コンディション》に還元されるもの、それは存在それ自身であり、場としての存在である。単なる敷居、しかし聖なる場、神殿の前庭。

われわれが神を存在において捉えるとき、われわれは神をその前庭（vorbürge）において捉えている。というのも、存在は神が住まう（wonet）前庭だからである。神がその聖性（heilic）において光り輝く神殿のなかで、どこに神は存在するのか。知性（vernünfticheit 合理性）が神の神殿である。（「明けの明星のように」『説教集』第一巻、一〇二頁）[54]

目のなかで力をふるう魂は、存在しないもの、現前しないものを見えるようにする。魂は「非存在のなかで働き、非存在のなかで働く神に付き従う」。このプシュケーに導かれて、目は存在の敷居を横断して非存在へと向かい、現前しないものを見ようとする。エックハルトはこれを篩に喩えている。事物は「篩にかけられ」（gebiutelt）なければならない（同書、一〇三頁）[55]。これはありきたりの形象などではなく、存在と非存在との差異を述べるものである。それはこの差異を見分け、この差異を見るべきものとして与えるが、しかし差異を目そのものとして与えるのである。

そうしたフィルターの発明がなければテクストはないし、とりわけ説教は、布教〔prédication(述語付与)〕はない。

C．したがって私は、ユダヤやアラブの伝統における否定性もしくは否定法的な運動について語らないことに決めていたのだった。ユダヤやアラブの伝統というのは一例である。この巨大な場を空にしておくこと、とりわけ、なんらかの神の名を《場》の名に結びつけてしまうものを空のままにしておくこと、そのようにして神殿の前庭にとどまること、これは可能なかぎり筋の通った否定法ではなかったか。語りえぬものについては沈黙するほうがよいのではないか。この問いに答えるのはあなた方にお任せしよう。この問いはつねに他者に委ねられているのだ。

私の第一の範型はギリシアであり、第二の範型はキリスト教(なおもギリシア的であることをやめるわけではないが)であった。最後の範型はギリシアでもキリスト教でもないだろう。あなた方に過剰な忍耐を課す心配がなかったならば、私は、ハイデガーの思考のなかにあるこのうえなく問いかけ的な遺産相続にも似た何か、すなわちいま言及した伝統のもっとも大胆であると同時に、それらの伝統からもっとも解放された反復にも似た何かについて、話をすることだろう。ここではいくつかの目印にとどめざるをえない。

『形而上学とは何か』を否定性についての論考として読むことができるだろう。この論考は否定的言説と否定とを、自分自身を無にする無(das Nichts selbst nichtet)の経験のなかに基礎づける。苦悶の経験は、われわれをある無化(Nichtung)に、すなわち絶滅(Vernichtung)でも否定・否認(Verneinung)でもない無化に関係づける。苦悶の経験は、存在するもの(存在者 das Seiende)の異邦性(Befremdlichkeit)をまったき他なるもの(das schlechthin Andere)として露《あらわ》にする。かくして苦悶の経験は現存在にとって存在の問いの可能性を開くのであり、まさに現存在の構造は、そのときハイデガーが超越と呼ぶものによって特徴づけられている。『根拠の本質について』では、この超越は epekeina tes ousias〔存在の彼方〕というプラトンの表現によって「本来的に定式化されて」(eigens ausgesprochen)いると言われる。ハイデガーがそこで提出しているagathon〔善〕の解釈にここで踏み込むことはできない。私はただ存在の彼方(あるいはむしろ存在者の彼方)へ移行するこの一節《パッサージュ》を標記し、そこに伴う否定性の再解釈を標記したかっただけである。ハイデガーはただちに明言する。プラトンは「epekeina tes ousias の根源的内容を現存在の超越として(der ursprüngliche Gehalt des *epekeina* als Transzendenz des Daseins)」練り上げることができなかった、と。コーラについても同様である。『形而上学入門』は短い括弧のなかで、プラトンは彼に告知された場(Ort)の思考を逸したと示唆している。実のところプラトンは extensio(Ausdehnung)としての空間というデカルト的解釈を用意する(vorbereiten)ことしかしなかったというのである(五一頁。仏訳七六—七七頁)。こうした見方の問題点、矮小化の傾向を示そうと、私はほかのところで試みている。およそ十七年後、『思惟とは何の謂いか』の最後の頁で、再び khora と khorismos の名が『ティマイオス』への明示的な参照なしに挙げられる。西洋思想にとってもっとも決定的な Deutung〔解釈〕を与えたとされるプラトンであるが、ハイデガーによれば、プラトンは khorismos すなわち間隔もしくは分離を、空隙を、存在者と存在とのあいだに入れたとされる。ところで «e khora heisst der Ort» すなわち「コーラは場を言わんとする」。つまりプラトンにとって、存在者と存在は「異なる場に(verschieden geortet)」ある。「プラトンが khorismos を、存在と存在者との場の差異(die verschiedene Ort)を考慮するとしても、彼は存在のまったく他の場について(nach dem ganz anderen Ort)の問いを存在者の場との比較によって提示するのである」。その後プラトンはこのまったく他の場を取り逃がしたとの嫌疑をかけられる。われわれはもろもろの場の多様性(Verschiedenheit)から、ある二重性(Zwiefalt)——この二重性は、それに「本来的な仕方で注意」を払うことはできず、前もって与えられるしかないような二重性である——の差異(Unterschied)と襞のほうへと戻らなくてはならないというのだ。以上が『思惟とは何の謂いか』のこの終わりの箇所やその他のところに見られるプラトンに対する訴訟のプロセスであるが、それをここで詳しく追跡することはできない。ただ私は、存在の場もしくはまったき他なるものの場であるまったく他の場へと向かうこの動向を強調するのみである。この場はプラトン主義的伝統もしくは新プラトン主義的伝統の内部にあると同時に彼方にある。だがそればかりではない。その場はキリスト教の伝統の内部にあると同時に彼方にもある。このキリスト教の伝統についてハイデガーは、ギリシアの伝統の場合と同じように、そこに沈潜しながらも、この伝統はいかなる場合にもなんらかの哲学を迎え入れることができないと、うむことなく主張した(このように言うことが否認であろうとなかろうと)。しばしば彼は言う。「キリスト教哲学などというのは四角い円であり誤解(Missverständnis)である」と(『形而上学入門』六頁。仏訳一四頁)。存在《オント》-神論《テオロジー》つまり神論《テイオロジー》と、神学《テオロジー》とは区別されなくてはならない。[19] 存在-神論つまり神論のほうは、最高存在者、卓越した存在者、究極根拠、みずからの神性のうちにある自己原因《カウサ・スイ》にかかわる。神学のほうは信仰の学であり、啓示(Offenbarung)において顕現する神の言葉の学である。さらにハイデガーは、存在が自己を露にする顕現もしくはその可能性(Offenbarkeit)と、神学の神の啓示(Offenbarung)とを区別しているようである。[20]

これらの区別の背後には巨大な難問が潜んでいる。われわれがすでに認識したさまざまな糸をハイデガーのなかに辿ることもできるだろう。その糸とは、啓示、約束あるいは贈与(存在の問いを、そして『存在と時間』においてハイデガーのものだった超越論的地平すなわち時間の地平を、徐々に深くずらしていく das Geben〔贈与すること〕, die Gabe〔贈り物〕, es gibt〔それが与える＝ある〕)[21]、さらには、ときにかなり問題含みの仕方で出来事と翻訳されてしまう Ereignis である。だがここでは、いかに語らずにいられるか how to avoid speaking? という私の表題が命じる問いに話をかぎることにする。もっと正確に言えば、存在についていかに語らずにいられるか、という問いである。この問いにおいて私が強調したいのは、回避(avoiding)の価値および存在の価値である。この二つの価値は等しい尊厳を、一種の共通本質をもっているかのようであり、このことはさまざまな帰結をもたらさずにはいないだろう。私の関心を引くのはこの帰結である。

ここで回避とは何を意味するのか。存在もしくは「存在」という語についても、回避は否定法的な神学のうちにわれわれが認めた様式をもつのだろうか。ハイデガーにとって否定法的な神学は、錯誤や「四角い円」の事例、すなわちキリスト教哲学——さらには恥ずべき存在-神論——であるのか。回避は今度はフロイトの問題系によって規定された意味で（「私はそれだけは言わない」）、否認（Verneinung）の範疇や診断に属するのだろうか。あるいは私が言及したばかりの伝統やテクスト、とりわけディオニュシオスとエックハルトのテクストに対して[*22]、ハイデガーは回避の関係のなかにとどまっているのか。その場合、回避というこの単純な単語はどのような深淵を示すことになるのか。（これは、ここでもまた、ユダヤ、アラブ、その他の伝統に属する神秘思想もしくは神学について何も言わないようにするためである。）

ハイデガーは二度ほど、異なるコンテクストと異なる意味において、存在という語を避けるよう明示的に提案した（この場合に否認はあるか）。正確に言おう。彼は存在について語ることを避けるのではなく、存在という語を使用することを避けるように提案したのだ。もっと正確に言おう。言及と使用とを区別する言語行為《スピーチ・アクト》のある種の理論家たちが言うように、存在に言及することを避けるのではなく、存在という語を使用することを避けるように提案するのである。要するに、彼が「避けよ」と明示的に提案しているのは、存在について語ることでもなければ、存在という語にいわば言及することでもなく、存在という語を、こう言ってよければ、普通に、引用符も抹消線も付さずに使用することなのである。二つのどちらの場合であれ、たやすく推測できるように、ここで賭けられているものは重大である。たとえそれが術語上の、植字上の、さらに広く言えば「実践上」の技巧の微妙な脆弱さに由来するように見えるとしてもである。しかしどちらの場合でも、そこで賭けられているのはまたもや場であり、それゆえ私はこの二つのケースを特権視するのである。

一、第一に、『存在の問いへ』(一九五二年)のなかでまさしく現代のニヒリズムの本質を思考することが問題となるとき、ハイデガーはエルンスト・ユンガーを呼び出し、存在と無の場所論《トポロジー》の必然性へと立ち返らせる。ハイデガーはこの場所論を単なる地形学《トポグラフィー》から区別する。その直前のところでは、印、typos、プラトンの原型刻印術《ティポグラフィー》、近代の植字術《ティポグラフィー》について再解釈を提案していた。まさにそのとき、ハイデガーは存在を、存在という語を、抹消線のもとで、十字架のかたちをした抹消線(kreuzweise Durchstreichung)のもとで書くことを提案する。存在という語は避けられたのではない。それは読むことができるままである。しかしこの可読性が告げるのは、この語が単に読まれ、判読されうるだけだということである。存在という語は、日常言語の言葉のように、発声される――まだこう言えるならば、正常に使用される――ことはできないし、そうされてはならないのである。空間化された刻印術《ティポグラフィー》、間隔化されつつ間隔化する、重複印刷のような刻印術《ティポグラフィー》のもとで、この語は解読されなくてはならない。この刻印術は、この存在という異常な語への正常な依拠(そんなことがあるとしての話だが)を避けるとは言わないまでも、少なくとも予防し、それについて警告し、この語を指示しながらも遠ざけなければならないだろう。しかしまたハイデガーは、このDurchstreichung〔抹消線〕を単に否定的に使用するのもいけないと予防線を張っている。したがって、この抹消線は回避を本質的機能としているわけでもない。間違いなく存在はいかなる存在者でもなく、存在はみずからの転回《トゥール》、成り行き《トゥルニュール》、歴運的な転義《トロープ》(Zuwendungen)においては縮減されてしまう。したがって、存在を何ものかとして表象すること(vorzustellen)、すなわちまず人間の面前に(gegenüber)あり、その後で人間に到来するといったような対象として表象することは避けねばならない。つまりこうした対象化作用をもつ表象(Vorstellung)を避けるために、存在という語は抹消線のもとで書かれるのである。とすると、この抹消線の下にある語はもはや聞いて理解されるものではなく、ある仕方で読まれるものとなる。どのような仕方でか。このDurchstreichungが単なる記号でも単に否定的な記号でもない(kein bloss negatives Zeichen)のは、それが「存在」を慣習的で抽象的な標記のもとに消し去りはしないからである。この抹消線を付した語にハイデガーが示させ(zeigen)ようとしているのは、彼がここでも他のところでも《文字盤〔Cadran〕》ないし《四方域》(Geviert)と呼んでいるものの四つの方域(Gegenden)——すなわち大地と空、死すべき者たちと神々——のことである。なぜこの十字のエクリチュールは、ハイデガーによれば、否定的な意味をいささかももたないのか。㈠この十字は存在を主体／客体関係から引き抜くことによって、存在を、存在の語と意味とを、読めるがままにする。㈡次にこの十字はGeviert〔四方域〕を「示す」。㈢とりわけ、この十字は結集させる。この結集は場をもつ。それはDurchkreuzungのこの交差点[*23]にその場(Ort)をもつ。交差の場におけるGeviertの結集(Versammlung im Ort der Durchkreuzung)は、一個の分割不可能なトポスにおいて、すなわちその名がきわめて翻訳困難と思われるこの地点、このOrt〔場〕の単一性(die Einfalt)において、読みかつ書くべきものとして与えられる。この地点《ポワン》、このOrtは「剣の切っ先《ポワント》」——ここへ向かって一切が収斂し結集する——を「根源的に意味する」と、ハイデガーは他のところで言っている。[*24] この分割不可能な点はVersammlung〔結集〕の可能性をつねに保証する。この点は結集に場を与えるのであり、つねにそれは結集させるもの、das Versammeldeである。「それ〔場〕は最高点と最極点において自己へと結集させる(Der Ort versammelt zu sich ins Höchste und Äusserste)」。

　とすると、こうした抹消線の否定的外観を思考するためには、否定性の、否定の、ニヒリズムの——したがってもしかすると回避の——起源に到達するためには、無の場を思考する必要があるだろう。「無の場とはどのようなものか(der Ort des Nichts?)」とハイデガーは自問したところだった。いまや彼は明確に言う。無もまた書かれなくてはならず、言い換えれば、思考されなくてはならないだろう、と。存在と同じく、無もまた抹消線のもとで書かれ、読まれなくてはならないだろう(Wie das Sein, so müsste auch das Nichts geschrieben und d. h. gedacht werden.)。

二、他のところで、一見異なるコンテクストにおいて、ハイデガーは自分がいかなる意味で(今回は抹消線なしで)

存在を語ることを避けるかについて説明している。もっと正確に言えば、いかなる意味において「存在」という語を書くことを避けるか、である。さらに正確に言えば、あいかわらず条件法で言われているのだが(この叙法はここでは重要である)[56]、いかなる意味で「「存在」という語」(das Wort « Sein »)は、彼のテクストのなかに場をもっては、出来しては、襲来(vorkommen)してはならないか、である。「神の思考」(神についての思考)が問題になるとき、重要なことは「沈黙する」ことではない(そうするほうを好む人もいるかもしれないが、とハイデガーは他のところで言う)[*25]。そうではなく、むしろ肝心なのは、神について「存在」という語が到来するに任せないことである。

　このテクストは書き起こし原稿だと紹介されている。一九五一年にチューリッヒ大学の学生たちに答えてハイデガーは、存在と神は同一ではない、自分は神の本質を存在から出発して思考することをつねに避けていると述べる。ある文章のなかで彼は次のように明確に述べている。私はそのなかの「なければならない」「なければならないだろう」、そして「書く」という言葉を強調する。「そうしたくなることがままあるのだが、もし私が神学をなおも書かなければならないとしたら、「存在」という語がそこに現れる[そこに座席を見つける、そこに場をもつ、そこに姿を見せるあるいは出現する]ことがないのでなければならないだろう[Wenn ich noch eine Theologie *schreiben würde*, wozu es mich manchmal reizt, dann *dürfte* in ihr das Wort «Sein» nicht vorkommen][*26]」。

　口頭の即興でなされた、こうした条件法のエクリチュールによる否認の襞を、いかに分析すべきか。最初に根底と事柄そのものから――ここでは存在と神から――出発することなしに、その様態を認識することはできるだろうか。ハイデガーは、いつの日にか彼が書くことになれば起こるだろうことを述べるために語っている。しかし彼は自分が言うことがすでに書かれていることも知っている。もし彼が神学を書かなければならないとしたら、存在という語は抹消線のもとにないどころか、そこに現れることさえないだろう。さしあたり、神学について自分が実際に書かなければならないかもしれないこと、あるいは書くかもしれないことについて語りかつ書きながら、ハイデガーは「存在」という語を現れるがままにする。彼がまさに神学——彼が書きたくなるようなそれ——について語るとき、彼は「存在」という語を使用しているのではなく、抹消線なしに言及しているのだ。こうしたことはいったいどこに場をもつのか。こうしたことは場をもつのか。場をもつとしたら、何が場をもつのか。

「信仰は存在の思考を必要としない」とハイデガーは続ける。そして彼がしばしば思い出させるように、キリスト教徒はこの点についてルターの明晰さによって導かれなければならない。とはいえ、たとえ存在が「神の土台でも本質でも(Grund und Wesen von Gott)ない」にせよ、神の経験(die Erfahrung Gottes)、言い換えれば、啓示の経験は、「存在の次元において出来する(in der Dimension des Seins sich ereignet)」。この啓示は宗教が語る啓示(Offenbarung)ではなく、啓示の可能性、顕現のための開けのことである。すなわち、われわれが先ほど語っていた、そしてそこにおいてOffenbarung〔啓示〕が場をもつ〔生じる〕ことができ、人間が神と出会うことのできる、あのOffenbarkeit〔開示可能性〕のことである。神は存在するのではないし、本質や土台としての存在にもとづいて思考されてはならないにもかかわらず、存在の次元は、この存在しない神の到来・経験・出会いへの通路を開くのである。そしてここで「次元」——これは差異でもある——という語は、場を与えることによって尺度を与えている。ここに特異なキアスムを描くこともできるだろう。苦悶に満ちた無の経験は存在へと開いていた。ここでは存在の次元は、存在するのではない神、あるいは存在をその本質とも土台ともしない神、そうした神の経験へと開くのである。

このことをいかに思考しないでいられるか。この開けの次元、本質や土台であることなしに場を与えるこの場、神への接近路を与えるこの〈否定《パ》=歩み〉もしくは〈通路《パサージュ》=移行〉、この入門、それはやはりマイスター・エックハルトが語っていた「前庭」(Vorbürge)ではないだろうか。「神を存在において捉えるとき、われわれは神をその前庭において捉えている。というのも、存在は神が住まう前庭だからである」。これは神論的《テイオロジック》、存在-神論的伝統だろうか。それとも神学的《テオロジック》伝統だろうか。ハイデガーはそれを引き受けるだろうか。捨てるだろうか。否認するだろうか。

私はこうした問いに答えるつもりも、こうした問いによって結論づけるつもりもない。もっと慎ましく、もっと性急だがもっとプログラム的な仕方で、私はエクリチュールの舞台における回避の謎、否定もしくは否認の謎に立ち戻る。ハイデガーは、もし自分が神学を書くとしたら存在という語を避けるだろうと言う(それから彼の名でそう書くに任せる)。彼はこの語を書くことを避けるだろうし、この語は彼のテクストに姿《フィギュレ》を現さないだろう。あるいはむしろ、テクストに現前しないのでなければならないだろう。彼は何を言わんとしているのか。語がなおも抹消線の下で姿を見せ、現れることなく現れ、引用されるが使用されないということか。違う。語はまったく姿《フィギュレ》を見せては〔何かを形象化しては〕ならないだろう。ハイデガーはそんなことは不可能だとよく承知している。もしかするとそれが、彼が神学を書かなかった深い理由なのかもしれない。しかし彼は神学を書かなかったのだろうか。神学の中に「存在」という語を書くことを避けただろうか。実際どうか。存在は存在しない(存在者であるのではない)し、実のところ〔真理においては〕(存在する)何ものでもないのであってみれば、存在——存在しない存在——を書くことと、神——ハイデガーがそれもまた存在しないと言う神——を書くこととのあいだに、いかなる差異があるのか。なるほどハイデガーは、神は存在者ではないと言っているだけではない。さらに彼は、神は「ここでは存在と何の関係もない(Mit dem Sein, ist hier nichts anzusichten)」とも言っている。しかし彼は神が「存在の次元」の経験において告げ知らされると認めているのだから、神学を書くことと、存在にもとづいて存在について書くこと(ハイデガーはこれを決して止めなかった)とのあいだに、いかなる差異があるのか。とりわけ彼が「存在」という語を、十字の形をした抹消線のもとで、抹消線の場(Ort)のなかで書くとき。ハイデガーは彼が書きたかったと言ったものを、すなわち存在という語のない神学を書いたのではないか。そしてまた彼は、書いてはならない、書かないのでなければならなかったと言ったものを、すなわち「存在」という語によって開かれ、支配され、侵略された神学を、書いたのではないか。

ハイデガーは「存在」という語をもつと同時にもつことなしに(without)、神をもつと同時にもたない神学を書いたのである。彼は避けなくてはならないと自分で言ったことをした。彼は自分が避けたいと言ったまさに当のことを言い、書いたのであり、それが書かれるに任せた。彼はこれらの襞すべてからなる一個の痕跡を残さずにはいられなかった。もはや自分のものではないのかもしれないが、それでもほとんど自分のもの同然〔*quasiment*〕であり続ける、そうした痕跡が出現するがままにしておかずにはいられなかった。……ない〔*pas*〕、……なし〔*sans*〕、ほとんど……も同然〔*quasiment*〕——まさにこの三つの副詞《アドヴェルブ》〔言葉の添え物〕なのだ。ほとんど同然。虚構もしくは寓話。あたかも私はこの講演の敷居において、これら三つの副詞が何を言わんとするのか、そしてこれら三つの副詞がなおもどこからやって来るのかについて問いたかったかのようだ。そのようにすべては移りゆく《ス・パス》。

追伸。終わりにもう一言、お許し願う。これが単なるレトリックなのか、私には確信がない。だがそれはやはりハイデガーの奇妙な言説様態、というよりむしろ彼のあのエクリチュールの歩み〔*pas d'écriture*(エクリチュール否定)〕、あの身の翻し方《パス》ないしかわし方にかかわる。彼は何をしているのか。結局のところ彼は学生たちに以下のように言う。もし私が神学を書かなければならないとしたら(私はいつもそのことを夢見てきたが、やらなかったし、今後もやることは絶対にないとわかっている)、存在という語がそこに到来する(vorkommen)がままにはしないだろう。そのようなテクストのなかに、この語の居場所はないだろうし、いる権利もないだろう。ここでこの語に言及するけれども、この語が到来するがままにしたのは、この語が私の全作品のなかに姿を現すことができたのは、そうしないことによってのみである。なぜなら存在は存在しない(つまり存在者であるのではない)と、存在はつねに抹消線のもとで書かれなければならなかったと、私はつねに言ってきたのだから。実際にはこの規則を私はいつも守ってきたわけではないが、原則としては、権利上は、最初の一言から、最初の言葉からすでに、私はこの規則を尊重しなければならないはずだったのだ。私の言うことをよく理解してほしい。とりわけ、この抹消線は否定的なものなど一切もっていないはずなのだ！　否認などなおさらだ！　云々。

こうしたエクリチュールの歩み＝エクリチュールの否定、深淵な否認の言説様態は、いったいどのようなものか。そもそもこれは一つの様態、すなわち他にもいろいろとあるなかの凡庸な一様態だろうか、それともエクリチュールのほとんど超越論的なばね仕掛けだろうか。それはまず口頭での宣言であり、それからベーダ・アレマンの回想によって記録されたものだということを忘れないでおこう。なるほどハイデガーはこの記録を承認した。しかし対話の雰囲気がありありと現れているわけではないし、そもそも「完全な速記録」ではそれは不可能だったと指摘している。どんなエクリチュールによっても、そこですでに言われたことを表現する〔rendre（元に返す）〕ことはできなかっただろう。

そこで言われたことは、同僚たちや学生たち、すなわちこの語のきわめて広い意味での弟子たちに宛てられていた。テモテへの呼びかけ《アポストロフ》においてディオニュシオスに宛先があったように、このテクストは教育的もしくは精神指導的《プシカゴジック》な効果をもっている。もっぱらこのテクストは、テクストとして（書かれたものであるか口頭のものであるかはどうでもよい）、こうした尺度のなかにとどまっている。すなわち指導の途上にある反復ないし繰り返しという尺度である。

しかしハイデガーのレトリックのなかに祈りはまったくないし、呼びかけもない。ディオニュシオスとは違い、ハイデガーは決して「あなた」とは言わない。神に対しても、弟子に向かっても、読者に向かっても。祈りという、アリストテレスによれば「真でも偽でもない」言表に居場所はないのであり、いずれにせよ正式に割り振られる席はない。このことは少なくとも二つの仕方で解釈できるが、両者は矛盾するように見える。

一、この〔祈りの〕不在は、実際に神学（ハイデガーが信仰に結びつけ、形而上学的な神論や存在‐神論から区別している意味での神学）が厳格にハイデガーのテクストから排除されていることを意味するという解釈。ハイデガーのテクストにおいて、たしかに神学が定義されてはいるが、少なくとも神学を指導すべきものについては、すなわち信仰の動きについては議論が排除されている。存在の真理のみが神性の本質への道、「神」という語が言わんとすることへの道を開くと事実上考えているとしても（『ヒューマニズム書簡』の有名な一節はよく知られている）、それでもハイデガーは次のように言う。「信仰や恩寵において到来するものの規定を準備したり、それに役立ちうるようなものは、思考の内部では一切達成されえない。もし信仰がそのような仕方で私を呼び止めるとしたら、私は自分の仕事をたたむだろう。――たしかに信仰の次元の内部でも、ひとは思考し続けるだろう。だが思考としての思考はもはや務めというものをもたないのだ」[*27]。要するに信仰も科学も、そのようなものであるかぎりでは思考しないし、思考を務めとしないのである。

祈りの、また一般的には頓呼法《アポストロフ》のこうした不在は、〔ハイデガーの〕テクストの少なくともレトリックにおいて、理論的、「事実確認的」、さらには命題的な形式（SはPであるという直説法現在形三人称）が優位にあるということをも確証する（とはいえ、このテクストはそうした理論主義や判定形式に結びついた真理規定をきわめて強力に問いに付すのではあるが）。

二、しかし同時に、反対に、ハイデガーのテクストの中に祈りへの尊重のしるしを読み取ることもできる。祈りの本質によって要求される恐るべき問いの数々への尊重のしるし。祈りは、それ自身強制的《アントレナン》で指導的な証明のなかで、言及され、引用され、そこに引きずり込まれ《アントレネ》るがままになりうるのか、またそうならなければならないのか。おそらく祈りはそうであってはならない。おそらく祈りはそうならないのでなければならない。おそらく反対に、祈りはそれをする〔言及し、引用し、引きずり込む〕側でなければならない。たとえばディオニュシオスがテモテのために祈りを引用し、そしてまず祈りを書くとき、彼は祈りの本質を歪めているのか、それとも反対に成就させているのか、そのどちらなのかを決定するような、出来事そのものに外的な判断基準はあるだろうか。一切の法典《コード》や儀礼つまり一切の反復と無縁な、沈黙のきわにある純粋な語りかけである祈りは、なんらかの記号表記によって、あるいは頓呼法の動きによって、宛先の多数化によって、その現在態から逸らされては絶対にならないと、そのように考える権利はあるだろうか。祈りはそのつど一回かぎりしか場をもたず、決して書き留められてはならないと考える権利はあるだろうか。事態はおそらく反対だろう。われわれが脅威もしくは汚染として垣間見ているもの、すなわち、エクリチュール、法典《コード》、反復、アナロジー、宛先の——少なくとも見た目の——多数性、伝授といったものがなければ、おそらく祈りはなくなってしまうだろうし、祈りの純粋な可能性もなくなってしまうだろう。祈りのまったく純粋な経験があったとしたら、宗教や神学(肯定神学であれ否定神学であれ)など必要だろうか。祈りの代補など必要だろうか。しかし、もし代補がなかったとしたら、もし引用が祈りを折り曲げなかったとしたら、もし祈りがエクリチュールを折り曲げず、エクリチュールへと折り曲げられなかったとしたら、はたして神論など可能だろうか。はたして神学など可能だろうか。

デジスタンス[*1]

(括弧のなかでついでに言っておけば、彼らは désister をどのように翻訳するのだろうか。彼らはフィリップ・ラクー＝ラバルトの著作に占めるこの語の座を考慮に入れなければならないだろう。その座はまばらに見えるが、なんと多くの道程がやって来ては、そこで交差していることか！ それから彼らは、ある一族をなすような単語の群れを、ラテン語系でない別の言語のなかで運用しなくてはならないだろう。すなわち、われわれの伝統において高度な哲学的内容をもつ語の群れを。「exister〔実存する〕」「subsister〔存続する〕」「consister〔存立する〕」「persister〔持続する〕」「insister〔固執する〕」「résister〔抵抗する〕」「assister〔立ち会う〕」といった動詞たち(他にもあるだろうが)。「substance〔実体〕」「constance〔恒常性〕」「instance〔審級〕」「instant〔瞬間〕」「distance〔距離〕」といった、対応する動詞のない名詞たち。

désister はそれらよりもはるかに稀な単語であり、おそらくこの系統に属する一介の術語とは別のものを予告するだろう。おそらくそれは否定的なものを一切標記しないだろう。おそらく dé- は ister を——あるいはむしろ後で見るように ester を——限定するものではないだろう。おそらく dé- はある根なし草〔déracinement(故郷喪失)〕のなかで抜本的に ister もしくは ester を退去させるだろう。この根なし草は、共通の語株を変様させては補完的な属性を付与するだけと見える系統全体を、徐々に脱臼させるだろう。ist, est, ister, ester の根、没根本性についての力強い省察、これこそがラクー＝ラバルトのテクスト群を通して、われわれが数ある道のなかでもとくに辿ることのできるかもしれない道である。彼自身 désister という動詞、désistement という名詞を使うことがままある。私がこれから明らかにしなくてはならないいくつかの理由に従って、私は désistance という語、さしあたりフランス語ではないこの語を提案しよう。

デジスタンス〔désistance(脱存・断念)〕、それは不可避なものである。

手始めに、不可避なものについて、少なくとも二つの経験がある。皮相的にではあるが、二つの典型的な経験を少し定式化してみよう。

第一の典型《タイプ》。それは起こらなくてはならない〔il faut〕ということである(彼らはこの il faut をどのように翻訳するだろうか。has to か、is to か、ought to か、must か、should か)。それは回避できないし、回避されてはならない。それは一度、ある日始まるのでなくてはならず、そのようにして未来において予告されたことになるものの必然性に即して始まるのでなくてはならない。そのように言う私は、私に起こるもの、すなわち私のところに到着し、あるいは私がそこへと到着するところのものの出来事に先行し、それを先取りする。このとき私は、不可避なものの(自由な)主体であるか、あるいはその(偶発的な)事故のようなものである。不可避なものは私を構成しない。私は不可避なものなしに構成されている。

二つ目の典型《タイプ》。不可避なものとして告げられるものは、いわば、すでに起こったもの、起こる以前に起こったもの、出来事に先立ってつねに過ぎ去ったものであるように見える。何かが、それを経験する私より前に始まった。私は遅れている。私がその主体なのだと言い張ろうとしても、それは、規定された〔prescrit〕、前もって‐書き込まれた〔pré-inscrit〕主体であるかぎりでのことである。すなわち、主体に所属することなく主体を構成する、そうした不可避なものの刻印を事前に標記された主体であるかぎりでのことだ。この刻印は主体に固有のものに見えるかもしれないが、主体はこの刻印を我がものにすることはできない。ここにすでに、われわれが後で分析することになるもの、すなわち主体を構成する断念《デジスタンス》〔脱存〕とでも言うべきものがほの見える。解任《デスティテュシオン》というよりも(脱《デ》)構成《コンスティテュシオン》である。だが、どのようにして断念《デジスタンス》が構成的もしくは本質的でありうるというのか。断念《デジスタンス》は一切の構成と一切の本質とを自分自身から遠ざける。不可避なものの刻印はよくある刻印の一つなどではない。それはたくさんの特徴や規定や述語——そのなかに他のものと並んで、不可避という述語もある——を担いはしない。そうではなく、この事前‐書き込み〔pré-inscription〕の刻印すなわちテュポス〔跡・型〕、それが不可避なものそのものなのだ。不可避性とは、事前‐刷り込み〔pré-impression(事前‐印刷、事前‐印象)〕のことであり、このことが主体の断念《デジスタンス》のしるしである。単に私は刻印ないし「私の」印象の、その主体ないし支持体なのではない。しかしだからといって、不可避なものは遺伝的プログラムや歴史的宿命のようなものとして考えられるということでもない。そんなものは代補的で遅ればせの規定である。こうした準備運動から性急に結論を引き出すのはやめよう。この準備運動は単に括弧のなかで主音《ノート》〔脚注〕を与え、その語彙を準備するのが目的である。

なぜこのように始めるのか。少なくとも、二つの理由からである。まず第一に、私にとってラクー＝ラバルトの作品は、不可避なものの試練〔試し刷り〕そのものに似ている。すなわち不可避なものについてのきわめて特異な思考の経験、執拗で、忍耐強く、思慮深い経験である。特異性という語は新しさという語を連想させるかもしれない。事実、読者は次のような自明の事柄に従わねばならないだろう。すなわち、あるきわめて新しい布置が存在の問いと主体の問いとを、前代未聞の図式に従って、みずからの哲学的・政治的・倫理的・詩的・文学的・演劇的・音楽的次元のなかで、また彼の自伝におけるもろもろの動機と狂気のなかで結合させるのだ、と。ミメーシスとテュポスについてのもう一つ別の思考によって、今日こうした諸形象や布置に接近することが可能となる。しかし新しさという観念は、時期区分という観念、さらに最良の場合でも、ハイデガー型の存在画期《エポック》的構造という観念に、いまだに強く結びつきすぎている。ところで後で見るように、ハイデガーに向けたあれこれの問い、とりわけ主体、Gestell〔集立〕、ミメーシスに関する問いは、存在の歴史とその画期《エポック》の歴史についてなんらかの留保が必要だと考えさせるだろう。布置〔*configuration*〕という語について言えば、それはすでに形象〔*figure*〕の存立〔*consistance*〕およびその同定可能な結集(これらはこの本のもっとも豊かな二つの問題源である)を前提としすぎており、われわれはそれを信用するわけにはいかない。新しい布置、そう、たしかにきわめて新しい布置なのだが、この新しさは、布置化可能なものの可能性そのものをかき乱す。この新しさは一つの時期や時代を形容するものではなく、いわんや流行を形容するものでもない。おそらく歴史の形容でさえないだろう。では、なんなのか。忍耐強くなくてはならない。私はその理由を説明しようと試みるだろう。ラクー＝ラバルトを読むこと、彼に耳を傾けることを学ばなくてはならない。彼のリズムで(彼のリズムに従いながら、彼が「リズム」ということで理解している事柄に従いながら)、彼の声――ほとんど彼の息と言いたいところだ――のリズムに従いながら。その文は、区切り、傍白、挿入節、用心、ためらい、警告、慎重さの記号の数々(括弧、引用符、イタリック体――とりわけ連結符)を、あるいは同時に以上のすべてを増殖させる(たとえば「ティポグラフィー」の終わりで、主体と曝け出し《エクスポジシオン》――あるいは現前(Darstellung)――について最大限に自説《エクスポーズ》を提示する〔自己を曝け出す〕ときに、彼は「私《ジュ》が」や「私《モワ》」を、彼の固有名までをも、引用符に括っている)。しかしそのときでさえ、その文は中断されることがない。一個の思考を折り畳んでは広げる韻律の必然性を学ばなくてはならない。それはリズムの韻律以外のものではなく、リズムそのものである。

このように括弧のなかで始める二つ目の理由があった。私はdésistementという語――翻訳の序文を書くまさにそのときに翻訳不可能と思われる語――の糸を辿ることに着手するのを避けることができなかった。そしてなぜ自分がそうしたのかと自問するのを避けられなかった。それは法なのか。これらの語は私を避けることがなく、私はそこへ突進する。二つの仮説――これは選択なのか強迫なのか――のどちらかを選択せよと言われても困ってしまうだろう。序文はこの二者択一を取り除くためにあったことになるだろう。序文は翻訳不可能な固有語法の思考を二重拘束の

「論理」に結びつけるだろう(ダブル・バインド、二重義務、避けなくてはならないのだが避けてはならない。避けることを避けなくてはならないのだが、避けることを避けることはできないのであり、また避けてはならないのである)。

私がまだ本当には始めていなかったこの序文は、まさしく括弧のなかで、しばらく前から、不可避的に切り開かれている。われわれのものであるいくつかの言語のなかで、いくつかの語が、……しないということをしないという、倍増する否定運動に従う統辞の隊形《フォーメーション》を分節している。しないことを旨とする何事かをしないこと、避けないこと、免れないこと。したがって不可抗力〔という語〕はこの語族に属しており、不可避〔という語〕も同様である。このようにして、免れることも避けることもできないもの、そうしてはならないものが指し示される。否認しえないものというのも、同じ語族の一部であるように見えるが、しかしそれはなにかそれ以上もしくはそれ以下のものを言っている。否認しえないものは、否定《ネガシオン》もしくは脱《デ》‐否定《ネガシオン》〔否‐認〕を、さらには超《シュル》‐否定《ネガシオン》を名指している。すなわち、集合の他の諸項のうちで作動している〈…ない〉の代補を名指している。否定のこの代補的二重化は、必ずしも弁証法的な労働や無意識的な否認に帰着するわけではない。おそらくラクー＝ラバルトはこの可能性について、ヘーゲル的、マルクス主義的、フロイト的な解釈の手前へとわれわれが戻るのを助けてくれるだろう。そして断念《デジストマン》はこの代補的二重化の名の一つでありうるだろう。

この序文の前史において——つまり私は自分の作り話《ファーブル》を続行しているわけだ——私はまさに始める以前に不安に陥っていた。すなわち、ラクー＝ラバルトの著作のなかに分散していると同時に執拗に回帰する désistement という語を彼らはどのように翻訳するのか、と。彼らはどのようにそれをすでに翻訳したのか。それをなおも知りたいとは思わないし、知らないほうがよい。「ティポグラフィー」の翻訳が終わって、クリス・フィンスクがストラスブールで最後の手を入れているときに、私はこの文章を書いている。その翻訳を私は読んでいない。解決策はいくつか想像できる。英語には to desist という語がある。フランス語でもそうだが、そこでは法律のコードが概して支配的である。だが to desist は、フランス語でつねに必要な再帰動詞を受けつけない。〔フランス語の再帰代名詞〕se désister は、訴追〔poursuite(続行)〕を、法的行為を、責任を放棄することである。他方で to desist は、やはり英語では時間の中断を指し示すように私には思われる(to cease, to stop, to leave off)。そこから、ある種のずれが、きわめて異なる統辞上の可能性が生じる。たしかに désistance という語のほうが、少なくともそれをフランス語で飼い馴らすことができるのであれば、すなわち中止というそのふつうの意味を失わせるほどに〔フランス語に〕帰化させることができるのであれば、この語のほうが、ラクー＝ラバルトの標記したがっているように見えるものに近い。しかし困難はまさしく他のところにある。だからこそ、フランス語において「デジスタンス〔désistance〕」という語――つまりラクー＝ラバルトが決して使わない語であり、そもそもいまだ存在しない語――は、なにかの役に立つかもしれない。ただし、それをなんの用心もせずに désistance と単純に英語で転写してはならないという条件つきで！ もちろんだからといって作業が簡単になるわけではない。だがそんなことはどうでもよい。ラクー＝ラバルト自身がすでにフランス語の固有語法のなかに一種の隔たりを標記している。彼の使う単語はふつうのフランス語にほとんど翻訳されるがままにならない。désistement[*2]――私は今後 désistance と言うことにする――には法とのある種の関係が読み取れるけれども、主体の désistement は、通常の慣用で幅を利かせている格別に法律的な意味をもたない。さらにそれは再帰性によって規定されるがままにもならない(se-désister は「正常な」フランス語で受け入れられる唯一の形である[1])。しかし主体のデジスタンスとは、主体がまず〔再帰的に〕自己を断念するという意味ではないとしても、そこから主体のなにか受動性のようなものを結論するのはやめよう。また主体の能動性を結論するのもいけない。デジスタンスがいっそうよく標記しているのは中動態なのだ。一切の決定〔décision〕以前のところで、一切の desition(というふうに、存在の中止〔a cessation of being〕を指すために英語で言われるかもしれない)以前のところで、主体は受動的であることなく断念されている。主体は、再帰＝反省の、決定の、能動ないし受動の主体である以前のところで、みずから断念することなく断念する〔脱存する〕。このとき主体性はこのような断念〔脱存〕において存立すると言えるだろうか。まさしく否である。ここで重要なのは存立することの不可能性であり、不整合とはまったく別物の、ある奇妙な不可能性である。すなわち、それはむしろ「(脱)－構成」[*3]である。われわれはその分析を試みようと思うが、すでに次の点を確認しておこう。翻訳者の大いなる使命、その狂気、その苦悶、そのアポリアは、つねになんらかの最初の異邦性から発する、と。それは元のテクストの固有語法のなかにすでに穿たれている隔たりである。

というのもこの前史の糸をさらにもつれさせて言えば、私はあやうく翻訳の――まさしく〔précisément(前もって切り離した仕方で)〕――問題〔problème(前に投げられたもの)〕から始めそうになったからである。しかし私はそれを避けたのか。すでにやってしまったのではないか。ラクー＝ラバルトの作品は次のようなものとしてなおも読むことができるだろう。すなわち翻訳のもっとも深刻な賭金とたえず格闘している思考、翻訳の餌食になっている思考、翻訳というものについての思考である。それは一種の思考の経験である。この経験にとって、翻訳は凡百の問題《プロブレム》〔前に投げられたもの〕のうちの一つ、すなわち一個の義務の面前にあり、意識ないし意識主体が対面するような一個の対象《オブジェ》〔前に投げられたもの〕などではない。翻訳とは思考それ自体の経験であって、思考の経験が詩の経験でもある場において、もっとも本質的な仕方で、もっとも危険な仕方で、思考を横断することなのだ。特権的ないくつかの例、ゲシュテル、ミメーシス、リュトモスがある。また他にも数多くの語があり、実はそれらの語をみずからの蜘蛛の巣〔toile(布地・カンバス)〕に捉える文がある。それから、この本のなかでそのいくつかの徴候が現れることになるが、同じ経験を証言する、他のところで発表された翻訳たちがある。ヘルダーリンによるソフォクレスの翻訳(狂気のなかの狂気)を翻訳したもの、ツェランの翻訳(ツェランは巨大な翻訳家詩人であり、彼一人だけを読むことはできない、つまり他の数多くの詩人たちの系譜なしに読むことはできない)。というのも、この論文集に集められたテクストの一貫性がどれほど印象的であっても、異なる様式で書かれた他の多くのテクスト、詩的で哲学的なテクストによって横断された領野の、かくも差異ある厚みを忘れてはならない（英語圏の読者もようやくこうしたテクスト群を手にすることができるようになると期待する）。この一貫性は、哲学において体系と呼ばれるものの形をもたない。それは本質的で明示的ないくつかの理由による。これらの理由はどれも、この一貫性があらゆる全体性のなかに書き込む断念《デジスタンス》＝脱存、脱節合、裂開へと連れ戻す。このモチーフの執拗な回帰が描き出すのは、もっぱらある統一性のシルエットにすぎず、有機的な布置というよりも、むしろ一個のリズムである。

要するに私はこれらのテクストを読みなおしたところである。忠実な思考がもつ力、その要求力、一徹な警戒力、こうしたものを再発見することの喜び、つまり他なる仕方で発見することの喜び。まさに＝正しくも〔*justement*〕忠実な思考、まさに不可避なものに忠実な思考。断念《デジスタンス》〔脱存〕のこの思考、それはあたかも決して断念しないかのようである。それはこの二十年近く、私にとって（このように言うことをお許し願うが、アメリカの読者はこのことを知るべきである）、一つの奇妙な尺度であり続けており、こう言ってよければ、間違いなく明日思考すべきものの正しい逸脱〔démesure（脱尺度）〕であり続けている。デジスタンスの思考は、潜在的資源、使命、チャンスなのだ。このように言うことで私は序文の慣習に屈しているのでもなければ、またこの慣習が押しつける価値評価に屈しているのでもない。おそらく、われわれの友人ユージェニオ・ドネイトー（この論文集の企画を立てたのは彼である）は、私がラクー＝ラバルトと共有したもの、また私が彼から受け取ったものに敏感であったからこそ、私に序文を書くようにと言い出したのだろう。私がラクー＝ラバルトと共有するもの、これをわれわれ二人は、違った仕方ではあれ、またジャン＝リュック・ナンシーとも共有している。だがすぐさま指摘しておきたい。彼ら二人のあいだに、またわれわれ三人のあいだにいかに共通の道程と共同作業があろうとも、各人の経験は、その特異な近さのうちで絶対的に差異あるままにとどまっている。そしてこのことは、その致し方ない不純さにもかかわらず、固有語法《イディオム》の秘密なのである。秘密とは、言い換えれば、まず第一に分離、関係なし、中断のことである。火急の事柄があるとすれば（私はそれに専念しようと試みるが）、それはここで家族的な装いと縁を切ることであり、系譜学の誘惑、投影、同化、同一化を避けることだろう。投影、同化、同一化が不可能だからといって、誘惑が避けやすくなるわけではない。その反対である。鏡像的な同化ないし投影、これこそラクー＝ラバルトがたえずわれわれに警戒するよう呼びかけるものである。彼は模倣という根源的ミメーシスを解釈しながら、ハイデガーの「秘められた」「基礎的」模倣論《ミメトロジー》*4のなかに鏡像的な同化・投影の宿命性を、その政治的な罠を暴き出す。そのとき模倣を受け入れようと拒絶しようと、結果は同じである。すなわち脱存《デジスタンス》という根源的ミメーシスへの無理解である。道程をまったく予備的に測定するための第一の目印がある。ハイデガーによるDestruktion〔破壊〕もしくはニーチェによる解体の帰結をできるかぎり推し進めてみれば（もちろん一方を他方に還元することはできないということは火を見るより明らかであるが）、またこれらの契機の拒絶しえない必然性、「避けて通ることのできない」（これはラクー＝ラバルトの言葉であり*5、この語を、拒絶しえぬものという語と同じく、超－否定の系列に加えよう）それらの性格を引き受けた暁には、この二つの思考のなかに、ミメーシスについてのいまだプラトン的な理解、存在《オント》－模倣論《ミメトロジー》が恒常的に根強く存在することが明らかになるだろう。曖昧で、混乱をもたらす反復。ラクー＝ラバルトはそれに反対するのでも、それを批判するのでもない。さらに彼はそれを脱構築するのだと確信しているのでもない。彼は「脱構築する」という語が、この反復から彼が作り出すもの——深淵、Unheimlichkeit〔不気味、異郷性〕、ダブル・バインド、誇張論法〔*hyperbologie*〕といった別の構造のなかにこの反復を書き込みなおすことによって作り出すもの——を描くのに、最良の語であるとは確信していない。彼はミメーシス、テュポス、リュトモスについて、まったく別の思考の道を開く。この思考はあいかわらずニーチェ－ハイデガー的な脱構築の跳躍によって支えられながらも、われわれが後で見るように、そこに代補的なねじれを刷り込み、風景全体を組織しなおし、新しい問いを抽出し《デガージュ》、開始する《アンガージュ》。すなわち、主体、政治、文学的虚構ないし演劇的虚構の他なる次元についての新たな問い、詩の経験や自−伝ないし他−伝についての新たな問いを。

刻印でありつつ区切りでもある、この著作の鋭利な署名は、もっとも強力な血統を断ち切る。この伝統が自己に固有の伝統性として反復するもの(範例性、同一化、模倣、反復)を、当の伝統がもはや思考することも保証することもできなくなるそのときに、そのもっとも必然的な契機において不可避的に断ち切るのである。署名は中断する。あるいはむしろ署名は、形而上学的な存在−模倣論がそれによって分裂し脱存せざるをえない襞に、一種の切れ目を標記すると言ったほうがよい。この形而上学的な存在−模倣論は、プラトンからアリストテレスへ、ヘーゲルからハイデガーへと続くばかりではない。それはさらに秘密裏に、ニーチェ、フロイト、ラカンにおいても存続している存在−模倣論である。この署名の固有語法(しかしまた忘れないようにしよう、固有語法の脱存《デジスタンス》もあるのだ)は、拙速にも頻繁に、とりわけ合衆国において、ポスト構造主義という名のもとに同定されてしまうものの型には収まらない。区切りは、それが回避を回避し否認を回避するだけに、いっそう目立つ。区切りは、対決的説明(Auseinandersetzung)を逃れることは決してないのであって、区切りがたえず放ちなおす問いによってうんざりさせる相手である思想たちとの、このうえない恐るべき近さを逃れることもない。慎重でありながら冒険的な、範例的な実直さ。独断的な道徳主義に陥ることなく、倫理的要請を思考の試練に従わせる、成熟した実直さ。

とすれば、これらすべての分裂(それらを増殖させ尊重しなくてはならない)は、形而上学的な存在−神論にも存在−模倣論にも属さない(存在−模倣論とはラクー＝ラバルトが鍛え上げた概念であり、これはもはやハイデガー型の存在史的ないし存在画期的《エポカル》な統一性には呼応していない。なぜなら存在の歴史における存在−神論の境界画定はなおも存在−模倣論の集合なき集合に属しているのだから)。したがって厳密な意味でニーチェ的でもハイデガー的でもないそれ〔分裂〕は、さらにマルクス主義的でもフロイト的でもラカン的でも、ポスト構造主義的でもポスト・モダン的でもない。とはいえ、こうした分裂、遠ざかり(それは批判でも対立でもない)にもかかわらず、孤立しているとか島国根性とかいう感じは決してしない。私に強く感じられるのは別の形象である（一介の形象にすぎないが）。それは攻囲された潜勢力という形象である。攻囲されているというのは、この潜勢力が、攻囲状態とは何かという問い[*6]へも含めて、四方八方へとさらされているからである。一方の前線もしくは括弧を閉じることは他方の側にもまた他のものを開くことでしかなしえないという事態、こうした事態が、不可避なダブル・バインドによってもたらされるとき、強迫状態とは何か。そして「……とは何か」という問い――この問いはさまざまな時代《エポック》〔宙吊り状態〕をともなっている（そして一つのエポケーの宙吊りは括弧入れでもあり、さらに言えば、われわれが後で立ち返るように、定立もしくは定立的なもの一般の括弧入れである）――は、狂気とともに何を見なければ、あるいは見ないのでなければならないというのか〔狂気とどういう関係があるのか、それともないのか〕。攻囲された潜勢力は形象化可能な場をもたず、ただ一つの場、ただ一つの形象をもたないので、難攻不落〔把捉不可能〕にとどまる。それは固有の――本来の意味で固有の――同一性をもたない。この潜勢力は不安定なものであり、安定を揺るがすものである。それはその脱存《デジスタンス》からして、倦むことなく、ほんのわずかの休息をも許すことなく、他のすべてのものを攻め立てる。そこから「スタイル」、エートス、「特徴《カラクテール》」（ここで私は「主体のこだま」のなかで開始され複雑に論じられている問題系を、とくに「小説は鏡である」の章を参照する）、警戒のリズムが生じてくる。ラクー＝ラバルトは括弧を積み重ねながら、省略、回避、単純化をおこなわないようにと、そのつどわれわれに警告する。いたるところで重層決定が舞い戻ってきてわれわれを驚かす可能性があるし、ひとが襞を逸することもある。罠はいたるところにある。ダブル・バインドはいかなる出口も許さないし、誇張論法的なものもそうだ。思考を開始するためには、このことを知らなくてはならない。そして警戒はひとの保護を最終目的としているのではない。警戒が気を配っているのは、自己の曝け出しを欠かさないことなのだ。あなたがたが曝け出されているということ、あなたがたがこちら側でもあちら側でも自分を曝け出さなければならないということ、このことを忘れてはならない。あなたがたにも私にも、なんらかの仕方で必ず生じるこの曝け出しを避けてはならない。

これは契約の、同盟の、忠実さの契機を前提とする。読む必要があるのであり、そのためには手を結び、交渉し、折り合う必要がある。最終的には、何に対するあるいは誰に対する忠実さなのか。そうだな、あなたは私をかくも必然的に攻囲し、すでにそこに私以前に存在するのだが、そのあなたが避けなかったもの、あるいは避けえなかったもの(これは同じことだろうか)、したがって不可避なものという形をとるもの、まさにそうしたものへの忠実さである。この形は恐るべきものだ。というのもこの形はすべての形象、すべての図式に身を任せ、不安定で不定形だからだ。要するに、忠実さなどもはや必要としないものへの奇妙な忠実さなのだ。しかしこのような非対称性が求める信がなければ、はたして忠実さなどあるだろうか。

この序文のための予備的な用心など重ねずに、すぐさま括弧の外へ飛び出すべきだったのかもしれない。しかし、どうすればそんなことができるのだろうか。七つの語だけからなる、当時引用された短い括弧についての、もう一つの長い余分な括弧から(銘句のなかで)始めたいという誘惑も、また提示されていた。私ならば固有名に仮面を被せたことだろう。そうすることによって、もっとも取り替え不可能なもの、つまり一個の固有名を、もう一つ別の固有名によって、すなわち比喩形象、虚構、同義語のシミュラークルによって、取り替えるように見せかけただろう。「テイポグラフィー」のなかで(一八九頁)、まさしく括弧のなかで次のように書かれている。「(いずれにせよハイデガーは決して何も避けない)」[2]と。

本当に? どのように? そんなことがありうるだろうか?

最初の反射的な反省、とっさの応答はこうだ。ハイデガーについてであれ誰についてであれ、この「何も避けない」ということが本当かどうかを知ることは難しいが、それがもし当てはまるひとがいるとすれば、それは「ハイデガーは決して何も避けない」と大胆にも書いた者である! もっとも、それこそは彼が言ったり考えたりするのを避けるべきことだったとすれば話は別だが。要するに、どうすればこのような文を大胆にも書くことができるのか。いったいどのような権利によって。そして誰についてであれ、このような命題を述べることに意味はあるのか。この挑発は何を言わんとして〔意味して〕いるのか。

急がないようにしよう。たしかに〈何も避けない〉ということの一つ目の意味がある。すなわち、問い、可能性、真理と真理の真理、必然性といったものを素通りしないということ、襞、留め金を逃さないということ、である。しかし第二の意味で何も避けないということもありうる。すなわち、最悪のもの、間違い、弱さ、取り違い、阻止、省略、妥協――そして回避、否認を避けないということもありうる。強迫的に。俗なフランス語で ne pas en manquer une〔いつもそれを欠かさない＝へまばかりやらかす〕と言うように。ハイデガーは「決して何も避けない」とラクー＝ラバルトが言うとき、彼は明らかに第一の意味、よい意味で言っている。ハイデガーは立ち向かうのであり、決して何も避けない。それゆえにハイデガーは「避けて通ることのできない」存在なのである。しかしながらラクー＝ラバルトの底知れぬアイロニーがこの信じ難い括弧をどのような分析のなかに書き込んでいるかと言えば、ラクー＝ラバルトが避けないでほしいと願う当のものをハイデガーが通り過ぎ、（ほとんど）故意に迂回するそのやり方の記述に全力をあげる分析のなかになのである。というのもラクー＝ラバルトにとって重要なのは、避けないものを避けるための、避けることなく避けるための、ハイデガーの曲がりくねった戦略を「狩り出す」（これはラクー＝ラバルトの言葉である）ことだからである。それはハイデガーの否認だろうか。ハイデガーの否認についてのラクー＝ラバルトの否認だろうか（ラクー＝ラバルトは、ハイデガーを止揚することと同時に止揚しないこと――ダブル・バインド――も望んでいる）。そうではない。とすれば、避けるとは何を言わんとするのか。そしてわれわれがすぐに確かめるように、それなしには否認の概念そのものが形成されえなかっただろう存在－神論の意味の彼方で、〈思考されないもの〉そのものを思考することに腐心したハイデガーの思考における「壮大な運動」もしくは「手練手管」（ラクー＝ラバルトからの引用である)が問題となるとき、否認とは何なのか。この思考は単にあれこれの〈思考されないもの〉を思考しているのではなく、〈思考されないもの〉一般の構造・可能性・必然性、その擬似‐否定性(〈思考され‐ない〉ものは〈思考され‐ない〉とハイデガーは指摘する)を思考しようとする。この擬似‐否定性についてハイデガーがどう言おうと、それがただ一つの場の統一性において、そのつど結集するという確証は私にはない。ハイデガーによれば、それぞれの「偉大な」思考は、〈思考されないもの〉のなかにみずからの秘密の法を発見し、それがその思想家の偉大さそのものであるというのだが、そうした〈思考されないもの〉が、あたかもたった一つしかないかのように結集するとは思われない。だがこの問題には後で立ち返ることにしよう。

非思考——ハイデガーのそれ——そのものにおけるこの〈思考されないもの〉が、エクリチュール、詩的ないし虚構的なDarstellung〔表現・表象〕といったモチーフと同じく、言表主体、この主体の狂気ないし政治、テクストの統一性といったモチーフとかかわるとき、「避ける」や「否認する」という語をどう理解すべきか。これらのモチーフの意味はどれも、それなくしては哲学や精神分析、論理学や語用論が、「避ける」「否認する」「回避する」等々と平然と名づけている諸形象を規定できなくなってしまうたぐいのものである。これらのふつうの規定ではもはや不十分である。ラクー＝ラバルトの挙措が射程の大きな戦略的転移をおこなうように思われるのは、まさしくこの境界の場においてである。というのも、「ティポグラフィー」のもっとも大胆で、前代未聞の分析の一つ、「いずれにせよハイデガーは決して何も避けない」と通りすがりに指摘する分析は、こうした問いの周囲に、ハイデガーの「手練手管」について不安をかき立てる診断を積み上げるからである。さしあたり「診断」という語以上に適切な語を見つけることはできないが、私はこの語をむしろニーチェの系譜学における意味で理解している(この点についてはラクー＝ラバルトと一緒で、ある程度慎重でなければならないと思ってはいるが)。これらの「診断」は誰も告発したり批判したりしないけれども、それだけにいっそう重たい。それが浮き彫りにするのはまさしくある種の宿命であって、それを逃れるには、それを境界‐画定するだけではまったく不十分だろう。これらの「診断」は、その定式化の一つひとつにおいて、ある動き——ハイデガーがそれによってあれこれのものを避けたように思われる(その理由はすぐに見る)その動き——にかかわるだけにいっそう興味深く、またそれらの「診断」における境界画定作業そのものによってラクー＝ラバルトの特異な(実は先行するものなき)問題圏が開かれるだけに、ますます興味深い。そうした診断の定式化はどのようなものか。括弧の外に出て事柄そのものへと至る前に、まずそれらの定式化をそれとして、正確に、それらの単なる形式において引用しよう。まず第一に、ハイデガーは「排除する(もしくは昇華させる)……」とラクー＝ラバルトはわれわれに言う。いつものように、慎重さの記号、警戒心に満ちた用心、ひとが各瞬間にさらされざるをえないあらゆる危険に対する保険、こうしたものに注意してほしい。すなわち、あたかも不満足な語をすぐに取り下げるかのような、「排除する」を囲う引用符に注意してほしい(ラクー＝ラバルトに負けず劣らず、ハイデガーも決して何も排除しない)。次に、昇華させるはイタリック体になっている。しかも括弧に入っている。というのも、この語はある奇妙できわめて問題含みのコンテクストから借りられているように思われるからである(フロイトにおける昇華というアポリア的なもの)。しかし、ある必然的な通路がこの語そのものによって維持されている。この語は〈まったき他なるもの〉の現前不可能性とでもいったものについて、崇高の問い(この問いは他のところで、ハイデガーとの対決的説明のなかで現れる)へと連れ戻すのである。つまりハイデガーは三つの問いを「「排除」する」もしくは「昇華する」のだが、ラクー＝ラバルトによれば、この三つの問いはそもそも同じものである。この統一性ないし唯一性については私自身も問いを提出したいところではあるが、それは後回しにしよう。要するに、ただ一つの問い、三つである一つの問い、「つねに考慮されながらも、つねに追い払われる」(一八九頁)同じ問いがあるのであり、その問いにハイデガーは「注意を払わない」——「あるいは厳密に言えば、注意を払わないふりをする」のである。

したがって、注意を払わないふりをすることは不可能ではないのだろう。詳しくは、思考する読解もしくは省察においても不可能ではない、と付け加えておこう。というのも「日常生活」では、誰もが知っているように、これほど簡単なことはないからである。かくしてラクー＝ラバルトは、彼がいつもそうするように、自分が問いただし、さらには「狩り出す」思考に寛大な信用貸しをおこなう。彼はこの信用貸しを、最大の力でもって、最大の手練手管でもって、このうえなく明晰な知でもっておこなう。この知は、それに提起されるかもしれない問いによって不意をつかれることがない。

……『ツァラトゥストラ』にかんする論述の全体のなかに、ある問いのまわりを回る巨大な転回運動のようなものを狩り出すこと〔強調デリダ〕は不可能ではないし、その論述を司る問い(「ニーチェのツァラトゥストラとは何者か」)を立てた時点から、すでに不可能ではない。ハイデガーは、ひとがこの問いを避けること、回避することはできない(いずれにせよハイデガーは決して何も避けない)と適切に知っている〔強調デリダ〕が、しかしその力を中和する〔強調デリダ〕ためには、「その後方から切り離す」こと、背後を突くことが不可欠であると判断している。

つまり、力を中和することができるのであり、かくして、それを見るもしくは知ることが避けられないものをある仕方で避けることができるというわけである。したがって力に関する戦略の全体、戦争の全体が用いられ、「手練手管」もしくは操作を繰り広げることができるのである。ここでの本質的な問いは手練手管の事実にかかわるというよりも、選択された行程にかかわる。

……なぜこの手練手管はGestalt〔形態〕の道を取るのだろうか。さらに、なぜGestaltの彼方にGe-stell〔集-立〕

を探しにいくのか。

さらにもう一度、Gestell(という語)とともに何が起こるのか。

さて、核心に近づいてきた。問いの(こう言ってよければ)内容はここにある。すなわち、Gestell〔集立〕もしくは《Gestell》という語である。というのも、語と事象との分割は本質的な理由から困難だからである。事象の賭金は言語の事柄でもある。しかし、いまから見るように、この「内容」は、まさに形式とふつう呼ばれるもの、すなわち、Gestalt、現前化(Darstellung〔表現〕)、提示、虚構と必然的な関係を保持している。つまりそれは、-stellen〔立てること〕の意味のネットワークにおいてDarstellungが含意する一切のもの、意味がせわしなく立ち働くある種の巣箱と必然的な関係を保持する。おそらくDarstellungは見た目ほど単純にはこの巣箱に属してはいないがゆえに、この巣箱を作動させながらも、この巣箱を解体するのである。いずれにせよハイデガーは、不可避なものを自分が少なくとも前もって避けていると「適切に」[*7]知りつつ、Darstellungを回避したことになるだろう。

しかしながら、少し先に進むと、痕跡における狩りはさらに容赦のないものとなる。追いつめられたハイデガーは「転落を避けることができない」。はたしてそのように言えるか。たしかに、いずれにせよ、この人間は決して何も避けていない。痕跡を辿ること、それはnachstellen〔後で立てること＝調整〕でもある。ラクー＝ラバルトはこの語について、「痕跡を辿ること、復讐すること」(一九二頁)という翻訳を提案する。どこでハイデガーは転落することを避けられないのか。それはあいかわらずDarstellungであり、鏡のプラトン的範例である。鏡は、

したがって、Darstellungの範例である。そのとおりだ。しかし、それは変造された、罠が仕掛けられた範例である。それは巧妙に穴を覆い隠した落とし穴である。ある意味でハイデガーはこの穴に転落することを避けられ

ない。それはこのうえない模倣的な落下である。なぜならハイデガーはプラトン以上のことを言おうとして罠にかかるからだ。そして、そのことがはっきりと「見える」。私(「私」)が言いたいのは、それは完全に読むことができるということ、手がかりがあるということ、「事故《アクシダン》」は痕跡を残さずには存在しないということ、これである。(二一七—二一八頁)

引用符を、括弧のなかの引用符〔(「私」)〕を、あなたがたは見た——いや読んだ。この事故は事故だったのではなく、落下は不可避だった。しかし、ここでかかわっているのはもはや、知覚や科学の、見ることや知ることの主体(私)ではない。ハイデガーに起こったこと、あるいは彼とともに、彼の名のもとで起こったことは、他の仕方で深刻なものであって、彼の非-回避はもはやこれらの範疇には属さない。さきほどはハイデガーは決して何も避けないと言われていた。その三十頁ほど先のところでは、ハイデガーは巧妙に覆い隠された「穴」に「転落することを避けられない」と言われた。この避けられないものがもはや見ることや知ること、論理学や否認の精神分析の範疇にないのだとすれば、ラクー=ラバルトがこの宿命的な(ほとんど必然的もしくは本質的と言えるかもしれない)事故が残した痕跡の道に足を踏み入れるとき、そこに賭けられているものの特異性は窺い知れるというものである。彼の読解(そのステップの再構成をここで試みることはできない)は、見ることにも知ることにも属さないし、また解釈学的であれ精神分析的であれ、いかなる既成の学科《ディシプリン》にも属さない。さらに、それが哲学的な方法とか哲学的な読解と言えるとも思われない。

　彼の読解にどうしても一つの名を与えなくてはいけないのだろうか。ラクー=ラバルトは一つの戦略を描写しているように見える。すなわち、「転回運動」「後方から切り離すこと」「背後を突くこと」「手練手管」などである。しかしそればかりでなく、ある思考の失敗、落着、転落、言い落としをも描出している。ハイデガーの大いなる手練手管は、それ自体が（軍事的・方法的・科学的・論理学的・精神分析的・解釈学的・哲学的といった）数ある手練手管のなかの一つなどではないが、痕跡を狩り出してハイデガーの手練手管の裏をかき急襲するためには、ラクー＝ラバルトの戦略、彼の戦争なき戦略は、どのようなものでなければならないだろうか。実際、彼の戦略はもっとも強い拘束力をもつプラトン的伝統にかかわるのであるし、最終的には、それに続く存在－神論の全体に、そしてこの存在－神論という概念、形而上学の歴史という概念、さらにはGe-stell〔集－立〕の概念にまでかかわるのである。そしてそれらのうちで、派生的、下位的と思われる主体ないし基体性の規定にもかかわるのだ。

以上は、結局のところ、あの小さな括弧（「（いずれにせよハイデガーは決して何も避けない）」）を前にして〔獲物を見つけた猟犬のように〕立ち止まりながら、私が自分自身に提出した問いの一つである。たしかにこの文言は、私が抗議の最初の動きをこらえることのできなかった唯一のものである。それゆえ私は衝動的に、このような仕方で始めそうになったのである。抵抗というものは（というのも、これは私からの抵抗だったからだが）、しばしば読みの痛点、すなわち読みを組織する無理解の地点を示す。彼はどうしてこんなことを書くことができるのか、と私はつぶやいた。誰についてであれ、こんなふうに書けるものだろうか、と。ある誰か、ある有限な思考者、そして有限性についての思考者は、いつ自分が避けているのか、何を自分が避けているのかを「適切に」知っているというのに、どうして彼は決して何も避けないということになるのか。とりわけ、この有限性の思考者が、〈思考されないもの〉の必然性を真剣に受け取り、そこに思考の本質的な条件を、ほとんど思考の源泉を、欠如とはまったく別のものを、認めるにまでいたるときに。「〈思考され－ない〉ものがそのつどそうしたものであるのは、それが〈思考され－ない〉ものであるかぎりにおいてである」とハイデガーは言い、ラクー＝ラバルトもそう指摘している（一八八頁）。

ポール・ド・マンは大胆にも、ルソーのテクストにはいかなる「盲点」もないと言ったが、そのときも私は同じいらだちを感じた。いらだちは正当化されるものではない。いらだちが生じたら、ゆっくりと時間をかけて、自明ではないものの試練に自分をかける――それを避けることなく――べきだ。そこから、もし許してもらえるならば、私の第一の忠告が、この長い括弧を閉じるときに生まれてくる。すなわち、ここに集められた難解なテクストたち――(挿入、引用符、括弧に満ちた)テクストそのものと、それが問いただしているテクストたちの両方――を読み、また読みなおす労をとるように、と。大胆さと策略と慎重さから作り出された戦略に、それらを拘束する御し難い必然性に、とりわけそれらのリズム、それらの息づかいに従うように、と。思考のゆったりとした周期と深い呼吸。たえず語りかけてくる誰かのあとを追う長距離走の時間。その誰かはあなたがたのほうに向きなおり、彼がよく知っている地形の起伏《アクシダン》を描き出し、自分の話を遮っては、すぐさま出発しなおす。彼は予告する。冒される危険やあなたがたを付け狙う踏み外しや罠について、必要な飛躍やまだよく見えない風景について。そして、線を飛び越え、新しい道を切り開くために発明すべき、迂回、別の句読、区切りの必要性について。この思考者が息切れしているとか責め立てられていると感じることがあるとしても、それは間違いだと気づきなさい。反対に、あなたがたが読んでいるのは、われわれの伝統のもっとも強力な思考の数々を、論争なきポレモスとして追跡し狩り出す何者かなのである。括弧を閉じよう。それは可能だろうか。)

Ge-stell

したがって、ここでは、この例とともに始めよう。なぜなら、この例はラクー＝ラバルトの手法と手練手管を、彼の外科手術の手やリズムを予告しているからである。そしてまた序文のなかではそれ以上のことを私ができないからである。こうした制限のリスクを引き受けながら、私がとくに望むのは、ひとがラクー＝ラバルト自身を読むことである。私は三つの例に話をかぎるが、それらの例のなかで、そのつどたった一つの糸を辿っていこう。その糸とは、デジスタンスである。三つの例(ゲシュテル、ミメーシス、リュトモス)のそれぞれは、ある異郷《エトランジェ》の〔奇妙な〕単語の署名を受けるだろう。その単語は、それが属すると思われる言語のなかで、はなから異郷的である。その単語は翻訳《トラデュクシオン》の狂気ならびに伝統《トラディシオン》の狂気に呼応するだろう。強迫と分裂、包囲と区切り、ダブル・バインド、再自己固有化の宿命性と不可能性、誇張論法、不可避な脱同一化。また別の制限の規則も、別のリスクもある。すなわち、もっとも近しいと同時にもっとも異郷的な作品群、つまりはもっとも抵抗力のある作品群――たとえば、ニーチェ、ハイデガー、フロイト、ラカンといった人々の作品群――の試練のなかで、ラクー＝ラバルトがデジスタンスの思考を先鋭化させる、そうした場〔論題〕への導入しかできないということである。

　人間学的なパトスと自称実証的な知の彼方で、ラクー＝ラバルトは、思考にとっての最重要の問いという尊厳を、つねに狂気に与えてきた。「民衆煽動《デマゴギー》」なしに、「精神指導《プシカゴジー》」なしにだ。[8] 精神錯乱は哲学によって排除・支配され、言い換えれば飼い馴らされるべきかと問う前に、試みられるべきは、ある種の憑依、言い換えれば、哲学が規則的に狂気に見舞われ住み着かれているある種の仕方について思考することである。「哲学的狂気」のある種の家内性があるのだ。「ティポグラフィー」は、その最初と終わりにおいて、哲学とはあらかじめ狂気へと定められているものだ、という認識へと開けている。複数の例がある(単にいくつかの例にすぎないが)。ルソー(『新エロイーズ』の「序文」における「ほら、こんなふうにして、ひとは狂人になる」)、ニーチェ(『曙光』の「道徳の歴史における精神錯乱の意味」)、そればかりでなく、カント、コント、ヘーゲル。豊かで並外れたこうした分析のあらゆる道筋のなかから、狂気を新しい「主体の問い」へ結合しなおす糸を抜き出さなければならないだろう。ラクー＝ラバルトはこの「主体の問い」を再び取り上げ、その表題までをも採用し(一八九頁)、それを前代未聞の仕方で放ちなおす。彼はこの作業をもう十五年近くも、[9] 慎ましく、忍耐強く、厳格に、ある種の孤独のなかでおこなっている。とはいえ彼は、少し前からパリの会話を賑わせている「主体への回帰」を実行しているわけではないし、さらに最良の場合には、すなわちたしかにもっとも洗練された形で、フーコーの最晩年の著作のなかに見られると思われるかもしれない「主体への回帰」を実行しているわけでもない。いずれにせよ、基体性〔subjectité〕に関するハイデガーのテクストの厳密な読解と実際の横断は、やはり注意深く省かれた。[10] ラクー＝ラバルトがするのはまったく別のことである。彼は単に「主体」を復活させ、復権させ、再任させることを提案しているのではなく、むしろハイデガー型の脱構築と、ハイデガーがそれについて沈黙してしまったかもしれないものとの両方を計算に入れつつ、主体の断念＝脱存《デジスタンス》について思考することを提案しているのである。

どのような沈黙か。〔沈黙という〕この語は少なくとも二回現れる。それが指し示すものは、不可避なものと関係がないわけではない。たとえハイデガーが「決して何も避けない」のだとしても、Ge-stell の大家族（「bestellen〔注文する〕」「vorstellen〔表象する〕」「herstellen〔生産する〕」「nachstellen〔後で調整する〕」）のなかで簡単には飼い馴らされるがままに、整列させられ分類されるがままにならない Darstellung のはらむ何ものかについて、ハイデガーは沈黙したままである。Darstellung は Gestell の家系のなかに、ある混乱を——ハイデガーが注意を払わない（あるいはどこかで言われているように、それに注意を払わないふりをする）混乱を——導き入れる。Darstellung に関するハイデガーの「沈黙」は二つの仕方で解読することができる。一つは、ハイデガーは Darstellung が Ge-stell に属していることを無視しており、この所属によって計算に入れなくてはならなくなる一切合財を無視している、という読み方である。これはラクー＝ラバルトが指摘していることである。もう一つは、ハイデガーは Darstellung を一個の同質的な系列のなかに書き込んでおり、そうすることによって Darstellung を数ある様相の一つでしかないものへと縮減している、という読み方である。ハイデガーは彼の存在‐類型論を境界画定する際に、労働・苦しみ（ユンガーの『労働者』と『苦しみについて』）と、形象を用いた（再）現前化（gestalthafte Darstellung）との関係について、「省略的」（この語も二回現れる）[11] にとどまっている。そして、「ユンガーとヘーゲルとの関係についての比較的に省略的な扱い」のなかで、ハイデガーは Gestalt の形而上学（あるいは形象としての存在の 表象《ルプレザンタシオン》）と、Darstellung すなわち「文学的現前化《プレザンタシオン》」との関係についても、「ある種の沈黙」[*12]を守っている。そしてユンガーについて言えることは、ニーチェやリルケといった他の「書き手」たちにも当てはまる。省略と沈黙が告げるのは、「語の消滅」とはまったく別の「喪失」、stellen-darstellen の派生関係にかかわる「喪失」[*13]である。「Ge-stell（の語）」とともに、そしてその不可能な翻訳とともに「生じる＝過ぎ去る〔se passe〕」ものを問いただしながら、ラクー＝ラバルトは新しい「主体の問い」の場を定義する。以下がその内容であるが、これは私が先ほどその「形式」のために引用しておいた一節である。

ニーチェ（すなわち「ニーチェ」）の〈思考されないもの〉（非思考）の主要な行き先のために、ハイデガーが以下の〔三つの〕問いを、すべて同時に、同じ一つの投擲によって「排除する」（もしくは昇華する）やり方について、私（「私」）はここで話を蒸し返すことはしない。そこで排除・昇華される三つの問いとは、〔一つ目は〕『ツアラトゥストラ』の「詩的」ないし「虚構的」（「文学的」）な性格についての問いであり、〔二つ目は〕ニーチェの「テクスト」のある種の分散ないし炸裂についての問いであり（「テクスト」のこの分散ないし炸裂は、（主要な）「作品の不在」――〈思考され‐ない〉ものそれ自体が、いくつかの根本的な語の本質的な「連接」のなかでみずからを組織する場である「作品の不在」――以上に避けることができない）、そして最後に〔三番目に〕、ニーチェの「狂気」の問いである。私にはこれら三つの問いが一体であるということを他のところで示すことができると思われた（実を言えば、少々当たり前のことだった）。さらに正確に言えば、これら三つの問いはいずれも、主体の問いという同じ唯一の中心的な問いのまわりを巡っているように思われた。この主体の問いは、考察されると同時に追い払われるのがつねである問いである（そもそもこの問いは思考にとって承認し難い観点から、つまり形而上学の刻印を帯びた観点からつねに提出されてきたのであり、そのようにしてつねに断罪されてきた――「上告」は許されない）。この主体を「言表の主体」あるいは「エクリチュールの主体」と言おう。それは、いかなる形のものであれ「基体性の形而上学」の主体に、剰余なく、言い換えれば無媒介に＝直接的に、同化し、同一視しうるような無なのである。（一八八―一八九頁）

「ティポグラフィー」あるいはこの表題のもとにいまや取り集められるものは、主体の問いを「唯一無二の中心的な問い」へと印象的な仕方で連接することから、その力をかなりの程度引き出している。この主体の問いをラクー＝ラバルトは、ハイデガー的な脱構築から、言い換えれば、主体性の形而上学や存在‐類型‐論の境界画定から抜き去る。この抜き去り作業は、ハイデガーがどのようにして主体の問いからみずからを抜き去るかを示すことによってなされる。とりわけラクー＝ラバルトは数多くの問いを主体の問いの唯一無二性へと連れ戻しており、その唯一無二性は一種の重心でもある。その多くの問いのなかには、「「テクスト」のある種の炸裂」（この場合はニーチェ的な）についての問いがある。しかしこの問いについて私は、今度はラクー＝ラバルトのほうがこの炸裂を縮小する危険を冒してはいないかと思うのである（これは懸念でしかないが）。もちろん、彼には最良の正当性がある。というのも練りなおし作業におけるこの結集は、ハイデガーを脱構築的に読解するための戦略上の最良の梃子《てこ》であるからだ。しかしそのとき、通りすがりにではあるが、次のような根本公理を確証してしまわないともかぎらない。すなわち、一個の思考の〈思考され‐ない〉ものとはつねに唯一無二なものであり、[14] それにもとづいて一個の思考が、思考されるべきものを与える、あるいは思考されるべきものとしてみずからを与える、そうした場のようなものである、という根本公理を確証してしまわないともかぎらない。ラクー＝ラバルトは、ニーチェの〈思考され‐ない〉もの――もしくは〈思考され‐ない〉もの一般――を規定するハイデガーのやり方が、たった一つの、唯一無二の〈思考され‐ない〉ものしか前提していないかのように、すなわち、そのまわりに、あるいはそこから出発して、ハイデガーの思考が組織されるような、そんな唯一無二の〈思考され‐ない〉ものしか前提していないかのように描いている。しかしそれは、ハイデガーに関して言えば、ラクー＝ラバルト自身がハイデガーを非難していたその咎、すなわち、「〈思考されないもの〉（非思考）の主要な行き先」——ハイデガーにとってはニーチェの行き先、ラクー＝ラバルトにとってはハイデガーの行き先——の特権視を反復することではないのか。もし（たとえば）ハイデガーの〈思考されないもの〉が一つではなく、複数なのだとしたら、どうだろう。もしハイデガーの〈思考されないもの〉の唯一性もしくは統一性を信じることであるとしたら、どうだろう。私は懸念を批判にするつもりはない。というのも、このような結集の挙措を回避できるとは思わないからだ。この挙措はつねに生産的であるし、哲学的に必要である。だが、私はこう自問し続けるだろう。われわれがこれから追跡し続けるようなデジスタンスの「論理」そのものは、主体の問いといった「唯一無二の中心的な問い」の解消不可能な分散へと通じていかざるをえないのではないか、またいわばその問いの脱同一化へと、その問いの撤去へと通じていかざるをえないのではないか、と。さらに私は自問し続けるだろう。問題となる「主体」が「基体性の形而上学」もしくは存在－類型論を超過するのだとしても、それでも「主体」は、その結集力において、その問いの唯一無二性において、ハイデガー的な「思考されないもの」の何ものかを反映し、受け継ぎ続けるのではないか、と。一言で言えば、ここで結びつけられた二つの問い、すなわち「言表の主体」の問いと「エクリチュール」の問いとを、分離する必要があるのではないか。しかし、おそらくラクー＝ラバルトはそうしている。それはまさしくティポグラフィーと彼が呼ぶもの——私が先ほど少々作為的に切り出した定式化と戦略的契機との彼方で、彼がそう呼ぶもの——でさえある。

「ティポグラフィー」の戦略はきわめて繊細であり、私はここでその解説をしようとは思わない。その特徴を肥大化させる危険もあるが、私がこの戦略のなかにまず第一に読むのは、全面的《ジェネラル》な不安定化もしくは脱定着化とでもいったものである。全面的《ジェネラル》だというのは、何よりもまず、それが繰り返され重複しているからである。この重複はミメーシスの本質なき本質に起因している。すなわち、ミメーシスは存在するのではないということ、ミメーシスは実存する〔exsite〕のではなく脱存する〔désiste〕というまさにこのこと、そしてそこに否定的なものは何もないということに起因する。このことを思考するためには、ハイデガーが最終的に確証してしまうプラトンの模倣論のなかに（転倒した形で）身を落ち着け《アンスタレ》てはならない。「偏向」、「不安定性」、偶然的な「脱定着《デザンスタラシオン》」、真理の突発的な「転落」（ハイデガーはこのアレーテイア〔真理・隠れなさ〕を、『国家』の第十巻の読解のなかで興味深くもUnverstelltheit〔偽らなさ〕として、すなわち、定着《アンスタラシオン》、非《ノン》‐脱定着《デザンスタラシオン》、石碑〔stèle（据えられたもの）〕として解釈している）――こうしたものとして規定されたミメーシスを復権し、要求し、救ってはならない。底知れぬ重複が（こう言えるなら）起源からしてすでに真理あるいは石碑を不安定にするはずだとしても、プラトンによって断罪されたミメーシスを一般化したり、根源的ミメーシスという高貴な地位を授けることによってミメーシスを復権させるという、ほとんど抵抗し難い誘惑に屈してはならない。[*15] このような誘惑はどこで一線を越えてしまうかわからないものであって、誰も（ラクー＝ラバルトでさえ）いつも身を守っていることはできない。差異は、「根源的」という語を括る、見えたり見えなかったりする引用符のうちに標記されている。そしてミメーシスは偶発的な転落や派生といった（罷免された）地位をもたないとひとが強調したがるとき、「根源的」なプラトンに「反対して」――根源性の価値はミメーシスの価値と両立しない等々と明言付言するにもかかわらず――ついミメーシスを「「根源的」」なものだと言いたくなってしまう。

したがって、われわれが語ろうと試みている底知れぬ襞ないし重複は、すでに存在する――存立する〔ester〕と翻訳されることもある――真理を不安定にするために後からやって来るのではない。脱存《デジスタンス》は最初から真理の脱存《デジスタンス》なのである。真理とは姿を変えるものである〔ne se ressemble jamais（決して自分自身に似ることがない）〕。ゆえに真理はミメーシスに似る。だが、すでにミメーシスに汚染されているのでなければ、どうしてミメーシスに似ることができようか。そして支配的な模倣論によってその言表の書き取りを命じられるがままにならないようにするには、この根源的汚染を、否定的でも根源的でもない仕方で、どのように思考すればよいのか。つまり真理は決して自分自身に似ることがないのだ。真理はみずからを退かせ、仮面を被り、たえず「みずからを脱存させる〔se désister(断念する・取り下げる)〕」(ラクー＝ラバルトは今度は再帰動詞を使っている)。[*16]

ここから生じる帰結へ向かう前に、語彙のレベルで désister という語の特権を正当化するものを見定めておこう。そしてとりわけ、この語を ist あるいはむしろ stare(フランス語では ester)という擬似‐語基に連れ戻しながら、その根を引き抜くものを見定め、désister, désistement, désistance といった語を、それが属すると思われる〈立つ〔stance〕〉の系列(「存続〔subsistance〕」「実体〔substance〕」「抵抗〔résistance〕」「恒常性〔constance〕」「一貫性〔consistance〕」「固執〔insistance〕」「瞬間〔instance〕」「立ち会い〔assistance〕」「持続〔persistance〕」「実存〔existence〕」等々)から抜き去るものを見定めよう。ラクー＝ラバルトが利用するデジスタンスは ester の変様態ではないし、とりわけその否定的な変様態などではない。dé- は、まさしく ester の語族に所属しないということを重層的に標記している。私はすでにこのことを示唆しておいたが、ここで翻訳において賭けられているものをもう少し複雑にするために、この点に立ち返ってみよう。ester は単に語基のようなものではないと知る必要がある。たとえ稀だとはいえ、この語はフランス語に存在する。それは特に司法上の意味をもっており(たとえば se désister〔告訴を取り下げる〕と同じように)、法廷に「みずからを現前させる」「現れる」「出頭する」を意味する。«ester en jugement», «ester en justice» とは、原告もしくは弁護人として裁きの場に現れるということである。ところで、こうした[*17]現前もしくは出頭、こう言ってよければ、現前行為《アクト・ドゥ・プレザンス》〔出席行為〕の意味体系ために、ハイデガーが用いる wesen を ester もしくは estance と翻訳できると思ったひともいた。そこで私は思い切って次のように示唆しよう。すなわち、デジスタンスがその司法的コードの彼方で、そしてその「ティポグラフィー」的運用において、estance〔本質的立存〕の変様ではなく、つまり estance の規定の一つとして estance に属するのではなく、estance もしくは Wesen に対する断絶、離脱、異質性を刻印するのだとしたら、どうだろう。デジスタンスとは不在のことでも、無秩序や非本質性のことでもなく、Abwesen でも Unwesen でも、さらにはその凡俗な意味からもぎ取られたEntwesenのことでさえないとしたら、そのとき、デジスタンスを存在の意味もしくは存在の真理というコード・問題圏・問いのなかへ、さらにお望みならこう言ってもよいが、「ハイデガー」の言語のなかへ翻訳しなおすことは困難になるだろう。二つの言語のあいだで、もはや何も移動《パス》しない、何も起こらない《ス・パス》ということではない。そうではなく、移動《パサージュ》＝生起は他の深淵によって、すなわちハイデガーが語る深淵でありつつも、また他のものでもある深淵によって可能になるのだ。私の仮説がラクー＝ラバルトの気に入るかはわからないし、彼の興味を引くかもわからない。もしかしたら彼はこの仮説をきっぱりと拒否するかもしれないし、もしかしたら、あるいは反対に、そんな仮説など自明のことだと思うかもしれない。というのも彼はあるとき次のように書いたのだから。「ハイデガーの「存在」――それがまだ存在であればの話、またハイデガーの存在であればの話だが――のなかに、レヴィナスの「存在するとは他の仕方で」と同じもの(その可能性そのものではないにせよ)を見ないことは、私にはきわめて困難である」[*18]。もしかしたら、である。もしかしたら(この「もしかしたら」こそ、私がもしかしたら無益にも試みている幕開けなのかもしれない)、私がラクー＝ラバルトのなかに読んでいるようなデジスタンスは、ある種の「存在するとは他の仕方で」(「存立する〔ester〕」とは他の仕方で)を、さらに他の「存在するとは他の仕方で」を呼び求めているのかもしれない。このもう一つ他の「存在するとは他の仕方で」は、もはや「ハイデガー的」でも「レヴィナス的」でもない(こうした属性付与は愚かな仕方で事態を経済的にする)。とはいえ、それは、かくも近くかくも異質な二つの思考のあいだに、思考する翻訳の通路を切り開くことを止めはしない。

したがってestance〔存立〕、すなわちestanceという記号作用は、それ自体において不安定なものになるだろう。しかし、このことは否定性として現れるのではない。デジスタンス(何よりもまず真理のデジスタンス)は、すべての定立とすべてのスタンスの条件となるだろうが、しかしながら、また実際には、定立とスタンスを内部から崩壊させ狂乱させるのである。またもや翻訳の問いである。そして、ギリシア語(Unverstelltheit〔偽らなさ〕という語のもとにハイデガーが翻訳し解釈したaletheia)、ドイツ語(「石碑」という章においてその資源が展開されるstellen系の語たちとGe-stell)、ラテン語(sto, stare等々)のあいだの移行《パサージュ》である。ある《註》[*19]のなかで特権(どちらかと言えばラテン語で書くわれわれにとっての特権)が与えられている通過点《パサージュ》のそばに、長く滞在する必要があるだろう。この《註》は、ここでWitzと名づけられたものの下に開かれた深淵を隠蔽しようとはしない(私もそうするつもりはない)。深淵、裂開、あるいはカオス。

実際ハイデガーは、stehenとstellenとのある種の差異を維持しながらも、それらの近さ(端的な「同化」ではないが)をいつも利用している。あたかもハイデガーはstellen(組み立てる、を意味するだけでなく、中動態で、招集する、来させる、をも意味する)のstalを、stélè(柱もしくは石柱)のstaと同一視しているかのようである(istemiあるいはラテン語のsto, stareを参照のこと)。そして結局のところ——これはハイデガーによく見られることであるが——本当の語源学によってではなく哲学的なWitz〔機知〕によって事が進められるのだ[…]。とても近いテクストのなかで[…]ハイデガーは通りすがりに、ギリシア語のthésis(インド=ヨーロッパ語の——単一の——語根dheから派生した単語)は、ドイツ語ではSetzungともLageとも訳すことができると指摘してはいるが。

プラトンの存在-イデア論や、さらにはハイデガーによるその解釈は、錯乱ないし非理性、anoia〔狂気〕[*20]に抗って樹立され、定着し、安定する。しかしデジスタンスは、おそらく、そうした錯乱や逸脱に光を与えるだろう。デジスタンスはスタンスの否定的様態には還元されないのであるから、なおのこと狂気とは混同されない。しかし理性を保証するあらゆるものの分身《ドゥブレ》となり、その定着状態を揺るがすという点で、デジスタンスは錯乱に似ることもある。狂気

vs. 狂気。ダブルバインドが二つの狂気のあいだを揺れ動く。というのも理性の狂気というものもありうるし、立ち会い、模倣、同一化における防衛的な痙攣という狂気もありうるからである。ダブル・バインドとその他者とのあいだのダブル・バインド。私はここで省略によってヘルダーリンのほうへ、「思弁的なものの区切り」のほうへ一気に飛んでいく。——だが、また後でここに帰って来ることにしよう。

……そのとき、歴史的な図式とそれが前提する模倣論は、ゆっくりと、めまいがするほど揺らめき、ねじれ、底なしに窪み始める。そして、模倣関係一般、芸術と自然との関係を最終的に定める代補構造は、ヘルダーリンの目には、根本的に立ち会いと保護の構造と映っているということ、そして代補構造は、人間が「要素と接触して炎上する」ことを避けるために必要であるということ、このことをなおも考えてみれば、あなたがたは、ヘルダーリンにとってギリシア芸術の賭金が何であったのか(結局賭けられていたのは、神的なものを模倣することの過剰さと思弁の過剰さという「狂気」である)を理解するばかりではない。そればかりでなく、近代が芸術と自然とのギリシア的関係を原理において逆転させるにもかかわらず、なぜその近代において、ギリシア人たちのもっともギリシア的な部分がまさしく反復されなくてはならないのか、その理由をも理解することになるだろう。ギリシア人たちを再開すること。言い換えれば、もはやまったくギリシア的ではないこと。*21 (強調デリダ)

デジスタンス——すなわちミメーシスもしくはその分身《ドゥブル》。デジスタンス、言い換えれば、そして他の仕方で言えば、デジスタンスがその分身となり、奈落の底に突き落とすもの、つまりアレーテイア。突如として、新しい「主体の問い」が真理の別の経験を呼び招く。ハイデガー的脱構築の別の運用。すなわち、演じ戯れること《ジュエ》(ミメーシスは演じ戯れる。ミメーシスには遊び《ジュ》がある。ミメーシスは遊びを与える。ミメーシスは演じ戯れることを強いる)。ホモイオーシス、合致、相似ないし類似として規定された真理への回帰を演じるばかりでなく、この演じられた回帰によって、ハイデガーの解釈（正確さ、厳密さ、明-白さ〔é-vidence〕）を逃れるような真理への回帰をも演じること。こうしてハイデガーの解釈のほうが不安定になる〔déstabilisée〕。ハイデガーの解釈が不安定になる〔déstabilisée〕のは、単に不安定化の運動によるのではない。そうではなく、ハイデガーの解釈を、可能なスタンスへの一切の関係から退去させるデジスタンスの、はるかに根底的な運動によるのである。

迂回《デトゥール》と回帰《ルトゥール》の道に身を投じる必要、あるいはむしろ代補のループの軌道を辿る必要があるだろう。遮断性《エポケー》の道の中でと同時にその外で。このループに私はリング、さらには指輪という異名をつけたくなる。われわれがいまから見るように、ある種の循環が、事前の書き込み=命令〔prescription〕という価値をもつのである。すなわち義務（二重の）、厳命、同盟〔alliance（結婚指輪）〕という価値を。

ミメーシス

批判的な問い、批判の問い、他の言い方をすれば、決定の問い。ミメーシスの身元を確定するやいなや、またその真理を決定しようと望むやいなや、ミメーシスを逸してしまうことは避けられない。ミメーシスが見つけられるとしたら、それはミメーシスを探すことによってすでにミメーシスを逸してしまうときであり、言い換えれば、ミメーシスの同一性、実存、整合的な存立性を信じることをやめるときである。プラトン、ハイデガー、ジラールらが、まったく違ったやり方で、しかし最終的には似たやり方でおこなっていることがこれである。ラクー=ラバルトはこの三人のあいだにとてつもない競り上げの舞台を用意する。そのとき彼はハイデガーとジラールとを、こう言ってよければ背中あわせにして送り返させあうが、そこにはいくぶんハイデガーvs.ジラールという構図の演出がある（遊戯と戦略というコードだけに話をかぎって言うが）。ジラールはミメーシスを「固有化し」、その身元を確定しようと望む。

だからジラールはミメーシスを逸する。あるいはむしろこう言うべきか。ジラールは、ミメーシスにまさしく本質ないし固有性を、すなわち啓示されるべき真理を付与することによって、ミメーシスの本質を「不可避的に〔immanquablement(欠かすことなく)〕」(とラクー＝ラバルトは言う。あいかわらず不可避性だ)裏切るのだ、と。不可避性はここでは、欠如《マンク》を欠く《マンク》ことに帰着するのであり、さらに逆説的なことに、その構造が最終的に否定的ではないこの欠如を欠くことに帰着するのである。すなわち、そこには不-適切《アンプロプル》なものあるいは非-固有《ノンプロプル》なものしかないにもかかわらず、なにか固有なものを(自己に)固有のものにし〔我が物にし〕、固有なものについて決定を下そうとするのだ。しかし、この非-固有なものは、それが否定的なものではないからこそますます把捉不可能なままにとどまる。それはあらゆる弁証法に刃向かい、文字どおりに〔littéralement(文字において)〕、弁証法の鎖を解き、解放し、誘導する。こうしたものがデジスタンスとしてのミメーシスである(〈である＝存在〉なしに)。

もしミメーシスに本質があるとしたら、あるいはミメーシスの「固有」性とはまさしく「固有な」ものをもたない(絶対にもたない)という点にあるのではないとしたら、それはミメーシスの本質もしくは固有性を不可避的に〔欠かすことなく〕裏切ることになるだろう(だからといってミメーシスの本領が、不適切《アンプロプル》なものとか何かよくわからない「否定的」な本質とでもいったものに存するということではない。ミメーシスは、固有なものと想定されるあらゆるものの固有化運動のなかで実-存する〔ek-siste(外-立する)〕、もっと適切に言えば「脱存する〔désiste(断立する)〕」のであり、この固有化運動は固有性「それ自体」を否応なくかき乱すのである)。他の言い方をすれば、もしミメーシスの「本質」が、果ても底もない、頂点に達した(だが尽き果てぬ)絶対的な代理性でないとしたら、すなわち無限の身代わりや循環のような何か(すでにニーチェのことを再び考えなくてはならない)——つまり本質の卒倒そのもの——でないとしたら、それはミメーシスの本質を裏切ることになるだろう。(二

四六頁）

われわれは一切の模倣論から、すなわち、ミメーシスを模倣と、さらには表象とみなす解釈から遠いところにいる。とはいえ、一切の表−象〔re-présentation（再−現前化）〕の起源には反−復〔ré-pétition〕の〈反−〉〔ré-〕があるのであり、その〈反−〉は脱存《デジスタンス》に起因する（二四二頁）。要するに、「同じ」ものの脱存《デジスタンス》、「本質」の脱存《デジスタンス》。「同」や「本質」を、「固有」〔という語〕と同じく言語《ラング》のなかに残さざるをえないのであれば、もはやそれらを引用符のなかで書くしかない。

いま私が引用したくだりから、循環という語を一瞬取り上げよう。この語は強調されている。そしてこの語はわれわれをホモイオーシスとしての真理の復権、見せかけだが必然的な復権へと導いていく。この真理はもはやハイデガーの存在中止的《エポカル》な解釈に単純に属してはいない。ジラールはミメーシスを欲望主体へと連れ戻すことによって、ミメーシスを同化や無差異な相互性として解釈し、そして最終的には、全面的な不安定ないし脱定着として解釈する。しかし、それでもやはり彼はミメーシスの啓示という希望を保持している。こうしたジラールのあり方に対して、ラクー＝ラバルトはハイデガーをまずは対立させるように見える。しかしそのときのハイデガーとは、ミメーシスを真理（Unverstelltheit〔偽りなさ〕であるかぎりでの真理）の転落・衰退・衰弱としての脱定着と見る『国家』の代弁者ではなく、アレーテイアの退隠は非合致にとどまると見る解釈者であって、この非合致は、合致と非合致、現前と不在といったあらゆる対立との「非合致」そのものであり、つまり、あらゆる啓示（たとえば、それが宗教的なものであれ人間学的なものであれ）との「非合致」である。私は「非合致」という語を引用したが、それはこの語がこの運動の全荷重を担っているからである。この非合致は、ハイデガーが画定し、決定可能な仕方で位置づけたホモイオーシスとしての真理の「合致／非合致」の対には属さない。にもかかわらず、この語彙、このシミュラークル、この虚構は、みずからの「権利」（まさしくミメーシスの権利）を、ハイデガーが語る真理の歴史の秩序を壊乱することによって取り戻さなくてはならない。アレーテイアの脱存《デジスタンス》もしくは不《デ》－安定化《スタビリザシオン》は、それ自体において（ミメーシスによって、ミメーシスとして）、ホモイオーシスの非合致ないし不安定を再導入するが、しかしながらこのホモイオーシスは、それがずらすものに似ているのである。そこから、めまいが、不安が、Unheimlichkeit［不気味さ］が生じてくる。ミメーシスは真理にいわば「先立つ」。ミメーシスは真理を前もって不安定にしながら、ホモイオーシスの欲望を導入し、おそらくはこの欲望の説明を可能にし、またこの欲望の結果でありうる一切合財（主体と呼ばれるものにいたるまで）の説明をも可能にするだろう。こうしたことの一切は、

……どれほど奇妙に見えようとも、ハイデガーが二次的・派生的なものとみなそうとつねに努力した真理規定（ホモイオーシス、すなわち合致、相似、類似という真理規定）と無関係ではない。しかし今度は、この真理そのものがずれてしまい、いずれにせよ正確さや厳密さ（明－白さ）の地平を逃れ去っている。この真理は、それが見られると思う場所には厳密に存在せず、またひとが知りたがっているものでも決してない。不安定なホモイオーシス。他の言い方をすれば、合致しない相似から相似した非合致へと止まることなく循環し、視覚と同じく記憶をも混乱させるホモイオーシス。このホモイオーシス。アレーテイアの戯れをかき乱し、その戯れの差異を記す手段までをも崩壊させるホモイオーシスが《同じもの》に刷り込む騒擾は、かくのごとく把捉不可能（知覚不可能）なのだ。（二五一頁）

ミメーシスの脱存《デジスタンス》によって、《同じもの》とともに、このように根底的に不安定にされるものは、家政《エコノミー》、オイコスの法であり、「一切の歴史的ないし存在史的な家政」、批判的・理論的・解釈学的な再固有化の一切の保証である。極限的に言えば、一切の言説が不安定になるのだ（たとえそれがある種の脱構築の言説であれ。というのもジラール

やハイデガーの言説も、「同等ではない」にせよ(二五三頁)、脱構築に属しているのだから)。ラクー＝ラバルトは「批判的というよりも肯定的な、言ってみれば、あまり否定的ではない(脱)構築」に訴える。「要するに、哲学的なものの機能不全そのもの、その赤字と破産、その自称無謬性の欠陥において、哲学的なものに信用貸しをおこないつつ、である。真理と知が——つねに——なくてはならないという哲学的テーゼそれ自体を、その果てまで支持しなくてはならないだろう(3)」。[*22]

いま何が起きたのだろうか。一つの脱構築から他の脱構築が起こったのだ。合致の真理を再‐強調し再標記することによって、合致の真理を単に二次的な、記載可能な、分類された、決定可能な規定とみなすのをやめることによって、ラクー＝ラバルトは、ハイデガーの脱構築が際立たせた存在中止《エポカル》の歴史を脱臼させる。合致の真理ないしホモイオーシスをそのまま復権させるということではない。反対に、彼は合致の真理のうちに一つの深淵を出現させる。すなわち合致の真理が前‐根源的なミメーシスから受け継いだ、不安定をもたらす壊乱力を出現させるのだ。突如としてこの「真理」は、それよりも根源的な別の真理から単に派生したものではなくなる。ミメーシスに憑依されたこの真理はいまや、ハイデガーがそこに閉じ込めていたと思われる役割よりもはるかに規定的な役割を演じるようになる。そこから代補のループやねじれのごときものが、存在中止の連鎖における過不足のリングが生じるのである。この過不足はみずからを覆い隠すが、単なる局所的な効果をもつのではない。それはハイデガー流の脱構築の本質的な図式(公理系とか統制原理とまで言う勇気はないが)を解体するのだ。してみれば、ある意味で、ラクー＝ラバルトが署名する脱構築(脱構築という語がまだ適切であればだが)は、もはやハイデガーのそれとはいかなる親子関係ももたないだろう。ラクー＝ラバルトの脱構築は、このことによって、少なくともそのスタイルにおいて、ハイデガーのものともはや似ていないというばかりではない。それはハイデガーの脱構築を続行し、発展させ、継続し、延長することを止めるのである。ラクー＝ラバルトの脱構築はハイデガーの脱構築を中断する。前者は後者にもう似ていないのか。

そんなことはない。しかし単に似ているだけなのだ。ラクー＝ラバルトの脱構築はハイデガーの脱構築を真理において中断する。真理について言えば、似ていることは混乱をもたらし続ける。もちろん、私がここで提出する二つの命題は一緒に考えられなくてはならない。この二つの命題はあるダブル・バインドを、すなわちラクー＝ラバルトのエクリチュールそのもののなかに察知されるダブル・バインドを描き出す。(一)ハイデガーを抜きにしてラクー＝ラバルトを読むことはできないし、読んではならない。彼は際限のないハイデガー読解を続行せずには決して書かない。(二)とはいえ、彼がしていることはまったく他のことである。あの代補のリングによって彼をハイデガー的な問いの「避けて通ることのできない」必然性に縛りつけるダブル・バインドに加えて、ある別の帰結があれらのテクストすべてのなかに刷り込まれている。どのような帰結か。あらゆる分野を整序し統合していた基礎的存在論、ハイデガー自身がある時点で宙吊りにしてしまった基礎的存在論の彼方で、すなわち各時代において中断される存在の歴史に及ぼされ続けていたあの結集力の彼方で、ある多様性が、つまりもはや存在論的な領域や分野〔領域的存在論〕の多数性と呼ぶことのできない多様性が、解放されているのである。この存在論的諸領域はラクー＝ラバルトのティポグラフィーに提供されるが、しかしラクー＝ラバルトのティポグラフィーはもはや基礎的ティポグラフィーではない。哲学、演劇、詩学、絵画、音楽、「自－伝」、政治——それらはもはや領域的な審級ではない。ひとはもはや、詩的なものの本質、政治的なものの本質、演劇的なものの本質などと安穏に語ることはできないだろう。つねに同じであるような一つの中心的な問いなど、もはやない。

たとえば——このリングの政治的次元は歴然としている。それは後になって、とりわけ「政治における有限な超越／政治において超越は終わる」「詩的なものと政治的なもの」「歴史とミメーシス」「敵対関係」において、そして実際は『ティポグラフィーI』と『ティポグラフィーII』のいたるところにおいて、展開されるとおりである。一方には、ハイデガー流の脱構築を脱臼させ、この脱構築が実施する存在中止的な区画画定の可能性（たとえば存在－類型論の空間)を攪乱するミメーシスの思考があり、他方には、ニーチェやハイデガーのテクストに関する厳密に、文字どおり政治的な解釈がある(ハイデガーについてはテクストということで私は、ハイデガーの所為と作品とを指している)。その両者のあいだには、差異ある一貫性が一歩ごとに認められるだろう。その認識作業をここですることはできない。しかし序文というジャンルが断固とした評価を求めるというのであれば(そのことをどうして否認できようか)、これらの重大で恐ろしい難問について、ラクー=ラバルトの判断以上に正しい判断を私は知らないと言おう。彼の判断はこのうえなく厳密で慎重であり、目立たない襞に対しても巨大な振幅に対しても注意深い。その注意は、舞台、シークエンス、時代、歴史などともはや平然と呼ぶことさえできないもの――いずれにせよそれらは恐ろしい抑留〔déportation(流刑)〕である――の度外れの広がりに向けられている。その度外れの程度たるや、判断や正義の希望そのものをいっこうに寄せつけないように見える。とはいえ、私が引用したばかりの「なくてはならない」〔«*il faut*»〕の審級がある。哲学とその法がある。デジスタンスのこの思考は、もっとも要求度の高い、責任〔responsabilité(応答可能性)〕の思考の一つである。責任の伝統的な諸カテゴリーではもはや十分でないということ。むしろ責任の伝統的な諸カテゴリーの側に無責任は位置づけられる。

デジスタンスのなかで、いかに責任を引き受けるべきか。デジスタンスそのものの責任を。責任一般のすべての述語を変奏し脱構築することはできるが、責任において遅れを解消することはできない。すなわち、一個の出来事、一個の法、一個の呼びかけ、一個の他者が、すでにそこに存在するのであり、複数の他者がそこに存在するのである――そしてその他者たちについて、その他者たちの前で、応答しなくてはならない。応答がどれほど「自由」でなければならないとしても、応答は後から到来するのであって、でなければ応答は何も開かない。事前の書き込み〔pre-scription(命令)〕、ティポグラフィー、エートス、倫理《エティック》、刻印《カラクテール》、遅れ。

主体の(脱)構成的な脱固有化、ミメーシスによって主体がその「起源」からしてすでに従わせられている不安定化、これこそがデジスタンスに「遅れ」という現象形態を与える。この〔遅れという〕語は二回登場する。「発話《パロール》への遅れ」、「自分自身」の誕生からの(埋めることの不可能な)遅れ*23」。哲学におけるアンチ‐ミメーシスは、この種の未熟出産をつねに消去したがってきた。しかしBildung〔教養〕とPaideia〔教育〕は、結局のところ、この「誕生の代補」によって、類型《ティポ》‐刻印的《グラフィック》な構造の解消不可能性、前もって課された「特徴《カラクテール》=刻印」(エートスないしテュポス)の解消不可能性を確証することしかできなかった。ここで、主体とは、それにつねに先立つ象徴秩序のなかに前もって書き込まれたものだということを喚起する向きもあるだろう。しかしラクー=ラバルトが語るデジスタンスは、ラカンがこうした状況を定義するときの秩序までをもかき乱す。すなわち対立と亀裂の論理や《他者》の同一化という秩序までをも、要するに、このうえなく相似に近い仕方でミメーシスが崩壊させ、不安定にし、(脱)構築する当のものまでをも、かき乱すのである。

……一個の多的で匿名の言説(これは複数の他者の言説であって、必ずしも一個の《他者》の言説ではない)によって根源的に横切られた「主体」は、一個の亀裂、単一のSpaltung〔分裂〕——否定的なものと現前性との対立(不在と定立との、さらには死と同一性との対立)に即して単一的に接合されたSpaltung——のなかで(脱)構成されるというよりも、不安をかき立てる非固有なものの不安定性に即して破裂し、散り散りになるのである。そこから固有化の強迫観念が生じるのであり、この強迫観念は、ミメーシスの、模倣論の分析全体を端から端まで支配し、その経済的な(したがって政治的な)射程の全体を——嘘の問題系への公然の配慮以前のところで——織りなすのである。(二五九頁)

こうして選ばれた特徴はすべて適切だと思われるが、それはプラトンの言説にとっても(直後の分析を見よ)、ラカンの言説にとっても、選択規則であるように私には思われる(「嘘の問題系への公然の配慮」も含めて)。そしてプラトン主義がミメーシスのなかに、言い換えれば、デジスタンスのなかに、狂気、女性化、ヒステリーを見出して告発するとき、誰がプラトン主義が失効したなどと思うだろうか。[*24]

リュトモス

初めにリズムありき、とフォン・ビューローは言った。これは単純な始まりなどないということを標記する別のやり方である。すなわち、反復、空間化、区切り――ラクー＝ラバルト曰く、「《同じもの》がはらむ、反復された〈自己への差異〉」[*25]――なくしてリズムはない。つまり、反響、共鳴、こだま、余波なくしてリズムはない。われわれはこのリズムによって構成されているのであり、他の言い方をすれば、この区切られた打撃のもろもろの標記によって(脱)構成されているのだ。すなわち、われわれの内部で分裂した、デジスタンスの固有表現以外の何ものでもないリズム刻印[rythmotypie]によって。あるリズムがある特徴《カラクテール》を先行的に書き込むなかで、われわれを結集させ、われわれを分割する。われわれのうちなる、われわれ以前の、一切のイメージと一切の言説以前の、音楽そのもの以前の、このリズムの署名なくして主体はない。「[…]リズムは主体の可能性の条件であるだろう」(二八五頁)。われわれは「リズム化」されている(二九三頁および二九七頁)のであって、リズムはもはや一個の述語としてわれわれに到着するのではない。リズムによって刷り込まれ、前もって書き込まれる「特徴」は、われわれがそれであるところの存在――すなわち、われわれの実存――の属性などではない。そうではなく、われわれの現前的存在の設立《スタンス》以前に、その存立性《コンシスタンス》、その実存《エグジスタンス》、その本質《エサンス》以前に、リズム的脱存《デジスタンス》があるのだ。

したがって、リズムを扱うことは、主体の新しいティポグラフィーに一章を付け加えることではない。それはデジスタンスがおのれを書くがままに思考することである。プシュケーの鏡像的反省性「以前」のところで、「イメージ」

以前のところで、さらにあらゆる自己記述的《オートグラフィック》（自伝的《オートビオグラフィック》もしくは自《オート》－死《タナト》－記述的《グラフィック》）「言説」以前のところで。とはいえ、ラクー＝ラバルトの作品全体を横断しつつ、「主体のこだま」のなかにそのもっとも印象的な展開が見られるのはアウトスの問いであり、リズムとしての自己関係の問いである。出発なき出発点《ポワン・ドゥ・デパール》は、自伝と音楽との関係である。すなわち、「脱存《デジストマン》」を思い起こすこと、そしてとりわけ「脱構築」が「最大の抵抗の場」に攻撃を仕掛ける必要性を思い起こすことである。この「最大の抵抗の場」を指すのにもっともふさわしい《プロプル》固有名《ノン・プロプル》たちは何か。もちろん、それはハイデガーであり、ラクー＝ラバルトもすぐさまそうはっきりと述べている。しかし、そこにフロイトとラカンを付け加えなくてはならないだろう。というのも、その議論のほうが最終的にはいっそう激烈で、また独特なものになるからである。そして、ライクである。しかし彼のケースは、後で見るように、はるかに複雑に思われる。この尋常ならざる作劇法のなかで、彼はいかなる席も勝ち取ることがないからだ。冷徹な忠実さ、模範的な実直さによって、ラクー＝ラバルトは、舞台のすべての襞、すべての重層決定を尊重するように駆り立てられる。すなわち、すべての襞や重層決定を、一方から他方へと呼び戻し、賛同すると同時に反対するように駆り立てられるのだ。〔まず〕エディプス理論に反対する、したがってフロイトに反対する、ラカン的四角形化がある。〔次に〕ライクのなかには、フロイトの鏡像的もしくは光学的な理論主義に反対する、さらには言語中心主義（これはラカンにも見られるものだが、ライクはラカンの想像界と象徴界の区分をかき乱す）に反対する、声やリズムといった主題系がある。そして最終的には、ライクの再転落、彼の「理論的失敗」があり、フロイトへの従属、オイディプスの勝利などがある。

　リズムのモチーフは、このようにティポグラフィー的な書き込みのモチーフに接続されるとき、なぜこんなにも効果的な脱構築力をもつのだろうか。

　それは、それが複数の可能性を結びあわせるからである。それは主体性の形而上学に対するハイデガーの脱構築をかき回すことによって、主体について（主体の「刻印《カラクテール》」について、主体を規定し《プレスクリ》、事前に書き込む《プレアンスクリ》ものについて、また脱存《デジスタンス》の切断と反復に即して主体を分裂させるものについて)新しい問題系を開くことを可能にする。言い換えれば、自我や意識、表象や客体性(光学的であれ言説的であれ)による規定=限定から主体を抜き去ることによって、つまり精神分析の次元を引き受けることによって、新しい主体の問題系を開くのである。しかしそれと同時に、リズムのモチーフは、精神分析についてのある種の哲学において、視覚的なもの、イメージ、鏡像的なもののヘゲモニーと言説性(たとえば音楽における言語テクスト)のヘゲモニーとを同時に脱構築することをも可能にする。この二つのヘゲモニーは決して両立不可能なものではない。それどころか、フロイトからラカンにいたる数々の精神分析理論をいまだに支配する形而上学の歴史のなかで、それらはうまく組み合わされてきた。リズム――パーカッションの空間化された反復、空間化の書き込む力――は、可視的なものにも可聴的なものにも、スペクタクルによる形象化にも言語による表象にも、音楽にも属さない。――たとえリズムがそれらをひそやかに〔*insensiblement*(感覚できない仕方で)〕構造化しているにせよ。私が先ほどリズム刻印的〔rythmotypique〕もしくは刻印リズム的〔typorythmique〕と呼んだ構造化は、感覚不可能なものにとどまらなければならない。それはいかなる感覚にも属さない。またそれゆえ、見た目にもかかわらず、「主体のこだま」は音楽によりも、むしろ音楽やダンスにおけるリズムにかかわる。しかし、リズムが感覚不可能であると述べることは、それが叡智的であると宣言することではない。拍子や区切りといったリズム刻印〔rythmotypie〕は、叡智的な意味〔叡智的な感覚〕の可能性を開くのであり、叡智的な意味に属するのではない。通りがりに、脇から〔*latéralement*〕、ニーチェが割り込んでくる。「〔…〕一個の文のリズムを取り違えること、それは文の意味そのものを取り違えることだ」。脇からと言ったのは、このリズムの思考はつねにわれわれの伝統に憑依しながらも、決して伝統の中心を占めることがないからである。そして「主体のこだま」は、亡霊の回帰〔revenance〕、憑依〔hantise(強迫観念)〕、音楽的な妄想、あるいはむしろリズムの反響・回帰といったものについてのテクストでもある。古《いにしえ》からの戦争。リズムが(こう言ってよければ)抑圧されるのは、しかも抑圧の諸理論によって抑圧されるのは、

「止常」なことだ。リズムがふるう圧力《プレション》とリズムに対してふるわれる圧力《プレション》とは、一つの共圧力《コンプレション》〔抑圧〕をなし、(こう言う向きもあるかもしれないが)強迫〔共圧〕(4)をなしている。この強迫は痕跡の数々によって規則的に区切られている。それらすべての痕跡が告げているのは、リズム刻印の強迫が「主体」を、その中心の結び目、その「魂」、その避け難い「運命」(これらの語はすべて、この運命的な場の断-層〔dis-location(脱-臼)〕を示すためのものである)において構成《コンスティテュ》する——脱構成《デコンスティテュ》する、脱存《デジスト》させる、と翻訳せよ——ということである。リズムを避けることに没頭した哲学の余白にある、回避しえない脇道〔latéralité〕。ヘルダーリン(「すべてはリズム〔リュトムス〕である。人間の運命全体は、ただ一つの天空のリズムであり、それは芸術が唯一のリズムであるのと同じだ」)、マラルメ(「一切の魂はリズミカルな結び目であるのだから[…]」)。哲学の余白で、哲学以前に。私の念頭にあるのは、たとえばレウキッポスが書記的な形状を指すために用いたリュトモスという語の使用法についての、いまやよく知られた仕事(とくにバンヴェニストのそれ)である。なるほどハイデガーは、ゲオルギアデスがリュトモスをGepräge(刻印、印章、型、特徴)と翻訳したことを指摘した[*26]。それはたしかであるが、だからといってハイデガーがテュポスの問題系を、われわれが先に話した存在-類型論へ導き戻すことが、また主体の問題系を基体性のエポケーへと導き戻すことが妨げられたわけではない。これが「主体のこだま」を、ハイデガー的な脱構築の転移における新しい屈折として、そして先ほどわれわれが定義した代補のループにおける別の結び目として読む、その二重の理由である(二つの理由の一般性の程度は異なるが)。しかし、ここではハイデガーが舞台の前面を占めているわけではない。この舞台の騒乱は、本来的に想像不可能な《イニマジナーブル》ものである(というのもここで賭けられているのは、イメージ、想像的な《イマジネール》もの〔想像界〕、スペクタクルなもの、鏡像的な《スペキュレール》ものなどを過ぎ越すもの——あるいはそうしたものを規定不可能にするもの——だからである)。この想像不可能なものがなかったならば、私は「主体のこだま」について次のように言うところだ。すなわち「主体のこだま」は、反響を呼ぶ演劇、一連のどんでん返し《ク・ドゥ・テアトル》〔演劇の打撃〕、巨大な悲劇的な神話として読むことができる、と。この演劇・神話は、哲学者たち、音楽家たち、精神分析家たちを、親子関係の競り上げのようなものへと引きずり込んでいく。そのときこの競り上げは、親子関係ないし父子関係の否認、鏡像性の悲劇《ドラマ》、ミメーシス的な競合関係、ダブル・バインドの鎖における結び目、法の違反と再エディプス化、脱三角関係化と再三角関係化となる。マーラー、フォン・ビューロー、ベートーヴェン。ライク、アブラハム、フロイト。そればかりでなくハイデガーとラカン。ルソー、ヘーゲル、ニーチェ、そしてジラール。またグロデック、トーマス・マン、レウキッポス。そしてウォレス・スティーヴンズ。私が忘れているものも一つならずあるだろう。そして、ラクー＝ラバルト。というのも次のことを忘れてはならないからだ。すなわち、ラクー＝ラバルトは彼のテクストのなかでダブル・バインドについてますます語るようになっており、「つねに少なくとも二つの形象（あるいは少なくともある二重の形象）と対決しなくてはならないことによって「脱存する」」（二六一頁）主体が問題になるまさにそのときに、ダブル・バインドの名が登場する。そのときダブル・バインドについて彼が言っていること（ついでに想像界と象徴界というラカンの区別を不安定なものにしながら）、そしてそう言うことによって彼がダブル・バインドから作り出すもの、それは不可避なものの経験である。つまり私《モワ》（「〔主格の〕私《ジュ》」）、ラクー＝ラバルトが、私が、それを逃れることが論外であるような経験である。私は私のことを書くのではあるが、それがいかにしてこの自伝的《オートビオグラフィック》な演劇、他的《アロ》＝タナトス的な書記《グラフィック》の演劇において書かれるか、これを書くことによって私は私を書くのである。私がそこで何事かを措定《ポーズ》したり提案《プロポーズ》するとしても、それは巨大な伝統――あれらすべての固有名が署名しているように見えるものによって拍子づけられ、続けられ、中断される伝統――に見合うダブル・バインド理論や、さらにはその実践だけではない。私は私をダブル・バインドの経験として、ダブル・バインドの詩的経験として現前させる〔提示する〕――というよりも、私を書く――のであり、私自身の脱存《デジスタンス》に、不可能事そのものに署名するのである。二重拘束、二重の法。二重化《デドゥブレ》された法の、分身《ドゥブル》〔二重のもの〕の法の、結び目にして区切り。結び目と区切り、束縛〔義務〕と切れ目、それこそがリズムである。リズムとは二重の法ではないか。そして二重の法はリズムではないか。であれば、これを思考すること、これこそが任務であるだろう。そして、この脱構築の代補的なリングは、いかなる弁証法も打ち勝つことのできないこの二重拘束以外の何ものでもないし、それ以外の様態をもたないだろう。

とはいえ——とはいえこれは、ダブル・バインドとしてのダブル・バインドが、なおも対立、矛盾、弁証法と結託しすぎていなければの話である。またダブル・バインドが、あいかわらず弁証法の計算や痙攣の管轄下にある、そういった種類の決定不可能性になおも属するのでなければの話である。となると、思考しなくてはならないのは他の決定不可能性のことであり、このダブル・バインドを一種の裂け目ないし裂孔によって中断する必要があるだろう。そして無リズム的な〔不整脈の〕区切りのなかにリズムの呼吸を認める必要があるだろう。この必要性はなおもわれわれを待ち構えている。

しかしおわかりのように、一介の序文はこのようなテクストに見合ったものではない。さまざまな事柄の背景、舞台のバックグラウンドは、綿密な読解と再読に委ねよう。私はすでにそこに足を踏み入れていたのであるから、最大の抵抗の戦場を代表する者たちとの、目に見える論争の糸を辿るだけにしよう。ハイデガーについては、われわれはすでにその重要性を認めた。残るはフロイト、ラカン、ライクである。

フロイト——彼は自分に音楽や音楽家の「経験」はないと告白している。フロイトが音楽を無視してテクストに特権を与えるとき、彼は慎重に自分の主張の射程を「現実に音楽家」ではない人々に制限している。この制限は不安気に述べられているが、ライクはそれを頻繁に強調した。この制限は、理論《テオリー》の一般的組織を、すなわちある種のロゴス中心的なテオリア主義を確証する。このテオリア主義が言説と形象化(Darstellbarkeit)との分節についての解釈全体を、すなわち言語的シニフィアンと視覚形態についての記号論を規制している。

ラカン——最低限言えること、それは彼がこの理論構造〔テオリア構造〕と縁を切っていないということである。ラクー＝ラバルトはその点について「批判」しているわけではない。彼はいつもどおりに事を進める。すなわち、「ラカンとともに、ラカンに逆らって」[*27]。すでに『文字の資格』[*28]がそうだった。しかし彼は、理論上正しく、乗り越え不可能にさえ思われるもの、それはある種の理論主義＝テオリア主義であるということを証明する。この理論主義は、その境界がたえず画定されなければならない、形象の(形象的かつ虚構的な)存在論のなかに書き込まれる。この形象の存在論は、ラカンによる改訂を、視線に、すなわち観照的《テオレティック》なもの、鏡像的《スペキュレール》なもの、思弁的《スペキュラティフ》なものに従属させる。つまりミメーシスに関する存在‐模倣論的な解釈に従属させるのである。この証明が『鏡像段階』における虚構的形象性の理論にかかわるのは言うまでもない[*29]。しかし、それは何よりもまずエディプス的三角関係が神話的四重奏もしくは「四元的体系」へと開かれる条件にかかわる。ナルシシズムの理論が更新するのは、

［…］ハイデガーがその論理を明らかにしたような、プラトン主義の形相的超越である。すなわち、ラカンが言ったように、「意味の贈与」それ自体の形相的超越、あるいは「人間の尺度」をその立証不可能な真理において創設するものの形相的超越である。この場合、そしてこれこそまさに最終的にラカンが述べていたことであるが、ナルシシズムの理論は『精神現象学』の真理以外の何ものでもない。(二五六―二五七頁)

しかし、この四元性が「きわめてヘーゲル的、完全に弁証法的」なものにとどまるのであれば、主体の亀裂、疎外、Spaltung〔分裂〕についての言説全体は、欠如と否定性の弁証法的存在論、対立の論理学、すなわち覚えているだろうが、ミメーシスの思考が二重化し、脅かし、不安定化させた、当の論理でしかない。ラカン的な意味での「主体の喪失」、その外《エグ》‐立《ジスタンス》そのものは、脱存《デジスタンス》を縫合する――むしろ、それに消印を押す、と言おう――という逆説的な結果をもたらす。ここでもまた、デジスタンスの経験はダブル・バインドの餌食となる。

［…］したがって、鏡像関係そのもののなかに書き込まれているがゆえにどんな思弁によっても弁証法化されえないこの不一致を考慮することによって、われわれはここで、まさに主体の喪失、すなわち、あらゆる構成、あらゆる機能上の想定、自己固有化ないし再自己固有化のあらゆる可能性を前もって掘り崩す、主体の喪失にかかわっているらしい。しかし、この主体の喪失は知覚不可能である。それがなんらかの密かな欠落ないし隠れた欠如に等しいからではない。そうではなく、構成もしくは自己固有化のプロセスと厳密に融合し、まったくの生き写しとなるからである。この理由から、すでに私はこれを(脱)構成と呼ぶことを提案した［『消印』のなかで］。だが、これはその場しのぎにすぎない。ラカンとともに、ラカンに逆らって、ラカンからライクへと遡ることによって標記しなくてはならないのは、想像界のたえざる、しかし無音の崩壊があるということである。想像界は、少なくともそれが構築の助けとなるかぎりにおいて、破壊する。さらに正確に言えば、想像界は、それが構築するものをたえず歪めるのである。おそらくここから、鏡の中の主体は何よりもまず「脱存《デジストマン》」における主体であるということが説明される(またたとえば、ラカンによれば、未熟出産が主体に宿命づける致命的な不十分さを、主体は決して取り戻すことができないということも)。また、遅れ、抑制、事後性の諸効果、退行、要するに、いわゆる強迫神経症においてのみ作動しているのではない、致死的な反復に属する一切合財も、ここから説明される。それは経済的なもの一般とのきっぱりとした断絶ではなく、自己固有化のゆっくりとした侵蝕である。［…］認識それ自体の弁証法は、おそらくそれほどうまく機能しないだろう。それは単に一切の主体が死の「途上」にあるからでもなければ、一切の主体が取り返しのつかないほど自分から(「主体」として)切り離されているからでもない。そうではなく、主体は自己を喪失することによってのみ、自己に到達するからである。

「理論的な」結論、だが理論化可能なものの極限における結論——すなわち形象は決して一つではないということ。形象が《他者》であるというばかりでなく、形象的なものの統一や安定といったものはないのであり、イマーゴの固定性や固有性もないのだ。そこにおいて全面的な自己同一化が起こる「固有なイメージ」などないのであり、想像界の本質などないのである。（二六〇―二六一頁）

ここでいったん引用を中断して、その意図の政治的次元における一貫性を強調しよう。もっともこの政治的次元は、「主体のこだま」においては、たとえばニーチェやハイデガーを論じているもっと最近のテクストと比べて目立つわけではない。しかし目立たないということは存在しないということではない。争点が精神分析の制度とか同一化一般とか呼ばれるとき、その争点は、当然のことながら、ただちに政治的である。「同一化という難問は、一般的に言って、政治的なものという難問そのものではないだろうか」。これは「政治における有限な超越／政治において超越は終わる」の結論であるが、そこへと導く分析は類似の道を通っていた。すなわち、『総長演説』のなかでハイデガーがいまだに存在類型論的な仕方で規定する外《エグ》-立《ジスタンス》（脱存《デジスタンス》ではない）、「ハイデガーの思考を政治的に重層決定している」「秘められた模倣論」、国民的同一化におけるある種のダブル・バインド（模倣でありながら、模倣の拒否）といった道である。そこで賭けられているのはあいかわらずミメーシスの解釈であり、また「想像界の本質などない」のであってみれば、ダブル・バインドの餌食となるデジスタンスである。ラクー＝ラバルトは即座に続ける。

他の言い方をすれば、ライクが思考するように促すのは、主体がつねに少なくとも二つの形象（あるいは少なくともある二重の形象）と対決しなくてはならないことによって「脱存する《デジスト》」ということ、そして主体は、形象と形象とのあいだ（芸術家と学者とのあいだ、マーラーとアブラハムとのあいだ、フロイトとフロイトとのあいだ）に干渉し、そのあいだで揺れ動くことによってしか、「自己を摑む」どんなチャンスもないということ、これである。そもそもこれは、ダブル・バインド、「二重拘束」の論理[…]、形象的なもののこの不安定な、脱安定的な分割(これは確実に想像界と象徴界との区別を混乱させ、また「現実界」の絶対的否定性ないし絶対的他性を同じ機会を通して傷つける)を説明するものである。それこそが、「音楽的な憑依」に含まれているもの、推論によって自−伝的な強迫そのものをこの憑依に結びつけるものであると、そのようにすべてが示唆していると思われる。

以上が「ライクが思考するように促すもの[…]」である。フロイトの彼方で、すでにラカンの彼方で。しかし彼らとともに。彼らが代表している法のもとに、定期的に舞い戻りながら。その法を違反しつつあるそのたびに、新たにその法に従いながら。ライクは舞い戻り、従う。「失敗」と「服従[*30]」という語がこの見事なテクストのほとんどの頁にも繰り返し現れる。というのも、ライクが思考するように促すもの、それはラクー＝ラバルトが思考する当ものであり、ライクが自分を解放できなかったがゆえに解放できなかった当のものだからである。ここで重要なのは単なる解放的な違反などではない。「主体のこだま」の結論は、この思考が解放された暁にさえ、なんの勝利感ももたらさない。実はその結論は「もしかすると」に立脚するのでなければ結論を下さない。「もしかすると、ナルシシズムの閉域を超出することは不可能なのかもしれない。たとえその鏡像モデルを大いに揺さぶったとしても」。この鏡像モデルとは、言い換えれば、光学や演劇やテオリア的理論やエディプスといったモデルであり、プシュケーである。このプシュケーによって、ライクは再転落と「理論的な失敗」を強制される。この「理論的な失敗」は、理論における、理論に起因する失敗以外のなにものでもない。その思考経験が理論化されるがままにならないもの(これは音楽というよりもリズムである)、それを理論化することに起因する「理論的な失敗」。この思考経験は、知よりも情動が好まれるような、何か人知の及ばない《オカルト》領域のほうへと理論を超え出るのではない。反対に、思考経験は理論的なものの法を——それとして——思考することを可能にする。ラクー＝ラバルトは忍耐強く、一種の厳格な共感をもって、ライクのテクストにおける、ライクの理論的－自己－分析の冒険における、この法の回帰を分析する。彼はそこにフロイトに対するあらゆる大胆さ、「疑義」[*31]、ライク自身が思考することなく「思考するように促す」ものの予感を見ている。すなわち、いまだにギリシア的に過ぎる精神分析、いずれにせよプラトン的（存在－類型論的、存在－形相的、模倣論的）[*32]に過ぎる精神分析が身を置いている——これからも身を置き続けるだろう——閉域、ライクがそこに舞い戻り、それに服従する閉域、ラクー＝ラバルトはこれを見ているのである。ライクはみずからを隷属させる〔assujettit（従属主体化する）〕。音楽とリズムの回帰によって「憑依された」分析的な自伝のなかで、ライクが自己を主体《シュジェ》へと樹立する運動、それはまた彼がフロイトによって代表された法に隷属する運動でもある。彼は、彼に思考するよう促すもの、ひとにそれを思考せよと彼が促すものを前にして、防御、抑制[*33]、抵抗によって隷属する＝主体となる〔s'assujettit〕。すなわちダブル・バインドの経験における、リズムによる（脱）構成の経験における、主体の脱存《デジスタンス》とでもいうものを前にして。彼は避けられないものを避けないわけにはいかない。彼は脱存《デジスタンス》に抵抗《レジスト》し、この隷属化のなかで、この失敗そのもののなかで、この使命放棄《デミッション》のなかで、みずからの基体性を確固たるものにするのである。複数の徴候がはっきりと示しているように、ライクはこうした隷属・失敗・使命放棄についてきわめて意識的だった。こうした抵抗に屈して、次のように言うひともいるかもしれない。すなわち、彼は思考する責任を前にして、彼がひとに思考するよう促すものを思考する責任を前にして、降参せざるをえなかったのだ、と。彼は彼に課せられたように見える任務、すなわち不可避な脱存《デジスタンス》を思考するという任務を前にして断念《デジステ》したのである。もちろん、これは道徳的な過ちなどではない。しかし、それはいかにして可能なのか。「主体のこだま」を読みなさい。そこには、私が再構成することのできない、また注釈に「代役を務め《ドゥブレ》」させることのできない迷宮がある。そうすることができないのは、それが唯一無二の道程だからである。その道程の全体を通して、共鳴の論理が鏡の論理に取って代わっている。エコーは、プシュケーのではないが、ナルキッソスの裏をかき、そうすることで空間全体、時間全体を変容させる。このような迷宮のなかで、私が提出できるのは代補的な糸でしかない。それはそんな糸などまったく必要としない読解を大げさに見せるためでも、アリアドネを演じるためでもない。そうではなく、ラクー＝ラバルトが「私」（ほとんどいたるところで引用符に括られている）と言うとき、彼の署名へ少しばかり接近するためである。彼が「私」と言うとき、彼は、狂気、スタイル、自伝ないし他伝、死ないし音楽について語る。そしてライクあるいは誰か他者について語る。というのも、このテクストでライクと名づけられている者は、狂気の縁で（それ、縁とは何だろうか）、自伝的冒険、自己の分身、他者、死を、音楽的憑依に結びつけた者（ルソー、ニーチェ）、またリズムへの配慮に結びつけた者（ヘルダーリン、マラルメ、そしてまたもやニーチェ）であれば、誰でもかまわないからである。身元を同定しようと急くのであれば、あなたがたは、ライクとこれらの者たちは全員、ラクー＝ラバルトその人だと言うだろう。あなたがたがこの系譜の連鎖のなかでいつか歩みを止めて決定したいと望むのであれば、どうぞお楽しみあれ。そんなことはどうでもよい。ラクー＝ラバルトが彼のしたようにライクを読むことができたのは、同定を断ち切ったからにおいてであり、すなわち他者の抵抗がしがみつく限界をそのつど除去しながら、ライクに同伴する術を心得ていたからである。彼はこの限界を除去するたびに、この限界の出所と配置を説明し、それからその不可避な回帰を説明する。この振る舞いとリズムのなかで、いまからあなたがたが確かめるように、ラクー＝ラバルトはそのつどライクの近くにあることも遠くにあることもできない。そして彼は、このパラドクスの法を思考するために必要なものすべてを、あなたがたに言うのである。

彼はパラドクスの法を指す一個の名さえもっている。それは誇張論法［*hyperbologique*］である。[*34] あまりに遅く、そしてあまりに早く、私が打ち切らなければならないこの瞬間に、その一例を、区切りだけを取り上げよう。区切りなしにリズムはない。とはいえ区切り「それ自体」は、ヘルダーリンがわれわれに思い出させるように、「反リズム的」[*35]、さらには無リズム的〔不整脈〕でさえなくてはならない。この中断は、リズムと非リズム、連続と非連続との関係の弁証法的拍子《カデンツァ》をもたない。この中断は、相互交替、「対立一般の拘束」[*36]、弁証法と思弁的なもの、さらには対立形式を保持する場合のダブル・バインド[*37]までをも中断する。中断は不可避である——そして、この中断は回避を回避しない。

それ〔中断〕は、揺れ動く熱狂、逆上、どちらかの極への屈曲を回避する（これは保護的な振る舞いであるが、必ずしも「儀礼的」ということではない）。この中断は、中間のもつ能動的な中立性を表している。それゆえに、区切りがそのつどテイレシアスの介入の、言い換えれば、予言の言葉の侵入の、この空虚な瞬間——一切の「瞬間」の不在——であるとしても、それは間違いなく偶然ではない［…］[*38]。

ソフォクレスの悲劇において、区切りが神的なものの退隠の標記となり、大地へ向かう、すなわち裂け目と裂孔へ向かう、人間の方向転換の標記となるとき、その区切りは、喪を演じる《ジュエ》と同時に喪の裏をかく《デジュエ》。Trauerspiel〔悲劇〕[*39]は喪を演じる。それは喪の作業を二重化する。すなわち、思弁的なもの、弁証法、対立、同一化、望郷的な内部化、さらには模倣のダブル・バインド、こうしたものを二重化する。しかし悲劇は喪を回避しない。裂け目もしくは裂孔——開いた口。与えるため、受け取るための口。区切りは、ときおり、息をのませる。区切りの運がよければ、言葉《パロール》＝約束が与えられる。

ウィの数*1

そう《ウィ》、異国で。われわれが交差したことになるのは、たいてい異国においてだった。あの数々の出会いは私にとってエンブレムの価値をいまだにもっている。それはそれらの出会いが他所で、遠くで起こったからかもしれないが、もっと確かなことは、われわれが約束をしないで別れた《セパレ》ことが一度もなかったからだ。私はこのことを忘れない。ミシェル・ド・セルトー(1)が神秘的なテクストのなかでエクリチュールについて書いていること、すなわちエクリチュールとは、徹頭徹尾、約束でもあるということ、このことを忘れないのと同じように。*2

他者の国での出会いということで私が言おうとしているのは、出会いを親密な仕方でしるしづけている中断、出会いの出来事そのものを引き裂く分離《セパラシオン》のことでもある。エクリチュールのなかで与えられる約束《パロール》の言葉と思考が一体となるとき、私にとってあれらの出会いは、あたかも思考の道をそれらの流儀で記述しているかのようなのだ。すなわち同じ時間の中核、たった一回の中核に、開けと途絶があるのだ。これはすでに『神秘的寓話』からの引用になっている。

アンゲルス・シレジウス(2)は[…]《分離されたもの《ル・セパレ》》の刻印《グラフ》(Jah ないし Jahvé)を「ウィ」(Ja)の無制限性と同一視する。[…]同じ音素(Ja)が途絶と開けとを合致させ、《他者》の《非名》と《意志》の《ウィ》とを、絶対的な分離と無限の受諾とを合致させる。

Gott spricht nur immer Ja

神はつねに《ウィ》〔あるいは〈私はある〉〕としか言わない。(二三九頁)

「刻印《グラフ》」の特異性のなかでの出会いのチャンス、途絶と開けとの合致。われわれは絶えずそこに戻らなくてはならないだろう。

即座に離別《セパラシオン》となったこれらの出会いについて、私は何も、直接的には何も言わないことにする。ただいくつかの場の名を自分のためにつぶやくだけであることをお許し願いたい。私はサン・ディエゴやアーヴァインで見たカリフォルニアの太陽を思い出す。コーネル、ビンガムトン、ニューヨークを思い出し、最後に一九八三年十二月の雪のヴェネツィアを思い出す。こうした記憶の全体を、一個の暗号のなかに——すなわち、もはやこの記憶が、ミシェル・ド・セルトーを読んでかつて学び、いまも学んでいることから区別できなくなる暗号のなかに——いかに結集させるべきか。ここで記憶がたった一つの単語——彼によく似た単語——に宿らねばならないとしたら、それはおそらくウィという語だろう。

ウィという主題について彼がわれわれに述べたことは、単に言語作用の特殊要素についての言説だったのではないし、言表の可能性や数ある言表の一場面についての理論的なメタ言語だったのではない。「「ウィ」というもの」と言ったり、副詞の「ウィ」をありきたりの一個の名詞や単語にしてしまうこと、すなわち事実確認的な言表がそれを主題にして真理を述べるような一個の客体にしてしまうことは、本質的ないくつかの理由からいつも危険なことである。というのも、ウィはもはやメタ言語を受け付けず、根源的な肯定の「遂行的発話」のなかで約束をし、かくしてウィを主題とする一切の言表の前提であり続けるからである。とおりすがりにアフォリズムの〔区切った〕形で言っておけば、[3] そもそもミシェル・ド・セルトーにとって、ウィの舞台から出現しないような主体一般はない。われわれがいま識別した二つのウィ(しかしなぜいつもウィは二つあるのか。われわれはこのことを後で問うことになるだろう)は同質的ではない。しかしそれでも両者は見間違えるほどよく似ている。ウィに関するあらゆる言表だけでなく、あらゆる否定、ウィとノンとのあらゆる対立(弁証法的であろうとなかろうと)においても、ウィがそのつど前提されているということ、おそらくこのことこそが、肯定にその還元不可能かつ本質的な無限性を最初から与えているのだろう。ミシェル・ド・セルトーはこの無限性を強調する。彼はそこに「神秘的な要請」を見る。この「要請」は「「ウィ」の無制限性を立てる」。そこで提出されている感嘆すべき分析は、少なくとも四つの問いによって貫かれていると私には思われる。中断された討論会を延長するためであるかのように、その四つの問いを立てる前に、それからウィについての疑似[4]超越論的もしくは疑似存在論的な分析論とでもいうべきものを素描する前に、『神秘的寓話』のなかの「言表の舞台」から長い一節を引用しておこう。

もっと目立たないが執拗に続く伝統において、主体の「遂行性《パフォーマンス》」はまたウィをみずからの標記とする。volo〔我欲す〕と同じく絶対的で、対象も目的ももたない「ウィ」。区別の作業としての「ノン」(「これはそれではない」)を本質とする方法で認識が内容を制限-画定するのに対して、神秘的な要請は「ウィ」の無制限性を立てる。もちろんそれは原理的な要請であり、「すべて」を、「無」を、神を目指す心づもり〔intention(意図・志向)〕と同じように、状況から解き放たれた要請である。キリストに関する聖パウロの驚くべき言葉のなかにそのモデルがある。すなわち「彼のなかにはウィ(nai)[5]しかない」。特異者《ル・サンギュリエ》=単独者(イエス)の画定における制限なき「ウィ」のこのパラドクスは、(キリスト的)《主体》の矛盾した、無場所的《アトピック》[6]な理論の素描である。無-限のウィは、ヘブライの認識論全体がそこで営まれる分離と区別の領野に穴を開ける。次に、この「ウィ」は反復される。歴史の同じ欠落《ラプスス》(同じ忘却)が再生される。十七世紀においてアンゲルス・シレジウスはさらに先まで行っていた。彼は《分離されたもの》の刻印《グラフ》(Jah ないし Jahvé)を「ウィ」(Ja)の無制限性と同一視する。たった一つの《固有名》(ひとを一切の存在から遠ざける《名》の座に、彼は(万物への賛同によって)脱固有化を据えつける。同じ音素(Ja)が途絶と開けとを合致させ、《他者》の《非名》と《意志》の《ウィ》とを、絶対的な分離と無限の受諾とを合致させる。

Gott spricht nur immer Ja
神はつねに《ウィ》〔あるいは〈私はある〉〕としか言わない。

キリストの「ウィ」と《燃ゆる柴》の「私は(《他者》)である」との同一性。《分離されたもの》は除外の除外へと反転する。神秘的主体の暗号とはそのようなものである。「信従〔abandon〕」ないし「解脱〔détachement〕」の形象である「ウィ」は最終的に「内部」を名指す。その国では、心づもりのある人々は、シレジウスの神のように、いたるところで「ウィ、ウィ」と叫ぶ。このような空間は神的か、それともニーチェ的か。こうした場(Ort)を創設する言葉(Wort)は、エウァグリウス〔・ポンティクス〕によれば、「反対語のない」「本質」にあずかる。(二三九―二四〇頁)

私は四つの問いを開いたままに、あるいは宙づりのままに残しておこう。答えはやって来ないだろう。いずれにせよ私からは。だがそれはたいした問題ではない。それが私の示したいことだ。問いが答えよりも重要だというのではない。問いよりも、ある種のウィ、すなわち問いのうちに反響しながら、つねに問い以前に到来するウィのほうが重要なのだ。ここで興味深いもの、それは、問いを開き、問いによってつねに仮定されているウィ、問い以前に、あらゆる可能な問いの手前もしくは彼方で肯定するウィである。

第一の問い。なぜウィの運命には反復が属しているのか。ミシェル・ド・セルトーは、彼の目には同じ意味をもつとは見えない二つの反復に、二つの仕方で触れている。彼は二つの反復を相互に関係づけていないし、それらに時間をかけてもいない。まずあるのは、「次に反復される」――と彼は言う――「この「ウィ」」である。「歴史の同じ欠落《ラプスス》(同じ忘却)が再生される」。この再生はシレジウスの神の「ウィ、ウィ」と同じ価値、同じ意味をもたないように思われる。たしかに。しかしこの二つの反復ないし再生の共通の根はどのようなものでありうるのか。そしてもし奇妙にもそれらが互いを反復しあい含みあっているのだとしたら、どうだろうか。ウィの疑似超越論的ないし疑似存在論的な構造は、重複の運命でもあるこの二重の運命を規定しているのではないか。

第二の問い。なぜ「神的」空間と「ニーチェ的」空間のどちらかを選ばなくてはならないのか。おそらくここでミシェル・ド・セルトーは、ニーチェの多くのテクスト、たとえば『ツァラトゥストラはかく語りき』の「七つの封印」(あるいは「然りとアーメンの歌」)をほのめかしている。事実ニーチェ自身、無垢な肯定の、軽快で、踊る、空気のようなJaを、背負った責任の重荷に苦しみ喘ぐキリスト教徒というロバのJa, Ja〔「はい、はい」(Der Esel aber schrie dawu I-A.)〕に対立させている(Die Erweckung〔覚醒〕)。反復と記憶(Ja, Ja)は、いまだ有限性のウィであるキリスト教徒のウィに割り当てられているようである。このときこの有限性に対して、無限のウィはその無垢そのものの点で超過的である。おそらくこの理由のために、ミシェル・ド・セルトーはみずからの問いを二者択一の形で(「神的かニーチェ的か」)立てるのであり、おそらくそのようにして、『ツァラトゥストラはかく語りき』の «das ungeheure unbegrenzte Ja-und Amen-sagen»〔巨大な、無際限の然り――そしてアーメン――と言うこと〕を参照したのである。ところでここでもまた、ウィの疑似超越論的ないし疑似存在論的な経験のなかに、一つの共通の根――二者択一を廃棄することなく、だがもっと「古い」ある可能性からこの二者択一を派生させることを命じる共通の根――があるのではないか。

第三の問い。この無制限のウィについて、ミシェル・ド・セルトーは同時に次のようにも言う。すなわち、ウィは、「ヘブライの認識論全体がそこで営まれる分離と区別の領野に穴を開け」、そして「キリストの「ウィ」と《燃ゆる柴》の「私は《他者》である」との同一性」をわれわれに思い出させる、と。もちろん、この二つの命題は矛盾しない。分離についての「ヘブライの認識論」は、無限肯定に必ずしも調和しているわけでも同質的であるのでもない。他方で、反対に、無制限のウィは分離と相容れないわけではない。もちろん、ユダヤ教的な肯定とキリスト教的な肯定とのあいだに親和性があると言うつもりはないし、親子関係があると言うつもりはさらにない。しかしここでもまた、「キリストの「ウィ」と《燃ゆる柴》の「私は《他者》である」との同一性」は、ユダヤ的でもキリスト教的でもないウィ、どちらかであるのではまだないウィ、あるいはもはやどちらかだけではないウィ、そうしたウィの出来事もしくは到来《アヴェヌマン》へと開くのではないか。この「……でも……でもない」は、存在論上ないし超越論上のなんらかの可能性の条件の抽象的構造へわれわれを送り返すのではなく、私が先ほどから忍び込ませている、あの「疑似」へと送り返す。この「疑似」は出来事の根源的出来事性を寓話的な語り《レシ》と調和させ、あるいは一切の発話(fari)の起源としてのウィのなかに書き込まれた寓話と調和させる。たとえば、フランツ・ローゼンツヴァイクはなおもユダヤ人として語っているのか、それともすでにあまりにキリスト教化されたユダヤ人として語っているのか、とそう自問してもよいだろう。彼のテクストの身分は、ウィと言う(ウィという言葉を言う)あらゆるものと同じように、それが神学的なものなのか、哲学的なものなのか(超越論であれ存在論であれ)、頌歌・讃歌なのか、本質的に決定されない。そうしたテクストのなかでローゼンツヴァイクが根源的なウィのことをわれわれに思い出させるそのとき、ある人たちは彼をキリスト教化されすぎたユダヤ人[7]だと非難したのだった。ヘブライ語のウィ(ken)は、『神秘的寓話』がよくその伝統に言及するシェキナーのなかにつねに記入されうる(このことを忘れないようにしよう)。[*3] 私の知るかぎり、ミシェル・ド・セルトーはローゼンツヴァイクを引用していない(そもそも『救済の星』は、ミシェル・ド・セルトーが『神秘的寓話』を出版したときには翻訳されていなかった)[8]。したがって『救済の星』から、以下の数行を抜き出しておくのがよいだろう。

> 《ウィ》は始まりである。《名》は始まりたりえない。というのも《名》は無の《名》でしかないからだ。しかしこのこと自体が、否定されうる無、つまりすでに《ウィ》へとみずからを定めた無を前提することになるだろう。[…]そしてこの〈無でないこと〉はもちろん自律的な所与ではない——というのも無以外には何ものも絶対に与えられていないからだ——のであるから、非‐無の肯定は、無ではないあらゆるものの無限性をみずからの内的限界として画定する。肯定されているのは一個の無限である。すなわち、神の無限な本質、神の無限な事実性、神のピュシスである。[…]《ウィ》の力、それはあらゆるものに結びつくことである[…]。それは言語の根源‐語(Urwort)である。それは命題を可能にするのではなく[…]命題のなかに入ってくる語、命題の要素としての語を最初に単に可能にする根源‐語の一つなのである。《ウィ》は命題の一要素ではないし、また命題の速記的略号でもない(そのように使うこともできるけれども)。実際には《ウィ》は、命題のすべての要素の、沈黙した同伴者であり、一つひとつの語の背後にある裏づけ、「ママ〔sic〕」、「アーメン」である。《ウィ》は命題《プロポジシオン》のなかの個々の語に実存の権利を与える。それは語が座る席を提示する《プロポーズ》のであり、それは「座らせる」のである。神における最初の《ウィ》が、そのまったき無限性において神的本質を基礎づける。そして、この最初の《ウィ》が「始めに」あるのだ。*4

根源語(Urwort)であるウィは、たしかに言語作用に属している。それはたしかに一個の語だ。それはいつも一個の語でありうるし、翻訳可能である。しかし他のすべての語(ウィは他のすべての語の源泉の形象である)が含意するウィは、また沈黙したままでもあり、「沈黙した同伴者」である(われわれのすべての表象に「同伴する」とカントが言う「我思う」に少し似ている)。つまりウィは、ある意味で言語作用と異質であり、ウィの潜勢力が包囲し関係する言葉の集合とは出所を異にするのである。そのときウィは一種の未聞の言葉である。あれこれの言語、肯定の価値をもつあれこれの文句のなかで限定されたウィを発するときでさえ、未聞の言葉なのである。言語活動なき言語活動であるウィは、みずからが創立し開設する集合に、属することなく属する。ウィは言語活動を超過しそれに穴を穿つが、それでもそこに内在的なままである。その最初の住民として、自分の家の外に最初に出るものとして。ウィは、言われうる一切のものを存在させ〔*faire*〕、存在するに任せる〔*laisser*〕。しかしここにすでに、ウィに本有的な二重の本性が告知――もっと正確に言えば、確証――されるさまが見られる。ウィは言語活動に属することなく属し、自然言語における言表と混ざりあうことなく混ざりあう。というのもウィが言語「以前に」存在するとしても、ウィが標記しているのは、特定の言語において言語に到来するという本質的な要求、契約、約束なのだから。なにがしかの出来事がウィの力そのものによって要請されている。ローゼンツヴァイクは言う。ウィがあらゆる可能な言語活動を是認もしくは確証するかぎり、ウィが設立する「ママ」や「アーメン」は、あらゆる言表にその最初の息吹を与えるこの原‐根源的なウィを、ある種の受諾によって二重化しにやって来るのだ、と。「最初のもの」はすでにつねに追認なのだ。すなわち〈ウィ、ウィ〉であり、ウィからウィへと行き、ウィからウィへと来る、ある種のウィである。この受諾がはらむ何かはある種の残酷な静寂さをも述べており、われわれがもっと先のところで引用する「残酷な休息」(immanem quietem)のことをも述べている。[*5] ウィのこうした倍化作用の算出〔dénombrement(脱数化)〕を考慮すること、説明すること〔理性的にすること〕、企てることはできるだろうか。なぜその分析論は「疑似」超越論的ないし「擬似」存在論的でしかありえないのか。

第四の問い。ミシェル・ド・セルトーは、「ある前提すなわち「volo」(マイスター・エックハルトからギュイヨン夫人まで)」[9][*6] に割いたきわめて美しい文章のなかで、volo の解釈の最中にウィの遂行力《パフォーマンス》を分析している(「volo と同じように絶対的で、対象も目的もない「ウィ」」二三九頁)。このウィの思考の外延は volo の思考と同じだろうか。このようにこの語なき語のなかで発せられ聞かれる根源的な同意は、あの「絶対的意志法」に、すなわち「ヤコブ・ベーメ[10]があらゆる実存の起源に立てるもの、すなわち一個の意志の暴力、さらにはその怒り」に「等しい」とミシェル・ド・セルトーが示唆するあの「絶対的意志法」に属するのだろうか。[*7] このときこのウィの規定は、ハイデガーが意志の形而上学と呼ぶものによって、他の言い方をすれば、存在を主観性の無条件な意志とみなす解釈(このヘゲモニーは——少なくともデカルトからヘーゲルやニーチェにいたる——近代全体をしるしづけたとされる)によって、なおも支配されたままだと言えるだろうか。仮にそうだとしたら、ウィの経験や記述を volo のそれから引き抜く必要があるのではないか。もちろんそのとき重要となるのは経験なき経験であり、記述なき記述であるだろう。そこには規定可能ないかなる現前性も、いかなる対象も、いかなる可能な主題もない。ここでこの巨大で恐るべき難問に身を投じることはできないので、三つのありうる目印を置いておくだけにしよう。

A. ハイデガーは、三十年近い道程のあいだずっと、問いかけという姿勢の還元不可能な特権を維持し、問うこと(Fragen)は思考の敬虔さ(Frömmigkeit)であると書いたのち[11]、彼は少なくともこの格律を複雑にせざるをえなかった。まず第一に、ハイデガーはこう指摘する。敬虔とは聞くことの従順さであるとすでに理解しなければならず、したがって問いとは何よりもまず受容的な様態であり、探求や調査の積極果敢で執拗な能動性というよりも、むしろ《プリュト》、それよりも早く《プリュ・ト》、〈聞かれるべきものとしてみずからを与えるもの〉に身を委ねる注意のことである、と[12]。次にハイデガーは、思考のさらに根源的な次元、Zusage〔受諾＝約束〕⑬、それなしではいかなる問いも可能にならない、信頼にもとづく受け入れ、差し出された言葉(Zuspruch)への同意、要するにウィを、すなわちあらゆる言語やあらゆる言葉(Sprache)が前提する一種の前‐契約のことを強調する。*8 もちろん「経験」のこの次元は、ハイデガーでは、彼の晩年のテクストにおいてGelassenheit〔放下〕⑭の次元へと通じる。私がGelassenheitというこの語を思い出させるのは、それがハイデガーのテクストのなかで果たしている主要な役割のためばかりでなく、マイスター・エックハルトを呼び出すためでもある。ハイデガーはおそらく彼が語った以上にエックハルトの熱心な読者だった⑮。ところでミシェル・ド・セルトーは『神秘的寓話』の序論の最初の頁から早くもハイデガーの名を挙げており、*9 またわれわれが関心を寄せている章のなかでマイスター・エックハルトのGelâzenheitにも言及している。ミシェル・ド・セルトーがそこで述べていることは、私を第二の目印へ導いていく。

B. このGelâzenheitはもっとも無条件的な意欲における非‐意欲のことを言っている。その結果、目的も対象ももたない意欲の無条件性そのものが意欲を無‐意欲へと反転させる。またもや長い引用が必須である。

> [...]特殊な対象をもたず、何ものにも「執着」しないがゆえに、このvoloはその反対物——何ものをも欲さないこと——へと転倒し、かくして意欲の領域全体(肯定と否定の全領域)を占める。意欲が安定する(肯定においてであれ否定においてであれ)のは、意欲が特殊な対象につなぎとめられていればこそであり(それを「私は欲する」もしくは「欲さない」)、したがって特殊な主体(「私」)と特殊な対象(「それ」)とのあいだに区別があればこそである。単独性へのこの結びつきがひとたび取り除かれるや、意欲はそれ自身を軸に回転し、その反対物に同一化する。「すべてを欲すること」と「無を欲すること」が一致する。「無を欲すること」と「何も欲さないこ

と」も同様である。volo がもはや何かへの意志ではないとき、また区別された主体と対象との布置によって組織された軌道を辿らないとき、volo は「みずからの意志を断念する」行為となる。それはたとえばマイスター・エックハルトの「放棄」(Gelâzenheit)と「解脱」(Abgescheidenheit)とを伴う、非‐意欲でもある。そもそも対象〔補語〕の無効化(私は無を欲する)は主体〔主語〕に逆流してくる。結局のところ誰が欲するのか。欲する「私」とは何なのか。生まれ出ずる力である欲する行為が軌道を外れて残る。動詞は「何ものにも結びついて」おらず、誰《ペルソン》〔人称〕によっても我有化されえない。動詞はもろもろの瞬間と場を通過する。欲するという動詞が初めにある。欲するという動詞が、他の多くの動詞(愛する、傷つける、探し求める、祈る、死ぬ、等々)をともなう神秘的な言説において反復されることになるものを一挙に定立する。これら多くの動詞は、あるときは主語〔主体〕の位置に、またあるときは補語〔対象〕の位置に置かれる行為者たちのあいだを巡回する行為を指す。誰が誰を愛するのか、誰が誰を傷つけるのか、誰が誰に祈るのか。あるときには神であり、あるときには信者である〔…〕。

(二三二―二三三頁)

C. このことの帰結は計り知れない。とくにハイデガーの言説において、存在の歴史の内部でもろもろの時代《エポック》を識別するものすべてについて、計り知れない帰結がもたらされる。ウィをこのように分割し、分裂させ、宙づりにするこの内的エポケーによって影響を被るのは、存在の歴史の思考そのものである。意欲の無条件性そのものが意欲を非‐意欲へと反転させるのだとしたら、またそれがある内的必然性、本質的かつそれ自体無条件な必然性によるのだとしたら、そのときいかなる「意志の形而上学」も厳密に同定可能ではなくなる。意欲はそれ自身と同一ではない。ハイデガーが意欲に絶えず結びつけるあらゆるもの、すなわち主観性、客観性、コギト、絶対知、根拠律(Principium reddendae rationis: nihil est sine ratione)、計算可能性なども、同一的ではなくなる。とりわけここでわれわれの関心を引いているものも、すなわち数えきれないウィを「説明すること〔理性を返すこと〕」「計算すること」、つまり数えきれないウィの計算可能性や算定可能性〔computabilité〕、さらには帰責可能性〔imputabilité〕なども、同一的でなくなる。ウィはそれそのものを与えるあるいは約束する〔promettre(前に置く＝前もって置く)〕のであり、約束のときから早くも与えるのである。計算不可能なものそのものまでをも。

いまやそれは予感されている。ウィの超越論的ないし存在論的分析論は虚構的もしくは寓話的でしかありえず、その全体は疑似〔*quasi*〕の副詞的な次元にゆだねられている。事態を素朴に取り上げなおしてみよう。原‐根源的なウィは絶対的な遂行的発話に似ている。それは何も記述せず確認せず、一種の原‐契約《アンガージュマン》、同盟、同意、約束のごときもののなかへ巻き込む《アンガージュ》。この原‐契約は、たとえ沈黙のうちにであろうと、またたとえ言表が徹底して否定的でなければならないとしても、それがつねに同伴する言表に与えられた受諾と混じりあう。この遂行的発話は、あらゆる特定の遂行的発話がその条件として前提するものであるから、他のものと同列の遂行的発話ではない。疑似超越論的で沈黙した遂行的発話であるこの原‐根源的なウィは、あらゆる言表の学を逃れているばかりでなく、あらゆる言語行為《スピーチ・アクト》論を逃れているとさえ言ってよい。それは厳密に言えば行為《アクト》ではなく、いかなる主体《シュジェ》＝主語にも対象《オブジェ》＝目的語にも割りふることができない。それがあらゆる出来事の出来事性を開くのであってみれば、それは一個の出来事ではない。そうしたものであるかぎりで、それは決して現前的ではない。この非‐現前性を言表行為もしくは端的な行為《アクト》〔現働態〕[16]のなかで現前するウィへと翻訳するものは、原‐根源的なウィを啓示するそのことによって同時に隠蔽する。このように原‐根源的なウィをあらゆる言語理論から差し引く(それがもつ言語効果の理論から差し引くのではないが)理性〔理由〕は、かくしてそれを一切の知から、とりわけ一切の歴史から引きはがす。原‐根源的なウィが歴史のあらゆるエクリチュールに含意されているという、まさしくその理由で。

そうすると、現前的でもなければ対象でも主体でもない発声不可能な「ウィ」についての分析論は、存在論(なんらかの現前性の存在についての言説)でも、超越論(主体にとっての——理論的・実践的・美的——対象の諸条件についての言説)でもありえない。存在論的もしくは超越論的なあらゆる言表はウィもしくはZusageを前提とする。そうした言表はウィをみずからの主題とすることに失敗することしかできない。とはいえ、存在論的‐超越論的要請を維持する必要はある(まさに《ウィ》)。その目的は、経験や存在者に属さないウィの次元、また科学や領域的存在論・領域的現象学にも属さず、最終的にはいかなる述定的言説にも属さないウィの次元を引き出すためである。一切の命題の前提であるこのウィは、どのような言語活動による定立、テーゼ、主題とも混同されない。それは徹頭徹尾、あの寓話——すなわち、まるで〔*quasiment*〕行為〔現働態〕やロゴス以前に、まるで始まりに残存するかのような、あの寓話である。「したがって、よってという語によってこのテクストは始まる〔…〕」(ポンジュの『寓話』)。

なぜ起源に〈まるで〔quasiment〕〉があるのか。そしてなぜ存在論的‐超越論的な疑似‐分析論〔*quasi-analytique*〕なのか。なぜこの疑似が存在論的‐超越論的主張にかかわるのかについてはいま見た。疑似‐分析論とつけ加えるために、もう一言いおう。分析論というものは単一の構造、原理、要素に遡らなければならない。ところがここではウィは最終審級のなんらかの単一性へと決して還元されるがままにならない。われわれはここで再度、反復の宿命、切断的開けとしての反復の宿命に出くわす。[*10] 最初のウィ、何よりもまず契約し、約束し、受諾する原‐根源的なウィ、これを仮定しよう。一方では、それは根源的に、その構造そのものにおいて一つの応答である。それはまずもって二番目のものであり、ある要求、ある問い、もう一つ他のウィの後にやって来る。他方で、それは契約もしくは約束であるかぎりで、少なくとも次のウィのなかでの確認にあらかじめ結ばれていなければならない。次のものへのウィ、言い換えれば、すでにそこに存在しながらも、しかし来たるべきものにとどまっている他のウィへのウィ。「私」はこの運動より先に存在するのではないし、主体もそうだ。「私」も主体もこの運動において成立する。私(「私」)がウィ(ウィ=私)と言えるのは、ウィの記憶を守り、すぐさまウィを確認すると、そう約束することによってのみである。記憶の約束と約束の記憶。この「第二の」ウィは「最初のもの」のなかにア・プリオリに含まれている。「最初のもの」は、それ自身のうちにすでにそこに存在する第二のものの投企、投資《ミーズ》ないし約束《プロメス》、派遣《ミッション》〔使命〕ないし放送《エミッション》〔発射〕(17)、すなわち発送なしには場をもたないだろう。最初のウィは前もって二重になる。つまり反復へと前もって指定されているウィ、ウィである。第二のウィが最初のウィのうちに宿っているのだから、反復は原‐根源的ウィを前もって増殖させ、分裂させ、分割する。この反復はウィの開幕の条件をなすが、また同時にウィを脅かす。機械的反復、擬態、つまり忘却、シミュラークル、虚構、寓話。二つの反復のあいだ、「よい」反復と「悪い」反復とのあいだに、切断と汚染とが一緒にある。「残酷な静寂」、残酷な受諾。ここでは意識ないし主観的意図の基準はいかなる妥当性ももたない。そうした基準はそれ自体、派生したもの、制定されたもの、構成されたものなのである。

　一切の現前性や一切の存在に先立ち、一切の道徳と同じくプシュケーの一切の心理学にも先立つ出来事性の場、そこにおける記憶の約束、約束の記憶。しかし記憶それ自体は忘却しなければならない——記憶がウィ以来、使命としてそうあらねばならないところのものであるためには。「最初の」ウィからつとに約束されている「第二の」ウィは、絶対的な更新として、絶対的に最初で「自由な」新規まき直しの更新として到着しなければならない。さもなくば「第二の」ウィは、自然の帰結、心理学的な、論理的な帰結にすぎなくなるだろう。「第二の」ウィは、あたかも「最初の」ウィが忘却されたかのように、「最初の」ウィが〔別の〕新しい最初のウィを要求するほど十分に過ぎ去ってしまっているかのように振る舞わなくてはならない。この「忘却」は心理学的すなわち偶発的なものではない。それは構造的なものであり、忠実さの条件そのものである。それは署名の不可能性としての《可能性の条件》そのものである。署名がそれに抗して緊張するところの分割可能性。意志的でも無意志的でもある仕方で(《無条件な意欲》の非‐意欲)、第二の最初のウィは、最初のウィ(これはすでに二重であった)と断絶する。第二の最初のウィは、それであるべきところのもの、すなわち「最初のもの」、唯一無二のもの、唯一的に唯一のものでありうるために、要するに自分の番《トゥール》において、in vicem〔交互に順番に〕、vice versa〔逆回りに〕、自分の日付において、そのつど初回において開くもの(vices, ves, volta, time, Mal 等々)でありうるために、最初のウィからみずからを切断するのである。この忘却の脅威のおかげで(「おかげ」と言えればだが)、約束の記憶、約束そのものが最初の一歩を——すなわち二歩目を——踏み出すことができるのである。ミシェル・ド・セルトーが言うように、同じウィが「歴史の同じ欠落(同じ忘却)」のなかで「続いて反復され」るのは、そして「同じ音素(Ja)が途絶と開けとを合致させる」のは、まさにこの危険——一個のウィはつねにこの危険に感謝を返す——の経験においてではないだろうか。

ウィはすでに、しかしつねに、なんらかの忠実な連署《コントルシニャチュール》〔反署〕であって、こうしたウィは数えられない。約束《プロメス》〔前に送ること〕、使命《ミッション》〔派遣〕、放出《エミッション》〔発射、放送〕であるウィは、つねに多くの数として発送されるのである。

戦争中の諸解釈
カント、ユダヤ人、ドイツ人[*1]

すぐ簡単に確認できることであるが、この発表のために私がおこなった選択は、まさにこの場と必然的な関係をもっている。すなわち、イェルサレムのイスラエル的制度である大学という場と。またこの選択はまさにこの瞬間とも必然的な関係をもっている。すなわち、この地の歴史に再び刻み込まれる恐ろしい暴力、そして自分がこの地に住む正当性をもつと信じるすべての人々を互いに衝突させる恐ろしい暴力と。

なぜこの関係は必然的なのか。

他の発表と同じく私の発表も、まさしく解釈の諸制度についての解釈的仮説の集合からなるだろう。であれば私の発表は確実に、また事実上、制度のコンテクストと関係を持つだろう。すなわち、今日いまここで、大学、国家、軍隊、警察、宗教権力、言語、人民ないし国民などによって規定されるコンテクストと。しかしこの事実的状況には解釈と責任がついてまわる。したがって、私はこの状況の事実性を受動的に受け入れなければならないとは考えなかった。私はひとつの主題を扱うことを選んだ。この主題はこの討議会のプログラム(「解釈の諸制度」)にのっているさまざまな主題に正面からアプローチしながらも、いまここで起きていることについて、いくつかの問いを、少なくとも間接的に、できるかぎり慎重に提起することを可能にするような主題である。私がいまからおこなう講演といまここで現在進行中の暴力とのあいだには、数多くの、複雑で、解釈の難しい媒介物があるはずである。またそうした媒介物はわれわれの側に警戒と同じくらいに忍耐をも求めるだろう。しかしだからといって私はそのことを、即座の(無媒介な)応答と責任とを要求するものを前にして、待ったり沈黙したりする口実にするつもりはない。

この会合の主催者たちには懸念をすでに打ち明けておいた。アラブ人とパレスチナ人の仲間たちが公式に招待され、実際に結びつく、そんな討議会に参加したいという願いを主催者たちに知らせておいた。会合の主催者であるサンフォード・バディック教授とヴォルフガング・アイザー教授は、私の考えに同感だった。彼らが示してくれた理解に感謝する。こうした場合に求められる厳粛さをもって、私はいまからでも次のような人々との連帯を表明しておきたい。すなわち、この地ですべての暴力の終わりを求める人々、テロリズムや軍事的・警察的抑圧による犯罪を糾弾する人々、占領地からのイスラエル軍の撤退を望み、またかつてないほど必要な交渉においてパレスチナ人たちが自分たちで代表者を選ぶ権利の承認を望む人々、こうした人々との連帯である。このことは、止むことのない、事情に通じた、勇気ある反省なくしてはなされえない。こうした反省は、私が二年前にこの地で、当時まだ企画段階だったこの討議会のタイトルとして「解釈の諸制度」と呼ぶことを提案したものについて、いくつかの解釈(それが新しいものであろうとなかろうと)へと通じていかなければならない。しかしその同じ反省は、国家という支配的制度——ここではイスラエル国家のこと(言うまでもないが、その存在はいまや万人によって認められ、決定的に保証されなければならない)——、その前史、近年におけるその創設の条件、その現在の機能営為の憲法上・法律上・政治上の基礎、その自己-解釈の形式や限界などを解釈することへも通じていかねばならないだろう。

まさにここに私が出席していることが証言しているように、この宣言は正義への配慮やパレスチナとイスラエルの人々への友情によってのみ思いついたものではない。それはまた将来への希望やイスラエルのある種のイメージへの尊重を言わんとしている。

もちろん、私は自分の発言をなんらかの情勢の外在性にあわせて技巧的に調整するために、このように言っているのではない。歴史的な反省がどれほど不安を掻き立てるものに思われ、またそれがどれほど勇敢なものでなければならないにせよ、こうした歴史的な反省への訴えは、われわれの会合のもっとも規定的なコンテクストのなかに書き込まれているように私には思われる。私の見るところ、この訴えはこの会合のコンテクストの意味そのもの——そして緊急性——をなしている。

I

この発表のもっとも一般的な地平を定義づけていた予備資料[*2]はご存じだということにさせていただき、ここで私がきわめて限定された政治的-制度的なコンテクストにおいて、いまだ部分的で準備的な仕方で、二人のユダヤ系ドイツ人の思想家を接近させたくなるもしくは対立させたくなるその理由を、ほかの導入なしにはっきりさせておこう。

一、ヘルマン・コーエンとフランツ・ローゼンツヴァイクは、対立する仕方ではあるが、どちらも根底的《ラディカル》な仕方でユダヤ教を引き受けた。

二、両名ともシオニストではなかったし、ローゼンツヴァイクにいたっては、イスラエル国家の企図に対してはっきりと敵対的だったようである。

三、彼らはカントへの参照を特権視しているが、どちらもカントに対してある種の距離を取った(同じ距離ではなかったが)。

四、彼らは異なる世代に属してはいたが、時代の何かを共有していた。ローゼンツヴァイクはコーエンの授業を聴講していた。すぐに私が引用するテクストのなかで、彼は新カント主義の偉大な師への称賛を表明している。それから彼はコーエンから離れ、少なくともユダヤ教をどう考え、それとどう関係するかについては、コーエンと対立することにさえなる。彼は『ドイツ性とユダヤ性』を批判的に読んだ。このコーエンのテクストの分析にはすぐに取りかかることにする。

五、二つの異なる世代、二つの異なる状況があるのはたしかだ。とはいえ、われわれの導きの糸として役立つ二つのテクストはほぼ同時代のものである。その二つのテクストは、一方はその出版において、他方はその準備と「作成」において、一九一四年の戦争という日付をもっている。二つのテクストはこの戦争に捕えられ、そこに根をもっている。二人の思想家はどちらもこの戦争の生き残りではなかった、と言われるかもしれない。いずれにせよ彼らは次の段階まで、すなわちこの冒険——私が一九一四年の戦争におけるユダヤ－ドイツのプシユケーと呼ぶことにするもの——の全体に啓示の光と同じく変質の光をも投じるナチズムの契機を目の当たりにするほど、長生きしたわけではない。危険は両義的であるだけにいっそう重大である。前未来は回顧的なねじれをもたらすこともあれば、ヴェールを引き裂くこともできる。コーエンは戦争の終わりの年、『ドイツ性とユダヤ性』の出版の三年後の一九一八年に死んだ。ローゼンツヴァイクは一九二二年以後、病から失語症となり、次に完全な麻痺状態に陥り、七年後の一九二九年十二月に死んだ。

こうしたコンテクストへの導入として、まずは一九一八年のコーエンの死に際してローゼンツヴァイクがおこなったオマージュを読んでみよう。まずそこに看取されるのは、かくも尊敬を集めたこの偉大な大学人に対するある種の不信、半世紀のあいだ——すでに仏独間の二つの戦争(一八七〇－一九二〇年)を隔てていた半世紀のあいだ——かくも強力にドイツ哲学をしるしづけた新カント主義の巨匠に対する不信である。フッサールとハイデガーが話題になるとき、この新カント主義の局面がコンテクストを大いに規定していたという事実をひとはあまりにも忘れている。フッサールの現象学も、次に初期ハイデガーの現象学的存在論も(そもそもハイデガーはコーエンのマールブルク大学の講座の後任だった。このことはもっとも狭い意味での制度的コンテクストをもしるしづけている)、このコンテクストのなかで、言い換えればこのコンテクストに抗して、いわば立ち上がったのだった。新カント主義に抗して、そしてカントとの別の関係において。

ローゼンツヴァイクは、この偉大な講壇哲学者に最初不信感をもっていたことを思い出として語る。ユダヤ世界と非ユダヤ世界の双方におけるコーエンの権威は、尊敬すべき大学教授らしさに起因しており、その光はマールブルク大学から放射された後も、コーエンが一九一三年に別の機関、すなわちユダヤ教学院で教えたベルリンでも輝き続けた。この年代にコーエンが出版した著作はきわめてカント的な表題をもっていた（事実その著作 *Religion der Vernunft aus den Quellen des Judentums*〔『ユダヤ性の源泉から発する理性の宗教』一九一五年〕は、単なる理性の限界内における宗教についての、ユダヤ版カントの書物のようである）。この本はローゼンツヴァイクにある種の影響を与えることになる。ローゼンツヴァイクは一九一三年にコーエンの講義を受けに行くが、それは限定された関心から、あるいはむしろ不信のこもった関心からだった。その不信はまず第一に、一種の制度的実体とでもいうもの、すなわち「ドイツの講壇哲学の市場」に向けられている。

私がヘルマン・コーエンの講義を聞いたのは、彼がベルリンにいる年月のあいだだけである。ユダヤ神学についての時局的ないくつかの仕事のほかは、ほとんど何も彼のものを読んでいなかった。いくつか読んだ文章もとくに私を感動させるものではなく、グリザイユのような灰色の印象を残しただけであった。とりわけ、ドイツの講壇哲学の市場で一握りの賛美者たちを集めるあらゆるものに対して、私は不信を抱き、それは徐々に体系的なものになり、もっと彼をよく知るように努めようという気持ちはなくなっていた。したがって、一九一三年十一月に彼の講義を聞きに行ったとき、私はとくに何も期待しておらず、強い関心があったわけでもなく、単なる好奇心から受講したのだった。[*3]

不信は感嘆の驚きに席を譲った。称賛のいくつかの特徴は、ある人々が戦後すぐの年月に経験したハイデガーの教えとの出会いを彷彿とさせ、それを予告している。こうしたことはすべて文化上のコンテクストについて、また講壇哲学との関係について、何かをわれわれに告げている。ここに見られるのは典型的な反応である。それをここで分析してみると面白いだろう。というのも、その反応は結局次のように述べるからだ。すなわち、アカデミーの職業人などではない一人の哲学者とようやく出会えた、彼はわれわれの面前で思考している、彼は実存のもっとも重要なことをわれわれに語る、彼は思考や実存の底なしの危険をわれわれに思い出させるのだ、と。ローゼンツヴァイクはこの経験を描くために深淵(Abgrund〔底なし〕)ということを言う。一人の教授が待ち望まれていた。そしていまやここに、深淵の縁を歩む一人の人間が、受肉した人間が、みずからの身体を忘れない人間がいるのだ。このアウラはコーエンの後任者であるハイデガーの授業をも、その初めから、最初期の講義のときから、包み込んでいる。ハイデガーはそこで大学について語っているが、しかし大学の内部にありながら、抽象的で快適な(要するに無責任な)練習ではなく実存の思考でもあるような、そうした思考へと呼びかける。ところで、これはまさにローゼンツヴァイクが語るところである。講座の教授を目にするだろうと思っていたところに、彼は一人の人間を発見し、個々の実存の単独性《サンギュラリテ》に注意を払う特異《サンギュリエ》な人間、深淵のうえに立つ一人の人間と一個の身体とを発見するのだ。

そのとき私は比類のない驚きを感じた。私は哲学の講座のなかで、細かく、鋭く、高尚で、深い〔…〕精神をもつ知的な人々と出会うことに慣れていたが、そのとき私は一人の哲学者と出会ったのだ。思考の綱の上で多少大胆な、巧妙で優雅な跳躍を見せつける軽業師ではなく、一人の人間を見たのだ。この時代の大学のほぼすべての哲学の足かせになっているように私には思われた、あの絶望的な空虚さ、あの空っぽなお仕着せ《カラクテール》の特徴など、そこにはもはや微塵もなかった。当時この絶望的な空虚さのせいで、みんながたえずこう問わざるをえなかった。すべての人と同じような一個人が、まさしく一介の個人が、どうして他のことではなく哲学をやり始めることなどできるのか、と。コーエンについて、そのような問いはもはや立てられなかった。彼には哲学しかできないし、強力な言葉が顕現させる貴重な力に彼は取り憑かれていると、いつもそう感じられた。現在が提供するものに惑わされた私が、もうずいぶん長い間、亡くなった偉大な人物たちのなかにしか求めなくなっていたもの、すなわち現実と不吉な混沌とが混ざりあい、そのなかに浸かり切った世界について、深淵の上で省察する術を心得ているあの学問的で厳密な精神。私はコーエンに接することで突然この精神と差し向かいとなり、その精神が生きた言葉のなかに受肉したかたちで出会ったのである。（同書）

このようにしてローゼンツヴァイクにみずからを啓示したものは何か。一人のユダヤ人である。しかもユダヤ人の神髄《エサンス》ではあるが、またドイツ系ユダヤ人の神髄以外のなにものでもないようなユダヤ人である。そして、彼はドイツ系ユダヤ人であるからこそいっそう純粋なユダヤ人であるのか、それとも彼は本質的にユダヤ人であるのであって、彼がドイツ系ユダヤ人であるのは余計なこと、たまたまの偶然のこと、他面から見たことにすぎないのか、そのどちらなのかはあまりよくわからない。この曖昧さは注目すべきものである。というのもローゼンツヴァイクは別の仕方でではあるが、ショーレムやブーバーと同じように、まさにこのドイツ系ユダヤ人のある存在様態と、すなわち〈ユダヤ人にしてドイツ人であること〉のある存在様態と、手を切るからである（後で私は次のように言うローゼンツヴァイクの手紙に立ち返ろう。「つまり、ドイツ人にしてユダヤ人でいよう。同時に両者だ。この〈にして〔*et*〕〉ということを気にかけずに、それについて多くを語らずに、本当にその両者であろう」）。コーエンがつねに尊敬の念を抱かせたにもかかわらず、ローゼンツヴァイクは、この理性主義的で自由主義的な、同化主義者でもシオニズムでもないドイツ系ユダヤ主義の大人物、このユダヤ人にしてドイツ人の思想家と手を切るのである。差異はこの〈にして〔*et*〕〉の規定にかかわるだろう。すなわちユダヤ人と〔*et*〕ドイツ人との接続〔詞〕[1]を思考し生きる二つの仕方に。

さしあたりわれわれは、あるドイツ系ユダヤ人へのローゼンツヴァイクの称賛に見られる、もっとも目立つ特徴に注意を払ってみよう。それからそれを少なくとも三つに分けることにする。

A．ショーレムがローゼンツヴァイクに宛てた、いまや有名となった手紙[*4]のなかでしているように、ローゼンツヴァイクもまた、奇妙にも、そして聖書的とも言える仕方で、深淵の形象を火山の火の形象に結びつけている。はかり知れぬ深い所から到来し、水と火を混ぜ合わせる沸騰、噴火、噴出、しかしとりわけ重要なのは、溶岩がせりあがって来るときの痙攣するリズム、これらはすべてコーエンの言葉である。

B．噴火の生産活動のリズムを刻み、溶岩の噴射・投射や液状の炎の射出に拍子を刻む痙攣、痙攣による震動、これはまた断続的なレトリックのテンポでもあり、それもまたコーエンの言葉である。ローゼンツヴァイクがそこに認めるのは、構成を意に介さない言葉、あるいはアフォリズムにおける中断のぎくしゃくした再開からみずからを構成する言葉、そうした言葉のレトリック上の構成における区切り、すなわちアフォリズム的なものにおける区切りである[2]。しかしローゼンツヴァイクはこの区切りを、何よりもまずユダヤ的な言葉の固有性として認識するのである――私はこの解釈の責任を、いつものように、彼に委ねる。

この中断、ローゼンツヴァイクがそこに本質上ユダヤ的な何かを見るこの中断性は、少なくとも三つの注記《ルマルク》を呼び招く。

一、この中断は、遮断器がそうするように、接続詞 et の本質をしるしづけなければならないだろう。この接続詞 et は、ユダヤ人とドイツ人との関係を定義する(「ユダヤ人にしてドイツ人でいよう」)ばかりでなく、ドイツ人のなかでのユダヤ人をも規定する。すなわち、断絶性、遊離的な闖入する力である。火山は闖入であるが、闖入は出来事の到来が開始するものであり、切断であり、したがって全体化する総合における中断である。周知のように、ローゼンツヴァイクの思考は何よりもまず、et〔「と」〕のこの思考と、全体化する総合を脱臼させるものとによって際立つ。ローゼンツヴァイクの思考は結集をなんでもかんでも禁じるわけではなく、総合〔synthèse〕もしくは体系〔système〕のsyn-における結集を中断するのであり(それはカントの総合であっても、ヘーゲルの総合ないし体系であっても同じだ)、とくに国家形態のもとでの結集を中断する。「ユダヤ人にして〔et〕ドイツ人」の「と〔et〕」は「総〔syn〕」もしくは「共〔avec〕」であるかもしれないが、そこに同一化もしくは全体性をもたらす総合はない。この「と」は接続〔conjonction〕と同じくらい切断〔disjonction〕をも担っている。この「推移の不在」こそ、ローゼンツヴァイクがコーエンのうちに認識しうると考え、「これほどユダヤ的なものは何もない」と述べるものである。それはまず語り方と教え方の問題である。ローゼンツヴァイクが註記しているように、推移の不在とは、要するに、思考と感情、もっとも冷静な思考ともっとも情熱的な感情とのあいだの媒介の不在のことである。この「論理」は「と」の論理とまったく同じくらい逆説的である。推移の不在は中間項〔媒概念〕の除去を意味し、なんらかの弁証法(この言葉を存在と絶対知のプロセスと解するのであれ、言語の技法と解するのであれ)において媒介の役割を果たす一切のものの除去を意味する。しかし、この非 - 媒介は一見矛盾するようにみえる二つの効果へと翻訳可能である。一方には、断続、二つの異質な要素の唐突な並置、連続性も類似も相似もない二つの項の関係なき関係がある。それはいかなる系譜的もしくは演繹的な派生関係にも適合しない。しかし他方で、同じ理由から、推移の不在は、同を同と非 - 同へと、他を他へと相互に連結する、一種の無媒介な連続性を産出するのである。

二、この切断的接続、この「推移の不在」はまた、レトリックや論証において——たとえば哲学的なそれにおいて——脈絡なく脈絡をつける一つのやり方でもある。「[…]たった一語だけ。もしくは五、六語からなるきわめて短い一文」と彼は言う。要するに、アフォリズム的な集列性である。ところでローゼンツヴァイク自身が、噴火のような仕方で、あたかも火山の短い震動の集列のごとくに、前線で郵便カードのようなものに『救済の星』*5を書きつけた(と言われている)のは、まさしくコーエンについてこうしたことを書いたのとほとんど同じときだったのではないか。いずれにせよ、この書物の接続的‐切断的な織地は、たしかに次のような様子をしている。推移の不在、連続と断絶、哲学体系ないし哲学論文の古典的な陳述《プレザンタシオン》のスタイルとは異質なスタイル、西洋哲学史を支配する論証とは似ても似つかない論証の仕方、レトリック、論理の連鎖様式。ローゼンツヴァイクは、そうした歴史、その哲学、それらの規範《カノン》をよく知っている。彼はそれらと対決的説明をおこなったことになるだろうし、次にあるやり方でそれらと手を切ったことになるだろう。しかもそれは彼が大学人ではなかったからというだけのことではない。

三、称賛が与えられるのは書字《エクリチュール》にではなく言葉《パロール》にである。称賛の宛先は書物の著者ではなく一人の人間、思考と感情とが一体となるような実存である。書物の著者はローゼンツヴァイクに不信を抱かせ冷淡にしたが、生き生きとした言葉《パロール》は彼を襲って驚かせ、彼を燃え上がらせる。この魔法をかけられた言葉はまた魔法をかける〔歌い上げる〕ものでもあり(3)、リズムのついた身体運動は手ばかりでなく声をも駆り立てる。ローゼンツヴァイクが、とりわけ翻訳者としてのローゼンツヴァイクが(単に聖書の翻訳者というばかりではない)、いかに音声のリズムに注意を払っていたかはよく知られている。

この人間の言葉にはどのような魔法が宿っていたのだろう。ある種の距離のためにいくぶん曇ってしまう書き《エク》物《リ》よりも言葉《パロール》である。彼の言葉は一様な地面の下でくすぶる火山のような印象を与えていた。問題の厳格な取り扱いに心をくだきながら彼の言葉がその横糸を織り上げていくとき、聴衆は強力な額の下にさまざまな思考がよどみなく流れているのを目撃していたが、ある瞬間、突如稲妻のように、コーエンの個性は閃いて噴出するのだった。それはなんの推移もなく突然に起こるので、誰も予想したり推測することができなかった。めったにない態度、手のちょっとした仕草——彼はほとんど身じろぎもせずに話すにもかかわらず、実際彼から目を離してはならないのだった——たった一語だけ。もしくは五、六語からなるきわめて短い一文。そして、たゆたう大河は氾濫する海となり、人間の心の奥底で蘇った世界の光が思考の織物から湧出するのだった。こうした湧出に決定的な力を与えていたのは、まさしく湧出の完全なる直接性だった。こうした地下の源泉から突如湧き出るパトスの、まったく自然発生的なこの沸騰、もっとも冷静な思考ともっとも情熱的な感情との緊密な共存——おそらく、このような推移の不在ほどユダヤ的なものは何もないだろう。実際、このドイツ人、かくもまっすぐな、かくも自由な、かくも気高い意識をもったこのドイツ系ユダヤ人は、彼の魂のもっとも深い愛着の部分において、今日このうえなく自明な郷愁をもって純粋にユダヤ人であることを要求する人々の誰よりも、おそらくはるかにユダヤ人であり、純粋なユダヤ人であった。[*6]

最後のパラグラフはさらに奇妙に思われるだろう。後で私はそのパラグラフにおける体系への言及を強調しよう。称賛はまずはコーエンの単独性と孤独とを強調する。彼は今日たった一人であり、彼の世代でたった一人、何かをする者である。彼は「群れ」から、「同時代人たちの群れ」から区別される。

彼はたった一人で何をするのか。まずは感情と知性とを分離しないことをである。かくして彼は、具体的な人間性、生と死といった大問題に立ち向かう。しかし彼は決して分離しないがゆえに、彼は体系を提示するたった一人の者である。それが彼の偉大さであり単独性《サンギュラリテ》＝特異性である。これはどういうことか。体系を提示すること、それは哲学史のなかで嫌というほどなされたように体系を約束するだけで満足するのではなく、体系を贈与することである。コーエンは一つの体系をもっていると、ローゼンツヴァイクはそう言っているようである。コーエンは体系をもっているばかりでなく、それを与えるのであり、彼は自分が約束したものを与えるのだ。他の人々が約束しながらも約束を守らなかったもの、他の人々が持たずに与えるもの、彼はそれを与える。コーエンは彼がもっているものを与え、彼が与えるものをもっている。それが体系なのだ。体系は彼の気前のよさであり、過剰さのしるしである。彼はこの過剰さを約束したりもっているだけで満足せずに、それを産出すること、贈与すること――ここでは教えること――ができたのである。

ところで忘れてはならないが、『救済の星』の著者は、彼の思考の全体を体系に反して、もっと正確に言えば、体系の彼方で差し出したのであり、いずれにせよ体系的全体性――とりわけそのヘーゲル的形態における体系的全体性――に反して、その彼方で差し出した。したがって、一人の思想家〔コーエン〕が体系を約束し、産出し、贈与したからという理由だけで、ローゼンツヴァイクが称賛することはありえない。おそらく体系とは、まさに贈与不可能なものであり、贈与を前もって循環的に禁じ再我有化するものだろう。彼がなしうる最大の称賛、もっとも気前のよい贈与、それは体系の彼方で思考したことであり、体系の彼方で思考すべきものを与えたことである。本当であろうと間違っていようと、いずれにせよ、それこそがコーエンの思い出に彼が捧げるものである。それはまた彼がユダヤ人の思い出に捧げるものでもある。というのも体系の彼方へのこの移行のうちに、ローゼンツヴァイクはユダヤ人を認めることができると思うからである。すなわち、単に理性主義的な哲学者、啓蒙のユダヤ的宗教の新カント主義者、単なる理性の限界内における(ユダヤ的)宗教の新カント主義ばかりではなく、信心の人でもある誰かをそこに見るのである。

まさにこの点にこそ彼の学問的人格が根ざしているのであり、彼を同時代人たちの群れ全体から区別するのである。彼はおそらく彼の世代において、さらには後の世代においても、人類がつねに提起してきた根本的な諸問題、すなわち生と死の難問をめぐる諸問題を、偽の博識の傲慢な振る舞いによって遠ざけなかった、たった一人の人だった。彼はそうした問題を感情と知性主義の解きほぐし難いもつれのなかに包み隠す弱さに屈することがなかった。反対に彼はそうした問題と、その厚み全体において、その真の意味において、取り組んだのである。したがって、この数十年間、哲学に学問的自律性を認め続けてきた人々のなかにあって、ここでもまた彼が単に体系を約束するばかりでなく、本当に体系を贈与するたった一人の人だったという事実には、いかなる偶然もありえない。それはまさに彼が本質的なものを回避しなかったということであり、この本質的なもののおかげで、彼は全体性の問いの重大な支払い期限を前にして逃亡しないで済んだのだった。彼は究極的な問題に取りかかる術を単に学習したのではない。彼はその術を最初から知っていたのであり、それゆえに彼は体系の彼方で、最終的に、彼の神学の最後の時期において、そうした問題とじかに向き合うことへと到達したのである。そのときになってようやく、七十歳代になって、おそらくこの偉大な魂のこのうえなく深い、子どもらしい性格が現れたのである。「子どもらしい」というのは、《マリエンバードの悲歌》[4]の意味においてである――「だから、あなたがすべてだ、あなたは越えられない」。そして実際、彼は根底においてまったく素朴だった。それは信心深い人間だった。(同書、強調デリダ)

死後出版されたこのオマージュは、二人のドイツ系ユダヤ人の関係なき関係(だがここでわれわれの関心を引くものから見て、多くの点で範例的な関係)だったものを、われわれに垣間見させてくれる。二人のどちらもナチズムを知らなかったし、どちらもシオニストではなかった。だがおそらく二人とも、彼らの死後にやって来たものについて彼らがそれを知っていたか否かはともかく、語るべき多くのことをもっていただろうし、思考すべき多くのことを、いまもなお与えているのである。

ローゼンツヴァイクの手で「七十歳代の子ども」として描かれた者は、彼の死の数年前、戦争のただなかにおいて、『ドイツ性とユダヤ性』というタイトルのテクストを書いた。[*7] 一九一五年に出版されてから、この試論は一年で三回版を重ねた。この種の本としては一種のベストセラー（一万部）となり、『ユダヤ論集』（第二巻、ベルリン、一九二四年）にローゼンツヴァイクの序文を付して再録された。一九一六年のコーエンの別のテクストも同じタイトルをもち、同じ議論をもっと論争的でない、もっと政治的でない文体で取り上げている。よく指摘されてきたことであるし、また周知の事実でもあるが、ゲルマン性とユダヤ性との関係を定義しようという関心はこの時代にあって独創的というわけではない。膨大な量の文献がこの問題に捧げられていたのであり、それらは解放、同化、改宗、シオニズムの問題をも扱っていた。

このテクストは「呪われた」テクストだと言われてきた。「呪われた」という言葉は、仏訳者であるマルク・B・ド・ロネーが紹介文の冒頭で引用符に括りながら大胆にも用いたものである。このテクストはドイツの超《ハイパー》ナショナリズムとでもいったものを掲げ、ときに常識に反する言葉使いで定義されたユダヤ－ドイツ的共生を主張するが、それはまず第一にアメリカのユダヤ人たちに向けられている。アメリカのユダヤ人たちが説得されたならば、彼らは合衆国がイギリスそしてフランスの側に立って戦争に参加することがないように最大の圧力を行使するべきだと言うのである。とりわけフランスはツァーリズムの野蛮行為と結託し、フランス革命の理念を裏切ったと言われている。フランス革命の理念をはるかによく代表しているのは、カント主義ならびにドイツ社会主義（コーエンが社会主義者だということも忘れないでおこう）なのだと言う。このテクストは「呪われた」ものだと言われ、ローゼンツヴァイク、ショーレム、ブーバー、多くのシオニストたちによって非難された。しかしながらこのテクストは、ドイツ系ユダヤ人のある種の知識人層における典型的な何かを、学識的なかたちで、ときに常軌を逸した、過剰な、しかしよく練り上げられたかたちで表わしている。この階級はほぼ二十五年後に、亡命に終わるか(多くはまさにアメリカへ亡命した)、収容所で終わった(ヘルマンの妻であるマルタ・コーエンがそのケースで、彼女はテレジエンシュタットで八十二歳で死んだ)。このテクストがわれわれのコンテクストにおいて、戦略的な動機から格別の注目に値すると私に思われたのは、このテクストが特筆に値するほどよく練り上げられた仕方で、ドイツ系ユダヤ人の共同体における戦闘的愛国主義のある種のタイプを表わしているからである。そしてまたこのテクストがその目的のためにカントへの依拠を、さらに社会主義、ナショナルなもの、新カント主義への依拠などを総動員しているからである。この時期、すなわち第一次大戦のあいだ、そしておそらくその直後に続く年代においても、たとえばシェーラーやフッサールの戦闘的愛国主義もまた、多くの差異があるにもかかわらず、同じ布置に属している。これが少なくとも仮説である。

この戦略はわれわれにあるテクストの選択的読解の原理をも命じる。そのテクストが扱うのは、ギリシア、ユダヤ教、キリスト教といった西洋の歴史全体、すなわち哲学、文学、芸術、ユダヤとドイツの文化、政治、法律、道徳、宗教、定言命法、メシアニズム、国家、国民《ネーション》、軍隊、学校教育もしくは大学教育、こうしたものの歴史全体である。このテクストのカント的な源泉に特権を与えることによって、われわれは複数のカント的もしくは新カント派的な細胞のまわりを放射状に動き回るだろう。この場合、新カント主義とは二つのものを意味しうる。ひとつは、採用され適合させられ、調整され我有化されたカント主義であり、もうひとつは、カントの批判をカントの名において批判する作業、すなわち事実上のカント主義に対立しその限界を乗り越えると主張するような、権利上のカント主義もしくは着想《インスピレーション》上のカント主義である。カント対カント、もしくはカントなきカント。

手始めにもっとも明白で、もっとも堅固な、そしてわれわれにとってもっとも興味深い命題へと直進しよう。すなわち、ユダヤ教とカント主義との緊密で奥深い、内的な親縁性(die innerste Verwandtschaft)という命題である。言い換えれば、ドイツ哲学の本質である観念論の歴史的頂点(geschichtliche Höhepunkt)とユダヤ教との親縁性である。観念論の頂点とはすなわちカント的契機ということであり、カント主義は、その根本諸概念(普遍法則の自律、自由と義務)をともなった、一種の至聖所[5](innerste Heiligtum)である。「何がドイツ的であるのかという問いへの応答」[*8]のなかでアドルノが、ドイツの伝統もしくはドイツ精神の最良の「証人」だと語る、あのカントである。この命題はどのように擁護されているだろうか(とくに第六節と第一二節)。こうした解釈を正当化すると称する視野設定――別の言い方をするなら、歴史的コンテクスト化――はどのようなものか。

　それは何よりもまず、それ自体も歴史と諸制度をもつ比較研究の論理で言えば、tertium comparationis〔比較の第三項〕という論拠である。諸民族を比較する、もしくは諸民族の精神(Volksgeisteter)を比較する(Vergleichung)という危険を冒すときには、濫用を回避しなくてはならないし、そうした精神の科学(Geisteswissenschaft)を正当化しなくてはならない。そのためには二つの項が第三の項(tertium comparationis)と内的関係を、内在的な結びつき(innerliche Verbindung)をもったということが確信される必要がある。ここのケースでは、この第三項はヘレニズム、とりわけギリシア哲学にほかならない。ユダヤとドイツの特異な気質はギリシア哲学と豊かで内的な関係をもっていた。古い習慣に即してみれば、ギリシアはユダヤに対立するどころか、反対にユダヤの固有言語と実体を共有しており、ユダヤの固有言語はギリシアから新しい力、新しい刻印(Aufprägung)を受け取ったのだとされる。それは単に混交、同一性、相互性(『ユリシーズ』の Jewgreek is Greekjew〔ユダヤギリシア人はギリシアユダヤ人である〕[6])ということではない。ここでコーエンはアレクサンドリアのフィロン[7]という大物を引き合いに出す。アレクサンドリアへのユダヤ教の追放は、イスラエルの運命を世界水準に高めた。それによってイスラエルの運命は、みずからの地盤を問いなおすことなく、いわば世界的使命(Weltmission)へと普遍化し、コスモポリタン化したのである。このコスモポリタン的な契機はユダヤ教にとって本質的なものとなった。フィロンはプラトンのユダヤ的相続者だったのだと、彼は新しい「聖なる精神」(heilige Geist)であるロゴスによって、キリスト教への道を準備したのだとされる。パスカルなら、キリスト教を準備したプラトン(とフィロン)、と言ったかもしれない。フィロンの哲学において実際に媒介者の地位を占めるロゴスは、神と人間、神と世界とのあいだの媒介者(Mittler)となる。たしかにフィロンはプラトン主義者であるかぎり、ユダヤ教徒ではない。しかしこのプラトンの弟子《ディシプル》(そして学問《ディシプリン》はここでは制度的な性格をもつ)は、ロゴスと聖なる精神〔精霊〕の媒介によってヘレニズムとユダヤ教とを和解させるようなユダヤ-アレクサンドリア的潮流に絶大な影響を及ぼす。この影響は単に思弁的であるばかりでなく制度的でもあった。それはユダヤ人たちの社会生活全般に刻印を残した。アレクサンドリアのユダヤ教という観点から言えば、フィロンは単に一介のメンバーではなかったし、「助言者」(マルク・B・ロネーはこのテクストにあまり負荷をかけたくなかったのか、慎み深くこう訳している)などではなおさらなかっただろう。たしかにフィロンはMitglieder(メンバー)であったが、何と言ってもFührer(指導者)だっただろう。Führerが「助言者」と翻訳されているのは、この超ナショナリスト的なテクストに、不安をかきたてる暗示的な意味(ユダヤ人もFührerをもつことができるだろうか)をもたせたくないからだろうが、そうするとFührerという語の用法がドイツ語のなかで普通にもっている意味が無視されることにもなる。

したがって新プラトン主義的なロゴスは、ユダヤ-ギリシア同盟を確固たるものにする。またそれは、それなしでは教会——すなわちキリスト教そのものではないが、キリスト教の制度である教会——が考えられないものでもある。ところで同時に、ロゴスの境位《エレメント》とキリスト教の境位において、ギリシアはゲルマン性の根本的源泉(Grundquelle)になる。ドイツ人たちが知っていようといまいと、望むと望むまいと、彼らはユダヤ人なのだ。いずれにせよ、ユダヤ教をドイツ人たちの系譜から引き抜くことはできない。三段論法の暴力ないし詐術がどのようなものであれ、コーエンは次のように吹き込もうとしている(もちろん彼がそれを口に出すことは、少なくとも言葉にすることはないが)。すなわちドイツの無意識のなかには、言い換えればドイツ精神の深奥には、引き抜くことのできない、破壊できない、否認できない、ドイツ的コギトについての一個の命題があるのだ、と。「……ゆえに《エルゴ》われわれはみなドイツ系ユダヤ人である《スムス》」という命題が。コーエン自身、文字どおりの仕方で、キリスト教のロゴスを三段論法の中名辞〔中間項〕として想定している。このキリスト教のロゴスは、ユダヤ教とゲルマン性、ユダヤ精神とドイツ精神との媒介者として役立ったことになるだろう。

　こうしたことはここでも、意識的でも無意識的でもありうる。この無意識という仮説――起源ないし似姿に対する究極的かつ殺害的な否認として、また父ないし磔《はりつけ》にされた媒介者の陰鬱な歴史として、ある魂《プシュケー》がジェノサイドにいたるまで働いていたに違いないが、この魂を呼び出すためにもこの仮説は必要だろう――たとえコーエンが「無意識」という語を使っていないとしても、彼がこの仮説を排除したとは言えない。ここでは「無意識」という語はたいして重要ではない。というのもコーエンは、決して「尽きることも枯れることも」ない歴史的な根本力(Grundkraft)という名をもちだすからであり、「一つの国家《ナショナル》の歴史のあいだ中、それ〔歴史的な根本力〕がすべてに染み渡らせる始原的な力を生きたままに保持するのをやめない」何ものかを名指すからである。実際にコーエンはこう言っている（第二節）。それは、「ゲルマン性とユダヤ性との関係の懐において何度も生じた(ereignen)に違いないものである。たとえこの関係が、ドイツ精神の歴史に深い刻印を残した数々の転回点において、キリスト教に媒介されていようとも」。コーエンは文章の最後の部分を強調している。«...an inneren Wendepunkten in der Geschichte des deutschen Geistes ereignen...» 強烈で特異な文である。この文が述べているのは、ドイツ精神が存在すること、この精神が一個の歴史をもつこと、この精神がさまざまな出来事の刻印を受けた、すなわち数々の転回もしくは転回点をなすような決定的な出来事の刻印を受けた一個の歴史であること、これである。ドイツ精神の転回点〔tournant〕のたびに、カーブ、曲がり角のたびに、回転〔tour〕もしくは変転〔tournure〕のたびに、一個の始原的な「力」、すなわちユダヤ的な系譜ないし系統が刻印的な役割を果たしたはずなのだ。ドイツ人はみずからの歴史――〈精神の歴史〉としての歴史、範例的に言えば〈ドイツ精神の歴史〉としての歴史――の決定的な転回点のたびに、ユダヤ人と対決する〔s'expliquer（自分を説明する、自分を外へ折り広げる）〕のである。ユダヤ人と対決することによって、ドイツ人は自分自身と対決する。そのときドイツ人はユダヤ教を担い、反射する――血においてではなく、魂において。あるいは精神において。血においてではないというのは、この系譜は自然のものではなく、制度的、文化的、精神的、プシュケー的なものだからである。この議論において、人種的なものが生物学的‐自然主義的な図式に還元できるとしても（ローゼンツヴァイクの謎めいた血の思想のことを考えよう）、ここで人種主義の問いは立てられていないし、おそらく必要でもない。反対に、すでに少なくともこの三段論法の契機において、コーエンはユダヤ‐ドイツのプシュケーの理論に訴えているように思われる。プシュケーだと言うのは、この系譜――カントとともに絶頂に達する、ユダヤ人とドイツ人をいわば双子にする系譜――がいささかも自然的、身体的、遺伝的な系譜ではないからである。この系譜は宗教的なものと哲学的なものとの同盟を経由し、諸言語の契約を経由する。この同盟・契約は、ロゴスの本質的な媒介に即したユダヤ‐ギリシア的な遺産相続を、絶対的なロゴス中心主義という形態のなかに閉じ込める。この同盟は自然なものではなく、ロゴスの意味論的な家系――理性、言論《ディスクール》もしくは発話《パロール》、結集、等々――の全体のなかに封印されているがゆえに、プシュケーなのである。またそれは鏡であるばかりでなく、精神――聖なる精神――を保持する魂でもあるプシュケーである（これは必ずしも意識もしくは表象的認識を含意するわけではない）。コーエンが語っているのは、ドイツ精神の歴史の大きな転回点において作用する力、しかしユダヤ的ないしドイツ的「主体」が必ずしも意識していない力についてである。そこから、このロゴス中心主義化されたプシュケーのなかでときには眠り込んでおり、ときには覚醒するものについて、教育法の必要、教育分析の必要が出てくるのである。

　われわれはこの奇妙な資料を読み始めたにすぎない。少なくともわれわれが抱く印象は、この言説がいくつかの直観はたまた徴候〔symptôme（症候）〕によって、すなわち決定的な徴候への感受性によって練り上げられた言説だということである。その後，徴候はこの言説のなかで合理化され，ときに強制的，人工的な，無邪気なほど巧みな仕方で解釈されるが，しかしそればかりでなく，その突飛さ，さらにはその錯乱が本質的な何事かを告げているようなもろもろの図式ないし振る舞いによっても解釈されている。となると問いの一つは次のようになるだろう。ユダヤ－ドイツ現象(誰がこの「現象」の存在を否定するだろうか)を，ときに錯乱的ともなるその形態において説明する(logon didonai〔ロゴスを与える〕——これはコーエンが続く頁で援用するギリシア的・プラトン的な定式である)とき，論理を，ロゴスを，この錯乱のなかに巻き込まないでいられるだろうか。ユダヤ－ドイツ現象を説明するために錯乱に入り込むことを避けることはできるだろうか。この現象を説明し，それについて語り，それを記述するために，いかにすればこうしたプシュケーとその幻想体系へ滑り落ちずにいられようか。ここでわれわれがプシュケーと呼ぶもののなかでは，すべては技巧的であり，いずれにせよ，自然ではないのではないか。

この一連の問いを，異なった水準にある，区別される二つの命題の道によって，さらに近づきやすくしてみよう。

第一の命題

コーエンが自分の語っていることを真剣に受け取っているかどうか，信じているかどうか，それを決定することは，結局のところ，どうでもよいことなのかもしれない。なるほど，彼は真剣に信じていたかもしれない。しかし，そうした信念，そうした真剣さがどのようなものであるかを規定するというありふれた作業にとどまっているかぎり，おそらく本当の問いには到達しない。コーエンに向かって，そんなことはすべて錯乱だと証明してみたところで，彼はいつもこう言うだろう。つまるところ，それが「客観的」真理だなどと誰が言ったか。また客観化可能な何ものかであるかのように，私がそれを信じているなどと誰が言ったか，と。私はドイツ精神について，それを構成するユダヤ－ドイツのプシュケーにおいて説明する。ユダヤ－ギリシア－キリスト教的基金がまるまるこのプシュケーの構造となっているなどと言うと、あなたがたにはこのプシュケーは錯乱と映るかもしれない。またそんなプシュケーは、錯乱、あらゆる暴力、浮き(Höhepunkten)沈み、鬱状態、危機、歴史的転回点、追放、殺害や自殺、解放もしくは虐殺《ジェノサイド》がによる再我有化などを引き起こすかもしれない。しかしたとえそうだとしても、私はあなたがたが錯乱と呼ぶものが何からできているのかを言いたい。そして私の言うことは、それ自体が反射的《レフレクシフ》=反省的な錯乱であるプシュケーを反映《レフレシ》しているのであるから、錯乱に見えるに違いない。ドイツ系ユダヤ人である私がそれを信じているかいないかは、どうでもよい、関係のない問いである。私の言説がみずからの対象に巻き込まれていたりいなかったりすることは、言説の中身の重要さを何も変えないしるし(肯定的もしくは否定的なしるし)である。ドイツ精神のような何か、すなわちユダヤ-ギリシア-キリスト教のプシュケーが問題なのであるから、ここでわれわれは、あたかも私の言説(それは客観性という価値の起源と理性の歴史をめぐる言説でもある)それ自体が客観性の要請に従っていなければならないとでもいうかのように、「主観-客観」という科学的関係の単なる一事例のなかにいるのではない。私の言説を狂気——私の言説はこの狂気の記述である——の徴候[symptôme]とみなす権利があなたがたにはあるが、だからと言って、私の言説の価値、いわば真の徴候としての妥当性が変わるわけではない。私の言説がみずからの記述するところのものの徴候なのだとしたら、私の言説はそれだけいっそう、私の言説が語っている——あるいは同じことだが、私の言説を通して語り出す——無意識的な真理を啓示しているのだと言えるだろう。この領域においては、徴候は知であり、知は徴候なのだ。もはや両者のあいだに境界線はない。この境界線は、この暴力のなんらかの客観主義的、実証主義的、科学主義的な合理主義が制度を介してしかみずからに生み出すことのできないものだ。この合理主義に定義上自然なところは一切ない。この合理主義は精神とプシュケーのことを何も理解しない。それらを一個の客体に仕立てることなどできないということが合理主義には見えない。客体それ自体が、解釈と制度の構造、「技巧的」な反射《レフレクシオン》=反省の構造——われわれがプシュケーとも呼ぶもの——のなかに捕えられているのだ。とりわけ、こうしたかたちの合理主義（われわれはそれを理性それ自体ないし理性一般と混同しないし，またなんらかの非合理主義をいささかも利することなく，なおもある種の理性の名において解釈する）は，自分自身の系譜を完全に忘れている健忘症そのものである。この系譜こそ——とコーエンならば続けるだろう——われわれがここで記述しているもの，すなわち，全哲学，理性であり，すなわち，説明せよ（logon didonai）という要請のうちにあるロゴス，さらには根拠律〔理性原理〕それ自体なのだ。さらにコーエンは付言するだろう。私の言説はいわゆる錯乱の徴候として合理的な知の対象となるどころか，私の言説のほうこそが，客観性を自認する知を説明するのである，と。こうしたわけで一個の徴候は真でありうるが，その場合の真とは，この徴候みずからが語る真理，実証的客観性の秩序にもはや属さない真理なのである。コーエンは少し先のところで（第九節），彼の解釈のはるかに幻覚的な契機，もしくは幻覚を引き起こすような契機において，次のように書く。「マイモニデスは中世のユダヤ教の只中にありながらも，プロテスタンティズムの徴候である」。ここで徴候〔symptôme〕と翻訳されているもの，それはまさしくWahrzeichen〔真理の徴候〕である。

第二の命題

一個の徴候が真理であり，また徴候が真理として語るチャンスをもつこの領域を，よくある一介の領域とみなすことはできない。コーエンならこう言うだろう。それは私がそれについて語っている当の領域であり，本来的に言えば，私にとって，私が語りかける人々にとって，一個の領域ではない領域である。それはロゴス以外の何ものでもなく，すなわち，初めにあるもの，言葉と理性とを一緒に保持するものである。ロゴスは自分自身から＝自分自身について〔*de lui-même*〕語る。de lui-mêmeとは，言い換えれば，自然発生的＝自発的にということであり，みずから進んで，原理的に〔principiellement（真っ先に）〕ということである。というのも，原理であるもの，説明するものを説明する必要はないからだ。またde lui-mêmeだと言うのは，真理のうちにあるロゴスが私の口を通して，ロゴスについて，自分自身について〔de lui-même〕語るからである。ロゴスに対立させたくもなる客観的な知をいくら主張したところで、それもまた「論理《ロゴス》による」表明にすぎない。

したがって、この「論理」はかなり強力なままである。それは「論理」というよりも、論理について語ろうとする野望、論理の起源——すなわちロゴス——について真実を語ろうとする野望である。「メタ論理学」はあるかもしれないが、メタ－ロゴスはない。

III

われわれはわざとこの言説の最初の三段論法〔*syllogisme*〕に話をかぎった。それはまさしく一種の三段論法である。すなわち〔syllogisme とは〕自己の傍らに存在することであり、自分自身について語るために自分をも含めて結集させるロゴス〔logos〕の自己とともに(syn)存在することである。自分自身の論理を産出する際のロゴスそれ自身がもつ根源的な共ロゴス性。どのようにして、いかなる媒介を介して、この根源的な共ロゴス性から、ドイツの軍隊の偉大さ、徴兵制の必然性、世界中のユダヤ人がドイツを彼らの真の故郷と認め、アメリカがイギリスやロシア、そしてみずからの革命を裏切ったフランスと同盟を組むことを防ぐ義務が、結論として出てくるのか。われわれは始まりにいるばかりである。そしてわれわれは当然のようにロゴスから始める。しかしさらに先に進む必要性を理解するためには、ユダヤ－ドイツのプシュケーのこうした演繹における一種の欠陥と最初見えるものを気にかける必要があるだろう。このユダヤ－ドイツのプシュケーがギリシアのロゴスから構成されるのだとしたら、すなわち、アレクサンドリアのユダヤ教ばかりでなくキリスト教(ギリシア人をもユダヤ人をも必要とするキリスト教)とも同盟する主要な仲介者であるギリシアのロゴスから構成されるのだとしたら、この歴史全体のなかでドイツ人はどこへ行って《パセ》しまったのか。ドイツ人とともに何が起こる《ス・パス》〔過ぎ去る〕のか。この複雑なプロットに、ドイツ人はどのような本質的な事柄をつけ加えるのか。このような理屈であれば、ヘレニズム、ユダヤ教、キリスト教が存在したあらゆるところには、同じプシュケーがあるとどうして言わないのか。この文化の豊かさばかりでなく、またそれが引き起こした歴史的な暴力のことを考えてみれば、なぜユダヤ－スペインのプシュケーに関心を寄せないのか。なぜユダヤ－スペインのプシュケーに西洋史における決定的な役割を認めないのか。この強力な作り話の原理そのものにおいて、ユダヤ－アラブのプシュケーが排除されているように思われることは言うまでもない。

コーエンはこの問いをそれとして、こうした言葉によって提示してはいない。けれども、彼の論証は暗黙のうちにこの問いを引き受けているとも言える。そこで目指されているのは、この共ロゴス性《シロジスム》のドイツ的な契機が本質的で必然的であるということばかりでなく、他のユダヤ－X（スペイン、イタリア、フランス、さらにはアラブ、言い換えれば、非キリスト教）のプシュケーなど存在しないと証明することである。いずれにせよ、ユダヤ－ドイツのプシュケーと肩を並べるような、他のユダヤ－Xのプシュケーは存在しない。一言で言えば、ユダヤ－イスラムもしくはユダヤ－カトリック（ここで言うカトリックとは、スペイン、フランス、イタリアである）のプシュケーは存在しえない、というのだ。ここで話題になっているプシュケーは、ユダヤ－キリスト教一般のものでさえなく、それは狭くユダヤ－プロテスタントのプシュケーである。言い換えれば、ルターのおかげで、ユダヤ－ドイツ的となったプシュケーである。

これには少なくとも二つの理由がある。

第一の理由を定式化するのは簡単である。それはハイデガーにまで生き残るドイツの伝統にかかわる。ドイツ人はギリシア人と絶対的に特権化された関係、すなわち子孫関係、ミメーシス関係、競合関係を、そこから生じるあらゆるパラドクスを伴いながらも保持しているというのである。私はハイデガー読解において、こうしたパラドクスの一つに接近しようと試みた。*9 ヨーロッパの他のどの民族も、ギリシアとこのような競合的な親和性をもたないだろう。

ギリシアの伝統がドイツ文化のなかに、もっと正確に言えば、ドイツ哲学のなかに、特権的な仕方で預けられているのだとすれば、共ロゴス性とはドイツ精神の謂いである。このことをコーエンは第一節の終わりから早くも強調している。「ところで、キリスト教はロゴスなしには考えられないのであるから、ヘレニズムはキリスト教の数ある源泉の一つである。しかしかくして、また同等の衝撃をもって、ヘレニズムはゲルマン性の根本源泉(Grundquelle)の一つとして現れる」。

第二の理由は、このテクストの深く特殊な原動力、そのレトリック、そこで作動している証明と説得の力学にかかわる。われわれはここでそのメカニズムを分析するにあたって、カントへの特権的な依拠を強調しよう。争点となるのは存在の意味の解釈にほかならない。ハイデガーとは違う(ほど遠い)が、しかし慎重なアナロジーを呼び招きうる水準とスタイルにおいて、コーエンは存在の問いに答えようとする。コーエンは彼もまた(というのも同じことがハイデガーについても言えるからだ)プラトン哲学のある解釈を介して、存在の問いに答えようとする。すなわちプラトン主義をめぐって、つまりはプラトンにおけるロゴス、エイドス、とりわけ hypotheton〔知や論証を下支えする仮説〕をめぐって制度化された諸解釈についての解釈を介して、存在の問いに答えようとするのだ。この諸解釈の歴史のおかげで、ドイツ精神は、その生成において、哲学的であると同時に宗教的なその精神的な数々の出来事の連鎖において、二重の特権を与えられる。すなわち一方には、哲学としてのドイツ観念論の特権、もっと正確に言えば、哲学と科学についての道徳意識としてのドイツ観念論の特権がある。ドイツ観念論の特権は、プラトンの観念《イデア》論についての観念的な解釈をなす。もう一方には、そして何よりもまず、ルターによる宗教改革がある。この宗教改革のうちに見るべきは、ロゴス、エイドス、とりわけ hypotheton を教会制度の教義に対立させる合理性の、その宗教的形態である。この見方からすれば、宗教改革は、制度化された真理、聖書解釈の凝り固まった制度的教義学に対する批判とみなすことができる。なるほど、この批判のほうもなんらかの制度を生み出すことしかできないし、近代解釈学のなかにこのプロテスタント的なモチーフの生成を辿ることもできるだろう。しかしドイツの宗教改革は啓蒙《アウフクレールング》の傍らに、啓蒙の側にあるのであって、啓蒙と対峙するのではない。フランス啓蒙はこの点で啓蒙《アウフクレールング》とは区別されなくてはならない。フランス啓蒙はカトリック教会と対立することしかできなかった。批判的な学知、仮説、懐疑、認識の歴史、制度的権利の問いただし等々と手を携えることによって、「宗教改革はドイツ精神を世界史の中心に据えるのである(mit der Reformation tritt der deutsche Geist in den Mittelpunkt der Weltgeschichte)」(第七節)。

コーエンはドイツ精神をどのように証明するつもりなのか。国民精神を規定しようとするとき、比較研究はtertium comparationis〔比較の第三項〕に頼るだけではない。政治や社会やモラル(「習俗」という意味でのモラル、すなわち sittlich Eigenschaften〔習俗的特性〕)上の規定という外因的な特性を超えて、各国民精神(Nationalgeist)の本質的な深さにも関心を払う必要がある。この深さは精神文化のなかに表れる。すなわち、宗教、芸術、哲学のなかに。純粋な学(たとえば数学)は本質的に普遍的であるがゆえに、そこから除外される。ユダヤ教とゲルマン性とのあいだの「影響関係」(Einwirkung)や「相互作用」(Wechselwirkung)は、この精神文化の境位において分析される。コーエンは宗教からも芸術からも始めることなく、「学的にもっとも把捉可能」(wissenschaftlich fassbarsten)である哲学から始める。ワーグナーからニーチェ、アドルノ、ゲーレンらへと続く「何がドイツ的なのか〔«Was ist deutsch?»〕」という問いは、ここでは本質的に「ドイツ哲学とは何か」という問いに帰着する。答えは単純、直接的、一義的である。すなわち、ドイツ哲学の本質とは観念論だという答えである。「しかし観念論とは何を意味するのか〔«Was bedeutet aber Idealismus?»〕」。予想される通り、答えは問いよりも複雑である。この答えは解釈の制度――すなわちプラトン主義の支配的解釈――と呼んでもさしつかえないものの内部における歴史的な転移を仮定している。観念論とは、感性界や質料と対立する諸観念の理論ではないし、反感覚論や反唯物論でもない。その学術的な成熟と正確さにもかかわらず、プラトンはイデア(エイドス)を完全には明確にしなかった。彼が存在、実体、永遠の存在者について問いを立てたとき、エイドスという言葉の語源に適う仕方で、見ること(Schauen)もしくは直観(Anschauung)に依拠する用語を用い、そうした用語に誤って特権を与えた。しかしもっとも根本的な規定、プラトンにおいて見出されていながらも新プラトン主義やルネサンスによるあらゆる刷新を通しても覆い隠されなおざりにされた規定、観念論を科学的な企てとして、方法として基礎づけた規定、それは hypotheton であり、仮説という概念である。仮説と仮説でないものに関するプラトンの複雑な論証について詳述することなく、コーエンはかなり乱暴に、プラトンの仮説概念とケプラーの天文学ないし物理学との親子関係という、それこそ仮説を引き受けている。ケプラーを介して、ケプラーの後で、ドイツ思想が真に科学的な観念論(プラトン主義はまだそれではなかった)に十全な現実性を与えたとされるのである。

ドイツ精神の固有性は、存在の意味あるいは観念の意味の解釈のなかで上演されている。ハイデガーも(たとえば『ニーチェ』のなかで)ドイツ民族の命運をこのタイプの問いへの責任＝応答可能性に結びつけた。だがコーエンとハイデガー(ハイデガーはマールブルク大学という機関におけるコーエンの後任者だということを忘れないようにしよう)との数ある根底的な違いの一つは、コーエンから見れば、観念は存在であるという解釈はドイツ的ではない、いずれにせよ、観念は仮説だとする解釈よりもドイツ的ではないという点にある。観念を仮説とみる後者の解釈のほうがより「批判的」であり、この解釈は観念の素朴存在論を宙づりにすることによって、観念についての方法論的－科学的解釈に益するとされる。というのも、哲学的(すなわちドイツ的)観念論は科学的哲学の企てであるべきだからだ。科学それ自体ではなく、科学的なもの(wissenschaftlich)としての哲学である。「してみると、観念は単に存在として知られるのか、それとも仮説として知られるのかということが、ドイツ精神の特徴にとっていかなる意味(welche Bedeutung)をもつのか」という問いへの答えは、以上のようなものである。

襞は微妙である。ドイツ的であるもの、それは科学や仮説ではない。科学や仮説は、われわれが見たように、普遍的である。そうではなく、観念についてのまったく新しい哲学的解釈、すなわち科学的認識の問題圏を開く仮説として観念を規定すること、これこそがプラトン的－ゲルマン的なものなのだ。これこそがドイツ精神をその範例的な使命、つまりその責任において本来的に確立し構成する歴史的出来事なのだ。コーエンも認めるように、科学がその方法論上・仮説上の手続きにおいて普遍的なのだとして、また科学が「人間の生活においても諸民族の歴史的行動においても、あらゆる自然な思考の条件」（第五節、翻訳を一部変更）なのだとして、ドイツ精神の固有性およびこの精神がいわば署名した哲学的観念論の固有性がどこにあるかと言えば、それはこの普遍的な可能事をみずからのうちに担ったという点であり、この普遍的な可能事のために証言することによって、それを出来させたという点にある。それもまたドイツ精神の範例性なのだ。

ケプラーが彼の天文学と力学を練り上げたのは、この概念［プラトンにおける仮説概念］のおかげである［…］ドイツ思想が真に科学的な観念論、すなわち仮説としての観念に立脚した観念論を科学のモーターにすることができたのは、ケプラーを介してである。［…］仮説から出発するこの導入の意味は後に解明されるだろう。存在は直接与件（感覚論がそこに立脚する予断）として捉えられるのではない。存在は普遍的な企てとして思考されるのであり、科学研究が解決すべき問題、科学研究によってその現実が証明されるべき問題として思考されるのである。したがって観念は、それが仮説であるかぎりで問題の解決ではいささかもなく、もっぱら問題それ自体のことなのである。（第四節）

したがって仮説という名のもとで問われているのは観念《イデ》の規定である。すなわち、無限への開け、「厳密な学としての哲学」（これはすでに数年前にフッサールの有名なテクストのタイトルとなっていた）へ向かう無限の使命、さらにはカント的な意味での《理念《イデ》》。このカント的な意味での《理念》という表現は、ヨーロッパ諸学の危機をフッサールが診断し、無限の使命を定義するときばかりでなく、その他の多くのコンテクストにおいても、彼の言説のもっとも「目的論的」なコンテクストにおいても、フッサールを導いていくだろう。

したがって理念はまたア・プリオリに、それ自体で真であるのではないし、最終的な真理ではなおさらない。反対にそれは自分自身の真理の試練を経なくてはならないのであり、この試練のみがその真理を決定するだろう。だからこそプラトンは理念のこの方法を指すのに別の表現を使用したのである。すなわち説明(Rechenschafts-ablegung, logon didonai)という表現を。

理念(イデア)は概念(エイドス＝ロゴス)の同義語ではない。概念(ロゴス)それ自体が真であると判明するのは、もっぱら理念のおかげであり、理念が提供する説明のおかげである。

いまやわれわれは、観念論《イデアリスム》についてのまさに真正なこの解釈が科学的思考の義務論的な意識にどのような深さを啓示し確保するか、これを理解する。この歩みはあらゆる真正な科学の先決条件であり、それゆえ、あらゆる哲学、あらゆる多産な科学の先決条件であるが、とはいえそれはやはり、人間の生活においても諸民族の歴史的行動においても、あらゆる自然な思考の条件である。

第六節。この簡素な明晰さはドイツ観念論の真の深い意味であり、ドイツ観念論はつねに、ドイツの科学と哲学の古典的所産のうちに見られるそれらのしるしだった。科学精神のこうした根本特徴から、われわれはいまや――このような一般化の妥当性を示しながら――ドイツ民族の歴史的行動、そしてさらに具体的に言えば、政治的行動の総体を結論しなくてはならない。

したがって、この動向はカントへと導く。カントとは誰か。それはドイツ精神の至聖所〔聖者中の聖者〕、ドイツ精神の最内奥の神聖さである(in diesem innersten Heiligtum des deutschen Gestes)。しかしそればかりではない。カントはユダヤ教とのもっとも親密な親和性(die innerste Verwandtschaft)を代表する者でもある。この親近性はもっとも親密な奥底、もっとも本質的な内部性のなかに封印されている。この封印は聖なるものであり、神聖さそのものであり、精神の歴史的な神聖さである。しかしここで、「もっとも内的〔«die innerste»〕」ということ、すなわちもっとも親密、もっとも内面的ということを強調しなくてはならないのは、まさしくこの聖なる同盟の原理のなかに内部性それ自体があるからだ。この同盟は精神として内部に存在するばかりではなく、絶対的内部性としての道徳意識(Gewissen)の名において締結されている。たしかにこの同盟はギリシアという第三者によって、あるいはギリシア－ユダヤ－キリスト教のロゴス中心的な三角形《トライアングル》によって可能になった。しかしユダヤ－ドイツの親近性がその再生によって誕生するのは、まさに宗教改革の契機においてである。そのときユダヤ－ドイツの親近性は、ドイツ観念論としてケプラーからニコラウス・クザーヌスへ、ライプニッツへ、そして最後にカントへというこの目的論的生成を区切る、その多数多様な誕生のうちの一つを経験した。解消しえないほどドイツ的な事象とコーエンには見える宗教改革は、ドイツ精神を「世界史の中心に」(in den Mittelpunkt der Weltgeschichte)据える。この命題は多くの約束事を受けれていればあまり議論の余地がないものなのだろうけれども、それをここで分析することはしない。宗教改革は、その精神においては、根本的にプラトンの仮説主義の忠実な継承者だとされる。すなわち、仮説の尊重、懐疑の崇拝、教義《ドグマ》(こう言うほうがお好みならドクサ)およびそのうえに打ち立てられた諸制度に対する嫌疑、解釈の、だが自由な解釈の、少なくともその精神においてはあらゆる制度的権威からの解放を目指す解釈の文化。宗教改革は説明し、正当化し(logon didonai)ようとする。宗教改革は何ものをも確定済みのものとはみなさず、すべてを試験にかける。説明することと正当化すること、道理を戻すこと(Rechenschaft)と正当化(Rechtfertigung)、それこそは宗教改革のスローガン(Schlagwort)である。これはロゴスの行使、logon didonai の行使であり、あるいはラテン語で言えば、ラチオの行使、rationem reddere の行使である。われわれはこの図式を《根拠律》に関するハイデガーの図式と付き合わせてみてもよいだろう。この《根拠律》は一定の潜伏期間を経てライプニッツによって定式化され、その後、近代全体を支配することになる。そのとき気がつくのは、ハイデガーのテクスト(『根拠律』)はまた、そしてとりわけ、《根拠律》の勢力圏のなかにある近代大学の制度に関する省察でもあるということだ。しかしハイデガーがこの観点からプロテスタンティズムに関心を寄せるとは思われないし、ましてや《根拠律》をめぐる何かユダヤ-ドイツ的な親和性に関心を寄せるとも思われない。

コーエンがプロテスタンティズムの出来事を名指すとき、彼は何を言っているか。彼は慎重にも、「プロテスタンティズムの歴史的な精神」(der geschichtliche Geist des Protestantismus)と言っている。この精神は事実的な出来事からなる経験的な歴史と同じではない。それは一個の潮流であり、力であり、テロスである。それはとても力強く、内的で、否認し難いものなので、非プロテスタント、カトリック、ユダヤ教徒でさえ認めざるをえない。あたかもコーエンはユダヤ教徒たちにこう言っているかのようである。制度の教義の彼方で、科学的に、理性的に、哲学的に、あなたがたの良心〔conscience(意識)〕のみに相談し、プロテスタンティズムの本質そのもの、あなたがたのなかにすでに宿っているプロテスタント精神の本質そのものを認めるに至るほど十分に、プロテスタントになりなさい、と。この挑発の隠れた公理はなにか論理的-思弁的な倒錯のパラドクスであるばかりではない。それはまた大いなる奸策《マヌーヴル》にも似ている。哲学の奸策、プロテスタンティズムへの回心という奸策、そして回心一般の奸策。もしあなたがたが、プロテスタンティズムは根本的に真理であると、制度化された教義の彼方にある真理の要請そのものであると、認識への要請、制度なき解釈の自由であると認めるのであれば、この真理の要請に自分を従わせることによって、あなたがたはすでにプロテスタントであり、あなたがたが所属していると思っている宗教上、教義上の制度がどうであれ、あなたがたがすでにプロテスタントだったからである(このプロテスタントなのだ。あなたがたが回心したのは、あなたがたがすでにプロテスタントだったからである(この

〔「すでに」の〕時間様態はまさしく真理の問いそのものである）。そしてたとえあなたがたが、うわべは、教義上は、制度的には、カトリックであり、ユダヤ教徒であり、イスラム教徒であり、仏教徒であり、さらには無神論者でさえあったとしても、あなたがたは密かに回心しているのだ。同じように、もしあなたがたがほんの少しでも哲学者であれば、またあなたがたのなかに、意識《コンシアンス》＝良心のなかに、仮説への、真理への、科学への要請があるのならば、あなたがたはカント主義者であり、そればかりでなく、またユダヤ教徒でもあり、ユダヤ人にしてドイツ人なのである。ユダヤ人自身、われわれがいまから実証していくように、プロテスタントであり、またプロテスタントはユダヤ的プラトン主義者なのだから。

　先に進む前に、コーエンの解釈のなかで作動しているこの「論理」の法の一つを定式化しておこう。コーエンは単にさまざまな同盟、系譜、結婚、精神的な血の混交、接ぎ木、挿し穂、派生といったものを分析しているだけではない。彼はドイツ人、ユダヤ人、キリスト者についてのなにか化学的‐精神的な化合物を分析しているのではない。そうではなく、彼は一つのテーゼ（それは仮説《イポテーズ》でもあるが）、奥底に秘められた実体的な一つのテーゼをもっている。すなわち諸民族のあらゆる精神の系譜、諸民族の精神のあいだで可能なあらゆる同盟を主題とする、あらゆる可能なテーゼについての仮説をもっている。この絶対的な仮説――すなわち道徳や《善》（言い換えればプラトンが非仮説的なものをそこに設定するところのアガトン）が争点となるだけに、ますます最終的にコーエンにおいて非仮説的なもののようになっていく仮説――とはいかなるものか。この精神的な親近関係の一般的な可能性、精神（つまり精神的な家族）のこの一般的エコノミー（ここでのオイコノミアとは、法のこと、端的な法であるかぎりでの家族的なオイコスの法のことを指している）の一般的な可能性、限界＝境界なきこの系譜の可能性は、ユダヤ‐ドイツのケース、というよりユダヤ‐プロテスタントのケースのなかに、一つの実例ないし適用を見出すばかりではない。プラトン主義もしくはユダヤ‐プロテスタント的ロゴス中心主義は、こうした一般的エコノミーを可能にし、世界的な系譜としての精神的な混交を可能にする出来事そのものである。これを世界的なロゴス中心主義と言おう。「ロゴス中心主義」はコーエンの言葉ではないが、それを使うことは正当化されたと思う。それが「世界的」だというのは、精神的な世界化が、ロゴス、精神、観念論としての哲学、要するに「哲学と科学の〔道徳的な〕意識(Gewissen der Philosophie und der Wissenschaft)」としての知および科学性、こうしたものの名において「世界の中心」となったユダヤ－プロテスタントのプシュケーのなかに起源をもつとされているからである。

こうした命題の抽象的な形式に欺かれてはならない。なるほどそれは経済的な形式であるし、コーエンの言語法も寄せ集め的である。それは大胆不敵な形而上学的な凝縮表現に結びついた、きわめて具体的な記号体系からなっている。しかし私のように、それらの定理を翻訳したり劇的にしたくなる人たちもいることだろう。

もしかしたら以下のような演出のなかで、こう言う人たちもいるかもしれない。「そうだ、まさにそうしたことが起こるのだ。すなわち、世界化、地球上の文化の同質化が、技術科学《テクノ－サイエンス》、合理性、根拠律〔principe de raison(理性原理)〕を経由するのだとしたら(誰がこのことを真剣に疑うだろうか)、またアントローポスの大家族がこの全面的な混交のおかげで、このうえない暴力の数々を通して、だが抵抗しがたい仕方で結集するのだとしたら、またこのアントローポスの大家族が遺伝上の家族ではなく、「精神的」な家族——科学や人権の言説と呼ばれるこの総体を信頼し、技術科学と人権の倫理的－司法的－政治的な言説との統一、すなわち、その共通の、公式の、支配的な公理系を信頼する家族——として一つとなり、互いに結集しあい、似た者同士になり始めるのだとしたら、そのとき人類はまさにプラトン－ユダヤ－プロテスタントという枢軸のまわりに一つになる(われわれがすでに見たように、カトリック教徒たちもすでにプロテスタント教徒でありユダヤ教徒であり、彼らはみな新プラトン主義的なカント主義者なのである)。プラトン－ユダヤ－プロテスタントという枢軸は、そのまわりをユダヤ－ドイツのプシュケーが旋回する軸でもある。このプシュケーはプラトン的な仮説の相続者、番人、責任者であって、プラトン的な仮説は根拠律〔理性原理〕によって中継される。アントローポスのこうした統合はヨーロッパ文化と呼ばれるものを事実上経由し、そしてこのヨーロッパ文化はいまや合衆国の経済的‐技術的‐科学的‐軍事的な権力によって、その分離不可能な統一において代表されている。ところで合衆国がその精神において、アメリカ‐イスラエルという枢軸は言うに及ばず、ユダヤ‐プロテスタンティズムによって本質的に支配された社会であるとみなすならば、プラトン的な仮説とその系譜についてのコーエンの仮説もそれほどとち狂ってはいないと、そうコーエンは同じ仮説のなかで言葉を続けることになるだろう。それが狂っているとしたら、それはコーエンの仮説が「現実」の狂気、現実の狂気の真理を翻訳しているからである。すなわち、科学、技術、哲学、宗教、芸術、政治などを同じ集合のなかで混ぜ合わせたり分節化したりして、二五〇〇年以上も前から人類を支配してきたロゴス中心的な精神病を翻訳しているからである」。作り話はお終い——あるいは真理の真理。

しかし、どのような外部の場から、こうした真理の真理について、ロゴス中心的‐ユダヤ的‐プロテスタント的な真理について、発言できるというのか。これはある人々が脱構築と呼ぶものにまつわる問いそのものである。脱構築はこの真理に来着する〔*arriver*〕激震であるが、それが外部から来るのか内部から来るのか、今来るのか、ずっと前から来ているのかを真に決めることはできない。またいまやかくも広まった「アメリカにおける脱構築」という肩書きが、どのような意味で、どの点まで、一個の作り話であり、レトリックの安易さであり、換喩もしくはアレゴリーであるかについても決定することはできない。このうえなく厳しい現実的な、多くの人命を奪うような歴史も、こうした比喩の転移からできているのではないか。

どのような補足的な理由から、私がアメリカ合衆国への言及を、私の想像上の対話者——分別があると同時に狂ったこの人間、旧世界と新世界にいまだに住んでいると同時にすでにもはや住んでいない、この場をもたない人間——

の口にのせたかはおわかりだろう。たしかに仮説についての仮説、コーエンの非仮説的な仮説は、開かれた手紙として人類全体に宛てられている。その手紙はそうした資格においてわれわれのもとに、いま、まさにここに、届く(そしてわれわれの〈まさにここ〉、われわれの〈いま《マントゥナン》〉は何から作られているだろうか。いかにしてこのことを括弧のなかに維持《マントゥニール》しておけるというのか)。しかし非仮説的な仮説は何よりもまずアメリカに、ある特定の時期のアメリカのユダヤ人たちに宛てられたものだった。すなわちヨーロッパ内部の現実の戦争、しかしもっぱらドイツと合衆国とのあいだにのみ起こる可能性のある戦争の最中において宛てられたものだった。コーエンはこの戦争を防ごうとする。彼は、二人の兄弟、いずれにせよユダヤ-プロテスタントの大家族の二つの四肢《メンバー》のあいだの衝突を避けるために介入しようとする。彼はこの問題について、他に二つの仮説をもっている。もしかしたらそれは一つの仮説と一つの確信だったかもしれないし、二つの確信でさえあったかもしれない。㈠もし合衆国が戦争に参入したら、ドイツは敗れるだろう(それは実際二回起こったことである)。㈡アメリカのユダヤ人たちはアメリカの決断において決定的な重きをなすことができる。彼らは合衆国で力をもっているし、ユダヤ教と彼らの関係はとても強いままである。つまり、一九一七年までの第一次世界(と言われる)大戦も、それから一九四一年までの第二次世界(と言われる)大戦も、そこに合衆国が参戦しないかぎり、二次的で局所的な戦争にすぎない、とでもいうかのようなのである。なぜか。量的もしくは地理的な理由からではない。そうではなく、〔アメリカが参戦しなければ〕精神世界はまだ分断されず、一族の二人の大きな息子、兄弟が対立することもないからだ。世界におけるユダヤ-プロテスタントの大いなる身体の二つの主要な四肢《メンバー》、ユダヤ-ドイツのプシュケー——もしくはユダヤ-アメリカ-ドイツというその強力な補綴——の二つの脳葉、それが対立しないからだ。このプシュケーも、プシュケーのつねとして、精神を保守する。この戦争が合衆国とドイツとのあいだで炸裂したら、それは家族の巨大戦争となり、分裂、分離戦争となるだろう。それはXとXという対立する二つのブロックのあいだの戦争、ユダヤとプロテスタントとのあいだの戦争ではなく、ユダヤ-プロテスタントとユダヤ-プロテスタントとのあいだの戦争になるだろう。コーエンのレトリックは一種の白旗として掲げられる。この兄弟殺しの戦争を阻止せよ、と。このユダヤ人の、社会主義者の、ドイツ人の、平和主義者の、国家主義者の、国際主義者の、そして新カント主義者の哲学者は、こう言っただろうか。第二次世界大戦は彼が恐れていたと思われるもの(それは彼の死の直前一九一七年に起こった)、すなわち精神の内戦を出来させてしまった、と。科学意識にして道徳意識である哲学精神、ユダヤ-ドイツ的プシュケーの保護下にあるユダヤ-プロテスタント的ロゴスである哲学精神、そうした精神の内戦が出来してしまった、と。

IV

われわれは魂——あるいはプシュケー——について話してきた。精神について——ドイツ精神について、聖なる精神について、ユダヤ教の精神について——話してきた。しかし意識、正確にはGewissen〔良心〕すなわち哲学のドイツ的生成を歴史のなかに位置づけるこの道徳意識については、軽く触れただけだった。プラトン観念論の真の完成形であるドイツ観念論は、要するにプロテスタンティズムとともに、すなわちGewissen〔良心〕以外に権威を認めないという傾向のなかで到来する。

一方では、観念論は意識であり、すなわち哲学と科学のGewissen〔良心〕である。[8] 他方では、プロテスタンティズムは、教会それ自身とその産物(言い換えれば組織)をも司祭たちをも信頼してはならず、すなわち「もっぱら意識《コンシアンス》=良心本来の働きのみ」(allein die eigene Arbeit des Gewissens)を信頼せよと命じる。

しかし意識《コンシアンス》=良心のたえざる「働き」のみを信頼することは、「宗教的思考」(das religiose Denken)の観点でいえば、二重の両義的な振る舞いである。そしてここから、ドイツの宗教改革がAufkärung〔啓蒙〕の源泉でありえたことが部分的に説明される。Aufkärungはフランスの啓蒙主義や百科全書派と違って信仰に敵対しない。それは意識の働きが宗教的思考を解放すると同時にそれに重くのしかかるからである。解放であると同時に重荷。意識の働きは宗教的思考をドグマ的－教会的な権威および制度〔institution〕の外面的な重みから解放することによって、純粋に内面的な責任をただ一人で引き受けることを自分自身に課すがゆえに、Befreien〔解放〕と Belasten〔重荷〕である。意識は独力で自己を確立し〔*instituer*〕、まっすぐに立ち上がって自己を保持し、知識からの攻撃や反論にさらされた信仰を引き受けなければならない。信仰は自己－確立の〔auto-institutrice〕決断に似ており、その真正さは外部のどんな保証をも求めてはならず、少なくとも世俗の諸制度〔institutions〕のなかに保証を求めてはならない。ルターが教会に反抗して訴える信仰(Glaube)の二重の意味(Doppelsinn)はここから生じる。すなわち反－制度的〔anti-institutionnelle〕にして原－制度的〔archi-institutionnelle(原－自己確立的)〕な信仰である。ついでに言えば、ルターがドイツ系ユダヤ人のインテリゲンチャにつねに抱かせた大きな尊敬の念を決して忘れないようにしよう。たとえばローゼンツヴァイクとブーバーはヘブライ語聖書をドイツ語へ翻訳するときに、ルターを偉大な先祖、恐るべきライバル、乗り越え難い師とみなした。ときおりローゼンツヴァイクは、打ちひしがれた情熱の語調でこのことを語っている。

このような信仰によって、まさにドイツ観念論は、それが教会の制度的な諸条件に対立するかぎりで、〔制度化と自己確立という〕二重の意味で打ち立てられる。しかし教会も観念論の力をあきらめようとはしないだろう。少なくとも論争をきっかけにして、教会のほうも、教会に異議を唱えるものを——内と外の両側から、すなわち、まさに内部を、最奥の Gewissen を要求する外部から異議を唱えるものを——内に取り込むのである。ある程度まで宗教改革を是認した後で、教会は正当化の義務(Pflicht)を自分に定める(logon didonai へ送り返す Rechtfertigung〔正当化〕)。この正当化の義務は、浄福の、救済(Seligkeit)のただ一つの源泉である。この義務によって宗教は、新しい真正さ、新しい真理、新しい真の真理、すなわち真理性(Wahrhaftigkeit)を授与される。この真理性ないし真正さは新しいのだから、そこで問題になっているのは歴史的な出来事である。この出来事によって、宗教と真理との新しい関係、すなわち科学や客観的認識という意味での合致としての真理ではなく、むしろ真理性、真正さとしての真理との新しい関係が確立されるのである。こうした確立的な出来事(その重要性は誇張ではない)は、信仰(Glauben)をその真正さにおいて生み出す。と同時に、この出来事はドイツ精神に「新しい定め＝使命」(eine neue Bestimmung)を指定するのである。
もちろん Wahrhaftigkeit という概念は両義的である。それは真と真実の双方に、すなわち認識の真理とある種の実存(ここでは信仰における実存)の真正さとの双方に目配せする。宗教改革は、近代人のなかに(結局のところ、コーエンは近代の問いを提起し、《現代》の到来を定義したがっているとも言える)二つのタイプの確実性(Gewissheit〔確実性＝確信〕)をむき出しにし、生き生きとしたものにする。(忘れてはならないが、確実性の価値はハイデガーにとっても、ある種の近代の到来のしるしである。彼はどちらかというと確実性の価値を疑う傾向にあり、この価値をデカルトのコギトの観念論のほうに結びつける。)ここでは Gewissheit というドイツ語はそのままにしたほうがよい。«certitude» とは違って Gewissheit は、知(Wissen)、科学(Wissenschaft)、道徳意識(Gewissen)、自己意識(Selbstbewusstsein)、確信(Gewissheit)などのあいだにある種の連絡を維持している。科学的認識の確実性としての Gewissheit と信仰領域の Gewissheit〔確信〕がある。信仰の問いは、それが教会制度の教義体系のみによって保証されていたときのように、もはや懐疑論に委ねられるのではなく、道徳の教説のなかで、道徳の教説そのもの(als Lehren der Sittlichkeit)として取り集められ、しっかりと確立される(zusammengefasst und festgehalten)のである。いまや道徳は宗教の側に、宗教の傍に、じかに宗教において保持される。Aufklärer〔啓蒙家〕であるカントが言いえたように、一種の「単なる理性の限界内における宗教」と切り離しえないものとして。道徳はもはや宗教のライバルではなく、盟友なのである。宗教は、フランス啓蒙(反カトリック的であるがゆえにまだあまりにカトリック的な——付言すれば、一九一五年においてもまだあまりにフランス的な!)がヴォルテールとともに追い払おうと望んだ「下劣なもの」[9]ではもはやない。プロテスタンティズムの理想はこの二つのタイプの Gewissheit において、近代の人々の文化的および科学的な意識を構造づけ、基礎づける。とすれば、宗教の発展と同様に、倫理の発展も近代文化のこの観念論《イデアリスム》によって条件づけられていることになる。近代の人間にとって、この観念論なくしては、廉直さも正義(Aufrichtigkeit)も、実直さも個人意識〔良心〕もない。

　こうしたものすべてのなかでユダヤ教はどうなるのか。

　観念論は科学的な仕方で準備されなければ、実証科学それ自体から発するのでなければ、おのずと哲学的思弁に向かってしまう。言い換えれば、それはまた存在論に、存在そのものの思考に向かってしまう。ところでユダヤ教は、燃ゆる柴のなかに神が自己を現前させたことから始まる[10]。神は«Ich bin der Ich bin»〔私は私があるところのものである〕と言う。コーエンはヘブライ語の定式をドイツ語に翻訳しながら、この時間形式の原初的バージョンのなかに未来が刻印されていると註記する。神はみずからを名づけ、みずからを存在と呼ぶ。しかし神は未来における存在とみずからを呼ぶ(未来に存在することにおいて自分を呼ぶ)のだ。その未来は、単に一個の現在の変様、来たるべきもう一つ他の現在であるのではない。この来たるべき存在は独特《ユニーク》である。コーエンはすぐさま、とくに用心もせずに«Ich bin der Ich bin»をプラトンの固有言語へと翻訳する。すなわち、神は存在であり唯一無二《ユニーク》である、神の外に存在はない、と。他のあらゆる存在は、「プラトンならこう言うだろうが(wie Platon sagen würde)、まったくの現れにすぎない、つまり単なる現象(Erscheinung)である」。神とは存在なのであり、世界と人類はみずからの基礎を、すなわち彼らを保持し維持するものを、まさに神のうちにもつのである。ユダヤ教はプラトン主義と同一視され、ヤハウェはアガトン〔agathon〕もしくは非仮説的なもの〔anhypotheton〕と同一視される。神は《善》と同じく一切の像《イマージュ》から、一切の比較〔比喩〕から、一切の知覚から逃れ去る。神は表象不可能にとどまる。神にかかわる純粋に直観的な思考は、認識の思考(Denken der Wissenschaft)ではなく、愛の思考(Denken der Liebe)である。「神の認識は愛である」とコーエンは言う。愛とは、改革された聖書の言語において信仰を指す真正な語であるだろう。それは認識と美的感情の源泉にあるギリシア－プラトン的なエロスである。それはまた数多くのキリスト教のテクスト、そして何よりもまず福音書にみられる語彙でもある。

ユダヤ教と観念論との初発の親近性はここに由来する。この親近性は、フィロンからマイモニデスを擁する十二世紀にいたるまで探究され、発展する。マイモニデスは、偉大なスコラ学者たちや、神の属性の学説におけるニコラウス・クザーヌスや、神的存在を語る際にやはりマイモニデスを引用するライプニッツの源泉である。そこから次のような特異な定式が出てくる。すなわち、マイモニデスは中世のユダヤ的プロテスタンティズムの「徴候〔symptôme〕」(啓示的な記号〔前兆〕、標記、Wahrzeichen)である、と。キリスト教の宗教改革が成立する以前に、ユダヤの宗教改革があったというわけである。マイモニデスはその固有名であり、彼はこの二つの宗教改革の同盟の記章であり公印である。マイモニデスはこの二つの宗教改革の同盟もしくは契約に初めて署名をした。彼はユダヤ－ドイツのプシュケー——近代の鏡あるいは反省的な意識——を形作るこの同盟の最初の署名者であり、その署名を任された最初の代理人の形象である。こうしたことのすべてが「真正な(echten)プラトン的観念論」の方向へ向かっている。

コーエンは一瞬たりとも立ち止まることなく、西洋史の全体を一気に駆け抜ける。一人のドイツ系ユダヤ人の哲学史家のこの幻想的な騎行の途中で、駆足《ギャロップ》のなかで、ああ、もしマイモニデスがアメリカの公衆の前へ連れ出されると前もって知っていたとしたら！　そのように連れ出される自分の姿を前もって見たとしたら！　マイモニデスは自分のことをむしろユダヤ－マグレブ的だと、ユダヤ－アラブ的だと、ユダヤ－スペイン的だと感じていたのだが、その彼がポスト－ルターのドイツとの同盟に知らないうちに署名《シニエ》させられ、あげくの果てに、二つの自称《改革》のあいだの同盟のなかに偉大なユダヤ的同盟を預けさせられた《コンシニエ》〔共同署名させられた〕後で、この奇妙な戦闘に兵隊として巻き込まれることになる日が来ると知っていたとしたら、彼の魂は——つまり彼のプシュケーは——安らかに眠っていられるだろうか。そしてもしプラトンが知っていたとしたら。彼ら全員が知っていたとしたら。

彼らがコーエンに抗議《プロテスタシオン》をしたとしても――言い換えればプロテスタンティズムにプロテストしたとしても――おそらく不当ではなかっただろう。とはいえ、そうした抗議が真実のなかにあると誰が言えるだろうか。というのも結局のところ、この場合、真理とは何なのかが問題だからだ。ここで問題となるのは、まさしく真理そのものの真理を、その創立〔institution〕の起源において解釈することなのではないか。

どのようにしてコーエンは、このようにユダヤ-ドイツの大義のなかにマイモニデスを兵役登録することを理性によって正当化するのか。彼は理性によって正当化しない。理性によって正当化するには及ばない、と考えるのである。彼は理性そのものについて語る――しかも理性主義の歴史的な創立＝制度化〔institution〕について語る。マイモニデスは後にルターがするようには宗教制度を攻撃しないが、それはマイモニデスがいつも宗教の基礎を探し求めているからである。彼は宗教を一つの偉大な厳格な理性主義のなかに基礎づける。彼は理性の名においてユダヤの宗教改革を基礎づけるのである。

マイモニデスとのかかわりで言えば、コーエンには一つの沈黙がある。その沈黙は驚くべきものに見えるだろう。吐きもどしそうになるほどの知識に溢れ、ほとんどすべての正典的な哲学者を引用するこのテクストのなかで(フランス人は除く。しかしルソーは違う。ルソーについては後述する)、ある哲学者の名だけは決して挙げられない。その哲学者にはどのような意味ある席も認められていない。しかしながら、その哲学者は偉大な理性主義の哲学者であり、彼流の仕方でユダヤ人であり、まさにマイモニデスを批判してもいるのだ。その哲学者とはスピノザである。コーエンはスピノザをよく知っており、スピノザについてたくさんの文章を書いた。それなのに、なぜここではスピノザにいかなる席も与えられないのか。ここにはコーエンとハイデガーに共通する特徴があり、この特徴は彼ら二人にとっての logon didonai と根拠律に関する一種の省察のなかにある。この共通の沈黙について言うべきことはたくさんあるだろう。コーエンはメンデルスゾーンについては大いに語っているのだから、なおさらである。メンデルスゾーンにとって師だった人、たしかに異論は多かったが、それでも師だった人のことに触れずに、メンデルスゾーンについて語ることは難しい。この論文の最後の箇所はスピノザの名を挙げてはいないが、ある種のスピノザ主義を標的にしていると思われる。それはまるでスピノザを神秘主義や汎神論と一緒に、ユダヤ-ドイツのプシュケーから破門するためであるかのようだ。唯一無二の神の一者性を称揚するとき、コーエンは次のように書く。「ドイツ文化(Gesittung)の将来は、神秘主義のすべての魅惑に対してばかりでなく一元論の汎神論的幻想に対して抵抗するために国民精神が示す力にもとづく。われわれの将来は、自然と道徳とを、すなわち「私の頭上の星々の天空世界と私のうちなる道徳法」とを、それらの純粋な理性的な差異において理解する能力、そしてそれらの統一(統合 Vereinigung)を一なる神の観念のうちにのみ探る能力にかかっている」。

　コーエンは神への愛とパウロの法とにもとづく宗教と道徳について語っているのだから、ますますスピノザの不在は目立つ。神への愛とパウロの法は『神学・政治論』の本質的なモチーフでもある。

　コーエンはしばしば精神という名を掲げたことだろう。すなわちドイツ精神と聖なる精神という名を。私のほうは、ユダヤ-ドイツのプシュケー、精神的な共生ないし同盟という言い方をした。しかしコーエンは魂について、すなわちユダヤ魂もしくはドイツ魂、ユダヤのプシュケーもしくはドイツのプシュケーについて、何も語らなかったのだろうか。この問題に戻ろう。

　ユダヤ教には二つの原理があるとされる。一方の原理は神の唯一無二性であり、他方の原理は「魂の純粋さ」(Reinheit der Seele)である。朝のユダヤ教の祈りはこう言う。「我が神よ、あなたが私に与えてくださった魂は純粋です。あなたは魂を創造された、魂を私のなかに形作られた、魂を私に吹き込まれた[つまりプシュケーは息なのである]、魂を私の内部に保存された。あなたこそが、いつの日か私から魂を取り返され、そして来たるべき生において魂を私に返してくださるのです」。魂の純粋さはユダヤの信仰心の「根本的な柱」(Grundpfeiler)である、とコーエンは言う。そこから、仲介者も媒介者もいない、神との関係の直接性が出てくる。コーエンはマイモニデスに続いて別のユダヤ人、すなわち最初にして最重要の聖書考証学者であるイブン・エズラを引用する。ここでもまたスピノザを思い出すために通りすがりに記しておきたい。この権威あるイブン・エズラは『神学・政治論』のなかで長々と援用されており、とくに第八章で、誰が聖なる書物群を、とりわけモーセ五書を書いたのかが問題になるときに援用されている。みながモーセだと信じたし、とくにパリサイ人は、そのことを疑う者は誰でも異端だと宣言することになる。ところでイブン・エズラは、「かなり自由な精神と桁外れの博識の持ち主であり、彼は私の知るかぎり、最初にこの偏見を見破った人だった[11]」とスピノザは言う。しかしエズラはそのことを公然とは言わず、制度の権威でもあったものを利用して策を弄し、暗号化された仕方で語った。スピノザはこの自己検閲を取り除き、彼の真の意図をあらわにしようとしたのである。

ではイブン・エズラ、いまコーエンが引用するエズラは何と言っているか。エズラの箴言の一つは、神と人間とのあいだには人間の理性以外の媒介者はないと主張する。聖なる精神は神の精神であるのと同じくらい人間の精神でもある。人間の精神が聖なるものであるのは、聖なる神によってそれが人間のなかに据えられたからである。神と人間との和解(Versöhnung)および贖罪のどちらもが、精神を経由する。魂の純粋さと精神の聖性。ダビデのある詩篇を引用しながらコーエンは、ユダヤ教においては贖罪は人間のプシュケーのある概念を前提することを示そうとする(第一一節)。

魂のこうしたユダヤ的な概念には、唯一無二の神との直接的な関係が含意されている。いかなる媒介者も必要ない。しかし、この無媒介性の哲学が自由を、そして道徳の前提となる自由の何ごとかを理解可能にするのだというのであれば、この哲学はどのようにして当為や義務や命令を説明できるのか。ユダヤ教においてあれほど本質的なものである法をどうすべきか。コーエンがあっさりと三つの文で問題を立て、そして解決する(それは戦争だ)お手並みは見事である。その見事さは省略による単純化の見事さである(唖然とする単純主義とは言わないけれども)。とりわけ巨大な注釈問題、また図書館やそれによって日々豊かになる学術機関にもかかわらずつねに開かれている解釈上の論争、こうしたものを経済性は隠蔽するということがよく知られているご時世に、見事である。コーエンはそうした図書館や機関のことを熟知しており、そこに住み、そこで教鞭をとり、機会があればそれらについて文章も書いているのである。

コーエンは何を言っているか。次のことである。すなわち、私は観念論の一つの「支点」(Stützpunkt)を示したところだが、ユダヤ教のもう一つ別の根本的な考え方(Grundgedanke)がある。パウロ以来、この考え方は法概念を介して最初の考え方と対立している。それは第二節の冒頭のたった一つの文句である。たしかにパウロは、よく知られたきわめて複雑ないくつかのテクストのなかで(そもそもスピノザはそれらのテクストを『神学・政治論』の第三章において、割礼の問題をめぐって、彼なりのやり方で解釈している)、ユダヤ教における法への服従について、どちらかと言うと否定的なことを述べている。少なくとも過ちの元となる外部の超越的な法への服従については否定的であり、パウロはこれに愛と内面の法を対立させるのである。

かくして、ユダヤ教の根本思想(そうした二つのものがあるとすればの話、またコーエンと一緒にそれを解釈すればの話ではあるが)は、二つの極のあいだで緊張していることになるだろう。すなわち、神との直接的な関係のうちでの愛の自由、超越的な法の尊重、義務と命令といった問題である。その矛盾する外見にもかかわらず、この二つの極のあいだの運動の統一性を思考する必要がある。ところで誰がそれをしたのか。自由と義務、自律と普遍法というこの二極のまわりを回転するものを、一続きに、ただ一つの回転運動〔révolution(革命)〕として思考したのは誰か。それはカントである。この思想家はユダヤ教の奥底まで、その精神あるいはその魂の奥底まで行ったというのである。カントはドイツ精神の至聖所〔聖人中の聖人〕であるのだから、ドイツ精神とユダヤ教との親和性もしくは「もっとも内的な親近性」(die innerste Verwandtschaft)が見出されるのは、「ドイツ精神のもっとも内的なこの聖性のなか」(in diesem innersten Heiligtum des deutschen Geistes)において、ということになる。「義務は神の命令であるが、ユダヤ教の信仰心においては、義務は愛の自由奉仕にとって、人間たちの愛のうちにある神の愛への尊敬〔ここでのドイツ語はカントの用語であるAchtung〔尊敬〕ではなくEhrfurcht〔畏敬〕である〕とセットでなくてはならない」。精神上の近親交配、プシュケー的-精神的な共生は、『実践理性批判』やそれと調和するあらゆるもの(カントの著作やその他のもの)のなかで承認印を押されている。

こうした振る舞いは新しいものではない。カントの思想(そのプロテスタント的な系譜はあまりにも明白である)は早い時期から深淵なユダヤ教として解釈されてきた。カントがすぐに一種のモーセとして讃えられたということ、ヘーゲルがカントのうちに、恥じらう隠れユダヤ人を見ていたこと*10を思い出してもよい。この哲学的な反セム主義というか反ユダヤ主義は、ほとんど違いのない動機をともなって、ニーチェの反《コントラ》カントのなかにも現れるだろう。他方で『たんなる理性の限界内の宗教』は、コーエンの語るユダヤの宗教改革的Aufklärungによく似ている。『判断力批判』は道徳法則の崇高性とのかかわりでユダヤ的経験の範例性を描く。『実用的見地における人間学』は本義上は反セム的な(文字上は反パレスチナ的な)性格をもつ、少なくとも一つの註記を含んでいるが、それはカントの擬似ユダヤ主義と両立不可能ではない。そもそも反セム主義と両立可能でないものが何かあるだろうか。この問いは恐ろしい。というのもこの問いは、ユダヤ人あるいはみずからをそのように言う人々ばかりにでなく、非ユダヤ人にも、反セム主義者にもそうでない者にも、さらにはもしかすると親セム主義者にも差し向けられるからである。この問いの奇妙な論理をここで定式化することはできないし、またこの問いに対するどんな実証的かつ規定的な答えも当てにならないということを証明することもできない。ここでは、この問いのなかに、反セム主義と呼ばれる事象の本質的な度外れさが告知されていると言うだけにしておこう。この論理は一個の形式をもっていると同時にもっていない。その形式の本領は、たえずみずからの形式を外し、限界を外して、みずからに対立するあらゆるものと契約を交わすことができるという点にある。この論理を展開するかわりに(ここではできない相談だ)、一個のイメージ、一個の事実で満足しよう。それは国民戦線のユダヤ人活動家たちがニースでの公開集会のときに、ル・ペン氏に送らねばならないと思った花束のオマージュである(彼はショアーを大胆にも「細部」と言い、さきの大統領選〔一九八八年〕の第一回投票で十四パーセントの票を集めた)。このようにして投じられたさまざまな立場の組み合わせ理論や、この花束に集められた数々の戦略のマトリックスを探査してもよいだろう。

コーエンは、彼が望むと望むまいと、すべてのル・ペン——眠っているル・ペン、あるいはむしろ決して眠らないル・ペン、細部を背負わないル・ペン——に、そのつど花束を差し出す。経験的‐政治的にもっとも顕著に表れた細部や反セム主義について言えば、コーエンがその崇高な神聖さや道徳法則への感覚を称揚するために書いているそのとき、ドイツ文化やドイツ社会が合法的な反セム主義を公式的にも制度的にも実践しているということ、このことを彼はよく承知している。この反セム主義はコーエンのもっとも身近なところで、彼自身の機関のなかで彼にも及ぶ。それは学生共同組合からのユダヤ人学生の追放というかたちをとる。コーエンはそれに短く言及するだけである。このことは、事実的ではなく「精神的」であろうとする彼の意図をいささかも損なわない。ここでこの問題の「細部」に立ち入ることはできないと彼は主張する(wir hier keine Einzelforderungen aufstellen. 第四二節)。いまは戦時なのだ、内部に戦線を開くときではない、何よりも国民的連帯とユダヤ‐ゲルマン的連帯だ、後になればわかる、まだまだ進歩が足りないだけだ、われわれのアメリカのユダヤ人同宗者たちは心得ている(本当のところは、合衆国では、ある種の numerus clausus〔人数制限〕がほぼ公式にユダヤ人に対して長い間おこなわれたのであり、またアイビー・リーグの偉大な諸大学の正教授職については第二次大戦後もまだ続いていたのである)。したがってコーエンは大学教授として(思い起こせば、彼はドイツにおけるこのランクの最初のユダヤ人教授だった)、組合共同体からのユダヤ人学生の追放という困った細部があることを知っていた。彼は分析を先送りにする。

われわれはドイツの大いなる愛国的な希望のなかを生きている。すなわちユダヤ教とゲルマン性との統一——ドイツのユダヤ教の過去の歴史全体がそこへ向かって身を投じてきたもの——が、ついに溢れる光のなかに現れ、ドイツの政治において、またドイツ民族の生活においてばかりでなくその感情においても［im deutschen Volksgefühl——Gefühl についてはまたすぐに述べる］、文化の歴史の真理［強調デリダ］として光輝くという希望のなかを。（第四一節）

これはすでに次のように認めることである。すなわち、文化の歴史の真理としてのプシュケー的‐精神的な真理はいまだ歴史の現実のなかには具現化していない、と。真理はまだ認識されていない、と。真理を言う者、真理を担う者は到来したが、認識されなかったのだ。コーエンは続ける。

第四二節。ここでわれわれは、国民的団結［むしろ nationale Einmütigkeit と言われるようなコンセンサス］の諸条件がどのようにして社会生活のなかに根付くべきかという複雑な問題(diese komplizierte Frage)を細部まで検討するつもりはない。なんにせよ、大学という偉大な教育機関は、尊厳および国家の名誉感情の保護という観点からみて、学生共同組合からのユダヤ人学生の追放(Ausschluss)を、特別に訴訟のかたちなどとらなくても(なぜならこの追放は「良き風習」に抵触する(«gegen die guten Sitten»)からである)やめることをみずからの至上の［無条件の］義務(unbedingte Verpflichtung)とすべきであろう。このような追放はまず第一にユダヤ人教員に払われるべき尊敬［今回は Achtung である］を傷つける。私［教授はここでは範例的に「私」と言っている］を自分の社会的‐学術的な共同体にふさわしいとみなさない者は、私の講義もとらないだろうし、私の教育も蔑ろにするはずである。したがって、この要求は大学当局にのみではなく、学問の自由を享受する学生たちにも、差し迫った仕方で宛てられているのである。

当然ながらコーエンは学問の自由に訴えることしかできなかった。しかしこの追放がおこなわれたのは、形式的かつ倒錯的にも、この学問の自由の名においてだった。ひとは団体の条件を自由に定める権利をもつのだから。コーエンの呼びかけは威厳あると同時に少々屈辱的でもある。何よりもまず彼自身にとって、だがまたユダヤ人学生にとっても。ユダヤ人学生たちの権利は偉大なユダヤ人教授たちの威信もしくは権威によって保護され保証されるべきものだということになってしまうだろう。

しかしこれは彼の目には文脈上の、制度上の問題にすぎない。それは比較すれば二次的な問題であり、その「細かい」取り扱いは後回しでもかまわない。戦時において、緊急性の度合いから見て重要なものは、もっとも根本的な事柄であり、すなわちユダヤ－カント的な法であり、自由におけるその相関物であり、精神、魂、意識としての主体の自律性である。ここでの選択は制度的文脈と根本審級とのあいだにあるのではなく、解釈や制度の二つの次元のあいだにある。というのも、私が〈ユダヤ－カント的なもの〉と呼ぶものは歴史的な出来事の次元にも属しているからである。歴史的な出来事は制度的な契機なくしては立ち行かず、それは、コーエンに従うならば、民族、国家、言語、さらには司法的－政治的な諸構造のなかにつねに受肉しているのである。この問題に向かうことにしよう。神の法は一切の道徳性の最深部の基礎であるかぎりで、法・権利と国家の基礎でもある。たとえグロティウスの自然法論の最初のところで、形式的な正当化のためにモーセの法が拒絶されたとしても、モーセの法は根底においてつねに認められてきた。実はこの神の法とモーセの法は、コーエンによれば、法・権利の生きた源泉に存在した。それらが法・権利の制度、その正当な機関を可能にしたのであり、そして何よりもまず司法的な感情を可能にしたのである。この司法感情は道徳法とは違うレベルにおいて、カントが定義した尊敬の感情とのなんらかの類比《アナロジー》を示している。それはユダヤ－キリスト教文化さえ超えて、たとえばイスラムにおいても、正しさの普遍的意識を司っている（コーエンはこの点について『自然法』（一八六〇年）の著者トレンデレンブルクを引用している）。「人格」において自由と義務とを統一することによって、カントは倫理と宗教の差異と同時にそれらの内面的結合を語り、倫理と宗教との新しい連結線〔Verbindungslinie〕を語る。そしてこの新しい「同盟ライン」は、宗教において「魂と精神」（die Seele und der Geist）を結集させるのである。

V

カント、ユダヤ人、ドイツ人。したがって、この表題のなかではどの属性も二次的なものと見なされえないし、どれかがほかのもの以上に本質的な属性というわけではない。重要なのは共－属性というよりも、むしろ共－実体的な相互性である。この根本的な同一化もしくは実体的な同盟は、むしろ基体的〔*subjectal*〕と言える。ユダヤ人とドイツ人が仲間になるのは、カント的主体——すなわち自由で自律的な、道徳と権利の主体としての人間——の基体性そのものにおいてである。彼らのソキウス（同盟、精神的な共生、プシュケー等々）は、subjectum〔基体〕から道徳存在や権利存在、自由や人格を作り出すソキウスそのものなのである。

この地点においてある飛躍がこの読解に必要だと私には思われる。魂と精神との新しい同盟ラインがいま指名された契機において、このテクストの戦略と語用論を明らかにし、そのレトリックのコンテクスト上・制度上の狙いを明らかにする必要がある。そうすればわれわれは次のことを思い起こすことができるだろう。すなわち、ユダヤなるものがではないにせよ、ドイツなるものとは、言語としてのドイツのことであり、語られたものとしてのドイツである、と。

コーエンの戦略の狙いは、道徳主体の普遍性はある出来事、すなわちドイツ精神とドイツ魂の歴史のうちに根をもったものだということを、世界中のすべてのユダヤ人に(優先的にはアメリカのユダヤ人だが、彼らだけにではない)向けて証明することにある。その結果ドイツは世界中のユダヤ人ひとり一人の真の故国となり、「彼らの魂の母国」(das Mutterland seiner Seele)となる。宗教がユダヤ人の魂だとしても、彼らの魂の故国はドイツである。ユダヤ人のインターナショナリズムもしくはコスモポリタニズムに対する古くからの非難は、不明の偏見によるものである。われわれが原理的な問題を解明したいのであれば、そのような偏見を考慮すべきではない。ユダヤのインターナショナリズムがあるとしても、それは世界のすべてのユダヤ人が彼らのプシュケー(Seele)のための一つの共通の故国をもっているかぎりにおいてである。ところでこの故国とはイスラエルではなくドイツなのだ。「帰化(Naturalisierung)の問題を抜きにすれば、フランス、イギリス、ロシアのユダヤ人たちは、ドイツへの敬虔の念という義務(Pflichten der Pietät)によって結びつけられていると、そう私は信じる。というのも宗教が彼らの魂であるとしても、ドイツが彼らの魂の母国だからである」。

コーエンは戦時下の哀れな非ドイツ系ユダヤ人たちを矛盾のなかに閉じ込めるが、彼はその矛盾を避けようとはしない。というのも、似たような言説は同じ時期に、たとえばフランスやアメリカでもありえたからだ。そのとき彼は、ここで私がそれを敷衍することをあきらめる議論を展開する。その議論はそれほどまでに真似のできないものである。ある節(第四〇節)を引用する前に、ただ一言だけ言っておこう。すなわちこの一節は結局のところ、「このうえなく繊細な政治感覚」として要請される(Freilich bedarf es des feinsten politischen Taktes)ものの名において、世界のすべてのユダヤ人に、ドイツを彼らの魂の母国として認めるよう求めることに帰着するのであり、そしてそれはもう一つの母国を裏切ることではなく、普遍的平和が実現するように、言い換えれば、ドイツが勝利する戦争——たとえ敵であっても隣人を愛するという聖なる義務が保たれる戦争――という目的が実現するように努めることなのである。

実を言えば、この敬虔さが祖国愛という高次の義務を傷つけたり陰らせないためには、このうえなく繊細な政治感覚が必要である。しかしながら戦争状態に固有なこの困難は、根底においては異なった性質のものではない。すなわち、どんな戦争であれ、各人は深い人間性が包蔵している平和を見失うことなく、それを遂行しているのである。殲滅戦は人類の恥である。たとえ部分的にであれ帰化した者がもとの故国に抱く敬虔の念という義務は、人類のそうしたインターナショナルで普遍的な義務とそれほど違っているだろうか。

敵の民族のなかにも、人類一般への参加のみならず、この観念の複雑な支流への参加が保存されているということ、このことがおそらく、自分の敵を愛するという義務のもっとも具体的な意味であろう。運命によって外国へと導かれた、あるいは外国で生まれた者が、彼の真の文化的・精神的(肉体的でさえある)母国に対して示すべき敬虔の念と、人類の一般的な義務とのあいだには、どんな連続性の解消もなければ、ましてや飛躍などない。

このような原理からこそ、国際的な規模で企てられる平和の努力は、唯一の本質的で議論の余地のない土台を引き出すべきであり、この土台こそが、どんな当事者によっても疑問視されないような有効性をこの努力に与えるのである。出生地に固有の人間性というものが、平和の精神を確固として樹立するための真のインターナショナリズムの母語となりうるのである。

最後の一文が述べているのは次のことである。すなわち、人類(Humanität――フィヒテは、このラテン語はその抽象性の点で、ドイツ人にとっての無媒介に可感的かつ叡智的な本質であるMenschheitと同じ価値をもつものではないと指摘する)は、平和精神と平和感覚(Friedengesinnung)とをしっかりと基礎づけ、樹立し、正当化し、法権利へ、と制度化すること(Begründung)を目指す、真の国際性の母なる地盤(Mutterboden)となりうるということ、これである。

ところで、まさに言語についてはどうかと言えば、話は奇妙である。コーエンが優先的に語りかける相手であり、大挙してドイツやロシアからやって来たアメリカのユダヤ人たちは、彼らがアメリカ市民であるにもかかわらず、なぜドイツに対する敬虔の義務を保持しなければならないのか。なぜ彼らが心の－精神の母国(als ihr seelisch-geistiges Mutterland)を敬虔の念をもって(pietätsvoll)尊重し(今回は achten である)なければならないのか。それは言語のゆえであり、もっと正確に、もっと意味深長な仕方で言えば、イディッシュ語[12]という《混交言語》のゆえである。たとえ混交言語が母語を破損させ、不具にし、切除する(verstümmelt)のだとしても、この混合言語は、精神の根源力(Urkraft des Geistes)である理性の根源力(Urkraft der Vernunft)を与えてくれる言語のほうへ合図を送っているのである。人間(そしてここでは範例的な仕方でドイツ系ユダヤ人)が自分の思考を精神的なものにし、自分の宗教上の習慣を高貴なものにすることができたのは、ドイツ語というこの言語の媒介によってである。人間はこうした再生(Wiedergeburt)を可能にしてくれた民族に対して内面的な忠誠を拒絶してはならない。

このようにアメリカのユダヤ人たちに語りかけながら、コーエンは何人かのフランスやイギリスのユダヤ人の姿勢を非難する(ついでに言えば、彼らのほうもまた類似の――いくつかの本質的な理由から、単なる類似の――レトリックに屈していたのではあるが)。彼らは、彼らの兄弟を引き入れるロシアに対して弱腰であり、またドイツに対して忘恩的に振る舞っているというのである。たとえば、かの「ベルクソン氏」のケースがそれであり、彼はその才能と信用をフランスのために用いているというのだ。この偽証者は自分がポーランド系ユダヤ人の息子である(ドイツ人でさえない！)ことを忘れ、またとりわけ両親がイディッシュ語を喋っていた(純粋なドイツ語でさえない)ということを忘れて、魂を失っているというのだ(ドイツ系ユダヤ人のインテリゲンチャの名にたがわないある種の人々が全員そうであるように、コーエンはこの純粋なドイツ語なるものを、ドイツ語を話すという高貴な能力の堕落した(verstümmelt)形態〔イディッシュ語〕の上位に置く)。

あるフランスの哲学者は、妙技と宣伝(der Virtuosität und der Reklame)のあらゆる方策を駆使して(残念ながらドイツではこれがあまりに成功しすぎているのであるが〔今日似たようなことをドイツのある種の哲学者たちから耳にする〕)、独創的な哲学者を気取っているが、この哲学者の罵りはこうしたコンテクストに属している。彼はイディッシュ語を喋っていたポーランド系ユダヤ人の息子である。このベルクソン氏が彼の父親の思い出を呼び出しながらも、彼の諸「観念」をドイツに与えることを認めないとき、彼の魂のなかで何が起こっているのか！(Er ist der Sohn eines polnisches Juden, der den Jargon sprach. Was mag in der Seele dieses Herrn Bergson vorgehen, wenn er seines Vaters gedenkt und Deutschland die «Ideen» abspricht!)

このコンテクスト上そして制度上の典型的な状況(この戦争、このユダヤ-ドイツの教授、新カント主義のこの哲学者、等々)におけるこの解釈のもっとも尖った特殊性にさらに近づくために、そしてこうした解釈の「外面的」な制度と「内面的」な制度との分節をいっそう上手く特定するために、われわれの分析は研ぎすまされなければならない。そのためには複数の方途がある。カント、ユダヤ人、ドイツ人への準拠を特別なものとして扱うことを選択したのだから、われわれは何よりもまず、誇張された賛辞にもかかわらずこの準拠に刻まれ続けるアンビヴァレンツを強調しよう。このアンビヴァレンツは一般的なタイプにも呼応している。それは新カント主義、コーエン、あるいはこの時代のユダヤ-ドイツ人思想家たちにのみ固有のものではない。この点については、ローゼンツヴァイクの思想をカントとコーエンとの二重の関係のなかにもっとよく位置づけることが必要だが、われわれにはそのための時間と場所がないだろう。したがって、われわれは短い迂回をするなかで、カントに対するローゼンツヴァイクのアンビヴァレンツを引き合いに出すばかりでなく、この点についてそれ以上に興味深いもの、すなわち彼が自分のアンビヴァレンツについてもっていた意識、彼がそれについて下す解釈、さらには診断、これを引き合いに出すだけで満足しておこう。

一九二三年にブーバーはユダヤ教について講演集を出版したところだった(*Reden über das Judentum*, Francfurt, 1923)。ローゼンツヴァイクはブーバーに手紙を書いて感謝の念を述べる。*11 とりわけユダヤの律法について論じているこの長い手紙から、私は何よりもまずブーバーへの賛辞を引用しよう。この賛辞が物語っているのは、〔思想の〕系譜あるいは薫陶〔*discipline*〕における一種のダブル・バインドである。「われわれの精神的ユダヤ主義」にとって、カントを継承することは可能であると同時に不可能であり、カントの弟子〔*disciple*〕であることは可能であると同時に不可能である。それと同じように、ブーバーの後に付き従うことは可能であると同時に不可能なことだろう(コーエンなら、なおさらである)。

先行する数世紀においてすでに、《研究》は上品な貧しさに、一握りの根本概念に還元されてしまっていました。十九世紀に対して残されたのは、方法を尽くして、最大の真剣さをもってこの進化を完成させる任務だけでした。あなたは《研究》をこの制限された領域から解放し、そうすることによってわれわれを次のような危険、すなわちわれわれの精神的ユダヤ主義を、われわれが置かれていた、カントの学生である可能性や不可能性に依存させるという切迫した危険から守ってくれたのです。(四六頁)

可能性と不可能性――われわれはカントを継承することができたし、できなかった。おそらくこれは、「私たちはそうすることができますが、そうしてはなりません」とか「私たちはそうすべきではなかったのですが」というふうに翻訳されるだろう。あるいはさらにこうだ。「カント、すなわち法および同じ名の厳命に定言的な定式を与えた者に対して、私たちは矛盾した関係、おそらくは矛盾した義務をもっていたのです。カントとは、私たちと法との関係の制定者＝教師〔instituteur〕、法との関係の法だったのであり、またそうであってはならなかったものなのです。そしてあなた、ブーバーは、カントに頻繁に比べられてきたモーセから、モーセのこの偶像ないし彫像から、そして私たちがカントと取りもっていた必然的に混乱した曖昧な縛りから、私たちを解放したのです」。

実を言えば、われわれは解放されたと同時に解放されなかった。というのも同じアンビヴァレンツが今度はブーバーの教えに対しても明言されているからである。ブーバーもやはり法への関係を教えの空間のなかに、すなわち最終的には理論的もしくは認識論的な空間のなかに閉じ込めたとされる。ところで法とは単に認識対象であるばかりではないし、また読んだり研究するだけで済むようなテクストではない。

それゆえに(ますます奇妙なことですが)、新しい《研究》へ向かう道を私たちに示し明らかにした後で、《法》についての問い――「われわれは何をすべきか」――の別の側面に対するあなたの答え、あなたの問いは、十九世紀が《研究》に対して課したのと同じような束縛のなかにこの《法》を残さざるをえませんでした〔いま原文に当たることができないのでフランス語訳を引用するが、この訳文は変であり、不適切であるかもしれない[13]〕。というのも、あなたはまさにこの《法》との調和に到ろうと試みているのであって、この調和に到らないとしたら、あなたはこの《法》に背を向けることになり、ご自身に向かって、またあなたからの答えを期待していた私たちに向かって単にこう言うだけになるでしょう。すなわち、私たちの唯一の任務はこの《法》を恭しく認識するだけである、と。このような恭しさは、私たちの人格にも生き方にも何の影響も与えません。それはユダヤの《法》、千年以上も研究され生きられてきた、吟味され称賛されてきた《法》、毎日のそして最後の日の《法》、細かいが崇高な、簡素だが伝説の数々で織り上げられた、そうした《法》でしょうか。安息日《シャバット》のろうそくの炎を知ると同時に殉教の火刑台の炎をも知る《法》でしょうか。（四六頁）

この手紙のなかで、ダブル・バインドが国民《ネーション》の問いと結びつく場はどのようなものか。法との関係におけるユダヤ国民の「前代未聞」の特異性、それは、その誕生が自然に属するのではなく、まさに《法》に属するという点にある。ローゼンツヴァイクは自然と国民とを分離し、自然による誕生と法による誕生とを分離する。もっともこの区別はいまだにカント的なものにとどまっている。すべての国民は自然の懐で、母なる自然の胎内で誕生する、と彼は言う。だからこそ国民には歴史的発展が必要なのである。もちろん国民は、それが生まれたときにはまだ歴史をもっていない。それは顔すらもっていない。〔それに対して〕ユダヤ国民は、こう言えるならば、生まれる前に歴史をもっている。そしてユダヤ国民は、まさにその誕生以前に神の《法》によって知られ呼ばれたために生まれる。ユダヤ国民は、自然に生まれるのではなく、なんらかの他の国民から引きはがされることによって生まれるのである。ではない仕方で、この呼びかけから生まれた。その素顔はすでに形成されていたのであり、その誕生は、いわばそれが生まれる以前に始まっていた歴史(とはいえそれはすでにユダヤ国民の歴史だった)のなかにすでに書き込まれていたのである。こうしたわけで、この国民の歴史はいわば超自然的、超歴史的であり、お望みならば前‐歴史的と言ってもよい。その道は唯一無二のままである。ハイデガーと同じく、ローゼンツヴァイクも、こうしたことのすべてを道というかたちで思考するのであり、道の新しい思考、〈道としての思考〉として思考する。彼は道を《法》に結びつける。手紙の次の一節《パサージュ》は、われわれがそのなかに存在する道の途上、またわれわれがそれであるところの道の途上における一節《パサージュ》〔移動〕である。それは道と飛躍についての一節〔移動〕である。

われわれはまだ道の前半部に存在するということ、そしてその先に進むかどうかを選択するのはわれわれであるということ、これを意識することによってのみ、われわれは《研究》と《法》とに同時に到達することができるのです。しかし《法》へと到る道とは、いったいどのようなものでしょうか。（四七頁）

これは（この数年前に書かれた）『掟の門前〔*Vor dem Gesetz*〕』におけるカフカの問いである。いかに《法》へ近づくべきか。いかに《法》に触れるべきか。《法》への歩み《パ》とは、どのようなものか。ローゼンツヴァイクは《法》へのこの道を、到達不可能なものへの道として問いただす。それはカフカの言葉や語調に近い仕方でなされている。その「道筋」は、道の「全行程」を踏破した後で、「自分のゴールに到達したと主張する権利」をもつことさえないような誰かへと「開かれて」いる。「このような人間でさえ、自分は道の全体を踏破したが、しかし自分にとってゴールは一歩先の彼方のなかに――到達不可能なもののなかに――あると語るだけで満足しなければならなかったのです。では、なぜそれを道と呼ぶのでしょうか。道は到達不可能なものへ導くことができるのでしょうか」。それはなおも道の名に値するのか。「認識可能なユダヤ教を苦労してあてもなく迂回することによって、われわれは次のような確信をもちます。すなわち、われわれがすでに認識しているものから、なんとしても認識しなくてはならないものへの究極的な飛躍、つまり《研究》における飛躍が、われわれを《ユダヤ研究》へと導いたのだ、と」。この究極的な飛躍に必要なものとは何か。答えは、ユダヤ国民の「前代未聞の」特異性である。法へのユダヤ国民の関係は、カントが規定した関係でありながら、それでもない。

この種の必要は他の民のうちでは強く感じられません。同胞のうちの誰かが教える場合、彼は自分の民の懐のなかで、自分の民に教えます(たとえ彼の民が何も学ばなかったとしても)。彼が教えることのすべては、彼の民の所有物となります。というのも諸国民は一つの素顔(まだ求められるものですが)をもっているからであり、各国民が自分の素顔をもっているのです。どんな国民でも誕生のときからすでに自分がどうなるかを正確に知っているわけではありません。まだ自然の懐のうちにいるあいだは、国民の素顔は形作られていません。けれども国民を生む自然の胎内から到来するのではなく、「なんらかの他の国民の只中から国民」(『申命記』四、三四)が引き出された(これは前代未聞のことです!)唯一の民である我らが民は、違った運命を課されたのです。その誕生そのものが生の偉大な契機となったのであり、そこに存在するという単純な事実がすでにして宿命の重荷を背負っていたのです。「形成される以前にさえ」、我が民は預言者エレミヤのように「知られて」いました。それゆえに、この決定的な起源を思い出す者のみが、この民に属することができるのです。「最初の発言者の名において」自分の新たな言葉を発することができず、またそうすることをもはや望まない者、黄金の鎖の一環であることを拒絶する者、そうした者はもはや彼の民に属しません。以上の理由から、この民が未知のものを学ぶことができるのは、認識可能なものを学ぶという条件においてこそです。その広大な認識は創造的である以前に、何よりもまず自分自身のものでなければなりません。こうしたことはすべて《法》、《行動》についても真理です。(四七―四八頁)

この迂回を終えてコーエンに戻ろう。カントとのこの曖昧な関係のなかに、いくつかの目印がある。コーエンは彼流の仕方で歴史を物語るなかで、われわれが見たように、多数の起源をドイツ精神もしくはドイツ観念論と彼が呼ぶものにいつも割り振っていた。プラトンの仮説、ユダヤ教におけるその再開もしくは先取り(とりわけフィロン)、キリスト教的ロゴス、宗教改革、ケプラー、ニコラウス・クザーヌス、ライプニッツ、カント。そのたびに誕生はまた別の誕生を予告するだけだった。ある時点において、この誕生の連鎖、山脈の頂上・頂点(Höhepunkt)はカントだった(「……それ[ドイツ観念論]がカントとともにその歴史的な頂点(seinen geschichtlichen Höhepunkt)へ達するにいたるまで」第六節)。ところで、ここにこそ両義性がある。いまや(第四節)、真の頂点はカントではないことが判明する。それはフィヒテである。フィヒテは社会的《自我》が国民的《自我》であることを発見した(«Das soziale Ich hat er als das nationale Ich entdeckt»——コーエンはこの文章を強調している)。「国民的な《自我》」のなかに「《自我》の超－経験的な土台」を探し求め、発見することによって、フィヒテはドイツ哲学の頂点を「事実のなかに」(in der Tat)打ち立てたのである(So bildet Fichte in der Tat einen Höhepunkt der deutschen Philosophie)。

このようなことはいかにして可能か。それは何を意味するのか。ローゼンツヴァイクにとってと同様に、ここでカントという頂上を乗り越えることを可能にするのは国民的なものについての思考であるということ、まずはこのことを言っておこう。しかし今回は、国民的なものをドイツなるものの本質もしくはユダヤ－ドイツというペアの本質と同一視するような頂上が目指されている。その代表的な形象がドイツ国民の思想家[フィヒテ]、ドイツ国民は選ばれた国民であると考えた、まさにその人である。それは、自分がドイツ国民について、ドイツ国民に向かって理解させたがったものを理解させるために、ユダヤの預言への参照をことあるごとに利用していた人でもある。『ドイツ国民に告ぐ』のなかでフィヒテは、人類史の道についても語っている。彼は人類史の後半が始まるべきこの「道半ば」についいて詳述してさえいる。

地上における人類の真の目的は[…]人類がその始原的本性によってあるべき姿を自由に実現することにある。この実現は理性的な仕方で、一個の規則に従って達成される場合、空間内のどこかで、ある一時点において始まらなければならない。かくして、この発展が自由ではなかった第一段階の後で、人類の自由で理性的な発展の新しい段階が始まるだろう。私が考えるに、われわれが生きている時代は、時間的に言えば、人類がその生の前半の終わりに到り、また後半の始めにある時代、言い換えれば、この二つの主要段階の狭間にある時代である。そして空間的に言えば、新しい時代を開始し、その道を示し、他の国民の模範になるという使命が課せられるのは、なによりもまずドイツ人たちにであると思う。(14)

この『講演〔『ドイツ国民に告ぐ』〕』(第三講演)が「いにしえのある預言者の予見」によって締めくくられているのは無意味ではない。

ハブール川のほとりに座った見者、自国ではなく異国の地で捕囚となった者たちを慰める者はこう言った。「ヤハウェの手が私のうえに伸びてきて、私を精神へと連れ出し、私を平野の真ん中に置いた。平野は骸骨で覆われていた。彼は私にあたり一面の骸骨の脇を通らせた。骸骨は平野の表面をおびただしく埋め尽くしており、完全にひからびていた。ヤハウェは私に言った。「人間の息子よ、この骸骨たちは蘇るか」。私は答えた。「主ヤハウェよ、あなたがご存知です」。主は言った。「この骸骨たちについて預言せよ。そして彼らに言え。ひからびた骸骨たちよ、ヤハウェの言葉を聞け！　と」。これらの骸骨に、主は次のように言われた。「私はお前たちのなかに精神を入れよう、さすればお前たちは生きるだろう。お前たちに筋を入れ、肉を生じさせ、皮を張ろう。お前たちのなかに精神を入れよう、さすればお前たちは生きるだろう。そしてお前たちは、私がヤハウェだと知るだろう」」〔…〕。われわれの精神的な生、高次の生の諸要素は、この骸骨たちと同じくひからびている。われわれの国民的統一の紐帯は、われわれの預言者が語る骸骨たちと同様に断ち切られており、散り散りになっている。われわれ骸骨たちは何世紀も、嵐や、雨や、太陽の火にさらされて、そうして白くなり、ひからびてしまった。〔しかし〕

精神たちの世界に生命を吹き込む息は、まだ止んではいない。それはわれわれの国民的身体の骸骨にも生命を吹き込み、骨と骨とを結合させるだろう。そしてその威厳全体において立て直されたこの身体に、この息は新しい輝く命を与えるだろう[*12]。

コーエンはフィヒテとカントの関係をどのように分析しているか。そして彼はこの絶頂の二重性をどのように説明するのか。㈠理論的なものと実践的なものとの分離によって。㈡カント倫理学のなかに潜伏したままである社会的観点を呼び起こすことによって。㈢潜伏的なものの顕現が、国民的なものを社会的なものに、国民主義《ナショナリズム》を社会主義に統一することを示すことによって(第四四節)。

理論的な観点ではカントは乗り越え不可能であることをコーエンは認めている。フィヒテの《自我》の哲学(Die Ich Philosophie Fichtes)はカントと比べると「理論的後退」である。それを見誤っては表面的であり軽率である、とコーエンは言う。この点では彼は、純然たる愛国主義的な思惑から、「愛国的なメリット」への配慮から、どうあっても国民主義者フィヒテのほうをこの文脈で安易に愛好する大学人たちと対立する。コーエンの複雑な身振りは、国民の問いを本質的な問い、本質的に哲学的な問いとして認識することに由来するばかりではない。それは同時に理論的な見地からも、フィヒテの《自我》の哲学が後退していることを強調することからくる。さらにコーエンは、哲学が「国民の事案」(eine nationale Sache)であることも認めており、その「理論的後退」にもかかわらず《マルグレ》フィヒテが一つの進《プロ》歩《グレ》(Fortschritt)を達成したことを、彼に感謝《グレ》しなければならない。フィヒテは、カント倫理学に潜在していた社会主義を「明示的な展開」へともたらしたのである。一九一五年のこの国民主義言説が社会主義言説でもあることを決して忘れてはならない。フィヒテの偉大な「発見」、それは《自我》が社会的であるばかりでなく、この社会的《自我》が根源的かつ本質的に国民的《自我》であることを見つけた点にある。

別の言い方をすれば、「我思う」、コギトの《自我》は、カントが信じたのとは違って、形式的ではない。《自我》は他者との関係において自己自身に現れるのであり、このソキウスは抽象的であるどころか、根源的にその国民的規定において、すなわち一個の精神、一個の歴史、一個の言語へのその所属において、自己自身に顕現するのである。私——《自我》——は、何よりもまずその精神的言語において署名するのである。エゴの国民性《ナショナリティ》〔国籍〕は、はじめは国民的‐社会的ではなかった主体に後から訪れる性格や属性などではない。主体は根源的に、徹頭徹尾、実体的に、基体的に、国民的なのである。フィヒテが発見したエゴ・コギト〔我こそ思う〕は国民的である。それは普遍的な形式をもつが、この普遍性がその真理に到るのは国民性としてなのだ。この「新鮮な真理(neue Wahrheit)」は、それが「私」の新しい現実化(Verwirklichung)であるがゆえに、カントの Ich denke の Ich のなかに潜伏していたものを事実において(in der Tat)「完成させる」。この真理は人類の倫理的抽象の彼方へおもむき、フィヒテ観念論の Lebensgrund〔生の土台〕を提供する。

こうした言表は自分自身を軸にして回転する——一台のプシュケー〔鏡〕のように。自我論的現実性の本質が国民性であるとしたら、またそれこそが観念論の真理であり、すなわちドイツ観念論がその現実化でもある哲学それ自身の真理であるとしたら、逆に国民とは一個のエゴであると言わなければならない。国民は自我論的主体性という形式において自分自身と関係する。国民性の真理は観念論として主張される。そして哲学的観念論——言い換えれば哲学一般——の真理がドイツ観念論であるのだから、国民性一般の真理はドイツ観念論である。「一般」と言うとき、この一般性の現実化(Verwirklichung)は国民性——ドイツの国民性——であると考えなければならない。自己自身を定立するかぎりでの《私》の真理はドイツである。自己自身を国民性として定立する行為のなかに、反省＝反射の何ごとか、つまり「新しい真理」がみずからを「発見する」(entdeckt)場であるナルシス的構造の何ごとかが見つかるとすれば、またこの「新しい真理」がみずからのヴェールを脱ぎながら自己を定立するとすれば、そのときある種のプシュケーの鏡が、〈国民的エゴとしてのエゴ〉という自己関係の回転する中心に見つかるだろう。国民的自我のこの自己関係のなかに、他者としての自我のための席がある。できるかぎり近いもう一つ他の自我のための席ばかりでなく、まったく他なる自我のための席もそこにあるのだ。それゆえに、ドイツのこの国民‐社会主義的観念論からフィヒテ的論理に従ってまったく正しく演繹された、文字どおりコスモポリタン的な命題が出てくる。それはドイツの国民性の優位性をなすドイツ観念論の範例的な優越性である。ドイツ精神は人間精神である。「人間精神はわれわれの倫理の根源的精神である。この倫理規定において、ドイツ精神はわれわれの古典時代」、言い換えれば、十八世紀の「コスモポリタニズムの精神と人間性の精神である(der Geist der Weltbürgertums und der Humanität)」(第四五節)。

フィヒテという最高峰の頂点で、コーエンはたしかにドイツ精神と国民的エゴのこうした高揚の及ぼすナルシシズム効果を危惧している。そもそも、こうした不安と定式化はすべてのナショナリズムのプログラムもしくは類型論に属している。自分の固有性〔本来性〕へのナルシス的な自己満足(Eigendünkel)や感情的なうぬぼれのあらゆる外観をまとう国民的熱狂ないし高揚(nationale Begeisterung)に対して、コーエンがするように警戒しなくてはならないのはいつものことである。やはりコーエンはBegeisterung〔精神高揚〕に不信を抱くほど十分にカント主義者である。彼は、法意識、義務の厳格さ、責任感覚によって、なんとか熱狂を相殺しようとする。特権は使命をも与えるのであり、特権の本領はこの使命のなかにあるとさえ言ってよい。国民的《自我》はもちろん《われわれ》でもあり、何よりもまず法主体であり、とりわけ義務主体である。移行段階を経ることなくすぐさまコーエンは、このドイツ観念論からほとんど分析的に演繹されるように思われる諸帰結のリストへと話をつないでいく。すなわち、兵役の義務、投票権、義務教育へと。

まやかし的な類比に屈しないように警戒しながらも、ここでわれわれはハイデガーが『総長演説』(一九三三年)――また別の戦争言説、要するに戦前・戦後の言説――のなかで、ドイツの大学の(自己定立とは言わないまでも)自己主張から演繹した三つの「奉仕」に言及したくなるだろう。この二倍になった三つの義務の内容は、どちらにも知と軍隊が見られるにもかかわらず、なるほど正確に同じというわけではない。ハイデガーは投票権の名を挙げていない（そもそも投票権は義務ではない）。しかしこうしたすべての義務もしくは奉仕（Aufgabe, Dienste）は、どちらの場合でも国民の自己主張から演繹されている。そして民主主義のテーマがハイデガーのテクストに不在であるとしても、社会主義のテーマ、さらにはポピュリズムのテーマは、二つのテクストを横断している。

この二つの振る舞いを不用意に近づけないようにしよう。両者の違いは著しい。だがこの差異が際立つのは、それが決して忘れてはならない一つの伝統の共通の織地のなかにあればこそである。コーエンのテクストもまた多くの点で大学制度についてのテクストなのだから、なおさらである。ドイツの大学が議論のなかで果たしている決定的な役割からもそのことはわかる。なぜ大学が重要かと言えば、まず第一に、ドイツ観念論は、まさしくドイツの大学の現実性の外、十九世紀のその歴史の外では、いかなる意味も、いかなる現実性ももたないからである（十九世紀はユダヤ人たちの解放の世紀でもあり、このことは決して忘れてはならない。コーエンはやはり十九世紀の人間である）。次に、コーエンは文字どおりにこう言うのだが、《大学》は民のもの、真の民衆的学校になるべきだからである。「大学は真の民族学校にならねばならない〔Die Universität muss die wahrhafte Volksschule werden〕」（第四四節。コーエンによって強調された文章）。ドイツ精神の自己定立、その保持と伝統を確保する反省的プシュケーの自己定立は、民の大学のなかにのみその現実的な真理を見つける。さらにもう一つ、慎重な制限された類比を企ててみよう。一九三三年のハイデガーにとって、どれも同様に根源的で尊厳のある三つの義務（Bindungen）もしくは奉仕（Arbits-, Wehr-, Wissensdienste〔労働奉仕、防衛奉仕、学問奉仕〕）のなかでも、知の奉仕は、それがドイツの大学においてドイツ民族の守護者と指導者とを育成するかぎりで、特権を保持する。それと同じように、コーエンがこの教育を委ねようとするのは「文化の高等制度」（höheren Bildungsstätten）にである。この教育は民衆層にも手の届くものでなければならず、社会正義と国民統一とを保証するのでなければならない。

この三つの義務は国民主体の意識を縛る。三つの義務は、フィヒテ思想の危険な解釈が生み出す恐れのある高揚の危険を制限する。一方の頂点から別の頂点を。他方の頂点を前にした一方の頂点。そしてコーエンは規則的に一方から他方へと戻る。三つの義務を定義し、「国民感情」の生きた核を形成する国民意識の団結(Einheitlichkeit des Nationalbewusstseins)を定義しながら、コーエンは「感情」(Gefühl)という語を強調するが、またカント思想を理解する必要性をも強調する。このときカント思想は、単に義務や責任についての感情的思考であるのではない。(カント思想がそうしたものであるというのも本当である。法への尊敬は感情にとどまらねばならない。)

すべてのドイツ人は、愛が供する親密さにいたるまで、みずからのシラーやゲーテを知るのでなければならないし、彼らを、心のなかにあるかのごとくに、つねに頭のなかに入れておかねばならない。しかしこの親密さが前提とするのは、みずからのカントについての根本的な認識と理解とを獲得しているということである。(第四節)

兵役、すなわち前述の三つの義務のなかの最初の義務の問いは、ここでは特に注目に値する。それは三つの理由からである。まず第一には、もちろん、このテクストが戦争の只中において、なんとしても平和主義とコスモポリタニズムにとどまろうとする社会主義者によって書かれ発表されているからである。次に、コーエンは兵役の問いをはっきりとカントに結びつけているからである。最後に、この問いとユダヤ人問題との結びつきは、当時のドイツにおいてかなり特異だからである。この三つの糸を辿ろう。

ドイツ国民の——そしておそらくはあらゆる国民の——この問題系において、音楽の重要性はいくら誇張してもしすぎるということはない。ところで、魂、国民的プシュケー、音楽についてわれわれに語られることの核心部に、軍事のテーマ系が現れる。音楽はなによりもまず息の規則であり、呼吸の諸構造(Lufthauch〔微風〕、Luftgebilde〔幻影・空中楼閣〕)——言い換えれば、プシュケー的な諸構造——の規則である。音楽は「精神的崇高」(geistige Erhabenheit)の場なのだ。ところで精神と魂との融合(Verschmelzung von Geist und Seele)は、ドイツ音楽においてのみ(einzig in der deutschen Musik)その完全状態(Vollendung)へと到達する。ドイツ音楽の固有性についての問いに答えるためには、またなぜドイツ音楽がドイツ精神の固有性(die Eigenart)にそのような影響を及ぼすのかという問いに答えるためには、このことの証明が必要である。音楽はもっとも観念的〔理念的〕な芸術である(die idealste der Künste)。このヒエラルヒーの言説の全体は、それぞれの芸術の観念性〔理念性〕に応じた芸術のヒエラルヒーを前提にしている。このヒエラルヒーは、少なくともヘーゲルからハイデガーにいたるまで、芸術の分類についての比較分析を要求するだろう。音楽がもつこうした高次の観念性によって、音楽はここでは、ドイツ観念論に関するこの言説の観念論的意図に調和する。音楽がもっとも観念的な芸術であるのは、まさしく音楽のもつプシュケー的な性格のためである。音楽がもつ構造・構成・組み立て(Gebäude)は純粋な息(reiner Hauch)であり、呼吸であり、spiritus〔息吹・呼気・空気〕、プシュケーである。リズムにとても注意深いコーエンは、音楽を組織する数学的形式の巨大な帝国にも注意深い。ローゼンツヴァイクはコーエンを称賛してこう言う。コーエンはおそらく自分でも気づかないうちに偉大な数学思想家だった、と。[15]

彼自身が思っているところとは反対に、また彼の著作の見かけとは反対に、「プラトンに始まる」この本当に終わってしまった運動の単なるエピゴーネンではまったくなかったのは、ヘルマン・コーエンただ一人だった。数学のなかに思考のオルガノンを発見したのは彼だけだった。というのも数学はみずからの諸要素を、一にして普遍であるゼロの空無から出発して生み出すのではなく、示差的なものの無、すなわち数学が求める要素へとそのつど秩序づけられた限定的な無から出発して生み出すからである。*13

この同じ論述のなかで、ローゼンツヴァイクは「師」としてのコーエンについて語っている。コーエンはヘーゲルと手を切り、まさしくカントへ回帰することによって「観念論」を要請するわけだが、にもかかわらず〔ローゼンツヴァイクにとって〕コーエンは実は「観念論」と手を切ったからこそ師なのである。つまりローゼンツヴァイクは観念論の伝統の核心に、コーエン自身が十分に考慮しなかった断絶の数々を導き入れようとするのである。同じ論述は、まさしくハイデガーとの論争を呼び招くような無の思考にかかわる。

案内役を務めるのは数学である。数学は「何ものか」の起源を無のなかに認識することを教える。たとえ師がこれを大いに拒絶するにせよ、われわれはそこから出発して、彼の起源の論理学という学問的傑作のうえに無の新しい概念を練り上げる作業を継続するのだ。彼は他の省察で告白している以上にヘーゲル主義者だった――そしてそのことによって望みどおりに「観念論者」だった――ということはありうることだが、ここでは、この根本概念においては、彼は観念論の伝統との決定的な切断をおこなっていたのである。ゼロにならって「無」以外の何ものでもありえない、一にして普遍である無のかわりに、この正真正銘の非‐事物(Unding〔ばかげたもの〕)のかわりに、彼はその豊饒さがもろもろの現実のなかで明らかになる特殊な無を据えたのだ。コーエンがもっとも激しく反対したのは、まさしくヘーゲルが存在概念のうえに論理学を創設したことだった〔私はこう言おう。ハイデガーも『形而上学とは何か』で彼なりのやり方で同じことをした、と〕。そしてこれによって、ヘーゲルの遺産を継いでいた哲学の全体に反対したのだ。実際、自分をなおも「観念論者」とみなしていた――これは彼のうちで起きていた出来事の暴力のもう一つのしるしである――哲学者が、ここで初めて、思考は「純粋に産出する」ために外に出て行くとき、存在にではなく無に出会うということを知り、それを認めたのである。初めて、である。もっとも他の場合と同じくこの場合も、過去のすべての思考者のなかで唯一カントのみが、われわれがこれから辿ることになる道をすでに示していたのである(16)(またもや、いつものように、体系的な展開を与えることなく放たれた註記の形でだが)。

かくも重層的に決定されたこれらの解釈の制度的な次元をなおも強調する必要があるだろうか。それらの解釈はシステムや資料体の統一性にかかわり、また自己解釈であれ他者解釈であれ、とにかく解釈の伝統が(したがって学術制度が)評価し、運営し、隠蔽し、序列化し、規範化する(これらの操作のなかで自己自身を基礎づけつつ)そのやり方にかかわる。そして忘れてはならないことだが、ここで大学について語っているのは、外見上は一人の非‐大学人なのだ。しかし単純に大学の外部であるためには、職業上大学と無縁であるだけでは足りない。また便利だが問題の多い区別(とくに戦時には)をなおも使って言えば、民間人であるだけでも軍属であるだけでも足りない。しかし戦時とはいったい何か。軍事的なものは、それがどのようなものであれ、知や学習素《マテーム》や数学と無縁ではない。とりわけ軍楽は。ドイツ音楽の偉大さは精神形態の崇高(Erhabenheit der geistigen Form)に訴える。ナショナリズムについてのこの言説全体は崇高についての言説でもある。崇高な大機構(dieser erhabene Formenbau)の光線は、根源的な感情のもっとも純粋な源泉の奥底にまでさしこむ。精神形態のこの崇高性はリズムの数学化なしにはすまない。それは感情の源泉と一体となり、かくしてドイツ音楽の独創性をなす。ところで、感情のこうした構造化は何と較べられるべきか。コーエンの答え、それはHeerzug〔出征〕、軍事配備、軍事行列、軍事行進、軍事パレードである(第一五節)。

ここでコーエンが眺めている歴史を思い出す必要がある。それは単にドイツ系ユダヤ人の解放の歴史ばかりではなく、Aufklärungとカントに結びついたかぎりでのドイツ的ユダヤ教にもとづいて解釈された、世界的ユダヤ教の歴史である。コーエンはこの歴史を疑っておらず、こう言う(第三三節)。メンデルスゾーンとカントの影響は同時的であったし、同じ性質のものだった、と。この影響はドイツの彼方へと広がり、ユダヤ教のそのまったき深みにまで広がり、「ユダヤ人たちの、少なくとも近代の西洋の国で生きていたユダヤ人たちの文化生活の総体にまで」及んだ。(この最後の制限はきわめて重要であると思われる。初期シオニズムのもつ本質上ヨーロッパ的な性格を考えた場合、とくにそうだ。)この影響に言及した後でコーエンはさらにもう一回、ゲルマン性とユダヤ教との「きわめて内的な深い精神的親和性《モラル》」を強調する。それは政治的社会主義のことである。政治的社会主義は、ルター的にしてユダヤ的なモチーフである聖職の一般化に呼応すると同時に、メシアニズムにも呼応している。要するに、ドイツ国家はその近代において聖職的でありメシア主義的だというのである。このことはその社会政策のなかに認められる。もっと正確に言えば、社会政策がドイツ国家によって一種の義務として認められているという事実のなかに認められる。すなわち政治的である以前の倫理的義務、自然権によってすでに書き込まれている義務として、社会政策が認められているというのである。社会主義はよくある政治ではない。それは卓越した仕方で、本質上ドイツ的な政治なのである。社会主義は国民的《ナショナル》であり、ドイツ的である。政策や政治屋によるさまざまな様相はありうるし、社会主義を実施するさまざまな戦略もあるだろう。しかし目的についてはどんな疑いもない。この社会主義的政治、普遍的な聖職から着想を得たこの道徳は、根本的メシアニズムに奉仕している。ユダヤ-ドイツ的メシアニズムへの奉仕。

この真理(いずれにせよ、そのいくつかの手がかりは否定しがたい)を例証するために、コーエンはいくつかの例を挙げる。第一に、ビスマルクは普通選挙を憲法のなかに記載された権利にした。(ここで私は国家主義《ナショナリズム》と社会主義との同盟について、国家社会主義について、ハイデガーはヒトラーを一九三三年にビスマルクと取り違えたのではないかというブランショの注解を思い出す。[*14])コーエンによれば、ビスマルクは、ドイツ帝国の観念そのもののなかに書き込まれた論理的な結論を引き出したのである。第二の例は、少し前からわれわれがそこへ向かっている例である。

一番目の例と同じ論理によって、カントの弟子たちであれば、徴兵制がドイツ憲法に書き込まれるに値する主要な制度であると考えねばならないとされる。そしてコーエンがカントの弟子ということを強調するのは、カントの弟子たちが原理的に平和主義者であったことを思い出させるためである。シュレースウィヒ＝ホルシュタインのための戦争と反ナポレオン戦争のせいで、彼らは〔徴兵制という〕この必要性に屈せざるをえなかった。それでもやはり、この必要性は軍国主義よりもむしろ民主主義、社会民主主義の刻印を帯びている。徴兵制は軍隊制度の民主化に呼応している。そもそも社会民主主義の創設は、コーエンから見れば、ドイツ精神の本質的固有性(Eigenart)である。コーエンは、ユダヤ人たちがフリードリッヒ二世の時代に軍役を禁じられていたにもかかわらず、解放戦争において軍事的愛国主義を示したことをも思い出させる。つまりこの熱烈な愛国心は明敏にも、その精神《エスプリ》において法律装置の文字《レットル》に先立ち、それを準備したというのである。社会民主主義は、それが(一「唯物論的な屑」から純化された暁にある)倫理現象であるかぎりで、ユダヤ教と同盟したドイツ精神の本質なのであり、コーエンはその徴候を数多くの場面に見て取っている。たとえばマルクスのユダヤ人としての出自や若き日のフェルディナント・ラサールの宗教的な傾向などがそうである。

VI

Interpretations at war〔戦争中の諸解釈〕とわれわれは言った。〔コーエンの〕このテクストの地位、日付、目的は、そこにみられる軍隊の哲学および戦争の哲学にかかわるものへのわれわれの注意を正当化する。コーエンはほとんど両立しえないと見える、少なくとも三つの事柄を調停しようと望んでいる。(一)彼はドイツの勝利を望んでおり、そのことを隠さない。(二)彼はドイツの勝利をドイツ系ユダヤ人としても望んでおり、したがって、世界のユダヤ人の多数がドイツ人ではない(このことはコーエンもよく承知している)にもかかわらず、この勝利をユダヤ教の勝利として解釈しなければならない。㈢よきカント主義者として、彼はコスモポリタンであるばかりでなく、平和主義者でもある。彼はどのようにこの三点の調停に取り組むのか。

一、彼ははっきりと武器による勝利を、「われわれの故国の英雄的勝利」(den Heldensieg unseres Vaterlandes)を望む。彼が「われわれの」という言うとき語りかけている相手はドイツ人たち、ドイツ系ユダヤ人たちであるが、そればかりでなく世界中のユダヤ人たちでもあって、思い出しておきたいが、彼らは自分がドイツ的であること、もしくはドイツ的でなければならないことを認識すべきだというのである。この「われわれ」は、その用法において、その語用論において、そのレトリックにおいて、『ドイツ国民に告ぐ』の「われわれ」の目的論的な力を具えている。「われわれ」という語は、これから創設されるべきものとして招集されていると同時に、もっとも根源的なものとしても前提されている。なるほど勝利における希望は、ドイツ軍のまさしく軍事的勝利(« Wir hoffen auch den Triumph der deutschen Waffen » 第四一節)にかかわっている。しかしコーエンの言説は、この戦争を正当化する段になるといっそう混迷の度合いを深める。この戦争は「正しい」のか。平和主義的な社会主義者としてコーエンはまずこう自問する。この戦争は必要なのか、と。戦争一般は必要なのか、と。答えは一見冷静なものに見える。ここではこうした問いに着手しないでおこうというのだ。こうした問いは歴史判断や歴史哲学に属するものだ。戦争の原因について言えば、その問いは歴史家たちに、あるいは歴史や経済や国家を同時に扱う諸学科に任せられている。奇妙な歩みではあるが、いずれにせよ、それは問題領域、知の諸学科、アカデミックな諸部門の分業という労働の分業に基礎づけられている。これらはどれも制度的でもある諸前提をなしている。

交戦国のいずれかの勝利を正当化する意図をもちつつ、他方で自分を平和主義者だと言う者は、どのようにしてこれらの問いを放棄することが、あるいは遅らせることができるのか。どのようにしてこれらの問いを、確立されたいくつかの学科に、つまり自分自身の言説が登録されている制度の外にある諸制度にあてがうことができるのか。これは回避であり否認であると単純に言えるだろうか。というのもコーエンは、おそらく厳密にカント的であるのではないが、やはりカント的なスタイルを保った挙措のなかで、この問いを提起すると同時に回避しているのだから。要するにコーエンはこう言っているのだ。ここで私はもろもろの領域科学(経済学、政治学、等々)と同様に、歴史哲学、世界史の弁神論をも断念する、と。だがこのように新批判主義的な挙措に従って内向したことによって、私は反省的で目的論的な姿勢を維持することができるのであり、次のように自問するのだ、と。すなわち、その原因(これについては歴史学者や経済学者や政治学者を参照されたい)や最終目的(これについては歴史哲学者ないし神学者を参照されたい)がどうであれ、戦争の出来事が起こったとして、「戦争という出来事から(aus der Tatsache der Kriege)、現在の紛争のもろもろの出来事から、どのような教えを引き出すことができるのか。こうした出来事は人類の定め(Bestimmung des Menschengeschlechts)をいっそうよく理解可能にするのであり、また人類の定めの内部で言えば、ドイツ性の道徳的な目的を解明し達成するべく(um den sittlichen Zweck des Deutschtums zu erhellen und zu erfüllen)、ドイツ性の定め(Bestimmung des Deutschtums)をいっそうよく理解可能にするのである」(第四三節)。

コーエンはこれを「目的論的」方法と呼ぶ(第四三節)。ただしこれは方法である。というのも、ひと〔コーエン〕は最終目的——人間のあるいは神の最終目的——を知ることを断念することによって、われわれの国民的現存在に照らしたこの戦争の目的はいかなるものか(suchen wir den Zweck dieses Krieges für unser nationales Dasein zu erforschen)という問いへと内向するからである。答えは即座になされる。すなわち、われわれがこの戦争に期待しているのは国民的再生(nationale Wiedergeburt)であり、我々の民族全体の社会的な若返り(die soziale Verjüngung unseres gesamten Volkes. コーエンはここを強調している)である、と。こうしたわけで、ひとりのドイツ人から見て、軍隊の勝利は望ましいものなのである。

二、しかしこのドイツ的目的論はまたユダヤ的目的論でもある。この戦争が起こる以上、同じ問いがのしかかる。

すなわち、なぜ一人のユダヤ人がドイツ軍の勝利を望まねばならないのか、と。そしてユダヤ教の定めのなかでそれは何を意味しうるのか、と。答えはこうだ。この戦争は解放戦争として提示されないこともない、と。少なくともそれが希望――もしくは信頼――である(第四一節)。「われわれの故国の英雄的勝利」によって、「正義と愛の神は」ロシア帝政がわれわれの兄弟たちに課している「野蛮な隷属に終止符を打つだろう」。ロシアのあれらの哀れなユダヤ人たちの政治的な実存状況は、人間の権利、人間の尊厳、人間の尊敬に対する恥ずべき挑戦である。しかし彼がドイツのユダヤ主義をその他のユダヤ主義の上位に(たとえば隷属させられたロシアのユダヤ主義の上位に)置いているように見えるのは、ドイツの勝利がドイツ系ユダヤ人の解放をも進展させると、まさにコーエンが希望しているからである。ドイツの側でも進歩はまだまだだとコーエンは強く感じている。たとえば単なる法律上の平等では不十分な、ユダヤ教の留保なき承認について。ドイツの勝利は、コーエンが考えるに、ユダヤ-ドイツのプシュケーにさらなる生命とさらなる真理とを与えるはずなのである。なぜ彼が自分の仮説を経験の試練にかけられなかったのか、その理由がよくわかる。

三、最後に、正しい戦争のこうした称揚、ドイツの――ユダヤ-ドイツの、と言わなければいけないだろうが――勝利へのこうした希望を、根本的な平和主義、そもそもカントに源をもつコスモポリタニズムに結びついた平和主義と、いかに調停すべきか。カント的な意味での理念《イデ》に少なくとも似てはいる次のような主要観念《イデ》のおかげでである。すなわち、この戦争はメシア的観念の展望のなかに書き込まれなければならず、国際的な相互理解、国民間の平和をもたらすのでなければならない、と。この平和をどのようにして創設するのか。ここでこれらの命題の字句に注意を払おう。それを見ると、もっとも経済的な定式化の一つが模範主義――これは国民性についてのわれわれの反省の中心そのものをなしている――に与えられていることがわかる。コーエンが言うには(第四一節)、われわれの例(unser Beispiel)は模範として役立たなくてはならない(als Vorbild dienen dürfen)。われわれの例は例として――他の言い方をすれば、モデル、模範的な例、原型《パラディグム》、理想として——役立たなければならない。Vorbild〔範例〕としての Beispiel〔例〕である。われわれの例は、精神の生およびプシュケーの生のすべての基礎もしくはすべての創設における(in allen Grundlagen des Geistes-und des Seelenslebens)ドイツの覇権、優位、主導性(der deutschen *Vormacht* ——最後の単語が強調されている)の承認(Anerkennung)のための模範として役立たなければならない。論理はかつてないほど異常である。われわれの例に従うときにしか国家間の相互理解と平和はないというのだ。しかしア・プリオリな総合と分析的説明とのあいだの冗長なトートロジーでもあるこの進行につきあってみよう。われわれの Vormacht〔優位〕を、ドイツのヘゲモニーないし優越を認識するために、範例(Vorbild)としてのわれわれの例(Beispiel)に従わなくてはならない。この Beispiel〔例〕から Vorbild〔範例〕と Vormacht〔優位〕への進行〔Progression(発展・進軍)〕は、この例が集列のなかのどうでもよい〔無関係な〕一事例ではない以上トートロジーである。それは模範的であり、事前－モデル、前成的なモデルである。例をそうしたものとして認めること、それはヘゲモニー(Vormacht)を認めることである。認識は単に理論的なものにとどまることはできない。それは政治的な隷属なしでは済ますことができない。もちろん、それはこの目的論的な言説の全体が帰属している精神的かつプシュケー的な次元での話ではある。だがこの目的論的な言説はそれでもやはり、異質なものや外国人たちに対して、「異民族の偽りの栄光」等々に対して、純化的な——言い換えれば、あらゆる外国人嫌いからめったに純化されていない——注解を積み重ねているのである(とりわけ第四五節を参照のこと)。

　国民的模範性についてのこうした精神主義的な規定は、ドイツ国民にのみ属するものではない。そもそも、この規定は模範的にしかドイツ国民に属さないと主張するとしたら、それは何を言うことになるのだろうか。『国民とは何か』のなかで、ルナンもこの精神的な性格を強調していた。「物質的なものはまったく関係ない」ということだけでは国民を定義するには不十分である。「一つの国民は精神原理である」。人種も、言語さえも、利害関心も、宗教的親和性も、地理も、軍事的必要性も、この定義を組み尽くすのに十分ではない。この精神原理をルナンもまた「魂」と呼んでいる。「二つの国民は一つの魂であり、一つの精神原理である[17]」と。

単に時間と場所に由来するだけではないいくつかの理由から、われわれは、ルナンをここで引用するように仕向けるモチーフのうちの二つのみを強調することにしよう。この二つの理由はどちらも、われわれをコーエンへ連れ戻す。

A. 第一の理由は記憶と忘却にかかわる。コーエンにとって、ユダヤ‐ドイツの精神的国民とでもいったものを意識することは、少々特殊な類いの想起に身を委ねることである。この想起は、プラトン、フィロン、キリスト教的なロゴス、マイモニデス、ルター、カント、フィヒテ等々に遡る。記憶は可能である。そればかりではなく記憶は必要であり必須でもある。それが意味するのは、記憶は自明なものではないということである。つまり忘却もまた、国民を形成したことになる歴史の構成要素なのだ。ところでルナンのテーゼは逆説的であると同時に良識的なものである。そのテーゼとは、記憶がではなく忘却こそが国民の統一性を作るというものである。さらに興味深いことに、ルナンはこの忘却を一種の抑圧として分析する。すなわち、能動的、選別的、意味付与的、一言で言えば、解釈的な抑圧として。忘却は、国民の場合、単なる心理学的な消去ではないし、あたかもアーカイヴが事故で破壊されるかのごとく、過去への接近をいっそう困難にする、取るに足らない摩耗や障害などではない。そうではなく、忘却があるとすれば、それは国民の起源にあった何ものか、おそらくは暴力、外傷的な出来事、口外しがたい一種の呪いに耐えることができないからである。われわれの国籍〔国民性〕が何であれ(ここでは少なくとも四つの国籍のことを私は計算している)、われわれ全員が興味深く再読する歴史的物語の只中で、ルナンはたとえば次のように書いている。

忘却——歴史的過ちとさえ言おう——は国民形成の本質的要因である。かくして歴史研究の進歩はしばしば国民性にとって危険である。実際、歴史の調査は、すべての政治的形成物――たとえその結果が有益なものとなった形成物であれ――の起源で生じた暴力の事実を明るみに出す。統一はつねに暴力的になされる。北フランスと南フランスの併合は、一世紀近くも続いた殲滅と恐怖の結果だった。あえて言えば、理想的な結晶化装置だったフランス王、ありうるもっとも完璧な国民統一を成し遂げたフランス王、近すぎるところから眺められて威厳を失ったフランス王――彼が作り出した国民は彼を呪い、そして今日、フランス王が何に値したか、彼が何をなしたかを知っているのは教養のある人々だけである。(18)

(フランス、スラヴ、チェコ、ドイツの)一連の例はルナンに次のように結論することを可能にする。

ところで国民の本質は以下の点にある。すべての個人が多くの事柄を共有していること、皆が多くのことを忘れたこと、これである。どのようなフランス市民も、自分がブルグンド族、アラン族、タイファル族、西ゴート族であるかを知らない。どのフランス市民も、聖バルテルミーの大虐殺を、十三世紀の南仏の虐殺を忘れたのでなければならない。フランスでは、フランク族の出自であることを証明できる家系は十もないのであり、またそうした証明があるとしても、すべての系譜体系を乱すたくさんの未知の交配のせいで、まったく欠陥だらけのものでしかないだろう。(19)

こうした真理はよく言われるところではあるが(20)、少なくとも二つのことを思い出させる。一つには、国民は、「皆が多くのことを忘れた」という確信がないかぎり実存しないということである。根源的な暴力を思い出す人々がいるかぎり、国民はみずからの本質と実存をほとんど保証されないままである。二つ目は、自分の民族的起源の純粋さを

(自分に)思い出させるかぎり(たとえばブルグンド族、アラン族、西ゴート族など)、国民はみずからの本質と実存をほとんど保証されないままであるということである。

こうした真理そのものについては、われわれはそれを忘れてはならないだろう。もちろん、こうした真理があるからといって、フランス人歴史家であるルナンが次のような明らかな反‐真理を大胆にも主張するとき、歴史家である彼でさえもが忘却する(証明終わり)ということを妨げるわけではないし、かなりの暴力を振るっていることを妨げるわけでもない。「フランスにとって名誉ある事実、それは言語の統一を獲得しようとしたときに、フランスが決して強制的な措置を取らなかったということである」[21]。それがまったく事実ではないということは周知のとおりである(証明終わり)。はじめから終わりまで解釈の学問である歴史科学の客観性は、ここでは、ある所与の契機において、その代表者の一人において、フランス語を始めとする国民的制度への帰属によって侵害されているのである。ここには自己解釈の限界がある。

忘却についてのこの言説は、根源的暴力(これは構成的でなおも秘かに活動している)についてそれが語る内容の面から興味深いばかりではない。ルナン自身はそうしてはいないが、この言説を同じテクストの別の場所にある一つの註記と接続させてみることもできる。国民が一つの魂もしくは精神原理をもつとしたら、それは、ルナン曰く、国民が人種、言語、宗教、場所、軍隊、利害関心などと呼ばれるもののどれにも立脚しないからだけではない。それは国民が記憶であると同時に(そして忘却はこの記憶の展開そのものに属している)、現在における約束、投企、「一緒に生きるという欲望[22]」でもあるからだ。この約束は、それ自体において、構造的に、未来への関係ではないだろうか。なるほどそれは忘却を、すなわち過去――つまり現在において現前的でしかないもの――への本質的な無関心のようなものを含んでいるが、それればかりでなく、ある結集をも、言い換えれば未来の記憶をも含んでいるような、そうした未来への関係ではないだろうか。あなたがたがよくご存知のある本のタイトルを流用して、「思い出された未来〔A remembered future]」と言えるかもしれない。[*15] これはルナンの言葉ではない。しかし私はこれを、彼の意図のある部分を解釈するために提案しよう。

一つの国民は一つの魂であり、精神原理である。実は同じ一つのものにすぎない二つの事柄が、この魂を、この精神原理を構成している。［つまりわれわれは精神とプシュケーをもっているが、すぐに見るようにプシュケーは二つに分裂しており、つまり時間のなかでみずからを反省している。すなわち過去と未来とが現在の軸のまわりを回転しているのだ。］一方は過去のなかに存在し、他方は現在のなかに存在する。一方は思い出の豊かな遺産の共同所有である。他方は現在の合意、一緒に生きるという欲望、共同で受け取った遺産を価値あるものにし続けようとする意志である。諸君、人間は即興で作られるものではない。[23]

「現在の合意」「一緒に生きるという欲望」は、遂行発話的な契約《アンガージュマン》であり、忘却の必要性をじかに記憶に、一方を他方のなかに分かち難く書き込むことによって、日々再肯定されるべき約束である。さらに先のところにはこうある。

国民の実存は（この比喩を許してもらいたいが）日々の国民投票[24]である。個人の実存が生のたえざる肯定であるのと同様に。ああ、わかっている。これは神的な権利［神授権］ほど形而上学的ではないし、歴史的と称される権利ほど暴力的でもない。[25]

これは確かなことだろうか。この問いはここでは宙づりのままに残しておこう。

B．もう一つ別の主題がコーエンの言説を呼び戻す。すなわちヨーロッパ連邦の言説である。一八七〇年の戦争〔普仏戦争〕の後のものであり、この戦争を参照しているルナンのテクストは（この点はその後のコーエンの言説と共通しており、その観点からすれば両者〔ルナンとコーエンの言説〕は同時代的である）、一八八二年において、彼が諸国民の分離・分散と呼ぶものを記録している。

> われわれは政治から形而上学的で神学的な抽象物を追い出した。その後に何が残っているか。人間が、その欲望が、その欲求が残っている。諸国民の分離（とあなた方は言うが）、最終的には諸国民の分散とは、あれらの古い組織体を、見識のないことが多い意志たちに任せるシステムの結果である［…］。諸国民とは永遠のものではない。諸国民は始まったのであり、いつか終わるだろう。おそらくはヨーロッパ連邦がそれに取って代わるだろう。しかしそれはわれわれが生きている世紀の法ではない。現時点では諸国民の実存はよいものであるし、必然でさえある。それらの実存は自由の保証であり、もし世界が一つの主しかもたなくなってしまったら、自由は失われてしまうだろう。[26]

ここからわれわれは〔先ほどの〕第三の問いへ連れ戻される。すなわちコーエンはいかにしてユダヤ－ドイツの勝利への彼の希望と、カントに着想をもつコスモポリタン的な平和主義とを両立させるのかという問いである。ドイツ精神はいかにして世界平和を保証する連邦の中心となることができるのか。ある戦争のことを、それは永遠平和の準備（Vorbereitung）でもあるのだから正しい（gerechte）と主張することによって、いかに正当化できるのか。

普遍的人類の精神が範例的に〔模範的に〕われわれのユダヤ－ドイツ的倫理の起源であるならば、道徳の観点から見て、まさにドイツ精神は十八世紀に形成されたコスモポリタニズムの精神である。国民の発展が普遍的な正義に奉仕するものであるとすれば、武力に訴えることも、それが範例的な単独性においてこの国民の発展に仕えるとき正当なものとなる。この戦争においてドイツ人の一人ひとりが国民の法権利と同時に普遍的正義をも意識している、とコーエンは言う。この意識から彼は「崇高なエネルギー」(mit erhabener Energie, 第四六節)を引き出す。ここでもまたアメリカのユダヤ人たちへのこの手紙は決定的な仕方で崇高論に似る。(ついでに言っておけば、兵士の「意識」についてのこの記述は、同時期にフランスの兵士が教育された意識でもあったのだから、正鵠を射たものである。そして世界中のあらゆる戦争における、傭兵ではないどの兵士についても同じことが言える。) この意識のなかでは武力は法権利に対立しない。ここで個人と国家とのあいだの類比《アナロジー》が挿入される。「個人の精神にとって生体であるものが、人民の精神である国家にとっては武力である」(第四六節)。個人が人類の足かせであってはならないのと同様に、各国家の個別の力が普遍国家――すなわち一切の国家の理想であるべき諸国家からなる連邦――の足かせであってはならない。自然法に従えば、あるいは実定法ないし歴史上の法に従えば、国家概念は連邦を要請する。この要求は国家概念自体のなかに書き込まれており、国家概念をその成熟にまで導かなければならない。国際社会主義のプロジェクトはユートピアにとどまってはならない。そして戦争は、国際社会主義をユートピアから最終的に脱出させるためにあるのだ! この社会主義を実効あらしめるために、社会主義を「切れ味の落ちた武器、中途半端な真理」以外のものにするために、国家の力が必要なのだ。同じ論理がますますカント的でなくなり、むしろほとんどヘーゲル的となって作動しているのがわかる。すなわち国家の実効性ないし実行力という論理、ローゼンツヴァイクが手を切っただろう、まさにその論理。ここにおいて、国家の武力は社会主義やインターナショナリズムの理想を実効あるものにすべきだ、ということになるだろう。他の仕方では、この理想は単に主観的表象の状態にとどまり、抽象的なままにとどまってしまう、と。

コーエンは歴史哲学を括弧に括った一方で、いまや反対のことを宣言しているように思われる。すなわち「連邦」の概念もしくは「国家の理想の達成」という概念は「歴史哲学の原理」へと打ち立てられなければならない、と(第四七節)。

この点について暫定的に結論しよう。他のすべての問題と同様に、連邦と平和の難問はいたるところで今日的な意義をもっている。

コーエンは連邦と永遠平和の問題に着手するときに、なぜカントから着想を汲むことを止めるのか。それは彼がカントに反して常備軍の必要性を信じているからである。カントはと言えば、常備軍(miles perpetuus)という体制は「時間とともに消滅」しなければならないということを原則として立てていた。「いかなる平和条約も、戦争を再開するなんらかの土壌をひそかに自分に取っておくなら、まともに受け取られることはできない(27)」と。平和条約における一切の reservatio mentalis〔心的留保〕を断罪しながら、カントはスズメについて語る。それはおそらくあらゆる国のタカ派とハト派に向けたものである。「というのも、ある建築家がすべての均衡法則に従って完璧に建てたがゆえに、一羽のスズメが止まったら崩壊してしまったスウィフトの家のように、ヨーロッパにおける力の均衡と名づけられたものが世界的で持続可能な平和を打ち立てるなどと信じることは、単なる絵空事《キマイラ》にすぎない*16」。

コーエンはカントに反して、常備軍の存在はそれ自体としては戦争の原因にはならないと考える。彼はむしろ軍事主義に罪を負わせ、軍事的なものがあるところにならどこにでも軍事主義を見る人々を非難する。軍事主義は軍事的なものの堕落である。軍事主義は、軍隊がその名に値する国家にもはや仕えるのではなく、経済権力や資本主義の拡張主義の利益に仕えて増長するとき現れる。軍隊が私的な経済権力や市民社会の分派に奉仕するようになるとき、国家と軍事主義との二律背反が生じる。しかし理想国家、言い換えれば、その狙いにおいて倫理的で連邦的、つまりはその精神においてドイツ的な理想国家が実現した暁には、常備軍を放棄するいかなる理由もない。このようにしてコーエンは「兵役についてのわれわれの考え方」を、社会政策が戦争への衝動を生み出すイギリスという敵の考え方に対立させる。ついでに言えば、そしてこれはまたもやわれわれに単純な読みを禁じるだろうが、コーエンは道徳の次元においてとは言わないまでも、法権利の次元において、カント的な命題を実行している。すなわち法権利の行使は、拘束する能力を暗に前提とする、と。

したがって各国が自国の軍隊を放棄することに根拠がないのは、単に自国を守ろうとするからばかりでなく、連邦の理想を守ろうとするからである。というのも連邦は、法権利に根拠を置くあらゆる《機構》と同じく、武力がみずからの保護のために用いられるということを前提にしているからである。したがって軍隊を具えた分離した実体である国家は、系譜学的であると同時に目的論的でもある展望のなかで諸民族の歴史を考慮する正当な視点から見て、やはり根源的な武力(ursprüngliche Kraft)なのである。この力は人類に課せられた道徳的な任務の達成に最初の推力を与えるのでなければならない。連邦が国家の追求すべき目標であることはあまりに確実なことであって、国家の理想は連邦以外のところで達成されることはない。(第四八節)

前のところで(第四六節)、国家は頂点(Gipfel)として、人類の頂点であるかぎりでの国民の頂点として描かれていた。「国家の理想は諸国家の連邦において絶頂に達する」。

註

日本の友への手紙

原註

*1 この手紙は、予定どおり最初日本語で発表され、次にその他のいくつかの言語で、そしてフランス語では『散歩者』誌、第四十二号、一九八五年十月中旬〔*Le Promeneur*, XLII, mi-octobre, 1985〕に掲載された。井筒俊彦は日本の有名なイスラム学者である。

*2 加えて言えば、次の項目の「脱構築」にも興味をひかれる。

「**脱構築**　一個の全体を脱構築し、もろもろの部分をばらばらにする行為。建造物の脱構築。機械の脱構築。文法――外国語で書かれた文を編成する単語群の位置をずらすこと。その際、なるほど当該言語の統辞法は侵犯されるが、文における単語群が提示する意味をいっそう上手く把握することを目的として、母語の統辞法に近づくのである。この用語は大多数の文法家が不適切にも「構築〔構成〕」と呼んでいるものをまさに指している。というのも、なんらかの著者において、すべての文は彼の国語の特質に適ったかたちで構築されているからである。著者を理解し、翻訳しようとする外国人は何をするのか。彼は外国語の特質に応じて、文を脱構築するのであり、単語をばらばらにするのだ。あるいは用語のあらゆる混同を避けたければ、こう言ってもよい。翻訳される著者の言語との関係では《脱構築》があり、翻訳者の言語との関係では《構築》がある、と」(ルイ＝ニコラ・ベシュレル『フランス語国民辞典』ガルニエ社、一八七三年〔*Dictionnaire Bescherelle*, Garnier, 1873, 15e éd.〕)。

*3 「いかに語らずにいられるか　否認の数々」(本書二一五頁)を参照のこと。

訳註

(1) 「翻訳の問いそのもの」と訳したのは *la* question de la traduction である。冒頭の定冠詞単数形は総称の定冠詞であり、個別性を包摂する概念的一般性を指す。すなわち、ここでデリダは脱構築の問いは翻訳の問いと外延を等しくすると述べているのである。「翻訳の問いなるもの」や「翻訳の問い一般」と訳出してもピンとこないと思われたので、本文のように訳出したが、外延のニュアンスが上手く出ているとは言えない。この概念的一般性がはらむ問題とそれへの批判の眼差しは、デリダのエクリチュールに取り憑いて離れない問題である。

（2） フランス語の heureux には「幸せな、幸運な、好都合な」の意味に加え「〔表現が〕ぴったりとした、適切な、巧みな」の意味もある。
（3） ピエール＝アレクサンドル・ルマール（一七六六―一八三五年）。フランスの言語学者、政治家にして発明家。
（4） アベル＝フランソワ・ヴィルマン（一七九〇―一八七〇年）。フランスの批評家、政治家。一八一六年に二十六歳でパリ大学教授となり、一八二一年にはアカデミー・フランセーズ会員となる。文部大臣も二回務め、高等教育制度の改革にあたる。比較文学研究の先駆者。主著『モンテーニュ礼賛』（一八一二年）、『フランス文学概観』（一八四〇―四六年）。
（5） 言うまでもなく、ハイデガーの「世界内存在」（フランス語訳では l'être-au-monde）のパロディである。

ゲシュレヒトI　性的差異、存在論的差異

原註

*1　後続の「ハイデガーの手（ゲシュレヒトII）」という試論と同じく、本論文（一九八三年にミシェル・アールが編纂した『カイエ・ド・レルヌ』誌〔*Cahier de l'Herne*〕のハイデガー特集に初出）は、来たるべき解釈をかろうじて予備的な仕方で素描するにとどまっている。私はこの来たるべき解釈によって、ゲシュレヒトをハイデガー思想の道程のなかに、また彼のエクリチュールの道のなかにも位置づけたい。そのとき、ゲシュレヒトという語の際立った印象や記載は決してどうでもよいことではないだろう。ゲシュレヒトというこの語を私は、ここでは彼の言語〔ドイツ語〕のなかに残したままにしておくが、それは本読解そのもののなかで重要になるはずの、いくつかの理由による。もちろん、ここで問題になるのは、「ゲシュレヒト」（性、人種、家系、世代産出、系統、種、類などを指す語）であって、ゲシュレヒトなるものではない。ハイデガーはかなり後年になってから、ゲシュレヒトという語の標記のなかに一撃もしくは打撃（Schlag）の刻印を再標記するようになるが、あまり安直に語（「ゲシュレヒト」）の標記を超えて事象そのもの（ゲシュレヒトなるもの）のほうへ向かってはならない。ハイデガーはこの再標記を、われわれがここで語ることのできないあるテクスト、とはいえ本読解がそこへ向けて続けられていくテクスト、実を言えばすでに本読解がそれによって磁化されていると私が知っているテクスト、そうしたあるテクストのなかでおこなっている。そのテクストとは、『言葉への途上』〔*Unterwegs zur Sprache*, Neske, 1959, p. 36／マルティン・ハイデガー『言葉への途上』亀山健吉、ヘルムート・グロス訳、『ハイデッガー全集』第十二巻、創文社、一九九六年〕に収められた「詩における言葉――ゲオルク・トゥラークルの詩の論究」（一九五二年）〔«Die Sprache im Gedicht; Eine Erörterung von Georg Trakls Gedicht», 1952; tr. Jean Beaufret, «La parole dans l'élément du poème; Situation du Dict de Georg Trakl», *Acheminement vers la parole*, Gallimard, 1976／仏訳はジャン・ボーフレ、ガリマール社、一九七六年〕である。

*2　マルティン・ハイデガー『論理学の形而上学的な始元諸根拠――ライプニッツから出発して』〔*Metaphysische Anfangsgründe der Logik im Ausgang von Leibniz*, Gesamtausgabe, vol. 26／『論理学の形而上学的な始元諸根拠――ライプニッツから出発して』酒井潔、ヴィル・クルンカー訳、『ハイデッガー全集』第二十六巻、創文社、二〇〇二年〕。

＊3　この点については、『存在と時間』一六六頁〔*Sein und Zeit*, S. 166／マルティン・ハイデガー『存在と時間』第一巻、熊野純彦訳、岩波書店(岩波文庫)、二〇一三年、二八四頁〕も参照のこと。

＊4　「ハイデガーの手(ゲシュレヒトII)」(本書三九頁以下)、および『精神について　ハイデガーと問い』ガリレー社、一九八七年、一三七頁以下〔*De l'esprit. Heidegger et la question*, Galilée, 1987, p. 137 *sq.*／ジャック・デリダ『新版　精神について――ハイデッガーと問い』港道隆訳、平凡社(平凡社ライブラリー)、二〇一〇年、一四四頁以下〕を参照のこと。

訳　註

(1)　マルティン・ハイデガー『存在と時間』第一巻、熊野純彦訳、岩波書店(岩波文庫)、二〇一三年、九一頁。

(2)　同書、九四頁。

(3)　同書、同頁。

(4)　マルティン・ハイデガー『論理学の形而上学的な始元諸根拠――ライプニッツから出発して』酒井潔、ヴィル・クルンカー訳、『ハイデッガー全集』第二十六巻、創文社、二〇〇二年、一八五―一八六頁。

(5)　同書、一八六頁。

(6)　前掲『存在と時間』第一巻、二一四頁。

(7)　同書、二一三頁。

(8)　前掲『論理学の形而上学的な始元諸根拠――ライプニッツから出発して』一八六頁。

(9)　本書第I巻六一八頁、訳註(21)を参照のこと。

(10)　動詞 citer は「引用する」という用法のほかに、法律用語として「(裁判所に)呼び出す、召喚する」という用法もある。もともとラテン語の citare(「動かす」〔cieo〕の反復動詞)に由来するからである。

(11)　前掲『論理学の形而上学的な始元諸根拠――ライプニッツから出発して』一八六頁。

(12)　同書、一八七頁。

(13)　前文中の「乖離(dissociation)」「散漫(distraction)」「散種(dissémination)」「分裂(division)」「分散(dispersion)」といった単語群は、すべて接頭辞 dis-(「分離」)を伴っている。

(14)　前掲『論理学の形而上学的な始元諸根拠――ライプニッツから出発して』一八七頁。

(15)　ここで「たまたま……するはめになる」と訳した表現は se trouver である。このフランス語の固有表現《イディオム》については本書第I巻四九頁および六二一頁訳註(44)を参照のこと。

(16) 今度の「したがって」は先ほどの par suite(「続いて」)とは違い donc である。donc は通常は結果、帰結を表わすが(「したがって、ゆえに」――デカルトの有名な「我思う、ゆえに我在り(Je pense, donc je suis)」)、ここでは「贈与(don)」の一撃が響いている。ただしデリダの場合は、ハイデガーの「贈与(Es gibt)」とは異なって、性的差異を二次的なもの、追加的なものとして「純化」するのではなく、むしろ性的差異に「汚染」された在り方こそが「贈与」の根源的一撃(書き込み《エクリチュール》)だと考えている。
(17) 前掲『論理学の形而上学的な始元諸根拠――ライプニッツから出発して』一八七頁。
(18) 同書、同頁。
(19) 同書、同頁。
(20) 同書、一八八頁。
(21) 前掲『存在と時間』第一巻、四二四頁。
(22) マルティン・ハイデガー『存在と時間』第四巻、熊野純彦訳、岩波書店(岩波文庫)、二〇一三年、二二二頁。
(23) 同書、二七九頁以下。
(24) 「……へ線を引く」と訳したフランス語 avoir trait à は慣用表現として「……と関係をもつ」という意味で使われる。
(25) 前掲『存在と時間』第四巻、二二〇頁。
(26) 同書、二七九頁以下。
(27) 前掲『論理学の形而上学的な始元諸根拠――ライプニッツから出発して』一八八頁。
(28) 以上の単語はすべて「jeter(投げる)」に由来する言葉たちである。
(29) 前掲『論理学の形而上学的な始元諸根拠――ライプニッツから出発して』一八八頁。
(30) 同書、一八九頁。
(31) 同書、同頁。
(32) マルティン・ハイデガー『存在と時間』第二巻、熊野純彦訳、岩波書店(岩波文庫)、二〇一三年、八四頁。
(33) 前掲『存在と時間』第一巻、二五五頁。
(34) 「方法(méthode)」の語源はギリシア語の méthodos(「追跡、研究」)であるが、この単語は met(á)-(「……の後」)+hodós(「道」)から成る。道の後を追うこと、筋道を追うことから「方法」という意味が生まれる。「方途」と訳したフランス語 voie はまさに「道」を指し、そこから「方法」という意味でも用いられる(語源はラテン語の via)。
(35) 前掲『存在と時間』第一巻、二五六頁。
(36) 同書、二八一頁。

(37)「所在究明」の原語は situation。ふつうこの語は「状況」や「位置づけ」という意味だが、ここではハイデガーの Erörterung の仏訳語として用いられているので、ハイデガー用語の邦訳である「所在究明」と訳しておく。

(38)ドイツ語の Verwesung のもとになる動詞 verwesen は、通常「腐敗する、分解する、朽ちる、死ぬ」という意味であるが、ハイデガーはここに「本質(Wesen)」の「除去、破壊(ver-)」の意味合いを読み込む。

ハイデガーの手（ゲシュレヒトII）

原註

＊1　この講演は、一九八五年三月、シカゴ（ロヨラ大学）でジョン・サリスが主催したシンポジウムでおこなわれた。その後、シンポジウムの記録は『脱構築と哲学』（ジョン・サリス編、シカゴ大学出版、一九八七年）〔*Deconstruction and Philosophy*, ed. John Sallis, The University of Chicago Press, 1987〕として出版された。

＊2　別の場所で私は、『形而上学の根本諸概念』〔*Die Grundbegiffe der Metaphysik*, 1929-1930, Gesamtausgabe 29/30, 2e partie, chap. 4／『形而上学の根本諸概念』川原栄峰、セヴェリン・ミュラー訳、『ハイデッガー全集』第二十九／三十巻、創文社、一九九八年、第二部第四章〕のなかでハイデガーが動物性に割いた論述を可能なかぎり詳細に検討するつもりである。そこでの論述は、私がここで問いに付している論述とのあいだに本質的な断絶を持たず、むしろその土台をなしているように私には思われる。私がここで問う論述とは以下のようなものである。一、動物学を一個の領域的な学とみなすことに存する古典的な身振り。動物学という領域的な学は動物性一般の本質を、すなわちハイデガーがこの〔動物学という〕科学的な知の助けなしに描き出そうとする（四五節参照）本質を前提にしなければならない。二、「動物には世界が乏しい〔Das Tier ist weltarm〕」というテーゼ。このテーゼは他の二つのもの（「石には世界がない〔Das Stein ist weltlos〕」と「人間は世界形成的である〔der Mensch ist weltbildend〕」）のあいだの中間的テーゼである。それは困惑に陥った分析であって、この分析のあいだハイデガーはひどく苦労しているように私には見える。ハイデガーは、乏しさ、乏しくあること〔Armsein〕、欠如〔Entbehren〕といったものを程度の違いという経験的な規定とは無縁の本質的な特徴（二八七頁〔前掲『形而上学の根本諸概念』三一六―三一七頁〕）としてうまく規定できていないし、世界を持つと同時に持たない動物のこの〈持たずに持つこと〉の独特の様相（「世界を持つと同時に持たないこと〔Das Haben und Nichthaben von Welt〕」五〇節）をうまく解明できずにいる。三、動物は存在者としての〔*als*〕存在者への接近路を持たない（二九〇頁以下〔前掲『形而上学の根本諸概念』三一九頁以下〕）と言うときの als〔として〕の現象学的‐存在論的様態。この第三の区別によって、人間と動物の差異は、与える能力と取る能力との対立に対応するというよりも、取ったり与えたりする二つの手法の対立に対応するということが明確にならざるをえないだろう。一方の人間の手法のほうは、それとして与えること・取ることの手法、すなわちそれと

しての存在者や現前者の手法である。そうすると他方の動物の手法のほうは、それとして与えることでもない、ということになるだろう。さらにその先、五〇頁を、また『新版　精神について　ハイデガーと問い』の七五頁以下を参照のこと〔*De l'esprit. Heidegger et la question*, Galilée, 1987, p. 75 *sq.*／ジャック・デリダ『精神について――ハイデッガーと問い』港道隆訳、平凡社(平凡社ライブラリー)、二〇一〇年、七九頁以下〕。

＊3　『絵画における真理』フラマリオン社、一九七八年、二九一頁以下〔*La vérité en peinture*, Flammarion, 1978, p. 291 *sq.*／ジャック・デリダ『絵画における真理』(下)、阿部宏慈訳、法政大学出版局(叢書・ウニベルシタス)、一九九八年、一二一頁以下〕を参照のこと。

＊4　思考、そして問いでさえ(この「思考の敬虔さ」)、手なるものの作業であり、また祈りや誓いによって結び合わされた手が、やはり手をそれ自身へと、その本質へと、思考とともに結集するのに対して、ハイデガーは「両手で摑むこと」を告発する。すなわち、それは性急さ、功利主義的暴力の急き立て、問いかける思考を打ち切って数字へと手を散らす技術の加速化である。あたかも二本の手による把捉は、一本の手のみが、手なるもののみが開き守る――いまや開かれたままに維持しながら――ことのできる、〈思考する問い〉を失い、犯すかのようだ。『形而上学入門』〔*L'Introduction à la métaphysique*〕の終わりにはこう書かれている。「問うすべを心得ていること、それは待つ――一生のあいだでさえ――すべを心得ていることである。とはいえ、ひとつの時代(Zeitalter)――この時代にとって現実的(wirklich)なのは、素早く過ぎ去り、二本の手で摑まえられるがままになる(sich mit beiden Händen greifen lässt)もののみである――は、問うことを「現実とは無縁な(wirklichkeitsfremd)」ものと、「割に合わない(was sich nicht bezahlt macht)」なにかとみなす。しかし本質的なものは数字(Zahl)ではなく、正しい時間(die rechte Zeit)である……」(一五七頁、仏訳二二一―二二二頁。仏訳を若干変更〔マルティン・ハイデガー『形而上学入門』川原栄峰訳、平凡社(平凡社ライブラリー)、一九九四年、三三四頁〕)。この一節を私に思い出させてくれたヴェルナー・ハーマッハーに感謝する。

　問いをめぐって、そして問いの問いをめぐって、私が記述し位置づけようと試みる別の「転回点」については、前掲『精神について　ハイデガーと問い』、とりわけ一四七頁以下を見よ〔前掲『新版　精神について――ハイデッガーと問い』二二〇頁以下〕。

＊5　英語でおこなわれる講演のなかで私がハイデガーのフランス語訳を引用するのを見て、驚かれるかもしれない。私は二つの理由からそうする。ひとつには、私自身が作業し、教育し、読んだり書いたりしている固有言語《イディオム》の拘束あるいはチャンスを消去しないためである。この瞬間にあなたがたが耳にしているのは、私が最初にフランス語で書いたテクストの翻訳なのだ。もうひとつには、ハイデガーのテクストは、このように第三の耳を通してあなたがたに到着することによってこそ、いっそう接近可能となり、なんらかの追加の読解可能性を獲得することができると考えたからである。さらなる別の言語との対決的説明(Auseinandersetzung)は、「オリジナル」と呼ばれるテクストのわれわれによる翻訳作業(Übersetzung)をきめ細やかにできる。私は第三の耳とし

ての他者の耳について話したところである。その目的は一対物の例(足、手、耳、目、乳房、等々)を過剰に増殖させ、それらの例がハイデガーに提起するはずのあらゆる難問を増殖させるためばかりではなかった。それはまた三つの舌《ラング》〔言語〕のあいだで三つの手でもって、私がしたように機械によっても書くことができるということを強調するためでもある。私は知っていた。自分がドイツ語で読んだ他のテクストについてフランス語で書いたテクストを、英語で発声しなければならない、と。

＊6　「隠喩の退隠」、『プシュケー』第一巻参照〔« Le retrait de la métaphore », *Psyché*, t. I, Galilée, 1998／本書第I巻七一頁〕。

＊7　『ハイデガーの存在思想における死、時間、真理、有限性の暗示』ペンシルヴァニア州立大学出版、一九八六年、一六五頁〔*Intimations of Mortality, Time, Truth and Finitude in Heidegger's Thinking of Being*, The Pennsylvania State University Press, 1986, p. 165〕。

＊8　前掲『精神について　ハイデガーと問い』を参照のこと。

訳註

(1)　マルティン・ハイデガー「転回」『ブレーメン講演とフライブルク講演』森一郎、ハルトムート・ブフナー訳、『ハイデッガー全集』第七十九巻、創文社、二〇〇三年、八九頁。

(2)　アントナン・アルトー『革命のメッセージ』高橋純、坂原眞里訳、『アントナン・アルトー著作集』第四巻、白水社、一九九六年、一八四頁。

(3)　フィヒテ『ドイツ国民に告ぐ』石原達二訳、玉川大学出版部、一九九九年、一一三頁。

(4)　「人間(homme)」「人間性(humanité)」「人間主義(humanisme)」といったフランス語は、もちろんラテン語を語源とする。

(5)　前掲『ドイツ国民に告ぐ』六〇頁。

(6)　同書、六一頁。

(7)　マルクス、エンゲルス『新編輯版ドイツ・イデオロギー』廣松渉編訳、小林昌人補訳、岩波書店(岩波文庫)、二〇〇二年、四三―四四頁。

(8)　未邦訳。

(9)　アルフレート・ローゼンベルク(一八九三―一九四六年)。エストニア生まれのドイツ・ナチ党理論家。ナチ党機関紙『フェルキッシャー・ベオバハター』の主筆として初期ナチス運動を指導した。一九三〇年に『二十世紀の神話』を著し、反ユダヤ主義、ゲルマン民族の世界支配の歴史的使命を主張した。三三年にナチ党外交部長、四一―四五年東方占領地相。ニュルンベルク裁判で絞首刑の判決を受け、四六年に処刑された。

(10) ここでデリダは、フランス語で通常男性名詞として「怪物」を意味する単語 monstre(un monstre, le monstre)が、女性名詞になる(文法上の「性」――フランス語の文法用語では genre〔類〕と呼ぶ――が変化する)ケースがあると指摘するが、現行のフランス語では monstre を女性名詞として使用することはない。
(11) フランス語の女性名詞 montre は日常的には「腕時計」を指す。時間を表示(montrer)するものだからだろう。
(12) 原文の coupes de vers(クップ・ド・ヴェール)は発音上は coupes de verre すなわち「ガラスの杯」とも、coupe de ver すなわち「ミミズの杯」とも聞こえる。
(13) フランス語の montrer(表示する)、la montre(表示、腕時計)、le monstre(怪物)などの語源であるラテン語の monstrum は、「警告」「前兆」「不思議なもの、奇異」「怪物」を指した。「怪物」とは人知を超えた神的なものの兆し、神からの警告と考えられていた。付言しておけば、もとになるラテン語の動詞 monere は「警告する」という意味であるが、その語基 ment- は mens(「心」「精神活動」「思考」)と関係する。デリダにおいて「プシュケー」は「モンスター(お化け、化け物)」でもある。
(14) マルティン・ハイデガー『言葉への途上』亀山健吉、ヘルムート・グロス訳、『ハイデッガー全集』第十二巻、創文社、一九九六年、三一二頁。
(15) 同書、三一三頁。
(16) マルティン・ハイデガー『思惟とは何の謂いか』四日谷敬子、ハルトムート・ブフナー訳、『ハイデッガー全集』別巻三、創文社、一九八六年、七三頁。
(17) 同書、六九頁以下。
(18) 同書、七二頁。
(19) Tischler も Schreiner もドイツ語で「建具職人」のことを言う。
(20) 前掲『思惟とは何の謂いか』七二頁。
(21) Habitat は一九六四年にテレンス・コンランがロンドンに創設した家具の小売業者。イギリス、フランス、ドイツ、スペイン、その他の国にチェーン店をもっている。
(22) 前掲『思惟とは何の謂いか』七一頁。
(23) 前出五五頁参照のこと。
(24) 前掲『思惟とは何の謂いか』七二頁。
(25) ドイツ語で handeln はふつう「行動する」という意味で用いられるが、字面のとおり、もとは「手(Hand)で扱う」という意味である。

(26) 原文の elle[la main] est pensée は、「それ(手)が思考されている」と pensée を penser(「思考する」)の過去分詞と取ることもできるし、属詞として名詞 pensée(「思考」)の冠詞が落ちたものと理解することもできる。
(27) 前掲『思惟とは何の謂いか』七二頁。
(28) 同書、七二―七三頁。
(29) 同書、七三頁。
(30) 同書、同頁。
(31) 「振る舞う」の仏語訳の原語は se comporter であり、「運びもたらす」という動詞 porter から作られている。
(32) 前掲『思惟とは何の謂いか』七三頁。
(33) 「最初に一見したところでは」と訳したフランス語は en premier lieu et au premier abord である。熟語として en premier lieu は「最初は、まず第一に」、au premier abord は「一見したところ、ぱっと見は」という意味である。しかしどちらの定型表現にもデリダがこだわる lieu(「場」「トポス」)と abord(「接岸、接舷」「周縁、へり」)という語が含まれている点に注意。ここでデリダは、「与えること(贈与)」と「取ること」の二項対立を前提し、それに人間と動物の対立を(陰に陽に)基礎づける思考パターンを伝統的形而上学のトポス(常套手段、類型)にもとづく「接近方法(アプローチ)」として疑問視している。
(34) 「究極的には」の原文は en dernier lieu である。
(35) 存在者を存在するがままにしておくことは、ハイデガーの「放下」の思想の根幹であり、「思考」や「詩作」における「人間」の使命である。
(36) マルティン・ハイデガー『形而上学の根本諸概念』川原栄峰、セヴェリン・ミュラー訳、『ハイデッガー全集』第二十九/三十巻、創文社、一九九八年、四五二頁。
(37) 周知のように、ハイデガーの『存在と時間』において分析された Vorhandenheit と Zuhandenheit は、日本語訳では前者は「客体的存在性」、後者は「用具的存在性」と訳される。前者は科学の対象のように、たとえばさまざまな社会的・文化的文脈を捨象され、抽象的に取り出された事物の存在様態を指し、後者は単なる抽象的な客体としてではなく、道具としての意味連関(使用者にとっての環境=環世界)を構成するものとして捉えられた事物の存在様態を指す(本文中の次のハイデガーからの引用文を参照のこと)。ここではデリダがこのハイデガーのキーワードを、そこに含まれた Hand(「手」)というモチーフを浮かび上がらせているので、日本語として少々違和感はあるがドイツ語を逐語訳して、客体的存在性を「手前存在性」、用具的存在性を「手元存在性」と訳出する。
(38) マルティン・ハイデガー『存在と時間』第一巻、熊野純彦訳、岩波書店(岩波文庫)、二〇一三年、一六四頁。

(39) 同書、一六一頁。
(40) マルティン・ハイデガー『パルメニデス』北嶋美雪、湯本和男、アルフレド・グッツオーニ訳、『ハイデッガー全集』第五十四巻、創文社、一九九九年、一三七―一三八頁。
(41) 同書、一三八頁。
(42) 同書、同頁。
(43) 同書、同頁。
(44) 同書、一四三頁以下。
(45) 同書、一四五頁。
(46) 同書、一四五―一四六頁。
(47) 同書、一四四頁。
(48) 同書、同頁。
(49) 同書、同頁。
(50) 同書、一四六頁。
(51) 「渡り鳥」はフランス語では oiseau migrateur と訳されており、逐語訳すれば「移住する[移民する]鳥」である。すぐにデリダが指摘するように、ドイツ語では Zugvogel という語であり、これは Zug(「引くこと、牽引、移動」)と Vogel(「鳥」)から成っている。ハイデガーはこの「渡り鳥(Zugvogel)」の Zug と、思考されるべきものとしてみずからを与えるもの(すなわち存在の真理、贈与運動)が退隠することとしての Zug との差異を強調する。つまり彼の有名なキーワードで言えば、存在者と存在は異なるという存在論的差異を強調しているわけである。
(52) 『思惟とは何の謂いか』の仏訳は Zug を retirement(「退去、引退」)と訳しているが、言わんとするところは retrait(「退隠」)と同じである。一応ここでは retirement を「引き退き」、retrait を「退隠」と訳しておく。
(53) 前掲『思惟とは何の謂いか』一一頁。
(54) 同書、七三頁。
(55) マルティン・ハイデガー『杣径』茅野良男、ハンス・ブロッカルト訳、『ハイデッガー全集』第五巻、創文社、一九八八年、四一一頁。
(56) 前掲『パルメニデス』一三八頁。
(57) 前掲『言葉への途上』五一頁。

(58) 同書、五二頁。
(59) 同書、同頁。
(60) デリダはここで、das Zwiefache der Geschlechter を dualité générique des sexes と訳した仏訳の大胆さを指摘しているが、そもそもハイデガーがここで使っている Geschlechter という語を「性別」とだけ理解してよいかどうかには疑問が残る。『ハイデッガー全集』では「種族」(「種族の二重性」)と訳されている。
(61) 前掲『言葉への途上』八八—八九頁。
(62) 同書、八八頁。
(63) 同書、八九頁。
(64) 同書、二三六頁。
(65) ドイツ語の Erörterung(「究明、論究」)という語には Ort(「場所」)という語が含まれており、ハイデガーはこの場所の究明を独自の存在論として展開している。デリダは Erörterung のフランス語訳として situation をあてているが、前章註(37)で言及したとおり、これを「状況」や「位置づけ」と訳してもピンとこないので、ハイデガーの Erörterung の邦訳語として用いられる「所在究明」という訳語をつけることにする。
(66) 前掲『言葉への途上』三五頁。
(67) 同書、同頁。
(68) 同書、六五頁。
(69) 同書、三九—四〇頁。
(70) 同書、五六頁。
(71) 同書、五二頁。

ネルソン・マンデラの感嘆あるいは反省の法

原　註

＊1　最初、『ネルソン・マンデラのために(「十五人の作家がネルソン・マンデラに、また彼の人生が証言している闘いに敬意を表する」)』ガリマール社、一九八六年〔*Pour Nelson Mandela* (« Quinze écrivains saluent Nelson Mandela et le combat dont sa vie porte témoignage »), Gallimard, 1986〕に発表された試論。このテクストを転載することを許可してくれたアントワーヌ・ガリマールに感謝する。

＊2　「リヴォニア訴訟の口頭弁論、一九六三年十月―一九六四年五月」、ネルソン・マンデラ『アパルトヘイト』ミニュイ社、一九八五年、九六頁〔« Plaidoirie, Procès de Rivonia, octobre 1963–mai 1964 », dans Nelson Mandela, *L'Apartheid*, Minuit, 1985, p. 96〕。私のすべての引用はこの著作を参照し、単語の強調はつねに私によるものである。

訳　註

(1)　フランス語の réflexion には「反省」「反射」「反映」などの多義性があり、以下に論じられるようにデリダはこれらの多義性を用いて議論を進めていく。西洋哲学の伝統においては(たとえばアリストテレスからヘーゲルにいたるまで)、外部・他者を鏡にして自己へ帰還し、自己認識を高め、自己の自律性を自覚し、この再帰的自律性を真理、善、徳、美、自由、主体性、主権性として称揚するのが主流であり、この点で「反射」は「反省」である。もちろん単なる物理現象としての「反射」(鏡としてのプシュケー)が精神現象としての「反省」(魂、心としてのプシュケー)へと昇華(ヘーゲル流にいえば「止揚」)されるところが重要である。réflexion という語(印、記号〔*σῆμα*〕)は、それが種(semen)として接木され散種されるコンテクストによって異なる意味で、さらにはゴースト的に同時に複数の意味で用いられるので、一義的に訳語を当てることができない。とりあえず「反省」「反射」「反映」の三語で訳出しておく。また特殊な訳し方をするときはルビをふったり、原語を示すことにする。

(2)　「思弁(spéculation)」の語源のラテン語 specere は「見る」の意であることに注意。

(3)　「感嘆(admiration)」の語根になっている動詞 mirer は「(鏡などの何かに映して)見つめる」という意味であり、語源はラテン語の mirari(「目を凝らして見る」)である。

(4) 南アフリカで一九五五年に「アフリカ民族会議(ANC)」や「南アフリカ・インド人評議会(SAIC)」の呼びかけで開かれた「人民会議」で採択された憲章。自由、平等、民主主義を謳ったこの憲章は、その後の反アパルトヘイト闘争の基本理念となった。

(5) この箇所は英語の原文にあわせて仏訳を修正して訳出した(フランス語訳は « La *Magna Carta*, la Déclaration des droits et la Déclaration universelle » となっているが、英語原文は « The *Magna Carta*, the Petition of Rights, and the Bill of Rights »)。

(6) 原文は lieu(「場」)となっているが、lien(「絆、結びつき」)の誤植と考えて訳出する。

(7) ここでの「悟性(entendement)」は、見ることに対して、強く「聞くこと(entendre)」のニュアンスを込めて用いられている。

(8) 「かかわる」と訳したフランス語の動詞 concerner には「包囲する」というニュアンスがある。語根の cerne はラテン語 circus(「円」)を語源とする単語である。

(9) 「発生光学」と訳した単語 génoptique は、ギリシア語の genos(「生まれ、起源、発生」)に由来する合成語要素 geno- と名詞 optique(「光学、見方」)から作ったデリダの造語。optique は語源を遡るとギリシア語の horan(「見る」)という動詞に辿り着く。デリダがここで「発生光学」ということで言わんとしているのは、マンデラが近代西洋民主主義をモデル＝鏡にして、しかしその西洋民主主義が理念(諸法を超えた法)として「宣言」しながらも裏切った「革命的民主主義」の潜在的「萌芽」を「いにしえのアフリカ社会の構造と組織」のなかに「見る」(日の目をいまだに見ていないもの、本来的に見えないはずのものを「見る」)という、そしてそうすることでアフリカ「民衆」＝アフリカ「民族(genos)」を「誕生(genos)」させるという、西洋とアフリカとの鏡像反射(相互反映、相互反省)的な「眼差し」の在り方(手法)である。したがって「発生視像学」とか「発生鏡像視学」とでも訳したほうが内容上はふさわしいかもしれないが、あまりに突飛な訳語は避け、とりあえず「発生光学」とした。いずれにせよ、それは「発生、起源」「民族」「鏡」「見ること」といった『プシュケー』全体のモチーフを集約したような造語であり、またそこに描かれた鏡像反射の戯れは、代補、差延、散種、亡霊、来たるべきもの等々の構造ともなっている点に注意されたい。

(10) ここで問題となっているのは、マンデラが法廷でおこなう「自己正当化＝自己弁明(se justifier, justification)」が、単に既成の法律や法的権利(droit)に「適合(justesse)」するだけのものではなく、法律や法的権利の枠組みを超えた「正義(justice)」の観点からなされているということである(この点は、デリダが書いているわけではないが、ソクラテスやキリストを思い出させる)。デリダはこの justification(「自己正当化＝正義化」)の微妙な(硬直的体制を開放する力にもなるし、下手をすれば神学的にも全体主義的にもなる)動きを両義的に、丹念に追っている。

(11) この文章に登場する「弁護士(avocat)」と「告白する(avouer)」という単語は、どちらもラテン語の「声(vox)」に由来する。

(12) アルバート・ジョン・ムンバイ・ルツーリ(一八九八―一九六七年)。南アフリカ共和国の民族運動指導者。一九四五年アフリカ民族会議(ANC)に参加し、一九五二年から議長となり、小数白人政府に対する反対運動を展開した。一九六〇年にノーベル平和賞を受賞。

(13) ヨハネス・ゲルハルダス・ストレイダム(一八九三―一九五八年)。南アフリカ共和国の政治家。一九五四年から一九五八年まで南アフリカ連邦の首相を務め、アパルトヘイトを推進した。

(14) ヘンドリック・フレンシュ・フルウールト(一九〇一―六六年)。南アフリカ共和国の国民党の政治家。一九五八年から一九六六年まで首相を務めたが、彼の時代にアパルトヘイトが法制化され強化されたため、「アパルトヘイトの建設者」とも呼ばれる。

(15) 「代訴人」の原語 avoué はラテン語 advocare を語源とし、「(告白を受けるために)弁護人として呼び出されたもの」という意味である。advocare は a-(「行為の方向・強調」を示す接頭辞)＋vocare(「呼ぶ」)からなり、vocare は vox(「声」)を語源とする。「弁護士(avocat)」も同語源。vocation(「召命」)の集列である点に注意。

(16) デリダはここでも「屈折する(infléchir)」「屈折(inflexion)」という、「反射(réflexion)」と同様に、光の比喩を用いている。

(17) 「感嘆」(admiration)はラテン語の mirari(「目を凝らして見る→驚く」)、「尊重(respect)」は re-(「振り返って」)＋spect(「見る」)から成る。

(18) ラッセルの百人委員会の活動。一九六一年、核政策反対運動として国防省前に座り込み、逮捕され、懲役刑を受ける。

(19) 「国民の槍」とは、一九六一年に前年のシャープビル虐殺事件を受けてANCが南アフリカ共産党と協力して作った武装組織。十分なゲリラ戦を展開するほどの勢力とはならなかったが、反アパルトヘイト闘争における象徴的な意味をもった。マンデラやシスルーが逮捕、有罪判決を受ける直接の理由となった。

(20) 原文ではデリダはマンデラの逮捕を「国民の槍」創設から「四ヶ月後」と書いている。しかし、直前でデリダも記しているように、「国民の槍」の設立は一九六一年十一月であり、したがってマンデラが逮捕された一九六二年八月は「九ヶ月後」ということになる。ここは記載ミスと判断して「九ヶ月後」と訳出した。

(21) フランス語で objectif は名詞として「目的、目標」という意味と「(カメラの)レンズ」という意味をもつ。形容詞の名詞形として「客観的なもの」という意味にもなる。語源のラテン語 objectum は「前に投げられたもの」から「告発」「対象」という意味を持つ。

(22) 「展望台」の原語 mirador は、ラテン語の mirari(「目を凝らして見る」)に由来し、「鏡(miroir)」や「感嘆(admiration)」などと同語源である。

狂気の点

原註

＊1 建築家ベルナール・チュミの作品のために、さらに詳しく言えば、パリのラ・ヴィレット公園に当時建設中だった『狂気の数々』プロジェクトのために書かれたテクスト。初出は、エッセーや図版からなる箱入り本であるベルナール・チュミ『空っぽの枠』(建築協会、フォリオⅧ、ロンドン、一九八六年)〔Bernard Tschumi, *La Case vide*, Architectural Association, Folio VIII, London, 1986〕の二か国版。

＊2 「パラフレーズ——点、線、面」、『哲学の余白』所収、ミニュイ社、一九七二年〔«La paraphrase: point, ligne, surface», *Marges de la philosophie*, Les Éditions de Minuit, 1972／ジャック・デリダ「パラフレーズ——点、線、面」『哲学の余白』(上)所収、高橋允昭、藤本一勇訳、法政大学出版局(叢書・ウニベルシタス)、二〇〇七年〕。

訳註

(1) 「フォリー(フランス語で folie、英語で folly)」とは、建築用語で「庭園内に配置される非実用的で奇想な建築物や工作物」のことを指す。「塔やオベリスク、人工の廃墟、神殿や橋、ミニチュアの城や聖堂などさまざまな形態がある」(『ブリタニカ国際大百科事典』による)。形の面白さを狙った奇抜なものが多いことから「狂気(folie, folly)」と呼ばれる。本稿で話題になっているのは、ベルナール・チュミが一九八二年に設計したパリ市最大の公園、ラ・ヴィレット公園のなかに作られた「フォリー」のこと。公園は一二〇メートル四方の格子で区切られており、その交点に「フォリー」と呼ばれる赤い建造物が点々と配置されている。

(2) このくだりは「途中で(en cours)」「行程(parcours)」「走行(course)」「競合する(concurrent)」「走り書き(notations cursives)」等々と、ラテン語の cursus(「走ること」)、currere(「走る」)に由来する「走行」系の語で記述されている。

(3) 「印影(sceau)」と「極印(poinçon)」は意味のうえでも音のうえでもかけられている。また poinçon には「点(point)」の刻印が潜り込んでいる。

(4) 「育成する」と訳したフランス語は「教える、教育する」を意味する instruire である。もとになったラテン語 instruere は「建造する」が元来の意味で、そこから後期ラテン語において「知らせる、教える」という意味が派生した。in＋struere「（心の）中に建築する」というところから、「教育する」という意味が出てきたと考えられる。デリダはここでこの単語の建築的な語源の意味合いを呼び出して使用している。

（5）「拘束された」と訳したフランス語 engagé は動詞 engager の過去分詞であるが、この動詞は多義的できわめて訳出しにくい。engager は「参加させる、巻き込む」「拘束する、縛る」「開始する」などを意味し、総括的には「（限定された場、状況、状態のなかに）投げ入れる」を意味する。そこから「契約、約束、義務」や「婚約」（エンゲージリングの例）や「政治参加、社会参加」（サルトルのアンガージュマンの例）といった意味、また「ある構造物のなかに別の構造物をはめ込むこと」という建築における用法も生じてくる。語源上は en-＋gage から作られており、gage は「質草、担保」の意味なので文字どおりには「質に入れる」という意味である。ここからはレヴィナスの substitution（「置き換え」「身代わり」「人質」）としての「主体（sujet）」の議論とのかかわりも考えられるだろう。

（6）「（……した状態の）自分を見つける」というフランス語の固有表現 se trouver については本書第Ⅰ巻四九頁および六二一頁訳註（44）を参照のこと。日常的な表現としては「……である、……の状態にある」あるいは「……がある」と同義として用いられるが、デリダはこの「存在（である、がある）」がある種の事後性を帯びていること（「……であることが（後で）わかる」）をこの表現によって示唆している。また同イディオムは「たまたま……する」と偶然性のニュアンスも帯びている（とくに il se trouve と非人称構文になったときがそうである）。

（7）「教えこむ」の原語は instruire。本章訳註（4）を参照のこと。

（8）「無建築的な」と訳した原語は anarchitectural であり、もちろん architectural（「建築的な」）の前に an-（「否定、欠如」の接頭辞）を付けて作ったデリダの造語であるが、「アナーキー（anarchi）」との連想があるので、それが分かり易いように「アナーキテクチュラル」と英語風のルビをふった。「建築（architecture）」という語には語源上 arche（「起源」「支配」「原理」「首位」「長」等々）との連想がはたらいている点に注意されたい。デリダが言う anarchitecture は「アナーキー的建築」と訳してもよいだろう。

（9）「同意する」という動詞 souscrire には「出資する」という経済的なニュアンスもあり、ここのくだりは家の法と経済とのつながりが意識されて記述されている。

（10）ギリシア語の húbris は「傲慢、不遜、思い上がり」を意味するが、ホメロスやギリシア悲劇などでは、人間が自分の分際、分け前、分を超えて、神々の力を侮ることによって神々の怒りを招く振る舞いを指す。古代の歴史家や悲劇詩人たちはそこに人間の破滅の原因を見た。

（11）このくだりに登場する、「引き抜く（soustraire）」「連れ去る（entraîner）」「契約（contrat）」「引力（attraction）」「収縮（contrac-

tion)」といった語は、すべてラテン語 trahere(「引く」)に由来する「線(trait)」系列の語である。
(12) 以上の語はどれも -graphique(「書法」)という語基を含む点に留意されたい。
(13) 「転移(transfert)」「翻訳(traduction)」「転記(transcription)」「踏み越え(transgression)」、そして「超建築(transarchitecture)」は、どれも trans-(「越える」「移行的」)という接頭辞をもっている。訳註(8)で示したように、architecture 関連の語のルビは日本語での連想がはたらきやすいように英語風で付すことにする。
(14) 「ミサ(messe)」という語はデリダがこだわっている「送付」の集列に属する。教会ラテン語の missa(「終了」)に由来し、missa はラテン語 mittere(「送る」)の過去分詞女性形である。「終了」という語義は、ミサの終了時にラテン語で Ite, missa est.(「行きなさい、立ち去ってよい」)という文句が言われていたことに由来する。
(15) 「経験(expérience)」という語は ex-(「外へ」)+peirein(「貫く」)から成る。
(16) チュミ「狂気と組み合わせ的なるもの」、『建築と断絶』所収、山形浩生訳、鹿島出版会、一九九六年、一六七—一八四頁。
(17) folio とは「二つ折りの紙」「二つ折り版(の本)」(最大の版にあたる)、または「頁にふられた番号、ノンブル」のことを指し、ラテン語の folium(「葉」)に由来し、feuille と同語源である。そこに folie(「狂気」)という語が音のうえでかけられている。
(18) フランス語の「狂気(folie)」には「十八世紀に建てられた遊楽のための豪華な別荘」(『ロベール仏和大辞典』)という意味もある。またそこから「ミュージックホール」という意味も派生している。
(19) aphorisme は「警句、格言」という意味であるが、語源となるギリシア語の aphorismos は「限定、定義」という意味であり、apo-(「離れて」)+horizein(「区切る」)から形成されている。
(20) フランス語の maintenant は普通名詞としては「今」という意味であるが、もとは動詞 maintenir(「保つ、保持する、維持する」)の現在分詞形から派生した単語である。直訳すれば「いま保つもの」である。デリダは le maintenant の時間的意味(「今」)を「手による把持」という逐字的意味へ送り返しながら使用している。
(21) デリダはここで「干渉(interférence)」と「差異(différence)」の語を、それぞれ inter-(「中へ」)+férence と dif-(「外へ」)+férence として、férence という語形において関連づけているが、interférence の férence の語源はラテン語の ferire(「打つ、傷つける」)であり、différence の férence はラテン語の ferre(「運ぶ」)に由来しており、直接の関係はない。デリダにとって最終的に語源(起源的意味)が重要なのではなく、文字(刻印、痕跡)の同形性(反復可能性)が語源(意味)の混交や混乱(散種)を引き起こす点が重要であることがわかる例である。
(22) 「いまだ主体ではまったくなく、自我でも意識でもなく、人間でもなく……」というくだりの原文は point encore de sujet, de moi ou de conscience, point d'homme... であり、例によって point を「点」と取れば、「いまだに主体の、自我の、意識の点、人間の点……」と読むことも可能である。もちろん、その場合、「点」は主体や自我や意識や人間の同一性や実在性を否定する契機として理解されている。「点」はそのものとして「実在」せず、恒常的な分裂、切断の効果である。この点については『声と現象』中のフッサール時間論における「源泉点」の不可能性の議論や「ウーシアとグランメー」におけるアリストテレスの時間のアポリアをめぐる議論を参照のこと。

(23) フランス語で répondre à は「……に応答する」という意味だが、前置詞に de をとって répondre de となると「……に責任をもつ」という意味になる。デリダは原文 répondre de の de をイタリック体にして、前置詞の à から de への交代によって起こる意味の代補、転換、転移を強調している。日本語では表現しにくいので説明的な訳をしておいた。

なぜピーター・アイゼンマンはかくもよい本を書くのか

原註

＊1　日本のある雑誌のために書かれたテクスト(建築家ピーター・アイゼンマンの仕事に捧げられた特集号『a＋u――建築と都市』東京、一九八七年。最初は英語で公表された)。

＊2　この計画の下絵や模型は、後に次の文章として発表された。「コラール・ワーク」、『石の大建造物、ヴィレット公園－都市』シャン＝ヴァロン社、一九八七年〔«Œuvre chorale», *Vaisseau de pierres, Parc-Ville Villette*, Champ-Vallon, 1987〕。

＊3　「《電報《テレグラフ》》の、特別に気晴らし的《スポーティング》なピンク版、グラフィックな嘘《ライ》を言え《テル》、運がそれをもつかもしれないように、彼の肘の横に横た《レイ》えよ……」(ジョイス『ユリシーズ』五六七頁)。『ユリシーズ・グラモフォン　ジョイスのための二つの言葉』ガリレー社、一九八六年、六七頁〔*Ulysse Gramophone. Deux mots pour Joyce*, Galilée, 1986, p. 67／ジャック・デリダ『ユリシーズ　グラモフォン――ジョイスに寄せるふたこと』合田正人、中真生訳、法政大学出版局(叢書・ウニベルシタス)、二〇〇一年、七六頁〕で引用。

＊4　「不時のアフォリズム」、『ロミオとジュリエット』パピエ社、一九八六年〔«L'aphorisme à contretemps», *Roméo et Juliette, Le Livre*, Papiers, 1986〕。「不時のアフォリズム」(本書第Ⅱ巻一八九頁)を参照のこと。

＊5　「以下のように読みの無限の戯れがある。「家を見つけ出す〔find out house〕」「見事な疑いの家〔fine doubt house〕」「どちらであるかがわかる〔find either or〕」「どこかの終わり〔end of where〕」「覆いの終わり〔end of covering〕」等々〔読みの豊かな可能性のなかでも、最近生じた「内的」性質の二つのことを示しておくのも興味深いだろう。Fin d'Ou T はフランス語の fin d'août、八月の終わりを示唆することもできる。すなわち、プロジェクトの作業が完了したあの時期のことを。そのうえ、フランス語を上手く読めない英語の読者はこの同じ断片を fondue と間違って発音するかもしれない。スイスの料理技法を指すこの fondue という語(この語は「溶けた」を表わすフランス語の fondu から来ているが、この語はまた「膝のところで曲げる」というバレエ用語でもある)は、スイスで訓練を受けた主任設計助手であるオランダ人建築家ピーター・フェルステーフの存在を暗示している〕は、スペースの規則正しい操作――文字のあいだの、言語のあいだの、イメージとエクリチュールとのあいだの操作――によって引き起こされている。この操作はあらゆる点で形式上《フォーマル》のものであり、あらゆる点でエクリチュールであるが、(フランス語もしくは英

語の)基金が可能にする操作から明らかに独立している」(ジェフリー・キプニス「解き放たれた建築　ピーター・アイゼンマンの最近の作品の帰結」、『ピーター・アイゼンマン Fin d'OU T hou S』ロンドン、建築協会、一九八五年、一九頁〔Jeffrey Kipnis, «Architecture Unbound, Consequences of the recent work of Peter Eisenman», *Peter Eisenman, Fin d'OU T hou S*, London, Architectural Association, 1985, p. 19〕)。

＊6　あるいは本が記念碑に喩えられてきた。たとえばユゴーは『パリのノートル＝ダム』のなかで「本は建造物を殺すだろう」と書いているが、そればかりではなく、こうも書いている。「石の聖書と紙の聖書」……「シェイクスピアの大聖堂」……「バイロンのモスク」……。

訳註

(1)「銘句(exergue)」の語源はex-＋ergonで文字どおり「作品外」であり、直前の「作品外＝前菜(hors d'œuvre)」の語と呼応している。

(2) アルカンジェロ・コレリ(一六五三―一七一三年)。イタリアの作曲家、ヴァイオリニスト。イタリア・バロックの代表的作曲家の一人。その後のヴァイオリン音楽、室内楽に多大な影響を与えた。バッハやヴィヴァルディへの影響も大きい。

(3) フランス語の「解釈(interprétation)」という語は、芸術行為における「演奏」や「演技」のことも指す。それゆえにinterprétationはexécutionとも言われると続けられており、この場合のexécutionは「(作品)制作」「演奏」「上演」の意味である。

(4) パリ十九区にあるラ・ヴィレット公園は、かつて食肉処理場(屠場)・卸売市場だった(一八六七年にナポレオン三世によって作られた)。

(5)「写真の現像液」の原語révélateur photographiqueは、語源的意味で直訳すれば「光の刻印法によって啓示するもの」の意である。

(6) ピーター・アイゼンマン(Peter Eisenman)という名に含まれるPeterはギリシア語源(petra)で「石・岩」を、Eisenはドイツ語で「鉄」を意味する。

(7)「鉄人」の原語はhomme de ferであるが、ドイツ語ではEisenmanにあたる。

(8) この作品タイトルは訳出不可能なため、原語のままにしておく。

(9)「ヒエラルヒー(hiérarchie)」はhieros(「神聖な」)とarche(「起源」「原理」)とから成る。

(10)「すべての終わり」の原語fin de toutは、アイゼンマンの作品FIN D'OU T HOU Sとかけられている。

前書きのための五十二のアフォリズム

原註

＊1　『尺度のための尺度　建築と哲学』(「産業創造センター手帖」特別号、ジョルジュ＝ポンピドゥ・センター、一九八七年)への序文〔préface à *Mesure pour mesure. Architecture et philosophie*, numéro spécial des *Cahiers du* CCI, Centre Georges-Pompidou, 1987〕(「……国際哲学コレージュと産業創造センターの主導で一九八四年と一九八六年のあいだになされた作業の最初の報告集……」)。

訳註

(1)　フランス語の動詞 arrêter は一般的には「停止させる」という意味であるが、動詞 rester(「留まる」「残余する」)に由来し、もともとは「留める」という意味である。デリダがよく使用する reste(「残余」)という単語と響きあっている点に注意したい。動詞 arrêter の名詞形が arrêt であり、「停止」という意味と同時に「(上級審の)判決、裁定」という意味をもち(arrêt de mort は「死刑判決」である)、デリダはここで「判決・裁定」というニュアンスを動詞 arrêter にも持ち込んでいる。

(2)　本稿のタイトルにも含まれた「前言(avant-propos)」という単語は、「事前に(avant)」「面前に置かれたもの(propos)」から成る。propos はふつう「言葉」や「意図」を意味する。「言葉」も「意図」も「前に置かれたもの」として捉えられている点が興味深い。

(3)　「展開＝現像される」のフランス語 développé のもとの動詞 développer はふつう「展開する」の意味だが、写真用語として「現像する」という意味で使用される。英語の process は「処理する、加工する」の意味だが、やはり写真用語で「現像する」という意味になる。

(4)　Le Centre de création industrielle.

(5)　support(「下で担う」＝「支持体」)、substance(「下に立っていること」＝「実体」)、sujet(「下に投げられたもの」＝「主体」)といった語は、すべて「下に、下で(sub-)」存在するという意味合いをもっている。

(6) projet, projection, programme, prescription, promesse, proposition といった語はすべて、時間・空間的な「前」を意味するpro- ないし pre- という接頭辞から成っている。
(7) ラテン語で、jacere は「投げる」という動詞 jacio(「私は投げる」)の不定法。jaceo もまたラテン語で「私は横たわっている」という意味。不定法は jacere で綴りは同じだが、母音「e」の長短が違う。
(8) 「補綴(prothèse)」というフランス語は、pro- と thèse(ギリシア語の thesis「置くこと、配置」に由来する)からなるが、pro- という接頭辞は「前に」という意味と同時に、「代わりとなる、代理の」という意味ももっている。
(9) 「パラダイム(paradigme)」という言葉は、ギリシア語で「範例」を意味し、プラトンでは「模範」、究極的にはイデアという原型を指した。もともとは「並べて示すこと」や「配列」を意味する。

不時のアフォリズム

原註

*1 『ロミオとジュリエット』パピエ社、一九八六年〔*Roméo et Juliette, Le Livre,* Papiers, 1986〕に初出（サン＝ドゥニのジェラール＝フィリップ劇場におけるダニエル・メギッシュ演出『ロミオとジュリエット』の上演に際して）。

訳註

(1) 「アフォリズム(aphorisme)」という語はギリシア語の apo-＋horizein からなり、apo- は「……から離れて」というように「隔たり・分離」を、horizein は「区切ること」示し、aphorizein で「限定すること、定義すること」を意味する。

(2) 原文の II[Un aphorisme] expose le discours—le livre à contretemps. は、本文で訳出した以外にも、「それは言説を提出し——その言説を不時の仕方で〔折悪しく、反時間的に〕届ける」や「それは言説を——書物を——不時に〔反時間に〕さらす」というように、構文上もしくは字句上、複数の解釈の余地がある。動詞 exposer は語源的に訳すと「外に(ex-)」「置く・出すこと(poser)」であり、次の文の「委棄する(abandonner)」と関係している。exposer は古くは「子供を委棄する」という場合にも使われた。

(3) 本書第I巻所収の「黙示録でなく、今でなく」(五七一頁)を参照のこと。

(4) 『ロミオとジュリエット』第四幕、第一場、一一三—一一五行。

(5) 本書第I巻所収の「私のチャンス」(五〇七頁)を参照のこと。

(6) 『ロミオとジュリエット』第二幕、第二場、三八行、五五—五七行。

(7) 「接続」の原語 conjonction は文法用語で「接続詞」のことであり、直前の「ロミオとジュリエット」の「と(et)」を指す。

(8) 『ロミオとジュリエット』第二幕、第二場、四二行。

(9) 『ロミオとジュリエット』第四幕、第一場、一一三—一一五行。

(10) 「分かちあい(partage)」とは、哲学用語でプラトンのメテクシス(分有)を指す。デリダにおいては、分有構造がもつ分離・分割(アフォリズム)が強調されている。

(11) 『ロミオとジュリエット』第二幕、第二場、三三—三六行。
(12) 原文の la prendre au mot を直訳すれば「彼女を言葉において取る」である。後の二〇七頁と関連する。
(13) 『ロミオとジュリエット』第二幕、第二場、三七—六一行。
(14) 「演劇(théâtre)」の語源は「見ること(thea)」である。「理論、観照(théorie)」と同語源。
(15) 『ロミオとジュリエット』第二幕、第二場、二—五行。
(16) (ヨハン)・ルートヴィヒ・ティーク(一七七三—一八五三年)。ドイツロマン派の小説家、劇作家。一七九九年からイェーナでシュレーゲル兄弟、C・ブレンターノらと前期ロマン派の運動を展開する。一八一九年からはドレスデンでシェイクスピアの紹介を中心に演劇の仕事に従事した。
(17) マッテオ・バンデッロ(一四八五—一五六一年)。イタリアの聖職者、作家。ドミニコ会修道士だったが奔放で波瀾万丈の生涯を送った。好色な主題の短篇をまとめた『小話集』(全四巻、一五五四—七三年)はシェイクスピアの種本となった。
(18) ルイジ・ダ・ポルト(一四八五—一五二九年)。イタリアの修史官、作家。*Historia novellamente ritrovata di due nobili amanti*(『二人の気高き恋人たちの新しく発見された物語』一五三〇年、死後出版)として「ロミオとジュリエット」の物語を書いた。この作品には彼の実際の経験が反映されていると言われている。
(19) アンジェロ・ダロッカ・ビアンカ(一八五八—一九四二年)。イタリアのヴェローナ生まれの画家。
(20) 『ロミオとジュリエット』第五幕、第三場、二九九行。
(21) 『ロミオとジュリエット』第五幕、第三場、三〇五行。

いかに語らずにいられるか　否認の数々

原注

*1　*How to avoid speaking* は、一九八六年六月にイェルサレムで、ヘブライ大学とイェルサレム先端研究所が主催した「不在と否定性」についての討論会の幕開け講演として、英語で発表された。

*2　いったい誰が否定神学なるものの企てをこの名で明示的に要求しながら、それを支配したり下位に序階することなしに、少なくともそれを複数形化することなしに、単数形で、それとして引き受けただろうか。否定神学なるものというこの表題《タイトル》については、それを否認する以外のことができるだろうか。ジャン＝リュック・マリオンは、ディオニュシオスの著作の総体についてだけでなく(これは当然である)、『神秘神学』の第三章で複数形の「否定神学」が問題になる場(*tines ai kataphatikai theologiai, tines ai apophatikai*)についても、この表題の正当性に異議を唱えている。「「否定神学」と呼ばれることになっているもの」について、ジャン＝リュック・マリオンは註記している。「われわれの知るかぎり、ディオニュシオスは「否定神学」と翻訳できる要素を何一つ使用していない。彼が「否定神学ども」と複数形で語るとき、彼は「否定神学」を「肯定神学」から、すなわち、ここで記述されている関係を「否定神学」と保っている「肯定神学」から、区別していない」(ディオニュシオス・アレオパギテース『神秘神学』モーリス・ド・ガンディヤック仏訳、『ディオニュシオス・アレオパギテース全集』第三巻、オービエ＝モンテーニュ社、一九九〇年、一〇三二行以下参照〔*Cf.* Pseudo-Denys l'Aréopagite, *La théologie mystique*; tr. M. de Gandillac, *Œuvres complètes de Pseudo-Denys l'Aréopagite*, III, Aubier-Montaigne, 1990, 1032 *sq.*／ディオニシオス・アレオパギテース「神秘神学」、熊田陽一郎訳、『キリスト教神秘主義著作集』第一巻所収、教文館、一九九二年、二六八頁以下〕)。ジャン＝リュック・マリオン『偶像と距離』グラセ社、一九七七年、一八九頁、二四四頁〔Jean-Luc Marion, *L'idole et la Distance*, Grasset, 1977, p. 189 et 244〕を参照のこと。

*3　この応答はさまざまな場とコンテクストにおいて、そうしたものだった。この場・コンテクストのうちの一つを引用しておきたいが、それは一つの点を正確に示すためであり、また型にはまっていない、取り柄のある反論におそらく答えるためである。「差延」(一九六八年発表、『哲学の余白』所収、ミニュイ社、一九七六年、六頁〔*Marges de la philosophie*, 1976, Minuit, p. 6／ジャック・デリダ『哲学の余白』(上)高橋允昭、藤本一勇訳、法政大学出版局(叢書・ウニベルシタス)、二〇〇七年、三一頁〕に再録)

のなかで、私は次のように述べた。「したがって、私がこれからしばしば依拠せざるをえない数々の迂遠な言い回し、総合文、統辞法は、ときに見紛うまでに否定神学のそれに似るだろう。すでに私は、差延は存在しない、現実存在しない、(それがいかなるものであれ)現前的‐存在者(on)ではない、ということを標記しなくてはならなかった。さらにこれからわれわれは、差延であらぬところのもののすべてを、言い換えれば端的にすべてを、標記しなくてはならないだろう。したがって差延は現実存在をも本質をももたないということを標記しなくてはならないだろう。差延は存在者のいかなるカテゴリーにも属さない(その存在者が現前するものであれ不在のものであれ)。にもかかわらず、このように差延について標記される事柄は神学的ではないし、否定神学のもっとも否定的な範疇にさえ属さない。周知のとおり、否定神学は本質および現実存在という有限なカテゴリーの彼方に、言い換えれば現前性の有限なカテゴリーの彼方に、なんらかの超‐本質性を超出させるべくつねに汲々としていたのであって、いつも急いでこう指摘したものであった。現実存在という述語が神に拒否されるのは、さらに高等な、思いもつかない、言語を絶する存在様態を神に認めるためなのだ、と」。この最後の文句を引用した後、ジャン＝リュック・マリオンは次のように反論する。「ここで「周知のとおり」とは何を言わんとしているのか。われわれが見たように、否定神学と言われるものは、述語づけをも《存在》をも狙っているのではないのだから、その資源においては(強調デリダ)「超本質性」の再確立を狙っているのではない。いわんや、それがどうしてディオニュシオスにおける現実存在と本質のことだなどと言えるのだろうか。彼はそんな観念や用法など知らないほど、十分に根源的なギリシア語を喋っていたというのに」(前掲『偶像と距離』三一八頁)。簡潔にすぎるかもしれないが、以下が応答のいくつかの要素である。一、現前ないし不在、現実存在ないし本質と私が言うとき、ディオニュシオスへの明確な歴史的な参照なしに、現前性一般のさまざまなカテゴリーないし様相を、走り書きのように述べることだけを意図していた。二、本質と現実存在の区別がはらむ複雑できわめて謎に富んだ歴史性がどのようなものであれ、この区別がディオニュシオスのあずかり知らぬものだったとは思えない。どのようなギリシア語であれ、この区別が不在だとどうして確信しうるのか。それほどに「十分に根源的なギリシア語」とは何なのか。三、ここで「その資源[fonds]においては」とは何を言わんとしているのか。また、「否定神学」はその資源においては「超‐本質性」の再確立を狙っているのではない、とは。まず第一に、この超本質性はディオニュシオスの数多くのテクストのなかで——また私が後で引用することにする他のもろもろのテクストのなかで——最重要の、執拗な、文字どおりの役割を演じているが、この超本質性への参照を偶有的なもの、ないしは外見的なものと見なすことは困難であって、マリオンは誰よりもこのことをよく知っている。次に、右の自明なこと——否定神学について述べたものでもディオニュシオスの名を挙げてもいない講演のなかで、私が参照しなければならなかった唯一の自明事——を超えて、マリオンの言説と同じくらい興味深く、同じくらい独創的な解釈的言説を、ハイデガー、ウルス・フォン・バルタザール、レヴィナスその他の思想の交差点で、その航跡のなかで、ときにはその彼方で練り上げ、そしていわゆる「否定神学」において超本質性になおも囚われているように見えるものから、その「資源」(贈与、父性、距離、称賛、等々についての思考)を区別できるようにしなければならない。しかし、この第三の点に関する議論をここで展開することはできないので、もっと先のところで、少なくとも原則において、斜めから、その点に立ち返ることにしよう。

＊4　この〈…なき〉という語の逆接的なエクリチュール――とくにブランショにおけるそれ――については、ここで「パ」、『グランマ』三／四号、一九七六年〔«Pas», *Gramma*, 3/4, 1976〕、後に『境域』ガリレー社、一九八六／二〇〇三年〔*Parages*, Galilée, 1986/2003 に収録／ジャック・デリダ『境域』若森栄樹訳、書肆心水、二〇一〇年〕へ送り返させていただきたい。『存在なき神』〔*Dieu sans l'être*〕というのはジャン＝リュック・マリオンの本の見事な表題である(ファイヤール社、一九八二年〔Fayard, 1982〕)。この本に対して、一介の註記の空間と講演の時間では正当な称賛を送ることはできないだろう。この表題を翻訳するのは困難であり続ける。この表題はその宙づりそのものにおいて、フランス語の統辞法のみが許容する――まさしく表題の構造において、言い換えれば、名辞だけで成立し、文章としては成立していない構造において許容する――文法上の非決定を操っている〔原文は loue となっているが、joue の誤植と解して訳出する〕。l'〔*Dieu sans l'être* の *l'*〕は *être*〔存在〕という名詞の定冠詞でありうる(God without Being)が、またそれは神を指す、神から神それ自身へと送り返す人称代名詞(le)――動詞 être〔……を存在する〕の目的語＝対象《オブジェ》――の価値をももちうる。この場合、神は、神がそれであるところのものではないということに、あるいは神がそれであることなしに〔*sans l'être*〕存在するところのものであるということになるだろう(神であることなしの神、それであることなしの神、God without being God)。要するに、存在と共にあると同時に存在なき神である(without, with and without)。表題の統辞法について言えば、レヴィナスはきわめて特異な統辞法において、「存在なき存在」よりも、「存在と共にある神あるいは存在の彼方の神」よりも、すなわち超本質(suressence, hyper-essence)よりも、存在するとは別の仕方でと言うほうを好んだが、それはおそらく存在の、あるいは述語的文言の、究極的な優位――ここでもまた密かに忍び込むかもしれない優位――を避けるためだろう。最近出版された二冊の本、すなわち『存在なき神』と『存在するとは別の仕方で、あるいは本質の彼方』(一九七四―七八年)〔*Autrement qu'être ou au-delà de l'essence*／レヴィナス『存在の彼方へ』合田正人訳、講談社(講談社学術文庫)、一九九九年〕の表題が、思考のために与えるものを忘れないようにしよう(この二つの表題は、おそらくきわめて異なった仕方でではあるが、たとえば「存在によって汚染されていない神を聴取する」ために、レヴィナスが存在による汚染と呼ぶものを避けようと努めているのである)。そのためには〈文法＝書字術《グラメール》〉だけでは不十分なのではあるが、しかし〈文法＝書字術〉を付属的な道具に還元するわけにもいかない。この〈文法＝書字術〉という単語は一個の学科とその歴史を、さらに根底的にはエクリチュールの諸様相を、すなわち神について書く仕方を指すのである。引用した二つの表題は、私が提起したい問いのための、二つの大きな応答を伴う道を示している。私が提起したい問いとは次のようなものである。すなわち、いかに語らずにいられるか。いかに言わずにいられるか。他の言

い方をすれば、また言外に込められた言い方をすれば、いかに存在について言わずにいられるか(*how to avoid speaking—of being?*)。いかに存在を別の仕方で言うべきか。いかに存在(とは)別の仕方で言うべきか。

＊5　「明けの明星のように」、『説教集』第一巻、ジャンヌ・アンセレ＝ユスタッシュ仏訳、スイユ社、一九七四年、一〇一頁〔« Quasi stella matutina », *Sermons*, vol. I; tr. Jeanne Ancelet-Hustache, Le Seuil, 1974, p. 101／マイスター・エックハルト『エックハルト説教集』田島照久編訳、岩波書店(岩波文庫)、一九九〇年、五五頁〕エックハルトからのすべての引用はこの翻訳に依拠している。場合によって、原文のいくつかの単語を挿入する。

＊6　『神秘神学』第一節九九七a以下、一七七頁以下〔*La théologie mystique, op. cit.*, § 1, 997*a sq.*, p. 177 *sq.*／前掲「神秘神学」二六五頁以下〕。私はこの入手しやすい翻訳につねに依拠する決心をする。この翻訳は私がはじめてディオニュシオスを読んだとき、とても役に立った。理由が明らかな場合には、原文のいくつかの単語を挿入することもある。

＊7　「若者よ、さあ起きなさいと言われた」、『説教集』第二巻、スイユ社、一九七八年、七七頁〔« Adolescens, tibi dico: surge », *Sermons*, vol. II, Le Seuil, 1978, p. 77〕。

＊8　電話はイェルサレムからだった。サンフォード・バディックがかけてきたのだった。とりあえずのものでもいいから、討議会のプログラムに表題を載せなくてはならないというのだった。私はこの電話の一撃の思い出を、もう一本の電報の思い出に結びつけざるをえない。その電報もまたイェルサレム発のものであり、そこにもすでにサンフォード・バディックの署名があった。彼は当時「ミドラッシュと文学」についての本〔*Midrash and Literature*, Yale University Press, 1986〕を準備していた。電報のなかで彼が「割礼の読解」と呼んでいたものを、私はシアトルでのパウル・ツェランをめぐる討議会のなかで提示したが、そのことをちょうど知った彼は私にこう求めた。「まもなく出版されるミドラッシュの本をいったん止めてもよいので、あのレクチャーの一部か、あるいは私たちに与えてもかまわないとあなたが思うなにか他の作品を頂けるでしょうか」と。

＊9　ここで位階制のこの難問にじかに踏み込むことはできない。とりわけ、そのものとしての位階制(つまり「聖別された序列秩序」、神聖さの原理や神聖さの起源)と社会的－政治的秩序とのあいだの翻訳やアナロジー――あるいは両者のあいだの切断と異質性――といった関係を扱うことはできない。ジャン＝リュック・マリオンは、「《教会》がその唯一の場をわれわれに提供している神人同型的な神秘にもとづいて理解された位階制」と位階制の「通俗的概念」もしくは「共通概念」とを分離している(前掲『偶像と距離』二〇九頁)。そのとき彼にかぎりなく遠くまで付いていくことができるだろう。さらに彼のいっそう挑発的な定式のいくつかに賛同する人さえいるだろう(「位階制の政治モデルは、聖人たちの交わり《コミュニオン》へと開かれた位階制の神秘とは何の関係もない。手の込んだものであれ素朴なものであれ、この手の混同は見方が倒錯しているのであり、反論にさえ値しない。きちんと見るか、見ないかだけの問題だ」〔二一七頁〕)。たしかに。しかし、また見る必要があるのは、そうした倒錯の歴史的、本質的な可能性、否

定し難く解消不可能な可能性である。この倒錯が「見方」の問題であるのは、倒錯が何よりもまず(よく言われるように)「事実において」観察可能だったからかもしれないのだ。「通俗的概念」がどのように構成されたのか。これもまた、見るか見ないかでなければならないことである。「距離」——マリオンがこの語に与える意味での「距離」、また二つの位階制のあいだの距離をもなす「距離」——がいかにして踏み越えられ、「踏破され」えたのか、そしていかにしてこの「距離」が一方の位階制から他方の位階制へのアナロジー的な翻訳に場を与えることができたのか。他のところではこの建造物全体を支えているように見える「アナロジー」を、ここで追放することはできるだろうか。そして、仮に翻訳というものは悪く、間違いで、「通俗的」なものだというのであれば、「聖別された序列秩序」としての位階制のよき政治的翻訳とはどのようなものだというのか。これはひとつの問いでしかないが、この問いのマトリックスが、三位一体的神政制——その位階制が「似ていると同時に似ていないイコン」となるような三位一体的神政制——について、同じ型の他の問いを退蔵しているということは、ありえないことではない(二二四頁また二〇七頁以下を参照のこと。そこでの議論の全体は、「ディオニュシオスが動員し」、そして「われら近代がそれを正確に理解することを最初から禁じてしまっている」、この「位階制」という用語から出発している)。つまり、ある贈与の思考を支える三位一体的・父性的図式について、同じ型の問いを退蔵しているのではないか。この贈与の思考は必ずしも三位一体図式を必要としないし、あるいは三位一体図式のうちに奇妙で深淵な経済を、言い換えれば、魅惑的な限界を見出すかもしれない。ずいぶん以前から他のところで私の関心を占めてきた贈与の非《ア》‐経済《ネコノミー》もしくはアナーキーに関するこの長過ぎる註を、ここで中断しなければならない。この点について、マリオンの思考は私にまったく近いと同時に、きわめて遠い(反対である、と他人は言うかもしれない)と感じる。

＊10　「無限な差延は有限である」(『声と現象』フランス大学出版、一九六七年、一一四頁〔*La Voix et le Phénomène*, PUF, 1967, p. 114/ジャック・デリダ『声と現象』林好雄訳、筑摩書房(ちくま学芸文庫)、二〇〇五年、二二九頁〕)。

＊11　この言及は、本討議会の少し前にイェルサレム(先端研究所)でおこなったばかりの、そしてかなりの部分同じ参加者たちが出席していた、エレミヤに関するセミネールに関するものだった。問いがすでにそれ自体のうちに包み込んでいなければならないが、しかし問いかけそれ自身にはもはや属さないものについては、『精神について　ハイデガーと問い』一四七頁以下〔*De l'esprit. Heidegger et la question*, *op. cit.*, p. 147 *sq.*/ジャック・デリダ『新版　精神について——ハイデッガーと問い』港道隆訳、平凡社(平凡社ライブラリー)、二〇一〇年、二二〇頁以下〕を参照のこと。

＊12　この沈黙にもかかわらず、というよりも実はこの沈黙のせいで、もしかすると私は、自分がこれまでに冒したことがなかったもっとも「自伝的」な言説として、この講演を読みなおすことができるかもしれない。この「自伝的」という単語は可能なかぎり引用符にくくってほしい。他人の否定神学について話す講演を通して自分を提示しているという仮説は、用心によって包囲しなくてはならない。だが、いつの日か私が自分のことを語らなければならないとしても、私が次の事実にぶつからないのであれば、そ

の語りが事柄そのものについて語り始めたことにはならないだろう。その事実とは、いわば私の生まれが私に与えたはずのもっとも親密な事柄――すなわち、ユダヤ人、アラブ人――について、自分の力量不足のためか適性がないためか、はたまた自分に許可が出せないためか、とにかく、いままで一度たりとも話すことができなかったという事実である。

このささやかな自伝的断片は、斜に構えた仕方で、このことを確証している。この自伝的断片は私のすべての外国語において上演されている。すなわち、フランス語、英語、ドイツ語、ギリシア語、ラテン語、哲学語、メタ哲学語、キリスト教語、等々のなかで。

要するに、自己についていかに語らずにいられるか、である。だがそればかりではない。他なるものによって発明されるがままになることなしに、あるいは他なるものを発明することなしに、自己についていかに語らずにいられるか、ということなのだ。

*13　この現在進行中の仕事に付した長い導入文は、ジャン=ピエール・ヴェルナンに捧げられた本に『コーラ』[*Chora*]という題名で発表され、同時期に出版された。また、さらに最近のものとして『コーラ』(ガリレー社、一九九三年)[*Khôra*, Galilée, 1993／ジャック・デリダ『コーラ――プラトンの場』守中高明訳、未来社(ポイエーシス叢書)、二〇〇四年]を参照のこと。

*14　本書第I巻所収の「隠喩の退隠」[七一頁]を参照のこと。

*15　ジャン=リュック・マリオンは前掲『偶像と距離』(二四九頁)でバルタザールを引用している。私はここでこの著作を、とりわけ「《要件》の距離と称賛の言説――偽ディオニュシオス」の章を参照する。告白しなければならないが、本稿を書いているとき、私はこの本を読んでいなかった。この本は一九七七年に出版されており、著者は親切にも私に本を送ってくれていたのだったが。その本には私に対する還元主義的な無理解や不当な取り扱いのいくつかの印があると即断してしまい、失望し、いらだった私は、読むのをやめるという過ちを犯し、その著作のきわめて二次的な側面(すなわち私の仕事との関係)に目を奪われて本筋を見逃してしまった。今日ディオニュシオスを再読し、この講演の準備をした後では、この本の力と必然性がはるかによくわかるようになった。とはいえ私が全面的に同意しているというわけではない。本書のさまざまな制約のため、私の見解を説明することができないので、重要な部分は先送りにせざるをえない。しかしながら、私が祈りと称賛とを区別する際の何本かの線は、『存在なき神』への参照と一緒に、イェルサレムでの講演でおこなった祈りについての論述に後から付け加えたものである。私はこの付言をジャン=リュック・マリオンへの応答と敬意の表明としておこなった。私には、彼があまりにも性急に、称賛への移行は祈りへの移行そのものであると、あるいは両者の絡み合いは直接的で、必然的で、いわば分析的であると、そうほのめかしているように思われる。とくに彼が次のように書くときがそうだ。「……ディオニュシオスには、述定的言語の言うこと[le *dire*]に代えて、ヒュムネインという別の動詞、すなわち称賛するという動詞を置こうとする傾向がある。この置き換えは何を意味するか。それはおそらく言説から祈りへの移行を示している。というのも、「祈りはロゴスであるが、真でも偽でもない」(アリストテレス)のだから」(二三二

頁)。実際アリストテレスが『解釈について』(一七a)のなかで言っているのは、一切のロゴスがシニフィアン(semantikos)であるとしても、真と偽を区別できるもののみが命題的であり、肯定命題を構成する、ということである。そしてアリストテレスは続ける。これはあらゆるロゴスに属していることではなく、「たとえば祈り(eukhè)は言説(logos)であるが、真でも偽でもない(all'outè alethès oute pseudes)」と。だがアリストテレスは、称賛(hymnein)については、それが命題的でないと言っただろうか。称賛は真でも偽でもないと言っただろうか。称賛は真偽の区別とまったく関係がないと言っただろうか。それは疑わしい。ディオニュシオスの場合でさえ疑わしい。というのも実際、神の称賛ないし称揚が他のあらゆる命題と同じ述語づけ体制に属していないとしても、また称賛が主張する「真理」が超本質性の超真理であるとしても、称賛が称揚し名指すものは、神が「ある」がまま「である」——存在の彼方に——ところのものだからである。たとえ称賛が通常のタイプの述定的肯定ではないにせよ、それは述定的肯定の様式と構造を保っている。称賛は誰かについて何かを言う。他者を呼び止め、他者に語りかけ、この純然たる運動のなかで絶対的に先‐述定的にとどまる祈りの場合は違う。ここでは祈りと称賛といった言表の遂行的性格を強調するだけでは十分ではない。遂行的発話はそれ自体としては必ずしも述語づけを排除しない。マリオンが「確証」のために註のなかで(二四九頁、註六五)参照している『神名論』もしくは『神秘神学』のすべてのくだりには、称賛[louange]や祝賀[célébration](M・ド・ガンディヤックはそう訳すときがある)が見られるが、それは祈りではないし、たとえそれがどれほど「正常な《ノーマル》」存在論的述語づけとは異質だとしても、やはり述定的照準を包み隠している。次のようなパラドクスを大胆に主張してもよい。すなわち、祝賀は祈りよりもさらに先に行くときもある、と。少なくとも、ディオニュシオスが言うように(六八〇b‐d)、祈りが「合一」のなかで成就することができない場合、祈りを代補することによって、祝賀はさらに先に進むのだ、と。たとえ称賛が、明るみに出すこと(ekphainein)あるいは言うことで満足しえないにせよ、称賛はみずからが示したり認識したりできないものそのものを、また祈りを通しても合一できないものそのものを、それがそうであるところのものとして述べ、規定するのである。少なくともディオニュシオスによれば、祈りが神との合一を目指すのだとすれば、称賛は祈りではない。それはせいぜいのところ祈りの代補にすぎない。すなわち、合一が達成不可能にとどまるか、あるいは不足するときに、代替物の役割を果たすために、だがまた指示対象そのもの——これはまた祈りの原因(マリオンならば《要件》と言うだろう)でもある——を規定するために、付け加わるものなのである。称賛は祈りへと促すことができるし、祈りに追随することもできるが、祈りと一体にはならない。例は他にもたくさんあるだろうが、ここではまさにマリオンが引用している例を、そのいくつかの単語を強調することによって指摘するだけにしておこう。「われわれに必要なのは、次のことを思い出すことだけである。すなわち、この言説は、超本質的であるかぎりの超本質的本質を明るみに出すこと(ἐκφαίνειν)を目指すのではなく(というのも超本質的本質は、言い得ぬもの、認識不可能なもの、したがって一切の合一を免れることによって、明るみに出すことが全面的に不可能なものにとどまるからである)、むしろ本質原理である神的体制[つまり三位一体的な」から、すべての存在者へと到来し、もろもろの本質を作り出す発出を称賛することを目指すのである」と（『神名論』第五巻、一、八一六c、マリオンが二四九―二五〇頁で引用している。この一節はM・ド・ガンディヤック仏訳の一二八頁にあるが、訳はところどころ異なっている）。明るみに出さないこと、啓示（ekphainein）しないこと、「合一」に至る啓示によって到達しないこと、これは、まったく言わないこと、名づけないことではないし、さらに属性の付与（それが存在の彼方ということであれ）を控えることでもない。それは語るのを避けることではない。それは祈りの宛先を規定するために語り始めることでさえある。この宛先は、たしかにaitia［原因］でもあり、存在の三位一体的な彼方に即せば、本質の原理としての神的秩序に即せば、祈りの原因あるいは要件である。

＊16　ジャン＝リュック・マリオン『偶像と距離』二四〇頁［J.-L. Marion, *L'Idole et la Distance, op. cit.*, p. 240］。

＊17　反復は禁じられていると同時に命じられてもおり、不可能であると同時に必然的でもあるように思われる。あたかも不可避なものを回避しなくてはならないかのように。エクリチュール（とくに普通の意味でのエクリチュール）もしくは教育的手ほどきという観点から、こうしたパラドクスの法を分析するためには（これは「観点」などといったものをはるかに超えたことであるが）、『神名論』のある一節を詳細に追跡する必要があるだろう。たとえば、なぜ「同じ真理を二度反復して言うこと」が「狂気」であるのかをわれわれに説明する一節である。たとえば、「われわれの師ヒエロテウス」の『神学的根本要素』の真理を反復して言うことは狂気なのである。ディオニュシオスが他の論考を、「とくにここで読まれているそれ」（kai ten parousian theologian）を書こうと企てるのは、それはもっぱら、ヒエロテウスが威風堂々、根本的な諸定義の見取図で満足しえたところに、われわれの力に見合ったもろもろの代補物（論述、説明、区別）を導入するためである。これらの代補物は欠如を補うのではなく、すでに潜在的に言われていることを、反復することなく反復する。それらは与えられた命令に付いていくのであり、与えられた命令に従う。それらはいかなる法をも侵犯しない。その反対である。「まるで彼［ヒエロテウス］はわれわれに、そしていまだ未熟な魂の他のすべての師たちに、われわれの力に見合った推論によって論述や区別を導入するように命じたかのようである」。しかし、命令、祈り、要求は、読者からも、直接の名宛人テモテからもやって来るのであり、あたかもテモテがヒエロテウスの命令を反映しているかのようである（「まるで彼がわれわれに命じたかのようである」）。「ヒエロテウスの書物が難しすぎると判断し、それをわれわれに返却することによって、あなた自身、しばしばこの任務にわれわれを縛り付けたのだ」。もっとも難しいものからもっとも簡単なものへと移りながら、代補物の付け足しが代補するのは、われわれの弱さにすぎず、読まれるべきものの側の欠陥ではない。この代補現象は、われわれと最初の師であるヒエロテウスの主要なテクストとの関係を規定する以前に、すでにヒエロテウスのエクリチュールと神のエクリチュール（というよりむしろ神の「書き取り命令《ディクテ》」）との関係をしるしづけていたことになるだろう。かくして選良ないし位階制が構成される――そしてアナロジーが。「……完璧で完成した道理を知るこの師は、神自身が書き取る《ディクテ》ように

命《クテ》じたエクリチュールに付け足された新たなエクリチュールのごときものとして、選良にのみ向けられたものである。われわれの役割と言えば、われわれなりの仕方で、アナロジーを用いながら、神の真理をわれわれの水準にとどまる知性たちに説明することである。[…]《エクリチュール》の叡智的な意味を直接的な視覚《ヴィジョン》によって把握するためには、そしてそのような視覚の産物を他の者たちに教えるためには、老人の力が必要である。だが、このような高みへと導く理屈を使う学と教育は、聖性の度合いの低い師と弟子に適している」(六八一a-c、九一―九二頁、強調デリダ)。こうしたことはすべて、やはりあいかわらず、いっそう高い聖性を目指して、またそのようにしてよく老いることを目指して決定されているのであり、年齢の重視はこのアナロジーとこの目的論にもとづいてしか意味をもたない。

＊18　前掲『説教集』一五一頁〔*Sermons*, vol. III, Le Seuil, 1979, p. 151／『エックハルト説教集』一九八頁〕。

＊19　この区別は本質的で安定したものであるが、しかしつねに術語として同じ意味を、たとえば「ヘーゲルの経験概念」、『杣径』一七九頁〔« Hegels Begriff der Erfahrung », *Holzwege*, p. 179〕(「ヘーゲルの経験概念」、『どこへも至らない道』W・ブロクマイアー仏訳、ガリマール社、一九八六年、一六一頁〔« Hegel et son concept de l'expérience »; tr. W. Brokmeier, *Chemis qui ne mènent nulle part*, Gallimard, 1986, p. 161／マルティン・ハイデガー『杣径』茅野良男、ハンス・ブロッカルト訳、『ハイデッガー全集』第五巻所収、一九八八年、二一八頁〕)に見られるような明瞭な意味を受け取っているわけではない。「アリストテレスは、存在であるかぎりでの存在者を考察するこの学を、彼自身が鋳造した一個の名によって呼ぶ。その名、それは第一哲学である。しかし、この第一哲学は、存在者をその存在者性(Seiendheit)において考察するばかりではない。この学は同時に、最高存在者という、存在者性に純粋な仕方で呼応する存在者をも考察するのである。この最高存在者、το θειον、神的なもの(das Göttliche)は、奇妙な曖昧さで「《存在》」とも呼ばれている。第一哲学は、それが存在論であるかぎりで、同時に、真に存在する者についての神学でもあるのだ。もっと正確に言うなら、それは神論《テイオロジー》と呼ばれなくてはならないだろう。存在者としての存在者についての学はそれ自体において存在《オント》-神論《テオロジー》である」。また一九三六年の『シェリングに関する講義』(ニーマイヤー社、一九七一年、六一―六二頁)〔*Schelling*, 1936, Niemeyer, 1971, p. 61-62〕J-F・クルティーヌ仏訳、ガリマール社、一九七七年、九四―九五頁(tr. J.-F. Courtine, Gallimar, 1977, 94-95／マルティン・ハイデガー『シェリング『人間的自由の本質について』』高山守、伊坂青司、山根雄一郎訳、『ハイデッガー全集』第四十二巻、二〇一一年〕をも参照のこと。存在-神論的な神論と区別される神学は、『存在と時間』(一〇頁)では、神との関係における人間存在を「信仰の意味」から出発して「いっそう根源的に解明する作業」と定義されていた。『ニーチェ』第二巻、五八―五九頁、P・クロソウスキー仏訳、ガリマール社、一九七二年、五二頁も参照のこと〔*Nietzsche*, II, p. 58-59; tr. P. Klossowski, Gallimard, 1972, p. 52／『ニーチェⅡ』圓増治之、ホルガー・シュミット訳、『ハイデッガー全集』第六―二巻、二〇〇四年〕。これに先立つ章「ニヒリズム、ニヒルと無」のなかでハイデガーは、ニヒリズム(ニーチェはこれを免れ

なかったとされる）の本質を次のように定義している。無の問いを真剣に受け止めないこと、「無の本質への本質的な非思考（das wesenhafte Nichtdenken an das Wesen des Nichts）」（五三―五四頁、仏訳四八頁）。

＊20　とりわけ、一九五三年十二月初頭にホフガイスマールで開かれた福音派アカデミーの会合報告集を参照のこと（『ハイデガーと神の問い』J・グレーシュ仏訳、グラセ社、一九八〇年、三三五頁〔*Heidegger et la question de Dieu*, Grasset, 1980, p. 335; tr. J. Greisch〕）。

＊21　一九六二年の「時間と存在」は、Es gibt die Zeit〔それが時間を与える＝時間がある〕、Es gibt das Sein〔それが存在を与える＝存在がある〕と言う。これは優先性や論理的順序をひっくり返して、贈与が存在に先立つということではない。そうではなく、贈与の思考は、存在と時間が与えられる空間、存在と時間が思考に与えられる空間を開くのである。私は一九七〇年代にパリ高等師範学校やイェール大学のセミネールでこうした問題を扱ったが（「時間を与える」〔«Donner le temps»〕）、ここでそれらの問題に触れることはできない。だが、それらの問題は私が一九七二年頃から出版してきたすべてのテクストをはっきりと方向づけている。

＊22　ハイデガーはときおりマイスター・エックハルトを引用する。それはしばしば事物の思考をめぐってである。「読むことと生きることをその人の傍らでわれわれが学ぶ老マイスター・エックハルトが言うように、神が真に神であるのは、もっぱら、それらの言語〔事物たちの言語〕が語らないもののうちにおいてである」（「野の道」一九五〇年発表、仏訳『問い』第三巻所収、ガリマール社、一九九〇年、一二頁。強調デリダ〔*Der Feldweg*, 1950; tr. dans *Questions* III, Gallimard, 1990, p. 12／マルティン・ハイデガー「野の道」、『野の道・ヘーベル――家の友』、高坂正顕、辻村公一訳、『ハイデッガー選集Ⅷ』理想社、一九六〇年、九頁〕）。ハイデガーがディオニュシオスの名（私の知るかぎり、ハイデガーがディオニュシオスを引用することはここ以外にはない）をエックハルトの名に結びつけるのも、やはり事物に関してである。「またマイスター・エックハルトも、dinc という語を神にも魂にも用いている。〔…〕とはいえ、この思考の巨匠〔強調デリダ〕は、神や魂が、物質的対象である岩に似ているなどと言おうとしているのではまったくない。ここでの dinc とは、一般的に見て存在するものを指し示す、慎重かつ控え目な名なのである。かくしてマイスター・エックハルトは、ディオニュシオス・アレオパギテースの一節に依拠しながら言う。diu minne ist der natur, daz si den menschen uandelt in die dinc, die er minnet（愛は、人間を彼が愛する事物どもへと変容させるという性質をもつ）。〔…〕マイスター・エックハルトと同じように、カントも事物について語り、この事物という語を存在するものという意味で使う。しかしカントにとって、存在するものは表象の対象（Gegenstand des Vorstellens）となる」（「物」、『講演と論文』所収、一六九頁〔«Das Dinge», *Vorträge und Aufsätze*, p. 169〕、A・プレオー仏訳、ガリマール社、一九八〇年、二〇九―二一〇頁〔tr. A. préau, «La chose», *Essais et conférences*, Gallimard, 1980, p. 209-210／マルティン・ハイデガー「物」、『ブレーメン講演とフライブルク講演』森一郎、ハルトムート・ブフナー訳、『ハイデッガー全集』第七十九巻、創文社、二〇〇三年、二〇―二一頁〕。私はこの最後

の文言を引用するが、それはこの文言が、これから見るように、ハイデガーが存在という語に抹消線を引く理由と無関係ではないからである。ハイデガーにおけるGemüt〔心情〕という概念について、またエックハルトへと特に連れ戻す伝統については、前掲『精神について　ハイデガーと問い』の一二五頁および随所を参照のこと〔前掲『新版　精神について――ハイデッガーと問い』一二九―一三〇頁、二一六頁〕。

＊23　類似の、しかし間違いなく根底的に異なる身振りによって、ジャン＝リュック・マリオンは『存在なき神』のなかで神の名を十字のもとに書き込む。「神をその死と復活の消滅においてしか啓示しない十字によって神と交差しつつ」（前掲『存在なき神』一五二―一五三頁）。これもまた贈与と痕跡についての別の思想であり、ときにきわめて近い思想群（とりわけハイデガーの思想）と対立しながら、「厳密にキリスト教的」であろうと望む「神学」である。「これらの問いただしは結合して、慎ましい外観をもつ一つの核心的な《トピック》〔場所的な〕問いとなる。すなわち、十字架にかかるがゆえにみずからを十字で消す神の名は、《存在》の管轄に属するのだろうか。われわれは神一般について、あるいは神的なもの、つまり《四方域》からも出発して思考された神一般について、述べるのではまったくない。われわれは、十字架にかかることでみずからを啓示するからこそ、十字によってみずからを消す神について、すなわちキリストによって、キリストのなかで、キリストとして啓示された神について述べるのである。言い換えれば、厳密な意味でキリスト教的な神学の神である」（前掲『存在なき神』一〇七頁）。「存在」よりもむしろ「神」に十字を置くことによって、マリオンは贈与の思考――あるいはむしろ贈与の痕跡の思考――を引き抜こうとしている。というのも問題なのはまた、そしていまだに、痕跡についてのある思考、すなわちハイデガーの《四方域》の思考だからである。「神は与える。この贈与は、いかにして「それが与える」のかを見抜く手立てを与えることによって（これまた贈与である）、与える《者》の痕跡（手の届く痕跡）のみを提供する。あらゆる事物と同様に存在／存在者も、それが一個の贈与として視界に入れられるならば、もう一つ別の贈与の痕跡を、見抜くべきものとして与えることができる。ここで重要なのは、受け入れられている贈与モデル――我有化か距離か――だけである。もちろん我有化の場合、与えることは《四方域》に含まれるのだから、神の審級は介入できない。〔…〕ハイデガーとともにとは言わないまでも、少なくともハイデガーを読むことによって、そして本当に必要とあらば彼に抗してでも看取しなくてはならないのは、神は存在／存在者の管轄には属さないということであり、さらに存在／存在者は距離の管轄に属するということである」（前掲『存在なき神』一五三―一五四頁）。したがってこの痕跡の思考は、存在論的差異には還元できない「距離」についての思考でもある。

＊24　他にも多くの場があるが、とくに『言葉への途上』〔*Unterwegs zur Sprache*, Neske, 1959／マルティン・ハイデガー『言葉への途上』亀山健吉、ヘルムート・グロス訳、『ハイデッガー全集』第十二巻、創文社、一九九六年〕所収の「詩における言葉――ゲオルク・トゥラークルの詩の論究」の最初の頁を参照のこと。

*25　「形而上学は一個の存在-神-論である。それがキリスト教的であれ哲学的であれ、なんらかの神学をもつ者、それが十全に展開されている場所から汲み上げられた直接的な認識をもつ者は誰でも、今日、神にかかわる思考領域に取り組むやいなや、沈黙する(schweigen)ことを好む。というのも、形而上学の存在＝神論的性格は、思考にとって微妙《デリケート》な(fragwürdig)点になっているからである。これはなんらかの無神論のためではなく、形而上学の本質のいまだ思考されていない統一性を存在＝神論のなかであらわにした思考の経験のためである」(『同一性と差異』五一頁、仏訳『問い』第一巻所収、ガリマール社、一九九〇年、二八九頁〔*Identität und Differenz*, p. 51; tr. *Questions* I, Gallimard, 1990, p. 289／マルティン・ハイデガー『同一性と差異性』大江精志郎訳、『ハイデッガー選集』第十巻、理想社、一九六〇年〕。沈黙するという言葉を強調したのはデリダ)。

*26　このゼミナールはF・フェディエとD・サージャンの手で一九八〇年の『ポエジー』誌、第十三号〔*Poésie*, 13, 1980〕に翻訳、紹介された。私が引用している一節も、同年の前掲『ハイデガーと神の問い』三三四頁にJ・グレーシュによって翻訳されたものである。この非売版のドイツ語テクストは、われわれの関心を引く一節として、前掲『存在なき神』(九三頁)のなかでジャン＝リュック・マリオンによって引用されていた。

*27　一九五三年十二月にホフガイスマールで開かれた福音派アカデミーの会合報告集。前掲『ハイデガーと神の問い』仏訳所収、三三五頁。

訳注

(1)　apophasisとは、修辞学において、表面上はある事実を否定しながら、実はそれを語るレトリックを指し、「陽否陰述法」とも訳される。この表現方法は、一切の定義づけ、述語づけ、形容を超えた神の絶対性、超越性を主張する否定神学の「認識」方法の特徴であり、神を知るには神に関する肯定的判断を必要とすると考えるcataphasisに対立する。

(2)　「呼びかけ」の原語であるapostropheとは、修辞学において、その場にいない人や擬人化した事物や観念に呼びかける表現法のことをいう。語源的には、apo-(…から離れて)+strephein(回す)から成り、「向きや方向を変える」ことを意味する。省略記号のアポストロフの意味も「曲がった形をした記号」という意味から派生する。

(3)　マイスター・エックハルト『エックハルト説教集』田島照久編訳、岩波書店(岩波文庫)、一九九〇年、五五頁。

(4)　ディオニシオス・アレオパギテース「神秘神学」熊田陽一郎訳、『キリスト教神秘主義著作集』第一巻所収、教文館、一九九二年、二六五頁。

(5)　同書、二六八頁。

(6)　同書、同頁。

(7) 同書、二六九頁。
(8) 同書、同頁。
(9) 同書、同頁。
(10) 同書、同頁。
(11) ウィトゲンシュタイン『論理哲学論考』野矢茂樹訳、岩波書店(岩波文庫)、二〇〇三年、一四九頁。
(12) 原文は différence(「差異」)となっているが、différance(「差延」)の誤りと解して訳出する(英訳も同様の措置を取っている)。
(13) 前掲「神秘神学」二六五―二六六頁。
(14) 同書、二六六―二六七頁。
(15) 以下、『教会位階論』は未邦訳。
(16) 未邦訳。
(17) 未邦訳。
(18) 「脱‐否定する」の原語は dé-nie. 通常「否認する」を意味する動詞 dénier(名詞形は dénégation)をデリダは連結符で dé- と nier に区切ることによって、接頭辞 dé- がもつ二重の意味、すなわち否定と完遂の二重の意味を浮き彫りにしている(déconstruction の dé- に「解体」と「構築」の二重の意味があるように)。そうして「否認」が単なる(単一の)否定ではなく、「否定の否定」であることを示唆している。ヘーゲル的弁証法の「否定の否定」ばかりでなく、精神分析で言う「否認」も、自分が無意識になしている否定(エディプス・コンプレックスなどの無意識的欲望の否定)を否定することである。
(19) atopique は病気の atopie(「アトピー」)の形容詞であるが、ギリシア語の atopia(「不思議な病気」「珍しい物事」)に由来する。a- + topos で「場」の「ない」ことが、位置づけられない「奇妙なもの」という意味を派生させ、それが病気のアトピーの観念にもつながっている。
(20) ディオニシオス・アレオパギテース「神名論」熊田陽一郎訳、『キリスト教神秘主義著作集』第一巻、教文館、一九九二年、二二一頁。
(21) 前掲「神秘神学」二六七頁。
(22) 「正しく」の原語は droit. 「まっすぐに」「廉直に」という意味と同時に、「右」もしくは「権利」という連想もはたらいている。
(23) 前掲「神名論」二六一頁。
(24) 原文は différence(「差異」)となっているが、différance(「差延」)の誤植と解して訳出する。

(25)「誇張」の原語 hyperbolisation は、ギリシア語の hyper(「超えて、過度の」)と balein(「投げる」)から形成されており、文字どおり「彼方へ(過度に)投げること」という意味である。

(26) ここでもデリダは、存在論の基本動詞(繋辞)である「である(être)」という単語を「括弧入れ(エポケー)」し、存在論の枠組み自体を疑っているが、ここではそれが否定神学的なものとの関連で考えられている。デリダ自身が本論考で告白しているように、否定神学的なものによる存在の超出のロジックは両義的であり、デリダを魅了すると同時に警戒心をも引き起こす。こうした「(である)」の両義性の亡霊的効果こそ、デリダが一面的に肯定も否定もせずに着目し、その両義的効果をラディカルに見定めようとするものである。もちろん、これは後の『マルクスの亡霊たち』(増田一夫訳・解説、藤原書店、二〇〇七年)で語られる「幽在論(hantologie)」の立場につながっていく。

(27) デリダの原文は elles と女性複数形になっており、そうすると「感性的形態(formes sensibles)」を指すことになり、文意が奇妙になるので、単数形 elle(コーラを指す)の誤植と判断し、訳出した。

(28) 前掲「神名論」一六四頁。

(29) 前掲「神名論」一六三—一六四頁。

(30) 同書、一六四頁。

(31) 前掲『エックハルト説教集』五三頁。

(32) 同書、五六頁。

(33) 同書、同頁。

(34) 同書、五九頁。

(35) 同書、五九—六〇頁。

(36) 同書、六一—六二頁。

(37) 同書、六三頁。

(38) 前掲「神秘神学」二六五頁。

(39)「教育法」を指す pédagogie は、ギリシア語源で paid(少年)+agogos(移動させること、導くこと)からなり、また mystagogie(秘法伝授)は、mysterion(秘密をもった)+agogos、psychagogie(降霊術や精神分析応用教育法)は、psyche(魂、息吹)+agogos からなる。デリダはここで agogos(指導)の問題を passage(移行、移動、通過、経由)の問い、se passer(ふつうフランス語で「生じる、起こる」の意になるが、文字通りには「自己を通過、経由すること、自己をパスすること、自己を手渡すこと」と取れる)として考察し、それを apostrophe(呼びかけ=向きを変えること、変えさせること)の問題として扱っている。「出来事」を表現する

se passer が、同時に、passage という「通過(通過儀礼)」「方向転換」「移行」「通路」であり、喪失であると同時に残余(痕跡化)の運動(事後性、ポスト出来事性)でもあるという点は、ユダヤの神の「過ぎ越し」(フランス語でやはり passage)を単語上も内容上も連想させる。さらに言えば、この運動は、「移住、移民」、純粋な起源や故郷の喪失(失楽園)、強制追放・強制移動の事柄でもあるだろう。もちろん、passage には、文章や楽曲における「一節」(つまりエクリチュール)の意味も込められている。

(40) 前掲「神名論」一六六頁。

(41) 未邦訳。

(42) 前掲「神名論」一四一頁。

(43) 同書、同頁。

(44) 同書、一四四頁。

(45) 同書、一五六頁。

(46) 同書、同頁。

(47) 同書、同頁。

(48) 「無苦(impassibilité)」とは、キリスト教神学で、苦しみを受けない(受苦不可能な)不動の存在の特性を言う。

(49) 前掲『エックハルト説教集』一九九頁。

(50) 同書、同頁。

(51) 同書、二〇〇頁。

(52) 同書、二〇一頁。

(53) 同書、二〇五頁。

(54) 同書、五七頁。

(55) 同書、五八頁。

(56) 「存在について語ることを避ける」「「存在」という語を書くことを避ける」「「『存在』という語」は……してはならない」といった文章の動詞(éviter, devoir)は条件法で書かれている。

デジスタンス

原注

*1　フィリップ・ラクー＝ラバルト『ティポグラフィー』(ハーバード大学出版、一九八九年)〔*Typography*, Harvard University Press, 1989〕の序文。

*2　たとえば、われわれが後で引用し、再読するある一節のなかで、こう言われている。「この理由から、私はすでに、これを(脱)構成と呼ぶことを提案した〔『消印』のなかで〕。だが、これはその場しのぎにすぎない。ラカンとともに、ラカンに逆らって、ラカンからライクへと遡ることによって標記しなくてはならないのは、想像界のたえざる、しかし無音の崩壊があるということである。想像界は、少なくともそれが構築の助けとなるかぎりにおいて破壊する。さらに正確に言えば、想像界は、それが構築するものをたえず歪めるのである。おそらくここから、鏡の中の主体は何よりもまず「脱存《デジストマン》」における主体であるということが説明される(またたとえば、ラカンによれば、未熟出産が主体に宿命づける致命的な不十分さを主体は決して取り戻すことができないということも)。〔…〕形象は決して一つではない〔…〕、想像界の本質などない。他の言い方をすれば、ライクが思考するように促すのは、主体がつねに少なくとも二つの形象(あるいは少なくともある二重の形象)と対決しなくてはならないことによって「脱存《デジスト》する」ということである〔…〕形象的なもののこの不安定な、脱安定的な分割(これは確実に想像界と象徴界との区別を混乱させ、また「現実界」の絶対的否定性ないし絶対的他性を同じ機会を通して傷つける)〔…〕」(「主体のこだま」、『哲学の主体――ティポグラフィーⅠ』オービエ＝フラマリオン社、一九七九年、二六〇―二六一頁、二二一頁〔«L'écho du sujet», *Le Sujet de la philosophie, Typographies I*, Aubier-Flammarion, 1979, p. 260-261, p. 221〕も見よ。またたとえば「ティポグラフィー」、『ミメーシス、分裂』オービエ＝フラマリオン社、一九七六年、二四六頁〔«Typographie», *Mimesis, désarticulation*, Aubier-Flammarion, 1976, p. 246〕も参照のこと)。

*3　同書。

*4　「……ハイデガーのなかには、ミメーシス概念を真面目に受け取ることへの恒常的な拒否があるように私には思われる〔…〕ハイデガーの思考のなかに基礎的模倣論《ミメトロジー》とでもいうべきものが作動しているのを見ないことは、私にはますます困難であるように見

える」(「政治における有限な超越／政治において超越は終わる」、『政治の再生』ガリレー社、一九八一年、二一一頁〔« La transcendance finie/t dans la politique », *Rejouer le politique*, Galilée, 1981, p. 211.〕また、『近代人の模倣――ティポグラフィーII』ガリレー社、一九八六年〔*L'Imitation des modernes, Typographie II*, Galilée, 1986〕に再録)。「秘められた模倣論がハイデガーの思考を政治的に重層決定しているだろう」(同書、二一四頁)。

＊5　「思考は間違いを犯すこともあるのであって、よく言われるように、やはり「避けて通ることはできない」のである」(同書、一七四頁)。『総長演説』において解釈されているようなアナンケー(Notwendigkeit)に関する至極必然的な省察としても読むことのできるこのテクストのなかに、以下のような不可避なものの糸とその語彙系の配置のあり方とを追跡されたい。「避けられた」「避け難い」「否定できない」「異論の余地のない」(一七二頁)、「取り返しのつかない」「許し難い」「避け‐難い」「放棄しえ‐ない」「避けては通れない」「避けることの困難な」(一七四―一七五頁)、「禁じられていない」「否定されていない」「避け難い」(一七六―一七七頁)、(『総長演説』における)「容赦のなさ」(一八四頁)、「否定し難い」(一九〇頁)、「揺るぎない」「否定し難い」(一九七頁)、「揺るがしえない」「かわしえない」(一九八頁)、(『総長演説』における)「避け難い」「避けて通れない」(二〇三頁)。

＊6　強迫観念〔obsession〕、強迫するもの〔l'obsédant〕、強迫的なもの〔l'obsessionnel〕についての問いは、ここに集められたすべてのテクストのなかで、ミメーシス、テュポス、ゲシュテルの問題系の核心において、きわめて規則的に回帰してくる。この問いは「問い方のスタイル」の問いでさえある。たとえば、前掲「主体のこだま」二三七頁、二七九頁、二八四頁他〔« L'écho du sujet », *Le Sujet de la philosophie..., op. cit.*, p. 233, 279, 284, etc.〕を参照のこと。またそれはエクリチュールそれ自体についての問いでもある。ここではラクー＝ラバルトが署名しているエクリチュールが真っ先に問題になるが、こうしたことをすべて、ラクー＝ラバルトはしっかりと見据えている。『消印』の終わりにはこうある。「エクリチュールは、とりわけそれが用心深いときには、偏執狂的な悪魔払いや反復強迫に分類されてしまうのがつねである。だが、おそらく次のこと以外のことを書くのは厳密には不可能だろう。すなわち、「私が想像するに、書くことを私に義務づけるものは、狂気に陥ることへの不安である」と」。これはバタイユの言葉であるが、ラクー＝ラバルトは、これは「ニーチェ」にも「ハイデガー」にも当てはまると付け加える(前掲『哲学の主体――ティポグラフィーI』一七六頁)。これは一例である。さらにこうだ。「……動揺するもの、それはもっとも原初的なナルシス的確信である(強迫状態によって、「私は死んではいない」あるいは「私は生き延びるだろう」)」(同書、二八四頁)。ここでの強迫状態は、もはや臨床の一カテゴリーではない。

＊7　そうすると、知る必要があるということになる。知るとは何か。そして避けられないものの超‐否定は、知の知〔知ることについて知ること〕とどのような関係にあるのか。というのも、一〇頁前のところでラクー＝ラバルトは、すでにハイデガーについて、すでに括弧のなかで自問していたからである。「(彼が知っていることをいつかひとは知るだろうか……)」(前掲「ティポグラ

フィー」、『ミメーシス、分裂』一八〇頁)。したがって、この知もまた括弧で括らなくてはならないわけである。「主体のこだま」——「だが、なぜライクはそのことを「知り」ながら、それについて何も知ろうと欲さないのか」(前掲『哲学の主体——ティポグラフィーI』二八六頁)。

＊8　「……狂気の名において語るのだと、ひとが今日主張するような——本当に、大した危険もなく——、「精神指導的」とは言わないまでも「民衆煽動的」なこの種の大言壮語を信用しないことは、かなり正しい……」(前掲「ティポグラフィー」、『ミメーシスと分裂』一七二頁)。

＊9　少なくとも『消印』(一九七三年発表、前掲『哲学の主体——ティポグラフィーI』所収)以来のことであり、このテクストはすでに狂気の問いを主体の問いに結びつけている。そこにはまだデジスタンスという語はそれとして現れていないが、「主体の(脱)構成」という語を見ることができる(一三八頁、一五七頁他随所)。おそらく「放棄する《デゼルテ》」という語は、われわれが語るべき「断念する《デジステ》」という語の予告として最善のものだろう。たとえば次のような一節は、この問題圏のいわば公理を見事に確立している。「すでに予想されたことかもしれないが、ここでわれわれの関心の的となるのは、主体でも作者でもない[前掲『近代人の模倣——ティポグラフィーII』一九頁の「ディドロ」で再開された問いと用心]。それはまた主体や作者の「他者」(そこにどのような意味を込めようとも)でもない。それはむしろ(暫定的に主体の問いにのみ議論を限るが)、なんらかの主体性(言い換えれば、なんらかの客体性)には絶対に還元不可能でありながらも、主体のうちで作動してもいるものだろう。それは、主体のうちで主体それ自身を放棄する(つねにすでに放棄してしまっている)ものであり、また一切の「自己所有」に先行するかたちで(しかし自己喪失とは別の様態で)、主体の内部で、または主体として、主体の溶解・解体となっているものだろう。それは主体の(脱)構成もしくは主体の「喪失」である。——少なくとも、所持したためしなど一度もなかったものを喪失するという事態を考えることができるのであれば、一種の「根源的」で「構成的」な(「自己」の)喪失と言ってよい」(一五一頁)。

(脱)構成[(*dé*)*constitution*]の「脱[dé]」が括弧に入れられていることが意味するのは、デジスタンス[désistance]の場合と同じく、「脱[dé]」を根源的・定立的構成を害する否定性と理解してはならないということである。としてのイタリック体が意味するのは、「主体」が主体として、このデジスタンス運動のなかで自己を(脱)構成するということであり、この運動の形成以外の何ものでもないということである。こうしたものとしてのかぎりで、主体は、単純に省かれることも解消することもありえず、基体性の脱構築やハイデガーによって規定された意味での基体性のエポケーの名のもとで黙過されてよいものではない。ここからしてすでにハイデガーに対して距離が取られているわけだが、そのことは先ほど私が引用した一節の直後に見られる。ラクー＝ラバルトは、ハイデガー的「昇華」とでもいったものをすでに訴訟にもちこんでいる。「ところで、ハイデガーのテクストはまさにそれに触れている。しかし、それはすぐさま(さらには事前に)思考のなかで、思考として、それを取り戻すため、止揚するため(言い換えれば昇華するため)である。それ——それとは「狂気」のことであり、『この人を見よ』のなかで表明されたような、あるいはむしろ脱表明されたような「狂気」のことである……」。

*10 フーコーがハイデガーを実際に名指すことは決してなかった。いずれにせよフーコーは、ハイデガーと、もしくはハイデガーに関して、こう言ってよければ、決して対決的説明をおこなわなかった。それはドゥルーズも同様である。だからといって、フーコーが彼の最晩年の対話のなかで、次のように表明することが妨げられたわけではない。「私の哲学的生成の全体は、ハイデガーを読むことによって規定されたのです」。またドゥルーズも『フーコー』に関する彼の本の最後の頁で、「フーコーとハイデガーの必然的な対決」(強調デリダ)と言っている。であれば、この二五年間の沈黙はさかのぼって、どのように解釈されるべきか。簡潔に言わなくてはならない。もしひとがこの沈黙に耳を傾けながら、また同時に、ハイデガーとの「対決」がはらむもっとも困難で、危険で、まさしく「必然的な」点を考慮し続けたラクー＝ラバルトのような人々がいたということを考えるならば、それはこの四半世紀におけるフランスの哲学シーンについての映画のようなものになるだろう。解読されるべきもの、それはまたもや不可避なものの回避である。そのようにして何が避けられているのか。ハイデガーだろうか。そんなに単純な話でないことは間違いない。

*11 一八三頁、一八六頁。

*12 一八六頁、また一九〇頁参照のこと。「……とりわけ Ge-stell から派生してくるのは、単に Gestalt ばかりでなく、Darstellung それ自体(〔再〕現前化、提示、上演、等々)である。あるいはもっと正確に言えば、とりわけ Gestell からは、Gestalt と Darstellung が一緒に派生しうるのである。もちろんハイデガーは、もし間違いでなければ、一度もこのことを明示的に標記したことはなかった。とはいえ、相対的に独立した複数のテクストを相互に結びつけなおし、それと同時に「同根化させ」てみたらどうなるか。それに実際のところ、起源的な共同性(ここでは Gestalt と Darstellung の同根性のこと)——この点は強調する必要があるが、ユンガーがヘーゲルへと連れ戻されるとき、この共同性は、症候的に黙って見過ごされている——は、なにか厄介なものを多かれ少なかれはらんでいるかのように事態は進行している。実際、ミメーシスがここで賭けられている〔戯れて作動している〕のは、効果＝結果においてなのである……」(強調デリダ)。

*13 「……どこかで道に迷う〔自己を喪失する〕危険、あるいはどこかで派生関係の連続性が失われる危険、この危険はおそらく避けられない〔強調デリダ〕。たとえば、二つ、三つのテクストのあいだでの喪失の危険。Darstellung(の問い)の側面における、あるいはもっと正確を期すなら、またすでに引っ張った糸を手放さないようにするのなら、Darstellung(の問い)が実際に〔en effet(効果において)〕ミメーシス(なるもの)とかかわる側面における、喪失の危険。とはいえ、始めは万事がかなり順調である」(一九二頁)。その次に、たくさんのテクストについての長大で濃密な分析(ここではその後を辿るよう促すことしかできない)がやってきて、「Darstellung の喪失」のプロセスとその諸効果とが証明される。ハイデガーの当該のテクストは、Darstellung というこの語を

Herstellung と対にして引用した直後に脱落させるが(二〇一頁)、この「Darstellung の喪失」は「単純ではありえず」(二〇〇頁)、「語の消滅」(二〇一頁)に限定されない。Darstellung の「喪失」とは、何物かの喪失を意味するのではなく、Darstellung をつねに分裂させ虚構化するような深淵的構造に対する、ある種の不注意を意味する。そのとき問いはこうなる。「したがって、Darstellung はどのように失われるのか。そして、この喪失がミメーシスの解釈に与える影響はどのようなものか」(二〇一頁、また二〇七頁――「……Darstellung の喪失」――も参照のこと)。

*14　ラクー＝ラバルトが翻訳に関する第二の問いを提起した直後に、彼自身が引用する(一八七頁、註二〇)『思惟とは何の謂いか』の一節を再読されたい。翻訳に関する第一の問いは、翻訳不可能な Ge-stell にかかわるものであり、そこでは Ge-stell が何を言わんとするかよりも「それがどのように機能するか」「それが何の役に立つか」ということが問われていた。第二の問いは、『ツァラトゥストラはかく語りき』を翻訳しようとし、「アレゴリー的」な取り扱いのもとに置こうとするハイデガーの企てにかかわっていた。翻訳が今回かかわるのは、「表現」や「詩的な装飾」を超えて、思考されないものである。ハイデガーは言う。「〔思想家たちの言語を〕このように認識する作業は、次の事実に立脚する。すなわちわれわれは、思考者の各々が、つねに唯一無二である何かとして思考したもの、決して帰ってくることのない、汲み尽くされない何かとして思考したものを、われわれのところに来るに任せるという事実である。そしてそれは、思想家たちの思考のうちに存する〈思考されないもの〉がわれわれを狼狽させるということである。一個の思考のうちにある〈思考され‐ない〉ものは、思考されたものに属する欠如などではない。〈思考され‐ない〉ものは、そのつど、それが〈思考され‐ない〉かぎりでしか存在しない」(つねに唯一無二を強調したのは私デリダである)。ここではこの表現は、思考を思考することとそのものに必要不可欠な相関項である)。唯一無二性が欠けたところでは、思考そのもの、さらには思考の〈思考され‐ない〉ものは、出来しないのだろう。これこそがもしかすると、私よりも少しばかり、ラクー＝ラバルトが重んじることなのかもしれない。すなわち、この唯一無二性、そして唯一無二性と思考そのものとの親和性である。この点について、私の尊敬の念の少なさは、もしくは私の尊敬の念をさいなむものは、二つのことを意味しうる。すなわち、思考というものが真に何であるかということを私が(認識する術を)知らず、そのことにあまり気をかけていないか、あるいは、〈思考され‐ない〉ものについてのハイデガーの規定――結集の唯一無二の場にいまだに依拠しすぎている規定――のなかで〈思考され‐ない〉ものが残す、なんらかの残滓を排除していないか、そのどちらかである。そして、この結集の場の唯一性ないし統一性の脱臼〔dislocation(転位、断層)〕、さらには断念《デジスタンス》を思考と呼ぶとしたら、どうだろうか(だがおそらくもっと別の名が必要になるだろう)。というのも、これはその気になれば示すことができると思うが、この問いは、ハイデガーによる存在の場所論《トポロジー》を、そして彼が Ort や Erörterung という語のもとに取り集めるあらゆるもの――まさしく結集だ――を、何回も通過しなおすのであるから。

*15　ラクー＝ラバルトは後のテクストにおいて、「模倣論的重層決定」が思考や言説に課す逆説的な――誇張法的な――拘束につ

いて、ますます態度を明確にしていくだろう。彼は「モデルなきミメーシス」ないし「根源的ミメーシス」という思考を、近代人たちの「否定形而上学」とさえ呼ぶだろう。このテクストにおいて、彼はミメーシスの復権や一般化(それが近代のものであれ、ポスト・モダンのものであれ)に対する自身の留保を表明している。前掲『近代人の模倣——ティポグラフィーII』、とりわけ二七八頁、二八一頁、二八三頁を参照のこと。

*16 前掲「ティポグラフィー」、『ミメーシス、分裂』二四九頁。

*17 とりわけジルベール・カーンによる『形而上学入門』の翻訳(一九五八年)を参照されたい。以下はドイツ語の専門用語の索引からの抜粋である。「Wesen——その意味がとりわけ動詞的であり、そのことによって何性へのあらゆる参照が排除されている場合の essence〔本質〕、estance〔本質的存立〕。Wesen——ester〔立つこと〕、本質として歴運的に自己を実現すること。とはいえ本質が時間の外で、実現のためのモデルとして与えられることなく、そうすること。wesenmässig——みずからの estance に即していること。anwesen——adester〔出立〕。An-wesen——ad-estance〔本質的存立へ向かうこと〕。Anwesenheit——現前。Ab-wesen——不在。ab-wesend——不在の。Unwesen——非本質性、無秩序」。

*18 前掲『近代人の模倣——ティポグラフィーII』二七一頁。

*19 同書、一九四頁、註二九。

*20 同書、二二九頁以下。

*21 「思弁的なものの区切り」〔«La césure du spéculatif»〕、前掲『近代人の模倣——ティポグラフィーII』五四—五五頁。またダブル・バインドとヘルダーリンにおける退隠ないし「狂気」については、このくだりの直後の箇所も参照のこと。

*22 同書、二五三—二五四頁。ここで、私がこの後で「(脱)構築」という語に付した註を参照されたい(本書四九六頁、原註*34)。

*23 同書、二五七—二五八頁。少し先のところで言われているように、避けられないものはまさしく遅れである。いかなる点で、「書く者にとって、理論化は避けられないばかりでなく絶対に必要でもある」か、また、なぜ「一個のテクストのなかには鏡」がつねにあるのか、この点について説明する節の全体を参照してほしい。鏡は、「「主体」の「彼自身」へのこの避けられない遅れを埋め合わせる、考えられうる唯一の手段であり、それを通して何かが言われ、言表され、書かれるあの情け容赦のない機能不全をいくらかでも固定する唯一の手段」(二六九頁)である。ここでもまた、このように(引用符のなかで)書かれた「主体」は、ハイデガーが脱構築する主体ではない。それは、もしかしたら、その主体のデジスタンスに抗してハイデガーの脱構築が身を守る(そして立ち会い《アシスタンス》を求める)、そうした主体でさえあるかもしれない。この「主体」は自己同一化しない。他者にも自己自身にも同一化しない。もちろん、この主体は自己同一化以外のことを何もして〔*faire*〕いないように見えるし、実際に〔en effet(結果としては)〕それ以外のことをしていない。しかし、この所為〔fait〕そのもの、主体性効果〔*effet*〕は、反対のことを証言する。それは反対のこ

とを証明《プルーヴ》し、反対のことを試《エプルーヴ》す。主体が自己同一化するとしたら、それは主体が同一的では決してありえないからであり、自己を――自己自身もしくは他者と――同一化しえないからである。同一化の可能性の条件はその不可能性と別物ではなく、両者は互いに避けられないものなのである。ミメーシスのようだ。このように脱主体化する主体は、絶対に達成不可能な絶対的な同一化を主体に返すデジスタンスなくしては、自己同一化できないだろう。

　遅れと「未熟出産」(両者は軌を一にする)、「自己自身の」誕生からの遅れは、われわれが後でまた話すことになる、一種の「中絶」の経験のなかに主体を書き込む。

＊24　ここで私は、次の命題を囲むくだり全体を参照する。「……「主体」はそこにおいて脱《デ》-存《ジスト》する、それも人間(男性)が問題になるときに、二重に……」(二五九頁以下)。

＊25　前掲「主体のこだま」、『哲学の主体――ティポグラフィーI』二八六頁。リズムについての思考の中心に、あたかもリズムそのもののように、「自己自身において差延する《一》」(En diaphéron héautô)がある。ラクー＝ラバルトはしばしばヘラクレイトスを引用し、またヘラクレイトスを引用するヘルダーリンを引用する。

＊26　前掲「主体のこだま」、『哲学の主体――ティポグラフィーI』二九〇頁。

＊27　同書、二五七頁、二六〇頁。

＊28　ジャン＝リュック・ナンシーとの共著(ガリレー社、一九七三年)。

＊29　ジャック・ラカン『エクリ』スイユ社、一九六六年[Jacques Lacan, *Écrits*, Le Seuil, 1966／ジャック・ラカン『エクリ』全三冊、宮本忠雄他訳、弘文堂、一九七二―一九八一年]。

＊30　私は強調する。「[…]この書物[ライクの『憑依する音楽』[*The Haunting Melody*]]は「理論的な失敗」である[…]」(二三〇頁)。「要するに、万事は次のようになっている。すなわち、ライクは、フロイトが服従するすべての分割(それらはしばしば厳格なものである)をかき乱すと同時に、お望みならばこう言ってもいいが、「象徴界」と想像界とのあいだにある、「現実」界(それが不可能性の刻印を帯びていようとも)のような何かが必ずしも占めるわけではない穴ないし裂孔のなかに、彼ははまり込むのである。もちろん、このことが影響しないわけはないだろう――たとえ理論的な失敗は確実であるにせよ」(二三五頁)。

　すぐわかるように、結局ライクという主体は、フロイトが服従するもの、そしてラカンも服従するもの(これが「影響しないわけはないこと[…]」である)に服従することに終わる。そして、これは同じ失敗における同じ服従の不可避な連鎖である。喪に服した奇妙な「競合関係」(二四〇―二四一頁)。「[…]ライクのなかから取り上げることができ、また取り上げなければならないもの、彼の仕事をフロイトの単なる反復以上のものにしている一切合財、言い換えれば、実は彼の「理論的な失敗」[…]。彼の理論的な失敗、いやむしろ彼ライクを通してあらわになる、理論的なものの失敗一般」(二四八頁)。この失敗の根本は、「反復された反映」

(wiederholte Spiegelung)——すなわち反響学を鏡像的に還元すること——というゲーテ的モチーフの反復において、フロイトを反映する点にある。「要するに、彼は、主体の「音楽的」本質とでもいったものを定義しようと努めていたのである。理論的なものに服従することは、この本質に接近する一切のチャンスを失うことだと、彼は知らないわけではなかった。こうした理由から、理論的な「失敗」は「成功」でもあり、そして抑制が本当に取り除かれることは決してないだろう」(二五二頁)。「[…]ここで作動している二重の抑制は、服従ゆえに理論的であるが、そればかりでなくまた文学的、芸術的でもある[…]」(二五八頁)。「ここでライクの理論的な失敗から再出発する必要がある。あるいはむしろ、それはやはり「抑制」と関係があるのだから、彼の理論的な立ち往生[強調はラクー＝ラバルト]から再出発する必要がある。なぜこの「立ち往生」なのか」(二六二頁)。「それゆえに、自伝に関する彼の理論が流産するばかりでなく、自伝それ自体も書かれることができないのである」(二六五頁)。私は流産という語を強調したが、それはこの語がある奇妙な失敗の出来事について、それ以上の何かを言っているからである。すなわち、起源というよりもむしろ誕生が場なしに場をもつということ、死産するあるいは「自己を失うことによってしか、自己に到達しない」、そうした命名可能な主体が孕まれてしまっているということ、これを言っているのである。こうしたことのすべては、最後の数頁がなおもそこへと開かれていく「母の閉域」のなかにも孕まれている。しかし私がこの〔流産という〕語を強調したのは、それがラクー＝ラバルトの予告されている本の表題(『文学の流産』)でもあるからだ。同じ理由から、範例性という語(これもまた予告されている本の表題であり、この思考の別の主要モチーフである)を強調してもよかっただろう。私の索引を拡張しよう(序文とは、それが取り返しのつかない裏切りでないとしたら、少々お喋りな索引である)。「[…]われわれは第二の理論的な立ち往生の前夜にいる。[…]ライクがこの第二の失敗について語る物語には、足を止める価値がある[…]」(二六六頁)。

立ち往生の価値が失敗の価値に、それから流産の価値に付け加えるもの、それはおそらく、境界のはっきりしない地盤のなかに、対立可能なもろもろの場のなかに、堅固な大地のなかに、ゆっくりとはまり込んでいく、というイメージである。それは対立なき境界という構造に由来する。そして遅さは反復に、反復強迫に由来する。すなわち、前進するのではなく、その場で足踏みをするのである。失敗を反復するのであり、麻痺させるというよりも、むしろ同じ振る舞いを強制された抑制を反復するのであり、そして運動の一つ一つがさらにはまり込んでいくのである。失敗という語だけだとそう思われてしまうかもしれないが、事は一個の境界にぶつかって一回だけ起こるのではない。とりわけ、立ち往生——すなわち、上昇することによって脱出しようとする努力がますますひとをはまり込ませていくという状況——を生み出し悪化させる原因は、立ち往生そのものの自伝的ないし自己分析的な語り(明晰であると同時に無力でもある語り)によって反復が重たくなり、負荷をかけられる点にある。ライクは、「初源の、そして反復された間違い」を反復することによって、それを語った初めてのひとである。「私は自分の試みのこの種の失敗から、どんな教訓も引き出そうとは思わない[…]」(二六七頁)。「私はあまりに野心的に過ぎたがゆえに、また失敗した[…]と認めなければならない」(二七七頁)。ラクー＝ラバルト——「実はそれは、フロイトのプログラム作業にただ単に服従することである。ところが、それがそんなに単純なことではないのだ[…]」(二六七頁)。そして以下のように、きわめて経済的に形式化されて、脱存《デジスタンス》に対する抵抗《レジスタンス》の場面が、立ち会《アシスタンス》いの場面が描かれる。「ところでライクの同じテクストのなかに、これらの三つの問いが——一つの機会に——結集されている[ほら、まただ…]のがわかる。おそらくは無自覚のままに(といっても私にも確信があるわけではないが)、いずれにせよ結果のないままに。あたかもすでに遅すぎるかのようであり、あたかもフロイトへの理論的な服従によって、ライクは、諦めを諦めざるをえないほどに、自己を手放すことが禁じられているかのようである。この諦めの諦めのなかで、父の立ち会いを要請することによって(この父の立ち会い要請によって、理論——ここではエディプス理論——が二度勝利を収める)、彼の脆弱なナルシス的な(再)掌握が決断されるのである」(二七八頁。手放すと(再)掌握の強調はラクー＝ラバルト)。そして「遅すぎる」がまたもや響き渡っている。

*31　「疑義」という語それ自体、「性急にも埋葬されてしまった疑義」は、さらに厳密に言えば、音楽「以前」のリズム、ほとんど音楽のないリズムそれ自体を思考する可能性にかかわる。この語はショーファーについての印象的なくだりの一つのなかで複数回登場する(二九四—二九五頁)。ショーファーには三つの音のグループがあるが、ライクが詳述するように、それらは「リズムの変化によってしか差異が出ない」。ライクが註記していたことだが、ショーファーは単なる楽器ではない。ショーファーが生み出す音は、「音楽作品よりも雄牛の鳴き声に似ている」のであり、ユダヤの伝統は音楽の発明を神のプレゼントに帰してはいない。

しかしライクは疑義という語を超えて、フロイトを疑っている。今度はフロイトを紹介するというよりも非難している。すなわち、フロイトは音楽における「テクストの決定的な役割を一方的に」強調したのであり(二六九頁)、一般的に見て、「ある種の心理状態の表象としての音楽的構造の重要性」を「無視」した(二七三頁)、と。

*32　ここは慎重な分析が必要な場であろう。ギリシア的に過ぎるとは、「プラトン的」に過ぎるとは、どういうことか。「プラトン」以前もしくは「哲学」以前のギリシアにおいて、存在－類型論的ないし模倣論的であるのではいまだないようなものを、ショーファーの経験が示しているユダヤ教的な霊感へつなげることはできるのか。ラクー＝ラバルトの作品のなかで、もっと正確に言えば、このコンテクストのなかで、精神分析の核心部において、ギリシア、ドイツ、ユダヤのあいだの討論を追う必要があるだろう。この討論はいたるところで鳴り響いている。「ヘルダーリンとギリシア人たち」においてギリシア人について言われていることとは(前掲『近代人の模倣——ティポグラフィーII』八三頁)、ユダヤ人やドイツ人にも言えるだろうか。すなわち、「ギリシア人たちの固有性は決して場をもたなかったがゆえに、それは模倣不可能である」と。

*33　脱存《デジスタンス》への抵抗《レジスタンス》は、その一般的形態である抑制のかたちを取るが、この抑制はもはや臨床の一カテゴリーでもないし、「病理学的」症候の規定でもない。抑制は避けられない。一般的に言って、そうだ。抑制なくしてリズムはないが、同じことはダブ

ル・バインドにも言える。『プシュケー』第一巻ですでに引用したくだり(とくに二五二頁と二五八頁)を参照のこと〔本書第I巻三五五頁、三六四—三六五頁参照〕。

*34　この誇張論法は、「パラドクスとミメーシス」(たとえば二九頁)や「思弁的なものの区切り」(たとえば六七頁)ではっきりと定義されている。それはミメーシスの「論理」がもつ避けられない諸効果をプログラムしている。俳優が問題となるその明確なコンテクストにおいて、この誇張論法は、全体の贈与を無の贈与へと、また無の贈与を物自体の贈与へと、一様に変換する。「非所有性の贈与」、他の仕方で言えば「ミメーシスの贈与」は、「一般的な自己固有化と現前化の贈与」である。だがそれは、見ればわかるように、よくある「コンテクスト」、よくある「例」ではない。それは自己固有化と(脱)所有化一般の問題なのだ。この序文の最初から、われわれがそれに立脚して作業を進めてきた〈脱《デ》-〉の戯れは、この誇張論法に属するかもしれない。否定的でも弁証法化可能でもないこの〈脱-〉の戯れは、それが規定するように見えるものを組織すると同時に解体するのであり、自分自身の集列の秩序に属しながらも、そこを逃れる。始めるときにわれわれがデジスタンスについて述べたことは、脱定着化(「ティポグラフィー」二五〇頁、二六四頁他随所)、(脱)構成(「消印」〔«L'oblitération»〕、前掲「ティポグラフィー」二五九—二六〇頁、前掲「主体のこだま」二六〇頁)、脱節合(「思弁的なものの区切り」六八頁、「ヘルダーリンとギリシア人」八二頁)、脱固有化(「ティポグラフィー」二六四—二六七頁、「パラドクスとミメーシス」三四頁、「思弁的なものの区切り」六四—六七頁、「ヘルダーリンとギリシア人」八一頁)、脱構築(「ティポグラフィー」一九三頁、二五三—二五四頁、前掲「主体のこだま」二二二頁、「思弁的なものの区切り」四三頁、五三頁、六七頁)などの誇張論法にも当てはまるだろう。われわれが語った代補のリングを考慮すれば、「脱構築すること」——ラクー=ラバルトは他のところで、この語が「まったく「擦り減った」」とは思わないと言っている(前掲『近代人の模倣——ティポグラフィーII』二八二頁)——は、あるときは任務という意味合いをもち、あるときは出来事——いずれにせよ、いわば「実践的」状態において(たとえばヘルダーリンにおいて)場をもつもの(「思弁的なものの区切り」五三頁参照)——という意味合いをもつ。ラクー=ラバルトが「(脱)構築」と書くこともある(「ティポグラフィー」二五四頁)ということも確認済みである。

*35　前掲「思弁的なものの区切り」、『近代人の模倣——ティポグラフィーII』六八頁。

*36　同書、四三頁。

*37　同書「ヘルダーリンとギリシア人」七二頁、七三頁他随所。

*38　同書「思弁的なものの区切り」六八頁。

*39　同書、同頁。

訳注

(1) 「通常の」 フランス語では、動詞 désister は再帰動詞 se désister の形しかなく、désister 単独では使用されない。

(2) 原文は七つの語からなっており、これが先ほどデリダが言っていた「七つの語だけからなる、当時引用された短い括弧」のことである。

(3) フランス語の il faut(「……が必要である、……しなくてはならない」)の動詞 falloir は faillir(「落ちる」「欠ける」「背く」「破産する」)の変化形である。ラクー＝ラバルトのここでの文章は、「機能不全」(défaillance)、「破産」(faillite)、「欠陥」(défaut)、「無謬性」(infaillibilité)など、faillir に由来する単語で織り成されている。

(4) 「強迫」(compulsion)とは、自己の欲望、意志に反する行動を余儀なくする強い内的な衝動のことを指す精神分析の用語であるが、co-(「共に」)と pulsion(「圧力、押し動かすこと」)からなる(pulsion はフロイトの「欲動」(Trieb)のフランス語訳でもある)。

ウィの数

原　注

＊1　『ある時間のためのカイエ』誌〔*Cahiers pour un temps*〕の「ミシェル・ド・セルトー」特集号(一九八七年)に初出。

＊2　「この行為は、それが述べるところに先行するなんらかの実在ないし認識を前提とするのではない。その言語的な形のもとでも、それは始まりの力をもつ。詳しく言えば、それは遂行的発話のなかでも「約束的発話〔promissif〕」のクラスに属する。そもそもオースティンが与えている例(約束する、……すると決める、……すると誓う、身を捧げて……する、……する意図を宣言する、等々)は、主導的なvolo〔我欲す〕の社会的表明を神秘的なテクストのなかで標記する用語を並べ立てたものである」(『神秘的寓話、十六―十七世紀』ガリマール社、一九八二年、二三七頁〔*La Fable mystique, XVI*^{e}*–XVII*^{e} *siècle*, Gallimard, 1982, p. 237〕)。

＊3　「シェキナーは、神が住むこと、神の現前、神の栄光、そして後世では神の女性性を含意する。これらはこの時代のキリスト教神秘思想において大きな役割を果たす主題群である」(一一頁、註三。また一八七頁も参照のこと)。肯定と女性性とのこの親和性については、『衝角』(フラマリオン社、一九七八年〔*Éperons*, Flammarion, 1978／「尖鋭筆鋒の問題」森本和夫訳、『ニーチェは、今日?』所収、筑摩書房(ちくま学芸文庫)、二〇〇二年〕)、『境域』(ガリレー社、一九八六年／二〇〇三年〔『境域』若森栄樹訳、書肆心水、二〇一〇年〕)および『ユリシーズ・グラモフォン　ジョイスのための二つの言葉』(ガリレー社、一九八六年／一九八七年〔*Ulysse Gramophone*, Galilée, 1986 et 1987／ジャック・デリダ『ユリシーズ・グラモフォン――ジョイスに寄せるふたこと』合田正人、中真生訳、法政大学出版局(叢書・ウニベルシタス)、二〇〇一年〕)に送り返すことを、またブランショの『白日の狂気』を引用することを許していただきたい。「しかしながら私は、生にむかって、黙れ、とは決して言わず、死にむかって、立ち去れ、と言ったこともない存在たちに出会った。それはほとんどいつも女性たちという美しい被造物だった」(ファタ・モルガナ社、一九七三年、一二頁〔*La Folie du jour*, FataMorgana, 1973, p. 12／モーリス・ブランショ『白日の狂気』中淳一、若森栄樹訳、朝日出版社、一九八五年、一一頁〕)。

＊4　フランツ・ローゼンツヴァイク『救済の星』A・デルザンスキー、J・L・シュレーゲル仏訳、スイユ社、一九八二年、三八―三九頁〔*L'Étoile de la rédemption*, tr. A. Derczanski et J.-L. Schlegel, Le Seuil, 1982, p. 38-39／『救済の星』村岡晋一、細見和

之、小須田健訳、みすず書房、二〇〇九年、三七―三九頁〕。

＊5 前掲『神秘的寓話、十六―十七世紀』特に一九三頁と一九七頁。

＊6 同書、二二五頁以下。

＊7 同書、二三一頁。

＊8 『言葉への途上』一九五九年、一七五頁以下〔*Unterwegs zur Sprache*, Neske, 1959, p. 175 *sq.*／マルティン・ハイデガー『言葉への途上』亀山健吉、ヘルムート・グロス訳、『ハイデッガー全集』第十二巻、創文社、一九九六年、二〇九―二一一頁〕。仏訳、一五九頁以下〔*Acheminement vers la parole*, *op. cit.*, p. 159 *sq.*〕。私は『ユリシーズ・グラモフォン』のなかでウィのこれらの問いに着手した。私がここでほのめかしているハイデガーの動向については『精神について　ハイデガーと問い』〔*De l'esprit. Heidegger et la question*, Galilée, 1987／ジャック・デリダ『新版　精神について――ハイデッガーと問い』港道隆訳、平凡社(平凡社ライブラリー)、二〇一〇年〕を参照のこと。

＊9 「この状況が口にされるにいたるとき、その言葉はなおもキリスト教のいにしえの祈りでありうる。すなわち、「私があなたから切り離されないでいられますように」と。あなたなし、ではない。Nicht ohne〔なしにではない〕」。この点について、ミシェル・ド・セルトーは註でこうつけ加える。「ハイデガーのこのカテゴリーは、キリスト教の再解釈を可能にすると私には思われた」(ミシェル・ド・セルトー「創設的中断」、『エスプリ』誌、一九七一年六月、一一七七―一二一四頁〔« La rupture instauratrice » *Esprit*, juin 1971, p. 1177-1214〕を参照のこと)。

＊10 契約〔同盟〕と切断であるカルメル山、その名は「割礼の学を意味する」。ここで神秘的なテクスト(前掲『神秘的寓話』一八五頁以下)から割礼の言語と言語の割礼に当てられた文章を引用する必要があるだろう。ミシェル・ド・セルトーによれば、「身体の血塗られた署名」は「父権への服属によって父の名(男らしさ)へ到達することの刻印である」。それについて彼は以下のように言っている。「アブラハムが息子イサクにナイフを振り上げてヤハウェに捧げようと、言い換えれば、意味を生み出そう("sacer facere")としたように、ファン・デ・ラ・クルスも合一の道を描くために生身に切り込みを入れる。みずからが脱ぐものによってみずからの痕跡を残す絶対者が問題となるとき、切断することは契約のプロセスである。それはファン・デ・ラ・クルスにとって大切な彫刻の作業である。否定神学――それは取り除くものによって意味作用をおこなう」(同書、一八九頁)。

訳注

(1) ミシェル・ド・セルトー(一九二五―八六年)。フランスの歴史家、哲学者。パリ第七、第八大学で教えたのち、カリフォルニア大学教授、パリ社会科学高等研究院(EHESS)教授を歴任。イエズス会士でもあり、宗教史、とくに神秘思想に関する研究が

有名。『神秘的寓話、十六―十七世紀』が代表作。

(2) アンゲルス・シレジウス(一六二四―七七年)。ドイツ・バロック時代の神秘主義的宗教詩人。本名ヨハネス・シェフラー。ライプニッツがしばしば引用することでも知られており、ハイデガーは『根拠律』でヘーゲルの『美学』のシレジウスへの言及箇所とともにライプニッツの書簡を引用し、根拠律を論じている。デリダは病床の母を看病していたときに執筆した『名を救う』[*Sauf le nom*, Galilée, 1993]で、シレジウスの詩を中心的なモチーフとして、エックハルト、ハイデガー、新プラトン主義についての否定神学論を展開している。

(3) 「アフォリズム(aphorisme)」とは apo-(「離れて」)+horizein(「区切る」)というギリシア語に由来する。

(4) ここでデリダが使用する quasi という語は本稿で重要な役割を果たす。この語は「ほとんど……」「……も同然」「準―」「半―」といった意味で用いられるが、もとのラテン語の quasi では「まるで……であるかのように」「あたかも……であるかのように」という意味であり、虚構、類似、疑似といったニュアンスをもっている。後段でデリダは quasi および quasiment という語をミシェル・ド・セルトーやポンジュの「寓話(fable)」のモチーフに強く結びつけている。また quasi に当たるフランス語の comme si(「あたかも……かのように」)という表現も重要であり、とりわけ隠喩の問いやカントの定言命法との関連で鋭利な問題となる。

(5) oui にあたるギリシア語。

(6) 「無場所的」の原語は atopique。もちろん「先天的過敏症」(atopie)の語源であるが、語構成上は a-+topos、つまり「場」が「ない」こと、「居場所なし」である。

(7) 「シェキナー(shekina, shechinah)」とは、ユダヤの神殿やイスラエル共同体に内在して臨在、遍在する神のあり方のことを指す。原義は「住むこと」であり、ヘブライ語の動詞 shachan(住む)に由来する。

(8) ミッシェル・ド・セルトーの『神秘的寓話』とローゼンツヴァイクの『救済の星』の仏訳は、同じ一九八二年に出版されている。

(9) ギュイヨン夫人、ジャンヌ=マリ・ブーヴィエ(一六四八―一七一七年)。フランスの女性神秘思想家。静寂主義(quiétisme)を信奉し、フェヌロンの支持を得た。神への瞑想による完全な受動性において心の平安を得られると説く静寂主義(この点で静寂主義はミサや教会への無関心を招くとして異端とされ、迫害される)をさらに徹底し、永遠の救いにすら執着しない心と忍従を強調した。フェヌロンには文通によって大きな影響を与えた。ボシュエとフェヌロンのあいだに激しい論争が起きたときに、ギュイヨン夫人はイシの会議で釈明を求められ(一六九五年)、その結果フェヌロンの弁護もむなしく断罪され、ボシュエにより異端および不従順の罪で一七〇三年までバスティーユ牢獄につながれることになった。バスティーユ牢獄出所後も地方に追放されたが、晩年は人々の崇敬を集めてその生涯を終えた。

(10) ヤコブ・ベーメ(一五七五―一六二四年)。ドイツの神秘主義哲学者。ヘーゲルから「ドイツ最初の哲学者」と称される。一生を靴工として過ごしたが、二十五歳のときに啓示を受け、「肯定と否定のなかに万象はある」という宗教体験をし、この弁証的原理によって独自の思想を作り上げる。神秘的な観照によって神の意思を認識しようとする神智学の流れに属し、宇宙の創造、意志などを「無」の自己顕現運動として描く。無差異の絶対者から三位格の神、精神界、物質界の三元的宇宙が発生するとし、シェリング、ヘーゲル、ショーペンハウアー、ニーチェ、ベルクソン、ハイデガーなどに大きな影響を与える。その影響は敬虔主義、ロマン主義からマルクスまで広大で深く、のちに終末論的堕落史観や千年王国論といった政治的革命思想の基盤にもなった。主著『曙光』。

(11) 「われわれは危険に近づけば近づくほど、それだけ救うものへの道は明るく光りはじめ、それだけいっそうわれわれはよく問うようになる。というのは、問うことは思索の敬虔さ〔Frömmigkeit〕なのだから」(マルティン・ハイデガー『技術への問い』関口浩訳、平凡社(平凡社ライブラリー)、二〇一三年、六六頁)。

(12) 「問うということは思考の本質の身の振り方ではなく――問われるべきことの方が語りかけてくるのに耳を澄ますことである」(前掲「言葉への途上」、『ハイデッガー全集』第十二巻、二一〇頁)。

(13) 「言葉の本質」におけるZusageについては前掲『精神について　ハイデガーと問い』の九章の註一一を参照のこと(平凡社ライブラリー版では二二〇―二三三頁)。

(14) 『ハイデッガー選集』第十五巻、辻村公一訳、理想社、一九六三年。「そのままと謂うこと〔Gelassenheit〕の所在究明に向かって」東専一郎、芝田豊彦、ハルトムート・ブフナー訳、『ハイデッガー全集』第十三巻、創文社、一九九四年。「アンキバシエー」麻生健、クラウス・オピリーク訳、『ハイデッガー全集』第七十七巻、創文社、二〇〇一年。

(15) ハイデガーはヤスパース宛の書簡(一九四九年八月十二日)で、マイスター・エックハルトを「読書と生活の師」と書いている(W・ビーメル、H・ザーナー編『ハイデッガー＝ヤスパース往復書簡　一九二〇―一九六三』渡邊二郎訳、名古屋大学出版会、一九九四年、二八七頁)。『野の道での会話』の編者もハイデガーへのエックハルトの影響を重視して、補遺にエックハルトについてのハイデガーのメモを収録している(前掲『ハイデッガー全集』第七十七巻)。

(16) 「行為〔現働態〕」の原語acteについては本書第I巻所収の「プシュケー」の訳註(19)(六一八頁)を参照のこと。

(17) 「投資(mise)」、「約束(promesse)」、「派遣＝使命(mission)」、「放送(émission)」といったフランス語は、いずれもラテン語mittere(「送る」)に由来する。この一連の語の集列に、デリダにおける「送ること」や「送付物＝贈り物」の主題の重要性と多数多様性がよく表れている。ちなみに日本語の「送る」という言葉には、単に事物や情報(記号・言語)を「送る」だけでなく、物質的かつ精神的な「生ける者」(人間であれ、その他の生命であれ)に同伴し、そうした物質的=精神的存在が去ってゆくのを見送り、別れを告げるという意味があること(「送り火」等)、また語源的に「遅れる」とも関係があり、この点でデリダが mittere に込めている遺言的・差延的・亡霊的な含蓄と重なりあう。

戦争中の諸解釈　カント、ユダヤ人、ドイツ人

原　註

＊1　感謝と感嘆の念を示すのに、このテクストは他のテクストよりも不適切ではないかもしれないと私は考えた。この講演会で扱うすべての哲学者(コーエンを始めとして)、すべての主題もしくは問題は、ジャック・タミニオーが思索し、書き、教えたものに属している。また本試論は、私が数年来「哲学の国籍と哲学のナショナリズム」について継続しているセミネール作業の生地から、少々乱暴に切り出したものでもある。私は数多くの前提ないし文脈上の要素を作為的に無視せざるをえなかったが、少なくともコーエンが彼の論考「ドイツ性とユダヤ性」の再版に付した「前書きとしての批判的後書き」については注意を喚起しておきたい。おそらく私は別のところでそのテクストに立ち返ることになるだろう。また私はどうしてもジャック・タミニオーに敬意《オマージュ》を表したかった。彼は私にとって格別の政治的経験を思い出させる。私は二年前のイェルサレムでの国際討議会の際に(「いかに語らずにいられるか」を参照のこと)、翌年に企画されていた会合の主題を「解釈の諸制度」にするよう提案した。このタイトルは採用され、会合は一九八八年六月五日から十一日にかけてイェルサレムで開催された。本講演――翻訳困難なその英語タイトルを私はそのままにした――の前置きは、私がどのような精神でこの会合に参加したか――そして同時に、パレスチナ人の仲間たちと一緒に、その当時行政決定(一九八八年七月十五日)によって閉鎖されていた――そしていまも閉鎖されている――彼らの占領地区の大学の外で開かれた別の会合に参加したか、これについて述べている。このテクストの初出は、『現象学と政治　ジャック・タミニオーに捧げられた論文集』ブリュッセル、ウーシア社、一九九〇年〔*Phénoménologie et politique. Mélanges offerts à Jacques Taminiaux*, Bruxelles, Ousia, 1990〕である。

＊2　取り決めにより、討議会の数週間前に、以下の梗概が配布された。

戦争中の諸解釈

カント、ユダヤ人、ドイツ人

あるいは

ユダヤ－ドイツ的精神《プシュケー》――ヘルマン・コーエンとフランツ・ローゼンツヴァイクの例

「例」という語を強調することによって、複数の問いへの導入がなされるだろう。

一、国家の自己 - 主張〔肯定〕の歴史における範例性（原型《パラデイグム》というよりも）とは何か。ある「民族」が「範例的」なものとして自己を提示《プレザント》するとき、何が起こるのか。あるいはある「国民《ナシオン》」がその単独性そのものにおいて、なんらかの使命、範例的な証言と責任、言い換えれば普遍的なメッセージを担うと自己宣言するとき、何が起こるのか。

二、いかなる点において、またいかにして、ユダヤ「民族」とドイツ「民族」——あるいはそのように自己を命名する民族——は、みずからがこの「範例性」の例であると宣言することができたのか。いかなる点において、またいかにして、啓蒙《アウフクレールング》（メンデルスゾーン、カント、等々）以来、特異であると同時に不可能である（ショーレムによって「神話的」で「伝説的」だと判断された）近代的な組み合わせとでもいうもの、すなわちユダヤ - ドイツ的組み合わせは、二重にそうした範例性の例であったのか。この点について、「解放」、二つの世界戦争、シオニズムとナチズム等々の政治的 - 制度的なコンテクストにおいて何が起こったのか。この二つの「文化」、この二つの「歴史」、この二つの「民族」の奇妙な組み合わせを構成した「欲動的幻想系」（愛、憎しみ、狂気、投影、拒絶、等々）の心の場と、フランス語で「大型姿見《プシシェ》」と呼ばれるもの（フランス語のpsychéという語は「心、魂、精神」という意味と同時に、角度を自在に変えられる「大型姿見」のことも指す）、すなわち回転する大きな鏡、鏡像的な反射装置とは、同時に「プシュケー」と呼ばれるだろう。

三、これらの例——とりわけわれわれが扱おうとしている資料体の例（コーエンとローゼンツヴァイクの署名をもつある資料体）——は、いかなる点において、この発表《プレザンタシオン》の地平に存在する一般的な問いの数々にとって範例的なのか。コンテクストとは何か。その開けと閉じをいかに規定すべきか。一個のコンテクストの制度性の境界をいかに画定すべきか。コンテクストというものはつねに「開かれ」て飽和不可能にとどまる以上（コンテクストが安定化可能であるとしても、それはコンテクストが本質的に不安定であり変化しやすいからである）、ある解釈のなかで制度上のコンテクストを考慮に入れるとはどういうことか。

われわれが分析しようとするテクストの場合（コーエンの『ドイツ性とユダヤ性』〔一九一五年〕、ローゼンツヴァイクの『救済の星』をめぐるいくつかの文章）、深淵な仕方で包み込まれたコンテクストの次元は、少なくとも以下のとおりである。

（一）二つの伝統（ユダヤとドイツの伝統）の「全体」。
（二）ドイツ系ユダヤ人たちの「解放」の歴史。
（三）西洋哲学の歴史（コーエン、ローゼンツヴァイク、その他のドイツ系ユダヤ人たち〔ベンヤミン、アドルノ〕によってカントに範例的に与えられた特権を伴う歴史）。われわれは「カント、ユダヤ人、ドイツ人」について語るだろう。
（四）二人の思想家のそれぞれの状況（二人の関係の状況。ユダヤ教、シオニズム、ドイツ文化、そして——これは強調すべき点だが——大学の言説もしくは伝統、大学的哲学一般、こうしたものと彼らそれぞれとの関係の状況）。

(五)最後に、とりわけ一九一四年から一九一八年の戦争。実際にコーエンのドイツ・ナショナリズム的なテクスト(ユダヤ-ドイツ的ナショナリズムのテクスト)はきわめて特殊なものであり、哲学および西洋の宗教の歴史全体についての、そして何よりもまずユダヤ-ドイツ的な組み合わせについての、潜勢力に富む、暴力的な、当惑させる解釈である。この解釈はまず第一にアメリカのユダヤ人たちに向けられており、合衆国がドイツに対する戦争に加わるのを阻止するように要求する。しかしここで宛先ということについて言えば、一個のテクストとコンテクストにとって「まず第一に」とは何を意味するのか。このテクストは「呪われた」テクストだと言われてきた。しかし話はそんなに単純ではない。今日このテクストを読みなおすための「時事的《アクチュエル》な」「コンテクスト」はあるだろうか。あるとすれば、どのようなコンテクストか。こうした数々の性急な問いに答える代わりに、むしろこうした問いの提起そのものについて予備的な警戒を重ねてほしい。

＊3　フランツ・ローゼンツヴァイク『見張られた夜のカイエ』一九八二年、一八一頁〔*Les Cahiers de la nuit surveillée*, 1982, p. 181〕に「あるオマージュ」〔*Un hommage*〕という表題で出版された翻訳。

＊4　「ゲルショム・ショーレムのフランツ・ローゼンツヴァイク宛未刊書簡。われわれの言語について。ある告白」(一九二六年十二月二十六日)。『宗教社会科学アーカイヴ』60/1、一九八五年七―九月号に掲載のステファヌ・モゼースの仏訳〔Tr. Stéphane Mosès dans *Archives des Sciences sociales des religions, 60/1*, juillet-septembre 1985〕。私は他のところでこの手紙の読解を提示するだろう。

＊5　同所。

＊6　前掲「あるオマージュ」。

＊7　「ドイツ性とユダヤ性」マルク・B・ド・ロネーによる翻訳と紹介、『パルデース』第五号、一九八七年〔« Germanité et judéité », traduit et présenté par Marc B. de Launay, *Pardès*, n° 5, 1987〕。

＊8　M・ジメネズとE・コフホルツによる仏訳『批判モデル』パイヨ社、一九八四年、二二一頁〔*Modèles critiques*, Tr. M. Jimenez et E. Kaufholz, Payot, 1984, p. 221〕。

＊9　『精神について　ハイデガーと問い』〔De l'esprit, Heidegger et le guestion, Galilée, 1987／ジャック・デリダ『新版　精神について――ハイデッガーと問い』港道隆訳、平凡社(平凡社ライブラリー)、二〇一〇年〕参照のこと。

＊10　この点については、『弔鐘』〔*Glas*, Galilée, 1974〕のなかでこの舞台に割いた長い論述を参照されたい。

＊11　『小文集』所収、ショッケン社、ベルリン、一九三七年、一〇六―一二一頁〔*Kleinere Schriften*, Berlin, Schocken, 1937, p. 106-121〕。『新カイエ』(第三二号、一九七三年春)所収のM・ランドーによる仏訳〔*Les Nouveaux Cahiers*; tr. M. Landau, n° 32, printemps 1973〕。

＊12　フィヒテ『ドイツ国民に告ぐ』、S・ジャンケレヴィッチ仏訳、オービエ＝モンテーニュ社、一九七五年、一〇二―一〇六頁〔Fichte, *Discours à la nation allemande*, tr. S. Jankelevitch, Aubier-Montaigne, 1975, p. 102-106／『ドイツ国民に告ぐ』石原達二訳、玉川大学出版部、一九九九年、五二頁〕。

＊13　フランツ・ローゼンツヴァイク「根源」、前掲『救済の星』所収、三一頁〔« L'origine », *L'Étoile de la rédemption*, p. 31／『救済の星』村岡晋一、細見和之、小須田健訳、みすず書房、二〇〇九年、二九頁〕。

＊14　「問われる知識人」、『デバ』誌、第二九号、一九八四年三月〔« Les intellectuels en question », *Le Débat*, n°29, mars 1984〕を参照のこと。

＊15　イスラエルのバル・イラン大学教授ハロルド・フィッシュ(彼はこの討議会に参加していた)の本への言及。

＊16　E・カント『理論と実践』F・プルースト仏訳、ガルニエ＝フラマリオン社、一九九四年〔E. Kant, *Théorie et pratique*, tr. F. Proust, Garnier-Flammarion, 1994／イマヌエル・カント「理論と実践」北尾宏之訳、『カント全集』第十四巻、岩波書店、二〇〇〇年、二二二頁〕。

訳註

（1）　et はフランス語の接続詞。

（2）　アフォリズム(aphorisme)は語源上「隔たり、分離」を示す接頭辞 apo- と「区切ること」を意味する horizein からなる。

（3）　「魔法をかける」の原語 enchanter という動詞は、ラテン語の incantare(「呪文を唱える」)に由来し、incantare は in-＋cantare からなり、cantare は「歌う」を意味する。

（4）　ゲーテ「マリエンバードの悲歌」山口四郎訳、『ゲーテ全集』第一巻、潮出版社、一九七九年。

（5）　「至聖所(le saint des saints)」とは、イェルサレム神殿の聖所のことを指す。そこには契約の櫃《ひつ》が安置されている。

（6）　ジェイムズ・ジョイス『ユリシーズ』(Ⅲ)、丸谷才一、永川玲二、高松雄一訳、集英社(集英社文庫ヘリテージシリーズ)、二〇〇三年、二六六頁。

（7）　アレクサンドリアのフィロン(前一五?―後四五?)。ヘレニズム期のユダヤ哲学の代表者。最初の神学者と言われる。プラトンやストア派などのギリシア哲学を基盤にして旧約聖書の寓意的解釈をおこない、ユダヤ神学とキリスト教、宗教と哲学、信仰と理性の結合を試みた。彼の仕事によって後の新プラトン主義への道が開かれた。

（8）　ここまでもすでにそうであったが、特にこれ以後デリダの論述において conscience というフランス語は「意識」と「良心」(ドイツ語で言えば Bewusstsein と Gewissen)の両義で用いられており、区別することができない。「意識＝良心」と記載すると煩わしいので文脈にあわせてどちらかの訳語を提示するが、その場合でもつねに両義的に使用されていることを念頭において読みすすめてほしい。

(9) ヴォルテールが百科全書派の人々に宛てた手紙の末尾によく記した Écrasez l'infâme(「下劣なものを撲滅せよ」)という言葉が念頭にある。「下劣なもの」とは迷信や不寛容のことを指す。

(10) 神は燃える柴のなかで初めてモーセの前に姿を現した。

(11) スピノザ『神学・政治論』(上)、吉田量彦訳、光文社(光文社古典新訳文庫)、二〇一四年、三五九頁。

(12) 「イディッシュ語」とは、中高ドイツ語にヘブライ語やスラブ語などが混じり合って生まれた混合語であり、ヘブライ文字で書かれる。おもに東欧のユダヤ人やその移民たちによって使用され、アメリカやパレスチナなどでも話されるようになっている。

(13) いちおう意味が通るように意訳したが、デリダが指摘するように、この箇所の仏訳は文法的に破綻している。

(14) フィヒテ『ドイツ国民に告ぐ』石原達二訳、玉川大学出版部、一九九九年、四八頁。

(15) pneumatique というフランス語はギリシア語の pneuma(「息」)に由来する単語。pneuma はストア学派で人間の(さらには万物の)生命原理とされ、プシュケーに相当する。キリスト教神学に受け継がれて「精霊」を指すようになる。ラテン語では spiritus、ドイツ語では Geist と翻訳された。

(16) 前掲『救済の星』三〇—三一頁。

(17) エルネスト・ルナン「国民とは何か」鵜飼哲訳、ルナン、フィヒテ、バリバール、ロマン、鵜飼哲『国民とは何か』鵜飼哲ほか訳、インスクリプト、一九九七年、六〇—六一頁。

(18) 同書、四七頁。

(19) 同書、四八頁。

(20) 原文は Ces vérités, toujours bonnes à dire...。Toute vérité n'est pas bonne à dire.(本当のことであれば何でも言っていいというわけではない)という決まり文句が念頭にある。

(21) 前掲『国民とは何か』五六頁。

(22) 同書、六一頁。

(23) 同書、同頁。

(24) 「国民投票」の原語は plébiscite であるが、この単語はもともとクーデターなどで誕生した政権が国民に信認を問う国民投票のことを指した。ルナンがここでこの単語を用いているのは、おそらく体制設立の原暴力のことが念頭にあるからだろう。その意味で、ここでのこの語にはルーティン的な意味での「選挙」や体制内での案件に関する単なる「国民投票」以上の重み(体制承認もしくは体制創設暴力の承認＝原暴力の忘却の承認）がある。

(25) 前掲『国民とは何か』六二頁。

(26) 同書、六二―六三頁。

(27) イマヌエル・カント「永遠平和のために」遠山義孝訳、『カント全集』第十四巻、岩波書店、二〇〇〇年、二五二頁。

訳者あとがき《ポスト・スクリプトゥム》——追伸を命じられた「翻訳者の使命」？

散種するアフォリズム——デリダの錯乱する「魂《プシュケー》」に言寄せて。

一、デリダの『プシュケー』について「いかに語らずにいられるか」？　本書におけるデリダの「プシュケー」（霊魂）は、一九七八年から一九九〇年（主に一九八〇年代）に発表（発送・発砲）された「書きもの《エクリ》」の群れから成り立っている。「前言」の冒頭で述べられているように、その多数多様なエクリチュールたちは、デリダの「書物」へと纏ろわなかった（祀ろわなかった）特異な「同伴者」「逸脱者」「離散者」たちである。しかしそうした書物の「残り物」たちが、一冊の本の今ここに集結しながら、永遠に互いを送り返しあうネットワーク運動において「作者」という「父（大他者）」の元（家）を離れ、文字平面のストリート（これは紙媒体でも電子媒体でもかまわないだろう）を浮浪しつつ、その相互触発のなかから雑種的なテクスト空間を切り開く。『プシュケー』というハブに結節し交錯するこの「私生児」たちは、脱構築の本質（脱本質という本質）を目眩がするほど見事に結晶化させて上演しており、その意味で『プシュケー』は、単にデリダ中期の代表作というだけでなく、その複合的・遊動的な織物《テクスト》のあり方自体が、デリダの思考をもっとも鮮やかに、その脱底的な根底性《ラディカルさ》において反映・反射し、射出・発射し、散種していると言えるだろう。

二、この『プシュケー』という「場」(「コーラ」)に集められたテクストたちの雑種性は凄まじい。いちいちタイトルを挙げることはしないけれども、哲学や精神分析はもちろんのこと、政治問題・時事問題、さらに文学、音楽、絵画、演劇、建築といった幅広い領域を扱った論文が集結している。それらは統一的な解釈を決して許さない。単体の単独的な論文としても、それらの交差が生み出す諸効果においても。個別の文章がまるで鏡《プシシェ》のように互いを照らし出し、その乱反射のなかから「デリダ」と呼ばれる「魂《プシュケー》」が立ち上ってくるようだ。このプシュケーの鏡像効果を、そこに映る姿《イマージュ》を確定・同定したり、それに想像的《イマジネール》に同一化することなく、その揺らぎ、ぶれ、ゴースト現象において経験すること、そのたえざる鏡の「回転《トゥール》」を見つめること。それは脱構築のまなざしであり、ヴィジョンである。

三、一九八〇年代はデリダにとって激動の時期だった。一九八一年にプラハの反体制知識人たちを支援する会合に参加しようとして、チェコ当局から麻薬密輸容疑をかけられて逮捕された。この事件は一九七四—七六年におけるGrePh(「哲学教育についての研究グループ」)での活動に続いて、デリダの名を世間に広く知らしめ、メディアから注目を浴びるようになる。デリダはそれまでほとんど顔写真も公開していなかったが、これ以後は社会的なアンガージュマンにいっそう関わるようになる。それには一九八〇年におけるサルトルとバルトの死、そして一九八四年のフーコーの死も大きかっただろう。彼らの死(特にフーコーの早逝)は、ネオ・リベラリズムが推進される政治的・経済的環境のなかで、体制批判的な左派知識人としての役割をデリダに課すことになる。これをデリダの「政治的‐倫理的転回」と呼ぶ人々もいるだろう。デリダが初期から「現前の形而上学」としての哲学体制の権力構造を脱構築しようと試みていたことからもわかるように、デリダが突然八〇年代に「政治化」したわけではない。脱構築の発想や実践は、そもそものはじめから徹頭徹尾権力批判的であり、「政治的」だった。だが狭い哲学や文学の領野を超えて政治経済や社会の具体的な「体制」に対しても脱構築が「拡大」していくのは、確かに一九七〇年代後半から一九八〇年代にかけてであり、そこには八〇年代における世界的な新自由主義と新保守主義の台頭(フランスでは八一年に社会党が政権を取ったにもかかわらず)やフランス知識人社会の変容などの様々な要因があっただろう。「68年」の「政治の季節」が終わり、グローバル資本主義と消費社会、そして情報化社会が浸透していき、人々や知識人が次々と「脱政治化」(「保守化」)していくなかで、流れに逆らうかのようにデリダが積極的に公の場に介入していくことの意味は、単なる脱構築の「転回」や変質として理解することはできない。さらに一九八三年に、フランスの伝統的な大学組織とは一線を画す「国際哲学コレージュ」がデリダを中心に設立されると、デリダの社会的注目度はいっそう高くなった。そしてもっとも重要なことは、同年一九八三年にデリダがパリ社会科学高等研究院(EHESS)に職を得たことだろう。それまで長年勤めてきたパリ高等師範学校では、学生たちの大学教授資格試験対策のために、思う存分に自分の哲学を授業で展開できない環境にあったが、それがこの奉職によって講義の自由と学生の指導資格を得たのであった。そしてこの社会科学高等研究院の「哲学の諸制度」という研究部局において、デリダが最初に選んだテーマが「哲学の国籍と哲学のナショナリズム」であった(その成果の一部が「ゲシュレヒトI」と「ハイデガーの手(ゲシュレヒトII)」である)。さらに一九八六年秋からは「カント、ユダヤ人、ドイツ人」という題目で変化がつけられ、その一部が「戦争中の諸解釈」である)。ついでに、一九八四年にシルヴィアヌ・アガサンスキーとのあいだに「私生児」をもうけたことも付け加えておいていいかもしれない。いずれにせよ、一九八〇年代を中心に編まれた『プシュケーI・II』は、こうしたデリダの激動の軌跡をよく示す本であるということは間違いない。

四、デリダによる政治への哲学的介入として、もっとも優れた仕事の一つが、「ネルソン・マンデラの感嘆あるいは反省の法」だろう。デリダはマンデラのなかに脱構築の具体的な実践の姿を見る。マンデラが体現した「反省＝反射(réflexion)」とは、どのようなものか。それは脱構築する相手(時には「敵」)のもっとも重要かつ正当な論理を、それを裏切っている当の相手に突き返すこと(=反射させること)によって、相手の「反省」を促し、相手の「否認」を解除する戦略である。マンデラの場合で言えば、南アフリカのアパルトヘイト白人政府は、「マグナ・カルタ」(一二一五年)や「権利章典」(一六八九年)の精神、そして議会制民主主義といった、イギリスから続くみずからの支配の正当性(場合によっては「優位性」)の根拠を、自分で踏みにじっている。アパルトヘイト政府が社会に張り巡らせた差別的な法や制度、治安維持装置によって抑圧・弾圧された黒人たちの姿は、白人政府が自己の正当性をみずから破壊している姿を映し出す(照らし出す・反射させる)「鏡」である。みじめな黒人たちの姿は、暴力を振るう側である白人たちの醜さの鏡像である。マンデラはその姿を自己反省することをアパルトヘイト権力に促す。――白人が南アフリカに輸入した「自由」と「権利」と「民主主義」の「名」(=「法」)あるいは「法の名」において。あるいはそうした理念の「魂《プシュケー》」において。マンデラは、まずヨーロッパの人権宣言と民主主義と内省的良心とに「感嘆」し、それらを徹底的に自己に内面化し(一種の想像的・理想的同一化でありプシュケー化、第一の鏡像反射)、現実のヨーロッパ人以上のヨーロッパ人となって、白人たちに「宣言」=「約束」の履行を迫る(同化し反復した鏡像を「オリジナル」以上に拡張し、視線の権力を握っていた側に反射して突き返す第二の鏡像反射)。そのようにして既存の、現行の制度や法の不十分さを、さらに「上位」の審級から明らかにして問い直し、改善を命じるのである。これはまさしく脱構築の戦略と言ってよく、のちのデリダの『法の力』(一九九四年)における法と正義の区別の議論を先取りしている。また、こうしたマンデラの姿は、フランス革命期に、フランス人権宣言の名のもと、ハイチの独立運動を率いたトゥサン・ルヴェルチュール(一七四三―一八〇三年、別名「黒いスパルタクス」)や男女平等を唱えてギロチンの露と消えたオランプ・ド・グージュ(一七四八―九三年)を彷彿とさせる。

五、もちろん、鏡像反射の効果は必ずしも開放的なものばかりではない。アパルトヘイト政権が、マンデラから見て、法の理念に反する法(つまり白人の利益のための「私化」された法)を制定するがゆえに、反対する側も法を踏みにじらざるをえなくなるという悪循環(「法の軽視は〔……〕マンデラのものではない。〔……〕《白人》たちが示す自分自身の法の軽視を、いわば反射しているのである」本書一一五頁)。アパルトヘイトの治安維持装置が暴力を先に振るうがゆえに(たとえば一九六〇年のシャープビル虐殺事件)、その暴力を反射して「国民の槍」のような武装組織を創設せざるをえなくなる暴力の悪循環。こうした「想像的同一化」による反射(しかしこれはきわめて深刻な「現実性」を有する)が、閉じた悪循環に陥ることも十分にある。デリダがいつも言う「パルマコン」(「薬」と同時に「毒」を意味するギリシア語)の構造である。

六、「戦争中の諸解釈　カント、ユダヤ人、ドイツ人」において考察されたコーエンのインターナショナルなナショナリズムやフィヒテの人間主義的ナショナリズム、さらにはハイデガーの存在論的ナショナリズムの問題も同様である。コーエンはドイツ系ユダヤ人として、ユダヤ－ドイツ文化、ユダヤ－ドイツ魂《プシュケー》を希求する。そこではユダヤ的なものとドイツ的なものとが、ギリシア的ロゴスとキリスト教的(正確に言えば、プロテスタント的)ロゴスを媒介(鏡《プシシェ》)にして融合した〈精神＝魂＝美しき姿《プシュケー》〉(プシュケーはギリシア神話においてエロースに愛される絶世の美女の名でもある)が描かれる。ユダヤ教とプロテスタンティズム、古代ギリシアとキリスト教、ヨーロッパ(ドイツが中心であるが)とアメリカ等々が乱反射しあい、そのなかからユダヤ－ドイツのプシュケーが立ち上ってくるのである。そしてコーエンにとって、それは究極的には、普遍的な「人類」(普遍的人間性)を背景にした、範例的・模範的なユダヤ－ドイツ的な絆の肯定＝主張へと至り、最後には、ユダヤ的ドイツが戦争に勝利しなくてはならないという帰結になるのである。

七、このユダヤ‐ドイツ的鏡像《プシュケー》のどこに問題があるか。それはこの多数多様な光線・視線から織り上げられた(テクストとしての)鏡像効果のなかに、自分の見たい自分の姿しか見ていない点にあるだろう。『ハリー・ポッター』の映画に出てくる魔法の大型姿見《プシシェ》(みぞの鏡)のように、コーエンはユダヤ‐ドイツ的な伝統のなかに、自分の見たいイマージュ、自分の見たい自分の姿しか見ていない。デリダは指摘する。そこにはコーエンが重視するマイモニデスにとってのスピノザの席はないし、ユダヤとドイツの両方の歴史や文化にとって重要な影響を及ぼしたスペイン、アラブの姿もない。鏡の反射を自己の視線に対する反省へと散開することのできないナルキッソス。人間は自分の本当の姿(真理、現実的なもの)を自分の目で見ることはできない。人間は他者の目を媒介にして、他者の鏡というメディアを通してしか自己を確認することができない。これはラカンの「鏡像段階」論を持ち出すまでもなく、すでにナルキッソス神話が語っていることである。しかし、泉の水面に映った自分の美しいイマージュから視線を外して、余所見ができなくなったナルキッソスは、その場に固着したまま死なねばならなかった。彼にとって、イマージュの快原理は死への欲動だったのだろうか。しかし、その時、呪いによって他者の言葉を反復することしかできなくなってしまったが、彼を愛して必死に呼びかけるエコーの言葉にならぬ声は、確かにそこに響いていたのだ。たとえ意味がないように思えても(エコーの反復は確かにふつうに考えられる、あるいは形而上学的に考えられる「意味」をもたない)、その反響や残響はなにがしかの秘められた潜勢的な効果を及ぼしている(「持っている」とは言えないが)。ベンヤミンが言うように、イマージュの余所見をすること(「気晴らし」)、与えられた像に釘付けになるのではなく、そのイマージュがはらむ「ゴースト」(デジタルテレビ時代にはもはや存在しない現象かもしれないが)を距離をとって見ること(テレ‐ヴィジョン)、「意味」にならず「現前」しないエコーの声を「聴く」こと(「理解すること」——フランス語の「聴く(entendre)」という動詞はまた「理解する」という「意味」にもなる)、そうしたノイズや亡霊の声に耳を傾けることこそが、自己に閉じることのない「真」のプシュケー(〈霊‐魂〉)、鏡像効果を生きることなのではないか。コーエンやフィヒテやハイデガーが主張する魂《プシュケー》は、鏡《プシシェ》効果がもたらす多数多様性、その乱反射、錯乱・倒錯が単純でないこと(不純であること)、なんらかの統一性へ結集させられないことが「計算」されていない。コーエンやフィヒテにおいては、普遍的人類という理念を独占する、「範例者」「模範者」としての(ユダヤ)ドイツ国家・ドイツ民族・ドイツ語(による思想)、ハイデガーにおいては、多数多様な存在者(「領域的存在論」の諸対象)を陰から統括する「存在」の出来事(Ereignis)とその特権的・範例的思考者としての「ドイツ」(さらに細かくはドイツ哲学とドイツの詩。――結局は「ドイツ語」)。こうした彼らが見たい単一的かつ範例的な鏡像《イマージュ》(イマージュは決して単一的ではない)へと、乱反射する鏡像効果を縮減しているのである。自分が計算できるものしか計算に入れない矮小な計算(ロゴス・ラチオ)、計算外の余白を無視する(なかったことにする)潔癖症的で自衛的な(のちのデリダの用語で言えば「免疫的な」)「自己中な」計算。それは計算の何たるかがわかっていない計算である。脱構築の遊動する「理性」(「計算」「戦略」)は、そうした小さな理性を破裂させる、拡張された「理性」である(ここにすでに晩年のデリダの「新しい啓蒙」という視座を見出すことができる)。理性の脱構築は、理性を放棄することではなく、脱構築された理性を求めるのである。他者という鏡は、自己の見たいものを映し出すメディアではなく、たえず自己の視線を相対化し、雑種化する、穴埋めされない空虚な鏡――これがデリダが「コーラ」や「間隙化(espacement)」という戦略素で「言わんとする」ものである――そうした反省反射的な鏡でなくてはならない。一切の像が映らない空白のスクリーン、まったき外部、まったき他者という虚焦点として、主体や自己の視線を内破させる鏡。イマージュとシンボルの快原理の「彼岸」へ赴くこと、すなわち快原理の多元性を見据えること(快原理も単一的ではなく、多層的である)。個体と世界の硬直化を、まさしく(正義として)切断しに到来するメシア的なもの――具体的な像のない(それでも)ヴィジョン、「メシアなきメシア性」(デリダ『マルクスの亡霊たち』)。

八、普遍性を標榜しながら、その普遍性を担う特権主体を立てて普遍性を縮減し、自己の権力を構築してしまう倒錯した普遍主義。哲学の、ナショナリズムの、グローバル・ナショナリズムの弁証法。普遍性は徹底して他者性でしかないこと、あるいは他者性の分割＝分有(partage)でしかないことを認めよう。それで世界の諸問題が、また世界という問題が解決するわけではないが、まずは〈普遍性＝他者性〉という世界の根源的なあり方(亡霊的・「幽在的」在り方)というデフォルト(défaut＝il faut)から出発しよう。

九、「名」の問いがデリダ思想の核心にある。「名づけ」の力は、その変換力・転換力・代替力(すなわち「代補(supplément)」の力)において、世界を分節化し、一種のヴァーチャル・リアリティ(VR)あるいはミックスド・リアリティ(MR)を作り出すからだ。そして人間という存在は、物質世界よりもむしろ、そうしたヴァーチャルな社会や文化世界に生きる動物である。アリストテレスは、人間とは「ロゴスを持った動物である」と言ったが、その文言は、「人間とは、ヴァーチャル・リアリティによって生きる動物である」「人間とは、ヴァーチャル存在である」と翻訳することができる。「自然」の肉体自体がすでに第一のヴァーチャル装置《メディア》であるが(肉体の感覚器官によって与えられた現象しか人間は認識できないが、そこに現前《プレゼント》する世界は、カントが言うように、物そのもの、世界そのものではないという意味で、ヴァーチャル・リアリティである)、言語・名はその次に原初的なヴァーチャル装置である。言葉で名づけることによって、われわれは個別の単独的事象を超えた「普遍性」を入手する。名づけることは、ヘーゲルが『イェーナ体系構想』で語ったように、またコジェーヴがそれを解釈したように、事物を観念化する「帝王大権(Majestätrecht)」を手にすることである。その快原理に没入するのも無理はない。言語と観念は、もはや物理法則が通用しない「自由」な「特異点」を、さらには代替・操作・加工・編集等々による経済的《エコノミック》で便利《コンビニエント》な、万能感あふれるファロス的な快楽を与えてくれるからである。しかしデリダはそうした「人間的な、あまりに人間的な」(ニーチェ)在り方を脱構築し、その彼岸へと向かう。デリダにとって、「名」とは、言語とは、端的に「穴」であり、「深淵」であり、永遠の謎、「秘密」である。この問いは、『プシュケー』に集結したすべてのテクストにおいて、陰に陽に主張されている。特にこの議論をシェイクスピアの『ロミオとジュリエット』と接続したのは面白い。あまりに有名な「ああ、ロミオ、ロミオ！どうしてあなたはロミオなの？」というジュリエットのセリフは、まさしくデリダが生涯こだわった「固有名」の他者性と暴力性を見事に描き出している。『マルクスの亡霊たち』における存在論的(幽在論的)『ハムレット』論(To be or not to be...)と併せて、デリダが優れたシェイクスピア読みだったことがよくわかる。しかしデリダから見れば、「名」は捨ててはいけない。「名」は、それが「彼岸」を証言する、あるいは彼岸の「痕跡」としての効果(実体ではなく)をもつかぎりにおいて、「現前性の囲い」(『グラマトロジーについて』)を内破させる突破口なのである。「古名の戦略」(『散種』)、それこそがデリダの脱構築の拠点である。「名」は、他者性の共有という他的普遍性にもとづく自己と他者の共存の可能性を開く。「われわれ」(デリダはたえず「われわれ」とは何かと問う)は、なにがしかの「名」(固有名であれ普通名詞であれ、あるいはなんらかの価値づけをもった「名」であれ)によって交流し、交感し、結集する。しかしそれは、あくまでも「名」はそれが名指す当のもの(「言わんとしようと欲する」もの)を絶対に名指すことができないという不可能性に立脚した可能性である。「名」とは、そこに齟齬があること、ディスコミュニケーションがあること、いわばある種の「暴力」が介在していることを自覚させる装置でもある。その意味で「名」とは、特異な「墓場」である。デリダは「差延」論文(『哲学の余白』所収)のなかで、西洋哲学の知の大建築をピラミッドに喩えているが、そのことによって彼は、「哲学は死んだ」「もう哲学は要らない」と言おうとしているのではない。むしろ彼は、その「哲学＝愛知(philosophie)」の墓場をラディカルに守ることを望む。その意味で、デリダは「墓守」である(デリダは、脱構築された「キルケゴール」だろうか。Kierkegaard は「教会を守る者」という意味である)。哲学の遺産、そこに刻印された様々な問題とポテンシャルを、他なる仕方で拾い上げる(Logos の語源の legein は「拾い集めること」「読むこと」を意味する)ために、その「古名」を維持すること(maintenir)。やはり重要なのは、「いかに語らずにいられるか」なのだ。

十、「否定神学」との関係を論じた「いかに語らずにいられるか」は、デリダの脱構築理解にとってきわめて重要な論文であるが、そこで問題になっているのも、名や言語から〈零れ落ちるもの〉の問題である。「否定神学」は、神はその絶対性(absoluité＝完全に解き放たれていること)のゆえに、いかなる「名」、いかなる言葉、いかなる概念によっても「絶対に」意味されることがないと主張する。その点では、一見したところ、脱構築と似ている。しかし、少々乱暴に言えば、どんな言葉によっても名指すことができない存在は、神だけにかぎらない。あらゆる言葉、あらゆる単語、あらゆる言説が、その構造上、いかなる指示対象にも到達することはできない。言葉や概念によって完全に把握できない存在を、言語を絶した、曰く言い難い「絶対」的なもの・「神聖」なものと考えるのであれば(「否定神学」はそう考えている)、神にかぎらず、すべての存在者や存在様態が「神」的なものと言える。ラディカルに考えれば、どんな小さな存在でも、われわれの身の回りにあるものすべてが「神」的なものなのである。世界は「神」で満ちている。もちろん、それはもはや一者としての神ではないし、全知全能で人間を救ってくれる神でもない。むしろそれはまったく孤独な、まったく無力な存在である。そんな存在は神ではないと言うのであれば、その場合、神というものを「単一性」を持つ者とか、知や能力をもつ者というふうに、要するに人間をモデルにして神を創造＝想像しているのである。ニーチェが喝破したように、人間が神に似せて作られたのではなく、神が人間に似せて作られたのだ。そのような理想的な〈人－形〉は神の名に値しないだろう(反転した偽ディオニュシオス『神名論』)。デリダの論法では、あらゆるものが神的なものとして、あるいはむしろ「霊的」なものとして立ち現れてくることになるが(この点もハイデガーとの大きな違いであり、ハイデガーにおける「霊的なもの」は、すべての存在者を超越した存在、存在性そのもののことである)、この「汎神論」はすでにして一種の「無神論」である。すべてが神であれば、神は存在しない。

十一、「名」とは霊的《プシュケー》なものである。その基本構造は「XなきX（X sans X）」と表現される（「いかに語らずにいられるか」では英語の without ——「共に」と同時に「外に」——を使って言われている）。「名」（あるいはもっと広く「言語」）は、それが指そうとするものを、指そうとするがゆえに必然的に逸する構造にある（〈代替・交換・転換〉＝代補とはそういう構造である）が、しかしその指向性＝志向性がなければ「なし」（失敗）もないし、その「穴」（欠落）も現れない。秘密あるいは「真理」は、言語や記号や情報や認知（認識）の失敗があればこそ浮かび上がってくるのであって、それらの指向＝志向作用の効果《エフェクト》なのである。したがって、指向性＝志向性は「必要」であり、なくてはならない（il faut）。この「必要」はまさしく「欲望」であり、デリダの脱構築的言語論・記号論で言えば、「言わんと欲すること」である。この場合、**il faut** の **il** という非人称の形式的な「主語」が指しているのは、「彼」という男性三人称単数形の「主体」ではなく、端的に「彼方」と理解しよう（統辞上はこの「彼方」は動詞 falloir の後に来るものであるが）。「それ」は欠落する（falloir）のであるが、しかし「それ」は欠落することによって、またその欠落効果をもたらす **il faut** という言葉、エクリチュール、痕跡を通して（通路 passage として）、一瞬閃き、垣間見られるのである。

十二、**il faut** は「欲望」であるが、それは近代哲学や近代科学が信じたように、人間的個人主体に由来するのではない。「欲望」が「内在的」であるのは確かだが、内在性が内部に根拠を持つと考えるのは短絡的である。欲望は「他者の欲望」であると言われる場合のように、欲望が何らかの人間関係や社会関係、政治構造や経済構造の結果《エフェクト》であることもあるだろう。デリダはそれらの諸構造の効果を理解した上で、そうした「具体的」な諸構造を通して変様的に見られる、変形・転換・交代・圧縮・拡大といった加工様式を、様々な存在様態に先験的に作用する存在論的・超越論的水準から思考している。だがその試みは、伝統的な西洋哲学がその知的建築術の基礎に据えてきた存在概念や超越概念を、上述してきたような幽在論的な視点から問題にする以上、「擬似‐存在論」的、「擬似‐超越論」的と呼ばなくてはならない。存在論と超越論のミメーシスあるいはパロディ、マテーム（学び＝真似び）。

十三、デリダは、具体的な政治‐社会‐文化的諸構造（ハイデガーが「領域的存在論」の対象と呼ぶ水準）においてであれ、存在論的・超越論的水準（「基礎的存在論」の水準）においてであれ、そこに働き戯れるゴースト効果やプシュケー（霊‐魂）を、初期から手を替え品を替え「名指し」てきた。差延、痕跡、代補、エクリチュール、テクスト、散種、モンスター（モンスターについては「ハイデガーの手（ゲシュレヒトII）」を見られたい）、襞……。こうした語群の演奏の集列《セリー》・ヴァリエーションには、哲学の伝統とは違って特権的かつ覇権的な究極語、最終言語が存在せず、それらの語の〈間〉に描き出される「星座」のグラフィックこそが重要である（ベンヤミン流に言えばKonstellation。デリダはconfiguration や formation という言葉を使っている）。そこで演奏されるシンフォニー（決して一つの「声」にはまとまらない、発散するポリフォニー、すなわち〈コーラル・ワーク〉）に、『プシュケー』ではアフォリズムが加わる。aphorisme ということでデリダが「言わんとする」のは、切断し、孤立し地平を形成しながらも（この点だけを取ればライプニッツの「モナド」に似ている）、外部と繋がっているという特異な存在様態、一種の特異点のことである。それは言葉（第一義的にはアフォリズムは言葉である）のみならず、心、個人、社会、芸術（デリダは建築論や演劇論においてアフォリズムを展開している）に至るまで、一般に個別性・特異性（singularité）を有する「作品」であれば、すべてに当てはまる。アフォリズムは単独では意味をなさない。それは集列《セリー》となってこそ効果を発揮する。チュミやアイゼンマンの作品のように、また歴史上数々存在する「ロミオとジュリエット」の劇作品の連鎖のように、さらに無数の哲学者たちの亡霊の声が響く「哲学史」のように。個々の特異な「点」は「線」になってこそ線を切断し、特異点となる。集列をなせばこそ、個々の単独性が光り輝くのである。――まさにプシュケーの鏡の乱反射のなかで。それは停止点（arrêt）にして交差点であり、終着点のない流離う彗星である。この表現形式をプラトン以降の伝統的な西洋哲学に持ち込んだのはニーチェであった。ニーチェは、直線的あるいは円環的(どちらにしても線状的)な論証形式を破断する特異点として、切断しては再開する「永遠回帰」としてのアフォリズムを導入した。それはチュミが建築したフォリーのように「狂気」の思想だった。その脱構築的建築をデリダはみずからのエクリチュールのなかに織り込み、理性と狂気を交接させる。そしてそれは「名」の問題として(名はアフォリズムであるとデリダは言う)「ロミオ」と「ジュリエット」のロマンスに忍び込む。アフォリズムという散種する名。

十四、アフォリズムの散乱するハイパー・テクストは、翻訳の実践でもある。「バベルの塔」が描くように、「原文」のなかに「欲望」される「純粋言語」(「まったき他者」)は、それが触発し誘因する「翻訳」の群れによって「あったことになる」。これはデリダが好んで「前未来形(futur antérieur)」として描く事態である。「起源」にあったものは、「あったはず」のものとして、事後から、事後におけるさらなる出来事の反復から「証言」され、場合(cas)によって「産出」されるのである(デリダは「産出」という言葉を嫌うだろうが)。production(生産・根源的《オリジナル》出来事)はつねにすでにreproduction(再生産・複製)であり、クリエーションはつねにすでにリクリエーションなのである。このポスト出来事性こそ、まさしく翻訳の問題であり、「事」の「葉」(部分・分割=分有 partage)としての「言葉」の問題であり、「生き残り(survie)」の問題である。ベンヤミンによれば、翻訳は原文の「生き残り」である。それは一種の「世代産出(génération)」であり、「伝統(tradition)」という「伝言ゲーム」である。メシア的な存在の出来事(出来《しゅったい》、ハイデガーの言う「性起《エアアイグニス》」)よりもポスト出来事における継承(遺産相続 héritage)が重要である。キリストよりもパウロであり、神よりもその「言葉」(聖書という Sainte-Écriture)が重要である。記憶(プシュケー)と記録(エクリチュール)の相補性、魂《プシュケー》に刻印《マーク》されたエクリチュール、あるいはむしろ魂《プシュケー》というエクリチュール。プシュケーという原文の純粋言語は、事後的(ポスト出来事的)な翻訳(言の葉)のエフェクトではないのか。したがって、デリダは「翻訳」は二次的なものでも、単なる代理物でもないと言う。というよりも、二次的なもの（反復）、代理運動（交代の回転運動 Révolution）こそが、実は「起源」という〈アイディア＝イデア〉を生み出すほど「根源的」なのだ。実際には（en effet〔効果＝結果において〕）、事後性における事後的エフェクト（事後性において事後的に「創造＝想像」された「事実」）にすぎないものが、「起源」として、「実在」として、「父」として措定されるのであり、それこそが「存在－神－目的論」という倒錯物、フェティシズムである。それも一種の「翻訳」の在り方ではあるが、それはみずからの翻訳としての意義と可能性を「否認」する、そしてその結果みずからのフェティシズムをも否認する自滅的な翻訳様式である。原書もすでに翻訳であること、存在するのは翻訳の連鎖・集列・ポリフォニック＝シンフォニーあるいはレゾナンス（反響・共鳴）であること、これを肯定することこそが、「プシュケー」（幽霊的魂＝霊魂）としての「他者の発明」と言えるのではないか。

十五、したがって（donc——贈与に引き続く事後、贈与の引き下がった線 retrait）、「伝言ゲーム」や「翻訳」という事後的・二次的・代補的な「出来事」の、そのつどの絶えざる（永久革命的な）「発明（invention）」こそが、特異な「私たち」（特異者の群れ）の〈分裂共同体〉を創出（invention）する。invention には、バッハが「発明」した音楽的な、リズム反復的な実践の意味合いも込めよう。このインヴェンションのパッセージ（一節、曲、くだり）において、何が過ぎ去り（pass）、何がパス（手渡し）されるのか。そこに残余する path（小道）において、サッカーボール（「袋《サック》」という「球体《グローブ》」、母胎《マトリックス》）のように（デリダは子供の頃サッカー少年だったが、長じて言葉のサッカー少年、言葉のパスの名手、言葉のファンタジスタになった）、何がパスされるのか（宇宙という神々のボール遊び、サイコロ遊び un coup de dés）。それはプシュケー＝霊魂である。エクリチュールという、物質と精神が融合したプシュケーである。そこからデリダの「交霊術 psychago-gie」＝「精神導出法」（魂の指導）＝精神分析応用教育術が生まれてくる。それは多数多様な他者たち、亡霊たちの声を聴く、霊魂のテクノロジー、テレパシーであり、サイコ・テクノロジーである（文字通り『プシュケーⅠ』の「テレパシー」(本書第I巻三三一頁)を参照してほしい)。このサイコ・テクノロジーを別名「グラマトロジー」と言う。

十六、デリダにとって、あらゆる言葉(langue, langage)や発話行為(parole, speech act)は「死」を抱え、「死」を配送する「証言」であり、「遺言」である。言葉は主体の死を超えて「生き残る」(survie)。それは時空を超えたメディアである。その超越する力は、特にエクリチュールとして残存し、テクストを構成するときに極まる(コンピューター・テクノロジーはその延長でしかない)。例えば、われわれがプラトンを読むとしよう(なにが私にプラトンを「(範)例」として選ばせるのだろう?)。「われわれ」はエクリチュールを介して=通して(「通路(passage, path)」・「交差点(intersection)」にして)、プラトンが二五〇〇年前に古代ギリシアで書いた『国家』というテクストを——「翻訳」を介してであれ——読むことができる。マクルーハンが粗雑にも「人間の拡張」として論じたメディアの力。それは「人間」の拡張に限らず、生きとし生けるもの、あらゆる存在の事柄である。あらゆる存在はメディア存在であり、存在とはメディア性のこと、換言すれば、存在とは「メディア」(媒介、「間」)のことである。二五〇〇年の時を超え、ギリシアと日本という場所を超え、つまり限定された「今ここ」を超え、プラトンのエクリチュールは「発送」され、キック・オフされ、私たちにパスされた(届けられ、手渡された)。壮大な哲学史の「宅配便」(メディア・テクノロジーによる、メディアによる魔法の宅急便?『魔女の宅急便』? そういえば、デリダは猫が好きだった。動物論のなかで、飼い猫に裸を見られて「恥」を感じるほどに……。「黒猫」だったかどうかは不明だが)。そのとき、私たちはプラトン先生(先に生まれ生きた者)と、時空を超越して——ヴァーチャルなかたちにおいてであれ——「対話」し、「議論」し、「交流」している。そこには一種の「霊的」共同体が成り立っている。この奇跡《ミラクル》(デリダは論じていないが、miracle という「名」も「鏡 miroir」と語源を共にする)、この「感嘆」すべき奇跡(マンデラと共に)。人類史に真に画期的な、引き返しようのない「シンギュラリティ」(特異点)があるとすれば、それはまず第一に、コンピューターやAIによるシンギュラリティ以前に、「言葉」

の獲得、宇宙のなかへのこの書き込み《エクリチュール》の力だったのではないだろうか。(ハイデガーは「画期」性を、存在のエポック、存在の遮断・停止としてのエポケーとして思考するが、エポケーはまず何よりもメディア・テクノロジー——デリダによれば、エクリチュール、〈言の葉〉によってもたらされる)。プラトンのエクリチュールが刻印した「イデアリズム」の「遺言」は、まさしく「イデア的なもの」として(時空を超えたものとして)、至る所に《ユビキタス》漂着する「投壜通信」である。この「遺言」の構造はプラトン的プシュケーの本質をなしている(イデアは魂の中に刻印されたエクリチュールを起点に「想起」される)が、そうした抽象的な話ばかりでなく、われわれのなにげない日常的な「言葉」のやり取りがすでに「遺言」の交換である。われわれは言葉を交わすことによって、たとえささやかな身近な「隣人」との関係においてであれ、この時空を超えた遠隔コミュニケーションの、メディア的な奇跡をつねにすでに生きているのだ。これを日本流に「一期一会」の構造と言ってもよい。

十七、この時空を超える〈言葉=エクリチュール=イデア的なもの〉の幽霊《プシュケー》的な在り方を、デリダはかつて「散種(dissémination)」と呼んでいた。ひとが言葉を発する(発送する)こと、これは一種の「種まき」である。例えば、教師が教場で講義する時、「彼/彼女」(いずれにせよ)「彼《か》の=彼方の」言葉が、その場にいる(出席している《プレゼント》)学生たちに蒔かれる(またしても、大学教授である私はなぜこの例を持ち出すのだろう? どんな力=選別力が働いているのか?)。たとえ学生がその言葉をその場(「今ここ」)では理解できなかったとしても、その言葉を記憶してさえいれば、授業が終わって数時間たって食事をしているとき、あるいは大学を卒業して何年もたって人生の岐路に立ったとき、「ああ、あのとき先生が言っていたのはこういうことだったのか」と、時間と空間を超えて、まるで時限爆弾が炸裂するように、腑に落ちるときが来るかもしれない(もちろん、永遠に来ないかもしれないが)。そのときその学生は教師の「遺言」の相続者となったのだ。あるいは教師が学生に預けた言葉(「預言」)が成就したのだ。言葉を通した「再会」(あるいは「再開」)の

「約束」が果たされたと言ってもよい。もちろん、蒔いた種が、発話主体(発送主)の思い通りに花開くとはかぎらない。まったく違ったように解釈され、場合によっては、教師の意図とは正反対に理解されることもあるだろう。「種(semen)」は花開くとき、多かれ少なかれ、必然的に「意味(sema)」を散らされるのである(花が開く時が花の散る時――デリダはこの構造を「婚姻＝処女膜(hymen)」とも呼ぶ)。これがデリダが「散種(dissémination)」という語に込めた二重の「語義」である。すなわち種まきと同時に蒔かれた種の「変形」「歪曲」「破壊」の不可避性。デリダはこのリスクをもはらんだ揺れ、ぶれ、ずれ(déplacement)を統制するのではなく、むしろポテンシャルとして肯定的に捉えようとする。このずれ(デリダの他のタームで言えば「差延」)があればこそ、新たなもの、既存・現存とは違う他なる世界の可能性が開かれるからである。他者性の到来(venir)を歓待する「他者の発明(invention)」こそが、「来たるべき(à-venir)」世界の源泉である。

十八、言葉のやり取り、「教え」が「種まき」であることは、キリスト教の神学校のことをセミネールと呼ぶことからもうかがえる。日本にやってきたイエズス会の宣教師たちの学校はポルトガル語でセミナリオであったし、神学校を指すセミネールから種々雑多なセミナー、ゼミナールが生まれた。ついでに言えば、本訳書の出版元である岩波書店のロゴマークも「種まく人」である(「マタイによる福音書」第一三章第一―二三節が元ネタ。そこでは、種が花開く場所は各人の「魂《プシュケー》」であると語られている)。しかし種まきには種の変異が必然的だとはいえ、あるいはディスコミュニケーションも創造性の一環だからとはいえ、受容者がテクストを好き勝手に――まるで消費社会における商品のように――解釈してよいということではない。テクストの「意味」を「作者」が独占していると考えるのも、「読者」が「自由」に解釈してよいと考えるのも、どちらも「主体」主義であることにかわりはない。デリダは「テクストに忠実であれ」と言う(ベンヤミンの「逐語訳」の精神に近い)。テクストには厳密な構造がある。言葉の配列、文法、統辞法、論理構造、その他様々なコンテクストがある。それらを著しく逸脱することは、テクストに、遺言に忠実であるとは言えない。テクストがもつ物質的・形式的な構造に忠実であるからこそ、テクストが内包する一元化しえない多層性が見えてくるのであり、読者はテクストが潜在的にはらんでいるそのポテンシャルを汲み上げるトリガーとしてはたらきかけるのである。この点でデリダを単に「ポスト構造主義者」とレッテル貼りして済ますことはできない。むしろデリダは厳格な「構造」自体の揺らぎの必然性と可能性を信じているのであり、構造は必然的に自己脱構築して、さらなる他の構造へと変身し、変異するということを肯定し、言祝ぐのである。アメリカ合衆国の思想の教科書の用語を使いつつそれに逆らって言えば、「構造主義」はすでにして「ポスト構造主義」なのである。「主体の死」という事態があるとしても、それが意味するところは、テクストの物質的・形式的な構造への忠実さが第一であるからこそ、作者主体と読者主体の両方が二次的な地位に置かれるということ以外の何ものでもない。テクスト構造は一見硬直的に見えるかもしれないが、実はきわめて多数多様な解釈の可能性をはらんでいる。まったく同じものの反復がまったく差異あるものを生み出す。それはたとえ同じものであっても、それが置かれるコンテクストや場によって効果を変化させるからであり、そして世界は「幸か不幸か」永遠に同一的なものにはとどまっていられないのである。それこそが「歴史性」の問題である。デリダが語る「引用可能性」は、使用者による戦略的意図や組み合わせ可能性といった議論以前のところで、厳格なテクスト構造に内在的な、必然的な変身可能性について語っているのであり、テクストがもつ刻印のイデア性はたえず変容するイデア性なのである。

十九、この時空を超える潜勢力は、デリダにおいて、テレフォン、テレヴィジョン、あるいはテレパシーとして描かれる(この刮目すべき一例として「テレパシー」をじっくりと読んでもらいたい)。つまりサイコ・テクノロジーとして描かれる。言葉を聞くとき、テクストを読むとき、われわれは何をしているのか。デリダによれば、それは言葉やテクストに埋もれた、死んだあるいは死すべき存在の亡霊の声を呼び出すこと、すなわち「交霊術」(霊魂の導出テクノロジー psychagogie)である。このことは、あらゆる言葉、あらゆるテクストについて言えるが、とりわけ哲学のテクストに当てはまる。哲学のテクストを読むとは、哲学言語に込められた観念・概念・理念を読むとは、数々の哲学者たちの声を、個々の哲学者のウィという声を、単独的なウィへの応答(ウィ－ウィ)として呼び出すことである。アイディア(idea)という言葉を見たら、単に近代以降の人間の頭のなかにある観念のことだけではなく、そこにプラトンの「イデア」の声を聴き、キリスト教化され擬人化された「神の摂理」を聴き、デカルトのコギトを聴き、カント、ヘーゲル、フッサールの声を聴くのである。哲学の授業で「教師」が学生たちに教育していることは、哲学史に蓄積された哲学者たちの霊魂《プシュケー》を導出しつつ、学生たちが自発的に霊魂を呼び出せるように指導することである(霊魂導出術であると同時に霊魂指導術でもある psychagogie)。表面上一つであるフラットなテクストの言葉から、どのような他の哲学者たちの言葉へと、他の哲学者たちのホームページへとリンクを張っていくか、そのリンクの張り方こそが、その人間の「個性」や「特異性」と呼ばれるものである。テクストとはつねにすでにハイパー・テクストであり、個々の単独的なつぶやき《ツイート》とそれをフォローするリツィートとの連鎖なのである。既存のテクスト、遺贈されたテクストのコーパスから、自分なりのハイパー・テクストを織り上げていく作業、新たな言葉と概念のネットワーク作り、新しい局面《ステージ》を切り開くようなリツィートを築く営みこそが、哲学のテクストを「理解する(entendre)」ということであり、それはテクストが含蓄する過去の、そして未来の思想の声たちを「聴く(entendre)」ことなのである。Il faut entendre les textes. この文言は第一義的にはもちろん「テクストを理解しなくてはならない(理解せよ)」という意味であるが、それはもっと根源的には「テクストを聴かなくてはならない」という意味である。デリダの耳が聴くのは、無数の亡霊たちの声であり、そうした無音の声がデリダの口や手を通して到来する。これは単なる知の蓄積(知の資本主義)を超える非知の交霊術である。哲学「教－師」が上演するのは、過去の「先－生」たちから連鎖《セリー》し、リツィートして来た壮大な「伝言ゲーム」なのである。一個の単独的・特異的な「私」(コギト)がテクストと接触し接続するとき生じるのは、時空を超えて「つねにすでに(永遠回帰的に)」到来すべき(à-venir)他者の声との交流(交霊＝降霊)であり、テレパシーである。デリダのテクスト、すなわち彼の「読み＝書き」において、デリダの声はしばしば他なる思考者＝書き手(遺言者)たちの声と重複し、アフレコし、元にあると想像(代補)された声たちと見分けがつかなくなる。デリダが、プラトンを、アリストテレスを、デカルトを、カントを、ヘーゲルを、ハイデガーを(そして彼デリダが語るすべての存在者を)脱構築するときに、すなわち「彼ら ils」(「彼岸」)を絶えざる発明《インヴェンション》(＝再発明・発明の再開)において到来させるときに、「デリダ」は一種の「霊媒師」として、「イタコ」として、「口寄せ」として、「シャーマン」として語っている。そのとき彼「デリダ」は一種の霊的メディア装置となり、サイコ・テクノロジーとなる。脱‐構築の本質とは(脱構築に本質なるものがあるとすればだが)、こうしたテレパシー状態のことであるだろう。テレ‐パスというパッサーは、みずからを多数多様な亡霊の声の通路、パッセージとして生起させる。もちろん、それは亡霊の声との純然たる同一化や完全なる代理(代表・表象 représentation)などではない。そうした同一化や融合は「現前の形而上学」でしかなく、それは亡霊を亡霊ではなくし(エグゾシズム)、亡霊を殺すことになるだろう(二重の殺害、「喪」を裏切る「喪の作業」の完成)。憑依はあくまでも関係における分離を前提・条件とする。デリダのテレパシーは究極的な(極限・リミット・識閾における)、他者への応答のテクノロジーであり、応答責任(responsabilité)の倫理的テクノロジーである。プラトンやヘーゲルやハイデガーが描くところとは違って、テクノロジーと倫理は対立しない。むしろそれらは相補的であって、互いの共存可能性がなければ成立することができない。倫理とは、過ぎ去る他者への応答テクノロジーであり、「送る言葉＝贈る言葉」なのである。

二十、この「送る言葉」、「追記(post-scriptum)」(＝リツィート)は、「預言」でもあり「約束」でもある。「預言」であるというのは、言葉の根源形態としての「遺言」は、他者に預けられた言葉だからである。prophétie(「預言」)とは、本来的には、これから起こる未来の出来事をあらかじめ(事前に)言い当てることではなく、来たるべき世界の開けの「ために」(それへと「向けて」と同時に先取り的にその「代理物」として――フランス語のpour、英語のforの二重性)、神から言葉を預かることであった。少なくともそれが聖書における預言者たち(prophétes)の役割だった。そしてその預けられた言葉(parole)は、個別の発話行為(parole)において「約束(parole)」として機能する。プラトンの個別的発話《パロール》がエクリチュールにおいて、エクリチュールとして発動し、具現化するとき、それは時空を超えた将来において「また会おう」という約束が成就したということであり、遺言が再生したということである。あらゆる言葉《パロール》はこのようにしてエクリチュールとして再生し生き残り、「連歌」のように受け継がれて行く可能性をもつ。これは私たち一人ひとりの小さな言語使用、個別言語《イディオム》において、平凡な出来事としてつねに起こっていることである。日常に言語行為が成立しているということが、すでにして奇跡であり、霊《プシュケー》的な出来事なのだ。私たちが受け継いで来た通時的・共時的な伝言ゲーム《リツィート》を、さらに散種させて発展させていくこと。それぞれが単独的な、特異なpassage(移行、通路、一節、パスすること)を演奏し、バトンを手渡して行くこと(逝くこと)。この根源的な転移(世代生成génération)こそ、私たちの生の価値そのものである(生を「価値」という概念で語れるのであれば)。デリダに「プシュケー」があるとすれば、恐らくは(parhaps, peut-être)、この永久革命的な転移運動の欲望以外の何ものでもないだろう。デリダの「霊《プシュケー》=魂」、魂の永遠に回転する鏡《プシシェ》に「一期一会」の喜びと別れの挨拶を! フランス語では親しい〈間柄〉の出会いと別れの挨拶としてSalut!を使う。salutは、ラテン語のsalvus(無傷なものとして解き放たれて在ること)を語源とする。そこには生きることあるいは生き残ることという、根源的な生命現象が振るう原暴力に対する〈鏡像的反射=自己反省〉と〈代償=代補せよ〉という厳命(injonction)が、さらには祈りがある。ヘーゲル弁証法のGeist(絶対精神)を幽霊へと脱構築しつつ、このプシュケーの「反省=反射の法」を、さらなる過剰・余白・余計なものの応答責任の正義へと開拓していくこと。

デリダの『プシュケー』を、そうした荒野の呼び声として(これはモーセの、キリストの、仏陀の呼び声だろうか)召喚し、聴取＝理解する(entendre)ことが、「今ここ」で「私」が果たすことのできる唯一《ユニーク》の「翻訳者の使命《ミッション》」であり、新たな「追伸」(post-scriptum)、死後出版(posthume)の「送る言葉」である。幽霊としての森羅万象《マルチチュード》にSalut!

藤本一勇

二〇一九年二月

ジャック・デリダ　Jacques Derrida
1930年，アルジェリア生まれ．1984年，社会科学高等研究院(フランス，パリ)教授に就任．主な著書に，『グラマトロジーについて』(*De la grammatologie*, Minuit, 1967)，『エクリチュールと差異』(*L'Écriture et la différence*, Seuil, 1967)，『声と現象』(*La Voix et le phénomène*, PUF, 1967)，『哲学の余白』(*Marges — de la philosophie*, Minuit, 1972)，『散種』(*La dissémination*, Seuil, 1972)，『弔鐘』(*Glas*, Galilée, 1974)，『ポストカード』(*La carte postale. De Socrate à Freud et au-delà,* Flammarion, 1980)，『友愛のポリティックス』(*Politiques de l'amitié,* Galilée, 1994)，『マルクスと息子たち』(*Marx & Sons*, PUF/Galilée, 2002)等がある．2004年没．

藤本一勇
1966年生まれ．早稲田大学文学学術院文化構想学部教授．
〈著書〉『情報のマテリアリズム』(NTT出版，2013年)，『外国語学〈ヒューマニティーズ〉』(岩波書店，2009年)．
〈訳書〉ジャック・デリダ『アデュー——エマニュエル・レヴィナスへ』(岩波書店，2004年)，同『哲学の余白』(上・下)(共訳，法政大学出版局，2007-2008年)，同『散種』(共訳，法政大学出版局，2013年)，同『プシュケー——他なるものの発明 I』(岩波書店，2014年)，レオン・ウェルト『僕の知っていたサン＝テグジュペリ』(大月書店，2012年)．

プシュケー　他なるものの発明 II　　ジャック・デリダ

2019年3月27日　第1刷発行

訳　者　藤本一勇《ふじもとかずいさ》

発行者　岡本　厚

発行所　株式会社 岩波書店
〒101-8002 東京都千代田区一ツ橋 2-5-5
電話案内 03-5210-4000
http://www.iwanami.co.jp/

印刷・三陽社　カバー・半七印刷　製本・松岳社

ISBN 978-4-00-024690-3　Printed in Japan

プシュケー　他なるものの発明I
ジャック・デリダ
藤本一勇訳
A5判七四〇頁
本体九五〇〇円

アデュー――エマニュエル・レヴィナスへ
ジャック・デリダ
藤本一勇訳
四六判二四四頁
本体二五〇〇円

マルクスと息子たち
ジャック・デリダ
國分功一郎訳
四六判二五四頁
本体三〇〇〇円

デリダ　政治的なものの時代へ
フェン・チャー
スザンヌ・ゲルラク編
藤本一勇
澤里岳史編訳
四六判三〇六頁
本体三九〇〇円

精神分析のとまどい――至高の残酷さの彼方の不可能なもの
ジャック・デリダ
西宮かおり訳
四六判一九二頁
本体二二〇〇円

岩波書店刊
定価は表示価格に消費税が加算されます
2019年3月現在